U0484290

华夏国学经典文库【全文解读本】

任俊华 赵清文 著

大学·中庸·孟子正宗

珍藏经典

华夏出版社
HUAXIA PUBLISHING HOUSE

图书在版编目（CIP）数据

大学·中庸·孟子正宗/任俊华，赵清文编著.—北京：华夏出版社，2014.3
（华夏国学经典文库）
ISBN 978-7-5080-7875-5

Ⅰ.①大… Ⅱ.①任… ②赵… Ⅲ.①儒家 ②四书－通俗读物 Ⅳ.①B222.1-49

中国版本图书馆CIP数据核字(2013)第258355号

大学·中庸·孟子正宗

作　　者	任俊华　赵清文
责任编辑	刘淑兰
责任印制	刘　洋
出版发行	华夏出版社
经　　销	新华书店
印　　刷	三河市兴达印装有限公司
装　　订	三河市兴达印装有限公司
版　　次	2014年3月北京第1版　2014年3月北京第1次印刷
开　　本	720×1030　1/16开
印　　张	25.5
字　　数	479千字
定　　价	38.00元

华夏出版社　地址：北京市东直门外香河园北里4号　邮编：100028
网址：www.hxph.com.cn　电话：(010) 64663331（转）

若发现本版图书有印装质量问题，请与我社营销中心联系调换。

前　言

　　《大学》、《中庸》、《孟子》是古代《四书》中的三本。据《史记·孔子世家》的记载,《中庸》是孔子的孙子子思所著。《大学》,根据二程的说法,是子思的学生曾子所著。《孟子》根据司马迁《史记·孟子荀卿列传》记载,是孟子所著而有其门人万章等人参加。所以从《中庸》、《大学》到《孟子》都被学界正宗认为是思孟学派的著作,我们将这三本书放在一起讲解,就是遵循着这个所谓的正宗传统。

　　《大学》和《中庸》原来是《礼记》中的两篇文章。南宋朱熹将它们与《论语》、《孟子》合成《四书》,并写了《四书章句集注》,简称《四书集注》,成为儒家的传统正宗,影响很大。《大学》文字不多,思想鲜明,比较好懂。"大学"即大人之学,讲的是修身齐家治国平天下的大道理。《大学》开篇写道:"大学之道,在明明德,在亲民,在止于至善。知止而后有定,定而后能静,静而后能安,安而后能虑,虑而后能得。物有本末,事有终始,知所先后,则近道矣。"这是《大学》全文的提要,也是全文的纲领。《大学》是讲什么的呢？三项任务,或谓之三大纲领:明明德,亲(新)民,达到社会的至善。如何完成,要有先有后,而且举出了人们在思考过程中不能先后相混的几个层次。前者是目的,后者是方法,全文围绕明明德、亲民、止于至善展开,层层推进,次第分明,结构严密。《中庸》则是一篇极富哲理性的论文,文字和思想都比较难懂。程颐说:"此篇乃孔门传授心法,子思恐其久而差也,故笔之于书,以授孟子。其书始言一理,中散为万事,末复合为一理;放之则弥六合,卷之则退藏于密,其味无穷,皆实学也。"《中庸》通篇的主旨是论中和,探讨致中和的方法。中和是宇宙的本来状态。《中庸》说:"喜怒哀乐未发谓之中,发而皆中节谓之和。"可知"中"的本身并非喜怒哀乐,而是指对喜怒哀乐的持中状态,就是说对喜怒哀乐等情欲要有一个适中的度的控制,过度的喜不叫喜,过度的乐也不叫乐。对喜怒哀乐能按应有状态掌握,无所偏倚,这就叫"中",平时能持中,一旦表现出来,就能中节,这就叫和。因为效果的"和"决定于方法的"中",所以程颐解释中庸一词说:"不偏之谓中,不易之谓庸。"不易说的是不可更易,不是别的不可更改,而是"中"的原则的不可更易。从上述的介绍中我们知道,"中庸"决不是人们习惯所说的折衷主义,不是与放弃原则画等号的"中庸之道",更不是于两者间取其平均值的简单算式,而是一种非常老到的思想修养和极其严格的效果要求。追求的是人与事的"中和"境界。惟其尚"中",所以能"和",惟其乐"和",所以要"中"。

关于《孟子》,《孟子》问世以后及在汉代的地位并不高,还没有上升到"经"的地位。将《孟子》称为"经",是唐代之后的事情。在南宋朱熹把《孟子》列入"四书",孟子的儒家正统地位确立之前,学者们对孟子的评论褒贬不一。我们认为,孟子成为中国历史上最重要的思想家之一,在封建社会中被奉为"亚圣",并不是偶然的。他在哲学、政治、伦理、教育,以至经济、美学、文学等领域都有过精彩的论述,对后世产生了深远的影响。孟子认为,人必须认识和掌握自然规律,在自然规律的范围内发挥人的主动性和能动性,即所谓"顺天者存,逆天者亡"(《离娄下》)。人在无法改变的客观规律面前,不能消极无为,而是必须在把握规律的基础上积极进取。孟子甚至认为,客观规律本身就是要求人要发挥主观能动性、经历各种困难的磨炼的。"天将降大任于是人也,必先苦其心志,劳其筋骨,饿其体肤,空乏其身,行拂乱其所为,所以动心忍性,增益其所不能。人恒过,然后能改;困于心,衡于虑,而后作;征于色,发于声,而后喻。入则无法家拂士,出则无敌国外患者,国恒亡。然后知生于忧患而死于安乐也。"(《告子下》)在伦理思想上,孟子从人性问题开始讨论,开创性地提出了性善论学说,以此为基础,构建起了包括良知说、义利观、五伦说、修养论、德治论等在内的完备的伦理思想体系。孟子认为,道德性是人之为人的根本属性,如果要使一个人真正具备人的品质,就必须使其具有道德。"人之有道也,饱食暖衣,逸居而无教,则近于禽兽。"(《滕文公上》)在政治思想上,孟子主张"民本",倡导仁政和德治。仁政思想是其政治思想的核心。孟子的"仁政"思想是一套完整的体系,包括经济措施、政治措施、教化措施等多方面的内容,其根本的原则,就是"惠民"、"爱民"、"保民"。在孟子看来,统治者获得了统治权,是因为得到了人民的认可;统治者失去统治权,同样也是由于失去了人民的支持。"桀纣之失天下也,失其民也;失其民者,失其心也。"(《离娄上》)桀纣这样的暴君失去了民心,当然就要灭亡。孟子不但是中国古代伟大的思想家,而且还是伟大的教育家。他非常热爱教育事业,曾经将"得天下英才而教育之"作为"君子三乐"之一。在长期的教育实践中,孟子总结了许多有价值的教育经验,他提出的教育理论,是中国传统文化和人类文化宝库中的一份优秀遗产,至今仍然受到人们的重视。

本书以南宋朱熹的《四书章句集注》为底本,依据传统和大家比较公认的观点解读,故名为《大学·中庸·孟子正宗》。当然,书中亦有一己之见,乃是作者多年学习的心得体会。不对之处,还请方家指正。最后,本书的写作还得到姚郁卉博士和陈振宇先生的协助、支持,在此深表感谢。

任俊华 赵清文
2007年6月

目 录

大学正宗 ……………………………………… 1
  大学 …………………………………………… 2
  《大学》的主要思想 ………………………… 16
中庸正宗 ……………………………………… 21
  中庸 …………………………………………… 22
  《中庸》的主要思想 ………………………… 51
    一、至诚无妄的心态 ……………………… 51
    二、从实际出发的原则 …………………… 53
    三、行而不倦的精神 ……………………… 54
    四、无过不及的思想方法 ………………… 56
孟子正宗 ……………………………………… 59
  梁惠王章句上 ………………………………… 60
  梁惠王章句下 ………………………………… 85
  公孙丑章句上 ………………………………… 112
  公孙丑章句下 ………………………………… 137
  滕文公章句上 ………………………………… 156
  滕文公章句下 ………………………………… 175
  离娄章句上 …………………………………… 195
  离娄章句下 …………………………………… 217
  万章章句上 …………………………………… 239
  万章章句下 …………………………………… 259
  告子章句上 …………………………………… 275

告子章句下 …………………………………… 294
尽心章句上 …………………………………… 317
尽心章句下 …………………………………… 341
孟子及其思想的历史地位 …………………… 364
　第一节　孟子的生平与著作 ……………… 364
　　一、孟子的生平 …………………………… 364
　　二、《孟子》的成书及其流传 …………… 369
　第二节　孟子的主要思想 ………………… 375
　　一、孟子的哲学思想 ……………………… 375
　　二、孟子的伦理思想 ……………………… 380
　　三、孟子的政治思想 ……………………… 388
　　四、孟子的教育思想 ……………………… 392
　第三节　孟子在中国历史上的地位 ……… 395
　　一、孟子及其学说受到的批评 …………… 395
　　二、孟子儒家正统地位的确立 …………… 397
　　三、孟子的册封与祭祀 …………………… 398

大学正宗

大　学

　　大学之道①,在明明德②,在亲民③,在止于至善④。知止而后有定⑤,定而后能静⑥,静而后能安⑦,安而后能虑,虑而后能得。物有本末⑧,事有终始,知所先后,则近道矣。古之欲明明德于天下者,先治其国;欲治其国者,先齐其家⑨;欲齐其家者,先修其身;欲修其身者,先正其心;欲正其心者,先诚其意;欲诚其意者,先致其知⑩,致知在格物⑪。物格而后知至,知至而后意诚,意诚而后心正,心正而后身修,身修而后家齐,家齐而后国治,国治而后天下平。自天子以至于庶人⑫,壹是皆以修身为本⑬。其本乱而末治者否矣⑭,其所厚者薄,而其所薄者厚⑮,未之有也!

【译文】 大学的根本原则,在于彰明人的美德,在于使人革旧布新,在于追求完美的境界。知道追求的境界然后才能有志向,有了志向然后才能不浮躁,不浮躁然后才能心安定,心安定然后才能思虑周详,思虑周详然后才能有所领悟。事物都有根本和细节,事情都有开始和终结,知道轻重缓急,就离领悟到大学的上述根本原则很接近了。古代那些想要使美德彰明于天下的人,首先要治理好自己的国家;想要治理好自己的国家的人,首先要整顿好自己的家族;想要整顿好自己的家族的人,首先要修养好自己的品德;想要修养好自己的品德的人,首先要端正自己的内心;想要端正自己的内心的人,首先要使自己的意念真实;想要使自己的意念真实的人,首先要使自己的认识明确,使自己的认识明确的方法就是穷究事物中所包含的道理。事物的道理推究明白了,然后认识才能明确;认识明确了,然后意念才能真实;意念真实了,然后内心才能端正;内心端正了,然后品德才能提高;品德提高了,然后家族才能和谐;家族和谐了,然后国家才能稳定;国家稳定了,然后天下才能太平。上自天子下到普通老百姓,一律都以修养品德作为根本。作为根本的东西如果被破坏了而细枝末节的东西却还很有条理,这样的事情是从来没有过的,这就如同被重视的东西却薄弱起来,被忽视的东西却充实起来一样,这种事情是从来都没有的!

【注释】 ①大学:朱熹曰:"大,旧音泰,今读如字。""大学者,大人之学也。"(《大学章句》。下引该著,不再注出。)《大学章句序》说:"人生八岁,则自王公以下,至于庶人之子弟,皆入小学,而教之以洒扫、应对、进退之节,礼乐、射御、书数之文;及其十有五年,则自天子之元子、众子,以至公、卿、大夫、元士之适子,与凡民之俊秀,皆入大学,而教之以穷理、正心、修己、治人之道。"

②明明德:前一"明"为动词,意为"使……明"。明德,即光明之德,美德。朱熹曰:"明德者,人之所得乎天,而虚灵不昧,以具众理而应万事者也。但为气禀所拘,人欲所蔽,则有时而昏;然其本体之明,则有未尝息者。故学者当因其所发而遂明之,以复其初也。"

③亲民:即"新民"。朱熹曰:"新者,革其旧之谓也,言既自明其明德,又当推以及人,使之亦有以去其旧染之污也。""新民",即使人革旧布新。

④止于至善:止,到……程度才停止。朱熹曰:"止者,必至于是而不迁之意。"至善,儒家指人的道德修养所能达到的最高境界。

⑤止:这里作名词,指所要达到的地方,即至善之境。定:定向,志向。

⑥静:安静,不浮躁。朱熹曰:"静,谓心不妄动。"

⑦安:安稳,安心。朱熹曰:"安,谓所处而安。"

⑧本末:树木的下部与上部,引申为主次,先后。

⑨齐:整顿,整理,整治。

⑩致其知:关于什么是"致知",儒家学者有不同的解释。汉代郑玄认为"致知"是使人"知善恶吉凶之所终始";朱熹认为"致,推极也;知,犹识也。推极吾之知识,欲其所知无不尽也"。明代王守仁则认为,"致知"即"致吾心之良知"。今从朱说。

⑪格物:推究事物之理。朱熹曰:"格,至也。物,犹事也。穷至事物之理,欲其极处无不到也。"

⑫庶人:先秦时对农业生产者的称谓,后泛指平民,百姓。

⑬壹是:一概,一律。朱熹曰:"壹是,一切也。"壹,皆,一概,一律。

⑭否:没有,不可能。

⑮厚、薄:指重视、忽视,充实、薄弱。

【评解】 朱熹认为,这一章是《大学》的经文,"盖孔子之言,而曾子述之"。后面的十章为传文,"则曾子之意而门人记之也"。本章主要阐述了"大学之道"的主要内容,即"三纲领"和"八条目"。所谓的"三纲领",即"明明德"、"亲民"、"止于至善"。大学教育的这三条基本纲领,体现了儒家"德治"、"仁政"的政治路线和道德教育、道德修养的直接要求。所谓"八条目",即格物、致知、诚意、正心、修身、齐家、治国、平天下,它体现了儒家道德修养和道德实践的顺序。"八条目"中,"修身"处于中心的地位,反映了儒家对于个人修养的重视。

《康诰》曰①:"克明德②。"《大甲》曰:"顾諟天之明命③。"《帝典》曰④:"克明峻德⑤。"皆自明也。

【译文】 《康诰》中说:"要能够彰明美德。"《太甲》中说:"要经常念及上天赋予你的这些可以成为你的美德的东西。"《尧典》中说:"要能够彰明你的高尚品德。"这些都是告诫人要自觉地彰明美德。

【注释】 ①《康诰》:《康诰》与下文《大甲》(即《太甲》)都是《尚书》篇名。
②克:能够。
③顾諟天之明命:顾,经常想念。諟,古"是"字。天之明命,天所赋予人的明德。朱熹说:"顾,谓常目在之也。諟,犹此也,或曰审也。天之明命,即天之所以与我,而我之所以为德者也。常目在之,则无时不明矣。"
④《帝典》:即《尧典》,《尚书》篇名。
⑤峻德:大德,高尚的品德。峻,高、大。

【评解】 此章"释明明德"。此章至下文"止于信"的内容,《礼记》原文在"没世不忘"之后,朱熹根据文意进行了调整。从本章的内容可以看出,《大学》与《孟子》一样,所持的也是性善论的人性论和天赋论的道德起源论,认为伦理道德都是天所赋予的,根植于人的内心之中,每个人都要自觉地使这种善良的道德本性得到发扬,从而使自己的行动符合现实生活中的道德规范。

汤之盘铭曰①:"苟日新②,日日新,又日新。"《康诰》曰:"作新民③。"《诗》曰:"周虽旧邦,其命惟新。"是故君子无所不用其极。

【译文】 商汤刻在盥洗盘上用于自警的铭文说:"如果能够使自己每天更新,那就要做到每天都有更新,坚持不断地这样天天更新。"《康诰》中说:"振作那些老百姓的精神,使他们改过自新。"《诗经》中说:"岐周虽然是旧国,但因接受了天命国家换了新气象。"所以说,君子无论做什么事情,都要使之达到最完善的境地。

【注释】 ①汤:即商汤。盘铭:古代刻在盥洗盘器上的劝诫文辞。盘,古代用于沐浴盥洗或盛食物的敞口、扁浅的器皿。铭,刻写在器物上的文辞。
②苟:如果能够。朱熹曰:"苟,诚也。"日新:日日更新。《易·系辞上》说:"富有之谓大业,日新之谓盛德。"
③作:激励,振作。朱熹曰:"鼓之舞之之谓作。"

【评解】 本章"释亲(新)民"。所谓"新民",其实就是不断对老百姓进行道德教化,使他们在社会伦理道德规范的浸染下不断革旧布新,以使每个人都能融入社会秩序之中,从而保持整个社会的和谐稳定。

《诗》云:"邦畿千里,惟民所止①。"《诗》云:"缗蛮黄鸟,止于丘隅②。"子曰:"于止③,知其所止,可以人而不如鸟乎?"《诗》云:"穆穆文王,於缉熙敬止④!"为人君,止于仁;为人臣,止于敬;为人子,止于孝;为人父,止于慈;与国人交⑤,止于信。《诗》云:"瞻彼淇澳,菉竹猗猗。有斐君子,如切如磋,如琢如磨。瑟兮侗兮,赫兮喧兮。有斐君子,终不可諠兮!"⑥"如切如磋"者,道学也⑦;"如琢如磨"者,自修也⑧;"瑟兮侗兮"者,恂栗也⑨;"赫兮喧兮"者,威仪也⑩;"有斐君子,终不可諠兮"者,道盛德至善⑪,民之不能忘也。《诗》云:"於戏!前王不忘⑫。"君子贤其贤而亲其亲,小人乐其乐而利其利,此以没世不忘也⑬。

【译文】 《诗经》中说:"京都方圆广千里,是为百姓安居地。"《诗经》中又说:"缗蛮啼叫小黄雀,栖于山丘偏僻处。"孔子说:"停止的地方很重要啊!黄雀尚且知道该停止在什么地方,作为人难道能不如鸟吗?"《诗经》中说:"言行庄重周文王,风采光明人敬仰。"作为君主,要以仁作为停止的地方;作为臣属,要以敬作为停止的地方;作为儿子,要以孝作为停止的地方;作为父亲,要以慈作为停止的地方;与人交往,要以信作为停止的地方。《诗经》中说:"看那淇水弯曲处,青青菉竹茂且美。文雅君子好品质,切磋琢磨成盛德。外表庄严又威武,气度磊落又大方。如此文雅真君子,让人永远不能忘。""切磋",说的是学习讨论;"琢磨",指的是自我修养;"庄严又威武",指严肃谨慎的态度;"磊落又大方",指让人敬仰的气度;"如此文雅真君子,让人永远不能忘",说的是具有了高尚的品德,达到了至善的境界,让人民印象深刻,无法忘怀。《诗经》中说:"啊!前代圣王忘不掉。"后世的高贵君子推崇前代圣王的德行,亲近前代圣王认为可亲的人;平民百姓安享前代圣王创造的安乐,享受前代圣王留下的利益,所以虽然前代圣王去世了,人民永远不会忘记他。

【注释】 ①邦畿千里,惟民所止:出自《诗经·商颂·玄鸟》。邦畿,王城及其所属周围千里的地域。止,居住。朱熹曰:"止,居也,言物各有所当止之处也。"

②缗(mián)蛮黄鸟,止于丘隅:出自《诗经·小雅·绵蛮》。缗蛮,《诗经》作"绵蛮",鸟鸣声。丘隅,《诗经》作"丘阿",山丘的曲深僻静处。

③于止:居处。于,助词,无义。

④穆穆文王,於缉熙敬止:出自《诗经·大雅·文王》。穆穆,仪容或言语和美。於,叹词。缉熙,光明、光辉。敬止,敬仰。止,语气词。朱熹曰:"敬止,言其无不敬而安所止也。"

⑤国人:古代指居住在大都邑内的人。这里指周围的人。
⑥"瞻彼淇澳(yù),菉竹猗猗。有斐君子,如切如磋,如琢如磨。瑟兮僩(xiàn)兮,赫兮喧兮。有斐君子,终不可谖(xuān)兮":出自《诗经·卫风·淇奥》。瞻,看、望、瞧。淇,河名。澳,《诗经》作"奥",水边弯曲处。菉竹,《诗经》作"绿竹",荩草的别名。唐代陆德明《释文》说:"《草木疏》云:'有草似竹,高五六尺,淇水侧人谓之菉竹也。'"荩草,一名"王刍",一年生,高一二尺,叶片卵状披针形,近似竹叶,常生在草坡或阴湿地,可以做牧草,茎叶可入药,汁液可以做黄色染料。猗猗,植物美盛貌。有,助词,无义。斐,《诗经》作"匪",有文采貌。切、磋、琢、磨,都是器物加工的工艺名称。《尔雅·释器》中说:"骨谓之切,象谓之磋,玉谓之琢,石谓之磨。"王充《论衡·量知》中也说:"骨曰切,象曰瑳,玉曰琢,石曰磨;切瑳琢磨,乃成宝器。"后以"切磋琢磨"比喻道德学问方面互相研讨勉励。朱熹曰:"切以刀锯,琢以椎凿,皆裁物使成形质也。磋以𬭛锡,磨以沙石,皆治物使其滑泽也。治骨角者,既切而复磋之。治玉石者,既琢而复磨之。皆言其治之有绪,而益致其精也。"瑟,矜庄,外貌庄严。僩,又作"俔",威武,勇武貌。赫,《毛传》曰:"赫,有明德赫赫然。""喧",《诗经》作"咺",毛传曰:"咺,威仪容止宣著也。""谖",《诗经》作"谖",忘记。
⑦道学:朱熹曰:"道,言也。学,谓讲习讨论之事。"
⑧自修:道德修养,修养自己的德性。朱熹曰:"自修者,省察克治之功。"
⑨恂栗:恐惧战栗。郑玄注曰:"恂字或作峻……言其容貌严栗也。"朱熹曰:"恂栗,战惧也。"
⑩威仪:庄重的仪容举止。例如《尚书·顾命》有:"思夫人自乱于威仪。"孔安国传曰:"有威可畏,有仪可象。"朱熹曰:"威,可畏也。仪,可象也。"
⑪盛德:品德高尚或高尚的品德。
⑫於戏(wūhū)!前王不忘:出自《诗经·周颂·烈文》。於戏,又作"於乎",感叹词。前王,指周文王、周武王。
⑬没世:去世,死。

【评解】 此章"释止于至善"。此章内自引《淇奥》诗以下,《礼记》原本在"诚意"章之后,朱熹根据文意调整到此处。本章要求人们要不断进行修养,以逐渐接近至善的道德境界。所谓"至善",如果加以具体化,其实就是现实中处理各种人际关系的道德规范和道德准则,如仁、敬、孝、慈、信等。它要求人们要各守本分,认真履行自己的职责,只有这样,才能维持社会秩序的和谐与稳定。

子曰:"听讼①,吾犹人也②,必也使无讼乎!"无情者不得尽其辞③,大畏民志。此谓知本。

【译文】 孔子说:"处理纠纷,我和其他人没有不同,我努力做到的是使纠纷不发生。"要使那些编造事实的人不能够把他们的虚假言辞说出来,要使自己的德行让老百姓从心里敬畏。这就叫做掌握了根本。

【注释】 ①听讼:听理诉讼,审理案件。
②犹人:和其他人一样。
③情:诚,真实。

【评解】 此章"释本末",《礼记》原文在"止于信"之后。本章通过孔子的论述,阐明了儒家"德治"的原则,就是要使老百姓自觉遵守社会道德规范,维护社会秩序,尽量避免动用刑罚对老百姓进行惩罚。这样做无论对于国家来说,还是对于广大老百姓来说,都是更有利的。

此谓知本,此谓知之至也。

【译文】 这就叫做掌握了根本,这就叫做认识达到了极致。

【评解】 此章《礼记》原文通下章,在第一章经文之后。朱熹认为,"此句之上别有阙文,此特其结语耳",本章"盖释格物、致知之义,而今亡矣",并"窃取程子之意以补之",曰:"所谓致知在格物者,言欲致吾之知,在即物而穷其理也。盖人心之灵莫不有知,而天下之物莫不有理,惟于理有未穷,故其知有不尽也。是以大学始教,必使学者即凡天下之物,莫不因其已知之理而益穷之,以求至乎其极。至于用力之久,而一旦豁然贯通焉,则众物之表里精粗无不到,而吾心之全体大用无不明矣。此谓物格,此谓知之至也。"意思是说,之所以说获得明确的认识在于推究外在的事物,这是因为,想要使自己获得正确的认识,就要接近事物,通过观察思考其中所包含的理。人心是灵巧的,都具有认识事物的能力,而天下所有的事物都包含着理,只是由于我们对于理还没有完全探求清楚,所以认识才有不完全之处。所以开始大学教育的时候,一定要使学习的人接触世界上的各种事物,凭借自己已有的认识进一步穷究事物中的理,以求获得最完整的认识。这样进行长久的努力,终有一天会豁然贯通,到那时候,一切事物的内容和形式、完美和粗鄙,就没有什么体察不到的,而事物的总体和运用,在我们心里全都洞察清楚。这就是所谓的推究外在的事物,这就是所谓的认识达到了顶点。

所谓诚其意者,毋自欺也①,如恶恶臭②,如好好色③,此之谓自谦④,故君子必慎其独也⑤!小人闲居为不善⑥,无所不至,见君子而后厌然⑦,掩其不善⑧,而著其善⑨。人之视己,如见其肺肝然,则何益矣!此谓诚于中,形于外,故君子必慎其独也。曾子曰:"十目所视,十手所指,其严乎!"富润屋⑩,德润身,心广体胖⑪,

故君子必诚其意。

【译文】 所谓的使意念真实,就是不要自我欺骗,就像讨厌难闻的气味,喜欢美好的容颜一样,这就是所谓的使自我满足,所以君子一定要在独处时谨慎不苟!小人在独处的时候就会做违背道德的事情,什么事都做得出来,他们见到了有道德的君子之后,就会躲躲藏藏,把违反道德的地方掩盖起来,故意显示出自己有道德。人们看到他们,就像看透了他们的五脏六腑一样,这种做法又有什么用处呢?这就是说,内心中有真实的想法,就会在外表中显露出来,所以君子一定要在独处时谨慎不苟。曾子说:"许多双眼睛看着你,许多只手指着你,这是多么严厉啊!"财富能够充实房屋,品德能够充实身心,心中坦然,身体舒泰,所以君子一定要使自己的意念真实。

【注释】 ①毋:无,没有。朱熹曰:"毋者,禁止之辞。"自欺:朱熹曰:"自欺云者,知为善以去恶,而心之所发有未实也。"

②恶恶臭(wùèxiù):讨厌难闻的气味。

③好好(hàohǎo)色:喜欢美好的容颜。

④谦(qiè):满足,满意。

⑤慎其独:在独处中谨慎不苟。朱熹曰:"独者,人所不知而己所独知之地也。"

⑥闲居:独处。

⑦厌(yǎn)然:闭藏貌。孔颖达疏曰:"厌然,闭藏其不善之事。"朱熹曰:"厌然,消沮闭藏之貌。"

⑧掩,掩盖。

⑨著:使明显。

⑩润:修饰,充实。

⑪心广体胖(pán):心中坦然,身体舒泰。朱熹曰:"心无愧怍,则广大宽平,而体常舒泰。"胖,安泰舒适。朱熹曰:"胖,安舒也。"

【评解】 此章"释诚意"。朱熹说:"经曰:'欲诚其意,先致其知。'又曰:'知至而后意诚。'盖心体之明有所未尽,则其所发必有不能实用其力,而苟焉以自欺者。然或已明而不谨乎此,则其所明又非己有,而无以为进德之基。故此章之指,必承上章而通考之,然后有以见其用力之始终,其序不可乱而功不可阙如此云。"本章主要阐述了"诚意",并提出了"慎独"的方法,强调在个人独处的时候不要自欺,要如同在大庭广众之下一样,谨慎自己的言语和行为。

所谓修身在正其心者,身有所忿懥①,则不得其正;有所恐惧,则不得其正;有所好乐,则不得其正;有所忧患,则不得其正。心不在焉②,视而不见,听而不闻,食而不知其味。此谓修身在正其心。

【译文】 之所以说修养品德在于端正内心,这是因为,内心中有愤怒,就不能使其端正;内心中有恐惧,就不能使其端正;内心中有喜好,就不能使其端正;内心中有忧患,就不能使其端正。如果心思不能处于端正的位置,那么,目光所及的东西却看不见,进入耳中的声音却听不到,吃进嘴里的东西却不知道它的味道。这就是为什么说修养品德在于端正身心。

【注释】 ①忿懥(zhì):发怒。懥,愤怒,愤恨。
②心不在焉:心思不在这里,形容思想不集中。焉,代词,这里。

【评解】 此章"释正心修身"。朱熹说:"此亦承上章以起下章。盖意诚则真无恶而实有善矣,所以能存是心以检其身。然或但知诚意,而不能密察此心之存否,则又无以直内而修身也。"如果要修养好道德,就不要为外物所束缚,抛开个人的得失,这样的话,就不会有好乐、忧患、愤怒、恐惧等情感滞留在心中,从而使内心端正。只有排除各种杂念,内心端正,用心专一,才能使自身的道德修养达到良好的效果。

所谓齐其家在修其身者,人之其所亲爱而辟焉①,之其所贱恶而辟焉,之其所畏敬而辟焉,之其所哀矜而辟焉②,之其所敖惰而辟焉③。故好而知其恶,恶而知其美者,天下鲜矣!故谚有之曰:"人莫知其子之恶,莫知其苗之硕。"此谓身不修不可以齐其家。

【译文】 之所以说整顿家族在于修养品德,这是因为,一般人对于自己所亲近爱戴的人会有所偏,对于自己所鄙视厌恶的人会有所偏,对于自己所畏惧尊敬的人会有所偏,对于自己所同情怜悯的人会有所偏,对于自己所傲慢怠惰的人会有所偏。所以喜欢某个对象却知道其缺点,厌恶某个对象却知道其优点的人,天下少有啊!所以俗语说:"没有人知道自己的孩子不好,没有人知道自己的庄稼壮硕。"这就是为什么说品德不提高就不能治理好家族。

【注释】 ①之:于,对于。辟:偏。
②哀矜:哀怜,怜悯。
③敖惰:傲慢怠惰。

【评解】 此章"释修身齐家"。儒家一向强调道德修养,强调自身端正然后才能使别人的行为端正。本章中认为,由于存在着不同的感情,人们在对待不同的对象时难免产生偏见,"爱之欲其生,恶之欲其死"。既然有偏见的存在,就不会公正、仁爱地对待每一个人,必然会影响到家庭的稳定和团结。因此,这就要求必须通过加强孝悌等德性的修养,克服情感中的偏见,以实现家庭的和谐。

所谓治国必先齐其家者,其家不可教而能教人者,无之。故君子不出家而成教于国:孝者,所以事君也;弟者,所以事长也;慈者,所以使众也。《康诰》曰:"如保赤子",心诚求之,虽不中不远矣①。未有学养子而后嫁者也!一家仁,一国兴仁;一家让,一国兴让;一人贪戾②,一国作乱。其机如此③。此谓一言偾事④,一人定国。尧、舜帅天下以仁,而民从之;桀、纣帅天下以暴,而民从之。其所令反其所好,而民不从。是故君子有诸己而后求诸人,无诸己而后非诸人。所藏乎身不恕,而能喻诸人者⑤,未之有也。故治国在齐其家。《诗》云:"桃之夭夭,其叶蓁蓁;之子于归,宜其家人⑥。"宜其家人,而后可以教国人。《诗》云:"宜兄宜弟⑦。"宜兄宜弟,而后可以教国人。《诗》云:"其仪不忒,正是四国⑧。"其为父子兄弟足法,而后民法之也。此谓治国在齐其家。

【译文】 之所以说治理国家一定要先整顿好家族,这是因为,自己的家人都不能教育好而能教育好他人,根本没有这样的事情。所以君子不用走出家门,就能够成功地教育好一个国家:孝,是用来事奉君主的原则;悌,是用来事奉上级的原则;慈,是用来驱使百姓的原则。《康诰》中说:"对待老百姓要像保护婴儿一样",如果真心实意地这样去做,即使不能完全达到这样的标准,差距也不会很远。从来没有过先学会养育孩子然后才出嫁的!君主一家重视仁爱,全国都会追求仁爱;一家重视礼让,全国都会追求礼让;一人贪图货财,全国都会犯上作乱。国家的治乱关键就在这里。这就是所谓的一句话可以败坏大事,一个人可以安定国家。尧、舜用仁义的原则引导天下人民,于是老百姓就随着他们追求仁义;桀、纣用暴虐的原则引导天下人民,于是老百姓就随着他们追求暴虐。如果自己的命令与自己的喜好正好相反,老百姓就不会听从他的命令。所以君子首先修养好自己的道德,然后才要求别人也这样做,首先去除自己的恶习,然后才去指责别人。如果自己心里想的都不是合乎恕道的思想,却能让别人明白正道,这样的事情从来没有过。所以说治理国家在于整顿家族。《诗经》中说:"艳丽桃花满树,青青桃叶繁盛;姑娘今日出嫁,全家和睦友善。"全家和睦友善,然后才能教育全国的老百姓。《诗经》中说:"兄弟和睦相处。"兄弟和睦相处,然后才能教育全国的老百姓。《诗经》中说:"自己仪节无差错,才可以此正四方。"自己作为父亲、儿子、兄长、弟弟足以让他人效法,然后老百姓才能取法于他。这就是为什么说治理国家在于整顿家族。

【注释】 ①中:符合。

②贪戾:即贪利。郑玄注曰:"戾之言利也。"钱大昕《十驾斋养新录·贪戾》中说:"郑义本谓贪戾即贪利耳,故下注云:'君若好货,而禁民淫于财利,不能止也。'一人贪利,而一国作乱,即下章'财聚则民散,货悖而入,货悖而出'之义。"一说为贪婪横暴。

③机:关键。朱熹曰:"机,发动所由也。"

④偾(fèn):毁坏,败坏,覆败,灭亡。

⑤喻:开导,明白。

⑥桃之夭夭,其叶蓁蓁;之子于归,宜其家人:出自《诗经·周南·桃夭》。夭夭,草木茂盛而美丽的样子。蓁蓁,草木茂盛的样子。之,犹"是",这个。子,这里指女子。归,古代女子出嫁称"归"。宜,善,和睦。

⑦宜兄宜弟:出自《诗经·小雅·蓼萧》。

⑧其仪不忒,正是四国:出自《诗经·曹风·鸤鸠》。忒,差错。四国,四方的属国。

【评解】 此章"释齐家治国"。中国古代是家国一体的社会结构,表现在伦理道德上,就是用以协调家庭关系的孝悌、仁慈等观念同样也可推广到君臣、上下等政治关系的处理之中。正如《孝经》中所说:"夫孝,德之本也,教之所由生也。""夫孝,始于事亲,中于事君,终于立身。"本章旨在阐明的道理就是,国家中的道德规范与家族中的是一致的,根据推己及人,能近取譬的原则,如果想治理好国家,就必须从努力使家族和家庭和谐开始。

所谓平天下在治其国者,上老老而民兴孝①,上长长而民兴弟,上恤孤而民不倍②,是以君子有絜矩之道也③。所恶于上,毋以使下;所恶于下,毋以事上;所恶于前,毋以先后;所恶于后,毋以从前;所恶于右,毋以交于左;所恶于左,毋以交于右。此之谓絜矩之道。《诗》云:"乐只君子,民之父母④。"民之所好好之,民之所恶恶之,此之谓民之父母。《诗》云:"节彼南山,维石岩岩。赫赫师尹,民具尔瞻⑤。"有国者不可以不慎,辟则为天下僇矣⑥。《诗》云:"殷之未丧师,克配上帝。仪监于殷,峻命不易。"⑦道得众则得国,失众则失国。是故君子先慎乎德。有德此有人⑧,有人此有土,有土此有财,有财此有用。德者本也,财者末也,外本内末⑨,争民施夺⑩。是故财聚则民散,财散则民聚。是故言悖而出者⑪,亦悖而入;货悖而入者,亦悖而出。《康诰》曰:"惟命不于常!"道善则得之,不善则失之矣。《楚书》曰⑫:"楚国无以为宝,惟善以为宝。"舅犯曰⑬:"亡人无以为宝⑭,仁亲以为宝。"《秦誓》曰⑮:"若有一个臣⑯,断断⑰兮无他技,其心休休焉⑱,其如有容焉。人之有技,若己有之;人之彦圣⑲,其心好之,不啻若自其口出⑳。寔能容之㉑,以能保我子孙黎民,尚亦有利哉!人之有技,媢嫉以恶之㉒;人之彦圣,而违之俾不通㉓。寔不能容,以不能保我子孙黎民,亦曰殆哉!"唯仁人放流之㉔,迸诸四夷㉕,不与同中国,此谓唯仁人为能爱人,能恶人。见贤而不能举,举而不能先,命也㉖;见不善而不能退,退而不能远,过也。好人之所恶,恶人之所好,是谓拂人之性,菑必逮夫身㉗。是故君子有大道,必忠信以得之,骄泰以失之㉘。生财有大道。生之者众,食之者寡,为之者疾㉙,用之者舒㉚,则财恒足矣。仁者以财发身㉛,不仁者以身发财。未有上好仁而下不好义者也,未有好义其事不终者也,未有府库财非其财者也。孟献子曰㉜:"畜马乘㉝,不察于鸡豚;伐冰之家㉞,不畜牛羊;百乘之家,不畜聚敛之臣。与其有聚敛之臣,宁有盗臣。"此谓国不以利为利,以义为利也。长国家而务财用者㉟,必自小人矣。彼为善之㊱,小人之使为国家,菑害并至。虽有善者,亦无如之何矣!此谓国不以利为利,以义为利也。

【译文】 之所以说安定天下在于治理国家,这是因为,君主能够尊重老人,老百姓中就会兴起孝道;君主能够敬重长者,老百姓中就会兴起悌道;君主能够救济孤弱,老百姓也会照着去做,所以君子的一言一行都要在道德上具有示范作用。觉得上级的行为令人厌恶,就不要将这种行为施于下级;感觉下级的行为令人厌恶,就不要把这种行为施于上级;感觉以前的人的行为令人厌恶,就不要把这种行为施于以后的人;感觉后面的人的行为令人厌恶,就不要将这种行为施于前面的人;感觉右面的人的行为令人厌恶,就不要将这种行为施于左边的人;感觉左边的人的行为令人厌恶,就不要将这种行为施于右边的人,这就叫做君子的一言一行都具有道德上的示范作用。《诗经》中说:"快乐的君子,民众之父母。"老百姓所喜欢的事物他也喜欢,老百姓所厌恶的事物他也厌恶,这就叫做民众之父母。《诗经》中说:"雄伟高峻终南山,岩石层层多巍峨;威仪显赫尹太师,民众全都注视你。"掌握国家政权的人不能不谨慎,如果偏离了正道,就会被天下人所不容。《诗经》中说:"殷商未失民心时,能与上帝心相通。应以殷商为镜鉴,永守天命不容易。"

这就是说，得到了民众的认同，就能够得到国家；失去了民众的认同，就会失去国家。所以君子一定要首先谨慎地保守德性。有了美德才能拥有民众，拥有了民众才能拥有土地，拥有了土地才能拥有财富，拥有了财富才能满足日常的使用。道德是根本，财富是末节，如果本末倒置，疏远根本亲近末节，就会与民争利，掠夺老百姓。所以，财富集中了，老百姓也就离散了；财富分散了，老百姓也就聚集起来了。所以国家政权的掌握者违背正道发号施令，老百姓就不会用正道对待他；违背正道搜刮来的财富，也不会通过正道支出去。《康诰》中说："天命是不会永恒不变的！"这就是说，如果品质善就能够得到天命所授予的土地和人民，而一旦不善就会失去。楚国的史书中说："楚国没有什么可以称为宝物的东西，只有善可以作为宝物。"舅犯说："流亡的人没有什么可以作为珍宝，只有把仁爱亲人作为珍宝。"《秦誓》中说："如果有一个臣子，只有真诚正直而没有其他技能，他的心胸开阔，能够容纳他人。别人如果有长处，就像自己有长处一样；别人如果有美德，他会从心里喜欢，不仅仅是嘴上说喜欢。这种人确实值得加以任用，因为他一定能够保护我的子孙和百姓，而且还一定会带来好处！别人如果有长处，他就因嫉妒而厌恶；别人如果有美德，他就会压制打击，不让其他人知道。这种人千万不能任用，因为他不能保护我的子孙和百姓，也可以说因为他会带来危险。"只有有仁德的人能够把这种人流放驱逐，让他永远待在边远的地方，不让他与有仁德的人一起居住在文明的中原，这就是说，只有有仁德的人既能够亲爱好人，又能够厌恶坏人。见到了贤能的人而不能够任用，任用了而不能够亲近，这就是怠慢贤人；见到了不好的人而不能够清退，清退了而不能够疏远，这就是错误的做法。喜欢别人所厌恶的事物，讨厌别人所喜欢的事物，这就叫做违逆人的本性，一定会有灾难降临到他头上。所以君子有大原则，一定要靠忠信才能得到天下，骄横傲慢就会失去。创造财富也有大原则，创造的人多，消费的人少，生产的人积极，使用的人舒缓，那么财富就会永远充足。仁德的人消耗财富以充实自身，不仁的人消耗自身以扩充财富。从来没有君主喜欢仁德而臣民不喜欢道义的道理，从来没有喜欢道义而他的事业却没有好结果的道理，也从来没有国家的仓库中堆满了财物而这些财物不属于国君的道理。孟献子说："一旦成为了大夫，就不应再去留意养鸡喂猪之类的事情；卿大夫以上的人家，就不应再畜养牛羊等牲畜；拥有百辆兵车的大臣之家，就不应该再收留那些专门聚敛财富的家臣。与其收留聚敛财富的家臣，还不如收留盗窃府库的家臣。"这就是说，国家不把物质利益当做有益的东西，而是把道义作为有益的东西。掌握国家政权而一心用在增加财富上的，一定是听从了小人的建议。他以为这样做是好事，但如果任用小人来治理国家,灾难和损失就会一起到来。即使还有善人辅助,也没有什么好办法挽救了!这就是为什么说国家不把物质利益当做有益的东西,而是把道义作为有用的东西。

【注释】　①老老:尊重老人。下文"长长"即尊重长者。兴:朱熹曰:"兴,谓有所感发而兴起也。"

②恤孤:慰抚、救济孤弱的人。倍:同"背"。

③絜矩之道:絜,度量;矩,画方形的用具,引申为法度。儒家以絜矩之道来象征君子的一言一行在道德上都要具有示范作用。郑玄注曰:"絜,犹结也,挈也;矩,法也。君子有挈法之道,谓当执而行之,动作不失之。"朱熹曰:"絜,度也。矩,所以为方也……君子必当因其所同,推以度物,使彼我之间,各得分愿,则上下四方,均齐方正,而天下平矣。"

④乐只君子,民之父母:出自《诗经·小雅·南山有台》。只,语气助词,无义。

⑤节彼南山,维石岩岩。赫赫师尹,民具尔瞻:出自《诗经·小雅·节南山》。节,通"截",高峻貌。维,助词,无义。岩岩,高大,高耸。赫赫,显赫盛大貌。师尹,周太师尹氏。具,同"俱"。尔瞻,看着你。

⑥僇:同"戮"。

⑦殷之未丧师,克配上帝。仪监于殷,峻命不易:出自《诗经·大雅·文王》。仪,《诗经》原文作"宜"。监,同"鉴"。峻命,大命,即天命。

⑧此:则,就。

⑨外本内末:疏远根本,亲近末节。

⑩争民施夺:与民争利,实行劫夺。

⑪悖:违逆,违背,这里指违背正道。

⑫《楚书》:楚国的史书。

⑬舅犯:晋文公的舅舅狐偃,字子犯。

⑭亡人:流亡之人。晋文公回国继承君位之前,曾在外流亡几十年。

⑮《秦誓》:《尚书》篇名。

⑯一个臣:《尚书》作"一介臣"。

⑰断断:专诚守一。

⑱休休:形容宽容,气魄大。孙星衍《尚书今古文注疏》引郑康成曰:"休休,宽容也。"孙星衍疏曰:"郑注见《大学释文》。以休休为宽容貌者,何氏注《公羊》云:'休休,美大貌。'大即宽容之义。"

⑲彦圣:善美明达,亦指善美明达之士。

⑳不啻:不仅,不止是。

㉑寔:同"实"。

㉒媢(mào)嫉:嫉妒。媢,嫉妒。

㉓违:压制,压抑。俾:使。

㉔放流:流放,放逐。

㉕迸：通"屏"，斥逐，排除。朱熹曰："迸，读为屏，古字通用。迸，犹逐也。"
㉖命：轻慢，怠慢。朱熹曰："命，郑氏云：'当作慢。'程子云：'当作怠。'未详孰是。"
㉗菑：同"灾"。逮：及，到。
㉘骄泰：骄横傲慢。
㉙疾：快，引申为积极。
㉚舒：慢，舒缓。
㉛发：起。
㉜孟献子：鲁之贤大夫仲孙蔑。
㉝畜马乘：士初成为大夫者。
㉞伐冰之家：卿大夫以上，丧祭用冰者。
㉟长：为……之长，即掌握，管理。
㊱彼为善之：朱熹认为："此句上下，疑有阙文误字。"

【评解】 此章"释治国平天下"。朱熹说："此章之义，务在与民同好恶而不专其利，皆推广絜矩之意也。能如是，则亲贤乐利各得其所，而天下平矣。"本章着重阐释了治国平天下的基本方法，具体内容主要包括以下三个方面：一、絜矩之道。这是儒家德治思想的重要内容，要求统治者以身作则，身先示范，努力加强自身的道德修养，以带动整个社会道德水平的提高，最终达到稳定统治秩序的目的。二、德本财末。这是儒家重义轻利原则在政治生活中的具体体现，告诫统治者不要本末倒置，否则难免产生与民争利、掠夺人民等现象的发生，最终导致人心离散，国家衰败。三、任用贤人。要求统治者要以忠实、宽厚等作为选拔和任用人才的标准，尽量避免嫉贤妒能、心胸狭窄、唯利是图的小人占据重要的位置，以防他们过分追逐利益、压制打击贤才，从而导致国家的动乱。

注释：

〔1〕 此据朱熹《四书章句集注》本，与《礼记》原本文字次序上稍有差别。

《大学》的主要思想

  《大学》作为儒家重要经典,虽寥寥千余字,却言简意赅、持之有故,以内圣外王之学教导民之俊秀,影响中国社会政治生活达数千年之久。
  通观全篇,《大学》以阐发三纲领八条目为主旨,道尽内圣外王之道,兼谈修身处世之法。开篇即开宗明义指出:大学之道在明明德,在亲民,在止于至善。此即《大学》之三纲领是也。三纲领之实现,八个步骤不可偏废,即格物、致知、诚意、正心、修身、齐家、治国、平天下。此即所谓八条目也。
  内圣外王即内求于己,外施诸人。孟子之言"穷则独善其身,达则兼济天下"乃内圣外王之精义也。《大学》作者以三纲领八条目,为内圣外王实现之途,激励儒者孜孜以求,自强不息、舍生取义。
  然凡事皆有两面,《大学》亦如是,精华与谬误并存。今读《大学》,应审问之、慎思之、明辨之,取可取之义,废谬误之言。
  明明德者,三纲领之首也。欲亲民、止于至善,必先明明德;欲外王,须先达至内圣。所谓教人者,先教己,其理一也。《大学》以格物、致知、诚意、正心、修身为明明德之途,然所要明者,绝非明德一项。德与法,如车之两轮、鸟之两翼,不可偏废。道德决定论断不可取。德治变人治变专制之祸国人尚须警惕。人才之考量亦须德才并举,以防道德为那些道貌岸然的伪君子、欺世盗名的假道学张目。
  一、格物致知——科学的代名词。
  格物致知所格之物是世界上的万事万物(涵盖了整个物质世界),所致之知是包括自然科学(Natural science)、社会科学(Social science)和人文学科(Humanities)在内的科学和知识。格物致知本来属于社会科学的方法,但是经过朱熹的解释,便与自然科学发生了关系。而现在的科学一词,出现在1830年左右。据学界研究,格物致知有五个要点:1.致知要讲诚意。讲诚意就是,搞科学研究心术要正。2.致知在格物。就是通过孜孜探求,以掌握知识、明白事理(客观规律)。3.万物皆有理,格物要合内外之理。人们不但要认识和掌握自然规律,还要学会顺应自然,做到不乱砍一木,不乱杀一兽,才合内外之理。4.格物有多种方位、多种层次和多种角度。既讲宏观,又要讲中观和微观;既要注意理论探讨,又要注意实际应用。5.格物贵在闲时理会。就是说平时对各种事物要一件一件地进行研究,做好积累功夫,不要临时抱佛脚。

朱熹把格物致知突出出来以后,提高了人们认识物质世界的自觉性,促进了科学的发展。此后,许多科学家都认为自己的研究是在格物致知,格致就成了科学的代名词。元朝,有四大名医之一的朱震亨的《格致余论》,明末有熊明遇的《格致草》、高一志(又名王丰肃)的《空际格致》、汤若望的《昆舆格致》。清朝王韬与传教士艾约瑟合译了《格致西学提纲》,向国人介绍西方科学最新成就。1866年中外人士还创办了格致书院,1876年书院的外籍董事傅兰雅自费创办了《格致汇编》(坚持十五年之久)。这个格致在英文中的意思就是科学和技术的总体,就是我们今天所讲的科技。当然,格致一词也可单独指代物理学、地质学和化学等等。《清会典》中说,格致有七种:力学、水学、声学、气学、火学、光学、电学,也就是现在的物理学。1902年,清政府开始教育改制,正式提出了格致的六门学科,次年做了修改故又叫癸卯学制(算学、物理学、星学、化学、动物学、地质学六门,另设农工医各科与之并列)。1911年辛亥革命后,才把格致科正式改称为理科。

二、诚意正心——不欺人、不自欺,实事求是。

"精诚所至,金石为开","诚生德业"。以今言来说,诚意即充分发挥人的主观能动性,使主观与客观相符合。所谓知至而后意诚,对事物本质的正确认识是实事求是、一切从实际出发的前提和基础。有了对事物本质的正确认识,才能不为表面现象所蒙蔽,做到既不欺人,亦不自欺,实事求是。具体而言,其一,就是要尊重事实、尊重规律,使主体在思想上和行为上充分地接近和适合于客体必然性,使主客体在客观规律的基础上达到统一;其二,就是要真实无妄、言行一致、表里如一、忠诚为人、以诚待人;其三,就是要在言语、行动之前,要审慎地思考,使言行恰当可行、符合道义。

意诚而后心正,如何不以利害关系枉其道,公正诚明、不偏不倚、不为物欲所左右,就是心正的目标和要求。如孔子所言:"其身正,不令而行;其身不正,虽令不从。"在态度上,做到意诚心正,是事业成功的前提和保障。不为物欲所累、不为名利所动,在为学上,才能做到"板凳要坐十年冷,文章不写一句空";在为人上,才能脚踏实地,避免急功近利、误入歧途。

需要指出的是,对诚意正心或者人的主观能动性方面,应正确认识:不能片面缩小,也不能片面夸大。欧洲近代以休谟为代表的不可知论者和中国古代以陆九渊、王阳明为代表的心学家就走向了两个极端。

三、修身——德智体全面发展。

《大学》八条目之关键即修身：自天子以至庶人，壹是皆以修身为本。然修身不能仅仅提高自身的道德修养，而应在德智体各方面使自己达到全面发展。如何使自己的实践活动、社会关系、各种需要、各种能力乃至潜在素质得到全面的发展，成为社会需要的人才是修身的目标。只有适应社会各项工作的需要，成为"社会多面手"，才能齐家、治国、平天下。

亲民纲，列于《大学》三纲领之次。学而优则仕，内圣而外王。明明德之后，要做的就是亲民，己新民新，日新又新，在提高自身修养和素质的同时，还要齐家治国，把内圣的成果推而广之，使家人和民众也在道德和素质方面得到提升。这就是亲民的目标。

一、齐家——修己安人的第一步。

《大学》作者为我们设计了一条实现亲民至善的修己安人之路。爱有差等，一屋不扫何以扫天下。"一家仁，一国兴仁；一家让，一国兴让；一人贪戾，一国作乱。……宜其家人，而后可以教国人。"中国古代是家国一体的社会结构，表现在伦理道德上，就是用以协调家庭关系的孝悌、仁慈等观念同样也可推广到君臣、上下等政治关系的处理之中。正如《孝经》中所说："夫孝，德之本也，教之所由生也。""夫孝，始于事亲，中于事君，终于立身。"国家中的道德规范与家族、家庭中的道德规范是一致的，根据推己及人，能近取譬的原则，如果想治理好国家，就必须从努力使家族和家庭和谐开始。

二、治国——与民同好恶而不专其利。

治国之要在于与民同好恶而不专其利，皆推广絜矩之意也。能如是，则亲贤乐利各得其所，而天下平矣。治国之法不外乎三：其一絜矩之道，这是儒家德治思想的重要内容，要求统治者以身作则，身先示范，努力加强自身的道德修养，以带动整个社会道德水平的提高，最终达到稳定统治秩序的目的；其二德本财末，这是儒家重义轻利原则在政治生活中的具体体现，告诫统治者不要本末倒置，否则难免产生与民争利、掠夺人民等现象的发生，最终导致人心离散，国家衰败；其三任用贤人，要求统治者要以忠实、宽厚等作为选拔和任用人才的标准，尽量避免嫉贤妒能、心胸狭窄、唯利是图的小人占据重要的位置，以防他们过分追逐利益、压制打击贤才，从而导致国家的动乱。

止于至善纲，列《大学》三纲领之末，是无数儒者孜孜以求的目标。布仁政于天下，使天下太平就是要达到天人合一、止于至善之境。以今言来说，就是要坚持以人为本，树立全面、协调、可持续的发展观，促进经济社会和人的全面发展。当然，环境的因素也很重要，优美的环境有利于人们的身心健康。因此，我们在促进人的发展和社会经济发展的同时，还要努力促进人和自然的协调与和谐，使人们在优美的环境中工作和生活。坚持实施可持续发展战略，正确处理经济发展同人口、资源、环境的关系，改善生态环境和美化生活环境，改善公共设施和社会福利设施。只有努力开创政治清明、生产发展、生活富裕和生态良好的文明发展之路，才能真正实现《大学》止于至善的崇高理想。

我们说，虽然《大学》文字浅近，思想鲜明，比较好懂，但其阐明"止于至善"的各条要领和措施，对于理解儒家道德思想的本质是极其重要的。所以朱熹在《大学章句集注》末尾特别强调"读者不可以其近而忽之也"，是有其道理的，我们今人读《四书》应重视《大学》，读好《大学》。古人将《四书》的阅读顺序按《大学》、《论语》、《孟子》、《中庸》排列，特别突出《大学》的重要性，其中的奥妙是不言而喻的。

中庸正宗

中　庸

　　天命之谓性①,率性之谓道②,修道之谓教③。道也者,不可须臾离也④,可离非道也。是故君子戒慎乎其所不睹⑤,恐惧乎其所不闻。莫见乎隐⑥,莫显乎微。故君子慎其独也。喜怒哀乐之未发⑦,谓之中⑧;发而皆中节⑨,谓之和⑩;中也者,天下之大本也⑪;和也者,天下之达道也⑫。致中和⑬,天地位焉⑭,万物育焉⑮。

【译文】　上天所给予人的禀赋叫做"性",遵循各自的天性叫做"道",对出于天性的道加以修明推广叫做"教"。"道"是不能够片刻离开的,可以离开就不是"道"了。所以君子在别人看不到的时候也非常警惕谨慎,在别人听不到的时候也非常畏惧警醒。没有什么比隐秘的东西更容易显现出来,没有什么比细微的东西更容易凸显出来。所以君子一定要在独处时谨慎不苟。喜、怒、哀、乐等感情还没有表露出来的时候,称为"中";表露出来能够合乎法度,称为"和";"中",是天下万物的基础;"和",是天下公认的准则。达到最完善的中和境界,天地就会处于正位,万物就会生生不息。

【注释】　①天命之谓性:朱熹曰:"命,犹令也。性,即理也。天以阴阳五行化生万物,气以成形,而理亦赋焉,犹命令也。于是人物之生,因各得其所赋之理,以为健顺五常之德,所谓性也。"(《中庸章句》。下引该著,不再注出。)天命,即天赋,天所赋予人的。
　　②率性之谓道:朱熹曰:"率,循也。道,犹路也。人物各循其性之自然,则其日用事物之间,莫不各有当行之路,是则所谓道也。"
　　③修道之谓教:朱熹曰:"修,品节之也。性道虽同,而气禀或异,故不能无过不及之差,圣人因人物之所当行者而品节之,以为法于天下,则谓之教,若礼、乐、刑、政之属是也。"
　　④须臾:片刻,短时间。
　　⑤戒慎:警惕谨慎。
　　⑥见:同"现",显现。
　　⑦发:表露出来。
　　⑧中:不偏不倚。朱熹曰:"其未发,则性也,无所偏倚,故谓之中。"

⑨中节:符合法度,合乎法则。
⑩和:无所乖戾。朱熹曰:"发皆中节,情之正也,无所乖戾,故谓之和。"
⑪大本:根本,事物的基础。朱熹曰:"大本者,天命之性,天下之理皆由此出,道之体也。"
⑫达道:公认的准则。朱熹曰:"达道者,循性之谓,天下古今之所共由,道之用也。"
⑬致:尽,极。朱熹曰:"致,推而极之也。"
⑭位:使占据其应有的位置。朱熹曰:"位者,安其所也。"
⑮育:繁育,生长。朱熹曰:"育者,遂其生也。"

【评解】 朱熹曰:"子思述所传之意以立言:首明道之本原出于天而不可易,其实体备于己而不可离,次言存养省察之要,终言圣神功化之极。盖欲学者于此反求诸身而自得之,以去夫外诱之私,而充其本然之善。"本章是《中庸》的首章和总纲,提出了中和、慎独等观念,并对儒家的天命论、人性论、道德教化、道德修养、君子人格等思想都有所涉及。

仲尼曰:"君子中庸①,小人反中庸。君子之中庸也,君子而时中②;小人之中庸也③,小人而无忌惮也。"

【译文】 孔子说:"君子做事符合中庸之道,小人做事违背中庸之道。君子之所以符合中庸之道,是因为君子行事合乎时宜,无过无不及;小人之所以违背中庸之道,是因为小人做事无所顾忌,肆意妄行。"

【注释】 ①中庸:指待人、处事不偏不倚,无过无不及。朱熹曰:"中者,不偏不倚、无过不及之名。庸,平常也。""中庸者,不偏不倚、无过不及,而平常之理,乃天命所当然,精微之极致也。"
②时中:指立身行事合乎时宜,无过与不及,时时处处合乎中道。
③小人之中庸也:朱熹曰:"王肃本作'小人之反中庸也',程子亦以为然。今从之。"

【评解】 本章通过引述孔子的论述,说明了中庸之道是区分君子和小人的重要标准,并提出了中庸的根本原则,即"时中"。

子曰:"中庸其至矣乎①!民鲜能久矣②!"

【译文】 孔子说:"中庸大概是最高的准则了吧!人们已经很少能做得到了!"

【注释】 ①其:副词,表推测、估计,大概、或许。
②鲜(xiǎn):少。

【评解】 中庸是道德修养的一种极高的境界,没有正确的方法和艰苦的努力,是不可能达到的。

子曰:"道之不行也,我知之矣:知者过之①,愚者不及也。道之不明也,我知之矣:贤者过之,不肖者不及也②。人莫不饮食也,鲜能知味也。"

【译文】 孔子说:"中庸之道无法得到推行,我知道原因了:聪明的人做得超过了它,愚笨的人做不到它。中庸之道得不到彰明,我知道原因了:贤能的人做得超过了它,不贤的人做不到它。人没有不吃不喝的,但很少有人能够辨别出滋味。"

【注释】 ①知:同"智"。
②不肖:不贤,不成才,不正派。

【评解】 中庸的标准就是"无过无不及",而人们在现实生活中,却很难把握住度,经常会走向极端。不论走向哪个极端,都是对中庸之道的背离。

子曰:"道其不行矣夫。"

【译文】 孔子说:"中庸之道大概是无法推行了吧。"

【评解】 孔子生活的时代,天下混乱,各诸侯国都在进行着相互争夺,儒家之道很难得到推行。在《论语》中,也记载有孔子"道不行,乘桴浮于海"的感慨,可见他对于当时的社会风气的失望之情。

子曰:"舜其大知也与!舜好问而好察迩言①,隐恶而扬善,执其两端②,用其中于民,其斯以为舜乎!"

【译文】 孔子说:"舜大概可以算得上非常有智慧的人了吧!舜喜欢向人请教并且喜欢体察比较浅近的言论,对于恶言恶行就隐藏起来,对于善言善行则加以宣扬,他把握住事物的两个极端,用中庸之道同人们交往,这就是舜之所以为舜的原因吧!"

【注释】 ①迩言:浅近之言,常人之语。郑玄注曰:"迩,近也。近言而善,易以进人。"朱熹曰:"迩言者,浅近之言。"
②两端:指两个极端。郑玄注曰:"两端,过与不及也。"朱熹曰:"两端,谓众论不同之极致。"

【评解】 舜被儒家视为道德高尚的圣人,本章中认为,舜之所以具有大德行和大智慧,正是在于他能够恪守中庸之道,从而说明了中庸对于人的德行和素质的重要性。

子曰:"人皆曰'予知',驱而纳诸罟擭陷阱之中①,而莫之知辟也②。人皆曰'予知',择乎中庸,而不能期月守也③。"

【译文】 孔子说:"人们都说'我很聪明',但是当把他们驱赶进罗网和圈套中去的时候,他们都不知道如何去躲避。人们都说'我很聪明',但是当他们选择了中庸之道之后,却不能坚持哪怕只有一个月的时间。"

【注释】 ①罟擭(huò)陷阱:捕取禽兽的工具和机关,比喻罗网、圈套。罟,网的总称。擭,装有机关的捕兽木笼。王夫之《稗疏》曰:"擭,揉竹木施机设绳于兽往来之径,以罥其足。"陆德明《释文》曰:"罟,网之总名;擭,《尚书》传云:捕兽机槛。"陷阱,为了捕捉野兽或擒敌而挖的坑穴,上面覆盖着伪装物,人和动物踩在上面就掉到坑里。孔颖达疏曰:"陷阱,谓坑也。穿地为坎,竖锋刃于中以陷兽也。"朱熹曰:"罟,网也;擭,机槛也;陷阱,坑坎也;皆所以掩取禽兽者也。"

②辟:同"避"。

③期(jī)月:一整月。

【评解】 孔子批评了不能坚持中庸之道的人,认为这是不明智的表现,同时也说明了中庸之道的难能可贵。

子曰:"回之为人也①,择乎中庸,得一善,则拳拳服膺而弗失之矣②。"

【译文】 孔子说:"颜回的做人方式是,他能够选择中庸之道,一旦领悟了一种善行,就牢牢地铭记心中,衷心信服而不会遗忘。"

【注释】 ①回:即孔子的弟子颜回,字子渊,鲁国人。颜回以德行著称,比孔子小三十岁,但英年早逝。

②拳拳:诚挚貌。朱熹曰:"拳拳,奉持之貌。"服膺:铭记在心,衷心信奉。朱熹曰:"服,犹著也;膺,胸也。奉持而著之心胸之间,言能守也。"

【评解】 在孔子的弟子中,颜回以德行著称,孔子曾经多次对其进行称赞。本章中,孔子通过对颜回坚守中庸之道的赞美,希望人们都恪守这一准则。

子曰:"天下国家可均也①,爵禄可辞也,白刃可蹈也②,中庸不可能也。"

【译文】 孔子说:"可以把天下和国家治理得井井有条,可以辞去丰厚的爵位和俸禄,可以踏上锋利的刀尖,而中庸之道却不一定做得到。"

【注释】 ①均:使之安定有序。朱熹曰:"均,平治也。"

②白刃:锋利的刀。蹈:踏上、踩上。

【评解】《中庸》中数次强调践行中庸之道的困难,目的就是要人们充分重视,努力进行这方面的修养。

子路问强。子曰:"南方之强与?北方之强与?抑而强与①?宽柔以教②,不报无道③,南方之强也,君子居之。衽金革④,死而不厌⑤,北方之强也,而强者居之。故君子和而不流⑥,强哉矫⑦!中立而不倚⑧,强哉矫!国有道,不变塞焉⑨,强哉矫!国无道,至死不变,强哉矫!"

【译文】 子路请教什么是"强"。孔子说:"你问的是南方人的强呢,北方人的强呢,还是你自己的强呢?用宽厚柔顺来教育人,对那些粗暴无礼的人也不会加以报复,这是南方人的强,君子应当具有这种强。把刀剑甲胄作为卧席,即使战死也不后悔,这是北方人的强,强悍的人具有这种强。所以君子平易谦和却从不迁就别人,真强啊!能够坚守中道而无偏无倚,真强啊!国家政治清明的时候,不改变自己没有显达时的操守,真强啊!国家政治昏暗的时候,至死也不改变自己的气节和志向,真强啊!"

【注释】 ①抑:或者,还是。而:你,你的。
②宽柔:宽厚柔顺。朱熹曰:"宽柔以教,谓含容巽顺以诲人之不及也。"
③不报无道:朱熹曰:"不报无道,谓横逆之来,直受之而不报也。"报,报复。无道,粗暴无礼。
④衽:卧席,床褥。金革:军械和军装。孔颖达疏曰:"金革,谓军戎器械也。"朱熹曰:"金,戈兵之属;革,甲胄之属。"
⑤厌:后悔。
⑥流:放纵,迁就。
⑦矫:强健、雄健的样子。孔颖达疏曰:"矫,亦强也。"
⑧倚:不正,偏侧。朱熹曰:"倚,偏著也。"
⑨变塞:指改变未显达时的操守。

【评解】 孔子通过对"强"的分析,认为只有和中庸之道结合起来,这样的"强"才是更值得提倡和推崇的。

子曰:"素隐行怪①,后世有述焉②,吾弗为之矣。君子遵道而行,半涂而废③,吾弗能已矣④。君子依乎中庸,遁世不见知而不悔⑤,唯圣者能之。"

【译文】 孔子说:"探求隐僻的道理,好做怪诞的行为,这样做即使能够获得后代人的称述,我也不会去做。君子依据正道行事,如果让我半途而废,我是无法停下来的。君子如果遵守中庸之道,即使隐居避世不为别人所知,也绝对不会后悔,只有聪明睿智、德行高尚的圣人才能够这样做。"

【注释】 ①素隐行怪:朱熹曰:"素,按《汉书》当作'索',盖字之误也。索隐行怪,言深求隐僻之理,而过为诡异之行也。"

②述:记述,称述。

③涂:同"途"。

④已:停止。

⑤遁世:避世隐居。

【评解】 君子以探求和遵守中庸之道为最高的追求,本章通过孔子的论述,要求人们要潜心恪守中庸之道,不要半途而废。

君子之道费而隐①。夫妇之愚②,可以与知焉③,及其至也,虽圣人亦有所不知焉;夫妇之不肖,可以能行焉,及其至也,虽圣人亦有所不能焉。天地之大也,人犹有所憾,故君子语大,天下莫能载焉;语小,天下莫能破焉④。《诗》云:"鸢飞戾天,鱼跃于渊⑤。"言其上下察也。君子之道,造端乎夫妇⑥,及其至也,察乎天地。

【译文】 君子所持守的道在作用上广泛又显著,而在内容上却具体而又精微。普通老百姓虽然愚笨,也可以了解其中的一些道理,可是当它达到最高的境界时,即使是圣人也会有不明白的地方;普通老百姓虽然不贤明,也可以做到其中的一些要求,可是当它达到最高的境界时,即使是圣人也会有做不到的地方。像天地如此广大,人们尚且有不满意之处,所以君子说到道的大处,天下都没有地方承载得了它;说到它的小处,天下没有人能够解析得了它。《诗经》中说:"苍鹰翱翔天空,鱼儿跃入深潭。"说的就是君子所持守的道能够洞察上上下下的一切事物。君子所持守的道,是从普通老百姓可以理解、可以做到的地方开始的,可是当它达到最高的境界时,就可以洞察天地了。

【注释】 ①费:显著,广泛。朱熹曰:"费,用之广也。"隐:具体、精微。朱熹曰:"隐,体之微也。"

②夫妇:犹言匹夫匹妇,指普通的男女,普通老百姓。郑玄注曰:"言匹夫匹妇愚耳,亦可以其与有所知,可以其能有所行者,以其知行之极也。"

③与(yù):参与。

④破:解析,剖析。

⑤鸢飞戾天,鱼跃于渊:出自《诗经·大雅·旱麓》。鸢,鸟名,属猛禽类,俗称鹞鹰、老鹰,以蛇、鼠、鸡、雏鸟等为食。戾,至,到达。渊,深潭。

⑥造端:开始,开端。

【评解】 朱熹曰:本章为"子思之言,盖以申明首章道不可离之意也。其下八章,杂引孔子之言以明之。"这一章中,说明了道对于人们日常生活的重要意义,认为道虽然崇高,但是并不神秘,只要努力探求和修养,每一个人都会有收获。

子曰:"道不远人①。人之为道而远人,不可以为道②。《诗》云:'伐柯伐柯,其则不远③。'执柯以伐柯,睨而视之④,犹以为远。故君子以人治人,改而止。忠恕违道不远⑤,施诸己而不愿,亦勿施于人。君子之道四,丘未能一焉:所求乎子以事父,未能也;所求乎臣以事君,未能也;所求乎弟以事兄,未能也;所求乎朋友先施之,未能也。庸德之行⑥,庸言之谨,有所不足,不敢不勉,有余不敢尽;言顾行,行顾言,君子胡不慥慥尔⑦!

【译文】 孔子说:"道并不是远离人的。人们追求道的时候却远离了人自身,这样就不能够追求到道了。《诗经》中说:'砍斧柄啊砍斧柄,样式不必远处求。'手中握着斧柄砍木头做斧柄,斜着眼睛草草地看一眼,还觉得两者差别很大。所以君子按照做人的道理来治理人,只要使他们改正错误走上正道就可以了。忠恕离君子所执守的道不远,凡是不愿意被加于自己身上的事情,也不要加于别人身上。君子之道中有四个方面,我一条都没有做到:用对儿子的要求来侍奉父亲,我没能做到;用对臣子的要求来侍奉君主,我没能做到;用对弟弟的要求来侍奉兄长,我没能做到;对朋友的要求自己先达到,我没能做到。一般的道德规范要踏实奉行,平常的言语要谨慎对待,如果有做得不够的地方,不敢不努力做到,如果已经做得从容有余,也不敢不继续努力;言语时要顾及到行动,行动时也要考虑到言语,君子怎么能够不忠厚诚实呢?"

【注释】 ①道不远人:朱熹曰:"道者,率性而已,固众人之所能知能行者也,故常不远于人。"

②人之为道而远人,不可以为道:朱熹曰:"若为道者,厌其卑近以为不足为,而反务为高远难行之事,则非所以为道矣。"

③伐柯伐柯,其则不远:《诗经·豳风·伐柯》。柯,斧柄。伐柯,砍木头做斧柄。郑玄《诗》笺曰:"则,法也。伐柯者必用柯,其大小长短,近取法于柯,所谓不远求也。"朱熹曰:"言人执柯伐木以为柯者,彼柯长短之法,在此柯耳。"

④睨:斜着眼(看),斜视。

⑤忠恕:儒家重要的道德规范,尽己之心为忠,推己及人为恕。违:离。朱熹曰:"违,去也,如《春秋》传'齐师违谷七里'之违。"

⑥庸德：常德，一般的道德规范。
⑦胡不：何不。慥慥(zào)：笃实貌。慥，笃诚。

【评解】 朱熹曰："道不远人者，夫妇所能，丘未能一者，圣人所不能，皆费也。而其所以然者，则至隐存焉。"本章旨在告诉人们，践行道对于每个人来说都是可能的，但也不是轻易就做得到的，需要人们不懈地追求和努力。

君子素其位而行①，不愿乎其外②。素富贵，行乎富贵；素贫贱，行乎贫贱；素夷狄③，行乎夷狄；素患难，行乎患难。君子无入而不自得焉④。在上位不陵下⑤，在下位不援上⑥，正己而不求于人，则无怨。上不怨天，下不尤人⑦。故君子居易以俟命⑧，小人行险以徼幸⑨。子曰："射有似乎君子，失诸正鹄⑩，反求诸其身。"

【译文】 君子安于当前的地位做出合适的行动，不羡慕自身以外的事情。当前处于富贵的地位，就按照身处富贵时的要求行动；当前处于贫贱的地位，就按照身处贫贱时的要求行动；当前处于夷狄之中，就按照身处夷狄的要求行动；当前处于患难之中，就按照身处患难的要求行动。作为君子，没有一种境地可以使他不能够安然自得。身处尊贵的地位时不会欺压下面的人，身处卑贱的地位时不会巴结上面的人，只求端正自身，不去企求他人，这样就不会有怨恨。上不埋怨天，下不怪罪人。所以君子居于平易之地，以等待天命的降临；小人行于危险之途，以企求意外的收获。孔子说："射箭有些类似于君子做事，如果没有正中目标，就回过头来检查一下有什么自身的原因。"

【注释】 ①素：现在。朱熹曰："素，犹见在也。"
②愿：羡慕，倾慕。
③夷狄：古代称东方的部族为夷，北方的部族为狄。常用"夷狄"泛称除华夏族以外的各族。
④入：指到了某种境地。
⑤陵：侵犯，欺侮。
⑥援：指依附权势往上爬。
⑦尤：责备，怪罪。
⑧居易：处于平安、平易之地，这里指居于自己当处之地。郑玄注曰："易，犹平安也。"朱熹曰："易，平地也。居易，素位而行也。"俟命：听天由命。郑玄注曰："俟命，听天任命也。"朱熹曰："俟命，不愿乎外也。"
⑨行险：做冒险的事，走危险的路。郑玄注曰："险，谓倾危之道。"徼幸：徼，通"侥"。做非分企求，希望获得意外成功。朱熹曰："徼，求也。幸，谓所不当得而得者。"

⑩正鹄:箭靶的中心。郑玄注曰:"画布曰正,栖皮曰鹄。"陆德明《释文》曰:"正、鹄皆鸟名也。一曰:正,正也;鹄,直也。大射则张皮侯而栖鹄,宾射张布侯而设正也。"

【评解】 本章阐述了"君子时中"的道理,要求人们必须安于本分,根据自己的地位决定行动的原则。这是中国的古代宗法等级制度在儒家伦理思想中的典型体现。

君子之道,辟如行远必自迩①,辟如登高必自卑②。《诗》曰:"妻子好合,如鼓瑟琴;兄弟既翕,和乐且耽。宜尔室家,乐尔妻帑。"③子曰:"父母其顺矣乎!"

【译文】 君子之道,就像走远路一样,一定要从近处开始;又像登高山一样,一定要从低处开始。《诗经》中说:"妻子儿女感情好,如同琴瑟声和谐;兄弟之间心意合,相处融洽又愉悦。全家上下好和睦,妻子儿女很快乐。"孔子说:"父母大概可以顺心如意了吧。"

【注释】 ①辟:同"譬"。
②卑:低,低处。
③妻子好合,如鼓瑟琴;兄弟既翕,和乐且耽。宜尔室家,乐尔妻帑(nú):出自《诗经·小雅·常棣》。好合,情投意合。郑玄《诗》笺曰:"好合,志意合也。合者,如鼓瑟琴之声相应和也。"鼓,弹奏。瑟琴,瑟与琴,琴瑟之音和谐,经常用以比喻和合友好。瑟,我国一种传统的拨弦乐器,常与古琴或笙合奏。翕,和合,聚合。耽,乐,玩乐。妻帑:亦作"妻孥",妻子和儿女。帑:儿女的通称。

【评解】 本章反映了儒家道德修养中"能近取譬"的原则,认为人们在道德修养中最根本的途径就是设身处地,推己及人。

子曰:"鬼神之为德①,其盛矣乎!视之而弗见,听之而弗闻,体物而不可遗②。使天下之人齐明盛服③,以承祭祀,洋洋乎如在其上④,如在其左右。《诗》曰:'神之格思,不可度思!矧可射思⑤!'夫微之显,诚之不可掩如此夫⑥。"

【译文】 孔子说:"鬼神所显现出的德性,是多么充盈盛大啊!看它却看不见,听它却听不到,它凝结在万事万物之中,是无所不在的。它使天下的人静心洁身、严肃端庄,来对它进行祭祀,它充盈盛大的样子,好像在上面,又好像在左右。《诗经》中说:'神灵到来啊,无法揣测啊!哪可厌怠啊!'这就是隐微中的明显,真实无妄无法被遮掩,也像这个样子。"

【注释】 ①鬼神:死去的祖先和主宰人命运的神灵,后世哲学家多以阴阳之变、气的往来屈伸解释"鬼神",将其看做天地间一种精气的聚散变化。汉代王充《论衡·论死》说:"鬼神,阴阳之名也。阴气逆物而归,故谓之鬼;阳气导物而生,故谓之神。"朱熹曰:"程子曰:'鬼神,天地之功用,而造化之迹也。'张子曰:'鬼神者,二气之良能也。'愚谓以二气言,则鬼者阴之灵也,神者阳之灵也。以一气言,则至而伸者为神,反而归者为鬼,其实一物而已。"

②体物:成万物之体。

③齐明:一说指在祭祀前斋戒沐浴,静心洁身。齐(zhāi),同"斋"。孔颖达疏曰:"言鬼神能生养万物,故天下之人齐戒明絜,盛饰衣服,以承祭祀。"一说为整齐而明净。齐,音qí。朱熹曰:"齐,侧皆反。齐之为言齐也,所以齐不齐而致其齐也。明,犹洁也。"今从前说。盛服:指服饰齐整。表示严肃端庄。

④洋洋:一说同"养养",忧思貌。郑玄注曰:"洋洋,人想思其傍僾之貌。"《尔雅·释训》中说:"悠悠、洋洋,思也。"郭璞注曰:"皆忧思。"邢昺疏曰:"《诗·邶风·二子乘舟》云:'中心养养。'此皆想念忧思也。洋、养音义同。"一说指流动充满的样子。朱熹曰:"洋洋,流动充满之意。"今从后说。

⑤神之格思,不可度思!矧可射思:出自《诗经·大雅·抑》。格,来,至。思,语气词,用于句末,相当于"啊"。矧,况且。射(yì),"斁"的古字,厌弃。《尔雅·释诂下》中说:"射,厌也。"陆德明《释文》曰:"字又作斁,同。"朱熹曰:"射,厌也,言厌怠而不敬也。"

⑥诚:儒家重要的道德范畴之一,具有信实、真诚、真实等意。朱熹曰:"诚者,真实无妄之谓。"

【评解】 本章通过对鬼神之德的赞美,论述了"道"的充盈广大。同时,本章还提到了"诚"这一儒家思想中的重要范畴。关于这一范畴,下文中进行了较为深入完整的阐述。

子曰:"舜其大孝也与!德为圣人,尊为天子,富有四海之内。宗庙飨之①,子孙保之。故大德必得其位,必得其禄,必得其名,必得其寿。故天之生物,必因其材而笃焉②。故栽者培之,倾者覆之。《诗》曰:'嘉乐君子,宪宪令德!宜民宜人,受禄于天。保佑命之,自天申之!'③故大德者必受命。"

【译文】 孔子说:"舜应该称得上大孝了吧!从道德上说,他是圣人;从地位上说,贵为天子;从财富上说,富有天下。宗庙中在祭祀着他,子孙们保守着他的基业。所以具有高尚道德的人一定能够得到他应得的地位,一定能够得到他应得的俸禄,一定能够得到他应得的名誉,一定能够得到他应得的寿命。所以上天化生万物,一定会根据其本有的材质而加倍对待。因此,有成材可能的,上天就加以栽培;有倾倒趋势的,上天就使其倾覆。《诗经》中说:'嘉美热爱周成王,光明盛大好品德!他与臣民多和睦,上天赐予他福禄。

上天下令保佑他,世世代代国运旺!'所以拥有高尚品德的人一定能够得到天命的眷顾。"

【注释】 ①飨:通"享",祭祀,祭献。

②笃:厚。

③嘉乐君子,宪宪令德!宜民宜人,受禄于天。保佑命之,自天申之:出自《诗经·大雅·假乐》。《诗经》原文"嘉"作"假","宪"作"显","佑"作"右"。嘉乐,嘉美喜乐。君子,诗中指周成王。宪宪,即"显显",盛明貌。申,重复,一再。

【评解】 孔子基于天命论的思想,告诫人们要努力修养自己的德行。

子曰:"无忧者其惟文王乎!以王季为父①,以武王为子,父作之②,子述之③。武王缵大王④、王季、文王之绪⑤,壹戎衣而有天下⑥,身不失天下之显名,尊为天子,富有四海之内。宗庙飨之,子孙保之。武王末受命⑦,周公成文、武之德,追王大王⑧、王季,上祀先公以天子之礼⑨。斯礼也,达乎诸侯⑩、大夫及士、庶人。父为大夫,子为士,葬以大夫,祭以士。父为士,子为大夫,葬以士,祭以大夫。期之丧,达乎大夫;三年之丧,达乎天子;父母之丧,无贵贱,一也。"

【译文】 孔子说:"以前的历代帝王中,大概只有周文王没有忧虑了吧!王季是他的父亲,武王是他的儿子,父亲开创了基业,儿子继承了遗志。武王继承了大王、王季、文王的事业,一次争战就夺取了天下,并且自己也没有在天下人中失去好名声,在地位上贵为天子,在财富上富有天下。宗庙中在祭祀着他,子孙们保守着他的基业。武王到晚年才受天命成为天子,周公完成了文王和武王的德业,追加了大王和王季的王号,并用天子的礼节祭祀以前的历代祖先。这个礼节,可以通行于诸侯、大夫,以及士和庶人。如果父亲生前是大夫,儿子是士,父亲死了之后,就用大夫之礼埋葬,用士之礼祭祀。如果父亲生前是士,儿子是大夫,父亲死了之后,就用士之礼埋葬,用大夫之礼祭祀。服丧一年的礼制,通行到大夫;服丧三年的礼制,通行到天子;为父母守丧,没有贵贱之分,从庶人到天子都是一样的。"

【注释】 ①王季:周文王的父亲季历。

②作:开创。

③述:继承,遵循。

④缵(zuǎn):继承。

⑤绪:事业。

⑥壹戎衣：一说，"壹"即一次，"戎衣"即铠甲，争战时穿的衣服。如朱熹曰："壹戎衣，《武成》文，言一着戎衣以伐纣也。"一说，"壹"即一次，"戎"为兵，引申为用兵，"衣"即"殷"。如郑玄注曰："戎，兵也。衣读如'殷'，声之误也。齐人言殷声如'衣'，虞、夏、商、周氏者多矣。今姓有衣者，殷之胄与？'壹戎殷'者，壹用兵伐殷也。"一说，"壹"同"殪"，杀死，消灭。"戎衣"，即"戎殷"。如清代毛奇龄《四书剩言》卷二说："《中庸》：'壹戎衣而有天下。'此'壹'字是'殪'字。《尚书·康诰》曰'殪戎殷'，言灭大殷也。故《中庸注》：'衣'读如'殷'，齐人言'殷'声如'衣'，今有衣姓者，殷之裔也。若'戎殷'则与《泰誓》称'戎商'正同。自注《武成》者多误解作'一着戎衣'，竟以'壹'字解'一'字，而朱子亦即以'一着戎衣'为注，夫以兵衣为'戎衣'，如甲衣、甲裳等，不知有据与否？若'一着戎衣'添一'着'字，便是难通。着者，附也。衣服附在吾身曰'着'，若甲则但贯之于身，故《左传》'躬擐甲胄'，又曰'擐甲执兵'，未有言'着'者。"未知孰是，今仍从朱说。

⑦末：晚年。

⑧追王：给死者追加王号。朱熹曰："追王，盖推文武之意，以及乎王迹之所起也。"大王：即给古公亶父所追加的王号。

⑨先公：对天子、诸侯祖先的尊称。朱熹曰："先公，组绀以上至后稷也。"

⑩达：通行，推广到。

【评解】 本章赞美了周公制礼作乐的伟大功德。在中国古代宗法等级制社会中，礼乐制度、孝道等都是维护社会稳定的重要支柱。

子曰："武王、周公，其达孝矣乎①！夫孝者：善继人之志，善述人之事者也。春、秋修其祖庙②，陈其宗器③，设其裳衣④，荐其时食⑤。宗庙之礼，所以序昭穆也⑥；序爵⑦，所以辨贵贱也；序事⑧，所以辨贤也；旅酬下为上⑨，所以逮贱也⑩；燕毛⑪，所以序齿也⑫。践其位⑬，行其礼，奏其乐，敬其所尊，爱其所亲，事死如事生，事亡如事存，孝之至也。郊社之礼⑭，所以事上帝也；宗庙之礼，所以祀乎其先也。明乎郊社之礼、禘尝之义⑮，治国其如示诸掌乎⑯！"

【译文】 孔子说："武王、周公，大概达到天下人都称道的至孝了吧！所谓的孝，就是擅长继承前人的志向，善于延续前人的事业。春、秋祭祀的季节，整理打扫祖庙，陈列祭祀用的器具，摆好先祖留下的衣服，进献四季应时的祭品。宗庙祭祀的礼节，是用来区分先后顺序的；区别爵位等级，是用来辨明贵贱地位的；区别有关人员的职责，是用来分辨才能高低的；饮酒的时候辈分低的人向辈分高的人敬酒，是为了使地位低的人也能感受到恩惠和荣耀；排列座位的时候按照须发的颜色，是为了区别年龄的大小。登上先祖的位置，奉行先祖的礼节，演奏先祖的音乐，尊敬先祖所敬重的人，爱护先祖所亲近的人，侍奉死者如同侍奉生者一样，侍奉去世的人如同侍奉活着的人一样,这就是孝的极致。祭祀天地的郊社之礼,是用来侍奉上天的;宗庙中奉行的各种礼节,是用来祭祀列祖列宗的。明确这些祭祀天地和祖先的礼节及其包含的精神实质,治理国家就应该可以和抬起手来观看手掌一样容易了。"

【注释】 ①达孝:天下人都称道的至孝。朱熹曰:"达,通也。承上章而言武王、周公之孝,乃天下之人通谓之孝,犹孟子之言达尊也。"

②春、秋:指春、秋两季的祭祀。祖庙:供祀祖先的宫庙。根据古代礼制,"祖庙:天子七,诸侯五,大夫三,适士二,官师一"。

③宗器:宗庙祭器。朱熹曰:"宗器,先世所藏之重器;若周之赤刀、大训、天球、河图之属也。"

④裳衣:衣服,这里指先祖留下的衣服。郑玄注曰:"裳衣,先祖之遗衣服也。"朱熹曰:"裳衣,先祖之遗衣服,祭则设之以授尸也。"

⑤荐:进献,送上。时食:四季应时的食品。郑玄注:"时食,四时祭也。"朱熹曰:"时食,四时之食,各有其物,如春行羔、豚、膳、膏、香之类是也。"

⑥昭穆:根据古代宗法制度,宗庙或宗庙中神主的排列次序,始祖居中,以下父子依序为昭穆,左为昭,右为穆。毛奇龄《庙制折衷·昭穆》中说:"南面为昭,以其向阳;北面为穆,以其向幽,此昭穆之名所由始也。"朱熹曰:"宗庙之次:左为昭,右为穆,而子孙亦以为序。有事于太庙,则子姓、兄弟、群昭、群穆咸在而不失其伦焉。"

⑦爵:爵位。朱熹曰:"爵,公、侯、卿、大夫也。"

⑧事:宗庙祭祀中的有关人员的职责。朱熹曰:"事,宗祝有司之职事也。"

⑨旅酬:亦作"旅酢",指祭礼完毕后众亲宾一起宴饮,相互敬酒。朱熹曰:"旅,众也。酬,导饮也。旅酬之礼,宾弟子、兄弟之子各举觯于其长而众相酬。"孔颖达疏《礼记·曾子问》"祭,如之何则不行旅酬之事矣"时,对这一礼节的程序做过详细的解释,说:"酬宾讫,主人洗爵于阼阶上献长兄弟及众兄弟及内兄弟于房中。献毕,宾乃坐,取主人所酬之觯于阼阶前酬长兄弟,长兄弟受觯于西阶前酬众宾,众宾酬众兄弟,所谓旅酬也。"

⑩逮贱:即恩惠和荣耀及于地位低的人。朱熹曰:"盖宗庙之中,以有事为荣,故逮及贱者,使亦得以申其敬也。"

⑪燕毛:古代祭祀后宴饮时,以须发的颜色区别长幼的坐次,须发白、年纪长者居上位。郑玄注曰:"燕,谓既祭而燕也。燕以发色为坐。"朱熹曰:"燕毛,祭毕而燕,则以毛发之色别长幼,为坐次也。"

⑫齿:年龄。

⑬践:履,登上。其:这里指接受祭祀的先祖。"行其礼"、"奏其乐"、"敬其所尊"、"爱其所亲"中的"其"与此相同。

⑭郊社:祭祀天地。古代冬至祭天称"郊",夏至祭地称"社"。朱熹曰:"郊,祭天;社,祭地。"

⑮禘尝：禘礼与尝礼的并称，古代常用以指天子诸侯岁时祭祖的大典。朱熹曰："禘，天子宗庙之大祭，追祭太祖之所自出于太庙，而以太祖配之也。尝，秋祭也。四时皆祭，举其一耳。"禘(dì)，古代帝王、诸侯举行的各种大祭的总称，凡祀天、宗庙的大祭与宗庙的时祭均可称为"禘"。《尔雅·释天》中说："禘，大祭也。"郝懿行《义疏》曰："禘者，《说文》云'谛，祭也'，引《周礼》曰'五岁一禘'，本《礼》纬文也。《公羊·文二年传》'五年而再殷祭'。何休注以为'五年，禘也'。按禘之名，古多异说。有时祭之禘：则《王制》云'春曰礿，夏曰禘'，《祭义》云'春禘秋尝'，郑注以为殷礼也。有殷祭之禘：则《诗序》云'雝，禘大祖也'，郑笺'禘，大祭也。大于四方而小于祫'。又有郊祭之禘：亦《诗序》云'《长发》，大禘也'，郑笺'大禘，郊祭天也'，《祭法》云'有虞氏禘黄帝而郊喾'，郑注'此禘谓祭昊天于圜丘也'。"孔颖达疏《礼记·祭法》"有虞氏禘黄帝而郊喾"也说："经传之文，称禘非一，其义各殊。《论语》云'禘自既灌'及《春秋》'禘于大庙'，谓宗庙之祭也……《尔雅·释天》云'禘，大祭'，以比余处为大祭，总得称'禘'。"尝，古代于秋季举行的祭祀名。《尔雅·释天》中说："秋祭曰尝。"《礼记·王制》中说："天子诸侯宗庙之祭，春曰礿，夏曰禘，秋曰尝，冬曰烝。"汉代董仲舒《春秋繁露·四祭》则说："春曰祠，夏曰礿，秋曰尝，冬曰蒸……尝者，以七月尝黍稷也。"

⑯示：同"视"。

【评解】　孝是中华民族的传统美德，在中国古代，它有着更深刻的含义和更重要的作用。尤其是侍奉死者的"追孝"，对于中国古代社会稳定和文明延续有着积极的意义。

哀公问政①。子曰："文、武之政，布在方策②，其人存，则其政举；其人亡，则其政息。人道敏政③，地道敏树。夫政也者，蒲卢也④。故为政在人，取人以身，修身以道，修道以仁。仁者人也，亲亲为大；义者宜也，尊贤为大。亲亲之杀⑤，尊贤之等，礼所生也。在下位不获乎上，民不可得而治矣⑥！故君子不可以不修身；思修身，不可以不事亲；思事亲，不可以不知人；思知人，不可以不知天。天下之达道五，所以行之者三，曰：君臣也，父子也，夫妇也，昆弟也⑦，朋友之交也，五者天下之达道也。知、仁、勇三者，天下之达德也，所以行之者一也。或生而知之，或学而知之，或困而知之⑧，及其知之，一也；或安而行之，或利而行之，或勉强而行之，及其成功，一也。"子曰："好学近乎知，力行近乎仁，知耻近乎勇。知斯三者，则知所以修身；知所以修身，则知所以治人；知所以治人，则知所以治天下国家矣。凡为天下国家有九经⑨，曰：修身也，尊贤也，亲亲也，敬大臣也，体群臣也⑩，子庶民也⑪，来百工也⑫，柔远人也⑬，怀诸侯也⑭。修身则道立，尊贤则不惑，亲亲则诸父昆弟不怨⑮，敬大臣则不眩⑯，体群臣则士之报礼重⑰，子庶民则百姓劝，来百工则财用足，柔远人则四方归之，怀诸侯则天下畏之。齐明盛服，非礼不动，所以修身也；去谗远色，贱货而贵德，所以劝贤也；尊其位，重其禄，同其好恶，所以劝亲亲也；官盛任使⑱，所以劝大臣也；忠信重禄⑲，所以劝士也；时使薄敛⑳，所以劝百姓也；日省月试㉑，既廪称事㉒，所以劝百工也；送往迎来㉓，嘉善而矜不能㉔，所以柔远人也；继绝世㉕，举废国㉖，治乱持危㉗，朝聘以时㉘，厚往而薄来㉙，所以怀诸侯也。凡为天下国家有九经，所以行之者一也。凡事豫则立㉚，不豫则废。言前定则不跲㉛，事前定则不困，行前定则不疚㉜，道前定则不穷。在下位不获乎上，民不可得而治矣；获乎上有道：不信乎朋友，不获乎上矣；信乎朋友有道：不顺乎亲，不信乎朋友矣；顺乎亲有道：反诸身不诚，不顺乎亲矣；诚身有道：不明乎善，不诚乎身矣。诚者，天之道也；诚之者㉝，人之道也。诚者不勉而中，不思而得，从容中道，圣人也。诚之者，择善而固执之者也㉞。博学之㉟，审问之㊱，慎思之㊲，明辨之㊳，笃行之㊴。有弗学，学之弗能，弗措也㊵；有弗问，问之弗知，弗措也；有弗思，思之弗得，弗措也；有弗辨，辨之弗明，弗措也；有弗行，行之弗笃，弗措也。人一能之己百之，人十能之己千之。果能此道矣，虽愚必明，虽柔必强。"

【译文】 鲁哀公请教如何为政。孔子说："周文王、周武王的为政之道，都记载在了典籍里，有信奉这种为政之道的人在，相应的政治措施就能实行；信奉这种为政之道的人不在了，相应的政治措施也就停止了。人类社会治理的原则在于迅速地使治理取得良好效果，土地整治的原则在于迅速地使种植的树木或者作物生长起来。国家治理，和芦苇生长的道理是一样的。所以说，治理国家关键在于有贤能的人才，选拔任用贤能的人才要通过修养好自己的品德，修养品德就要遵循正道，修明正道在于信守仁德。所谓的'仁'，就是人在处理与作为同类的其他人之间的关系时所具有的同情、慈爱的天性，其中以亲爱自己的亲人最为根本；所谓的'义'，就是在分别事理、处理事务中所遵守的恰当的准则，其中以尊重贤能的人才最为根本。亲爱亲人有亲疏之分，尊重贤才有等级之别，这就是礼制产生的依据。所以君子不能不修养自己的道德；如果想修养道德，不能够不侍奉自己的亲人；如果想侍奉亲人,不能够不了解人的本性;如果想了解人性,不能够不明白天道。通行天下的大道包括五个部分,使得它们得以贯彻的准则有三条,分别是:君臣关系、父子关系、夫妇关系、兄弟关系和朋友之间的交往,这五者是通行天下的大道。智慧、仁爱、勇敢,这三条是天下公认的准则,它们之所以得以实践的最终依据都是一样的。有的人生下来就明白这个大道,有的人学习之后才明白这个大道,有的人遭受困顿之后才懂得这个大道,等到他们明白之后,根本的表现是一样的;有的人从容自然地实践这个大道,有的人为了利益实践这个大道,有的人非常勉强地实践这个大道,等到他们成功之后,最终的结果是一样的。"孔子说:"爱好学习,就离智慧不远了;身体力行,就离仁爱不远了;知道羞耻,就离勇敢不远了。明白这三者,就知道如何修养德性了;知道如何修养德性,就知道如何治理人民了;知道如何治理人民,就知道如何治理天下和国家了。大凡治理天下和国家,有九条基本的法则,分别是:修养道德,尊重贤者,亲爱亲人,敬重大臣,体恤百官,爱护百姓,招致工匠,优待远客,安抚诸侯。修养道德就能够确立正道,尊敬贤者就能够没有困惑,亲爱亲人就能够使伯叔兄弟不产生怨恨,敬重大臣就能够不产生迷惑,体恤百官就能够得到士人丰厚的回报,爱护百姓就能够激励他们努力生产,招致工匠就能够使财富充实,优待远客就能够使四方之人都来投奔,安抚诸侯就能够使天下之人产生敬畏。静心洁身,严肃端庄,不是合乎礼制的事情就不去做,这是修养品德的要求;驱逐奸邪,远离女色,轻贱物质利益而推崇高尚道德,这是勉励贤者的要求;提高他们的地位,增加他们的俸禄,采用同样的好恶标准而没有偏私,这是勉励亲爱亲人的要求;官属众多,足够使令,这是劝勉大臣的要求;诚恳对待,俸禄优厚,这是劝勉士人的要求;使民以时,薄其敛赋,这是激励百姓的要求;每日视察,每月考评,根据工作成绩给予相称的薪俸,这是激励工匠的要求;恭敬送行,热情迎接,嘉奖善言善行并且同情能力不足的人,这是优待远客的要求;延续断绝俸禄的世家,振兴已经衰败的诸侯,整顿乱局,扶持危亡,按时接见诸侯朝见,多赏赐少纳贡,这是安抚诸侯的要求。大凡治理天下和国家的要求有九条,而使它们得以实施的根本原则是一致的。任何事情,只要预先准备就能够成功,事前没有准备就会失败。言语事先想好就不会结结巴巴,事情事先谋划就不会遭遇困顿,行动事先确定就不会遇到困惑,大道事先确定就不会一筹莫展。地位低的人如果不能得到地位高的人信任,就不能得到治理老百姓的机会;得到地位高的人信任有办法:如果得不到朋友的信任,就不会得到地位高的人信任;得到朋友的信任有办法:如果不能得到父母的满意,就不会得到朋友的信任;得到父母的满意有办法:如果不能真实无妄地自我反省,就不能得到父母的满意;真实无妄地自我反省有办法:如果不清楚什么是善,就不能够真实无妄地自我反省。真实无妄,是上天赋予人的本然之性;希望达到真实无妄,是人本身自觉的追求。真实无妄的人不用激励就能够合乎道理,不用思考就能够有所获得,从容自然就能够合乎大道,这就是圣人啊。希望达到真实无妄的人,就是选择了善行并且坚定信守的人。这就需要对真实无妄进行广泛地学习、详细地探究、谨慎地思考、明确地分辨和切实地履行。如果有没有学过的东西,学习之后还没有学会,就不要放弃;如果有没有探究的东西,探究之后还没有明白,就不要放弃;如果有没有想过的东西,想过之后还没有想通,就不要放弃;如果有没有经过分辨的东西,分辨之后还没有辨明,就不要放弃;如果有没有实践过的东西,付诸实践但是还不切实,就不要放弃。别人一次就能够成功自己努力一百次,别人十次就能够成功自己努力一千次。如果真的能够坚持这样的原则,即使是愚笨的人也一定会明智,即使是柔弱的人也一定会坚强。"

【注释】 ①哀公:即鲁国国君鲁哀公,名将(一说名蒋),在位27年。

②布:陈述,表达,抒写。方策:简册,典籍,后亦指史册。郑玄注曰:"方,版也。策,简也。"方,古代书写文字用的木版。策,古代用以记事的竹片或木片,编在一起叫"策"。

③敏:迅速。

④蒲卢:一说即果蠃,一种细腰的蜂。郑玄注曰:"蒲卢,蜾蠃,谓土蜂也。《诗》曰:'螟蛉有子,蜾蠃负之。'螟蛉,桑虫也,蒲卢取桑虫之子去而变化之,以成为己子,政之于百姓,若蒲卢之于桑虫然。"一说为芦苇。朱熹曰:"蒲卢,沈括以为蒲苇是也。以人立政,犹以地种树,其成速矣,而蒲苇又易生之物,其成尤速也。言人存政举,其易如此。"今从朱说。

⑤杀(shài):等差。

⑥在下位不获乎上,民不可得而治矣:此句与下文重复,郑玄认为:"此句其属在下,著脱误重在此。"

⑦昆弟:即兄弟。

⑧困:困窘。

⑨经:常规,法则。

⑩体:体恤。朱熹曰:"体,谓设以身处其地而察其心也。"

⑪子:爱护,慈爱,像对待自己的孩子一样。朱熹曰:"子,如父母之爱其子也。"

⑫来:招来,使……来。

⑬柔:怀柔,安抚。

⑭怀:绥靖,安抚。

⑮诸父:指伯父和叔父。古代天子对同姓诸侯、诸侯对同姓大夫,也都尊称为"父",如果有多人,就称为"诸父"。

⑯眩:迷惑。
⑰报礼:报答之礼。
⑱官盛任使:朱熹曰:"官盛任使,谓官属众盛,足任使令也,盖大臣不当亲细事,故所以优之者如此。"
⑲忠信重禄:朱熹曰:"忠信重禄,谓待之诚而养之厚,盖以身体之,而知其所赖乎上者如此也。"
⑳时使薄敛:即"使民以时"、"薄其敛赋"。
㉑日省月试:即管理者每日省视百工的工作,每月考评其所做之事。
㉒既(xì)廪称事:薪俸给养与工作业绩相称。既廪,古代官府发给的给养。既,通"饩",赠送人的谷物或饲料。郑玄注曰:"既,读为饩。饩廪,稍食也。"孔颖达疏曰:"既廪谓饮食粮廪也。"称事,与事功相当。朱熹曰:"称事,如《周礼》'稿人职',曰'考其弓弩,以上下其食'是也。"
㉓送往迎来:朱熹曰:"往则为之授节以送之,来则丰其委积以迎之。"
㉔嘉:嘉许,表彰。矜(jīn):怜悯,同情。
㉕绝世:断绝禄位的卿大夫。世,世家,卿大夫之家。
㉖废国:已经衰亡的诸侯国。
㉗治乱持危:治理混乱,扶持危局。
㉘朝聘:古代诸侯按期派遣使臣或亲自朝见天子。《礼记·王制》中说:"诸侯之于天子也,比年一小聘,三年一大聘,五年一朝。"郑玄注曰:"比年,每岁也。小聘,使大夫;大聘,使卿;朝,则君自行。"
㉙厚往而薄来:朱熹曰:"厚往薄来,谓燕赐厚而纳贡薄。"
㉚豫:预备,事先准备。
㉛跲(jiá):窒碍。郑玄注曰:"跲,踬也。"
㉜疚:困惑。
㉝诚之者:希望达到"诚"。朱熹曰:"诚者,真实无妄之谓,天理之本然也。诚之者,未能真实无妄,而欲其真实无妄之谓,人事之当然也。"
㉞固执:坚持。
㉟博学:广泛地学习。
㊱审问:详细地探究,深入地追求。
㊲慎思:谨慎地思考。
㊳明辨:明确地分辨。
㊴笃行:切实地履行,专心地实行。
㊵措:弃置,搁置。

【评解】 朱熹曰:"此引孔子之言,以继大舜、文、武、周公之绪,明其所传之一致,举而措之,亦犹是耳。盖包费隐、兼小大,以终十二章之意。章内语诚始详,而所谓诚者,实此篇之枢纽也。"这一章中详细阐明了儒家以"诚"为核心原则的修养之道和治国之道,提出了"三达德"、"五达道"、治国"九经"等重要的思想,在儒家思想体系中具有重要的地位。

自诚明,谓之性;自明诚,谓之教。诚则明矣,明则诚矣。

【译文】 由内心本然的真实无妄而明白善道,称作天性;通过先明白善道而达到真实无妄,称作教化。真实无妄,就能够明白善道;明白了善道,也就能够达到真实无妄。

【评解】 本章分析了"诚"和"明"的关系,指出了"自明诚"和"自诚明"两条道德教育和道德修养的重要途径。

唯天下至诚,为能尽其性①;能尽其性,则能尽人之性;能尽人之性,则能尽物之性;能尽物之性,则可以赞天地之化育②;可以赞天地之化育,则可以与天地参矣③。

【译文】 只有达到了天下最真实无妄境界的人,才能够真正发挥自己的天性;能够充分发挥自己的天性,就能够充分发挥别人的天性;能够充分发挥别人的天性,就能够充分发挥万物的天性;能够充分发挥万物的天性,就能够辅佐天地化生万物;能够辅佐天地化生万物,就能够与天地并立为三了。

【注释】 ①尽:充分发挥。
②赞:辅佐,帮助。
③与天地参:与天地并立为三。参,同"叁"。

【评解】 本章阐述了"至诚"的功用,体现了儒家对"诚"这一德性的重视。

其次致曲①。曲能有诚,诚则形,形则著,著则明,明则动,动则变,变则化。唯天下至诚为能化。

【译文】 低于天下最真实无妄境界的人,就要从对小事进行推致开始。小事中也包含着真实无妄的成分,既然包含着真实无妄的成分就会有所表现,有所表现就会逐渐显著,逐渐显著就会渐趋明显,渐趋明显就会产生运动,产生运动就会发生变化,发生变化就会化生万物。只有达到天下最真实无妄的境界才是能够化生万物的。

【注释】 ①其次:低于"至诚"境界者。朱熹曰:"其次,通大贤以下凡诚有未至者而言也。"致:推致。曲:细事,小事。郑玄注曰:"曲犹小小之事也。"

【评解】 本章阐述了达到"至诚"的途径,旨在告诉人们只要肯下功夫,努力扩充,普通人也可以达到"至诚"的境界。

至诚之道,可以前知①。国家将兴,必有祯祥②;国家将亡,必有妖孽③。见乎蓍龟④,动乎四体⑤。祸福将至,善,必先知之;不善,必先知之。故至诚如神。

【译文】 根据最真实无妄的境界所体现的原则,可以预先推知未来。国家将要兴盛,必定会有吉祥的征兆;国家将要灭亡,必然会有反常的现象。征兆可以在占卜用的蓍草和龟甲中表现出来,也可以从人的动作举止中反映出来。福祸将要降临的时候,善,一定可以事先知道;不善,一定也可以事先知道。所以,最真实无妄的境界是非常神妙的。

【注释】 ①前知:预知,有预见,事先知道。
②祯祥:吉祥的征兆。孔颖达疏曰:"祯祥,吉之萌兆。祥,善也。"
③妖孽:事物反常的现象,古人认为这是不祥之兆。
④见:同"现"。蓍龟:蓍草与龟甲。古人以蓍草与龟甲占卜凶吉,因此常以蓍龟代指占卜。蓍,多年生草本植物,我国古代常用它的茎占卜。龟,即龟甲,古代常用做占卜之具。
⑤四体:即四肢,这里指四体的动作举止。朱熹曰:"四体,谓动作威仪之间,如执玉高卑,其容俯仰之类。"

【评解】 本章进一步阐述了"至诚"的功用,认为它可以见微知著,预测祸福。

诚者自成也,而道自道也①。诚者物之终始,不诚无物。是故君子诚之为贵。诚者非自成己而已也,所以成物也。成己,仁也;成物,知也。性之德也,合外内之道也,故时措之宜也②。

【译文】 表现为真实无妄的"诚"是用来成就自己的,而作为行动指南的"道"是用来引导自己的。真实无妄贯穿于事物的始终,没有真实无妄就没有事物存在。所以君子崇尚真实无妄的境界。表现为真实无妄的"诚"并不是仅仅成就自己就可以了,它还要用来成就万事万物的。成就自己,是仁的体现;成就万事万物,是智的体现。真实无妄是出于人的本然之性的品德,并没有外在原则与内在原则的区分,所以随时施用都是合宜的。

【注释】 ①道:同"导"。
②措:施用,使用。

【评解】 本章继续阐述"诚"的功用,认为它在人的德性修养中具有根本性的意义。

故至诚无息。不息则久,久则征①,征则悠远②,悠远则博厚③,博厚则高明④。博厚,所以载物也;高明,所以覆物也;悠久,所以成物也。博厚配地,高明配天,悠久无疆。如此者,不见而章⑤,不动而变,无为而成。天地之道,可一言而尽也。其为物不贰⑥,则其生物不测⑦。天地之道,博也厚也,高也明也,悠也久也。今夫天⑧,斯昭昭之多⑨,及其无穷也,日月星辰系焉⑩,万物覆焉。今夫地,一撮土之多,及其广厚,载华岳而不重⑪,振河海而不泄⑫,万物载焉。今夫山,一卷石之多⑬,及其广大,草木生之,禽兽居之,宝藏兴焉。今夫水,一勺之多,及其不测,鼋鼍⑭、蛟龙⑮、鱼鳖生焉,货财殖焉⑯。《诗》云:"维天之命,於穆不已⑰!"盖曰天之所以为天也。"於乎不显!文王之德之纯⑱!"盖曰文王之所以为文也,纯亦不已。

【译文】 所以说,真实无妄达到最高的境界就没有止息,没有止息就能保持长久,保持长久就会有所显露,有所显露就能悠远广大,悠远广大就能博大深厚,博大深厚就能高大光明。博大深厚,就可以用来承载万物;高大光明,就能够用来覆盖万物;悠远长久,就能够成就万物。博大深厚与承载万物的地相配,高大光明与覆盖万物的天相配,悠远长久就像万物的生长一样永远没有终止。如果达到这样的境界,即使不表现出来也能得到彰明,即使不发生运动也能自然变化,即使不故意去做也能获得成功。天地之道,一个字就可以概括了(这个字就是"诚")。它的表现是纯一不二的,(只有"诚","诚"没有止息,)因此它化生出的万物也是不可计量的。天地之道,就是博大的,是深厚的,是高大的,是光明的,是悠远的,是长久的。天,是由一点一点的小光明组成的,等到它积聚到无穷无尽的时候,日月星辰都可以在它上面悬系,世间万物都在它的覆盖之下。地,是由一小撮一小撮的土组成的,等到它积聚到足够广足够厚的时候,可以承载起高山也不会觉得重,可以包容下江河也不会有泄漏,世间万物都在它的负载之下。山,是由一小块一小块的石头组成的,等到它积聚到足够广阔高大的时候,可以使草木在上面生长,鸟兽在上面生活,宝藏在上面出现。水,是由一勺一勺组成的,等到它积聚到无法测量的时候,可以使鼋鼍、蛟龙、鱼鳖在里面生长,财富在里面积聚。《诗经》中说:"上天之道,深远无穷!"说的就是天之所以称为天的原因。"如此光辉灿烂!文王纯一美德!"说的就是文王之所以称为文的原因,是他的美德纯一而且没有止息。

【注释】　①征：显现，预兆，迹象。朱熹曰："征，验于外也。"
②悠远：长久，久远。孔颖达疏曰："悠，长也。若事有征验，则可行长远也。"
③博厚：广博而深厚。
④高明：高大而光明。
⑤见：同"现"。章：同"彰"。
⑥不贰：专一，无二心。
⑦不测：不可计数，不可测量。郑玄注曰："言至诚无贰，乃能生万物多无数也。"
⑧今夫：发语词。清代俞樾《古书疑义举例·古书发端之词例》中说："《礼记·中庸篇》'今夫天'一节，四用'今夫'为发端，此近人所习用者；乃或变其文为'今是'。"
⑨昭昭：明亮。朱熹曰："昭昭，犹耿耿，小明也。此指其一处而言之。"
⑩系：悬系，缀，置。
⑪华岳：高大的山。
⑫振：收取，约束。泄：泄漏，外溢。
⑬卷：通"拳"，小块。
⑭鼋鼍(yuántuó)：大鳖和鳄鱼。鼋，大鳖，俗称癞头鼋。鼍，即扬子鳄，也称鼍龙、猪婆龙，爬行动物，穴居于江河岸边和湖沼底部。
⑮蛟龙：古代传说的两种动物，居于深水之中，相传蛟能发洪水，龙能兴云雨。
⑯殖：积聚，聚集，增加，增长。
⑰维天之命，於穆不已：出自《诗经·周颂·维天之命》。於，语气助词。穆，深远。
⑱於乎不显！文王之德之纯：出自《诗经·周颂·维天之命》。不，同"丕"，大。朱熹曰："不显，犹言岂不显也。"恐非。

【评解】　本章继续阐述"至诚"的功用，告诉人们要不断修养，以使自己的德性达到与天地参的完美境界。

　　大哉圣人之道！洋洋乎发育万物，峻极于天①。优优大哉②！礼仪三百③，威仪三千④，待其人而后行。故曰：苟不至德，至道不凝焉⑤。故君子尊德性而道问学⑥，致广大而尽精微，极高明而道中庸。温故而知新⑦，敦厚以崇礼⑧。是故居上不骄，为下不倍⑨；国有道，其言足以兴⑩；国无道，其默足以容。《诗》曰："既明且哲，以保其身⑪。"其此之谓与！

【译文】　圣人之道是多么崇高伟大啊！它是如此的充盈，能助万物产生和发育；它是如此的高大，以至上达于天。真是广大充足啊！经礼三百条，曲礼三千条，都要等到合适的人出现之后才能够实行。所以说：如果没有德行极其崇高的人，最高境界的道就不可能实现。所以君子尊崇内心本有的德性，并且要经过不倦的探求和学习，既追求道的广阔博大，又穷尽道的精细微妙;既追求高明的境界,又遵循中庸的道理。复习已有的知识又能获得新的知识,诚实宽厚而又崇尚礼节。这样的话,就能够居于高贵的位置而不骄横,居于低贱的位置而不背弃;国家政治清明的时候,他的言论足以使他获得施展抱负的机会;国家政治黑暗的时候,他的缄默足以使他具有容身自保的可能。《诗经》中说:"既开明又有智慧,足以保全他自身。"大概说的就是这个意思吧!

【注释】 ①峻:高,高大。

②优优:丰多美盛、充足有余之貌。

③礼仪:即经礼,中国古代礼制的大纲和典礼制度。

④威仪:即曲礼,古代祭享等典礼中的动作仪节及待人接物的礼仪。孔颖达疏曰:"威仪三千者,即《仪礼》中行事之威仪。"

⑤凝:聚,成。

⑥尊德性:朱熹曰:"尊者,恭敬奉持之意。德性者,吾所受于天之正理。……尊德性,所以存心而极乎道体之大也。"道问学:朱熹曰:"道,由也。……道问学,所以致知而尽乎道体之细也。"

⑦温故:复习学过的知识。

⑧敦厚:诚实宽厚。

⑨倍:同"背"。

⑩兴:朱熹曰:"兴,谓兴起在位也。"

⑪既明且哲,以保其身:出自《诗经·大雅·烝民》。哲,明智、有智慧。

【评解】 本章阐述了圣人之道的广大深厚,勉励人们努力进行道德修养。

子曰:"愚而好自用①,贱而好自专②,生乎今之世,反古之道③。如此者,灾及其身者也。"非天子,不议礼④,不制度⑤,不考文⑥。今天下车同轨⑦,书同文,行同伦⑧。虽有其位,苟无其德,不敢作礼乐焉;虽有其德,苟无其位,亦不敢作礼乐焉。子曰:"吾说夏礼,杞不足征也。吾学殷礼,有宋存焉;吾学周礼,今用之,吾从周⑨。"

【译文】 孔子说:"愚蠢而喜欢自行其是,低贱而喜欢一意孤行,生活在现实的社会环境之下,却要恢复古代的各种准则。这样的人,一定会有灾祸降临到他身上。"如果不是天子,就不能讨论礼制,不能制定制度,不能考订书名。如今天下车辆采用同样宽度的车轮,书写采用同样的文字,行为采用统一的准则。即使有天子的地位,如果没有相应的德行,不敢轻易制定和修改礼乐制度;即使有天子的德行,如果没有相应的地位,也不敢轻易制定和修改礼乐制度。孔子说："我解说夏代礼仪制度,夏的后代杞国已经不足征考了。我学习商代礼仪制度,还有殷商的后代宋国保存着一些;我学习周代礼仪制度,如今天下人都在采用周礼,所以我还是遵从周代的礼仪制度。"

【注释】　①自用:自行其是,不听从别人的建议。

②自专:一任己意,独断专行。

③反:同"返"。

④议礼:指讨论以制定或修改礼制。郑玄注曰:"礼,谓人所服行也。"朱熹曰:"礼,亲疏贵贱相接之体也。"

⑤制度:指制定制度法规。郑玄注曰:"度,国家宫室及车舆也。"

⑥考文:指考订书名。郑玄注曰:"文,书名也。"

⑦轨:指两车轮之间的距离。

⑧伦:顺序,次序。

⑨吾说夏礼,杞不足征也。吾学殷礼,有宋存焉;吾学周礼,今用之,吾从周:《论语·八佾》中有:"子曰:'夏礼,吾能言之,杞不足征也;殷礼,吾能言之,宋不足征也。文献不足故也,足则吾能征之矣。'""子曰:'周监于二代,郁郁乎文哉!吾从周。'"杞,周代诸侯国名。武王伐纣后,封夏禹的后代东楼公于杞,称杞国。初在今河南杞县,后迁至今山东安丘东北。公元前445年被楚国所灭。征,征考。宋,周代诸侯国名,辖地在今河南东部及山东、江苏、安徽之间。武王灭商之后,封商纣王的儿子武庚于商旧都(今河南商丘)。成王时,武庚叛乱,被杀,又以其地封与纣的庶兄微子启,为宋国。公元前286年为齐国所灭。

【评解】　任何时代,独断专行、自以为是都是要碰壁的。顺应时势,尊重社会发展的规律,这是对恪守中庸之道的君子的基本要求。

　　王天下有三重焉①,其寡过矣乎!上焉者虽善无征②,无征不信,不信民弗从;下焉者虽善不尊③,不尊不信,不信民弗从。故君子之道本诸身,征诸庶民,考诸三王而不缪④,建诸天地而不悖⑤,质诸鬼神而无疑⑥,百世以俟圣人而不惑。质诸鬼神而无疑,知天也;百世以俟圣人而不惑,知人也。是故君子动而世为天下道,行而世为天下法,言而世为天下则。远之则有望⑦,近之则不厌。《诗》曰:"在彼无恶,在此无射;庶几夙夜,以永终誉⑧!"君子未有不如此而蚤有誉于天下者也⑨。

【译文】　用仁德一统天下有三件重要的事情要做,这样在礼仪制度上就应该很少会发生差错了!前代圣王制定的礼仪制度虽然好,但是没有充分的资料可以征考,无法征考就不能使人信服,不能使人信服老百姓就不会遵循;在下位的圣贤虽然好,但是他们没有相应的尊贵地位,没有地位就不能使人信服,不能使人信服老百姓就不会遵循。因此君子之道以自身的德性作为根本,推行于老百姓之中得到检验,征考于三代圣王而没有谬误,放置于天地之间而不会与天地运行的道理相违背,验证于鬼神而没有可疑之处,即使百代之后有圣人出现也不会有迷惑。验证于鬼神而没有可疑之处,这就是上知天意;百代之后有圣人出现也不会有迷惑,这就是下知人情。所以君子只要有作为就会世世代代成为天下人的原则,只要有行动就会世世代代成为天下人的法度,只要有言论就会世世代代成为天下人的准则。远离了就会产生企望,靠近了不会有所厌倦。《诗经》中说:"在己封地无憎恨,来到朝廷无厌烦;日日夜夜都勤勉,永远保持好名声!"君子没有不是这样做而早就扬名于天下的。

【注释】 ①三重:一说指三种隆重的礼仪,指夏、商、周三王之礼。如郑玄注曰:"三重,三王之礼。"孔颖达疏曰:"谓夏、商、周三王之礼。"一说指礼仪制度确立中的三件重要事情。如朱熹注引吕氏曰:"三重,谓议礼、制度、考文。"今从后说。

②上焉者:一说指在上位者。如郑玄注曰:"上,谓君也。君虽善,善无明征,则其善不信也。"一说指前代圣王所留传下来的。如朱熹曰:"上焉者,谓时王以前,如夏、商之礼虽善,而皆不可考。"今从后说。

③下焉者:指在下位者。郑玄注曰:"下,谓臣也。臣虽善而不尊君,则其善亦不信也。"朱熹曰:"下焉者,谓圣人在下,如孔子虽善于礼,而不在尊位也。"

④缪:同"谬",谬误,错误。

⑤建:立。朱熹曰:"建,立也,立于此而参于彼也。"

⑥质:验证。

⑦望:企慕,企望,思慕。

⑧在彼无恶,在此无射;庶几夙夜,以永终誉:出自《诗经·周颂·振鹭》。恶,厌恶,憎恨。射,原诗作"斁",厌烦。庶几,差不多。夙夜,朝夕、日夜。终,保持、坚持。

⑨蚤:同"早"。

【评解】 修身自律、推己及人、尊重礼制、以身作则,这是对有志于推行王道的人的根本要求。没有这些,一个人很难成就自己的德行,更不用说使天下人信服和经邦济国了。

仲尼祖述尧①、舜,宪章文②、武;上律天时③,下袭水土④。辟如天地之无不持载⑤,无不覆帱⑥,辟如四时之错行⑦,如日月之代明⑧。万物并育而不相害,道并行而不相悖,小德川流⑨,大德敦化⑩,此天地之所以为大也。

【译文】 孔子继承尧、舜的传统,效法周文王、周武王的典章;上遵循天道规律,下顺应水土环境。就如同天地一样,没有什么不能够承载,没有什么不能够覆盖,就好像四季交替运行,又好像日月轮流照耀。万物一同生长化育而不会相互妨碍,大道相辅运行而不会相互背离,小的德行如同河水流动一样盛行不衰,大的德行因其仁爱敦厚可以化生万物,这就是天地之所以伟大的原因。

【注释】 ①祖述:效法,继承。朱熹曰:"祖述者,远宗其道。"
②宪章:效法,仿效。朱熹曰:"宪章者,近守其法。"
③律:遵循,取法。
④袭:顺应,沿袭。
⑤持载:承载。
⑥覆帱(dào):覆被。帱,覆盖。
⑦错行:交替运行。朱熹曰:"错,犹迭也。"
⑧代明:轮流照耀。
⑨川流:河水流动,比喻层见叠出,盛行不衰。
⑩敦化:指仁爱敦厚,化生万物。

【评解】 本章通过对孔子的赞美,说明了圣人之道的广大崇高。

唯天下至圣为能聪明睿知①,足以有临也②;宽裕温柔③,足以有容也④;发强刚毅⑤,足以有执也⑥;齐庄中正⑦,足以有敬也;文理密察⑧,足以有别也。溥博渊泉⑨,而时出之⑩。溥博如天,渊泉如渊。见而民莫不敬,言而民莫不信,行而民莫不说⑪。是以声名洋溢乎中国⑫,施及蛮貊⑬;舟车所至,人力所通,天之所覆,地之所载,日月所照,霜露所队⑭,凡有血气者,莫不尊亲,故曰配天⑮。

【译文】 只有达到了天下最真实无妄境界的人,才能做到聪明睿智,足以俯视天下;宽厚温和,足以包容万物;奋发刚毅,足以决断一切;严肃公正,足以使人敬服;条理清晰,足以辨别事物。达到这种境界的人思虑周遍而深远,时时都可以体现出来。周遍得如同天空一样,深远得如同深渊一样。通过仪表体现出来,老百姓没有不敬仰的;通过语言表达出来,老百姓没有不信服的;通过行动表现出来,老百姓没有不欢欣的。所以他的声名能够在中国广泛传播,一直延伸到四方边远的部族;凡是车船能够到达的地方,人力能够通行的地方,天空覆盖的地方,大地承载的地方,日月照耀的地方,霜露降落的地方,只要是有血气的人,没有不尊敬尊长、亲爱亲人的,所以具有这种境界的人与天相匹配。

【注释】 ①睿知:即"睿智",聪慧,明智。
②临:由上看下,居高面低。引申为统治,治理。朱熹曰:"临,谓居上而临下也。"
③宽裕:宽大,宽容。
④有容:有所包含,宽宏大量。
⑤发强:奋发图强。孔颖达疏曰:"发,起也。……言孔子发起志意,坚强刚毅,足以断决事物也。"
⑥执:决断,判断。孔颖达疏曰:"执,犹断也。"
⑦齐(zhāi)庄:严肃诚敬。中正:得当,不偏不倚。
⑧文理:文章条理。朱熹曰:"文,章章也;理,条理也。"密察:缜密明晰。朱熹曰:"密,详细也;察,明辨也。"
⑨溥博:周遍广远。孔颖达疏曰:"溥,谓无不周遍;博,谓所及广远。"朱熹曰:"溥博,周遍而广阔也。"渊泉:深泉,比喻思虑深远。朱熹曰:"渊泉,静深而有本也。"
⑩出:涌现,出现。朱熹曰:"出,发见也。"
⑪说:同"悦"。
⑫洋溢:充满,广泛传播。
⑬施(yì):延续,延伸。蛮貊:古代中原地区对南方和北方落后部族的称呼,亦泛指四方落后部族或荒野遥远、不设法制的地方。
⑭队:同"坠"。
⑮配天:与天相匹配。朱熹曰:"配天,言其德之所及,广大如天也。"

【评解】 本章阐述了"至诚"之德的深远广大,希望人们能够主动接受教化,不断加强修养。

唯天下至诚,为能经纶天下之大经①,立天下之大本②,知天地之化育。夫焉有所倚③?肫肫其仁④!渊渊其渊⑤!浩浩其天⑥!苟不固聪明圣知达天德者,其孰能知之?

【译文】 只有达到了天下最真实无妄境界的人,能够树立治理天下的法则,建立起天下的基础,明白天地化育万物的道理。他哪里还有其他可以倚靠的呢?他的仁爱是多么诚恳,他的深渊一样的思虑是多么深邃,他的昊天一样的德性是多么广阔!如果不是实实在在地具有聪明睿智而通达天赋德性的人,还有谁能知道这样的境界呢?

【注释】 ①经纶:原意指整理丝缕、理出丝绪和编丝成线,引申为筹划大事,如治理天下、国家等。朱熹曰:"经、纶,皆治丝之事。经者,理其绪而分之;纶者,比其类而合之也。"大经:常道,常规,根本的原则。朱熹曰:"经,常也。大经者,五品之人伦。"
②大本:根本,事物的基础。朱熹曰:"大本者,所性之全体也。"
③倚:倚靠,依傍。

④肫肫：诚恳。朱熹曰："肫肫，恳至貌，以经纶而言也。"
⑤渊渊：深广，深邃。朱熹曰："渊渊，静深貌，以立本而言也。"
⑥浩浩：广大无际。朱熹曰："浩浩，广大貌，以知化而言也。"

【评解】 本章进一步阐述了"至诚"之道的功用，认为它在社会和国家治理中具有根本性的意义，要求人们努力发掘自己本有的德性，以追求高尚的境界，为社会发展和天人和谐做出自己的贡献。

《诗》曰："衣锦尚䌹①"，恶其文之著也。故君子之道，暗然而日章②；小人之道，的然而日亡③。君子之道，淡而不厌，简而文，温而理，知远之近，知风之自④，知微之显，可与入德矣。《诗》云："潜虽伏矣，亦孔之昭⑤！"故君子内省不疚，无恶于志⑥。君子之所不可及者，其唯人之所不见乎！《诗》云："相在尔室，尚不愧于屋漏⑦。"故君子不动而敬，不言而信。《诗》曰："奏假无言，时靡有争⑧。"是故君子不赏而民劝，不怒而民威于铁钺⑨。《诗》曰："不显惟德！百辟其刑之⑩。"是故君子笃恭而天下平⑪。《诗》云："予怀明德，不大声以色⑫。"子曰："声色之于以化民，末也。"《诗》曰："德輶如毛⑬"，毛犹有伦；"上天之载，无声无臭⑭"，至矣！

【译文】 《诗经》中说："里面穿锦绣，外面罩麻衣。"这是厌恶锦绣之衣的文采过于显眼。因此，君子之道虽然隐晦深远但却日益彰明，小人之道虽然华丽显著但却日益消亡。君子之道恬淡而不会使人厌倦，简约而内含文采，温和而条理清晰，知道长远的追求要从切近处做起，知道教化别人要从端正自身做起，知道细微的端始中隐含着显著起来的可能，这样就可以进入道德的高尚境界了。《诗经》中说："虽然潜藏隐匿，依然清晰可见！"所以君子自我反省没有歉疚，内心之中没有愧怍。君子为普通人所不可企及的，可能就在于别人所看不见的时候吧！《诗经》中说："即使家中隐秘处，也无愧疚在内心。"所以君子没有什么活动就让人敬重，不说什么话语就让人信服。《诗经》中说："进献祭品默无语，此时不再有纷争。"所以君子不行赏赐就能使老百姓受到激励，不用发怒就能使老百姓畏惧刑罚。《诗经》中说："发扬光大德行，诸侯都来效法。"所以君子淳厚恭敬，天下就能实现安宁。《诗经》中说："我向往盛德之人，他从不厉声厉色。"孔子说："用厉声厉色来教化百姓，是非常次要的方法。"《诗经》中说："美德羽毛一样轻"，羽毛也还有东西和它类比；"上天之事难揣测，既无声息又无味"，这样的德性才是达到了最高的境界！

【注释】 ①衣锦尚䌹:《诗经·卫风·硕人》、《郑风·丰》,皆作"衣锦褧衣"。褧(jiǒng),同"䌹",用麻类植物纤维织布制成的单罩衣,一般为古代女子出嫁时在途中所穿,以蔽尘土。衣,穿。锦,有彩色花纹的丝织品或用其制作的衣服。尚,加在上面。
②暗然:隐晦深远。日章:日见彰明。
③的然:鲜艳显著。
④风:风化,教化。
⑤潜虽伏矣,亦孔之昭:出自《诗经·小雅·正月》。潜,潜伏。伏,隐匿。孔,大。盛。昭,明显。
⑥无恶于志:即无愧于心。
⑦相在尔室,尚不愧于屋漏:出自《诗经·大雅·抑》。相,看。尔,你。尚,当。屋漏,古代在室内西北隅为人所不见的地方施设小帐,安藏神主,因此常称室内西北角为"屋漏"。
⑧奏假无言,时靡有争:出自《诗经·商颂·烈祖》。奏假,祭者进献祭品。
⑨铁(fū)钺:铡刀和大斧,腰斩、砍头用的刑具。铁,铡刀,切草的农具,也用做刑具。钺,古兵器,形似斧而较大,盛行于殷、周时。后多用于礼仪。
⑩不显惟德!百辟(bì)其刑之:出自《诗经·周颂·烈文》。不,同"丕"。百辟,指四方诸侯。辟,诸侯,国君。刑,同"型",法则。
⑪笃恭:淳厚恭敬。
⑫予怀明德,不大声以色:出自《诗经·大雅·皇矣》。
⑬德輶(yóu)如毛:出自《诗经·大雅·烝民》。輶,轻。
⑭上天之载,无声无臭:出自《诗经·大雅·文王》。载,事。

【评解】 德治是儒家一贯的政治主张,而要使德治得以推行,首先是施政者努力加强自身的道德修养,不断提高自身的道德品质,只有首先达到了"内圣",才能自然而然地产生"外王"的效果。这也是《中庸》中提倡中庸之道,提倡至诚境界的目的和归宿。

《中庸》的主要思想

《中庸》通篇的主旨是论中和,探讨致中和的方法。中和是宇宙的本来状态。人的可教育,就在于能中和;政教的作用,就在于致中和。故《中庸》开篇便道:"天命之谓性,率性之谓道,修道之谓教。"这必修之道是什么呢?《中庸》的作者写道:"喜怒哀乐之未发谓之中,发而皆中节谓之和。中也者,天下之大本也;和也者,天下之达道也。"中为本,和为道,合而言之"中和"就是道,而且是达道。

程颐说:"此篇乃孔门传授心法,子思恐其久而差也,故笔之于书,以授孟子。其书始言一理,中散为万事,末复合为一理;放之则弥六合,卷之则退藏于密,其味无穷,皆实学也。""中和"又有分合之谓,合而言之指一种高度和谐的境界,一种十分完美的境界。"致中和,天地位焉,万物育焉。"分而言之,"中"指思想方法,而"和"则指在这种思想指导下的行为效果。《中庸》说:"喜怒哀乐未发谓之中,发而皆中节谓之和。"可知"中"的本身并非喜怒哀乐,而是指对喜怒哀乐的持中状态,就是说对喜怒哀乐等情欲要有一个适中的度的控制,过度的喜不叫喜,过度的乐也不叫乐。朱熹注释说:"喜怒哀乐,情也;其未发,则性也。无所偏倚,故谓之中。"性即本性,本来的状态,也就是本身固有的质和量。对喜怒哀乐能按应有状态掌握,无所偏倚,这就叫"中",平时能持中,一旦表现出来,就能中节,这就叫和。因为效果的"和"决定于方法的"中",所以程颐解释中庸一词说:"不偏之谓中,不易之谓庸。"不易说的是不可更易,不是别的不可更改,而是"中"的原则的不可更易。《中庸》既是以致"中和"为目的,但如何才能致中和呢?

一、至诚无妄的心态

《中庸》说:"唯天下至诚,为能经纶天下之大经,立天下之大本,知天地之化育。"《中庸》的作者认为,想问题,看问题,处理问题,要想能"中",首先要诚。不仅要诚,而且要"至诚"。只有至诚,才能立天下之大本,经纶天下的大事业。什么原因呢?《中庸》说:"唯天下至诚,为能尽其性;能尽其性,则能尽人之性;能尽人之性,则能尽物之性;能尽物之性,则可以赞天地之化育;可以赞天地之化育,则可以与天地参矣。"与天地参就是与天地并列为三,说明是人的思想品德的无比高尚。这种无比高尚的境界是逐步达到的,而关键的一步,就是要"至诚",因为只有至诚,才能充分发挥自己固有的天性,也就是天地无私之性,能尽自己之性就能尽他人之性,能尽人之性就能尽物之性,能尽物之性就能参与天地化育。当然这仅是作者的推理,不一定全是事实,作者据此立论而已。

至诚虽然可以推而至"赞天地之化育",但主要的功夫还是诚己,故《中庸》说:"诚者自成也,而道自道也。诚者物之终始,不诚无物,是故君子诚之为贵。"这里的"诚"也就是《易·文言》"修辞立其诚"的诚,不过《中庸》的作者将它提到了更高的高度。诚者实也,所有物都是一种客观存在,而凡是存在物都有它的实体,有它的实有性,这种实有的性质就叫"诚",所以说"不诚无物"。人是一种存在物,有它的实体,有它的实有性,不诚就等于否定了自己的这个实体,所以"君子诚之为贵"。诚的反面是不实,所以朱熹解释说:"故人之心一有不实,则虽有所为亦如无有,而君子必以诚为贵也。"

儒家的宗旨是修身齐家治国平天下,"诚己"虽然是诚的主要功夫,但却不是目的,所以《中庸》又说:"诚者,非自成己后已也,所以成物也。成己,仁也;成物,知也。性之德也,合外内之道也,故时措之宜也。"

因为"成己"的目的是为了"成物",而物又是无限的,所以"诚"的任务也就成了无限。《中庸》接着说:"故至诚无息,不息则久,久则征,征则悠远,悠远则博厚,博厚则高明。"随着"诚"的不断深化,随着"成物"的不断扩大,诚的主体的道德修养也日益增进,由博而厚,由博厚而高明。"博厚配地,高明配天",于是"与天地参"的境界达到了。

因为诚是客观物质的属性,所以"诚"本身是一种天道,也就是一种天性,人能充分发挥之,熟练地运用它,也就成了人道。《中庸》说:"诚者天之道也,诚之者人之道也。诚者不勉而中,不思而得,从容中道,圣人也。诚之者择善而固执之者也。""诚者"就修养境界而言,人修养到了至诚的程度,就能不勉而中,不思而得,从容中道,"中和"的目的也就达到了。"诚之者"就修养过程而言。那么,诚的修养主要有哪些过程呢?《中庸》说:"博学之,审问之,慎思之,明辨之,笃行之。"提出了学、问、思、辨、行五字,而且分别提出学必博、问必审、思必慎、辨必明、行必笃的要求。审、慎、笃是个态度问题,只要认真、刻苦,也就不难做到。但博学和明辨不光是态度,主要是个下工夫的问题了,所以《中庸》说:"人一能之己百之,人十能之己千之。果能此道矣,虽愚必明,虽柔必强。"人的资质、体力是不一样的,有强有弱,但有了这种己百己千的精神,也就无不可至了。这就肯定每一个人都可以"致中和",只要有心。

诚的反面是伪,所以"至诚"还得与欺伪作斗争,不但不能欺人,也不能欺心。《中庸》说:"忠恕,违道不远。施诸己而不愿,亦勿施于人。"尽己之心为忠,推己及人为恕。能忠能恕,也就距中庸之道不远了。然则哪些东西是忠恕呢?《中庸》举了一个最为浅显的例子:"施诸己而不愿,亦勿施诸人。"凡事都能设身处地为他人着想,凡不愿加在自己头上的,决不强加在他人头上。这样,人间就多了许多理解,增长了许多"中和"的气氛。

施诸己而不愿,勿施于人,是至诚无伪的一个方面,要求别人做到的自己首先做到,则是至诚无伪的另一方面。《中庸》的作者借孔子的口说:"君子之道四,丘未能一焉。所求乎子以事父,未能也;所求乎臣以事君,未能也;所求乎弟以事兄,未能也;所求乎朋友先施之,未能也。"要求别人是容易的,口使令指就可以了,但要把对别人的要求反求诸己,要求儿子对自己做到的首先自己对父亲做到,要求下级做到的首先对自己的上级做到,就很不容易了,连无所不能的孔子也说"丘未能一焉"。而这种推己及人,反躬自问的思想作风,正是人品的伟大和崇高所在。

这种要求人和反诸己的关系从某个角度说又是言与行的关系。《中庸》认为,行不敢不勉,而言语则不敢尽。《中庸》说:"庸德之行,庸言之谨,有所不足,不敢不勉;有余,不敢尽。"言与行不仅有个如何对待的问题,更有个彼此关系的问题。《中庸》说:"言顾行,行顾言,君子胡不慥慥尔。"言语的时候要顾及自己的行动,行动的时候要顾及自己的言语,要使两者一致,而不能使两者脱离。不仅不能脱离,而且要使其"慥慥",深厚笃实,这才称得上君子。

二、从实际出发的原则

《中庸》强调的一种重要原则是从实际出发,从自己所处的境地出发,从日常生活的琐事出发。《中庸》说:"君子素其位而行,不愿乎其外。"素的原本之意指的是什么呢?朱熹解释说:"素,犹现在也。"

"君子"行事,必须从现实的情况出发,不能有外慕之心:"素富贵行乎富贵,素贫贱行乎贫贱,素夷狄行乎夷狄,素患难行乎患难,君子无入而不自得焉。"就是说人处在富贵的地位就按富贵者的情况行事,处在贫困的境地就按贫困者的情况行事,处在不开化的夷蛮之地就按夷蛮的情况行事,处在患难的境地就按患难中的情况行事,一切从实际出发,不外求,不幻想,不眼高手低,这样才"无入而不自得"。在有阶级的社会里,人们所处的地位是不可能同等的,所以《中庸》又说:"在上位不陵下,在下位不援上,正己而不求于人,则无怨。上不怨天,下不尤人。故君子居易以俟命,小人行险以徼幸。"所谓从实际出发就是从自己所处的实际环境出发,不做人为的拔高,不搞硬性的助长。在上位不凌下以立威,在下位不援上以附势,一切顺其自然,不怨天,不尤人,这样就无时不心地和平。不能持中的小人则不是这样,不考虑自己的实际情况,冒险行事,以期侥幸取胜。即使偶尔达到目的,也是身心憔悴,离中庸甚远。

从实际出发,必须从低处着眼,从小处着手。《中庸》说:"君子之道,辟如行远,必自迩;辟如登高,必自卑。"不管你要走多远,无论千里万里,都是从身边的第一步开始的;不管爬多高,都是从最低的第一级开始的。那么,中庸的运用究竟应该从哪些地方开始呢?《中庸》引《诗》及孔子的话说:"《诗》曰:妻子好合,如鼓瑟琴;兄弟既翕,和乐且耽。宜尔室家,乐尔妻帑。子曰:父母其顺矣乎!"从调整家庭关系开始。夫妻之间,如鼓瑟琴;兄弟之间,和乐且耽。再加上对父母的孝顺,一个家庭也就臻于"中和"了。

从实际出发除了空间的实际,还有时间的实际。《中庸》说:"君子之中庸也,君子而时中。"所谓时中,一是随时而中,指的是时时处处无所不中。一是因时而中,指的是与时俱进,适应事物的发展变化。《中庸》借孔子的口说:"子曰:愚而好自用,贱而好自专,生乎今之世反古之道,如此者灾及其身者也。"这里说了三种实际,其中一种就是时间的实际。才能的实际、地位的实际都是要考虑的,但才力不足而自用,权力不足好自专,这样的毛病好发现,也好克服,因为它毕竟只是一种个人行为。唯有"生乎今之世反古之道"往往是有理论体系支撑的,其行为往往是一种思潮,一股势力,所以危害必就更大,要克服也就更难,更需要警惕。

三、行而不倦的精神

《中庸》的"致中和"表现的是一种行为规范,一种在实践中体现的原则,所以特别强调"行"。《中庸》举舜的事迹发挥说:"子曰:舜其大知也与!舜好问而好察迩言,隐恶而扬善,执其两端,用其中于民,其斯以为舜乎?"《中庸》的作者认为,舜之所以为舜是因为他坚持中庸之道。他注意调查研究,倾听周围意见,而且能隐恶扬善。对听来的意见善于分析,排除左右两个极端,就其中最合实际者,取而用之。朱熹对此注释道:"盖凡物皆有两端,如小大厚薄之类,于善之中,又执其两端,而量度以取中,然后用之,则其择之审而行之至矣。然非在我之权度,精切不差,何以与此?此知之所以无过不及,而道之所以行也。"朱熹的注释虽然自相矛盾的,却也是非平见。其量度的取中,无过不及,应该是对的,但联系到"凡物皆有两端,执其两端而量度以取中",则取的似是两端的平均值,这就不对了。从《中庸》"喜怒哀乐之未发谓之中"的定义看,"中"指的是喜怒哀乐本身具有的量,也就是朱熹解释的性,并不是与"两端"相对比的中,因为既然未发,就无所谓"两端"。可知《中庸》的"中"与亚里士多德的 mesotes(指舍两极端而执其中的"中道"、"适中"美德)是不同的。

《中庸》强调实践,不仅在实践中运用"中庸",而且要在实践中学习"中庸"。运用要像舜一样,"执其两端,用其中于民",至于学习,《中庸》举出了另外一个典型,这就是颜回。《中庸》说:"子曰:回之为人也,择乎中庸,得一善,则拳拳服膺,而弗失之矣。"所谓择乎中庸,就是善于选择,选取那些最精当的,真理性最强的,也就是反映了事物本质的"中庸",拳拳服膺,使之成为己有。颜回一生就是这样做的。这就告诉人们,在学习、工作和生活中遇到的很多东西都是有偏激的,没有反映事物本质的,所以要善于选择。选择不是选那些哗众取宠的,显赫一时的,更不是人云亦云的,而应该是不偏不倚,无过无不及,真实反映了事物本质的。

为要把握"中庸",一则要学,二则要行;学则能知,行则能成。但知和行都是需要付出代价的。《中庸》说:"或生而知之,或学而知之,或困而知之,及其知之一也。或安而行之,或利而行之,或勉强而行之,及其成功一也。"《中庸》在这里特别强调学与行的重要,无论何种人,无论何种情况,只要坚持学习,就能"知"。无论何种人,也无论何种情况,只要坚持实践,就能成功。朱熹作注说:"盖人性虽无不善,而气禀有不同者,故闻道有蚤莫,行道有难易,然能自强不息,则其至一也。吕氏曰:所入之途虽异,而所至之域则同,此所以为'中庸'。若乃企生知安行之资,为不可几及;轻困知勉行,谓不能有成,此道之所以不明不行也。"朱熹认为,人的天赋不同,所以学、行的难易有别。吕氏的论述更为深刻:如果人们只希望自己能生而知之不肯力学,希望能安而行之不能困勉,则中庸永远只能是理论意义上的中庸,而不能为人所用,所以说"此道之所以不明不行也。"

中庸的实践,无论对己对人,无论家庭社会,其原则精神都是一致的。《中庸》说:"天下之达道五,所以行之者三。曰:君臣也,父子也,夫妇也,昆弟也,朋友之交也。五者,天下之达道也。知、仁、勇三者,天下之达德也,所以行之者一也。"天下之达道五,是外向的,对家庭社会而言的;天下之达德三,是内向的,对自己而言的。无论内向外向,对人对己,原则是一样的,"所以行之者一也。"

不仅普通人如此,一国之君,天下之主,也不例外。《中庸》说:"凡为天下国家有九经,曰修身也,尊贤也,亲亲也,敬大臣也,体群臣也,子庶民也,来百工也,柔远人也,怀诸侯也……凡天下国家有九经,所以行之者一也。"

四、无过不及的思想方法

"中庸"是客观存在的规律,人的思想必须遵循这一规律,而不能须臾偏离。《中庸》说:"道也者,不可须臾离也,可离非道也。"又说:"君子中庸,小人反中庸。君子之中庸也,君子而时中;小人之反中庸也,小人而无忌惮也。"君子中庸,他的思想无时不在中庸规范之内。小人反中庸,其思想没有任何约束,以致肆无忌惮。肆无忌惮,指的是离开客观规律的胡思乱想。

如上文所述,中庸是极难掌握的,除自身的修养、认识外,还有个方法问题。《中庸》借孔子之口说:"子曰:中庸其至矣乎!民鲜能久矣。"为什么很久以来没有人能够做到呢?《中庸》引孔子的话接着说:"子曰:道之不行也,我知之矣,知者过之,愚者不及也;道之不明也,我知之矣,贤者过之,不肖者不及也。"这是孔子有名的过犹不及论。过与不及,都是非中庸的表现。过者过头,超过了应有的度;不及者不足,未达到应有的度。过与不及的两种倾向有两种人最容易犯。就实践而言,聪明人容易过头,而愚蠢者往往不足。就理解而言,好人容易过头,不肖者容易不足。何以会如此?《中庸》的作者没有展开论述。其实都有个思想方法问题。善于思考的知者、贤者,举一反三,触类旁通,容易搀杂自己的主观成分。所谓的愚者、不肖者(这里的不肖者实际上还是指愚者)表面看来好像是思考能力不及,实则同样是搀杂了自己的主观成分,只是愚者、不肖者通常受知者、贤者的影响乃至愚弄罢了。

中庸既有思想修养问题,也有思想方法问题。什么样的方法才是正确的呢?《中庸》的作者概括了五个方面:"为能聪明睿知,足以有临也;宽裕温柔,足以有容也;发强刚毅,足以有执也;齐庄中正,足以有敬也;文理密察,足以有别也。"这五个方面简单说来就是敏、宽、刚、庄、密。敏是观察事物的敏锐;宽就是宽容,不狭隘,不拘于一隅;刚便是刚毅,不软弱;庄即端庄严肃;密就是细密详察。不敏不能临事,不宽没有度量,不刚没有原则,不庄无人敬畏,不密无从区别。五者俱备,深藏广蓄,一旦运用,无不中的。《中庸》描述它的功用说:"溥博渊泉,而时出之,溥博如天,渊泉如渊,见而民莫不敬,言而民莫不信,行而民莫不说(悦)。是以声名洋溢乎中国,施及蛮貊,舟车所至,人力所通,天之所覆,地之所载,日月所照,霜露所队(坠),凡有血气者莫不尊亲,故曰配天。"

中庸讲究的是不偏不倚,故其思想方法也应该是不偏不倚的,既不能过,也不能不及。就一般而言,在上位的人往往易过,而在下位的又往往不及,因为位置的上下是相对而言的,官员中都有自己的下属,就是最低级的官还有他治下的百姓,所以官员这个群体总的倾向是容易过头,而组织体系愈强的愈易过头。故《中庸》特别强调"君子"的思想方法要防止过头。《中庸》引《诗》立论说:"衣锦尚䌹,恶其文之著也。故君子之道,暗然而日章;小人之道,的然而日亡。君子之道,淡而不厌,简而文,温而理。"䌹者衣无里也,也就是单衣。为什么绣有花纹的锦衣外面还要加上单衣呢?就是嫌花纹太露了。以此知君子之道贵在内蕴,而不在外表。内蕴既深,外表虽然暗淡,日久而愈加显露它的光芒;内蕴肤浅,虽然外表引人注目,但很快就会在人们的印象中消失。淡而不厌,简而有文,温而成理,这才是行中庸的正确方法。

不仅如此,《中庸》的作者认为思想方法还与仪表、言辞、仪容有关。作者引《诗》和孔子的话立论说:"予怀明德,不大声以色。子曰:声色之于以化民,末也。"靠厉声厉色来教化百姓,等而下之,因为它离中庸太远。

从上述的介绍中我们知道,"中庸"决不是人们习惯所说的折衷主义,不是与放弃原则画等号的"中庸之道",更不是于两者间取其平均值的简单算式,而是一种非常老到的思想修养和极其严格的效果要求。追求的是人与事的"中和"境界。唯其尚"中",所以能"和",唯其乐"和",所以要"中"。做人要中,处世要中,思虑要中,审事要中,一切惟是求,惟中是律。

孟子正宗

梁惠王章句上

　　孟子见梁惠王①,王曰:"叟②,不远千里而来,亦将有以利吾国乎③?"孟子对曰:"王何必曰'利'?亦有'仁义'而已矣④。王曰'何以利吾国',大夫曰'何以利吾家'⑤,士庶人曰'何以利吾身'⑥。上下交征利⑦,而国危矣。万乘之国⑧,弑其君者⑨,必千乘之家;千乘之国,弑其君者,必百乘之家。万取千焉⑩,千取百焉,不为不多矣。苟为后义而先利⑪,不夺不餍⑫。未有'仁'而遗其亲者也⑬;未有'义'而后其君者也。王亦曰'仁义'而已矣,何必曰'利'?"

【译文】 孟子到魏国去,见到了国君梁惠王。梁惠王问:"老先生,你不远千里来到我们魏国,将有什么能使我们魏国得利的吗?"孟子回答说:"大王您为什么一定要讲得到'利'呢?只要有'仁义'就可以了。像您这样作为国君的如果说'用什么办法可以使我的国家得利',大夫们就会说'用什么办法可以使我的封地得利',一般的士人和普通百姓也会说'用什么办法可以使我自身得利'。上上下下都竞相逐利,如果这样,国家就危险了。在拥有万辆兵车的国家中,弑君犯上的,必定是拥有千辆兵车的大夫;在拥有千辆兵车的国家中,弑君犯上的,必定是拥有百辆兵车的大夫。万中取千,千中取百,作为一国的大臣来说,财产不可谓不富足了。如果在考虑问题时忽略了'义'而总是把'利'放在优先的位置,那么大夫不夺取国君的地位和财产就决不会满足。从来没有重视'仁'而遗弃自己双亲的人,也从来没有崇尚'义'而怠慢自己国君的人。作为一国的国君,大王您只要讲'仁义'就足够了,为什么一定要说这个'利'字呢?"

【注释】 ①梁惠王:即魏惠王,名罃。魏国最初定都安邑(今山西夏县西北),后来为避免来自于秦国的威胁,迁都大梁(今河南开封),因此"魏"又称"梁"。魏本来是一个侯国,僭用周天子的称号"王",所以朱熹说:"梁惠王,魏侯罃也。都大梁,僭称王。""惠"是他死后的谥号。《史记·魏世家》中说:惠王三十五年,"惠王数被于军旅,卑礼厚币以招贤者。邹衍、淳于髡、孟轲皆至梁"。
②叟:古代对年长者的称呼。

③利:即"使……得利",指富国强兵之类。

④仁义:"仁"是中国传统伦理思想中的重要范畴,也是孔子所创立的儒家伦理思想的核心,东汉许慎的《说文解字》中说:"仁,亲也。"按照孔子的解释,"仁",简单地说,就是"爱人",指人与人之间的相亲相爱。"义"也是儒家思想中最基本的范畴和观念之一,主要是指对人们思想和行为进行价值判断的标尺或者准绳。在孟子的思想中,"仁义"二者并称,作为伦理思想的核心范畴。

⑤大夫:古代官职名,周代在诸侯国国君之下有卿、大夫、士三等,各等中又分为上、中、下三级。家:卿大夫的采地食邑,即诸侯封给卿、大夫的封地,可以作为他们世世代代的生活来源。

⑥庶人:周代对农业生产者的称呼,也泛指一般老百姓。

⑦交征利:即竞相夺取利益。交:互相,竞相。征:取,夺取。

⑧万乘之国:乘,车子。春秋战国时多指兵车,一乘包括一车四马,车上一般有三名甲士。那时候战争主要以车战为主,拥有兵车的多少是衡量诸侯国或者大夫力量大小的重要标志。万乘之国,即拥有万辆兵车的大国。

⑨弑:古代称臣子杀死君主,子女杀死父母等卑幼杀死尊长的行为为"弑"。如《左传·宣公十八年》中说:"凡自内虐其君曰弑,自外曰戕。"

⑩取:得到。

⑪苟:如果,假如。后义而先利:指在考虑问题时把是否得到"利"放在优先考虑的位置,而使"义"相对居于次要的位置。后,以……为后。先,以……为先。

⑫餍:原意是吃饱,引申为满足。

⑬遗:遗弃,舍弃。

【评解】 在中国传统文化中,义利观一直是一个非常重要的问题。义和利的关系,用今天的语言来表述,简单地说,就是道德和利益的关系,这始终是伦理学中的一个基本问题。儒家文化中,一向有重义轻利的传统,认为对于做人,尤其对于作为统治者来说,道义才是最主要的,而物质利益则相对来说处于次要的地位,追求不合道义的利益,更是被反对的。比如,孔子曾经说,"君子喻于义,小人喻于利"(《论语·里仁》),"不义而富且贵,于我如浮云"(《论语·述而》),"见利思义"(《论语·宪问》),"见得思义"(《论语·季氏》),等等。孟子继承了孔子在义利观上的基本思想,在回答梁惠王的问话时,也说,大王您为什么要说利呢?只要有仁义就足够了,并且详细地为他解释了作为统治者为什么要反对以追求利益为目标的原因。但是,需要指出的是,孔子和孟子并不是反对人们正当的物质利益的满足,只是反对贪得无厌,强调人们物质利益的满足要限制在道德和正义的范围之内。

孟子见梁惠王,王立于沼上①,顾鸿雁麋鹿②,曰:"贤者亦乐此乎③?"孟子对曰:"贤者而后乐此;不贤者,虽有此,不乐也④。《诗》

云⑤:'经始灵台,经之营之。庶民攻之,不日成之。经始勿亟,庶民子来。王在灵囿,麀鹿攸伏。麀鹿濯濯,白鸟鹤鹤。王在灵沼,於牣鱼跃⑥。'文王以民力为台为沼,而民欢乐之,谓其台曰灵台,谓其沼曰灵沼;乐其有麋鹿鱼鳖。古之人与民偕乐⑦,故能乐也。《汤誓》曰⑧:'时日害丧?予及女皆亡⑨。'民欲与之皆亡,虽有台池鸟兽,岂能独乐哉?"

【译文】 孟子拜见梁惠王,惠王正站在花园的池塘旁边,一边回视着园中的鸟兽,一边问孟子:"有才德的贤者也能从这些东西中感到快乐吗?"孟子回答说:"只有贤者才能感受到这种快乐;如果不是贤者,即使有这些东西,他也是无法感受到快乐的。《诗经·灵台》中说:'文王开始筑灵台,谋划建造细安排。百姓齐心同努力,灵台很快便建成。文王本来不着急,百姓群情太踊跃。文王来到灵囿中,母鹿安逸不惊扰。地上鹿群空中鸟,体态肥美毛色好。文王信步到灵沼,池中鱼儿齐蹿跃。'文王用老百姓的力量建台建池,而老百姓却为此感到高兴,把建成的台命名为'灵台',建成的池命名为'灵沼',看到其中养育的各种动物而感到高兴。古代的人能够与民同乐,所以就能够从这些有观赏价值的东西中感受到真正的快乐。《尚书·汤誓》中说:'(夏桀)你这个毒太阳什么时候灭亡啊!我宁愿和你同归于尽!'如果老百姓恨不能与他同归于尽,即使有池榭庭台,珍禽异兽,他还能够独自从中得到快乐吗?"

【注释】 ①沼:指水池。

②顾:回首,回视。鸿雁麋鹿:朱熹《孟子集注》(下简称《集注》)曰:"鸿,雁之大者。麋,鹿之大者。"鸿雁麋鹿,泛指惠王园中所养的观赏动物。

③贤者:即贤人,有才德的人。乐:喜爱,喜欢,为……感到快乐。

④贤者而后乐此;不贤者,虽有此,不乐也:赵岐注曰:"惟有贤者然后乃得乐此耳。谓修尧舜之道,国家安宁,故得有此以为乐也。不贤之人,亡国破家,虽有此,亦为人所夺,故不得以为乐也。"

⑤《诗》:即我国第一部诗歌总集《诗经》。《诗经》最早称为《诗》,后来被儒家奉为经典,才称为《诗经》。《诗经》共收录诗歌305首,大部分都是西周到春秋时期的,按其内容,分为"风"、"雅"、"颂"三部分。

⑥经始灵台,经之营之。庶民攻之,不日成之。经始勿亟,庶民子来。王在灵囿,麀鹿攸伏。麀鹿濯濯,白鸟鹤鹤。王在灵沼,於牣鱼跃:这几句诗出自《诗经·大雅·灵台》。"鹤鹤",阮元校刻十三经注疏之《毛诗正义》作"翯翯"。经,筹划,量度。灵台,《诗序》曰:"《灵台》,民始附也。文王受命,而民乐其有灵德,以及鸟兽昆虫焉。"郑玄笺曰:"天子有灵台者,所以观祲象,察气之妖祥也。文王受命,而作邑于丰,立灵台。"并说:"神之

精明者称灵。四方而高曰台。"营,建造,制作。庶民,众民,平民,老百姓。攻,这里指营建。不日,孔颖达疏曰:"谓不设时日已成功,言民心乐为之也。"朱熹《集注》曰:"不日,不终日也。"亟,速,急。子来,朱熹《集注》曰:"如子来趋父事也。"郑玄笺云:"众民各以子成父事而来攻之。"意思相同。王,指周文王。儒家将尧、舜、禹、汤、文(王)、武(王)、周公等人都当做"圣人"来崇拜,把他们看做才德的化身。囿,古代帝王畜养禽兽以供观赏的园林,汉代以后称"苑"。毛传曰:"囿,所以域养鸟兽也。天子百里,诸侯四十里。灵囿,言灵道行于囿也。"麀,母鹿。攸,助词,所。如《易·坤》中有:"君子有攸往,先迷后得主,利。"濯濯,肥泽貌。毛传曰:"濯濯,娱游也。"郑玄笺曰:"鸟兽肥盛喜乐。"孔颖达疏曰:"娱乐游戏,亦由肥泽故也。"鹤鹤(翯翯),光泽洁白貌,形容羽毛洁白而有光泽。毛传曰:"翯翯,肥泽也。"朱熹《集注》曰:"鹤鹤,洁白貌。"於,叹美辞,无义。牣,盈满,充塞。毛传曰:"牣,满也。"郑玄笺云:"灵沼之水,鱼盈满其中皆跳跃。"

⑦偕:俱,同。

⑧《汤誓》:《尚书》中的一篇。《尚书》为儒家的十三经之一,又称《书》,汉代始定名为《尚书》,为上古的政治文献汇编,分为《夏书》、《商书》和《周书》。《史记·孔子世家》说:"孔子之时,周室微而礼乐废,诗书缺。追迹三代之礼,序书传,上纪唐虞之际,下至秦缪,编次其事。""故书传""自孔氏"。《汤誓》为《尚书·商书》的第一篇,为商汤率师伐桀时的誓词。

⑨时日害丧?予及女皆亡:这是夏的百姓诅咒暴君桀的话,朱熹《集注》说:"桀尝自言,吾有天下,如天之有日,日亡吾乃亡耳。民怨其虐,故因其自言而目之曰,此日何时亡乎?若亡则我宁与之俱亡,盖欲其亡之甚也。"时,通"是",此,这。害,通"曷",疑问代词,什么,什么时候。予,我。女,通"汝",你。皆,朱熹《集注》作"偕",二字通,意为一同,俱。

【评解】 这里孟子提出了"与民同乐"的思想,这是我国古代"民本"观念的一个反映。"民本"在中国伦理思想史上也有着悠久的历史,并且被先秦时期的思想家所普遍重视。春秋战国时期"民本"思潮的兴起是有其时代背景的,在各诸侯国激烈的斗争中,人的重要性得到了充分的体现,各国的思想家和政治家也开始认真地考虑人的本质以及人在社会生活和各种纷纭复杂的关系中的地位问题,并从社会发展的现实中很自然地提高了对于人的重要性的关注,从而推动了中国古代早期的民本主义思潮的形成。

梁惠王曰:"寡人之于国也①,尽心焉耳矣②。河内凶③,则移其民于河东④,移其粟于河内⑤;河东凶,亦然⑥。察邻国之政⑦,无如寡人之用心者。邻国之民不加少⑧,寡人之民不加多,何也?"孟子对曰:"王好战,请以战喻⑨:填然鼓之⑩,兵刃既接⑪,弃甲曳兵而走⑫,或百步而后止⑬,或五十步而后止。以五十步笑百步,则何如?"曰:"不可,直不百步耳⑭,是亦走也。"曰:"王如知此,则无望民之多于邻国也⑮。不违农时⑯,谷不可胜食也⑰;数罟不入洿池⑱,鱼鳖不可胜食也;斧斤以时入山林⑲,材木不可胜用也。谷与鱼鳖不可胜食,材木不可胜用,是使民养生丧死无憾也⑳。养生丧死无憾,王道之始也㉑。五亩之宅㉒,树之以桑㉓,五十者可以衣帛矣㉔!鸡豚狗彘之畜,无失其时㉖,七十者可以食肉矣!百亩之田,勿夺其时㉗,数口之家可以无饥矣!谨庠序之教㉘,申之以孝悌之义㉙,颁白者不负戴于道路矣㉚。七十者衣帛食肉,黎民不饥不寒㉛,然而不王者㉜,未之有也。狗彘食人食而不知检㉝;涂有饿莩而不知发㉞。人死,则曰:'非我也,岁也㉟。'是何异于刺人而杀之,曰'非我也,兵也㊱。'王无罪岁㊲,斯天下之民至焉㊳。"

【译文】 梁惠王说:"我在治理国家上,可真的是非常尽心了。河内如果发生了灾荒,我就把人民迁移到河东去,把粮食调拨到河内来;河东发生了灾荒也是一样。考察一下邻国的国家治理,没有一个像我这样用心的。可是邻国的人口没有减少,我国的人民也没有增加,这是为什么呢?"孟子回答说:"大王您爱好打仗,就让我用打仗做个比方来说明吧。作为冲杀号令的战鼓擂得震天响,两军的兵刃刚刚一接触,士兵们就丢盔弃甲、倒拖着兵器逃离了战场,有的跑出去一百步停下来,有的跑出去五十步停下来。如果跑了五十步的人对跑了一百步的人加以嘲笑,您认为如何呢?"惠王说:"当然不可以,他只不过没有跑到一百步罢了,但也是逃跑了。"孟子说:"大王您如果明白这个道理,就不必期望自己的百姓比邻国多了。如果在老百姓农忙的时候不去耽误他们的农时,生产出的粮食就吃不完;如果不让过于细密的渔网到湖沼池塘里捕鱼,生产出的水产就吃不完;如果按照规定的时间采伐林木,生产出的木材就用不完。粮食和水产吃不完,木材用不完,这样就能使老百姓在生养死丧这些事情上都不会有什么怨言。老百姓在生养死丧这样的事情上没有怨言,这就是实行王道的开始。让老百姓在每家五亩的宅地上都栽种上桑树,五十岁以上的老人就可以穿上丝织的衣服了;让老百姓不要错过了饲养鸡犬猪狗的时节,七十岁以上的老人就可以吃上有肉的饭菜了。每家百亩农田,不要随意侵占他们的农时,有着数口人的家庭就可以免于饥寒了。认真地推行学校教育,向老百姓申明孝悌等做人的道理,头发花白的老人就不用再负载着重物在道路上奔波了。七十岁以上的人穿上丝吃上肉,老百姓没有饥寒之忧,做到这些而不能够使天下归心,是自古以来没有过的事情。猪狗吃着人的口粮而不知道制止,路旁有倒毙的饿殍而不知道赈济。老百姓死了,却说:'这与我没有关系,是年景不好的结果。'如果这样,与用刀子刺死了人却说'与我无关,要怪就怪兵器'有什么分别? 如果你不再总将国内的问题归罪于年景,这样天下的人民就都会投奔到魏国来的。"

【注释】 ①寡人:古代诸侯自称,后来成为君主的谦称。《礼记·曲礼下》中说:"诸侯见天子,曰'臣某侯某'。其与民言,自称曰'寡人'。"孔颖达疏曰:"寡人者,言己是寡德之人。"

②焉耳:恳切之辞。

③河内:古代指黄河以北的地区,也专指河南省黄河以北的地区,即今之济源一带,战国时属魏国。凶:灾荒,收成不好。

④河东:黄河流经山西省,自北而南,故称山西省境内黄河以东的地区为"河东",即今之山西安邑一带,魏国旧地。赵岐注曰:"魏旧在河东,后为强国兼得河内也。"

⑤粟:谷物名,即"谷子",这里是粮食的通称。

⑥然:代词,如此,这样。指河东发生灾荒时也采取与河内灾荒类似的政策和措施。

⑦察:考察,调查。政:政令,政策。

⑧加:更加。

⑨请:敬词,无实意。喻:指通过比喻来说明。

⑩填然:形容鼓音隆隆,声势宏大的样子。填,鼓音,军事行动中,鼓是前进的号令。鼓之:杨伯峻认为:"'鼓'在这里为不及物动词,其下不当有宾语,这'之'字不是宾语,只是用来凑足一个音节罢了。"[1]

⑪既接:刚刚一接触。

⑫弃甲曳兵:形容军队败退,非常狼狈的样子。甲,指战斗中所穿的用皮革、金属等制成的护身服。曳,倒拖着。兵,指兵器。走:逃跑,逃奔。

⑬或:代词,有人,有些人。

⑭直:副词,只不过。

⑮望:希望,期待。

⑯不违农时:朱熹《集注》中说:"农时,谓春耕夏耘秋收之时。凡有兴作,不违此时,至冬乃役之也。"

⑰胜:尽。赵岐注曰:"使民得三时务农,不违夺其要时,则五谷饶穰,不可胜食。"朱熹说:"不可胜食,言多也。"

⑱数罟:网眼细密的渔网。数(shuò),细密,稠密。罟,渔网。古代曾经规定,渔网的网眼不能小于四寸,鱼不满尺,既不允许在市上售卖,也不允许人食用。洿(wū)池:指水塘。古代称地势低洼、停滞不流的水为"洿"。

⑲斤:斧头。东汉许慎《说文·斤部》中说:"斤,斫木斧也。"段玉裁注:"凡用斫物者皆曰斧,斫木之斧则谓之斤。"

⑳憾:恨,心怀怨恨。

㉑王道:中国传统儒家提出的一种政治主张,与霸道相对,强调以仁义治天下,实行仁政,重视教化。朱熹《集注》中说:"山林川泽,与民共之,而有厉禁。草木零落,然后斧

斤入焉。此皆为治之初,法制未备,且因天地自然之利,而撙节爱养之事也。然饮食宫室所以养生,祭祀棺椁所以送死,皆民所急而不可无者。今皆有以资之,则人无所恨矣。王道以得民心为本,故以此为王道之始。"

㉒五亩之宅:赵岐注曰:"庐井、邑居各二亩半以为宅,各入保城二亩半,故为五亩也。"

㉓树:种植,栽种。

㉔衣:穿(衣服)。帛:古代对丝织物的统称。

㉕豚:小猪,亦泛指猪。彘:猪。畜:饲养。

㉖无失其时:朱熹《集注》说:"时,谓孕字之时,如孟春牺牲毋用牝之类也。"杨伯峻认为:"《淮南子·主术训》说过:'鱼不长尺不得取,彘不期年不得食。'不准吃食小鸡小狗小猪,可能就是'无失其时'。赵岐《注》云:'言孕字不失时也。'亦通。……豚是小猪,但只能杀以祭祀,正如王筠在《说文释例》所说的,'古人之豕,非大不食,小豕惟以致祭也'。所以这里既言'彘',又言'豚'。"[2]

㉗夺:丧失,失去。

㉘庠序:古代的地方学校。孔颖达疏《礼记·学记》"党有庠"说:"庠,学名也,于党中立学教闾中所升者也。"郑玄注《周礼·地官·州长》"春秋以礼会民而射于州序"说:"序,州党之学也。"庠序后泛指学校。

㉙申:申诫,告诫。孝悌:"孝"和"悌"都是中国传统伦理思想中的重要内容,善事父母为孝,善事兄长为悌。在中国古代宗法制的社会中,孝悌不但是维护家庭和睦的基础,而且被看做保证社会有序和稳定的重要前提。

㉚颁白:即"斑白",指老人的头发半黑半白。负戴:以背驮物为"负",以头顶物曰"戴"。

㉛黎民:民众,百姓。黎,众,众多。一说"黎"为黑色,黎民指黑发之人,即年龄少壮者。

㉜王:称王,特指以德治仁政统一天下。

㉝狗彘食人食而不知检:赵岐注曰:"言人君但养犬彘,使食人食,不知以法度检敛也。"清初阎若璩赞同此说,《四书释地三续》中说:"古虽丰穰,未有以人食予狗彘者。'狗彘食人食'即下章'庖有肥肉'意,谓厚敛于民以养禽兽者耳。"另,颜师古注《汉书·食货志·赞》"孟子亦非'狗彘食人之食而不知敛'"说:"言岁丰熟,菽粟饶多,狗彘食人之食,此时可敛之也。"意思是当收成好的年景,国家应当把粮食收购上来,免得用好粮食来饲养猪狗。

㉞涂:道路。郑玄注《周礼·地官·遂人》"百夫有洫,洫上有涂"说:"径、畛、涂、道、路,皆所以通车徒于国都也……涂容乘车一轨。"饿莩(piǎo):饿死的人。发:散发,发给,特指开仓廪以赈济。

㉟岁:年景,一年收成的丰歉。

㊱兵:指杀人的兵刃。

㊲无:同"毋",不要。罪:归罪于。

㊳斯:连词,则。

【评解】 孔子、孟子在义利观上重义轻利,但并不是反对人们正当利益的满足,这在孟子的这段论述中有着明显的体现。他们反对统治者为了获取自己的一己私利而疯狂地压榨民众,但对合乎道义地获取生存资料却一直持鼓励和支持的态度。例如孔子曾经说:"富与贵是人之所欲也,不以其道得之,不处也;贫与贱是人之所恶也,不以其道得之,不去也。"(《论语·里仁》)"富而可求也,虽执鞭之士,吾亦为之。如不可求,从吾所好。"(《论语·述而》)由此可见,对于物质利益,孔子并不是一味持反对的态度,而是采取了辩证分析的立场。尤其是对于作为政权基础的人民的物质利益,更不能采取反对的态度。人民是国家富强的基础。作为社会物质生产的承担者,人民在国家经济发展中的作用是不容置疑的,民用充足是统治者收入来源稳定的基础。如果普通老百姓财用匮乏,不但会"王用将有所乏"(《国语·周语下》),更有甚者,"民乏财用,不亡何待"(《国语·周语上》)? 会使统治者的统治失去物质基础而崩溃。所以孔子说:"百姓足,君孰与不足? 百姓不足,君孰与足?"(《论语·颜渊》)

在对待义利的态度上,孟子与孔子从根本上说是一致的。这里孟子所提出的"不违农时,谷不可胜食也;数罟不入洿池,鱼鳖不可胜食也;斧斤以时入山林,材木不可胜用也"的思想,和下章中提出的"民有饥色,野有饿莩,此率兽而食人也",充分体现出了他对老百姓正当物质利益和生存条件的关心。"由此看来,孔孟之重视'义'、'利'之辨,主张重'义'轻'利'或以'义'统'利',并不是否定人们的物质需求和物质利益,只是为了维护其社会原则和社会理想,唯恐个人私欲的膨胀会危害其原则和理想的实现。说到底这还是一个对待群体关系和个体关系的问题。""孔孟当时反对言利,是有针对性的,主要是对着上至诸侯国君,下至卿大夫士的统治阶层来说的,因为在当时'民有饥色,野有饿莩'、'老弱转乎沟壑,壮者散而之四方'的情况下,普通人民是谈不上什么追逐私利的。从这个角度说,他们讲究义利之辨,在当时还是有积极意义的。"[3]

梁惠王曰:"寡人愿安承教①。"孟子对曰:"杀人以梃与刃②,有以异乎?"曰:"无以异也。""以刃与政,有以异乎?"曰:"无以异也。"曰:"庖有肥肉③,厩有肥马④,民有饥色,野有饿莩,此率兽而食人也。兽相食,且人恶之⑤;为民父母,行政不免于率兽而食人,恶在其为民父母也⑥? 仲尼曰⑦:'始作俑者⑧,其无后乎!'为其象人而用之也⑨。如之何其使斯民饥而死也?"

【译文】 梁惠王说:"我很乐意听取您的教诲。"孟子答道:"用棍棒和刀剑杀人,二者有区别吗?"惠王说:"没有什么区别。"孟子接着又问:"用刀剑与政令,二者有区别吗?"惠王说:"也没有什么区别。"于是孟子说:"厨房中有肥美的肉,栏厩中有肥硕的马,而老百姓却面带着饥色,田野中有倒毙的饿殍,这无异于驱赶着野兽来吃人啊!野兽之间相互残食,人们尚且厌恶;而身为老百姓的父母官,推行政令时却不能避免如同率领野兽来吃人之类的情况发生,那又怎么能称得上是老百姓的父母官呢?孔子曾经说过:'最早制作俑人用于陪葬的人,应该不会有什么后代吧!'因为他们制作了酷似人形的木偶、陶偶来殉葬啊,那又更何况使老百姓活生生地被饿死呢?"

【注释】 ①安:大体相当于"乐意"。承教:接受教令,接受教诲,常用做谦词。
②梃:原指植物的茎、干,这里指棍棒。刃:指刀剑一类利器。
③庖:即厨房。
④厩:用于养马的棚或圈。
⑤恶(wù):厌恶,讨厌。
⑥恶(wū):疑问代词,相当于"何"、"安"、"怎么"。
⑦仲尼:即儒家创始人孔子。孔子,名丘,字仲尼,春秋时期鲁国人。生于公元前551年,卒于公元前479年,享有世界盛誉的著名思想家、教育家。
⑧俑:古时用以殉葬的偶人,一般为木制或陶制。如赵岐注曰:"俑,偶人也,用之送死。"
⑨象人:即像人形的木偶人、泥人。如焦循《正义》中解释此句时说:"俑则能转动象生人,以其象生人,故即名象人。《冢人》之象人,即俑之名也。"

【评解】 "仁政"、"王道"是孔子、孟子等儒家早期思想家最重要的政治思想。孔子提出了"博施于民而能济众"(《论语·雍也》)、"修己以安百姓"(《论语·宪问》)等主张。尤其是在《论语·尧曰》中所记载的孔子与其弟子子张的一段谈话中,更是反映出孔子要求统治者必须要为政以德、推行"仁政"的思想。"子张问于孔子曰:'何如斯可以从政矣?'子曰:'尊五美,屏四恶,斯可以从政矣。'子张曰:'何谓五美?'子曰:'君子惠而不费,劳而不怨,欲而不贪,泰而不骄,威而不猛。'子张曰:'何谓惠而不费?'子曰:'因民之所利而利之,斯不亦惠而不费乎?择可劳而劳之,又谁怨?欲仁而得仁,又焉贪?君子无众寡,无小大,无敢慢,斯不亦泰而不骄乎?君子正其衣冠,尊其瞻视,俨然人望而畏之,斯不亦威而不猛乎?'子张曰:'何谓四恶?'子曰:'不教而杀谓之虐;不戒视成谓之暴;慢令致期谓之贼;犹之与人也,出纳之吝,谓之有司。'"这里孔子提出,统治者实行"仁政",就是要爱护百姓,关心老百姓的生活,对他们进行教化,并且要节制自己的欲望,不能肆无忌惮,为所欲为。

孟子继承了孔子的这一思想,把统治者自己吃着肥美的肉,养着肥硕的马,老百姓却饥寒交迫,甚至冻死、饿死的现象,形象地比喻为"率兽而食人",因此提醒统治者要关心百姓疾苦,要爱民、富民。保障人民的基本生活,"先富后教",可以说是我国传统伦理思想史上所有进步思想家的一个共识,提出了诸如"自古及今,未有穷其下而能无危者也"(《荀子·哀公》)、"仓廪实则知礼节,衣食足则知荣辱"(《管子·牧民》)等人们所熟知的观点。他们认为,如果想治理好一个国家,"富民"是第一要务,正如春秋时期齐国著名政治家管仲所论证的:"凡治国之道,必先富民。民富则易治也,民贫则难治也。奚以知其然也?民富则安乡重家,安乡重家则敬上畏罪,敬上畏罪则易治也。民贫则危乡轻家,危乡轻家则敢凌上犯禁,凌上犯禁则难治也,故治国常富,而乱国常贫。是以善为国者,必先富民,然后治之。"(《管子·治国》)因此,在他们看来,一个统治者要实行德治和仁政,本质上就是要爱护民众,在为政目标上除了要满足人民的需要和使民富足外,还包括关心人民的疾苦、对人民施以教化和慎用刑罚等。

梁惠王曰:"晋国①,天下莫强焉②,叟之所知也。及寡人之身,东败于齐,长子死焉③;西丧地于秦七百里④;南辱于楚⑤。寡人耻之⑥,愿比死者壹洒之⑦。如之何则可?"孟子对曰:"地方百里⑧,而可以王。王如施仁政于民⑨,省刑罚⑩,薄税敛⑪,深耕易耨⑫;壮者以暇日修其孝悌忠信⑬,入以事其父兄⑭,出以事其长上,可使制梃以挞秦楚之坚甲利兵矣⑮。彼夺其民时⑯,使不得耕耨,以养其父母;父母冻饿,兄弟妻子离散。彼陷溺其民⑰,王往而征之⑱,夫谁与王敌⑲?故曰'仁者无敌'⑳。王请勿疑㉑。"

【译文】 梁惠王说:"想我晋国,当初是天下没有谁能够比得上的强国,这是您老人家所知道的。可是自从我当了国君之后,在东面,被齐国打败,大儿子战死了;在西面,被秦国打败,丧失了七百多里土地;在南面,则又受辱于楚国。对于目前的这种状况,我深感耻辱,希望能够代替死者把这些屈辱统统洗刷掉。你认为我现在应该怎么办呢?"孟子回答说:"即使只有方圆百里的土地,也有机会通过仁德统一天下。大王您如果能够对人民实行仁政,减省刑罚,降低赋税,使老百姓安心致力于耕耘收获;让年轻人在闲暇时候学习孝悌忠信等做人的道理,培养起这些德行,在家就能用它来孝敬父母尊重兄长,在外就能用它来竭忠尽力侍奉长上。这样的话,可以让他们制作棍棒等简陋的武器,就能够打败秦楚等强国装备良好的武装甲士。道理就在于,这些国家滥用民力,侵夺老百姓的生产时间,使他们不能安心耕作,以奉养自己的父母;他们的父母挨饿受冻,兄弟、妻子、儿女等一家人四处逃散。也就是说,这些国家将他们的老百姓置于了水深火热之中,大王您率师去征讨他们,那么还有谁能成为您的对手呢?这就是所谓'仁者无敌'的道理,大王您不要再有疑虑了。"

【注释】　①晋国:西周建立之后,周成王封其弟叔虞于尧之故墟唐,因南有晋水,至叔虞的儿子燮父时改国号为晋,大约在今山西省、河北省南部、陕西省中部及河南省西北部一带。晋国为春秋时最强大的诸侯国之一,其国君晋文公曾经称为诸侯的霸主。后晋国为其大夫韩、赵、魏所分,三国仍合称"三晋",所以惠王自称为"晋国",此"晋国"已不是春秋时的晋国。

②莫:代词,没有谁,没有什么。焉:兼有介词和代词的功能,相当于介词"于"加代词"此"或"是"。

③东败于齐,长子死焉:指公元前343年的马陵之战。此次战役在《史记》的《魏世家》、《田齐世家》、《孙吴列传》中均有提及。其中《孙吴列传》中记载最为详细:"魏与赵攻韩,韩告急于齐。齐使田忌将而往,直走大梁。魏将庞涓闻之,去韩而归,齐军既已过而西矣。孙子(指孙膑)谓田忌曰:'彼三晋之兵素悍勇而轻齐,齐号为怯,善战者因其势而利导之。兵法,百里而趣利者蹶上将,五十里而趣利者军半至。使齐军入魏地为十万灶,明日为五万灶,又明日为三万灶。'庞涓行三日,大喜,曰:'我固知齐军怯,入吾地三日,士卒亡者过半矣。'乃弃其步军,与其轻锐倍日并行逐之。孙子度其行,暮当至马陵。马陵道险,而旁多阻隘,乃斫大树白而书之曰'庞涓死于此树之下'。于是令齐军善射者万弩,夹道而伏,期曰:'暮见火举而俱发'。庞涓果夜至斫木下,见白书,乃钻火烛之。读其书未毕,齐军万弩俱发,魏军大乱相失。庞涓自知智穷兵败,乃自刭,曰:'遂成竖子之名!'齐因乘胜尽破其军,虏魏太子申以归。孙膑以此名显天下。"此役之前,齐军就曾在桂陵等战役中打败过魏军。

④西丧地于秦七百里:魏惠王时,西邻秦国任用商鞅进行变法,秦国日渐强大,并屡次打败魏国。惠王三十一年(秦孝公二十二年),商鞅率秦军联合赵、齐打败魏军,俘公子卬。魏国被迫献出河西之地和上郡的十五个县城给秦国。因魏国的都城安邑靠近秦国,为了避免来自秦国的威胁,魏惠王迁都于大梁。

⑤南辱于楚:《史记·楚世家》记载:"怀王六年,楚使柱国昭阳将兵而攻魏,破之于襄陵,得八邑。"考之古本《竹书纪年》,此事当发生在梁惠王时。朱熹《集注》中亦说:"又与楚将昭阳战败,亡其七邑。"梁惠王这里所说的,可能就是这件事。

⑥耻:羞愧,以……为耻。

⑦愿:希望。比:介词,为,替,代。壹:皆,都,全,一概,一律。洒(xǐ):"洗"的古字。洗涤,洗雪。

⑧地方百里:土地方圆百里的小国。朱熹《集注》曰:"百里,小国也。然能行仁政,则天下之民归之矣。"

⑨仁政:儒家一贯的政治主张,认为统治者应当用德治的方法,宽厚待民,争取民心。

⑩省:简,少。

⑪薄:减轻,减损。敛:赋税。

⑫易耨:关于何谓"易耨",历来歧见甚多。一说为芸苗宜浅,赵岐注、宋张栻《癸巳孟子说》均持"芸苗令简易也"之说。明陈士元撰《孟子杂记》中亦认为:"张镒云:'易耨,芸苗令简易也。'许谦云:'易,犹浅也。'此金履祥之说,盖深耕则土疏通而苗易发达,浅耨则但去草而不伤谷根。"一说为芸苗而使之疏。如阎若璩撰《四书释地》中说:"赵氏注:'易耨,芸苗令简易也。'愚谓即朱虚侯刘章为高后言'田立苗欲疏'之意,与上深耕字相对。"又引《吕氏春秋》为证说:"后稷曰:'耨柄尺',此其度也。其耨六寸,所以间稼也,亦此意。一说为'易,治也;耨,耘也',"易耨",即尽力耕耘之意。朱熹《集注》中持此说。明蔡清撰《四书蒙引》中亦说:"易耨:易,治也。如'丧与其易'及'易其田畴'之'易',有整辨齐饬之意,与'深'字意相类,俱是得尽力之意。"一说"易"为疾、速之意,杨伯峻《孟子译注》中持此说:"易,副词,蒋仁荣《孟子音义考证》云:左传昭二十九年'易之亡',《经义述闻》云:'易者,疾也,速也。'《管子·度地篇》曰:'大暑至以疾耨杀草荐',是其证。《齐语》曰:'深耕而疾耰以待时雨。'义亦同也。'"[4]本书中沿用朱注。

⑬暇:空闲,闲暇。修:学习,培养。如郑玄注《礼记·学记》"故君子之于学也,藏焉,修焉,息焉,游焉"说:"修,习也。"忠信:忠和信都是儒家提倡的重要的道德规范。其中,关于"忠",《说文解字》中说:"尽心曰忠。"朱熹《论语集注》中也说:"尽己之谓忠。"也就是说,"忠"就是忠诚无私、尽心竭力的意思。如《左传·成公九年》中说:"无私,忠也。"韦昭注《国语·周语下》"言忠必及意,言信必及身"说:"出自心意为忠。"后来,由于受法家思想的影响,人们往往将"忠"与忠于君王联系起来。关于"信",《说文解字》中解释说:"信,诚也。"《释名》中说:"信,申也,言以相申束使不相违也。"也就是说,"信"就是诚实不欺、守信用、实践诺言之意。如韦昭注《国语·晋语二》"申生甚好信而强"说:"信,言必行之。"

⑭事:侍奉,供奉。

⑮制:制作。挞:用鞭子或棍子打。

⑯彼:这里指齐、楚、秦等敌国。

⑰陷溺:谓使人民处于水深火热之中。陷,指没入土中。溺,指没入水中。

⑱征:征伐,征讨。

⑲敌:抵挡,对抗。

⑳仁者:具有仁德的人。"仁"是儒家思想的核心范畴之一。简单地说,"仁",就是孔子所谓的"爱人",即要对他人具有爱心,"己欲立而立人,己欲达而达人","己所不欲,勿施与人"。

㉑疑:迟疑,犹豫,疑虑。

【评解】 在决定战争胜负的因素中,"人和"的作用为历代的军事家和政治家所重视。春秋战国时期,列国争霸,在频繁和激烈的诸侯混战中,民力和民心向背对于战争胜败乃至国家存亡的决定性作用日趋突现。人民为战争之本的规律也日益清晰地显现出来。人们逐渐认识到这样一个道理：民"和同以听,莫不尽力以从上命,致死以补其阙,此战之所由克也"(《左传·成公十六年》),否则,"民弃其上,不亡何待"(《左传·昭公二十三年》)？中国古代的思想家很早就认识到,一方面,只有人民,才是守卫国家的真正主力军。"城域大而人民寡者,其民不足以守其城。"(《管子·八观》)另一方面,在对其他诸侯国的征战中,也要有强大的人民力量做后盾,同时还要尽量争取到更多的人的支持。即所谓"夫争天下者,必先争人"(《管子·霸言》)。如果失去了人民的认可和支持,既不能保守其国,更不能开疆拓土。总之,中国古代的思想家很早就看到了人民群众在决定国家兴亡以及推动生产进步和社会发展中的伟大力量,意识到了统治者要想完成自己的霸业和雄心壮志,不能不顾人民的死活,也不能没有人民的帮助。这一观点,至今仍闪耀着它的光芒,深为人们所赞同。

　　孟子见梁襄王①。出,语人曰②："望之不似人君,就之而不见所畏焉③。卒然问曰④：'天下恶乎定⑤？'吾对曰：'定于一⑥。''孰能一之？'对曰：'不嗜杀人者能一之⑦。''孰能与之⑧？'对曰：'天下莫不与也。王知夫苗乎？七八月之间旱⑨,则苗槁矣⑩。天油然作云⑪,沛然下雨⑫,则苗浡然兴之矣⑬。其如是,孰能御之？今夫天下之人牧⑭,未有不嗜杀人者也；如有不嗜杀人者,则天下之民皆引领而望之矣⑮。诚如是也⑯,民归之,由水之就下⑰,沛然谁能御之？'"

【译文】　孟子拜见梁襄王,出来后,对别人说："(魏国的这个国君,)远看不像个君王的样子,走近了也看不到有什么威严。(我们见面之后,)他突然间就问我：'天下怎么样才能够安定。'我回答说：'有统一才能有安定。'他又问：'谁能够统一天下？'我回答说：'不喜欢杀人的人能够统一天下。''(如果不杀人,)谁会归附服从他呢？'他紧接着又问。我回答说：'天下人没有不归附服从他的。大王您知道禾苗生长的规律吗？七八月之间如果天旱,禾苗就会枯萎。如果天空突然阴云密布,大雨倾盆,那么禾苗马上就会蓬勃地生长起来。规律就是这样,谁能抵挡得住呢？现在天下这些治理人民的人,没有不喜欢杀人的；如果现在能出现一个不喜欢杀人的国君,则天下的老百姓都伸长了脖子期待着他的到来。如果果真这样,老百姓归从他,就像水往低处流一样,浩大的声势又有谁能抵挡得住呢？'"

【注释】　①梁襄王:梁惠王之子,名嗣,一说名赫。《史记·魏世家》中说,惠王三十六年,"惠王卒,子襄王立","十六年,襄王卒"。
②语:告诉。
③就:就近,凑近,靠近。
④卒然:同"猝然",突然,忽然。
⑤恶乎:疑问代词,何所,通过什么,通过谁。如何休注《春秋公羊传·庄公十二年》"鲁侯之美恶乎至"说:"恶乎至,犹何所至。"
⑥一:这里指天下统一。
⑦嗜:爱好,喜爱。
⑧与:亲附、归从之意。朱熹《集注》曰:"与,犹归也。"
⑨七八月:周历以含有冬至之月,即夏历十一月为岁首,因此周历之七八月,相当于夏历五六月,正是禾苗最需要雨水的时候。
⑩槁:枯槁,干枯。
⑪油然:赵岐注曰:"油然,兴云之貌。"作:兴起,发生。
⑫沛然:沛,盛大、充足的样子。朱熹《集注》曰:"沛然,雨盛貌。"
⑬浡然:浡,兴起,指事物自始生而发展起来,由小而大或由少而多的过程。朱熹《集注》曰:"浡然,兴起貌。"
⑭人牧:统治者,治理人民的人。焦循《正义》中说:"《曲礼》云:'九州之长入天子之国曰牧。'是天下之人牧,即天下之人君也。"又如《管子》中首篇为《牧民》,"牧",即为管理、统治、治理之意。
⑮引领:伸长脖子,伸颈远望,多用来形容期望殷切。引,伸长(脖颈)。领,即脖子。
⑯诚:真正,确实。
⑰由:同"犹",如同,好像。就:趋向。

【评解】　"得民心者得天下",这是孟子所得出的一个结论。孟子虽然反对霸道,但是他也看到了人民是政权稳定的根本,看到了民心向背对于政权能否长久存在、政令能否有效推行的决定性意义。同时,对于统治者个人来说,人民的支持还是反对,也是能不能坐稳他的位子的一个关键因素。这一点也是当时的开明统治者和先进思想家们的一个共识。《尚书·梓材》中记载,周初的统治者就曾经说:"欲至于万年惟王,子子孙孙永保民。"《春秋》三传中诸如"民为君之本也"(《春秋穀梁传·桓公十四年》)、"天生民而树之君,以利之也"(《左传·文公十三年》)之类的告诫和论断更是比比皆是。战国末期的伟大思想家荀子则进一步提出:"君者,舟也,庶人者,水也。水则载舟,水则覆舟。"(《荀子·王制》)

"得民心者得天下"思想的形成,也和对"人"的重视有着直接的关系。这种观念其实从西周初年就已经开始了。《尚书·泰誓上》中说:"惟人,万物之灵。"以神为中心的神权政治思想开始向以人为中心的世俗政治思想转变,这是历史的巨大进步。随着春秋时期诸侯攻伐兼并的日益加剧,人心向背对于国家的霸业甚至生存的重要意义日益凸显,从切身的体会中,许多开明的政治家和思想家对人的重要性也有了更为充分和深刻的认识。人的地位逐步上升,受到了思想家与统治者更大的重视。这一思想表现在政治上,就是"保民"、"富民"思想的提出和"仁政"、"德治"、"王道"思想的形成。西周时期,统治者就已经深刻地认识到:"唯命不于常,唯德是授。"德被视为政治思想的核心内容,从商朝统治者失德导致灭亡的命运中,周初明确提出了"修德配命"、"敬德保民"等进步思想。在诸侯纷争的春秋时期,随着社会的发展,"得民者昌,失民者亡"的道理逐渐被更多的人所认识。"无民而能逞其志者,未之有也"(《左传》昭公二十五年),"求宠于诸侯以和其民"(《左传》隐公四年)等观念在《春秋》等记载那段历史的典籍中比比皆是。这就是孟子"得民心者得天下"思想形成的历史渊源和时代背景。

齐宣王问曰[①]:"齐桓、晋文之事[②],可得闻乎?"孟子对曰:"仲尼之徒无道桓、文之事者[③],是以后世无传焉,臣未之闻也。无以[④],则王乎?"曰:"德何如[⑤],则可以王矣?"曰:"保民而王[⑥],莫之能御也。"曰:"若寡人者,可以保民乎哉[⑦]?"曰:"可。"曰:"何由知吾可也[⑧]?"曰:"臣闻之胡龁曰[⑨],王坐于堂上,有牵牛而过堂下者[⑩]。王见之曰:'牛何之[⑪]?'对曰:'将以衅钟[⑫]。'王曰:'舍之[⑬]!吾不忍其觳觫[⑭],若无罪而就死地。'对曰:'然则废衅钟与[⑮]?'曰:'何可废也?以羊易之。'不识有诸[⑯]?"曰:"有之。"曰:"是心足以王矣[⑰]。百姓皆以王为爱也[⑱];臣固知王之不忍也[⑲]。"王曰:"然。诚有百姓者[⑳],齐国虽褊小[㉑],吾何爱一牛?即不忍其觳觫[㉒],若无罪而就死地,故以羊易之也。"曰:"王无异于百姓之以王为爱也[㉓]。以小易大,彼恶知之?王若隐其无罪而就死地[㉔],则牛羊何择焉[㉕]?"王笑曰:"是诚何心哉?我非爱其财而易之以羊也。宜乎百姓之谓我爱也[㉖]。"曰:"无伤也[㉗],是乃仁术也[㉘]。见牛未见羊也。君子之于禽兽也,见其生,不忍见其死;闻其声[㉙],不忍食其肉。是以'君子远庖厨[㉚]'也。"

王说[㉛],曰:"《诗》云:'他人有心,予忖度之[㉜]',夫子之谓也。夫我乃行之[㉝],反而求之[㉞],不得吾心;夫子言之,于我心有戚戚焉[㉟]。此心之所以合于王者,何也?"曰:"有复于王者曰[㊱]:'吾力足以举百钧[㊲],而不足以举一羽;明足以察秋毫之末[㊳],而不见舆薪㊴。'则王许之乎㊵?"曰:"否。""今恩足以及禽兽,而功不至于百姓者,独何与? 然则一羽之不举,为不用力焉;舆薪之不见,为不用明焉;百姓之不见保㊶,为不用恩焉。故王之不王,不为也㊷,非不能也。"曰:"不为者与不能者之形何以异㊸?"曰:"挟太山以超北海㊹,语人曰:'我不能',是诚不能也。为长者折枝㊺,语人曰:'我不能',是不为也,非不能也。故王之不王,非挟太山以超北海之类也;王之不王,是折枝之类也。老吾老以及人之老,幼吾幼以及人之幼㊻,天下可运于掌㊼。《诗》云:'刑于寡妻,至于兄弟,以御于家邦㊽',言举斯心加诸彼而已㊾。故推恩足以保四海㊿,不推恩无以保妻子。古之人所以大过人者无他焉㈤,善推其所为而已矣。今恩足以及禽兽,而功不至于百姓者㉒,独何与? 权㊣,然后知轻重;度㊿,然后知长短。物皆然,心为甚㊿。王请度之㊿。"

"抑王兴甲兵㊿,危士臣,构怨于诸侯㊿,然后快于心与㊿?"王曰:"否。吾何快于是? 将以求吾所大欲也㊿。"曰:"王之所大欲,可得闻与?"王笑而不言。曰:"为肥甘不足于口与㊿? 轻暖不足于体与㊿? 抑为采色不足视于目与㊿? 声音不足听于耳与㊿? 便嬖不足使令于前与㊿? 王之诸臣皆足以供之,而王岂为是哉?"曰:"否,吾不为是也。"曰:"然则王之所大欲可知已。欲辟土地㊿,朝㊿秦、楚,莅中国而抚四夷也㊿。以若所为㊿,求若所欲,犹缘木而求鱼也㊿。"王曰:"若是其甚与?"曰:"殆有甚焉㊿。缘木求鱼,虽不得鱼,无后灾㊿;以若所为,求若所欲,尽心力而为之,后必有灾。"曰:"可得闻与?"曰:"邹人与楚人战㊿,则王以为孰胜?"曰:"楚人胜。"曰:"然则小固不可以敌大㊿,寡固不可以敌众,弱固不可以敌强。海内之地,方千里者九,齐集有其一㊿;以一服八㊿,何以异于邹敌楚哉? 盖亦反其本矣㊿。"

"今王发政施仁,使天下仕者皆欲立于王之朝㊿,耕者皆欲耕于王之野,商贾皆欲藏于王之市㊿,行旅皆欲出于王之涂㊿,天下之欲疾其君者㊿,皆欲赴愬于王㊿。其若是,孰能御之?"王曰:"吾惛㊿,不能进于是矣。愿夫子辅吾志㊿,明以教我。我虽不敏㊿,请尝试之。"曰:"无恒产而有恒心者㊿,惟士为能㊿。若民则无恒产㊿,因无恒心㊿。苟无恒心,放辟邪侈㊿,无不为已。及陷于罪㊿,

76 孟子正宗

然后从而刑之㉜,是罔民也㉝。焉有仁人在位,罔民而可为也?是故明君制民之产㉞,必使仰足以事父母㉟,俯足以畜妻子㊱;乐岁终身饱㊲,凶年免于死亡㊳;然后驱而之善㊴,故民之从之也轻㊵。今也制民之产,仰不足以事父母,俯不足以畜妻子;乐岁终身苦,凶年不免于死亡;此惟救死而恐不赡㊶,奚暇治礼义哉㊷?王欲行之,则盍反其本矣㊸。五亩之宅,树以之桑,五十者可以衣帛矣。鸡豚狗彘之畜,无失其时,七十者可以食肉矣。百亩之田,勿夺其时,八口之家可以无饥矣。谨庠序之教,申之以孝悌之义,颁白者不负戴于道路矣。老者衣帛食肉,黎民不饥不寒,然而不王者,未之有也。"

【译文】 齐宣王问孟子:"齐桓公、晋文公等霸主的事迹,可以说来听听吗?"孟子回答说:"信奉孔子学说的人不谈论齐桓公、晋文公的事情,所以后世没有流传下来,我也没有听说过。没有办法,咱们谈谈用仁德统一天下的王道如何?"宣王问:"德行应该怎么样才能用仁德统一天下?"孟子说:"使老百姓的生活得到安定而统一天下,这样的话没有谁能够阻挡。"宣王问:"像我这样的国君,可以使老百姓生活安定吗?"孟子说:"可以。"宣王问道:"你根据什么知道我可以?"孟子回答说:"我听您的近臣胡龁说,有一次您正坐在堂上,有一个人牵着牛从堂下经过。您看见了,问:'要把牛牵到哪里去?'牵牛的人回答说:'打算用他祭祀新筑的钟。'大王您听了,命令那人说:'把牛放了吧,我不忍心看到它恐惧战栗的样子,就好像没有犯罪却要被押去处死一样。'牵牛的人问:'那么就不再祭钟了吗?'您就说:'哪能不祭钟呢?换头羊吧。'不知道有没有这回事?"宣王说:"有啊。"孟子接着说:"有这种心就足可以用仁德一统天下了。老百姓都以为您那样做是因为吝啬,我其实早知道大王您是因为不忍心。"宣王说:"是这样,但也的确有认为我吝啬的老百姓。齐国虽然土地狭小,但我怎么会吝啬一头牛呢?就是因为不忍心看到它恐惧战栗的样子,就像没有犯罪却要被押去处死一样,所以就换了一头羊。"孟子说:"大王您不必为老百姓认为您吝啬而感到奇怪。把一头大的换成一头小的,他们怎么知道您的用意呢?大王您如果对没有犯罪就被押去处死而感到怜悯,那么牛和羊又有什么区别呢?"宣王说:"这究竟是一种什么心理呢?我并不是因为吝啬东西才换成羊的。也难怪老百姓说我吝啬啊。"孟子说:"没有妨碍,这就是一种仁德的做法啊。(是因为您)看见了牛而没有看见羊。有德行的人对于动物,看见它们活着的样子,就不忍心看到它们死;听到它们鸣叫的声音,就不忍心吃它们的肉。所以说'有德行的君子远离厨房这样的地方'啊。"

宣王听了很高兴,说:"《诗》里说:'他人存何心,我能够揣摩',说的就是先生您这样的人啊。我只是做了那件事情,可是回过头来反省一下,自己也不知道究竟是出于何种心情。听了先生您的这一番话,我的心里就有些开窍了。(您认为)我的这种心情正好能够合乎王道,这是为什么呢?"孟子回答说:"如果有人告诉大王您说:'我的力气大得可以举起三千斤重的东西,可是却举不起一根羽毛;我的视力敏锐到可以看清动物毫毛的末梢,可是却看不到整车的柴草。'那么大王您相信这样的话吗?"宣王回答说:"不相信。"孟子又说:"现在大王您的恩德已经深厚到足可以施及禽兽身上,然而其效果却不能够恩泽百姓,这却是因为什么呢? 那么,我们知道,举不起一根羽毛,是因为不肯用力的缘故;看不见整车的柴草,是因为不肯去看的缘故;老百姓不能够被关爱,是由于不肯施恩给他们的缘故。所以说,大王您还没有用仁德一统天下,是因为您不肯去做,而并不是您做不到。"宣王问:"不肯去做和做不到在表现上有什么区别?"孟子说:"将泰山夹在腋下跳过渤海这样的事情,告诉别人说:'我做不到',这是真的做不到;替老人折一根树枝这样的事情,告诉别人说:'我做不到',这是不肯去做,而并不是做不到。大王您没有用仁德一统天下,并不像将泰山夹在腋下跳过渤海一样(因为它困难),而是像替老人折一根树枝一样(非常容易但不愿意去做)。敬爱自己家的老人,并进一步推广到敬爱别人的老人;爱护自己家的孩子,并进一步推广到爱护别人的孩子。(如果做到这样,)天下就会在您的随意掌控之中。《诗》里说:'先给妻子做出榜样,然后推广到兄弟,再进一步推广到国家的治理。'说的就是要将这种用心推广到自己身外的各个方面。如果推行恩惠,就可以安定天下;如果不能推行恩惠,就连妻子儿女都无法使她们得到稳定。古代的那些圣贤之所以能够远远高明于当今的这些人,没有其他的原因,就在于他们善于将他们的善德善行向外推广。现在大王您的恩德已经深厚到足可以施及禽兽身上,然而其效果却不能够恩泽百姓,这是因为什么呢? 称量之后,才能够知道东西的轻重;丈量之后,才能够清楚物件的长短。事物的规律都是这样,表现在人心上更为明显,大王您还是好好考虑考虑吧。"

"难道大王您只有发动战争,使臣民将士身处危险之中,结怨于四方的诸侯,心里才感到快乐吗?"宣王说:"不是。我哪能因为这而快乐呢? 我那样做是为了实现我一个宏大的愿望罢了。"孟子问:"大王的宏大愿望,可以说出来听听吗?"宣王笑着不说话。孟子又说:"因为肥美甘甜的食物不够您吃吗? 因为轻软暖和的衣服不够您穿吗? 或者因为绚丽的色彩不够您看吗? 优美的声音不够您听吗? 身边的近臣不够您使唤吗? 如果是这些,大王您的诸位大臣就足以供应给您了,大王您难道是因为这些吗?"宣王说:"不是。我不是为了这些。"孟子于是说:"那么大王您的这个宏大愿望我就能够知道了。您的愿望是想拓展土地,使秦楚等大国来朝,统治整个中国,占有四夷之地。可是,以您这样的做法想要满足这样的愿望,无异于爬到树上去想要得到鱼啊。"宣王说:"有你说的这样严重吗?"孟子说:"可能比这还要严重啊。爬到树上想得到鱼,即使得不到鱼,也不会有什么后患;用您这样的办法想要满足这样的愿望,如果您竭尽全力去做的话,以后必定会有祸患。"宣王说:"可以说出来听听吗?"孟子说:"如果邹国和楚国开战,那么大王您认为谁会取胜。"宣王说:"楚国胜。"孟子说:"这也就是说,小的一定打不过大的,少的一定打不过多的,弱的一定打不过强的。中国的土地,如果方圆各千里划分为一块的话,可以划成九块,而齐国的土地全部加起来只占其中之一。用这一分的力量想把其他八分征服,这样做与邹国想要打败楚国有什么不同呢?既然这样,大王您何不回到用仁德统一天下这条根本道路上来呢?"

"现在大王您如果发布命令实行仁政,使天下做官的人都愿意到您的朝堂上任职,种田的农夫都愿意到您的田野里耕种,做生意的商人都愿意到您的市场上售卖,行路的旅客都愿意在您的道路上行走,天下怨恨其君主的人都愿意到您这里来控诉。如果做到了这样,还有谁能够抵挡您一统天下呢?"宣王说:"我头脑昏乱,不能够完全深入地理解你的意思。希望先生能够辅佐我完成我的志愿,把这个道理明明白白地教给我。我虽然不算很聪明,但还是希望你能试一试。"孟子说:"没有固定的产业而能有恒久的道德之心,只有贤明的士能够做得到。至于一般的老百姓,如果没有固定的产业,也就不会有恒久的道德之心。如果没有恒久的道德之心,各种各样的邪恶举动,就都能够做得出来。等到他们陷入犯罪的深渊之中,然后就马上把他们抓起来惩罚他们,这等于故意陷害老百姓啊。如果是有仁德的人处于统治者的地位上,哪里会做出陷害人民的事情呢?因此,贤德的君主规定老百姓的产业,一定要使他们对上足够奉养父母,对下足够养育妻子儿女;丰年的时候衣食充足,荒年的时候不会饿死或逃亡。做到这些之后,领导着他们修养善德,所以老百姓很容易地就会服从他。现在所规定的老百姓的产业,对上不够奉养父母,对下不足以养育妻子儿女;丰年的时候生活困顿,荒年更是不免要饿死或者逃亡;在这种情况下,全部精力仅仅用于摆脱死亡的威胁尚且恐怕做不到,还哪里有空闲修养礼义道德呢?大王您如果想实行仁政,那么为什么不从根本上着手呢?让老百姓在每家五亩的宅地上都栽种上桑树,五十岁以上的老人就可以穿上丝织的衣服了。让老百姓不要错过了饲养鸡犬猪狗的时节,七十岁以上的老人就可以吃上有肉的饭菜了。每家百亩农田,不要随意侵占他们的农时,有着八口人的家庭就可以免于饥寒了。认真地推行学校教育,向老百姓申明孝悌等做人的道理,头发花白的老人就不用再负载着重物在道路上奔波了。老人穿上丝吃上肉,老百姓没有饥寒之忧,做到这些而不能够用仁德统一天下,是自古以来没有过的事情。"

【注释】 ①齐宣王:齐国国君,威王之子,名辟疆,齐宣王七年的时候,梁惠王卒,襄王即位。《史记·田齐世家》说:"宣王喜文学游说之士,自如驺衍、淳于髡、田骈、接予、慎到、环渊之徒七十六人,皆赐列第,为上大夫,不治而议论。是以齐稷下学士复盛,且数百千人。"齐宣王喜欢招纳天下各个学派的学者,这可能是孟子离开魏国来到齐国的原因之一。

②齐桓、晋文:指齐桓公和晋文公,均为春秋时的诸侯霸主。齐桓公名小白,即位后,任用管仲、鲍叔、隰朋、高傒等人,"修齐国政,连五家之兵,设轻重鱼盐之利,以赡贫穷,禄贤能,齐人皆说",使齐国实力迅速增强,并在尊王攘夷的旗帜下,成为各诸侯国公认的霸主。晋文公名重耳,晋献公之子。"自少好士,年十七,有贤士五人:曰赵衰;狐偃咎犯,文公舅也;贾佗;先轸;魏武子。"但由于晋国内乱等原因,回国即位时已62岁,即位后积极"修政",使晋国成为当时最强大的诸侯国之一。

③仲尼之徒:孔子思想的追随者,即儒家学者。
④无以:不得已,没有办法。"以"同"已"。
⑤何如:古代用以表示询问的一种句式,相当于今天的"如何"、"怎么样"。
⑥保民:安民,养民。
⑦乎哉:语气助词,这里表疑问。
⑧何由:即"由何",凭什么、根据什么。
⑨胡龁(hé):赵岐注曰:"胡龁,王左右近臣也。"
⑩过:经过。
⑪何之:到哪里去。之,动词,到,往。
⑫衅钟:赵岐注曰:"新铸钟,杀牲以血涂其衅郄,因以祭之,曰衅。《周礼·大祝》曰:'隋衅,逆牲逆尸,令钟鼓。'《天府》:'上春,衅宝钟及宝器。'"认为"衅钟"就是用动物的血涂于新筑的钟上的一种祭祀仪式。朱熹《集注》中则说:"衅钟,新铸钟成,而杀牲取血以涂其衅郄也。"认为"衅钟"就是用动物的血涂于新筑的钟上以补平其上的缝隙。相较之下,当以赵说为上。"衅"是古代杀牲取血涂物以祭的一种血祭仪式。如郑玄注《周礼·春官·天府》"上春衅宝镇及宝器"一句时说:"衅,谓杀牲以血血之。""衅钟"当为古代杀牲用其血涂钟而行的一种祭祀。因此王夫之在《四书稗疏·孟子》中说:"衅,祭名,血祭。凡落成之祭曰衅……钟有衅郄,必不成音,自当改铸。以血涂之,曾何所补!"

⑬舍:释放。如郑玄注《周礼·秋官·司圜》"上罪三年而舍,中罪二年而舍"说:"舍,释之也。"

⑭觳觫(húsù):惊恐战栗的样子。赵岐注曰:"觳觫,牛当到死地处恐貌。"
⑮废:停止,中止。与:同"欤",语气词,表疑问。
⑯识:知道。诸:代词"之"和疑问语气词"乎"的合音。
⑰是:代词,此,这,这种。
⑱爱:舍不得,吝惜。
⑲固:副词,久已,已经。如韦昭注《国语·晋语六》"臣固闻之"说:"固,久也。"
⑳诚:的确,确实。
㉑褊小:指地域、车船等狭小、不宽阔。
㉒即:只是。
㉓异:惊异,奇怪。
㉔隐:同情,可怜。
㉕择:区别。如高诱注《吕氏春秋·情欲》"耳不乐声,目不乐色,口不甘味,与死无择"说:"择,别也。"
㉖宜:当然,无怪。
㉗无伤:朱熹《集注》曰:"无伤,言虽有百姓之言,不为害也。"
㉘术:手段、方法,也可特指治理国家的手段和方法。如《韩非子·定法》中说:"术者,因任而授官,循名而责实,操杀生之柄,课群臣之能者也,此人主之所执也。"
㉙声:朱熹《集注》说:"声,谓将死而哀鸣也。"
㉚君子:君子是儒家思想中所树立的一种道德修养的理想人格。从本来意义上说,"君子"是对有地位的男子的通称,与"小人"或"野人"相对举,并不含有道德上的含义。如《诗经·魏风·伐檀》中的:"彼君子兮,不素餐兮!"在儒家思想中,君子被赋予了深刻的道德含义,成为对才德出众的人的称呼。虽然在孔子、孟子等思想家的言论中,君子有时还是用来指有地位的统治者,但它更多地被用来作为对有道德的人的美称,并将其确立为道德教育和道德修养的目标。正如汉代的《白虎通·号》中所说:"或称君子何?道德之称也。君之为言群也;子者丈夫之通称也。"远(yuǎn):离开,避开,远离。庖厨:指厨房。
㉛说:同"悦"。喜悦,高兴。
㉜他人有心,予忖度之:见于《诗经·小雅·巧言》。原意是他人有谗心,我要通过细细地揣摩来把握。宣王这里单独引用这两句,并非用全诗的本义,而是"称是《诗》以嗟叹孟子忖度知己心"(赵岐注)。忖度,揣摩,推测。
㉝乃:只是。
㉞反:反省。
㉟戚戚:心动的样子。
㊱复:告诉。
㊲钧:古代重量单位,相当于三十斤。如孔颖达疏《尚书·五子之歌》"关石和钧,王府则有"说:"《律历志》云:二十四铢为两,十六两为斤,三十斤为钧,四钧为石。"
㊳秋毫:鸟兽秋天新长出来的细毛,比喻极细微之物。

㊴舆:原指车厢,后泛指车子,这里的意思是"整车的"。
㊵许:相信。
㊶见:被,受到。
㊷为:做,干。
㊸形:表现。
㊹挟太山以超北海:挟,夹持,夹在腋下,即韦昭注《国语·齐语》"时雨既至,挟其枪、刈、耨、镈,以旦暮从事于田野"时所说:"在掖曰挟。"太山,即泰山,在今山东省泰安市境内,为五岳之首,素有"五岳独尊"之称。超,跃过。北海,即渤海。清代阎若璩《四书释地》中说:"齐南有太山,北有渤海。……以知'挟太山以超北海',皆取齐境内之地设譬耳。"
㊺折枝:关于何为"折枝",素有歧见。一说为折取草茎树枝,如朱熹《集注》说:"为长者折枝,以长者之命,折草木之枝,言不难也。"一说为按摩。如赵岐注曰:"折枝,案摩,折手节解罢枝也。"清代陈祖范《经咫》中赞同此说,认为:"古注以'折枝'为按摩,'枝'同'肢体'之'肢',今朱注以为'树枝'之'枝',虽虚言取譬不难之意,尤为浅显,但于'为长者'三字全无义,似宜从古。"一说为弯腰行礼,支通"肢"。如《文献通考·经籍考》说宋代陆筠《翼孟音解》中"以'折枝'为'磬折腰肢'"。这里仍从朱注。
㊻老吾老以及人之老,幼吾幼以及人之幼:第一个"老"为动词,即敬养,以敬老之礼事之;第二个"老"为名词,即老人,父兄等长者。古代有"老老"之说,即以敬老之道侍奉老人。如《大学》中说:"上老老而民兴孝,上长长而民兴弟。"郑玄注曰:"老老,长长,谓尊老敬长也。"《管子·入国》中有:"所谓老老者,凡国皆有掌老。年七十已上,一子无征,三月有馈肉;八十已上,二子无征,月有馈肉;九十已上,尽家无征,日有酒肉。死,上共棺椁。劝子弟精膳食、问所欲、求所嗜,此之谓老老。"第一个"幼"为动词,即爱护,指对儿童加以关爱;第二个"幼"是名词,即儿童,孩子,子弟。及,施及。
㊼运:玩弄,拨弄。
㊽刑于寡妻,至于兄弟,以御于家邦:见于《诗经·大雅·思齐》。刑,效法,示范。如《尚书·文侯之命》:"汝肇刑文武。"孔传曰:"言汝今始法文武之道矣。"寡妻,一说为嫡妻。如毛传曰:"寡妻,适妻也。"赵岐注也说:"寡,少也。言文王正己适妻,则八妾从。"一说为贤妻。如郑玄笺曰:"寡妻,寡有之妻,言贤也。"一说为谦词,意为寡德之妻。如朱熹《集注》中说:"寡妻,寡德之妻,谦辞也。"究其原委,当以毛传和赵注为确。御,治理,统御。一说为"享","享天下国家之福"。这几句诗的意思是:先给妻子做出榜样,然后推广到兄弟,再进一步推及国家的治理。
㊾举:兴起。
㊿推恩:广施恩惠。推,推广,推行。
㉛大过:远远超过。
㉜功:效果,成效。"功"是中国古代进行价值或者道德评价的主要标准之一,指行为所产生的效果,一般与"志",即行为的动机相对。
㉝权:称量。

㊴度：丈量，计算。
㊵甚：更加(如此)。
㊶度：考虑，谋划。
㊷抑：表示反问，难道，岂。甲兵：这里指战争、战乱。
㊸构怨：结怨，结仇。
㊹快：感到高兴、愉快。
㊺求：获得，得到。如高诱注《淮南子·说山训》中"刍狗待之而求福"说："求，犹得也。"欲：欲望，愿望。
㊻肥甘：肥美甘甜，这里指肥美甘甜的食物。
㊼轻暖：轻软暖和，这里指轻软而暖和的衣物。
㊽抑：副词，或者，或许。采色：指绚丽的颜色。
㊾声音：古代"声"、"音"是两个不同的概念，东西相互摩擦或者撞击发出的声响称为"声"，各种单调的声音相互杂比和调称为"音"。
㊿便嬖：指君主左右受宠幸的侍臣。
㉖辟：开拓，开辟。
㉗朝：原指臣下朝见君王。如孔颖达疏《左传·成公十二年》"百官承事，朝而不夕"说："旦见君谓之朝，莫见君谓之夕。"这里指"使……来朝见"。
㉘莅：临视，治理。抚：据有，占有，统治。四夷：古代华夏族对四方少数民族的统称，含有轻蔑之意。
㉙若：如此，这样的。
㉚缘木而求鱼：爬到树上去捉鱼，比喻行动的方向和目的正好相反。缘，攀登，攀缘。
㉛殆：发语词，大约相当于"可能"、"也许"之意。
㉜灾：泛指祸患。
㉝邹：先秦时诸侯国名，孟子的故国。武王时始受封，春秋时称邾国，曹姓，子爵，战国鲁穆公时改为邹。国土非常狭小。
㉞固：副词，必定，一定。
㉟集：凑集，全部加起来。
㊱服：使降服，使服从。
㊲盍：通"盍"，何不。本：这里孟子显然是将兴甲兵视为"末"，而把行王道视为"本"。
㊳仕：为官，做官。
㊴商贾：即商人。古代有"行商坐贾"之说，一般称往来各地贩卖货物的商人为"商"，开设店铺做买卖的商人为"贾"。藏：储存货物。
㊵行旅：旅客，出行的人。
㊶疾：厌恶，憎恨嫌怨。
㊷愬：诉说，告发。

㊃惛:同"昏",神志不清,迷迷糊糊。赵岐注曰:"王言,我情思惛乱,不能进行此仁政。"

㊄夫子:古代对男子的尊称。

㊅敏:通达,聪慧。

㊆恒产:指长久固定的产业、资产。恒,长久,固定。恒心:长久保持的道德之心。

㊇士:智者、贤者,后泛指读书人、知识阶层。如贾公彦疏《仪礼·丧服》"父母何筭焉? 都邑之士,则知尊祢矣"说:"士下对野人,上对大夫,则此士所谓在朝之士,并在城郭士民知义礼者,总谓之为士也。"

㊈若:连词,用在句首以引起下文,相当于"至于"。

㊉因:副词,于是,就。

⑩放辟邪侈:这里泛指一切邪恶的行为。放,放荡,放纵。辟,偏执,偏激。邪,行为不正,不正派。侈,过分,奢侈,浪费。

⑪陷:坠入,陷入。

⑫从:副词,就,随即。刑:惩罚,处罚。

⑬罔:同"网",做动词为张网捕捉之意,这里指诬罔,陷害。如《论语·雍也》中有:"君子可逝也,不可陷也;可欺也,不可罔也。"何晏集解引马融的话说:"不可罔者,不可得诬罔令自投下也。"

⑭制:订立制度,规定。

⑮仰:这里指对上。

⑯俯:这里指对下。畜:养,养育。

⑰乐岁:指丰年。

⑱凶年:指荒年。

⑲驱:驾驭,役使。

⑳轻:轻易,容易。

㉑赡:足,足够。

㉒奚:疑问词,哪里。治:修养,修饰。礼义:泛指礼法道义。

㉓盍:副词,表示反问,"何不"。

【评解】 这一章可以说是孟子对其"仁政"、"王道"思想的一个比较完整的阐述,对统治者推行"仁政"的原因、条件、原则、措施等都进行了详细的分析。

孟子通过齐宣王把祭钟用的牛换成羊这件小事,认为齐宣王有实现仁政的心理条件或内在素质。其实,在孟子看来,这种同情、"恻隐"、"不忍人"之心是任何人都具有的,这也正是他认为统治者可以推行"王道"、"仁政"的一个认识前提。"先王有不忍人之心,斯有不忍人之政。"因此他认为,作为一个统治者,有没有推行"仁政"并不是能不能的问题,而只是一个愿不愿意做的问题。

注释：

〔1〕 杨伯峻:《孟子译注》,中华书局,1960年版,第7页。
〔2〕 杨伯峻《孟子译注》,第8页。
〔3〕 杜豫:《论语读本》,郑州:中州古籍出版社,1997年版,第85页。
〔4〕 杨伯峻:《孟子译注》,第12页。

梁惠王章句下

　　庄暴见孟子曰①："暴见于王②，王语暴以好乐③，暴未有以对也。"曰④："好乐何如？"孟子曰："王之好乐甚，则齐国其庶几乎⑤！"他日⑥，见于王曰："王尝语庄子以好乐⑦，有诸？"王变乎色曰⑧："寡人非能好先王之乐也⑨，直好世俗之乐耳⑩。"曰："王之好乐甚，则齐其庶几乎！今之乐，由古之乐也⑪。"曰："可得闻与？"曰："独乐乐⑫，与人乐乐，孰乐？"曰："不若与人。"曰："与少乐乐，与众乐乐，孰乐？"曰："不若与众。""臣请为王言乐：今王鼓乐于此⑬，百姓闻王钟鼓之声、管籥之音⑭，举疾首蹙頞而相告⑮，曰：'吾王之好鼓乐，夫何使我至于此极也⑯？父子不相见，兄弟妻子离散。'今王田猎于此⑰，百姓闻王车马之音，见羽旄之美⑱，举疾首蹙頞而相告曰：'吾王之好田猎，夫何使我至于此极也？父子不相见，兄弟妻子离散。'此无他，不与民同乐也。今王鼓乐于此，百姓闻王钟鼓之声、管籥之音，举欣欣然有喜色而相告曰⑲：'吾王庶几无疾病与？何以能鼓乐也？'今王田猎于此，百姓闻王车马之音，见羽旄之美，举欣欣然有喜色而相告曰：'吾王庶几无疾病与？何以能田猎也？'此无他，与民同乐也。今王与百姓同乐，则王矣。"

【译文】　庄暴来拜见孟子，对孟子说："我被大王召见，大王告诉我说他喜欢音乐，我不知回答些什么好。"停了一下，庄暴问："喜欢音乐，您认为怎么样？"孟子说："大王如果真的特别喜欢音乐，那么齐国就该治理得差不多了。"一段时间之后，孟子被齐王召见。孟子问："大王您曾经告诉庄暴，说您喜欢音乐。有这件事吗？"齐王羞愧地变了脸色，说："我并不是喜欢古代圣王的音乐，而是喜欢一般的世俗音乐罢了。"孟子说："大王您如果真的特别钟爱音乐，那么齐国就快治理得差不多了。现在的世俗音乐和古代的先王之乐，其实都是一样的。"齐王说："您能把其中的道理解释给我听听吗？"孟子说："一个人独自欣赏音乐会感到快乐，与大家一起欣赏音乐也会感到快乐,这两种快乐中,究竟哪一种会感到更快乐呢?"齐王说:"独自欣赏不如与大家一起欣赏快乐。"孟子又说:"和少数人一起欣赏音乐会感到快乐,与许多人一起欣赏音乐也会感到快乐,这两种快乐中,究竟哪一种更快乐呢?"齐王说:"与少数人一起欣赏不如与许多人一起欣赏快乐。"于是孟子说:"就让我给大王您讲讲什么是真正的爱好音乐吧。假设大王您现在在这里演奏音乐,老百姓听到悦耳的钟鼓之声、悠扬的箫笛之音,全都皱着眉头痛苦地相互议论说:'我们的大王如此喜欢音乐,却为什么让我们到了这般困窘的地步?父子不能相互见面,一家老小颠沛流离!'假设大王您现在在这里打猎,老百姓听到奔驰的车马之声,看到飘扬的旌旗之美,全都皱着眉头痛苦地相互议论说:'我们的大王如此喜欢打猎,却为什么让我们到了这般困窘的地步?父子不能相互见面,一家老小颠沛流离!'之所以会这样,没有别的原因,就是因为大王您没有同老百姓一起分享快乐。假设大王您现在在这里演奏音乐,老百姓听到悦耳的钟鼓之声、悠扬的箫笛之音,全都欢欣鼓舞地相互转告说:'我们的大王身体应该没有什么疾病吧,否则怎么能够演奏音乐呢?'假设大王您现在在这里打猎,老百姓听到奔驰的车马之声,看到飘扬的旌旗之美,全都欢欣鼓舞地相互转告说:'我们的大王身体应该没有什么疾病吧,否则怎么能够打猎呢?'之所以会这样,也没有别的原因,就是因为大王您能够与老百姓一起分享快乐。如果大王您能够与老百姓一起分享快乐,就可以用仁德统一天下了。"

【注释】 ①庄暴:赵岐注曰:"庄暴,齐臣也。"后人多从此说。

②见于王:被王召见。见(xiàn),与"庄暴见孟子"之"见"不同。王,从上下文推知,当为齐宣王。

③乐:关于此"乐"字的读音与意义,一般有两种不同的看法,一是认为"乐"当读为yuè,即"音乐"之"乐";一是认为"乐"应读为lè,即"娱乐"之"乐"。历代注家多持前说,这里仍因循之。

④曰:下面的话仍为庄暴所说,中间加一"曰"字,一般表示话题的转换或者说话者中间的停顿。

⑤庶几:或许,大概可以,差不多。朱熹《集注》曰:"庶几,近辞也。言近于治。"

⑥他日:日后,其后的某天。

⑦庄子:这里指庄暴。"子"是古代对男子的尊称。

⑧变乎色:指变了脸色。关于齐王为什么要"变乎色",赵岐注曰:"愠暴庄子道其好乐也。"朱熹《集注》则说:"变色者,惭其好之不正也。"结合下文齐王所说:"寡人非能好先王之乐也,直好世俗之乐耳。"应以朱说为胜,齐王因羞惭而"变乎色",并非因为怨愤。

⑨先王:指前代贤明的圣王。在政治理想和道德人格上,儒家推崇前代的尧、舜、禹、汤、文、武等帝王,把他们看做道德的化身和统治者效仿的榜样。如《汉书·艺文志》

中所说:"儒家者流……祖述尧舜,宪章文武,宗师仲尼,以重其言。"

⑩直:副词,但,只不过。世俗:即流俗,庸俗。

⑪由:通"犹",如同,好像。

⑫独:独自,单独。乐乐:前一"乐"字读 yuè,指欣赏音乐;后一"乐"字读 lè,指感动快乐。下文"孰乐"之"乐"也读为 lè。

⑬鼓乐:演奏音乐。鼓,指演奏(乐器)。一说"鼓乐"为击鼓奏乐。

⑭管籥:指管和籥两种乐器名,亦泛指乐器或音乐。管,古乐器名,赵岐注曰:"管:笙。"亦指通过吹奏发声的管类乐器的总称。籥,古代的一种管乐器,又写作"龠",像竹管编排之形。古代有吹籥和舞籥两种。赵岐注曰:"籥:箫。或曰籥若笛短而有三孔。《诗》云'左手执籥',以节众也。"吹籥似笛而短小,三孔;舞籥长而六孔,可执做舞具。赵岐所引《诗经·邶风·简兮》中"左手执籥"一句,孔颖达疏《毛诗》说:"籥虽吹器,舞时与羽并执,故得舞名。"

⑮举:全部,都。朱熹《集注》说:"举,皆也。"疾首蹙頞:脑袋疼痛,皱着眉头。蹙,指眉头皱拢。頞,鼻梁。

⑯极:困窘,疲困。

⑰田猎:狩猎,打猎。"田"也是"打猎"的意思。

⑱羽旄:古代常用鸟羽和旄牛尾作为旗帜的装饰,所以常用"羽旄"作为旌旗、旗帜的代称。

⑲欣欣:高兴、喜乐的样子。

【评解】 "仁政"就是要求统治者要关心人民的生活,体恤人民的疾苦,也就是说,要对人民具有仁爱之心,要具有"仁"德。在孔子、孟子等儒家思想家那里,把仁爱精神推及政治领域,便是"仁政"。暴政失民,仁政得民,被认为是千古不易的真理。中国历史上,人民安定、政权稳固、生产繁荣、社会进步的所谓"盛世",都是统治者推行宽松的"仁政"的结果,而国家灭亡,则往往是由于统治者暴虐,不能以仁义治天下。史籍中这样的例子比比皆是,如"不务德而武伤百姓"以至于令"百姓弗堪"的夏桀,好酒淫乐、固执残暴的商纣,一意孤行、多行暴政逼得国人"道路以目"的周厉王,以及由于"仁义不施"而短命的秦王朝等。

齐宣王问曰:"文王之囿①,方七十里②,有诸?"孟子对曰:"于传有之③。"曰:"若是其大乎?"曰:"民犹以为小也④。"曰:"寡人之囿,方四十里,民犹以为大,何也?"曰:"文王之囿方七十里,刍荛者往焉⑤,雉兔者往焉。与民同之,民以为小,不亦宜乎!臣始至于境,问国之大禁⑥,然后敢入。臣闻郊关之内⑦,有囿方四十里,杀其麋鹿者如杀人之罪。则是方四十里为阱于国中⑧,民以为大,不亦宜乎！"

【译文】 齐宣王问孟子说："当年周文王饲养珍禽异兽的园林方圆达到七十里，有这回事吗？"孟子回答说："根据史书的记载有。"齐宣王说："像这样是不是太大了吗？"孟子说："老百姓还认为它小呢。"齐宣王问："我的园林方圆才四十里，老百姓还以为它太大。为什么这样呢？"孟子说："周文王饲养动物的园林方圆七十里，割草打柴的可以去，捕雉捉兔的可以去。和老百姓一同拥有和使用，老百姓觉得它小，不是很合理的吗？我刚到达齐国国境的时候，首先了解了齐国有什么重要的禁令，然后才敢进入。我听说临淄城外有一片方圆四十里放养着珍禽异兽的园林，如果谁杀了里面的动物，就与杀人处以同样的刑罚。这就等于在国家之中设下了一个方圆四十里大的陷阱啊。老百姓认为它大，不也一样是应该的吗？"

【注释】 ①囿：古代畜养禽兽以供观赏的园林，一般为帝王的皇家园林。
②方：古代计量土地面积的用语，表示纵横若干长度的意思。
③传：指古书的记载，书传。清代赵翼《廿二史札记·各史例目异同》说："古书凡记事、立论及解经者皆谓之传。"
④犹：副词，还，仍。
⑤刍荛者：割草采薪之人。赵岐注曰："刍荛者，取刍薪之贱人也。"刍，饲草。荛，薪草。下文"雉兔者"指打猎捕捉鸟兽的人。
⑥大禁：指在习俗、道德和法令上最禁忌、最避讳的事情，即最重要的禁忌或者禁令。
⑦郊关：古代城邑四郊起防御作用的关门。赵岐注曰："郊关，齐四境之皆有关。"孙奭疏曰："四境郊皆有关者，盖四郊之门也。"郊，根据先秦时期的制度，距国都百里或五十里、三十里、十里之地称为"郊"，距离远近一般根据国之大小而定。这里指齐国的都城临淄。
⑧阱：用来捕捉野兽或者防御敌人而设的陷坑，这里指为老百姓设下的陷阱。朱熹《集注》曰："阱，坎地以陷兽者，言陷民于死也。"

【评解】 在春秋战国时期，由于应付诸侯国之间连年战争的需要，一方面让一些思想家和政治家认识到了得民心的重要，但另一方面也有一些思想家和政治家为了加强统治者的权威、早日建立起封建大一统的制度，主张要对人民实行严刑峻法，加强对人民的控制，例如商鞅等法家的主张。法家的主张，在当时诸侯争霸的时代有着广泛的影响，它虽然在一定程度上满足了新兴地主阶级的需要，但也给人民造成了深重的灾难。孟子的思想虽然也属于新兴地主阶级理论的范畴，但是他对这种为了满足统治者利益和贪欲而不顾人民死活的主张是持强烈反对态度的，虽然在当时被看做"迂远而阔于事情",但是从长远看却有着积极的进步意义,它反映了普通民众的心声,揭露了统治者的暴虐,要求关注普通老百姓的生活,这是符合历史发展规律的。在孟子生活的战国时期,法家的理论最终占据了上风,秦国采用法家的思想改革内政、发展生产、壮大实力,最终实现了封建大一统。然而这种暴虐的统治并没有维持多久,很快就被人民所推翻。这也从反面说明了孔子、孟子所主张的"德治"、"仁政"学说对于国家的长治久安来说,具有更为根本的意义。

齐宣王问曰:"交邻国有道乎?"孟子对曰:"有。惟仁者为能以大事小,是故汤事葛①,文王事昆夷②。惟智者为能以小事大③,故大王事獯鬻④,勾践事吴⑤。以大事小者,乐天者也⑥;以小事大者,畏天者也⑦。乐天者保天下,畏天者保其国⑧。《诗》云:'畏天之威,于时保之⑨。'"王曰:"大哉言矣!寡人有疾,寡人好勇。"对曰:"王请无好小勇。夫抚剑疾视曰⑩:'彼恶敢当我哉⑪!'此匹夫之勇⑫,敌一人者也。王请大之。《诗》云:'王赫斯怒,爰整其旅,以遏徂莒,以笃周祜,以对于天下⑬',此文王之勇也。文王一怒而安天下之民。《书》曰:'天降下民,作之君,作之师,惟曰其助上帝,宠之四方。有罪无罪惟我在,天下曷敢有越厥志⑭?'一人衡行于天下⑮,武王耻之,此武王之勇也。而武王亦一怒而安天下之民。今王亦一怒而安天下之民,民惟恐王之不好勇也。"

【译文】 齐宣王问道:"与邻国交往有原则可循吗?"孟子回答说:"有。只有仁德者才能够虽是大国却敬服于小国,因此汤敬服于葛,文王敬服于昆夷。只有智慧者才能够以小国的地位敬服于大国,因此古公亶父敬服于獯鬻,越王勾践敬服于吴王。以大国敬服于小国的,是乐于顺从天命者;以小国敬服于大国者,是真正畏惧天命者。乐于顺从天命者能够安抚天下,真正畏惧天命者可以保全国家。正如《诗经》中所说:'敬畏天命威严,因此安定国家。'"齐宣王说:"您的见解真高明啊!可是我有个毛病,我喜欢勇敢。"孟子回答说:"大王请不要喜欢小勇。如果手按宝剑怒目而视说:'你怎么能是我的对手呢!'这样的勇敢只是粗鲁人的匹夫之勇,只能够对付一个人罢了。还是请大王您将勇敢的品质加以扩大。《诗经》中说:'周王勃然大怒,整顿麾下军旅,阻止侵莒之敌,以增周之福佑,以慰天下之望。'这里说的是周文王的勇敢。周文王一怒而使天下百姓得到安定。《尚书》中说:'上天降生天下黎民,替他们选择了君主,为他们树立了楷模,目的只有一个,就是协助上帝爱护百姓。四方之人有无罪责,都由我来负责。天下谁敢胡作非为?'那时有一个人(指商纣王)横行于天下,周武王深感耻辱。于是周武王也一怒而使天下百姓得到安定。现在大王您如果也能一怒而使天下百姓得到安定,那样的话,老百姓就要惟恐您不喜欢勇敢了!"

【注释】 ①汤事葛:汤,即商朝的开国君主商汤,又称成汤、成唐、武汤、武王、天乙等,是儒家所推崇的前代圣王之一。葛,古国名,一说在今河南睢县北,一说在今河南鄢城北,后被汤所灭。关于"汤事葛"之事,下文《滕文公下》有详细说明。

②文王事昆夷:昆夷,又称"混夷",殷、周时我国西北少数民族名。《诗经·小雅·采薇序》中说:"文王之时,西有昆夷之患,北有猃狁之难。"郑玄笺曰:"昆夷,西戎也。"关于"文王事昆夷"之事,《诗经·大雅·绵》中有"混夷骏矣,维其喙矣"的诗句,郑玄笺曰:"混夷,夷狄国也。见文王之使者,将士众过己国,则惶怖惊走,奔突入此柞棫之中而逃,甚困剧也。是之谓一年伐混夷,太王辟狄;文王伐混夷,成道兴国,其志一也。"

③惟仁者为能以大事小……惟智者为能以小事大:朱熹《集注》曰:"仁人之心,宽洪恻怛,而无较计大小强弱之私。故小国虽或不恭,而吾所以字之之心自不能已。智者明义理,识时势。故大国虽见侵陵,而吾所以事之之礼尤不敢废。"

④大王事獯鬻:大王,又作"太王",即古公亶父,周文王的祖父。《史记·周世家》中说:"公叔祖类卒,子古公亶父立。古公亶父复修后稷、公刘之业,积德行义,国人皆戴之。熏育戎狄攻之,欲得财物,予之。已复攻,欲得地与民。民皆怒,欲战。古公曰:'有民立君,将以利之。今戎狄所为攻战,以吾地与民。民之在我,与其在彼,何异。民欲以我故战,杀人父子而君之,予不忍为。'乃与私属遂去豳,度漆、沮,逾梁山,止于岐下。豳人举国扶老携弱,尽复归古公于岐下。及他旁国闻古公仁,亦多归之。于是古公乃贬戎狄之俗,而营筑城郭室屋,而邑别居之。作五官有司。民皆歌乐之,颂其德。"獯鬻,即《周世家》中所谓"熏育",又称为"荤粥"、"猃狁"、"荤允"、"猃狁"等,我国古代北方少数民族名,即后来的匈奴。赵岐注:"獯鬻,北狄强者,今匈奴也。"李贤注《后汉书·南匈奴传》"昔猃狁、獯粥之敌中国,其所由来尚矣"也说:"周曰猃狁,尧曰熏粥,秦曰匈奴。"关于"大王事獯鬻"之事,本篇的下文中还有更详细的记述。

⑤勾践事吴:勾践,春秋时期越国的国君,先被吴王夫差打败,逃到会稽山中,派人向吴国求和,亲自替吴王做卑贱的事情。暗中卧薪尝胆,积蓄力量,后来灭了吴国,报仇复国成功。关于"勾践事吴"之事,在《国语》、《史记》等典籍中均有记载。

⑥乐天:朱熹《集注》曰:"天者,理而已矣。大之字小,小之事大,皆理之当然也。自然合理,故曰乐天。"

⑦畏天:朱熹《集注》曰:"不敢违理,故曰畏天。"

⑧乐天者保天下,畏天者保其国:赵岐注曰:"圣人乐行天道,如天无不盖也,故保天下,汤、文是也。智者量时畏天,故保其国,大王、勾践是也。"朱熹《集注》曰:"包含遍覆,无不周遍,保天下之气象也。制节谨度,不敢纵逸,保一国之规模也。"

⑨畏天之威,于时保之:出自《诗经·周颂·我将》。意思是:敬畏天命的威严,因此而

得到国家的稳定。于时,即"于是"。

⑩抚:用手按住。疾视:瞋目怒视。赵岐注曰:"疾视,恶视也。"

⑪当:抵敌,抵挡。

⑫匹夫:这里指有勇无谋的独夫。

⑬王赫斯怒,爰整其旅,以遏徂莒,以笃周祜,以对于天下:出自《诗经·大雅·皇矣》。以遏徂莒,原诗作"以按徂旅"。赫斯,盛怒貌。爰,语气助词,用在句首或句中,起调节语气的作用,无义。旅,古代军队编制单位。一说五百人为"旅",如《周礼·地官·小司徒》:"乃会万民之卒伍而用之。五人为伍,五伍为两,四两为卒,五卒为旅。"一说两千人为"旅",如《国语·齐语》:"以为军令:五家为轨,故五人为伍,轨长帅之;十轨为里,故五十人为小戎,里有司帅之;四里为连,故二百人为卒,连长帅之;十连为乡,故二千人为旅,乡良人帅之。"这里泛指军队。遏、按,都是"止"的意思。徂莒,《诗经》作"徂旅"。一说"徂"的意思为往,"莒"为古国名,在今山东省莒县。"徂莒"即入侵莒国者。一说"徂旅"为"徂国的军队"。郑玄笺中以为,"徂旅"即"徂国之兵众",以"徂"为国名,"旅"为军队。唐孔颖达疏亦赞成此说,并论证说:"王肃云:'无阮、徂、共三国。'孔晁云:'周有阮、徂、共三国,见于何书?'孙毓云:'案《书传》文王七年五伐,有伐密须、大夷、黎、邘、崇,未闻有阮、徂、共三国助纣犯周、文王伐之之事。'皆以为无此三国,故训徂为往。郑必以为皆国名者,正以下言'徂旅',徂有师旅,明徂是国,故知三国与密须充上四国之文。事在此诗,即成文也。于时书史散亡,安可更责所见?张融云:'晁岂能具数此时诸侯,而责徂、共非国也?《鲁诗》之义,以阮、徂、共皆为国名。是则出于旧说,非郑之创造。《书传》七年,年说一事,故其言不及阮、徂、共耳。《书传》亦无玁狁,《采薇》称玁狁之难,复文王不伐之乎?郑之所言,非无深趣,皇甫谧勤于考校,亦据而用之。"这里从前说。笃,加厚,增厚。祜,福。对,答,遂。

⑭天降下民,作之君,作之师,惟曰其助上帝,宠之四方。有罪无罪惟我在,天下曷敢有越厥志:此句为《尚书》佚文,伪古文《尚书》录入《泰誓》,作"天佑下民,作之君,作之师。惟其克相上帝,宠绥四方。有罪无罪,予曷敢有越厥志"。"惟曰其助上帝,宠之四方。有罪无罪惟我在",杨伯峻《孟子译注》句读为:"惟曰其助上帝宠之。四方有罪无罪惟我在",并认为:"句读应该如此。朱熹《集注》把下文'四方'连接'宠之'作一句,全文读为:'惟曰其助上帝,宠之四方',是不对的。"[1]

⑮衡行:即"横行"。

【评解】 在儒家思想中,"勇"是一种重要而独特的德性,它没有仁、义、礼、智、信等被人们提到得那样频繁,但它却被列入"三达德"之一,与"仁"和"智"并列。在孔子、孟子等儒家思想家看来,"勇"是联结认识和实践的一个中介。作为美德的"勇",融合和渗透了仁、义、礼、智等道德规范,把人们的观念与行动,即道德认识和日常实践,紧密地结合了起来。同时,在先秦儒家的思想中,与仁、义、礼、智等德目不同,"勇"这一范畴本身所指称的,并不是一种美德,只有与仁、义、礼、智等德性结合起来,"勇"才可能成为一种优良的品质而值得大力提倡。孟子所做出的"小勇"和"大勇"的区分,也正是以这种理解为前提的。尤其对于统治者来说,更应当分清"小勇"和"大勇"的区别,不能够鲁莽蛮干、见利忘义、逞强凌弱。

齐宣王见孟子于雪宫①。王曰:"贤者亦有此乐乎?"孟子对曰:"有。人不得则非其上矣。不得而非其上者非也,为民上而不与民同乐者亦非也。乐民之乐者,民亦乐其乐;忧民之忧者,民亦忧其忧。乐以天下,忧以天下,然而不王者,未之有也。昔者齐景公问于晏子曰②:'吾欲观于转附③、朝儛④,遵海而南⑤,放于琅邪⑥,吾何修而可以比于先王观也⑦?'晏子对曰:'善哉问也!天子适诸侯曰巡狩⑧,巡狩者巡所守也。诸侯朝于天子曰述职,述职者述所职也。无非事者。春省耕而补不足⑨;秋省敛而助不给⑩。夏谚曰:吾王不游,吾何以休?吾王不豫⑪,吾何以助?一游一豫,为诸侯度。今也不然:师行而粮食⑫;饥者弗食,劳者弗息。睊睊胥谗,民乃作慝⑬。方命虐民⑭,饮食若流;流连荒亡⑮,为诸侯忧。从流下而忘反谓之流⑯,从流上而忘反谓之连,从兽无厌谓之荒⑰,乐酒无厌谓之亡⑱。先王无流连之乐、荒亡之行。惟君所行也。'景公说,大戒于国⑲,出舍于郊⑳。于是始兴发补不足㉑。召大师曰㉒:'为我作君臣相说之乐。'盖《徵招》、《角招》是也㉓。其诗曰:'畜君何尤㉔?'畜君者,好君也。"

【译文】　齐宣王在雪宫接见孟子。齐宣王说:"有道德的贤人也有这样的享乐吗?"孟子说:"有。人们得不到这样的享乐,就会抱怨他们的君主。得不到享乐而抱怨他们的君主,是不对的;作为老百姓的君主而不与老百姓一起享受快乐,也是不对的。以老百姓的快乐为快乐的人,老百姓也会以他的快乐为快乐;以老百姓的忧患为忧患的人,老百姓也会以他的忧患为忧患。以天下人的快乐为快乐,以天下人的忧患为忧患,这样还不能以仁德一统天下的,是从来没有的。当年齐景公曾经问晏子说:'我想出去游览一番,先到转附、朝儛两座山,然而顺着海滨南下,最后到琅邪山。我应该怎么做才能比得上前代圣王的巡游呢?'晏子回答说:'这个问题问得好啊!天子到诸侯的封地去叫做巡狩。所谓巡狩,就是巡视自己所保有的疆土和人民。诸侯到天子的朝堂去叫做述职。所谓述职,就是陈述自己所履行的职责和成效。他们的出巡没有不和一定的事务相联系的。春天出巡视察耕作的情况,以帮助劳力不足的人;秋天出巡视察收获的情况,以赈济收成不好的人。夏朝时有谚语说:我的国君不出游,我们如何能休养? 我的国君不巡视,我们如何能受助? 国君出游和巡视,可为诸侯的法度。可是今天的情形就不同了:国君的大队人马一出动,就要征调耗费大量的粮食。饥饿的人得不到饭吃,劳作的人得不到休息。人们纷纷怒目而视,满腹怨言,于是就难免起来作乱。违背天理残害人民,像流水一般地耗费粮食。流连荒亡,是作为诸侯来说最可忧虑的事情。顺流而下,耽于游乐以致忘返,称为流;逆流而上,耽于游乐以致忘归,称为连;行围打猎,沉迷其中不知满足,称为荒;饮酒作乐,纵情其中不知节制,称为亡。前代的圣王,既没有流连的游乐,也没有荒亡的行为。大王您自己来选择自己的行动吧。'景公听了非常高兴,马上命令全国为耕作做好充分的准备,自己也到郊外驻扎在老百姓中间。并且接着打开仓库,拿出粮食,赈济生活贫困的人。又把乐官叫来,对他说:'请为我创作以君臣同乐为主题的曲子。'所创作的曲子就是《徵招》和《角招》。为曲子配的歌词中说:'畜君有什么过错呢?'所谓畜君,就是喜欢自己的国君的意思。"

【注释】 ①雪宫:齐宣王的离宫名。

②齐景公:春秋时齐国国君,名杵臼,齐庄公的异母弟,公元前547～前490年在位。晏子:即春秋时齐国的贤臣晏婴,字平仲,夷维(今山东高密)人,历仕灵公、庄公、景公三代君主五十余年。今传《晏子春秋》,就是后人记述晏子的言行和政治思想的著作。

③观:游览。

④转附、朝儛:山名。赵岐注曰:"转附、朝儛,皆山名也。"焦循《正义》说:"秦皇、汉武所游自琅邪而北则至之罘、成山……转附即之罘也,朝儛即成山也。"之(芝)罘山,在今山东省烟台市的芝罘岛上;成山,在今山东省荣成市。杨伯峻推测:"转附疑即今芝罘山(就是芝罘岛),朝儛疑即今山东省荣城县东之召石山。"[2]

⑤遵:即"循",沿着。

⑥放(fǎng):至,到。琅邪:亦作"琅琊"、"瑯琊"。山名,在今山东省诸城县东南海滨。秦始皇曾经游历至此,"大乐之,留三月"(《史记·秦始皇本纪》),并在其上建琅邪台。一说"琅邪"即"琅邪郡",不妥。

⑦修:行,做,从事。如韦昭注《国语·晋语五》"晋为盟主,而不修天罚,将惧及焉"说:"修,行也。"

⑧适:去,往。

⑨省:视察,查看。

⑩敛:这里指收获。给:丰裕,充足。

⑪豫:一说意为"乐",如朱熹《集注》中说:"豫,乐也。"一说"豫"与"游"义同,如赵岐注曰:"豫亦游也,《春秋传》曰:'鲁季氏有嘉树,晋范宣子豫焉。'"一说"豫"同"预",即参与。这里从赵注之说。

⑫师:这里指"众",而不是指军队。粮食:古代行道曰粮,止居曰食,后来通称供食用的原粮和成品粮。这里指运转、耗费粮食。

⑬睊(juàn)睊:(因愤恨而)侧目相视貌。胥:相互。谗:说坏话,毁谤。慝:邪恶。

⑭方命:违命、抗命。这里指违逆天命。一说为违反先王之命。方,违抗、违逆。

⑮流连:指耽于游乐而忘归。荒亡:指沉迷于田猎酒色之类,纵欲无度。关于"流"、"连"、"荒"、"亡",下文还有解释。

⑯从流下:朱熹《集注》曰:"谓放舟随水而下。"下文"从流上"为"谓挽舟逆水而上"。

⑰从兽:追逐禽兽,指田猎。也称"从禽",如《易·屯》中:"即鹿无虞,以从禽也。"

⑱乐酒:指以饮酒为乐。

⑲戒:赵岐注曰:"戒,备也。大修戒备于国。"朱熹《集注》曰:"戒,告命也。"这里当是"准备"的意思,为"备好农具,准备耕作"之意。

⑳出舍:外出驻扎。赵岐注曰:"出舍于郊,示忧民困。"

㉑兴发:指开仓放赈。赵岐注曰:"始兴惠政,发仓廪以赈贫困不足者也。"

㉒大师:指古代乐官之长。《周礼·春官·大师》说:"大师掌六律六同,以合阴阳之声。"

㉓《徵招》、《角招》:徵和角均为古代"五音"(宫、商、角、徵、羽)之一。招:通"韶"。传说帝舜时有音乐名"韶"。

㉔畜君:一说"畜"即为好之意,如《诗经·小雅·蓼莪》"拊我畜我,长我育我"之"畜",与下文之意直接对应,"畜君"即"好君",喜欢自己的国君。如赵岐注:"言臣说君,谓之好君。"一说"畜君"指匡正国主的过失。如朱熹《集注》说:"言晏子能畜止其君之欲,宜为君之所尤,然其心则何过哉?孟子释之,以为臣能畜止其君之欲,乃是爱其君者也。"一说"畜"为"奉养"之意,"畜君"即为"奉养自己的国君"的意思。根据上下文,似以赵注为善。尤:过错,罪责。

【评解】 以民为本、关注老百姓的生活,一方面要加强生产,"制民之产",另一方面又要与民休息,要使民以时,不要滥用民力。这也是"爱民"的基本要求。"使民以时",根本上说,就是要使人民安心生产,"不违农时",在农忙期间,统治者不要让农民干与农业生产无关的工作,以使农民专心专意进行农业生产。"节用而爱人,使民以时"(《论语·学而》),只有不违农时,发展生产,才能使民食丰足。因此,孟子反对国君为了满足自己的私利,贸然发动战争、穷兵黩武,或者穷奢极欲、沉迷酒色。而要做到这些,就要通过提高自身的道德修养,减少自己的欲望来达到。统治者如果纵情声色或者贪得无厌,不但祸国殃民,让老百姓不得安宁,而且会直接危及自己的统治。

齐宣王问曰:"人皆谓我毁明堂①,毁诸?已乎②?"孟子对曰:"夫明堂者,王者之堂也。王欲行王政,则勿毁之矣。"王曰:"王政可得闻与?"对曰:"昔者文王之治岐也③,耕者九一④,仕者世禄⑤,

关市讥而不征⑥,泽梁无禁⑦。罪人不孥⑧。老而无妻曰鳏,老而无夫曰寡,老而无子曰独,幼而无父曰孤,此四者天下之穷民而无告者⑨。文王发政施仁,必先斯四者。《诗》云:'哿矣富人,哀此茕独⑩。'"王曰:"善哉言乎!"曰:"王如善之,则何为不行?"王曰:"寡人有疾,寡人好货⑪。"对曰:"昔者公刘好货⑫。《诗》云:'乃积乃仓,乃裹糇粮,于橐于囊。思戢用光,弓矢斯张;干戈戚扬,爰方启行⑬。'故居者有积仓,行者有裹囊也,然后可以爰方启行。王如好货,与百姓同之,于王何有?"王曰:"寡人有疾,寡人好色。"对曰:"昔者太王好色,爱厥妃⑭。《诗》云:'古公亶父,来朝走马,率西水浒,至于岐下;爰及姜女,聿来胥宇⑮。'当是时也,内无怨女⑯,外无旷夫⑰。王如好色,与百姓同之,于王何有?"

【译文】齐宣王问道:"人们都劝我毁掉明堂。是毁掉呢,还是不毁呢?"孟子回答说:"明堂,是通过仁德一统天下的王者的殿堂。如果大王您也想推行王者之政道,就不要毁了它。"齐宣王说:"什么是王者之政道? 可以说来听听吗?"孟子回答说:"想当年周文王治理岐这个地方的时候,对于耕作者,通过井田制抽取九分之一的税赋;对于做官者,通过世禄制给他们可以世代承袭的俸禄。设立关卡和市集只是为了检查而不是为了收税,任何人在水流中筑坝捕鱼不会得到禁止。有人犯罪,只是处罚本人,不会累及妻子儿女。年老却没有妻子的男子称为'鳏',年老而没有丈夫的女子称为'寡',年老而没有子女的老人称为'独',年幼却失去父亲的儿童称为'孤'。这四种人,是天下穷苦人之中最无依无靠的。文王发布政令施行仁德,一定会从这四种人开始考虑。这也就是《诗经》里说的:'富足的人们生活得还算惬意啊,孤独无依者才是最值得可怜的!'"齐宣王说:"你说得太好了!"孟子问:"大王您既然认为说得好,那为什么不实行呢?"齐宣王说:"我有个毛病,我这个人比较贪财,(所以怕做不到)。"孟子说:"想当年公刘也是比较贪财的。《诗经》里说:'粮食堆满内外仓,干粮裹在橐和囊。上下一心扬国威,弓弦拉开箭搭上。戈盾斧钺高举起,开始出发向前方。'可见他给居住原地的人用各种仓库堆满粮食,给出发远行的人用各种包裹备好干粮,然后才可以'开始出发向前方'。大王您如果爱财,就同老百姓一起都生活富足。如果这样,何愁不能用仁德一统天下呢?"齐宣王说:"我还有个毛病,我这个人比较好色,(所以怕做不到)。"孟子说:"想当年古公亶父也比较好色,喜爱他的妃子。《诗经》里说:'古公亶父,清晨乘马。沿着水滨,来到岐下。偕同妃子,视察住处。'那时候,天下没有已到婚龄而没有合适配偶的女子,也没有已到婚龄而没有合适配偶的男子。大王您如果好色,就和老百姓一起都生活美满。如果这样,何愁不能用仁德一统天下呢?"

【注释】 ①谓:劝。明堂:古代天子宣明政教的地方。凡朝会、祭祀、庆赏、选士、养老、教学等大典,都在明堂举行。齐只是一个诸侯国,为什么会有明堂?赵岐注中解释说:"谓泰山下明堂,本周天子东巡狩朝诸侯之处也,齐侵地而得之。人劝齐宣王,诸侯不用明堂,可毁坏,故疑而问于孟子当毁之乎。"

②已:停止。

③岐:山名,在今陕西省岐山县境内。这里指岐山一带,是古公亶父之后、武王灭商之前周部落所生活的区域。

④九一:这里指井田制度。井田制相传为古代的一种土地制度。以九百亩为一里,纵横划分为九区,形如"井"字,因此一里又称一井。其中,外面的八个区域为私田,八家各占一个区域,即一百亩,归各家耕种。中央的一个区域为公田,八家共同耕种。每到耕种收获季节,各家要先合理完成公田上的农事之后,然后才到自家的私田上劳动。从春秋时起,井田制日趋崩溃,逐渐被封建的土地制度和生产关系所取代。如范宁注《春秋穀梁传·宣公十五年》:"古者三百步为里,名曰井田,井田者,九百亩,公田居一"说:"出除公田八十亩,余八百二十亩,故井田之法,八家共一井,八百亩。余二十亩,家各二亩半,为庐舍。"朱熹《集注》中也解释说:"九一者,井田之制也。方一里为一井,其田九百亩。中画井字,界为九区。一区之中,为田百亩。中百亩为公田,外八百亩为私田。八家各受私田百亩,而同养公田,是九分而税其一也。"

⑤仕者世禄:朱熹《集注》说:"世禄者,先王之世,仕者之子孙皆教之,教之而成材则官之。如不足用,亦使之不失其禄。盖其先世尝有功德于民,故报之如此,忠厚之至也。"

⑥关市:位于交通要道的市集。关,指古代征税的关卡。讥:稽查,盘问。征:指征税。

⑦泽梁:在河流中用石头筑成用以拦水捕鱼的堤坝。

⑧孥:妻子儿女。这里做动词,指累及妻子儿女。赵岐注曰:"孥,妻、子也……罪人不孥,恶恶止其身,不及妻子也。"

⑨告:同"靠"。依赖,依靠。

⑩哿(gě)矣富人,哀此茕独:出自《诗经·小雅·正月》。哿:快乐。王引之《经义述闻·毛诗中》说:"哿与哀相对为文,哀者,忧悲;哿者,欢乐也……哿之为言犹嘉耳。故昭八年《左传》引'哿矣能言'杜注曰:'哿,嘉也。'毛传训哿为可,可亦快意惬心之称。"茕:孤独无依。

⑪好货:爱财。货,财物,也专指金钱珠玉布帛的总称。如孔颖达疏《尚书·洪范》"一曰食,二曰货"说:"货者,金玉布帛之总名。"

⑫公刘:周代的始祖,后稷的曾孙,《诗经·大雅》中有《公刘》一诗,专门赞颂他的德行和业绩。《史记·周本纪》记载:"后稷卒,子不窋立。不窋末年,夏后氏政衰,去稷不

务,不窋以失其官而奔戎狄之间。不窋卒,子鞠立。鞠卒,子公刘立。公刘虽在戎狄之间,复修后稷之业,务耕种,行地宜,自漆、沮度渭,取材用,行者有资,居者有畜积,民赖其庆。百姓怀之,多徙而保归焉。周道之兴自此始,故诗人歌乐思其德。"

⑬乃积乃仓,乃裹糇粮,于橐于囊。思戢用光,弓矢斯张;干戈戚扬,爰方启行:出自《诗经·大雅·公刘》。积:朱熹解释为"露积",与"仓",即仓廪积储相对。糇粮:干粮。橐、囊:均为盛东西的口袋。橐为两端有底中间开口,装上东西后可以中间搭起,可以担、扛,也可以搭在车上或牲口背上。囊则为一端有底,一端开口,东西盛于其中后可以将口扎起或拎着有口的一端(一说囊无底,东西盛于其中然后两端括起)。一般囊较大而橐相对较小。所以,《毛传》说:"小曰橐,大曰囊"。朱熹则说:"无底曰橐,有底曰囊。"思:语气助词,用于句首或句中,无义。戢:《诗经》原诗中作"辑",安辑,和睦。光:发扬光大。干、戈、戚、扬:都是古代的兵器。干即盾,盾牌。戈为古代的主要兵器,一般为青铜制,盛行于商至战国时期,其突出的部分名为"援",援上下都有锋利的刃,可用以横击和钩杀。戚是斧的一种。如郑玄注《礼记·明堂位》"朱干玉戚,冕而舞大武"说:"戚,斧也。"扬即钺,形状像斧,比一般的斧大。爰:助词,无义,用在句首或句中,用以调节语气。

⑭厥:代词,其。

⑮古公亶父,来朝走马,率西水浒,至于岐下;爰及姜女,聿来胥宇:出自《诗经·大雅·绵》。率:沿着,顺着。浒:水边。姜女:指太王的妃子姜氏。聿:助词,用于句首或句中,无义。胥:观察,视察。宇:房屋,住所。

⑯怨女:指已到婚龄而没有合适配偶的女子。

⑰旷夫:指已到婚龄而没有合适配偶的男子。

【评解】 在孟子看来,要实行王政、王道首要的就是要认识到民众是国家的根本,本固方能邦宁。对于统治者来说,首先,要做到仁以保民。"国之所以为国者,以有民也","国也者,积民而成。国之有民,犹身之有四肢五脏筋脉血轮也"。孟子基于"民惟邦本"的道理,提出了仁以保民的"人心向背律":"桀纣之失天下也,失其民也;失其民也,失其心也。"(《孟子·梁惠王上》)保民而王,才能莫之能御。君主要以民为本,各级官吏同样要以民为本。这也就是荀子所说的:"故国以民为安危,君以民为威侮,吏以民为贵贱。此之谓民无不为本也……故夫战之胜也,民欲胜也;攻之得也,民欲得也;守之存也,民欲存也。""爱民者强,不爱民者弱。"(《荀子·议兵》)其次,要做到不与民争利。不与民争利一方面表现为要制民之产,使老百姓有一定的土地及其他固定财产以维持生计,"乐岁终身饱,凶年免于死"。另一方面表现为"深耕易耨"和"不违农时"。此外,不与民争利还表现为节用,即统治者节约财政开支。孔子认为,节用必须薄赋敛,必须"惠而不费"。孟子继承孔子这一思想,将"薄赋敛"发展为"薄税敛",认为如此"民可使富之也"。荀子也说:"节用御欲,收敛蓄藏以继之也,是于己长虑顾后,几不甚善矣哉!"(《荀子·荣辱》)再次,要做到与民同乐。巩固统治地位必须十分注意协调人际关系,特别是统治者与人民大众的关系,做到与民同乐。与民同乐有两个方面的前提:一是"同",二是"乐"。"同"是不特殊,"乐"是不愁苦。为上为君者自己不特殊是重要的,使民不愁苦更加重要。要使百姓乐而无忧,关键是使其生活有着,能够温饱。如何才能使民温饱?孟子认为:"不违农时,谷不可胜食也;数罟不入池,鱼鳖不可胜食也;斧斤以时入山林,林木不可胜用也。"与民同乐是巩固执政基础的重要因素。最后,实行王政还要主动对人民施行教化。只有施行教化,才能使人们明人伦,知道自己做人的规则和目的,从而实现人际关系的和谐和社会的稳定。

孟子谓齐宣王曰:"王之臣有托其妻子于其友而之楚游者①,比其反也②,则冻馁其妻子③,则如之何?"王曰:"弃之④。"曰:"士师不能治士⑤,则如之何?"王曰:"已之⑥。"曰:"四境之内不治⑦,则如之何?"王顾左右而言他。

【译文】 孟子问齐宣王说:"大王您如果有一个臣子,把自己的妻子儿女托付给一位朋友照顾,自己去楚国游历。等他回来的时候,发现自己的妻子儿女在挨饿受冻。他该怎么办呢?"齐宣王说:"和他绝交。"孟子又说:"如果执掌禁令刑狱的官员没有管理好自己属下的官吏,那该怎么办呢?"齐宣王说:"撤换掉他。"孟子接着又问:"如果一个国家的事务没有得到很好的治理,又该怎么办呢?"齐宣王左右环顾了一下,马上把话题引到其他事情上去了。

【注释】 ①托:嘱托,委托,托付。

②比:待到,等到。反:回来,还归。后来多写作"返"。

③馁:使受饥饿。孙奭疏曰:"妻子在交友之所,皆寒冻其肤,饥馁其腹……馁者,饥之过之谓也。"

④弃:这里指断绝关系,绝交。

⑤士师:古代执掌禁令刑狱的官名。《周礼·秋官·士师》中说:"士师之职,掌国之五禁之法,以左右刑罚:一曰宫禁,二曰官禁,三曰国禁,四曰野禁,五曰军禁。"士,这里应当是指士师属下的"乡士"、"遂士"等属官。朱熹《集注》说:"士师,狱官也。其属有乡士、遂士之官,士师皆当治之。"

⑥已:这里指撤职,罢官。

⑦四境之内:指一个国家之内。四境,指一个国家四方的边界。四境之内的事情是一个国君应该负责的。

【评解】 每一个人都有自己的责任,不论担当什么角色,一个人要想得到他人的认同和尊重,就必须要勇于担负起自己的责任。

在中国传统文化中,责任一般是以人情事理的方式表现出来的。中国人一直有重视人情事理的传统。一个人可以不知道国家的法律,但日常交往中的人情事理却不能不懂。从一定意义上可以说,中国人的所作所为是从实际的人情事理出发的。情理对每个人都具有不容争辩的约束力,就算是帝王、国君也没有为所欲为的权利,他要考虑到自己的行为维系着天下的安危。所以,在中国传统文化的观念里,并没有"权力"、"义务"这一对概念,有的只是"慈惠"、"孝悌"、"仁义"之类的做人准则。这和西方的思维方式是完全不同的。

在中国封建社会里,责任从情理出发是有它的社会基础和积极意义的。今天,随着社会的进步,法律逐渐成为约束人们的主要力量,但情理在社会发展和人际交往中的作用仍然是不可忽视的。如果一个人不懂人与人之间最基本的责任和义务,他就会被社会,被他人,甚至被家庭所抛弃。如果不了解他人的要求、愿望,以及人们一些出于人之常情的欲望和需求,他就不可能处理好人际关系,与别人和睦相处。因此,如果想在社会中与他人融洽地生活和相处,就必须成为一个通情达理、能够承担责任的人。

孟子见齐宣王曰:"所谓故国者①,非谓有乔木之谓也②,有世臣之谓也③。王无亲臣矣④,昔者所进,今日不知其亡也⑤。"王曰:"吾何以识其不才而舍之?"曰:"国君进贤如不得已,将使卑逾尊,疏逾戚⑥,可不慎与?左右皆曰贤⑦,未可也;诸大夫皆曰贤,未可也;国人皆曰贤,然后察之⑧,见贤焉,然后用之。左右皆曰不可,勿听;诸大夫皆曰不可,勿听;国人皆曰不可,然后察之,见不可焉,然后去之。左右皆曰可杀,勿听;诸大夫皆曰可杀,勿听;国人皆曰可杀,然后察之,见可杀焉,然后杀之。故曰国人杀之也。如此,然后可以为民父母。"

【译文】 孟子谒见齐宣王,说:"那些历史悠久可以称得上'故国'的国家,并不是因为有高大的树木才得到这样的称呼,而是因为有几代都有功勋的旧臣。大王您现在连个亲近的臣子都没有啊。那些昔日选拔进用的大臣,今天想不到都已经被罢免了。"齐宣王问:"我如何才能发现一个人没有才能而不起用他呢?"孟子说:"大王您选拔贤才,如果在迫不得已的情况下,就要让原本地位低的人超过地位高的人,原本关系远的人超过关系近的人,这样的事情难道不应该谨慎从事吗?身边亲近的人都称赞一个人有才德,不要轻信;朝中的大臣都称赞一个人有才德,也不要轻信;全国的民众都称赞一个人有才德,然后就要去考察他,如果发现他真的有才德,就起用他。身边的近臣都说一个人不好,不要听信;朝中的大臣都说一个人不好,也不要听信;全国的民众都说一个人不好,然后就要去考察他,如果发现他真的不好,就不要再任用他。身边的近臣都说某个人该杀,不要听信;朝中的大臣都说某个人该杀,也不要听信;全国的民众都说某个人该杀,然后就要去考察他,如果发现他真的该杀,就杀掉他。所以说,这是全国的民众处死了他。这样去做,就可以称得上是民之父母了。"

【注释】 ①故国:指有着悠久历史的国家。

②乔木:指高大的树木。

③世臣:历代有功勋的旧臣。朱熹《集注》曰:"世臣,累世勋旧之臣,与国同休戚者也。"

④亲臣:与国君亲近的大臣。朱熹《集注》曰:"亲臣,君所亲信之臣,与君同休戚者也。"

⑤亡:一说为诛亡,如赵岐注曰:"言王取臣不详审,往日之所知,今日为恶当诛亡,王无以知也。"一说为离开,如朱熹《集注》说:"昨日所进用之人,今日有亡去而不知者。"一说为撤职、罢免。如杨伯峻《孟子译注》说:"亡:去位,去国之意。"[3]三说较之,今从杨注。

⑥戚:亲近,亲密。如高诱注《吕氏春秋·见本》"为政者反民性,然后可以与民戚"说:"戚,亲也。"颜师古注《汉书·杜邺传》"夫戚而不见殊,孰能无怨"说:"戚,近也。"

⑦左右:指身边的侍臣、近臣。

⑧察:指考察、了解。

【评解】 选贤任能,尊重贤才,这是中国古代政治文化中一个优良的传统,也是儒家等许多学派的一致主张。诚然,如果要做成一番事业,得到有权势的人的支持,的确可以起到"好风凭借力,送我上青云"的作用。但是,人才的作用也是非常重要的。对于一个国家或者组织来说,人才可以成为领导者的左膀右臂。古代君主礼贤下士而治国成功的事例不胜枚举。对于个人来说,有才华有能力的人在身边不但可以经常给自己提出一些建议和提供帮助,而且还可以直接促进自己能力的提高。

齐宣王问曰:"汤放桀①,武王伐纣②,有诸?"孟子对曰:"于传有之。"曰:"臣弑其君③,可乎?"曰:"贼仁者④,谓之贼⑤;贼义者,谓之残⑥。残贼之人,谓之一夫⑦。闻诛一夫纣矣⑧,未闻弑君也。"

【译文】 齐宣王问:"商汤流放夏桀,武王讨伐商纣,有这样的事吗?"孟子回答说:"根据史籍的记载,有。"齐宣王问:"做臣子的做出'弑君'这样的事情,这是可以的吗?"孟子说:"戕害仁道的人称为'贼',破坏道义的人称为'残',这样的'残'、'贼'之人就被称为'独夫'。我只听说诛杀了'独夫'纣,而没有听说弑君这样的事情。"

【注释】 ①汤放桀:汤即商朝的开国君主商汤。放,驱逐,流放。如孔颖达疏《尚书·舜典》"流共工于幽洲,放驩兜于崇山"说:"放逐驩兜于南裔之崇山。"桀,即夏朝的末代君主帝履癸。《史记·夏本纪》记载:"帝桀之时,自孔甲以来而诸侯多畔夏,桀不务德而武伤百姓,百姓弗堪。乃召汤而囚之夏台,已而释之。汤修德,诸侯皆归汤,汤遂率兵以伐夏桀。桀走鸣条,遂放而死。"

②武王伐纣:纣,即殷商的末代君主帝辛。《史记·殷本纪》中说他"资辨捷疾,闻见甚敏;材力过人,手格猛兽;知足以距谏,言足以饰非;矜人臣以能,高天下以声,以为皆出己之下。好酒淫乐,嬖于妇人。爱妲己,妲己之言是从。于是使师涓作新淫声,北里之舞,靡靡之乐。厚赋税以实鹿台之钱,而盈钜桥之粟。益收狗马奇物,充仞宫室。益广沙丘苑台,多取野兽蜚鸟置其中。慢于鬼神。大聚乐戏于沙丘,以酒为池,县肉为林,使男女裸相逐其间,为长夜之饮。百姓怨望而诸侯有畔者,于是纣乃重刑辟,有炮烙之法。""周武王于是遂率诸侯伐纣。纣亦发兵距之牧野。甲子日,纣兵败。纣走入,登鹿台,衣其宝玉衣,赴火而死。周武王遂斩纣头,县之白旗。"

③弑:古代卑幼者杀死尊长者叫做"弑",如臣子杀死君主,子女杀死父母。

④贼:动词,伤害,毁坏。

⑤贼:名词,指对国家、人民、社会道德风尚造成严重危害的人。

⑥残:指暴虐无道的人。

⑦一夫:即"独夫",指众叛亲离的人。

⑧诛:"诛"与"弑"都是杀的意思,但二者所蕴涵的褒贬意义不同。"弑"指为卑为下者违背礼制杀死为尊为长者,而"诛"则有通过正义的讨伐而杀死无道者、作乱者或悖礼者的意味。

【评解】 在中国封建社会中,儒生们把三纲五常作为天不变其亦不变的"道",把君权提高到至高无上的地位,不论君主多无能、多昏庸,都是死心塌地地忠诚于他。"君让臣死,臣不得不死。"然而,从孟子这里的论述中我们可以看到,在先秦时期的儒家那里,并没有这种没有原则、不分是非善恶的思想。孟子将残害人民的君主称做"一夫",独夫民贼,对于这样的统治者,不但不用忠诚于他,相反,即使诛杀他,也不是不可以的。这是孟子"民本"思想的延伸,是具有积极的进步意义的。先秦另一位儒家大师荀子也认为:"汤武之诛桀纣也,拱挹指麾,而强暴之国莫不趋使,诛桀纣若诛独夫。"(《荀子·议兵》)同样对消灭桀纣这样的害民贼予以了肯定。

孟子见齐宣王,曰:"为巨室①,则必使工师求大木②。工师得大木,则王喜,以为能胜其任也。匠人斫而小之③,则王怒,以为不胜其任矣。夫人幼而学之,壮而欲行之,王曰'姑舍女所学而从我④',则何如?今有璞玉于此⑤,虽万镒⑥,必使玉人雕琢之⑦。至于治国家,则曰'姑舍女所学而从我',则何以异于教玉人雕琢玉哉?"

【译文】 孟子谒见齐宣王,说:"建造一所大宫殿,就一定要让掌管工程的工师去搜求大木料。工师找来了大木料,大王您就会很高兴,认为这个工师很好地履行了他的职责。如果建造房子的木匠把那块木料砍小了,大王您一定就会很生气,认为这个木匠没有很好地尽到自己的责任。有人从小学习一门知识,长大之后想要在实践中运用它,大王您却说:'姑且放弃你所学的那些知识来听从我的指挥吧。'那样怎么行呢?现在如果您这里有一块尚包在石头中的璞玉,即使它价值几十万两黄金,也一定要让有手艺的玉匠来雕琢它。可是到了治理国家这样的事上,您却说:'姑且放弃你所学的那些知识来听从我的指挥吧。'这和让玉匠雕琢玉石有什么不同呢?"

【注释】 ①巨室:大宫殿,大房屋。
②工师:古代官名,百工之长,专掌营建工程和管教百工等事务。
③斫:用刀、斧等砍或削。
④姑:姑且,暂且。女:同"汝"。
⑤璞玉:包在石中而尚未经过雕琢之玉。
⑥镒:古代重量单位,一说合二十两,如韦昭注《国语·晋语二》"黄金四十镒,白玉之珩六双"曰:"二十两为镒。"一说二十四两,如《墨子·号令》:"又赏之黄金,人二镒。"孙诒让间诂:"镒,二十四两也。"这里以"万镒"指具有极高的价值。
⑦玉人:雕琢玉器的工人。雕琢:对玉石进行加工雕刻。

【评解】 敢于任用贤才,也是孟子"仁政"思想中的一个重要组成部分。任用贤才,就要能够让他放开手脚,将自己的才能淋漓尽致地发挥出来,而不能因为骄横或者怀疑等原因对其束手束脚。这样一个国家才能强盛、壮大,长治久安。唐甄曾经在《潜书·任相》中列举了十条亡国之道,说:"亡国之道有十焉:有法而无实,国亡;赏罚不中,国亡;用舍不明,国亡;左右誉之而褒显,民安之而贬黜,国亡;百姓困穷,司牧不知,知而不为之所,国亡;百官好利而无耻,国亡;将帅不得人,士卒不用命,国亡;御将不得尽其能,国亡;不奴使宦寺,使与国政而号为内臣,国亡;金粟殚竭,不足以厚禄食,养战士,国亡。"其中大部分,都与不能正确地使用人才有关。

齐人伐燕,胜之①。宣王问曰:"或谓寡人勿取,或谓寡人取之。以万乘之国伐万乘之国,五旬而举之,人力不至于此。不取,必有天殃②。取之何如?"孟子对曰:"取之而燕民悦,则取之;古之人有行之者,武王是也。取之而燕民不悦,则勿取;古之人有行之者,文王是也。以万乘之国伐万乘之国,箪食壶浆以迎王师③,岂有他哉?避水火也。如水益深,如火益热,亦运而已矣④。"

【译文】 齐国攻打燕国,取得了胜利。齐宣王问孟子:"有人劝我不要吞并燕国,有人劝我吞并燕国。以一个拥有万乘兵车的国家的实力去攻打另外一个有着万乘兵车的大国,只用了五十天的时间就取得了成功,这不是仅仅凭借人力所能达到的啊。如果不吞并它,一定会受到上天的惩罚。吞并它,怎么样?"孟子回答说:"如果吞并了它燕国的人民感到高兴,那就吞并了它,古人有做过这种事情的先例,周武王就是这样做的。如果吞并了它燕国的人民不高兴,那就不要吞并它,古人也有做过这种事情的先例,周文王就是这样做的。以一个拥有万乘兵车的国家去攻打另一个拥有万乘兵车的国家,人民用箪装着饭食,用壶盛着浆汤,来欢迎大王您的军队,难道有其他的原因吗?只不过是想摆脱水深火热的处境罢了。如果吞并之后使老百姓水深火热的程度更加深重,那就仅仅是统治权的又一次转移而已。"

【注释】 ①齐人伐燕,胜之:《战国策·燕策一》记载,燕王哙将燕国"禅让"给相国子之。"子之三年,燕国大乱,百姓恫怨,将军市被、太子平谋,将攻子之。储子谓齐宣王:'因而仆之,破燕必矣。'王因令人谓太子平曰:'寡人闻太子之义,将废私而立公,饬君臣之义,正父子之位,寡人之国小,不足先后。虽然,则唯太子所以令之。'太子因数党聚众,将军市被围公宫,攻子之,不克;将军市被及百姓乃反攻太子平。将军市被死已殉,国构难数月,死者数万众,燕人恫怨,百姓离意。孟轲谓齐宣王曰:'今伐燕,此文、武之时,不可失也。'王因令章子将五都之兵,以因北地之众以伐燕。士卒不战,城门不闭,燕王哙死。齐大胜燕,子之亡。二年,燕人立公子平,是为燕昭王。"

②天殃:天降的祸殃。

③箪食壶浆:用箪装着饭食,用壶盛着浆汤。箪,古代以竹或苇编成用来盛饭食的盛器,一般为圆形,有盖。浆,古代用米熬成的一种微酸的饮料。如《周礼·天官·酒正》中有:"辨四饮之物:一曰清,二曰医,三曰浆,四曰酏。"郑玄注曰:"浆,今之酨浆也。"孙诒让正义:"案浆酨同物,累言之则曰酨浆。盖亦酿糟为之,但味微酢耳。"

④运:转,转换。这里指统治权的转移。

【评解】 在孟子看来,是否合乎道义,是决定一项行动是否可行的最根本的原则,小到一事一物的获得,大到取得整个天下,都是如此。俗话说,"人为财死,鸟为食亡",汲汲于名利,可能是人的通病,所以一些人为了得到外在的利益,可以不择手段。但是,不论求名还是求利,都有一个道德界限问题,因此孔子说:"不是通过道义的手段取得的富贵,对我来说如同过眼的烟云一样不值得追求。"(《论语·述而》:"不义而富且贵,于我如浮云。")老子说:"过分追求名声必定要付出惨重的代价,过分积聚钱财必定会招来重大损失。所以知道自我满足就不会受到屈辱,知道适可而止就不会遭遇危险。"(《老子》四十四章:"甚爱必大费,多藏必厚亡。故知足不辱,知止不殆,可以长久。")说的都是这个道理。

齐人伐燕,取之。诸侯将谋救燕①。宣王曰:"诸侯多谋伐寡人者,何以待之?"孟子对曰:"臣闻七十里为政于天下者,汤是也。未闻以千里畏人者也。《书》曰:'汤一征,自葛始②。'天下信之。'东面而征,西夷怨;南面而征,北狄怨。曰:奚为后我③?'民望之,若大旱之望云霓也④。归市者不止,耕者不变。诛其君而吊其民⑤,若时雨降⑥。民大悦。《书》曰:'徯我后,后来其苏⑦。'今燕虐其民,王往而征之,民以为将拯己于水火之中也,箪食壶浆以迎王师。若杀其父兄,系累其子弟⑧,毁其宗庙⑨,迁其重器⑩,如之何其可也?天下固畏齐之强也⑪,今又倍地而不行仁政,是动天下之兵也。王速出令,反其旄倪⑫,止其重器;谋于燕众,置君而后去之,则犹可及止也。"

【译文】 齐国攻打燕国,占领了它。其他诸侯国谋划着要援救燕国。齐宣王问孟子:"一些诸侯国正在谋划着攻打我国,我们该怎么办呢?"孟子回答说:"我听说有人凭借着七十里土地就统治了天下,商汤就是这样的。没有听说凭借着一千里国土的实力却害怕别人的。《尚书》中说:'商汤开始征伐,是从葛国开始。'天下人都信服他,如果他到西边的国家去征讨,东边的国家就会感到不平;如果他到南边的国家去征讨,北边的国家就感到不平。他们说:'为什么把我们放在后面呢?'老百姓盼望他,就像久旱之时盼望大空出现彩虹一样。到市场上做生意的人依然不断,到田地里干农活的人也照常下地。杀掉无道的国君抚慰受难的人民,就好像上天降下及时雨一样,老百姓都感到非常高兴。《尚书》中说:'等待着我的君主来啊,君主来了我们就有救了。'现在燕国统治者虐待他的人民,大王您前去征讨,老百姓认为您是要从水深火热之中把他们解救出来啊,所以都用箪装着饭食,用壶盛着浆汤来欢迎您的军队。在这样的情形下,如果您杀死了他们的父亲和兄长,掳走了他们的子女和幼弟,捣毁了他们祭祖的宗庙,搬走了他们珍视的宝器。这样做怎么可以呢?天下的其他诸侯国本来就都畏惧齐国的强大,如今土地又增加了一倍却不推行仁政,这无异于招致天下诸侯发兵前来进攻啊。您现在应该赶快发布命令,遣回从燕国掳掠的人口,停止从燕国搬运宝器;和燕国的民众进行协商,重新择立一位国君,然后让军队撤离燕国。这样做,还来得及阻止各诸侯国发兵。"

【注释】 ①谋:谋划,计议。

②汤一征,自葛始:这两句应是《尚书》的佚文。一,开始。

③东面而征,西夷怨;南面而征,北狄怨。曰:奚为后我:伪古文《尚书·仲虺之诰》作"东征西夷怨,南征北狄怨。曰:'奚独后予。'"奚,为什么。

④云霓:即虹。赵岐注曰:"霓,虹也,雨则虹见,故大旱而思见之。"孙奭疏曰:"云霓,虹也。"

⑤吊:慰问,抚慰。

⑥时雨:应时的降雨。

⑦徯我后,后来其苏:伪古文《尚书·仲虺之诰》"我"作"予"。徯,等待,期望。后,君主,帝王。苏,复活,恢复。

⑧系累:束缚,捆绑,拘囚。赵岐注曰:"系累犹缚结也。"

⑨宗庙:古代帝王、诸侯祭祀其祖宗的庙宇。

⑩重器:指国家的宝器。如韦昭注《国语·晋语九》"先主为重器"说:"重器,圭璧钟鼎之属。"

⑪固:副词,原来,本来。

⑫旄倪:老人和幼儿。赵岐注曰:"旄,老耄也。倪,弱小倪倪者也。"旄,又作"耄",年老者。倪,即幼儿。

【评解】 春秋战国时期,各诸侯国之间战争频繁,老百姓深受其害,许多思想家也表现出对战争的反感,例如墨子提出了"非攻"的思想,孟子提出了"义战"的思想,甚至兵家孙武也提出了"慎战"的主张,他深刻地指出:"主不可以怒而兴师,将不可以愠而攻战。合于利而动,不合于利而止。怒可以复喜,愠可以复说,亡国不可以复存,死者不可以复生。故明主慎之,良将警之。"(《孙子兵法·火攻篇》)国君不能因为一时的怒气而兴兵开战,将领也不可以因为一时的气愤而挑起战端。愤怒可以想法变得欢喜,怨恨设法可以变得高兴,国家如果灭亡了就不可能再重新建立了,人如果死了也不可能重新复活了。所以英明的国君和聪明睿智的将领一定要在这方面谨慎考虑。战争给人民和国家都带来了巨大的损失和灾难。但是,由于各国统治者总是在不断地追求自己的个人利益,企图获得更多的财富和土地,战争又是一直在继续着。然而,由于贪图小利而挑起战端从而造成更大损失的例子在春秋战国时期也不少。孟子关于这一问题的看法说明,他对于战争的这一态度,并不是迂阔不合实际的,而是对社会历史的发展规律进行了慎重的分析得出的结论。

邹与鲁哄①,穆公问曰②:"吾有司死者三十三人③,而民莫之死也。诛之,则不可胜诛;不诛,则疾视其长上之死而不救④。如之何则可也?"孟子对曰:"凶年饥岁,君之民老弱转乎沟壑⑤,壮者散而之四方者几千人矣;而君之仓廪实、府库充⑥,有司莫以告,是上慢而残下也。曾子曰⑦:'戒之戒之!出乎尔者,反乎尔者也。'夫民今而后得反之也,君无尤焉⑧!君行仁政,斯民亲其上、死其长矣。"

【译文】 邹国和鲁国发生了冲突,邹穆公问孟子说:"我的官吏在这次冲突中死了三十三个,而普通老百姓却一个也没有死。想要杀了他们罢,可又不能杀那么多;不杀他们罢,又憎恨他们眼睁睁地看着自己的官长战死却不去救援。我该拿他们怎么办呢?"孟子回答说:"灾荒年景的时候,您的百姓中,年老体弱者辗转死于沟谷之中,年轻力壮的四处去逃难,总共有几千人啊;而这时候您的仓廪府库中的粮食财帛却堆得满满的。有关的官吏没有向您报告老百姓的处境,这就是在上位者怠慢而使底层的老百姓受到残害啊。曾子曾经说:'警惕啊,警惕!你做过了什么事情,一定会在自己身上得到报应。'您的老百姓现在是终于有了一个报复的机会,您不要怪罪他们了。如果您实行仁政,老百姓就会亲近他们的官长,为他们的官长牺牲生命。"

【注释】 ①哄:纠纷,争斗。赵岐注曰:"哄,斗声也,犹构兵而斗也。"
②穆公:邹国的国君邹穆公。
③有司:即官吏,古代设关分职,各有其司职,所以称官吏为"有司"。
④疾:憎恨,怨恨。长上:即上文所谓"有司"。
⑤转:饥饿辗转而死。
⑥仓廪实、府库充:仓廪、府库,都是指储藏粮食、财物的仓库。充、实,都是"足"、"满"的意思。
⑦曾子:即孔子的弟子曾参,南武城人,字子舆。《史记·孟子荀卿列传》说孟子"受业子思之门人",而子思则相传受业于曾子。
⑧尤:责备,怪罪。

【评解】 孟子这里其实表明了这样一个道理:不论是统治者还是普通老百姓,如果想要别人对你好,你自己首先要对别人好。在现实生活中,我们经常会听到有人抱怨人情冷漠,也常听到有人叹息:"我真希望能吸引一些朋友","我真希望能成为一个受人欢迎、为人所乐于接受的人啊"！有很多人因为性格孤僻或者没有吸引他人的能力，而导致无缘享受友谊之乐，成为孤独、不合群的人。其实，感受到人间温情，享受到友谊之乐并不难，关键看自己怎样做。俗话说：人心换人心，五两换半斤。大家都喜欢胸怀宽大的人。如果你打算多交些朋友，首先要宽宏大量，能多设身处地地为对方着想。同时，只有你尊重别人，真诚相待，别人才会尊重你，与你以诚相见。

滕文公问曰①："滕，小国也，间于齐、楚，事齐乎②？事楚乎？"孟子对曰："是谋非吾所能及也。无已③，则有一焉：凿斯池也④，筑斯城也，与民守之。效死而民弗去⑤，则是可为也。"

【译文】　滕文公问孟子："滕国是一个小国，夹在齐、楚两个强国之间，我们是应该依附齐国呢，还是应该依附楚国？"孟子回答说："这样的问题不是我能够解决的。如果一定要回答，我只有一个建议：深挖护城河，修筑好城墙，与老百姓同心协力守卫国家。老百姓宁愿舍死报效也不会离开，这个办法还是可行的。"

【注释】　①滕文公：滕国的国君，滕是西周时分封的一个小国，在今山东省滕州一带。下文《滕文公上》赵岐注曰："滕文公者，滕，国名；文，谥也；公者，国人尊君之称也。""滕侯，周文王之后也。《古纪》、《世本》录诸侯之世，滕国有考公麋，与文公之父定公相直；其子元公弘，与文公相直。似后世避讳，改'考公'为'定公'；以元公行文德，故谓之文公也。"

②事：侍奉，这里指依附。
③无已：不得已。
④凿：挖掘，开凿。池：护城河。
⑤效死：舍命报效。弗：不。

【评解】　不论对于国家来说，还是对于其他组织来说，如果想要生存和发展，借助外部条件固然重要，但更重要的，还是要靠内部齐心协力。如果没有内部的和谐与努力，依赖他人最终只能为人所制。

俗话说："人心齐，泰山移。"团结的力量是巨大的。一个人的力量毕竟有限，如果想取得成功，做出一番事业来，就必须有大家的相互帮助。无论在一个家庭，一个团体，或者一个国家中，都是这样，集体的力量可以移山填海，完成许多依靠个人根本无法想象的事情。反之，如果一个群体是一盘散沙，大家各怀异心，甚至相互之间整天只会窝里斗，不但什么事都做不成，即使有再好的基础，最后也会垮掉。

滕文公问曰："齐人将筑薛①，吾甚恐。如之何则可？"孟子对曰:"昔者大王居邠②,狄人侵之,去之岐山之下居焉。非择而取之,不得已也。苟为善,后世子孙必有王者矣。君子创业垂统③,为可继也;若夫成功④,则天也。君如彼何哉?强为善而已矣⑤。"

【译文】 滕文公问:"齐国人要修筑薛城,我感到非常担心,我现在怎么办才好呢?"孟子说:"想当年周太王古公亶父居住在邠地,狄人去入侵骚扰他,于是就离开邠地到岐山脚下定居下来。这并不是周太王主动选择了那个地方,而是逼不得已啊。如果一个国家一心推行善政,那么后世子孙就一定能有通过仁德一统天下的。有功德的君子开创基业传之子孙,就是能够世世代代传承发扬。至于是否能够成功,那就要看天命了。您能拿齐国人有什么办法呢?只有依靠自己努力实行善政而已。"

【注释】 ①薛:周初分封的诸侯国之一,在今山东省枣庄市的薛城一带,后被齐所灭。
②邠:又作"豳",古代地名,后稷的曾孙公刘率周部落由邰迁居于此,在今陕西省彬县。《史记》记载,到古公亶父时,由于受到狄人的侵扰,周部落又由此迁至岐。
③创业垂统:开创基业,传之子孙。
④若夫:至于。用于句首或段落的开始,表示另提一事。
⑤强:勤勉,努力。

【评解】 《礼记》里说:"惟'善'以为宝。"这里所说的"善",就是善良美好、友好、亲善。表现在行动上,就是善行、善举,就是对社会或他人符合道德要求的、通常是具有有益后果的行为。表现在政治上,就是善政、仁政,就是要"以百姓心为心",关注老百姓的疾苦。救人一命是善行,解人急困是善举,福泽天下是善政。善举、善行、善政,不论大小,统统都属于"积德行善"的范畴。一个社会中,善行和善举越多,这个社会的道德风尚就越高,人们之间的关系就越融洽,凝聚力、亲和力、向心力就越高,社会就越稳定,老百姓也就能够安居乐业,为民族为国家源源不断地增添着巨大的凝聚力。因此孟子这里提出,对于一个国家来说,只要统治者努力行善,有善行、行善举、施善政,就一定能得到回报。

滕文公问曰:"滕,小国也,竭力以事大国,则不得免焉①,如之何则可?"孟子对曰:"昔者大王居邠,狄人侵之,事之以皮币②,不得免焉,事之以犬马,不得免焉,事之以珠玉,不得免焉。乃属其耆老而告之曰③:'狄人之所欲者,吾土地也。吾闻之也,君子不以其所以养人者害人。二三子何患乎无君④?我将去之。'去邠,逾梁山⑤,邑于岐山之下居焉⑥。邠人曰:'仁人也,不可失也。'从之者如归市。或曰：'世守也，非身之所能为也⁷，效死勿去。'君请择于斯二者。"

【译文】 滕文公问孟子："滕国是一个小国，尽心竭力来顺从大国，还是不能免于被侵犯的命运，应该怎么办才好呢？"孟子回答说："想当年周太王古公亶父居住在邠地，狄人常去入侵骚扰他。他就给狄人送去毛皮和缯帛想要与他们交好，不能免于被侵害；他又给狄人送去良马和好狗想要讨好他们，还是不能免于被侵害；他就又给狄人送去珠宝和美玉想要讨好他们，仍然不能免于被侵害的命运。于是周太王就召集部落中的老年人对他们说：'狄人想要得到的，就是我的土地啊。我听说：有功德的君子不能为用来养人的东西而使人受到伤害。诸君怕什么没有君主呢？我打算离开这里了。'于是他离开了邠地，越过梁山，在岐山之下建筑城邑居住下来。邠地的人说：'太王是个有仁德的人啊，我们不能离开他。'追随他而来的人就像赶集一样多。也有人说：'这是祖先留下来让我们世代保守的基业啊，不是我自己能够随便处置的。拼死保卫也不会离开。'您将从这两条道路中选择哪一条呢？"

【注释】 ①免：指免于被侵犯的命运。

②皮币：指毛皮和缯帛，古代用做聘享的贵重礼物。

③属：聚集，会合。如郑玄注《周礼·秋官·大行人》"属象胥"说："属犹聚也。"耆老：指老年人，古称六十岁为"耆"，七十岁为"老"。

④二三子：(你们)几个人，相当于现在所说的"诸君"。

⑤梁山：山名，在今陕西省乾县境内。

⑥邑：建筑城邑始居。

⑦身：自己。

【评解】 对于一个国家来说，人才是最宝贵的财富，而包括土地在内的其他物质资料，都是为人的发展服务的。这也是孟子"民本"思想的重要体现。在春秋战国时期，为了争夺土地等物质财富而使大批的士兵和普通百姓失去了性命，在孟子看来，这是最不明智的做法，是"以其所以养人者害人"。这一点其实也是中国许多思想家的共识。例如荀子也曾经说过："兵要在乎善附民而已"，"下可用则强，下不可用则弱"，"爱民者强，不爱民者弱；政令信者强，政令不信者弱；民齐者强，民不齐者弱"(《荀子·议兵》)，都说明了这个道理。

鲁平公将出①，嬖人臧仓者请曰②："他日君出，则必命有司所之。今乘舆已驾矣③，有司未知所之，敢请。"公曰："将见孟子。"曰："何哉君所为轻身以先于匹夫者？以为贤乎？礼义由贤者出，而孟子之后丧逾前丧④。君无见焉!"公曰:"诺。"乐正子入见⑤,曰:"君奚为不见孟轲也?"曰:"或告寡人曰:'孟子之后丧逾前丧',是以不往见也。"曰:"何哉君所谓逾者?前以士,后以大夫;前以三鼎,而后以五鼎与⑥?"曰:"否。谓棺椁衣衾之美也⑦。"曰:"非所谓逾也,贫富不同也。"乐正子见孟子,曰:"克告于君,君为来见也⑧。嬖人有臧仓者沮君⑨,君是以不果来也⑩。"曰:"行或使之,止或尼之⑪,行止非人所能也。吾之不遇鲁侯,天也。臧氏之子,焉能使予不遇哉?"

【译文】 鲁平公将要外出,他的宠幸小臣臧仓来请示说:"以前您外出,一定会告诉有关人员您要所去的目的地。现在车马都已经备好了,有关人员还都不知道您要去哪里。因此特来请示。"鲁平公说:"我要去见孟子。"臧仓说:"您为什么要屈尊前去拜访一个普通人呢?认为他贤明吗?贤明的人所做的事情都是合乎礼义的,而孟子给他母亲办丧事的规模超过先死的父亲。您还是别去看他了吧!"鲁平公说:"好吧。"乐正子入宫拜见鲁平公,问他:"您为什么不去见孟轲了呢?"鲁平公说:"有人告诉我说:'孟子给他母亲办丧事的规模超过先死的父亲',因此我不去见他了。"乐正子说:"您所说的超过是什么意思呢?孟子先前为他父亲办丧事的时候是以士的身份,而后来为他母亲办丧事的时候是以大夫的身份。您指的是他父亲的丧礼上用三鼎祭祀,而母亲的丧礼上用五鼎祭祀吗?"鲁平公说:"不是。我指的是装殓物品的华美程度他母亲的葬礼超过他父亲。"乐正子说:"那也不是超过啊,只是因为前后贫富的不同。"乐正子又去拜见孟子,说:"我去和国君说了,国君打算来见你,结果一个叫臧仓的宠幸小臣阻止了国君,国君因此最终没有来。"孟子说:"去做一件事情,有一种力量在指使着他;不去做一件事情,有一种力量在阻挡着他。是做还是不做,不是人力所能决定的。我不能够和鲁侯见面,是天意如此,姓臧的小子怎么能够使我不能与鲁侯相见呢?"

【注释】 ①鲁平公:《史记·鲁世家》记载:"景公二十九年卒,子叔立,是为平公。"

②嬖人:身份卑下而受宠爱的人,如姬妾、侍臣、左右等。赵岐注曰:"嬖人,爱幸小人也。"

③乘舆:古代特指天子和诸侯所乘坐的车子。汉代贾谊《新书·等齐》中说:"天子车曰乘舆,诸侯车曰乘舆,乘舆等也。"驾:把车套在马等牲口身上。

④孟子之后丧逾前丧:朱熹《集注》曰:"孟子前丧父,后丧母。逾,过也,言其厚母薄父也。"

⑤乐正子:孟子的学生,名克。

⑥鼎:原为古代的炊器,圆鼎两耳三足,方鼎两耳四足。又为盛熟牲的器具,作为宗庙的礼器和墓葬的明器。多用青铜或陶土制成,盛行于商、周时期。如郑玄注《周礼·秋官·掌客》"鼎簋十有二"说:"鼎,牲器也。"按照古代的礼制,身份不同祭祀时所用鼎的数量也不同,"礼祭,天子九鼎,诸侯七,卿大夫五,元士三也"。这里的三鼎、五鼎,说的就是士和大夫的区别。孟子的父亲去世时,孟子的身份为士,因此祭祀父亲时用三鼎;等到他的母亲去世时,孟子的身份已经成了大夫,所以祭祀母亲用五鼎。

⑦棺椁衣衾:指丧葬时所用的装殓物品。棺椁,古代的棺材常用两层,内层为棺,外层为椁。衣衾,指装殓死者的衣服与单被。

⑧为:副词,将。

⑨沮:终止;阻止。

⑩不果:没有成为事实,最终没有实行。

⑪尼(nǐ):阻止,阻拦。

【评解】　本章中孟子提到了"天"的概念,反映出了他的天命观。

中国古代,"天"这一概念包含的内容非常广泛,不仅有自然或物质意义的"天",还有主宰或规律意义的"天"和道德或义理意义的"天"。从天与人的关系中,可以充分显示出人在世界上的地位、人活动的目的及依据、人的理想与追求、人的理想行为方式等方面的内容。从主宰和规律意义上说,"天"其实就是客观规律在人身上或者人类社会中的反映,是一种人力所不能改变的必然性。除了"天"之外,儒家讲必然性的范畴还有"命"。什么是"命"呢？张岱年先生在《中国哲学史大纲》中解释说:"大致说来,可以说命乃指人力所无可奈何者。我们做一件事情,这件事情之成功或失败,即此事的最后结果如何,并非做此事之个人之力量所能决定,但也不是以外任何个人或其他任何一件事情所能决定,而乃是环境一切因素之积聚的总和力量所使然。如成,既非完全由于我一个人的力量;如败,亦非因为我用力不到,只是我一个因素,不足以抗广远的众多因素之总力而已。做事者是个人,最后决定者却非任何个人。这是一件事实。儒家所谓命,可以说即由此种事实而导出的。这个最后的决定者,无以名之,名之曰命。"[4]因此可见,儒家所谓"命"和主宰意义上的"天",是具有内在一致性的。因此孟子经常"天"、"命"并称。如"莫之为而为者,天也;莫之致而至者,命也"(《万章上》)、"存其心,养其性,所以事天也。夭寿不贰,修身以俟之,所以立命也"(《尽心上》)等。

注释：

〔1〕　杨伯峻:《孟子译注》,第 33 页。

〔2〕　杨伯峻:《孟子译注》,第 35 页。

〔3〕　杨伯峻:《孟子译注》,第 42 页。

〔4〕　张岱年:《中国哲学史大纲》,江苏教育出版社,2005 年版,第 365 页。

公孙丑章句上

公孙丑问曰①:"夫子当路于齐②,管仲③、晏子之功,可复许乎④?"孟子曰:"子诚齐人也⑤,知管仲、晏子而已矣。或问乎曾西曰⑥:'吾子与子路孰贤⑦?'曾西蹴然曰⑧:'吾先子之所畏也⑨。'曰:'然则吾子与管仲孰贤?'曾西艴然不悦曰⑩:'尔何曾比予于管仲⑪?管仲得君如彼其专也,行乎国政如彼其久也,功烈如彼其卑也⑫。尔何曾比予于是!'"曰:"管仲,曾西之所不为也,而子为我愿之乎?"曰:"管仲以其君霸,晏子以其君显,管仲、晏子犹不足为与?"曰:"以齐王由反手也⑬。"曰:"若是,则弟子之惑滋甚⑭。且以文王之德,百年而后崩,犹未洽于天下⑮;武王、周公继之⑯,然后大行⑰。今言王若易然,则文王不足法与?"曰:"文王何可当也?由汤至于武丁⑱,贤圣之君六七作⑲。天下归殷久矣;久则难变也。武丁朝诸侯有天下,犹运之掌也⑳。纣之去武丁未久也,其故家遗俗㉑、流风善政㉒,犹有存者;又有微子、微仲、王子比干、箕子、胶鬲㉓,皆贤人也,相与辅相之㉔,故久而后失之也。尺地莫非其有也,一民莫非其臣也;然而文王犹方百里起,是以难也。齐人有言曰:'虽有智慧㉕,不如乘势㉖;虽有镃基㉗,不如待时。'今时则易然也。夏后、殷、周之盛,地未有过千里者也,而齐有其地矣;鸡鸣狗吠相闻,而达乎四境,而齐有其民矣。地不改辟矣㉘,民不改聚矣㉙,行仁政而王,莫之能御也。且王者之不作,未有疏于此时者也㉚;民之憔悴于虐政㉛,未有甚于此时者也。饥者易为食,渴者易为饮。孔子曰:'德之流行,速于置邮而传命。'当今之时,万乘之国行仁政,民之悦之,犹解倒悬也。故事半古之人功必倍之,惟此时为然。"

【译文】 公孙丑问:"先生您如果在齐国掌了权,像管仲、晏子所建立的那种功业,可以再次实现吗?"孟子说:"你真是个齐国人啊,只知道管仲和晏子。有人曾经问曾西说:'您和子路比起来哪个更贤明?'曾西不安地说:'子路是我的先父都敬畏的人。'那人又问:'那么您与管仲比起来哪个更贤明?'曾西非常不高兴地说:'你为什么让我和管仲相比呢?管仲得到国君那样专一的支持,执掌齐国的政权是那样的长久,而他的功绩勋业又是那样的微不足道。你为什么要让我和他相比呢?'"顿了一下,孟子又说:"管仲那样的人,是曾西所不愿意做的,而你认为我就愿意吗?"公孙丑说:"管仲使他的国君称霸诸侯,晏子让他的国君名扬天下。管仲、晏子这样的人还不值得做吗?"孟子说:"凭借齐国的国力用仁德一统天下,简直就是易如反掌啊。"公孙丑说:"如果这样说,弟子我就更加不明白了。就像周文王具有那样高尚的德行,活了差不多一百岁才去世,也没有使他的仁德周遍于天下;武王和周公继承了他的事业,然后才将王道推行于天下。如果以仁德一统天下像您现在说得那样容易,文王难道就不足以效法了吗?"孟子说:"有谁能够比得上文王呢?商朝从商汤建国到武丁,贤明智慧的君主出了六七个,天下的人心已经归附商朝很久了。人心归附久了就很难再使他们改变。武丁使诸侯来朝,统治整个天下,就像在手掌中拨弄东西一样简单。商纣王统治时期离武丁还不是太久远,商朝的那些勋旧之家、纯正习俗、良好风气、德政措施,还有许多都保存着。同时,微子、微仲、王子比干、箕子、胶鬲这些大臣,都是非常贤明的人,他们共同辅佐着商纣王,所以经过了很长的时间商朝才失去天下。那时候,每一尺土地,莫不属于商纣王,每一个百姓,莫不归属商纣王;可是周文王仍然能够凭借方圆百里的土地而崛起,这已经很难做到了。齐国有句俗语:'虽然有智慧,不如趁机会;虽然有锄头,不如待农时。'今天的这种形式,推行王道已经变得很容易了。夏、商、周三代最兴盛的时期,土地也没有超过方圆千里的,而齐国已经拥有了方圆千里的土地;鸡鸣狗叫的声音在齐国境内处处都能听到,一直到边境上依然如此,齐国已经拥有了非常众多的人口。土地广到了不需要再开拓,人口多到了不需要再增加,凭着这样的实力推行仁政用仁德一统天下,天下没有人能够阻挡。况且,能够以仁德一统天下的贤君不出现,从来没有像现在这样隔了这么长的时间的;老百姓因残暴的政治而困顿,也没有像现在这样严重的。腹中饥饿的人不挑剔食物,口中干渴的人不苛求饮料。孔子说:'仁德的推广流行,比通过设立驿站传递命令还要迅速。'在现在的这种局势之下,一个拥有万辆兵车的大国推行仁政,老百姓对待它的高兴程度,就像从被倒挂着的困境中解救下来一样。所以所花费的力气只是古人的一半,取得的业绩却要高于古人一倍,只有现在这个时代才能达到这样的效果。"

【注释】 ①公孙丑:孟子的弟子。朱熹认为是齐人。

②夫子:古代对男子的敬称,这里指孟子。当路:指执政、掌权。

③管仲:名夷吾,齐国颍上人,生年无可考。据《史记·齐太公世家》和《管晏列传》记载,管仲在齐桓公执政之前,曾经辅佐公子纠与他争夺国君之位,齐桓公执政之后,不记前仇,任命管仲为国相。管仲于周庄王十二年(公元前685年)开始辅佐齐桓公,到周襄王七年(公元前645年)去世,相齐桓公历四十年。《史记》中说:"管仲既任政相齐,以区区之齐在海滨,通货积财,富国强兵,与俗同好恶。""齐桓公以霸,九合诸侯,一匡天下,管仲之谋也。"世传《管子》一书,相传为管仲所著,是我国古代一部重要的学术著作。

④许:一说为复兴,如赵岐注曰:"许,犹兴也。"一说为期望,如朱熹《集注》曰:"许,犹期也。"今从后者。

⑤诚:真正,确实。

⑥曾西:赵岐注与朱熹《集注》等都认为曾西为曾参之孙,但此说很早便遭到人们质疑。如宋代王应麟《困学纪闻》卷八中说:"曾西,《注》(指赵岐注)以为曾子之孙,《集注》因之。《经典序录》(指唐代陆德明《经典释文序录》):曾申,字子西,曾参之子。子夏以《诗》传曾申,左丘明作《传》以授曾申。曾西之学,于此可考。楚斗宜申、公子申,皆字子西,则曾西之为曾申无疑。"明代陈耀文《经典稽疑》、胡炉《拾遗录》、清代阎若璩《古文尚书疏证》与《四书释地》、陆陇其《四书讲义困勉录》、毛奇龄《四书剩言》、朱彝尊《经义考》与《孔子门人考》等著作中均赞同此说。曾西应为曾参的儿子曾申。

⑦吾子:古代对对方的敬爱之称,一般用于成年男子之间。如《仪礼·士冠礼》中有:"某有子某,将加布于其首,愿吾子之教之也。"郑玄注曰:"吾子,相亲之辞。吾,我也;子,男子之美称。"子路:孔子的弟子仲由,孔门七十二贤之一。《史记·仲尼弟子列传》中说:"仲由字子路,卞(鲁国地名)人也。少孔子九岁。子路性鄙,好勇力,志伉直,冠雄鸡,佩豭豚,陵暴孔子。孔子设礼稍诱子路,子路后儒服委质,因门人请为弟子。"

⑧蹴然:一作"蹙然",局促不安貌。

⑨先子:古代对亡父的称呼。焦循《正义》曰:"称'先子'者,谓父,非谓祖父也。"

⑩艴(fú)然:恼怒貌。赵岐注曰:"艴然,愠怒色也。"

⑪何曾:为何,何故。

⑫功烈:功勋业绩。

⑬由:同"犹",如同。

⑭滋:更加。

⑮洽:周遍,广博。

⑯周公:西周初期政治家。姓姬名旦,也称叔旦、周公旦。周文王的儿子,周武王的弟弟,周成王的叔叔。辅佐武王灭掉殷商。武王死后,成王年幼,周公亲自摄政,平定了武庚、管叔、蔡叔的叛乱。又"制礼作乐",厘定典章制度,营筑洛邑为东都,作为统治中原的中心,使天下得到了安定。后来成为儒家所推崇的圣人之一。事迹详见《史记·鲁周公世家》。

⑰大行:广为推行,普遍流行。

⑱武丁:商朝的君主,以贤明著称。《史记·殷本纪》记载:"帝小乙崩,子帝武丁立。帝武丁即位,思复兴殷,而未得其佐。三年不言,政事决定于冢宰,以观国风。武丁夜梦得圣人,名曰说。以梦所见视群臣百吏,皆非也。于是乃使百工营求之野,得说于傅险中。是时说为胥靡,筑于傅险。见于武丁,武丁曰是也。得而与之语,果圣人,举以为相,殷国大治。故遂以傅险姓之,号曰傅说。……武丁修政行德,天下咸驩,殷道复兴。"

⑲作:出现,兴起。这里相当于量词。

⑳运之掌:玩弄于手掌之上,形容容易。运,玩弄,拨弄。

㉑故家:故旧之家,世家大族,世代仕宦的勋旧之家。遗俗:前代留传下来的风俗习惯。

㉒流风:前代流传下来的好风气。善政:清明的政治或良好的政令。

㉓微子、微仲、王子比干、箕子、胶鬲:都是商朝末年的贤臣。微子,名启,殷纣王的庶兄,封于微(今山东梁山西北)。因见"纣愈淫乱不止","数谏不听,乃与大师、少师谋,遂去"。周武王灭商后,复其官。周公平定武庚叛乱时,曾命微子统率殷族,奉其先祀,封于宋。事迹详见《史记·殷本纪》和《宋微子世家》。微仲,微子的弟弟,名衍。王子比干,纣王的叔叔。纣王荒淫暴乱,比干"见箕子谏不听而为奴","乃曰:'为人臣者,不得不以死争。'乃强谏纣。纣怒曰:'吾闻圣人心有七窍。'剖比干,观其心。箕子惧,乃详狂为奴,纣又囚之。殷之大师、少师乃持其祭乐器奔周。周武王于是遂率诸侯伐纣"。事见《史记·殷本纪》、《宋微子世家》。箕子,纣王的叔叔。《史记·宋微子世家》记载:"箕子者,纣亲戚也。纣始为象箸,箕子叹曰:'彼为象箸,必为玉杯;为杯,则必思远方珍怪之物而御之矣。舆马宫室之渐自此始,不可振也。'纣为淫泆,箕子谏,不听。人或曰:'可以去矣。'箕子曰:'为人臣谏不听而去,是彰君之恶而自说于民,吾不忍为也。'乃被发详狂而为奴。遂隐而鼓琴以自悲,故传之曰箕子操。"武王伐纣之后,封箕子于朝鲜。胶鬲,事迹不见于《史记》,但在《国语》、《吕氏春秋》等著作中有提及。也是商纣王的臣子。

㉔相与:共同。

㉕智慧:一作"智能"。

㉖乘势:趁势,乘机。

㉗镃基:锄头。赵岐注曰:"镃基,田器,耒耜之属。"

㉘改:再,另。

㉙聚:这里指增加。

㉚疏:指时间久、长远。

㉛憔悴:这里指困顿。虐政:残暴的政策法令。

【评解】 在孟子的政治思想中,将社会治理模式划分为两种:王道和霸道。他致力于推行王道,因此对霸道所谓的功绩持不屑一顾的态度,这从他对管仲的评论中可以看出来。管仲是我国春秋时期著名的政治家和思想家,他辅佐齐桓公改革内政、加强外交、壮大军事实力,使齐国成为当时最强大的诸侯国,"九合诸侯,一匡天下"。对此,孔子给予了充分的肯定,说:"桓公九合诸侯,不以兵车,管仲之力也。如其仁!如其仁!""管仲相桓公,霸诸侯,一匡天下,民到于今受其赐。微管仲,吾其被发左衽矣。岂若匹夫匹妇之为谅也,自经于沟渎,而莫之知也。"(《论语·宪问》)意思是说,齐桓公数次会合诸侯,并不是依靠武力,而是凭借着管仲的力量,管仲可以称得上一个做到了"仁"的人。管仲辅佐齐桓公称霸诸侯,统一和匡正天下,老百姓至今还从中得到好处。如果没有管仲,我们恐怕会被夷狄所占领和同化了,披散着头发,穿着开襟露臂的衣服。他的品德和一般的普通百姓是不能相提并论的。我们知道,孔子一生很少轻易称赞人达到了"仁"的境界,可见他对管仲的功绩是持肯定和赞赏的态度的。然而,孟子在这里对曾经被孔子所认同的管仲的功绩却认为是微不足道的,孟子和孔子的这种认识上和评价标准上的不同,冯友兰认为,从根本上说,是他们所处的时代发生了变化的缘故。"在孔丘的时代,儒家和法家的斗争是两个阶级,奴隶主阶级和地主阶级斗争的反映。在孟轲的时代,儒家和法家的斗争是地主阶级内部的两个派别,保守派和激进派的斗争的反映。"[1]孟子将法家所推行的政治主张和政治目标直斥为"霸道",认为这是和"王道"背道而驰的,所以对其采取了蔑视甚至否定的态度。他认为,以管仲等法家人物所掌握的力量和所处的时代,实行远远优于"霸道"的"王道"是轻而易举的事情,而他们却只是辅佐自己的君主谋求眼前的利益,而没有实行"王道",这并不能称为一种明智的和值得推崇的做法。

公孙丑问曰:"夫子加齐之卿相①,得行道焉②,虽由此霸王不异矣③。如此则动心否乎④?"孟子曰:"否,我四十不动心⑤。"曰:"若是则夫子过孟贲远矣⑥。"曰:"是不难。告子先我不动心⑦。"曰:"不动心有道乎?"曰:"有。北宫黝之养勇也⑧,不肤挠⑨,不目逃⑩。思以一豪挫于人⑪,若挞之于市朝⑫。不受于褐宽博⑬,亦不受于万乘之君。视刺万乘之君若刺褐夫⑭。无严诸侯⑮。恶声至⑯,必反之⑰。孟施舍之所养勇也⑱,曰:'视不胜犹胜也⑲。量敌而后进⑳,虑胜而后会㉑,是畏三军者也㉒。舍岂能为必胜哉?能无惧而已矣。'孟施舍似曾子,北宫黝似子夏㉓。夫二子之勇,未知其孰贤㉔,然而孟施舍守约也㉕。昔者曾子谓子襄曰㉖:'子好勇乎?吾尝闻大勇于夫子矣㉗:自反而不缩㉘,虽褐宽博,吾不惴焉㉙;自反而缩,虽千万人吾往矣。'孟施舍之守气㉚,又不如曾子之守约也。"曰:"敢问夫子之不动心与告子之不动心,可得闻与?"

“告子曰：‘不得于言，勿求于心；不得于心，勿求于气㉛。’不得于心，勿求于气，可；不得于言，勿求于心，不可。夫志㉜，气之帅也㉝；气，体之充也㉞。夫志至焉㉟，气次焉。故曰：持其志，无暴其气㊱。’”“既曰‘志至焉，气次焉’，又曰‘持其志，无暴其气’者，何也？”曰：“志壹则动气㊲；气壹则动志也。今夫蹶者趋者㊳，是气也，而反动其心。”“敢问夫子恶乎长㊴？”曰：“我知言㊵，我善养吾浩然之气㊶。”“敢问何谓浩然之气？”曰：“难言也㊷。其为气也，至大至刚㊸，以直养而无害㊹，则塞于天地之间㊺。其为气也，配义与道㊻，无是，馁也㊼。是集义所生者㊽，非义袭而取之也㊾。行有不慊于心㊿，则馁矣。我故曰：告子未尝知义，以其外之也(51)。必有事焉而勿正(52)，心勿忘，勿助长也。无若宋人然。宋人有闵其苗之不长而揠之者(53)，芒芒然归(54)，谓其人曰(55)：‘今日病矣(56)，予助苗长矣。’其子趋而往视之，苗则槁矣(57)。天下之不助苗长者寡矣。以为无益而舍之者，不耘苗者也(58)；助之长者，揠苗者也，非徒无益(59)，而又害之。”“何谓知言？”曰：“诐辞知其所蔽(60)，淫辞知其所陷(61)，邪辞知其所离(62)，遁辞知其所穷(63)。生于其心，害于其政；发于其政，害于其事。圣人复起，必从吾言矣。”“宰我、子贡善为说辞(64)，冉牛、闵子、颜渊善言德行(65)；孔子兼之，曰：‘我于辞命(66)，则不能也。’然则夫子既圣矣乎？”曰：“恶！是何言也！昔者子贡问于孔子曰：‘夫子圣矣乎？’孔子曰：‘圣则吾不能，我学不厌而教不倦也。’子贡曰：‘学不厌，智也；教不倦，仁也。仁且智，夫子既圣矣。’夫圣，孔子不居，是何言也！”“昔者窃闻之：子夏、子游、子张皆有圣人之一体(67)，冉牛、闵子、颜渊则具体而微(68)，敢问所安(69)。”曰：“姑舍是(70)。”曰：“伯夷、伊尹何如(71)？”曰：“不同道。非其君不事，非其民不使，治则进，乱则退，伯夷也。何事非君？何使非民？治亦进(72)，乱亦进，伊尹也。可以仕则仕，可以止则止(73)，可以久则久，可以速(74)则速，孔子也。皆古圣人也。吾未能有行焉，乃所愿(75)，则学孔子也。”“伯夷、伊尹于孔子，若是班乎(76)？”曰：“否，自有生民以来，未有孔子也。”“然则有同与？”曰：“有，得百里之地而君之(77)，皆能以朝诸侯有天下；行一不义、杀一不辜而得天下(78)，皆不为也。是则同。”曰：“敢问其所以异。”曰：“宰我、子贡、有若(79)，智足以知圣人，污不至阿其所好⑧⁰。宰我曰：'以予观于夫子，贤于尧舜远矣⑧¹。'子贡曰：'见其礼而知其政，闻其乐而知其德⑧²。由百世之后⑧³，等百世之王⑧⁴，莫之能违也。自生民以来⑧⁵，未有夫子也。'有若曰：'岂惟民哉⑧⁶！麒麟之于走兽⑧⁷，凤凰之于飞鸟⑧⁸，泰山之于丘垤⑧⁹，河海之于行潦⁹⁰，类也。圣人之于民，亦类也。出于其类，拔乎其萃⁹¹。自生民以来，未有盛于孔子也⁹²。'"

【译文】　公孙丑问道："老师您如果做了齐国的卿或者相，有了实现自己政治主张的机会，即使因此而成就王霸之业，也没有什么可奇怪的。如果这样，您是不是会有所恐惧不安而动心呢？"孟子说："不会。我四十岁的时候就已经不再因恐惧不安而动心了。"公孙丑说："这样的话，老师您要超过古代的勇士孟贲很多啊。"孟子说："这并不难做到。告子比我先做到了不动心。"公孙丑问："做到不动心有什么方法吗？"孟子说："有。北宫黝培养勇气的时候，肌肤被刺，毫不退缩；眼睛被戳，不眨一下。觉得有一点点输给别人，所受的侮辱就如同在大庭广众之下被人用鞭子抽打一般。既不会受辱于地位低贱者，也决不会受辱于有势力的大国之君。把刺杀大国的国君看成像刺杀一个地位卑贱的人一样。毫不畏惧各国的诸侯。受到别人粗鲁的叱骂，必然要报复回击。孟施舍培养勇气的时候，说：'要把不能战胜的敌人和可以战胜的敌人一样看待。如果先考虑敌人的情况再进攻，思量着可以取胜才交战，这样就会害怕敌方的人马。我孟施舍怎么一定能够战无不胜呢？只是因为无所畏惧罢了。'孟施舍有些像曾子，北宫黝有些像子夏。这两个人的勇气，无法判断哪个更高一筹，然而孟施舍培养勇气的方法，相比更加简要一些。想当初曾子曾经对子襄说：'你喜欢勇敢吗？我曾经从我的老师那里听他讲过什么是大勇：自己反躬自问，如果觉得不合乎正义，即使面对着的是地位卑贱者，我也不会使他受到恐吓；自己反躬自问，如果觉得合乎正义，即使面对着千军万马，我也会勇往直前。'孟施舍那种保养勇气的方法，相比之下又不如曾子的更简要。"公孙丑问："请问先生您的不动心和告子的不动心，可以分别讲来听听吗？"孟子说："告子说：'在言语上就说不过去，就不要再反求于心了；经过思索之后觉得不合乎道义，就不要再诉之于意气。'经过思索之后觉得不合乎道义，就不要再诉之于意气，这是对的；在言语上就说不过去，就不要再反求于心了，就不对了。意志信念，是情感意气的统帅；情感意气，是充塞人体的力量。意志信仰对于一个人来说是最重要的，情感意气相对较次要一点。所以说：要保养好你的意志信念，同时也不要滥用你的情感意气。"公孙丑问："您既说'意志信仰对于一个人来说是最重要的,情感意气相对较次要一点',又说'要保养好你的意志信念,同时也不要滥用你的情感意气',为什么要这样说呢?"孟子说:"意志信念如果专一,情感意气相应也会随之转移;情感意气如果专一,意志信念也会相应发生变化。比方说,一个人是仆倒还是快跑,是其情感意气的表现,反过来,这又会使他的思想不能不受到影响。"公孙丑问:"请问老师您擅长什么呢?"孟子说:"我能够从别人的言语中得到正确的判断,我善于培养我的浩然之气。"公孙丑问:"请问什么是浩然之气?"孟子说:"这很难用言语来表述啊。浩然之气作为一种气,是最浩大最刚强的,用正义去培养它,不要使它受到伤害,就会使它充塞于天地之间。浩然之气作为一种气,是与义和道相辅相成的,如果没有了义和道,就会委顿。它是道义经过不断的集聚才产生的,并不是偶然遵循道义就能够取得的。只要是做了与道义相违背的事情,就会使它委顿。所以我说,告子并不知道义是怎么回事啊,因为他认为义是在人的思想信念之外的东西。(义作为浩然之气的基础,)要努力地培养它,但不要有具体的目的;要时时刻刻地把它记在心里,但也不要人为地助长它。不要像那个宋国人一样。宋国有一个人,担心自己田里的禾苗不再长高,就把它们都往上拔了拔,显得很疲倦的样子回家了,对家里的人说:'今天累坏我了,我去帮助禾苗长高了。'他的儿子急忙跑到田里一看,禾苗都已经枯萎了。天下之人,没有做过类似于拔苗助长这样事情的人是很少的。认为没有用处而放弃的,就如同不给庄稼除草的人一样;违背规律而人为助长的,就如同将禾苗拔高的人一样。这样做不但不会有什么好处,反而会伤害它。"公孙丑问:"什么是从别人的言语中得到正确的判断呢?"孟子说:"对于片面的言辞,知道其偏颇之所在;对于过分的言辞,知道其缺陷之所在;对于邪谬的言辞,知道其悖理之所在;对于隐晦的言辞,知道其理屈之所在。言辞来自于人的思想,必然要在政治上产生危害;通过政治措施体现出来,必然会妨害国家的各项事业。即使再有圣人出现,也一定会赞同我这些话的。"公孙丑问:"宰我、子贡擅长辞令论辩,冉牛、闵损、颜渊善于阐释德行;孔子是各方面的才能都兼而有之的,但他仍然说:'我对于辞令,没有这方面的才能。'像先生您这样的人,已经达到圣人的标准了吗?"孟子说:"唉,这是什么话呢!想当初子贡问孔子:'先生您可以称得上圣人了吗?'孔子说:'圣人我无法达到,我只不过学习不知道厌烦,教育人不知道疲倦罢了。'子贡说:'学习不知道厌烦,这是智;教育人不知道疲倦,这是仁。具有了仁和智的德性,老师可以称得上圣人了。'圣人,是连孔子都不敢自居的。你这是说的什么话!"公孙丑说:"我以前曾经听说:子夏、子游、子张都具备圣人的某一个方面,冉牛、闵子、颜渊则总体的各部分都具备而规模较小。请问老师您属于哪一类呢?"孟子说:"暂且不要谈这个话题了吧。"公孙丑又问:"伯夷、伊尹这两个人怎么样?"孟子说:"他们不是同一类人。不是理想的君主不辅佐,不是理想的百姓不驱使,天下安定就出来做官,天下混乱就退居泉林,伯夷是这种人。不论什么样的君主都辅佐,不论什么样的人民都驱使,天下安定出来做官,天下混乱也出来做官,伊尹是这种人。可以出来做官的时候就做官,应该耐心等待的时候就等待,能够长久做就长久做,应该马上退就马上退,孔子是这种人。他们都是古代的圣人,我不能做到像他们那样,至于我的愿望,我还是愿意学习(效法)孔子。"公孙丑问:"这样的话,伯夷、伊尹和孔子,可以相提并论吗?"孟子说:"不能。自从人类诞生以来,从来没有像孔子那么伟大的人。"公孙丑问:"那么他们之间有相同点吗?"孟子说:"有。给他们方圆百里的地方让他们做国君,他们都能够使诸侯来朝,统一天下;做一件不符合道义的事情、杀死一个无辜之人而得到天下,他们都不会做。这就是他们的相同点。"公孙丑问:"请问他们之间有哪些不同点呢?"孟子说:"宰我、子贡、有若的智慧,都足以了解什么是圣人,即使他们有些瑕疵,也不至于奉承他们所亲近的人。宰我说:'以我的眼光来看我的老师,比尧舜这些人贤明多了。'子贡说:'看到一个国家的礼仪,就能够知道这个国家的政治状况;听到一个国家的音乐,就能够知道这个国家的道德风尚。即使经过百世之后,再去评价这百世中君主,他们也不会违背孔子之道。自从人类诞生以来,从来没有像我的老师那么伟大的人。'有若说:'难道只有人类是这样吗?麒麟对于普通的走兽,凤凰对于一般的飞禽,泰山对于低矮的土堆,河海对于道旁的流水,可以说都是同类啊。圣人对于普通的百姓,也都是同类啊。卓立于他的同类之中,超然于他的同类之上。自从人类诞生以来,没有比孔子更伟大的啊。'"

【注释】 ①加:使居其位,担任。赵岐注曰:"加,犹居也。"

②道:指孟子所主张的政治措施、治国理念。

③异:以……为奇怪。

④动心:朱熹《集注》曰:"任大责重如此,亦有所恐惧疑惑而动其心乎?"

⑤四十不动心:朱熹《集注》曰:"四十强仕,君子道明德立之时。孔子四十而不惑,亦不动心之谓。"

⑥孟贲(bēn):古代的勇士名。贲,勇,勇敢。

⑦告子:名不害。《墨子·公孟》篇中有:"二三子曰:'告子言义而行甚恶,请弃之。'墨子曰:'不可;告子言谈甚辨,言仁义而不吾毁。'"《孟子》一书中,记载孟子曾与他就人性等问题展开过激烈的辩论。可见他的年龄应是小于墨子而长于孟子。

⑧北宫黝:根据现有史籍,此人已不可考。只有高诱注《淮南子·主术训》"握剑锋以

离北宫子、司马䢋蒉,不使应敌,操其瓠,招其末,则庸人能以制胜"说:"北宫子,齐人也,孟子所谓北宫黝也。"

⑨肤挠:朱熹《集注》曰:"肌肤被刺而挠屈也。"挠,退却。

⑩目逃:朱熹《集注》曰:"目被刺而转睛逃避也。"

⑪挫:摧折。

⑫挞:用鞭子或棍子打。这里指被打。市朝:市场和朝廷,这里偏重于"市",指人流密集之处。顾炎武《日知录》卷七"市朝"条目中说:"'若挞之于市朝',即《书》所言'若挞于市'。古者朝无挞人之事,市则有之。《周礼·司市》:'市刑,小刑宪罚,中刑徇罚,大刑扑罚。'又曰:'胥执鞭度而巡其前,掌其坐,作出入之禁令。凡有罪者,挞戮而罚之'是也。《礼记·檀弓》:'遇诸市朝,不反兵而斗。'兵器非可入朝之物。'奔丧,哭辟市朝。'奔丧亦但过市,无过朝之事也。其谓之市朝者,《史记·孟尝君传》:'日莫之后,过市朝者掉臂不顾。'索隐曰:'言市之行列有如朝位,故曰市朝。古人能以众整如此。'后代则朝列之参差,有反不如市肆者矣。"另如《论语·宪问》中有:"夫子固有惑志于公伯寮,吾力犹能肆诸市朝。"贾公彦疏《周礼·秋官·乡士》"肆之三日"说:"《论语·宪问篇》……注云:'大夫于朝,士于市。'公伯寮是士,止应云'肆诸市',连言'朝'耳。"

⑬受:指受辱。褐宽博:褐,指粗布或粗布衣,为古时贫贱者所穿的衣服,最早用葛、兽毛等制成,后来也通常指大麻、兽毛的粗加工品。如后文《滕文公上》有:"许子衣褐。"赵岐注曰:"以毳织之,若今马衣也。或曰:褐,枲衣也;一曰粗布衣也。"宽博,朱熹《集注》曰:"宽博,宽大之衣,贱者之服也。"即宽大的衣服,一般也是贫贱者所穿。这里以"褐宽博"指代地位卑贱者。

⑭刺:刺杀。《春秋公羊传·僖公二十八年》中说:"刺之者何?杀之也。杀之,则曷为谓之刺?内讳杀大夫,谓之刺也。"褐夫:穿粗布衣服的人,指贫贱者。与上文"褐宽博"同义。

⑮严:畏惧。朱熹《集注》曰:"严,畏惮也。"

⑯恶声:粗鲁的话语。

⑰反:报复。

⑱孟施舍:古代的勇士名,事迹亦无可考。赵岐和朱熹均认为,"孟"为姓,"舍"为名,中间的"施"为发语词。但也有人不赞同此说,例如清代阎若璩《四书释地又续》中则认为孟施为复姓,说:"《四书辨疑》曰:《集注》:孟,姓;舍,名;施,发语声也。此本因'舍岂能为必胜哉'单称'舍'字,故以'施'为发语声。然于姓与名中间插一字为发语声,不成语矣。意'舍'字上合有施字,盖传写脱尔。余谓:《集注》亦同赵注,原赵氏之意以古人二字名无单称一字者,今曰'舍',则'舍'其名也;古未见有复姓孟施者,则孟其姓也。遂以发音当'施'字,不知发在首。如'吴'曰'句吴','越'曰'於越'。若在中,则语助辞多用'之'字,未闻以'施'字者。且孔子时,鲁有少施氏,安知孟施非少施一例乎?"

⑲不胜:无法战胜的敌人。下文中的"胜"指可以战胜的敌人。

⑳量:衡量,估计。

㉑会:指两军交锋。

㉒三军：周时的制度，大诸侯国设"三军"。其中，中军是最重要，地位最高的，上军次之，下军又次之。一军一万二千五百人，三军共计三万七千五百人。如《周礼·夏官·司马》中说："凡制军，万有二千五百人为军。王六军，大国三军，次国二军，小国一军。"后以"三军"泛指军队。

㉓子夏：孔子的弟子，七十二贤之一。姓卜名商。

㉔贤：胜过，超过。

㉕守约：简易可行。约，简要，简单而得其要。

㉖子襄：曾子的弟子。

㉗夫子：指曾子的老师孔子。

㉘自反：反躬自问，自我反省。缩：正直，合乎道义。

㉙惴：这里是"使之惴"之意，让他惊恐不安。

㉚气：这里指勇气，勇敢精神。

㉛不得于言，勿求于心；不得于心，勿求于气：朱熹《集注》曰："告子谓于言有所不达，则当舍置其言，而不必反求其理于心；于心有所不安，则当力制其心，而不必更求其助于气，此所以固守其心而不动之速也。"意思是说，在言语上就说不过去，就不要再反求于心了；经过思索之后觉得不合乎道义，就不要再诉诸意气。

㉜志：意志、信念。

㉝帅：起主导作用者。

㉞充：充塞其中者。

㉟至：最主要的。

㊱持其志，无暴其气：朱熹《集注》曰："若论其极，则志固心之所之，而为气之将帅；然气亦人之所以充满于身，而为志之卒徒者也。故志固为至极，而气即次之。人固当敬守其志，然亦不可不致养其气。盖其内外本末，交相培养。"持，守，保持。暴，乱，滥用。

㊲壹：专一。

㊳蹶：颠仆，跌倒。趋：疾走，奔跑。

㊴长：擅长。

㊵知言：朱熹《集注》曰："知言者，尽心知性，于凡天下之言，无不有以究极其理，而识其是非得失之所以然也。"即下文所言："诐辞知其所蔽，淫辞知其所陷，邪辞知其所离，遁辞知其所穷。"

㊶浩然之气：朱熹《集注》曰："浩然，盛大流行之貌。气，即所谓体之充者。本自浩然，失养故馁，惟孟子为善养之以复其初也。"

㊷难言：难以用语言描述，难以说清。朱熹《集注》曰："难言者，盖其心所独得，而无形声之验，有未易以言语形容者。"

㊸至大至刚：朱熹《集注》曰："至大初无限量，至刚不可屈挠。盖天地之正气，而人得以生者，其体段本如是也。"

㊹直养而无害：用正义来培育它，不要使它受到伤害。

㊺塞：充塞。

㊻配义与道：朱熹《集注》曰："配者,合而有助之意。义者,人心之裁制。道者,天理之自然。……言人能养成此气,则其气合乎道义而为之助,使其行之勇决,无所疑惮。"

㊼馁：原意为饥饿,这里指萎缩、困乏。

㊽集义：即积善,指行事皆合乎道义。朱熹《集注》曰："集义,犹言积善,盖欲事事皆合于义也。"

㊾袭：原指出其不意的进攻。如杜预注《左传·襄公二十三年》"齐侯袭莒"说："轻行掩其不备曰袭。"这里指通过偶然的行为去取得。

㊿慊：满意,满足。

㉛外之：告子有"仁内义外"之说,详见下文《告子上》。

㉜正：目标,目的。

㉝闵：忧虑,担心。揠：拔起。赵岐注曰："揠,挺拔之,欲亟长也。"

㉞芒芒然：很疲倦的样子。

㉟其人：指他的家人。

㊱病：非常疲惫。

㊲槁：枯槁,干枯。

㊳耘：除草。

㊴非徒：不但,不仅。

㊵诐(bì)辞：偏邪不正的言论。诐,偏颇、不正。《说文·言部》说："诐,古文以为颇字。"蔽：偏差。如《荀子》中有"解蔽"一篇,杨倞注曰："蔽者,言不能通明,滞于一隅,如有物壅蔽之也。"

㊶淫辞：邪僻荒诞的言论。淫,过分、过度。陷：过失,缺陷。

㊷邪辞：不合正道的言论。邪,不正,不正派。离：背离,偏离。

㊸遁辞：指理屈词穷或有意隐瞒真情时用来支吾搪塞的话。遁,逃避,隐匿。穷：困屈。

㊹宰我、子贡：孔子的两个弟子。宰我,即宰予,字子我。《史记·仲尼弟子列传》说他"利口辩辞"。子贡,即端沐赐,卫人,字子贡。《史记·仲尼弟子列传》说"子贡利口巧辞,孔子常黜其辩"。

㊺冉牛、闵子、颜渊：都是孔子的弟子。冉牛,即冉耕,字伯牛。孔子以为他有德行。闵子,即闵损,字子骞。《史记·仲尼弟子列传》说他"不仕大夫,不食污君之禄"。颜渊,即颜回,字子渊,鲁国人,以德行著称,29岁时即早死。

㊻辞命：即辞令。

㊼子游、子张：都是孔子的弟子。子游,即言偃,吴国人,字子游。子张,即颛孙师,陈国人,字子张。

㊽具体而微：总体的各部分都具备而形状或规模较小。赵岐注曰："体者,四肢股肱也……具体者,四肢皆具。微,小也。"朱熹《集注》曰："具体而微,谓有其全体,但未广大耳。"

㊾所安：这里是"哪个可以相比"的意思。

⑩故舍是：暂且不谈这个话题。朱熹《集注》说："孟子言且置是者，不欲以数子所至者自处也。"杨伯峻《孟子译注》中认为："孟子自负极大，他曾说过：'五百年必有王者兴，其间必有名世者。由周而来，七百有余岁矣。以其数则过矣；以其时考之，则可矣。夫天未欲平治天下也；如欲平治天下，当今之世，舍我其谁也？'可见无论子夏、子张等或者闵子、颜渊等，都有不屑之意，但又不愿明白说出，以至于诸'圣门弟子'有所讥评，只得避开不谈。下文云：'乃所愿，则学孔子也。'又是用另一方式答复此一问题了。"[2]

⑪伯夷、伊尹：都是古代的贤人。伯夷，商朝末年人。《史记·伯夷列传》记载："伯夷、叔齐，孤竹君之二子也。父欲立叔齐，及父卒，叔齐让伯夷。伯夷曰：'父命也。'遂逃去。叔齐亦不肯立而逃之。国人立其中子。于是伯夷、叔齐闻西伯昌善养老，盍往归焉。及至，西伯卒，武王载木主，号为文王，东伐纣。伯夷、叔齐叩马而谏曰：'父死不葬，爰及干戈，可谓孝乎？以臣弑君，可谓仁乎？'左右欲兵之。太公曰：'此义人也。'扶而去之。武王已平殷乱，天下宗周，而伯夷、叔齐耻之，义不食周粟，隐于首阳山，采薇而食之。及饿且死，作歌。其辞曰：'登彼西山兮，采其薇矣。以暴易暴兮，不知其非矣。神农、虞、夏忽焉没兮，我安适归矣？于嗟徂兮，命之衰矣！'遂饿死于首阳山。"伊尹，商初名臣，名挚。因官封为尹，故称伊尹，又称阿衡或保衡。原为有莘氏女陪嫁于汤的媵臣，因精通治国之道，汤授以国政，在助汤灭夏中所建功勋卓著。汤死后，辅佐外丙、仲壬、太甲。卒后商王沃丁葬以天子之礼，与汤并祀。传有《伊训》、《咸有一德》等，已佚。1973年长沙马王堆三号汉墓出土的帛书中有《伊尹》零篇六十四行。《史记·殷本纪》记载："伊尹名阿衡。阿衡欲奸汤而无由，乃为有莘氏媵臣，负鼎俎，以滋味说汤，致于王道。或曰，伊尹处士，汤使人聘迎之，五反然后肯往从汤，言素王及九主之事。汤举任以国政。"商汤去世之后，伊尹又先后辅佐帝外丙和帝中壬。"帝中壬即位四年，崩，伊尹乃立太丁之子太甲。""帝太甲既立三年，不明，暴虐，不遵汤法，乱德，于是伊尹放之于桐宫。三年，伊尹摄行政当国，以朝诸侯。帝太甲居桐宫三年，悔过自责，反善，于是伊尹乃迎帝太甲而授之政。帝太甲修德，诸侯咸归殷，百姓以宁。"太甲之后，"子沃丁立。帝沃丁之时，伊尹卒"。

⑫进：进仕，出仕。

⑬止：等待。

⑭速：短暂。

⑮乃：至于。

⑯班：同等，并列。

⑰君：名词用作动词，"使……为君"之意。

⑱不辜：指无罪之人。

⑲有若：孔子的弟子，鲁国人。

⑳污：赵岐和朱熹均认为："污，下也。"指品行不好。阿其所好：曲从他们所亲近的人。

㉑尧舜：传说中古代的两位圣君，也是儒家所推崇的圣人。详见《史记·五帝本纪》。

㉒见其礼而知其政，闻其乐而知其德：赵岐认为，这里的"其"指的是孔子，说："见其

制作之礼,知其政之可以致太平也。听闻其《雅》《颂》之乐,而知其德之可与文、武同也。"朱熹则认为,这里的其是指不同的国君,说:"言大凡见人之礼,则可以知其政;闻人之乐,则可以知其德。"相较之下,以朱说为胜。

㉝由:经过。

㉞等:差等。这里指品评差等,即评价。

㉟生民:人类诞生。

㊱岂惟:难道只是,何止。

㊲麒麟:古代传说中的一种动物,古人以为仁兽、瑞兽,以它象征祥瑞。体形像鹿,头上有角,全身有鳞甲,尾巴像牛。

㊳凤凰:古代传说中的百鸟之王,常用来象征祥瑞。羽毛五色,声如箫乐。雄的叫凤,雌的叫凰,通称为凤或凤凰。

㊴丘垤:小山丘,小土堆。丘,自然形成的小土山。垤,原意为蚂蚁做窝时堆积在洞口周围的浮土,引申为小土堆。

㊵行潦:沟中的流水。潦,雨后的流水或积水。

㊶拔乎其萃:指远远超出一般。拔,超出,突起。萃,原意为丛生的杂草,引申为群、类,聚在一起的人或物。

㊷盛:盛大,伟大。

【评解】 在这里,孟子提出了"养气"的思想,认为要提高自己的修养和境界,就要涵养自己的"浩然之气"。这是孟子在道德修养论上的一个重要的主张。虽然孟子认为浩然之气是难以用语言表述的,但是,通过分析,我们可以看出孟子对它的理解中包含下面几层意思。

首先,从性质上说,"浩然之气"与天地浑然一体,凝结着儒家的道德观念。公孙丑问他什么是"浩然之气"的时候,他虽然回答"难言",但还是说:"其为气也,至大至刚,以直养而无害,则塞于天地之间。其为气也,配义与道,无是,馁也。是集义所生者,非义袭而取之也。"也就是说,"浩然之气"一方面"至大至刚",可"塞于天地之间"。另一方面,也是更重要的,它与"道"、"义"紧密结合在一起,只有日深月久地对"道"和"义"加以积累才能养成,而不可能投机取巧地获取。正如前人所说,"'直'即义也。缘以直养之,故为正直之气;为正直之气,故至大至刚"(焦循:《孟子正义》);"配义与道,正分疏直养。无论气配道义,道义配气,总是气之浩然者,藉道义以充塞耳。无是者,是无道义也。馁者,是气馁,道义不能馁也"(毛奇龄:《逸讲笺》)。

其次,从认识前提上说,养"浩然之气"的前提是"知言"。孟子认为,有"浩然之气"就能够"不动心",但是,"不动心"并不一定就能养成"浩然之气",因此他把自己的"不动心"和告子的"不动心"划清了界限。他认为告子的"不动心"就是"不得于言,勿求于心;不得于心,勿求于气"。意思是对外界的言辞不去理会自然就不会动心去想;不会动心去想自然就不会意气用事。孟子认为这种不求"知言"的态度是不可取的,而要培养"浩然之气"就必须"知言"。什么是"知言"呢?孟子说:"诐辞知其所蔽,淫辞知其所陷,邪辞知其所离,遁辞知其所穷。生于其心,害于其政;发于其政,害于其事。圣人复起,必从吾言矣。"后人一般都以"知道"释"知言"。朱熹《集注》说:"知言者,尽心知性,于凡天下之言,无不有以究极其理,而识其是非得失之所以然也。""盖惟知言,则有以明夫道义,而于天下之事无所疑。""程子曰:'心通乎道,然后能辨是非,如持权衡以较轻重,孟子所谓知言是也。'又曰:'孟子知言,正如人在堂上,方能辨堂下人曲直。若犹未免杂于堂下众人之中,则不能辨决矣。'"焦循《正义》说:"此四者(诐辞、淫辞、邪辞、遁辞),非通于大道,明于六经,贯乎伏羲、神农、黄帝、尧、舜、文王、周公、孔子之学,鲜克知之。孟子闻而知其趣,则好古穷经之学深矣。"可见,根据朱熹等人的理解,"知言"就表明道德修养上达到了一定的高度,作为培养"浩然之气"的前提,首先要理解道义,修养道德。

最后,关于涵养"浩然之气"的方法,孟子在这里提出了"自反而缩"、"集义"、"持志"、"直养而无害"等方法和途径,并且强调要"心勿忘,勿助长"。这些观点都构成了孟子修养论的重要组成部分。

孟子曰:"以力假仁者霸①,霸必有大国;以德行仁者王,王不待大②,汤以七十里,文王以百里。以力服人者,非心服也,力不赡也③;以德服人者,中心悦而诚服也,如七十子之服孔子也④。《诗》云:'自西自东,自南自北,无思不服⑤。'此之谓也。"

【译文】 孟子说:"依仗武力再假借仁义之名者,能够称霸诸侯,称霸诸侯一定要有强大的国力为后盾;依靠道德来推行仁政,能够一统天下,一统天下不需要依仗强大的实力,商汤凭借着七十里的土地统一了天下,周文王凭借着百里的土地统一了天下。用力气来压服别人的,别人并不是从内心里顺服,是因为力气不足的缘故;凭道德来使人归服的,别人才是真心诚意的服从和佩服,就像七十二位贤人信服孔子一样。《诗经》里说:'从西从东,从南从北,无不敬服。'说的就是这个意思。"

【注释】 ①力:指土地甲兵之力。假:假借。朱熹《集注》曰:"假仁者,本无是心,而借其事以为功者也。"霸:称霸,成为以武力为后盾的霸主。
②待:依靠;依恃。
③赡:充足,足够。
④七十子:指孔子的众弟子。《史记·孔子世家》记载:"孔子以诗书礼乐教,弟子盖

三千焉,身通六艺者七十有二人。"七十,是举成数而言。

⑤自西自东,自南自北,无思不服:出自《诗经·大雅·文王有声》。思,助词,用于句首或句中,无义。另如《诗经·鲁颂·泮水》中:"思乐泮水,薄采其芹。"

【评解】 孟子提倡"王道",反对"霸道",认为二者最主要的不同之一,就是"以德服人"还是"以力服人"。"以力假仁者"即为"霸道","以德行仁者"即为"王道"。"霸道"其实就是法家所推行的壮大实力、武力攻伐的主张,而"王道"就是儒家所一贯主张的加强教化,推行德政。孟子认为,只有王道才是符合社会发展需要和人民需要的政治措施和模式。

孟子曰:"仁则荣,不仁则辱。今恶辱而居不仁,是犹恶湿而居下也。如恶之,莫如贵德而尊士①。贤者在位,能者在职②;国家闲暇③,及是时明其政刑④,虽大国,必畏之矣。《诗》云:'迨天之未阴雨,彻彼桑土,绸缪牖户。今此下民,或敢侮予⑤?'孔子曰:'为此诗者,其知道乎!能治其国家,谁敢侮之?'今国家闲暇,及是时般乐怠敖⑥,是自求祸也。祸福无不自己求之者。《诗》云:'永言配命,自求多福⑦。'《太甲》曰⑧:'天作孽⑨,犹可违⑩;自作孽,不可活',此之谓也。"

【译文】 孟子说:"实行仁政,就能得到荣耀;不实行仁政,就会招致羞辱。如今有些人厌恶羞辱却又甘居于不仁之地,就如同厌恶潮湿却又甘居于低洼之地一样。如果厌恶羞辱,什么办法都不如推崇道德尊重士人。让贤明的人居于与其德行相应的地位,有能力的人担当与其能力相应的职责;国家内外安定的时候,要乘机修明政令和刑法,这样的话,就是实力强大的国家,也会对其产生畏惧。《诗经》中说:'趁着天还没下雨,赶紧剥些桑根皮,绑紧我的门和窗。现在下面这些人,谁还敢来欺负我?'孔子说:'做这首诗的人,真是洞察事理啊!能够把自己国家治理得内外承平,谁还敢来欺负你呢?'现在国家正好内外安定,如果乘着这个时候寻欢作乐,这就等于是自己寻求灾祸啊。世间的灾祸和幸福,无不是自己招来的。《诗经》里说:'永远配合天命,自己寻求多福。'《尚书·太甲》中说:'上天降下灾祸,还有可能逃脱;自己造下罪孽,肯定不能活命。'说的就是这个意思。"

【注释】 ①贵:崇尚,重视,以为宝贵。

②贤者在位,能者在职:赵岐注曰:"使贤者居位,官得其人,能者居职,人任其事也。"朱熹《集注》中进一步解释说:"贤,有德者,使之在位,则足以正君而善俗。能,有才者,使之在职,则足以修政而立事。"

③闲暇:平安无事。

④政刑:政令和刑罚。

⑤迨天之未阴雨,彻彼桑土,绸缪牖户。今此下民,或敢侮予:出自《诗经·豳风·鸱鸮》。迨,趁着。彻,剥,取。彼,语气助词,用于句首或句中。桑土,桑根皮。土,音 dù。明代杨慎《丹铅总录·字学·土字四音》说:"《诗》:'彻彼桑土。'土,桑根之皮也,音杜。"绸缪,紧密地缠缚。牖,窗。户,门。牖户,这里指鸟巢之通气出入处。下民,树下的人,这里是以鸱鸮的口气说的。或,代词,谁。

⑥般(pán)乐:大肆作乐。般,快乐,游乐。怠敖:怠惰遨游。敖,游玩,游逛。

⑦永言配命,自求多福:出自《诗经·大雅·文王》。永,长久。言,助词,无义。配命,配合天命,即朱熹《集注》中所说:"使其所行,无不合于天理。"

⑧《太甲》:《尚书》篇名。

⑨作孽:制造灾难。

⑩违:避开,逃避。

【评解】 孟子提出,推行仁政,就要做到未雨绸缪,在国家安定时要抓紧时间修明政教。其实,不止在国家的政治生活中,做任何事情都要能尽量做到未雨绸缪,防患于未然。做事应该未雨绸缪,居安思危,这样在危险突然降临时,才不至于手忙脚乱;机遇突然垂青时,才不至于手足无措。平常如果不加强积累,临时抱佛脚是来不及的。有人抱怨没有机遇的垂青,然而当机会来临时,却嗟叹自己平时没有积蓄足够的学识与能力,以致不能胜任。如果让机会白白地溜走,再后悔也来不及了。

孟子曰:"尊贤使能,俊杰在位①,则天下之士皆悦而愿立于其朝矣。市,廛而不征②,法而不廛③,则天下之商皆悦而愿藏于其市矣④。关,讥而不征,则天下之旅皆悦而愿出于其路矣⑤。耕者,助而不税⑥,则天下之农皆悦而愿耕于其野矣。廛,无夫里之布⑦,则天下之民皆悦而愿为之氓矣⑧。信能行此五者⑨,则邻国之民仰之若父母矣⑩。率其子弟攻其父母,自有生民以来未有能济者也⑪。如此则无敌于天下。无敌于天下者,天吏也⑫。然而不王者,未之有也。"

【译文】 孟子说:"尊崇贤德的人,任用有才能的人,才德卓越的人都能有相应的地位,那么,天下的士人都会高兴,愿意到这样的朝廷里来做官。在市集中,只提供存放货物的地方而对存放的货物不征税,只制定市集中物品流通的法则并以此治理市场而对储藏货物的场所不收税,那么,天下的商人就会高兴,愿意把货物存储到这样的市场上来。设置的关卡,只负责稽查而不征收税赋,那么,天下的旅客都会高兴,愿意从这样的道路上经过。对于种田的人,只助耕公田而不再收税,那么,天下的农夫都会高兴,愿意到这样的田野里来耕种。对于定居之民,没有土地税、人头税之类的杂税,那么,天下的人民都会高兴,愿意成为这种制度下的百姓。如果国君真的能够做到这五条,那么邻国的百姓就会像对待自己的父母一般地仰望他。率领一个人的子弟来攻打他们的父母,自从人类诞生以来也没有能够成功的。这样的话就能够天下无敌。天下无敌的人,是上天派下来的统治者。这样还不能用他的仁德一统天下的,从来就没有过。"

【注释】 ①俊杰:才德超卓的人。朱熹《集注》说:"俊杰,才德之异于众者。"

②廛而不征:《周礼·地官司徒·廛人》郑玄注引郑众说:"廛,谓市中之地未有肆而可居以畜藏货物者也。孟子曰:'市廛而不征,法而不廛,则天下之商皆悦,而愿藏于其市矣。'谓货物储藏于市中而不租税也,故曰'廛而不征'。"这里"廛"指市内可以储存货物的空地。一说"廛"特指公家所建供商人存藏货物的邸舍。如郑玄注《礼记·王制》"市,廛而不税"说:"廛,市物邸舍。税其舍不税其物。"

③法而不廛:赵岐注曰:"法而不廛者,当以什一之法征其地耳,不当征其廛宅也。"即以"廛"为民宅,意思是说国家只依法征收土地上的税赋而民宅不征税。朱熹《集注》引张子曰:"治之以市官之法,而不赋其廛。"意思是国家只是制定市集中物品流通的法则并以此治理市场,而对储藏货物的场所不收税。郑众曰:"其有货物久滞于廛而不售者,官以法为居取之,故曰'法而不廛'。"意思是储藏的货物如果滞销,国家便依法征购,不让它长久积压。这里从朱熹《集注》中的说法。

④藏:储藏物品。

⑤旅:旅客,行旅之人。

⑥助:古代借民力助耕公田的一种劳役租赋制度。赵岐注曰:"助者,井田什一,助佐公家治公田,不横税赋,若履亩之类。"朱熹《集注》中亦说:"出力以助耕公田。"

⑦廛,无夫里之布:朱熹《集注》中说:"《周礼》:'宅不毛者有里布,民无职事者,出夫家之征。'郑氏谓:'宅不种桑麻者,罚之使出一里二十五家之布;民无常业者,罚之使出一夫百亩之税,一家力役之征也。'今战国时,一切取之。市宅之民,已赋其廛,又令出此夫里之布,非先王之法也。"清代江永《群经补义》卷四中则认为:"《集注》用旧说,皆未安。凡民居、区域、关市、邸舍,通谓之'廛'。上文'廛而不征'、'法而不廛'之'廛'是市宅。此'廛'谓民居,即周礼'上地夫一廛'、'许行愿受一廛'之'廛',非市宅也。'布'者,泉也,亦即钱也,非'布帛'之'布'。夫'布'见《周礼·闾师》:'凡无职者出夫布',谓闲民为民佣力者不能赴公旬三日之役,使之出一夫力役之泉,犹后世之雇役钱也。'里'谓里居,即孟子'收其田里'之'里'。'里布'见《地官·载师》:'凡宅不毛者有里布',谓有宅不种桑麻,或荒其地,或为台榭游观,则使之出里布,犹后世凡地皆有地税也。此皆民之常赋,战国时一切取之,非佣力之闲民已有力役之征,而仍使之别出夫布;宅有种桑麻,有嫔妇布缕之征,而仍使之别出里布,是额外之征,借夫布、里布之名而横取者,今皆除之,

则居廛者皆受惠也。"此说可取。

⑧氓(méng)：民，百姓。

⑨信：果真，确实。

⑩仰：仰望，仰慕。

⑪济：成功。

⑫天吏：奉天命治民的人。赵岐注曰："天吏者，天使之也。为政当为天所使，诛伐无道，故谓之天吏也。"

【评解】 孟子一再主张，爱民是实行王道的基础。作为一个国君，不能处处考虑自己的眼前利益，而是要考虑到百姓的需要和满足。只有老百姓的生活得到保障，才能同国君一道完成他的宏图大业。正如孔子所说："百姓足，君孰与不足？百姓不足，君孰与足？"(《论语·颜渊》)孟子这里所提出的一些"爱民"、"惠民"的主张，其实是当时许多思想家和政治家的共识，例如他所提出的"关讥而不征"的主张，在《管子》中就曾经提出过。

孟子曰："人皆有不忍人之心①。先王有不忍人之心，斯有不忍人之政矣。以不忍人之心，行不忍人之政，治天下可运之掌上。所以谓人皆有不忍人之心者，今人乍见孺子将入于井②，皆有怵惕恻隐之心③；非所以内交于孺子之父母也④，非所以要誉于乡党朋友也⑤，非恶其声而然也。由是观之，无恻隐之心非人也，无羞恶之心非人也⑥，无辞让之心非人也⑦，无是非之心非人也。恻隐之心，仁之端也⑧；羞恶之心，义之端也；辞让之心，礼之端也；是非之心，智之端也。人之有是四端也，犹其有四体也⑨。有是四端而自谓不能者，自贼者也⑩；谓其君不能者，贼其君者也。凡有四端于我者⑪，知皆扩而充之矣⑫，若火之始然⑬、泉之始达⑭。苟能充之，足以保四海；苟不充之，不足以事父母。"

【译文】 孟子说："人人都有怜悯别人的同情心。前代的圣王有怜悯人的同情心，于是就有了同情人的政治措施。凭着怜悯人的同情心，来推行同情人的政治，使天下得到安定就如同在手掌上拨弄东西一样简单。之所以说人人都有怜悯别人的同情心的原因是，如果现在有人突然看到一个幼小的孩子马上就要掉到井里面去了，都会产生一种惊惶怜悯的心情。这并不是因为他想结交这个孩子的父母，不是因为他想以此在乡亲朋友面前获取赞誉，也不是因为厌恶听到孩子惊恐的声音才会那样。由此看来，没有恻隐同情之心，不算是人；没有羞耻厌恶之心，不算是人；没有谦虚逊让之心，不算是人;没有是非善恶之心,不算是人。恻隐同情之心,是仁的发端;羞耻厌恶之心,是义的发端;谦虚逊让之心,是礼的发端;是非善恶之心,是智的发端。人有这四个发端,就好像具有四肢一样。有了这四种发端还说自己做不到(仁义礼智),这是自己在坑害自己;说自己的君主做不到,这是在坑害他的君主。凡是具备了这四种发端的人,如果知道把它们都扩充起来,就会像火刚刚烧起来,泉刚刚流出来一样。如果能够使它充盈,就足以使天下安定,如果不能够使它充盈,就连父母都赡养不了。"

【注释】 ①不忍人之心:赵岐认为是"不忍加恶于人之心",用现在的话说,就是怜悯别人的同情心。

②乍:突然;忽然。朱熹《集注》悦:"乍,犹忽也。"孺子:幼儿,儿童。赵岐注曰:"孺子,未有知之小子。"

③怵惕:戒惧,惊惧。恻隐:同情,怜悯。朱熹《集注》曰:"恻,伤之切也。隐,痛之深也。此即所谓不忍人之心也。"

④内(nà)交:结交。内,"纳"的古字。

⑤要:求。乡党:同乡,乡亲。

⑥羞恶:对自己或别人的坏处感到羞耻厌恶。朱熹《集注》曰:"羞,耻己之不善也。恶,憎人之不善也。"

⑦辞让:谦逊推让。朱熹《集注》曰:"辞,解使去己也。让,推以与人也。"

⑧端:开始。

⑨四体:四肢。

⑩自贼:自己伤害自己,自杀。

⑪我:己。

⑫扩:推广。

⑬然:"燃"的古字。燃烧。

⑭达:通。

【评解】 孟子认为,"不忍人之心"是推行仁政的基础,正是有这种建立在人类相互同情基础上的"不忍人之心",才使仁政的推行既有了可能性,又有了可行性。因为统治者具有是心,所以使得仁政有实行的可能;因为人人具有是心,又使得对人民施行教化,推行仁政是可行的。不仅在政治生活中如此,其实一个人在社会中生存,这种同情和仁爱之心也是必需的,否则寸步难行。一个人要想成就一番事业,不仅要有过人的胆识,宽广仁慈的胸怀也是不可少的,一个没有同情和仁爱之心的人,肯定只能成为一个"孤家寡人",根本不可能做成什么大事业。

在这一章中,孟子还阐发了他的著名的"四端"说,这是孟子道德教化和修养思想的前提,在孟子的思想体系中占有重要的地位。

孟子曰："矢人岂不仁于函人哉①？矢人惟恐不伤人，函人惟恐伤人。巫匠亦然②。故术不可不慎也③。孔子曰：'里仁为美。择不处仁，焉得智④？'夫仁，天之尊爵也⑤，人之安宅也⑥。莫之御而不仁⑦，是不智也。不仁不智，无礼无义，人役也⑧。人役而耻为役，由弓人而耻为弓、矢人而耻为矢也。如耻之，莫如为仁。仁者如射：射者正己而后发；发而不中，不怨胜己者，反求诸己而已矣。"

【译文】 孟子说："制造弓箭的工匠与制造铠甲的工匠比起来难道更没有仁爱之心吗？制造弓箭的工匠惟恐自己造的东西伤不了人，制造铠甲的工匠惟恐自己造的东西使人受伤。巫医和木匠也是同样的道理。所以一个人选择技艺的时候不可以不谨慎啊。孔子说：'与仁者为邻是件美事。自己选择住处却不选择仁者居住的地方，怎么能称得上是有智慧呢？'仁，是天之最尊贵的爵位，人之最安定的居所。没有人阻挡却不行仁道，是不聪明的表现。不仁、不智、无礼、无义，这种人只配做别人的奴仆。做别人的奴仆而耻于被别人驱使，就像做弓的工匠耻于做弓，做箭的人耻于做箭一样。如果真的感到耻辱，就不如去实行仁道。实行仁道的人就像射箭一样：射箭的人先要使自己的身体端正然后才把箭射出去，如果没有射中，也不会埋怨胜过自己的人，而是回过头来寻找自己还有哪些做得不好的地方。"

【注释】 ①矢人：造箭的工匠。函人：造铠甲的工匠。函，铠甲。

②巫：中国古代巫医不分。最初的巫从事祈祷、卜筮、星占，并兼用药物为人求福、却灾、治病。春秋以后，医道才逐渐从巫术中分离出来，但民间仍有许多专门用巫术为人祈祷治病者。匠：木工，木匠。东汉许慎《说文解字·匚部》说："匠，木工也。从匚，从斤。斤，所以作器也。"段玉裁注："工者，巧饰也。百工皆称工称匠，独举木工者，其字从斤也。以木工之偁，引申为凡工之偁也。"后以"匠"泛指工匠。

③术：技艺，业术。

④里仁为美。择不处仁，焉得智：出自《论语·里仁》。里仁，即居住在仁者所居之里，与仁人为邻。何晏《论语集解》引郑玄语曰："里者，仁之所居。居于仁者之里，是为美。"陆德明《释文》说："里，犹邻也。言君子择邻而居，居于仁者之里。"

⑤天之尊爵：朱熹《集注》曰："仁、义、礼、智，皆天所与之良贵。而仁者天地生物之心，得之最先，而兼统四者，所谓元者善之长也，故曰尊爵。"

⑥人之安宅：朱熹《集注》曰："(仁)在人则为本心全体之德，有天理自然之安，无人欲陷溺之危。人当常在其中，而不可须臾离者也，故曰安宅。"

⑦御：制止，阻止。

⑧人役：仆役，奴婢。赵岐注曰："为人所役者也。"

【评解】 在孟子的伦理思想中,仁义居于核心的地位。这是他对孔子的以"仁"为核心,同时强调"义"的伦理思想的发挥。孔子说:"仁者爱人。"他认为,"仁"是人们道德修养的最高境界。同时,"君子义以为质","义"也是一个道德高尚的人必备的品质。在儒家思想中,行仁义之道,通常是不包含明确的直接的功利性目的的,仅仅是出于对同类的同情、恻隐等内在感情。不论在什么情况下,行仁义都并非意味着一味退让和姑息纵容。正如孔子所说:"君子义以为质",义是行为高尚、德性完美的君子的本质规定。所谓"义",就是做适宜的事情,并不是没有是非原则,更不是教人做一个只会说好话的老好人。

孟子曰:"子路,人告之以有过则喜。禹闻善言则拜①。大舜有大焉②,善与人同③,舍己从人④,乐取于人以为善。自耕稼、陶、渔⑤,以至为帝,无非取于人者。取诸人以为善,是与人为善者也⑥。故君子莫大乎与人为善。"

【译文】 孟子说:"子路听到别人指出他的过错就会非常高兴。大禹听到对他有帮助的话就会拜谢。大舜就更加了不起了,在行善这样的事情上觉得自己和别人没有分别,能够舍弃自己的不善之处学习别人,乐于吸取别人的优点来发展自己的善行。从种庄稼、做陶器、当渔夫,以至于到后来成为帝王,所有的长处无不是从别人那里学习来的。吸取别人的优点来行善,就是同别人一起做好事。所以君子最重要的就是同别人一起做好事。"

【注释】 ①禹:又称大禹、夏禹、戎禹,古代部落联盟的领袖。姓姒,名文命,鲧的儿子。原为夏后氏部落的领袖,奉舜的命令负责治理洪水,治水十三年中,三过家门不入。领导人民疏通江河,兴修沟渠,发展农业。后被推举为舜的继承人。禹同尧舜等一起,被儒家视为圣王而受到推崇。善言:好话,有益之言。
②有:同"又"。
③同:同"通"。
④舍己从人:朱熹《集注》曰:"己未善,则无所系吝而舍以从人。"
⑤耕稼、陶、渔:《史记·五帝本纪》记载:"舜耕历山,历山之人皆让畔;渔雷泽,雷泽之人皆让居;陶河滨,河滨器皆不苦窳。一年所居成聚,二年成邑,三年成都。"
⑥与人为善:一说同别人一起做好事。如焦循《正义》曰:"是取人为善,即是与人同为此善也。"一说为助别人做好事。如朱熹《集注》曰:"与,犹许也,助也。取彼之善而为之于我,则彼益劝于为善矣,是我助其为善也。"今从前说。

【评解】 一个人知识增长和素质提高的过程,离不开不断地向别人学习。我国著名的教育家和思想家孔子年轻的时候就以好学著称。孔子学无常师,谁有知识,谁有他所不知道的东西,他就拜谁为师,对于各种知识都表现出浓厚的兴趣。正如他的学生子贡所言:孔子无处不求学,所以不必需要一定的老师来专门教他。因此,他多才多艺、知识渊博、品德高尚,被后人当成无所不知、完美无瑕的圣人。对此,孔子自己却非常的谦虚,他说:"我怎么能达到圣人的水平呢?我只是学而不厌、教而不倦罢了。"(《论语·述而》:"子曰:'若圣与仁,则吾岂敢?抑为之不厌,诲人不倦,则可谓云尔已矣。'")他又说:"三人行,必有我师焉。择其善者而从之,其不善者而改之。"(《论语·述而》)明确主张向不同的人学习。

唐代著名的学者韩愈作有《师说》一文,认为学者一定要有老师,作为人师,并不在于他的地位的尊卑和年龄的长幼,而在于他能起到为人师表的作用。人是社会的产物,从人生成长的一般规律来看,师友的指导和帮助是成才发展的重要条件。有了老师的教诲可以使人正视自己的缺点而趋向完美,有了朋友的点拨则能够使人少走许多弯路。学习别人,不一定事事要学,而是要学别人的长处。所以,《荀子·修身》中说:对我进行批评的人,如果他批评得正确,就是我的老师;对我进行肯定的人,如果他肯定得恰当,就是我的朋友;那些一味谄媚讨好我的,是我的敌人。所以,君子应当尊敬老师,亲近朋友,还要厌恶那些阿谀奉承之徒。追求好的品德而永不厌倦,接受别人的劝谏并能够引以为戒,这样的人就是不想进步,也是不可能的。("故非我而当者,吾师也;是我而当者,吾友也;谄谀我者,吾贼也。故君子隆师而亲友,以致恶其贼。好善无厌,受谏而能诫,虽欲无进,得乎哉!")

孟子曰:"伯夷非其君不事,非其友不友。不立于恶人之朝,不与恶人言;立于恶人之朝,与恶人言,如以朝衣朝冠坐于涂炭①。推恶恶之心,思与乡人立,其冠不正,望望然去之②,若将浼焉③。是故诸侯虽有善其辞命而至者④,不受也。不受也者,是亦不屑就已⑤。柳下惠不羞污君⑥,不卑小官。进不隐贤,必以其道。遗佚而不怨⑦,厄穷而不悯⑧。故曰:'尔为尔,我为我;虽袒裼裸裎于我侧⑨,尔焉能浼我哉!'故由由然与之偕而不自失焉⑩,援而止之而止⑪。援而止之而止者,是亦不屑去已。"孟子曰:"伯夷隘⑫,柳下惠不恭⑬。隘与不恭,君子不由也⑭。"

【译文】 孟子说:"伯夷这个人,不是他理想中的君主,他不去辅佐;不是他理想中的朋友,他不去结交。不会在坏人的朝堂上做官,不会与品质不好的人说话。在坏人的朝堂上做官,与品质不好的人说话,在他看来就像穿戴着整齐的衣服帽子坐在污泥灰尘中一般。他把这种厌恶坏人的情绪,推广到与同乡中人的交往之中,看到别人帽子戴得不正,就会非常失望地离开,好像对方会玷污了自己一样。所以诸侯中即使有来好言相请的,他也不会接受他们的邀请。之所以不接受,是因为他自己不屑于和这些诸侯接触。柳下惠这个人,即使辅佐名声很坏的国君,他也不以为羞耻;即使做非常低微的官职,他也不以为卑微。得到任用的时候就毫不保留自己的才能,始终会按照自己的原则行事。被遗弃不用的时候不会心怀不满,处境艰难时也不会忧愁。因此他有这样的话:'你是你,我是我。即使你在我身边赤身裸体,你又怎么能够玷污我呢!'所以他会非常愉快地与别人相处而不会自己主动离开,(即使想要离开的时候,)别人拉着他劝阻一下,他也就会再留下来。拉着他劝阻一下就留下来,也是因为他不屑于离开的缘故。"因此孟子总结说:"伯夷器量褊狭,柳下惠没有原则。器量褊狭和没有原则,都是君子不能采取的处事态度。"

【注释】 ①朝衣:君臣上朝时穿的礼服。朝冠:君臣上朝时所戴之冠。涂炭:泥淖和炭灰,比喻污浊之地。

②望望然:失望、扫兴貌。朱熹《集注》曰:"望望,去而不顾之貌。"

③浼(měi):沾污,玷污。

④至:同"致"。招引,招致。

⑤不屑就:赵岐注曰:"屑,洁也。"朱熹《集注》曰:"屑,赵氏曰:'洁也。'《说文》曰:'动作切切也。'不屑就,言不以就之为洁,而切切于是也。"

⑥柳下惠:即春秋时鲁国大夫展获,字季,又字禽,曾为士师官,食邑于柳下,谥惠,故称其为展禽、柳下季、柳士师、柳下惠等。

⑦遗佚:遗漏,遗弃而不用。

⑧厄穷:艰难困苦。悯:忧愁,忧伤。

⑨袒裼裸裎:指赤身裸体。袒(tǎn),指脱衣露出上身。裼(xī),原指古代行礼时,开出上服前襟,袒出上服左袖,以左袖插于前襟之右,而露出中衣。后来引申为袒开或脱去上衣,露出身体。裸,赤身露体。裎(chéng),脱衣露体。光着身子。

⑩由由然:愉悦的样子。朱熹《集注》曰:"由由,自得之貌。"偕:并处,共处。自失:自己离开,自己逃走。失,通"逸"。

⑪援:拉,牵。

⑫隘:指人气量褊狭,见识短浅。赵岐注曰:"伯夷隘,惧人之污来及己,故无所含容,言其大隘狭也。"

⑬不恭:即不严肃,不讲原则。赵岐注曰:"柳下惠轻忽时人,禽兽畜之,无欲弹正之心,言其大不恭敬也。"

⑭由:行,为。

【评解】 儒家强调中庸之道,主张做事应当无过无不及,认为过与不及都不是至善的特征。在人的思维方式中,不论做什么,都要掌握一个度,既不能过火,也不能不及,过火和不及在人们看来都是不恰当的,这就是"过犹不及"的道理。也就是说,做任何事情,都有一个适度的问题,虽然有时候这个度把握起来并不容易,但正因其难把握,才能从分寸上区分出不同人处理问题、控制局面能力的差异。

注释:

〔1〕 冯友兰:《中国哲学史新编》上卷,人民出版社,2001年版,第359页。
〔2〕 杨伯峻:《孟子译注》,第72页。

公孙丑章句下

孟子曰:"天时不如地利①,地利不如人和②。三里之城,七里之郭③,环而攻之而不胜④;夫环而攻之,必有得天时者矣,然而不胜者,是天时不如地利也。城非不高也,池非不深也,兵革非不坚利也⑤,米粟非不多也,委而去之⑥,是地利不如人和也。故曰:域民不以封疆之界⑦,固国不以山谿之险,威天下不以兵革之利。得道者多助,失道者寡助。寡助之至,亲戚畔之⑧;多助之至,天下顺之。以天下之所顺,攻亲戚之所畔,故君子有不战⑨,战必胜矣。"

【译文】 孟子说:"气候因素不如地理优势重要,地理优势不如人心团结重要。一座内城三里、外城七里的小城,包围着它攻打而无法攻下;能够包围着一座城池攻打,说明一定具备有利的气候条件,然而总是攻打不下来,这就是气候因素不如地理优势重要的道理。城墙不是不高,护城河不是不深,武器装备不是不精良,粮食储备不是不充足,可是一旦交战守城者就弃城而逃,这就是地理优势不如人心团结重要的道理。所以说:控制人民不依靠疆界的限制,稳固国家不依靠山川的险阻,威行天下不依靠武器的精良。遵循道义的人会有许多人来帮助他,背弃道义的人很少有人会帮助他。很少有人帮助,如果达到极致,就连自己的亲人都会背叛他;有许多人帮助,如果达到极致,整个天下的人都会归顺他。凭借着整个天下都归顺的形势,攻打处于就连亲戚都背叛状态之中的人,所以说贤德的君子或许不发动战争,如果发动战争就一定能取得胜利。"

【注释】 ①天时:有利的自然条件或气候条件。地利:有利的土地条件或地理优势。
②人和:人事和谐,民心和乐,人心团结。
③郭:指外城,是古代在城的外围加筑的一道城墙。一般与"郭"相对而言时,"城"指内城。
④环:包围。
⑤兵革:兵器和甲胄,泛指武器军备。
⑥委:舍弃,丢弃。

⑦域:限制,控制。封疆:界域的标记,疆界。如《史记·商君列传》中有:"为田开阡陌封疆,而赋税平。"张守节正义曰:"封,聚土也;疆,界也:谓界上封记也。"

⑧畔:同"叛"。背叛。

⑨有:同"或"。或许。

【评解】 做任何事都要有基本条件,既要运用好自己无法控制的客观条件,如抓紧时间,借助天时,利用地势等,更重要的是努力营造出有利于成功的人际环境,这就是我国古代重视"人和"的重要原因。所以孟子说:"天时不如地利,地利不如人和。"现在我们经常说:"团结就是力量。"都是一个道理。只有人心和睦才能使天时、地利的作用发挥出来,离开了人和,一切都无从谈起。要想使"人和"的作用充分发挥,孟子认为,就要坚持和遵循道义,对于统治者来说,这一点显得尤其重要。"得道多助,失道寡助",只有坚持正义,恪守道德,才能够使国家风俗淳厚、秩序稳定;也只有坚持正义,恪守道德的人,才能够使人民永远记住和尊敬。

孟子将朝王①。王使人来曰:"寡人如就见者也②,有寒疾③,不可以风④;朝将视朝⑤,不识可使寡人得见乎⑥?"对曰:"不幸而有疾,不能造朝⑦。"明日出吊于东郭氏⑧。公孙丑曰:"昔者辞以病⑨,今日吊,或者不可乎⑩?"曰:"昔者疾,今日愈,如之何不吊?"王使人问疾,医来。孟仲子对曰⑪:"昔者有王命,有采薪之忧⑫,不能造朝。今病小愈,趋造于朝;我不识能至否乎?"使数人要于路曰⑬:"请必无归,而造于朝。"不得已而之景丑氏宿焉⑭。景子曰:"内则父子,外则君臣,人之大伦也。父子主恩⑮,君臣主敬。丑见王之敬子也,未见所以敬王也。"曰:"恶!是何言也!齐人无以仁义与王言者,岂以仁义为不美也?其心曰'是何足与言仁义也'云尔⑯,则不敬莫大乎是。我非尧舜之道不敢以陈于王前,故齐人莫如我敬王也。"景子曰:"否,非此之谓也。《礼》曰:'父召无诺⑰;君命召,不俟驾⑱。'固将朝也,闻王命而遂不果,宜与夫礼若不相似然⑲。"曰:"岂谓是与?曾子曰:'晋楚之富,不可及也。彼以其富,我以吾仁;彼以其爵,我以吾义,吾何慊乎哉⑳?'夫岂不义而曾子言之?是或一道也。天下有达尊三㉑:爵一,齿一㉒,德一。朝廷莫如爵,乡党莫如齿,辅世长民莫如德㉓。恶得有其一,以慢其二哉?故将大有为之君,必有所不召之臣;欲有谋焉则就之。其尊德乐道,不如是不足与有为也。故汤之于伊尹,学焉而后臣之,故不劳而王;桓公之于管仲,学焉而后臣之,故不劳而霸;今天下地丑德齐㉔,莫能相尚㉕。无他,好臣其所教,而不好臣其所受教。汤之于伊尹,桓公之于管仲,则不敢召;管仲且犹不可召,而况不为管仲者乎?"

【译文】 孟子打算去拜见齐王。这时齐王派人来告诉他说:"我本来应该亲自去看你的,可是偶染风寒,不能见风;明天早上我要临朝听政,不知那时能不能让我见到你?"孟子回答说:"我也不幸得了点小毛病,明天早上无法到朝堂上去。"第二天,孟子要到东郭大夫家里去吊丧。公孙丑说:"昨天您以有病为借口谢绝了齐王召见,今天又出去吊丧,这样做大概不太好吧?"孟子说:"昨天有病,今天好了,为什么不能去吊丧呢?"(孟子走了之后,)齐王派了人来问候孟子的病情,并带了一名医生来。孟仲子回复说:"昨天大王命人召见,他身体不适,无法到朝堂上去。今天病稍微好了一些,就急忙到朝堂去了。我不知道他现在到了没有?"接着,孟仲子派了好几个人在路上拦截孟子,对他说:"现在请一定不要回去,还是到朝堂上去吧。"孟子没有办法,只得到景丑大夫家住下了。景丑先生说:"在家有父子关系,出外有君臣关系,这两种关系是所有人伦关系中最重要的。父子之间以恩情为根本,君臣之间以恭敬为根本。我看到大王已经对您很恭敬了,可是没有看见您怎么恭敬大王啊。"孟子说:"哎!这是什么话呢!齐国人没有同大王谈论仁义的,难道是因为仁义不美好吗? 他们心里都说:'他怎么能够配得上与我一起谈论仁义呢?'对大王不恭敬的态度没有比这更严重的了。我与大王谈话时,不是尧舜之道我不敢在大王面前说,所以说齐国人没有一个比我更恭敬大王的。"景丑先生说:"不,我并不是指这个说的。《礼》中说:'父亲召唤时,要来不及答应就起身;国君召唤时,要等不及备车就动身。'本来您是打算去朝见大王的,听到大王的命令之后就不去了,这似乎和礼制不太符合吧。"孟子说:"怎么能这样说呢? 曾子说:'晋国和楚国的富有,是我比不上的。他们凭着他们的富有,我凭着我的仁爱;他们凭着他们的地位,我凭着我的道义,我有什么可遗憾的呢?'这些话难道没有道理而曾子就去说吗? 也许里面包含着一些道理。天下有三种东西是人人推崇的:一个是爵位,一个是年龄,一个是德行。在朝堂之上,爵位最受重视;在乡里之间,年龄最受重视;对于经国治民这样的事情,最受重视的则是德行。为什么只得到了其中的一个,就急慢另外的两个呢? 所以打算大有作为的国君,必然有不能召唤的大臣,想要与他商量事情的时候就自己亲自过去。他们要推崇德行乐于仁政,不这样做的话就不能大有作为啊。所以商汤对于伊尹,先向他请教然后才作为臣子看待,因此没费力气就用仁德统一天下;齐桓公对于管仲,先向他请教然后才作为臣子看待,因此没费力气就凭实力称霸诸侯。如今天下诸侯土地差不多,德行也不相上下,没有一个能超过其他。没有别的原因,就是因为他们都喜欢以听从他们教令的人为臣子,而不喜欢让能够给他们教诲的人作为他们的臣子。商汤对于伊尹,齐桓公对于管仲,就是不敢召唤。管仲尚且不敢召唤,更何况连管仲那样的人都不愿做的人呢?"

【注释】 ①王:指齐王。

②如:应当。就:主动前来。

③寒疾:指因感受寒邪所导致的疾病。

④风:这里用做动词,指见风。赵岐曰:"有恶寒之疾,不可见风。"

⑤视朝:指临朝听政。

⑥不识:不知道。

⑦造:到,至,去。如《周礼·地官·司门》有:"凡四方之宾客造焉,则以告。"郑玄注曰:"造,犹至也。"孙诒让正义曰:"注云'造,犹至也'者,《大司寇》注义同此引申之义。《广雅·释言》云:'造,诣也。'《文选·洞箫赋》李注引《苍颉篇》云:'诣,至也。'盖造训为诣,诣则有所至,故造亦训至矣。"

⑧吊:祭奠死者或对遭丧事及不幸者给予慰问,即吊祭,吊丧。东郭氏:齐国的大夫。赵岐和朱熹均说:"东郭氏,齐大夫家也。"

⑨昔者:以往,以前。对以前的任何时间,不论长短,说话时再提起都可称为"昔"或"昔者"。时间长者如《周易·说卦》中:"昔者圣人之作《易》也,幽赞于神明而生蓍。"孔颖达疏曰:"据今而称上世,谓之昔者也。"时间短者如《庄子·田子方》中有:"昔者梦见良人。""昔者"指昨夜。这里"昔者"指昨天,相对"明日"而言。

⑩或者:也许,或许。

⑪孟仲子:赵岐注曰:"孟仲子,孟子之从昆弟,从学于孟子者也。"

⑫采薪之忧:自称有病的婉辞。朱熹《集注》曰:"采薪之忧,言病不能采薪,谦辞也。"

⑬要:拦截,阻截。

⑭景丑氏:朱熹《集注》曰:"景丑氏,齐大夫家也。"即下文所说之"景子",事迹已不可考。

⑮主:根本。如《周易·系辞上》说:"言行,君子之枢机;枢机之发,荣辱之主也。"这里的意思是"以……为根本"。

⑯云尔:助词,常用于句子或文章的末尾,表示句子或文章结束。

⑰父召无诺:意思是父亲召唤时,要马上起身,来不及答应。

⑱君命召,不俟驾:与上文"父召无诺"一样,都是恭敬的表现,也是先秦儒家非常重视的礼仪。《论语·乡党》中有"君命召,不俟驾行矣"的说法。《荀子·大略》中也说:"诸侯召其臣,臣不俟驾,颠倒衣裳而走,礼也。诗曰:'颠之倒之,自公召之。'天子召诸侯,

诸侯辇舆就马,礼也。"俟,等待。

⑲宜:大概,似乎,恐怕,表示不十分肯定。

⑳慊:朱熹《集注》曰:"慊,恨也,少也。或作嗛,字书以为口衔物也。然则慊亦但为心有所衔之义,其为快、为足、为恨、为少,则因其事而所衔有不同耳。"这里是"不满足,遗憾"的意思,与上文"行有不慊于心,则馁矣"之"慊"不同。

㉑达尊:众所共尊。赵岐注曰:"三者,天下之所通尊也。"达,通行的,共同遵行的。

㉒齿:人的年龄。

㉓辅世:辅佐世人。长民:为民之长,统治人民。

㉔丑:类,相同。如韦昭注《国语·楚语下》"官有十丑,为亿丑"曰:"丑,类也。"

㉕相尚:互相超过。朱熹《集注》曰:"尚,过也。"

【评解】 在这里,孟子提出"王者有不召之臣"的道理,这是他的尊重贤才思想的一个组成部分。孟子的这一观点并不是他一个人的主张,"士贵王轻"的道理、礼贤下士的态度在当时许多贤士和明君那里都是被非常看重的。

陈臻问曰①:"前日于齐,王馈兼金一百而不受②;于宋,馈七十镒而受;于薛,馈五十镒而受。前日之不受是,则今日之受非也;今日之受是,则前日之不受非也。夫子必居一于此矣。"孟子曰:"皆是也。当在宋也,予将有远行;行者必以赆③,辞曰'馈赆',予何为不受?当在薛也,予有戒心④,辞曰'闻戒,故为兵馈之',予何为不受?若于齐则未有处也⑤。无处而馈之,是货之也⑥。焉有君子而可以货取乎⑦?"

【译文】 陈臻问孟子:"当初在齐国,齐王送给您一百镒好黄金,您没有接受;在宋国,宋君送给您七十镒,您接受了;在薛地,薛君送给您五十镒,您也接受了。如果当初您不接受是正确的,那么现在您接受就是错误的;如果现在您接受是正确的,那么当初您不接受就是错误的。老师您在这两个错误之中,一定犯了一个。"孟子说:"两个都正确。当我在宋国的时候,我打算要出远门,对远行的人一定要送些盘缠,他们说'送点盘缠给您',我有什么理由不接受呢?当我在薛地的时候,我因为安全无法得到保障而心存戒备,他们说:'听说您要有所戒备,所以送点买武器的钱给您',我有什么理由不接受呢?然而对于在齐国,就没有任何理由了。没有理由而送给我钱物,是收买我啊。哪有有德行的君子可以用钱物收买得到的道理呢?"

【注释】 ①陈臻:孟子弟子。

②兼金:价值倍于常金的好金子。赵岐注曰:"兼金,好金也,其价兼倍于常者。"一百:即一百镒。赵岐注曰:"一百,百镒也。古者以一镒为一金,镒是为二十四两。"

③赆:送行时赠送的财物。赵岐注曰:"赆,送。行者赠贿之礼也,时人谓之赆。"
④有戒心:赵岐注曰:"戒,有戒备不虞之心也。时有恶人欲害孟子,孟子戒备。"
⑤未有处:指没有理由。朱熹《集注》曰:"无远行戒心之事,是未有所处也。"
⑥货:贿赂,收买。
⑦取:致,得到。

【评解】 孟子的这种做法和他的解释,可以说是对孔子"富与贵是人之所欲也,不以其道得之,不处也;贫与贱是人之所恶也,不以其道得之,不去也"(《论语·里仁》)思想的阐释。与义相比,儒家轻利,但不是排斥利,而是强调要"以义制利"、"先义后利",利并不是不可以得的,而是必须要有一个前提,这就是要符合义的要求。因此,在孟子看来,一方面,物质利益追求对于每个人来说都是很自然的事情。"口之于味也,目之于色也,耳之于声也,鼻之于臭也,四肢之于安佚也,性也。"(《尽心下》)"民非水火不生活。"(《尽心上》)"口之于味也,有同耆焉;耳之于声也,有同听焉;目之于色也,有同美焉。"(《告子上》)"人之于身也,兼所爱。兼所爱,则兼所养也。无尺寸之肤不爱焉,则无尺寸之肤不养也。"(《告子上》)另一方面,物质利益追求不是人的全部追求,甚至不是最根本的追求,人类生活本身是具有道德性的。"非其义也,非其道也,一介不以与人,一介不以取诸人。"(《万章上》)"非其有而取之,非义也。"(《尽心上》)"其交也以道,其接也以礼,斯孔子受之矣。"(《万章下》)"非其道,则一箪食不可受于人;如其道,则舜受尧之天下不以为泰。"(《滕文公下》)"非其义也,非其道也,禄之以天下,弗顾也;系马千驷,弗视也"(《万章上》)

由此可见,孟子的义利观实际上是一种义利并重、先义后利的义利观。义利并重反映了人类生活的需要,而能不能做到先义后利,则是一个人境界的反映。这种境界反映在人际的交往和馈赠中,就是"焉有君子而可以货取乎"的道德人格和节操。

孟子之平陆①,谓其大夫曰:"子之持戟之士②,一日而三失伍③,则去之否乎?"曰:"不待三。""然则子之失伍也亦多矣。凶年饥岁,子之民老羸转于沟壑,壮者散而之四方者几千人矣。"曰:"此非距心之所得为也④。"曰:"今有受人之牛羊而为之牧之者,则必为之求牧与刍矣⑤。求牧与刍而不得,则反诸其人乎?抑亦立而视其死与?"曰:"此则距心之罪也。"他日见于王曰:"王之为都者⑥,臣知五人焉。知其罪者,惟孔距心。"为王诵之⑦。王曰:"此则寡人之罪也。"

【译文】 孟子到了平陆,对平陆大夫说:"你手下的士兵,如果一天三次掉队,你是否会辞退他呢?"大夫说:"等不到三次就该辞退了。"孟子说:"可是您掉队的时候也很多啊。灾荒年景的时候,您管辖的百姓中,年老体弱者辗转死于沟谷之中,年轻力壮的四处去逃难,总共有几千人啊。"大夫说:"这不是我管得了的。"孟子说:"现在如果有一个人接受了别人的牛羊替人家放牧,就一定要为人家寻找牧场准备草料。如果找不到牧场准备不好草料,就要把牛羊还给人家呢,还是眼睁睁地看着牛羊被饿死呢?"大夫说:"这么说来都是我的罪过啊。"一段时间之后,孟子见到了齐王,说:"替大王您管理都邑的人中,我认识五个。知道自己的过错的,只有平陆大夫孔距心一个人。"并把当日的情况向齐王叙述了一下。齐王说:"这么说来都是我的罪过啊。"

【注释】 ①平陆:齐国的城邑,在今山东省汶上县境内。

②持戟之士:指战士。

③失伍:失其行伍,掉队。

④距心:大夫的名字。根据下文,平陆大夫姓孔名距心。

⑤刍:饲草。

⑥为都:管理城邑。都,即城邑。朱熹《集注》曰:"为都,治邑也。邑有先君之庙曰都。"阎若璩《四书释地续》中说:"都与邑虽有大小,君所居、民所聚,有宗庙及无之别,其实古多通称。如'商邑翼翼,四方之极','即伐于崇,作邑于丰',此都称邑之明征也。'赵良曰,君何不归十五都?''孟子曰,王之为都者',此邑称都之明征也。"

⑦诵:述说。

【评解】 在社会中,每一个人都承担着一定的职责,这些职责表现在日常的工作和事务上,就是自己应当做的分内之事。尤其对于一个社会公共事务的管理者来说,明白自己的分内之事,并且能够很好地完成自己的分内工作,是衡量他是否称职的一个重要标准。每个人的能力毕竟有限,即使有心怀天下苍生的崇高理想,也不可能把世界上所有的事情都干完。因此,在现实生活中,每个人都有自己的职责和分工,每个人也都应该明确自己的职责和分工,真正做到各司其职,做好自己的分内事。这是对一个人最基本的要求。

在这一章中,孟子还通过对平陆大夫勇于承认错误的态度的赞赏,表明了他对人能够正确对待自己的错误的肯定。这与孔子"过则勿惮改"的思想也是一致的。

孟子谓蚔鼃曰①:"子之辞灵丘而请士师②,似也③,为其可以言也④。今既数月矣,未可以言与?"蚔鼃谏于王而不用,致为臣而去⑤。齐人曰:"所以为蚔䵷,则善矣;所以自为,则吾不知也。"公都子以告⑥。曰:"吾闻之也:有官守者⑦,不得其职则去;有言责者⑧,不得其言则去。我无官守,我无言责也,则吾进退岂不绰绰然有余裕哉⑨?"

【译文】 孟子对蚔䵷说:"先生您辞去在灵丘的职位而请求担任掌管刑狱的士师,这样做似乎有道理,因为可以接近国君和他谈论一些刑狱方面的问题。现在已经几个月过去了,您还没有得到和国君谈论的机会吗?"蚔䵷于是就去劝谏国君,没有被采纳,结果就辞职而去了。齐国有人说:"孟子为蚔䵷所出的主意,是不错的;可是他怎么为自己考虑的,我们就弄不明白了。"公都子听到这些话之后,就来告诉了孟子。孟子说:"我听说:有官位职守的,如果没有办法尽到自己的职责,就要离开他原来的位置;有劝谏责任的,如果没有办法使他的劝谏发生效果,也要离开他原来的位置。我既没有官位职守,又没有劝谏责任,难道我的行动,回旋进退选择起来,不是绰绰有余吗?"

【注释】 ①蚔(chí)䵷:齐国大夫。
②灵丘:齐国都邑名,今无可考。请:要求,请求。
③似:似乎有理。朱熹《集注》曰:"似也,言所为近似有理。"
④可以言:朱熹《集注》曰:"可以言,谓士师近王,得以谏刑罚之不中者。"
⑤致为臣:辞去大臣的职务。古代有"致仕"之说,即辞去官职。致,归还,交还。
⑥公都子:孟子的学生。
⑦官守:官位职守,官吏的职责。赵岐注曰:"官守,居官守职者。"
⑧言责:进言劝谏的责任。赵岐注曰:"言责,献言之责,谏诤之官也。"
⑨绰绰然:非常宽裕的样子。

【评解】 孔子说:"不在其位,不谋其政。"(《论语·泰伯》、《论语·宪问》)在上一章中,孟子从正面说明了这个道理,这一章则从反面说明了这个道理。为君者有君则,为臣者有臣则。对于不同的人来说,自然有不同的要求,以及达不到要求时应该采取的进一步的措施,而如果没有一定的职责,则不必承担相应的责任。

孟子为卿于齐,出吊于滕,王使盖大夫王驩为辅行①。王驩朝暮见,反齐、滕之路,未尝与之言行事也②。公孙丑曰:"齐卿之位,不为小矣;齐、滕之路,不为近矣。反之而未尝与言行事,何也?"曰:"夫既或治之③,予何言哉?"

【译文】 孟子在齐国做了卿,奉命到滕国去吊丧,齐王派盖邑的大夫王驩做他的副使与他同行。孟子和王驩天天见面,来回于齐、滕之间的路上,孟子从来没有和他谈论起此次出使的事。公孙丑问:"齐国的卿职,不是小职位;齐国和滕国之间的路程,也不是近距离。往返的路途上你们从来没有谈论过与此次出使有关的事情,这是为什么呢?"孟子说:"既然有人都已经独自安排好了,我还有什么好说的呢?"

【注释】 ①盖:齐国的都邑名,在今山东省沂水县西北。王驩:齐国盖邑的大夫,齐王的宠臣。辅行:即副使,辅助正使行事者。

②行事:出使之事,行人之事。指此次出吊于滕之事。

③既或治之:既然有人都已经独自安排好了。意思是不满王驩独断专行。赵岐注曰:"夫人既自谓有治行事,我将复何言哉。言其专知自善,不知谘于人也。"

【评解】 "知其不可为而为之"的主张是孔子所提出来的,他主张为了践行某种道义、实现某种追求,应当义无反顾,成败在所不计。但是,孔子说这句话时并没有包含顽固不化、不知变通的意思。正如孟子所说的,孔子是"圣之时者",即识时务、顺应时世变化的圣人。从孔子的一生中我们也可以发现,孔子决无偏执一端的习惯,可以从政就认真从政,不可以从政就马上退下来;在一个地方可以停留就停留,不能停留就马上离开;能进谏时就仗义执言,不能进谏时就不必去说。明朝的张岱在注《论语》中"子路宿于石门。晨门曰:'奚自?'子路曰:'自孔氏。'曰:'是知其不可而为之者与'"一章时说:懵懵懂懂,没有认识到一件事情难以完成就去做的,是愚人;精明洞察,知道一件事情难以完成即罢手不做的,是贤人;大智若愚,知道一件事情难以做到但仍然还要去做,是圣人。这段注解是深刻地领会了孔子的"为"与"不为"思想的。

据史料记载,商纣王统治时期,殷商有三个"仁人":比干、微子和箕子。比干因为劝谏纣王不要耽于淫乐,触怒了纣王,而被剖膛挖心。微子与箕子看到纣王的无道已经达到极致,并且固执己见,刚愎自用,料想殷商必亡无疑,劝谏也不会再起什么作用,因而都撒手不管,采取了逃避的态度。他们三人在面对商朝将要倾覆的时候所采取的行动不同,最终的结局也不同,但都被后世称为"仁人"。

因此,孟子虽然与受齐王宠信的盖大夫共事,但不与之言,就是对"为"与"不为"之间辩证关系的深刻领悟,同时也反映了他对独断专行的小人的鄙视。

孟子自齐葬于鲁①。反于齐,止于嬴②。充虞请曰③:"前日不知虞之不肖,使虞敦匠事④;严⑤,虞不敢请。今愿窃有请也:木若以美然⑥。"曰:"古者棺椁无度⑦,中古棺七寸⑧、椁称之,自天子达于庶人。非直为观美也,然后尽于人心。不得,不可以为悦;无财,不可以为悦。得之为有财,古之人皆用之,吾何为独不然?且比化者⑨,无使土亲肤,于人心独无恔乎⑩?吾闻之也君子:不以天下俭其亲。"

【译文】 孟子从齐国回到鲁国安葬母亲。返回齐国的途中,在嬴邑停下来休息。这时,充虞过来请教说:"前日承蒙先生看得起,让我督促制造棺椁之事。因为当时时间紧迫,我不敢向您请教。现在我想请教一下:棺木制作得似乎太华丽了。"孟子说:"远古的时候棺椁的制作没有标准,中古的时候规定内棺七寸,椁的尺寸与之相称,上自天子下至平民都是这个标准。这不是为了看上去华丽,而是只有这样做了才能够表达活着的人的心意。如果由于礼制的限制达不到这样的标准,就不能够称心;没有足够的财力使其达到这样的标准,也不能够称心。礼制允许并且财力又达得到,古人都采用这样的标准,我有什么理由单单不采用呢?而且对于死者来说,不要让泥土沾染了肌肤,对于活着的人来说,难道不也是一件令人欣慰的事情吗?我听有才德的君子说过:即使有获得天下这样的大利,也不要通过在父母身上节省来换取。"

【注释】 ①孟子自齐葬于鲁:孟子从齐国回到鲁国安葬母亲。

②嬴:齐国的都邑,在今山东省莱芜市西北。

③充虞:孟子的弟子。请:请教。

④敦匠事:督促木工的工作,这里指督促棺椁的制作。敦,督促。

⑤严:紧急。

⑥木:这里指棺木,棺椁。

⑦度:准则,规范。

⑧中古:中国传统上将古代划分为上古、中古和近古。由于古人所处的时代不同,或者划分的标准不一,所指时期也不一致。如《周易·系辞下》中有:"《易》之兴也,其于中古乎?"颜师古注《汉书·艺文志》"世历三古"引三国魏孟康曰:"伏羲为上古,文王为中古,孔子为下古。"这里的中古都是指商周之际。而《韩非子·五蠹》中:"中古之世,天下大水,而鲧禹决渎。"中古则是指虞夏之际。

⑨比:介词,为,替。与上文《梁惠王上》中"寡人耻之,愿比死者壹洒之"之"比"意同。化者:死者。

⑩恔(xiào):快慰,满意。

【评解】 葬礼在儒家的观念中备受重视,属于"五礼"中的"凶礼"。对待去世的亲人,儒家采取了厚葬久丧的处理方式,认为这是孝的重要体现。同时还有一个重要的方面,就是葬礼的规模辨别尊卑等级的作用,是社会秩序的一种体现。因此在葬礼中,丧葬的规模、含殓的天数、停放灵柩的工具、棺木的厚薄等,都有着严格的规定,不同等级的人均有差别。这些外在差别的背后,正是现实中尊卑等级的不同。例如在《白虎通·崩薨》中,对丧礼的级别进行了明确的规定。从称呼上说,"天子称崩何?别尊卑,异死生也。天子曰崩,大尊像,崩之为言,崩伏强天下,抚击,失神明,黎庶殒涕,海内悲凉。诸侯曰薨,国失阳。薨之言奄也,奄然亡也。大夫曰卒,精耀终卒。卒之为言终于国也。士曰不禄,失其忠节,不忠终君之禄。禄之言消也,身消名彰。庶人曰死,魂去亡。死之为言澌,精气穷也。"从含殓上说,"天子、诸侯,三日小殓;大夫、士二日小殓";"天子饭以玉,诸侯以珠,大夫以米,士以贝"。从灵柩的停放上说,"天子七日而殡,诸侯五日而殡,卿大夫三日而殡";"天子舟车殡,诸侯车殡,大夫攒涂,士瘗"。从棺椁上说,"天子棺椁九重,衣衾百二十称;……公侯五重,衣衾九十称;士再重;……大夫有大棺三重,衣衾五十称;士无大棺二重,衣衾三十称。单袷备为一称;……天子棺四重,水光革棺被之,其厚三寸。地棺一,梓棺二,柏椁以端,长六尺。"可见,从丧礼的每个环节上,不同等级的人都有严格的规定。而做出这些繁琐规定的目的只有一个,就是为了彰显和强化"尊卑之差也"。

儒家的这种厚葬的习俗,也受到了许多人的非议,墨子就曾经专门提出过"节葬"的主张,反对儒家厚葬靡费民财的做法。墨子虽然是站在小生产者的立场上反对儒家的厚葬的,但从社会生产发展的角度来说,是有一定积极意义的。

  沈同以其私问曰①:"燕可伐与?"孟子曰:"可。子哙不得与人燕,子之不得受燕于子哙。有仕于此,而子悦之,不告于王,而私与之吾子之禄爵;夫士也,亦无王命而私受之于子,则可乎?何以异于是?"齐人伐燕。或问曰:"劝齐伐燕,有诸?"曰:"未也。沈同问:'燕可伐与?'吾应之曰:'可。'彼然而伐之也。彼如曰:'孰可以伐之?'则将应之曰:'为天吏则可以伐之。'今有杀人者,或问之曰:'人可杀与?'则将应之曰:'可。'彼如曰:'孰可以杀之?'则将应之曰:'为士师则可以杀之。'今以燕伐燕②,何为劝之哉?"

【译文】 沈同以私人的身份问孟子:"燕国可以讨伐吗?"孟子说:"可以。子哙不应该把燕国送给别人,子之也不应该从子哙手里取得燕国。比方说这里有一个士人,您非常喜欢他,没有去向国君请示,而私自把你的爵禄给了他;那个士人,也没有获取国君的命令就私自接受了你给他的爵禄,那样可以吗?这两件事情有什么差别吗?"齐国发动了攻打燕国的战争。有人问孟子说:"您劝齐国讨伐燕国,有这件事吗?"孟子说:"没有。沈同问我:'燕国可以讨伐吗?'我回答他说:'可以。'他们然后就去讨伐了。他如果接着问:'谁可以讨伐?'我就会回答他说:'只有天吏才可以去讨伐。'好比现在这里有一个人杀了人,有人问我:'这个人可以处死吗?'我就会回答他说:'可以。'他如果说:'谁可以处死他?'我就会回答他说:'掌管刑罚的士师可以处死他。'现在让像燕国一样残暴的齐国去讨伐燕国,我为什么要鼓励他呢?"

【注释】 ①沈同:齐国大臣,事迹无可考。

②以燕伐燕:让像燕国一样暴虐的齐国去讨伐燕国。

【评解】 在等级社会中,不同的人有不同的地位和职责。不论一个人处于什么地位,做超越自己的身份的事,就被视为僭越。这也是礼制的一部分。尤其对于礼乐征伐这样的大事,更不是谁都有权力做的。所以孔子说:"天下有道,则礼乐征伐自天子出;天下无道,则礼乐征伐自诸侯出。自诸侯出,盖十世希不失矣;自大夫出,五世希不失矣;陪臣执国命,三世希不失矣。天下有道,则政不在大夫。天下有道,则庶人不议。"(《论语·季氏》)在孔子和孟子生活的时代,"陪臣执国命"、"礼乐征伐自诸侯出"已经非常普遍,他们都对这种违背礼制的做法极为不满,也深感忧虑。因此孟子虽然认为燕国应当被讨伐,但又反对由同为诸侯国的齐国来讨伐。

燕人畔,王曰:"吾甚惭于孟子。"陈贾曰①:"王无患焉,王自以为与周公,孰仁且智?"王曰:"恶!是何言也!"曰:"周公使管叔监殷,管叔以殷畔②。知而使之,是不仁也;不知而使之,是不智也。仁智,周公未之尽也,而况于王乎?贾请见而解之。"见孟子问曰:"周公何人也?"曰:"古圣人也。"曰:"使管叔监殷,管叔以殷畔也,有诸?"曰:"然。"曰:"周公知其将畔而使之与?"曰:"不知也。""然则圣人且有过与?"曰:"周公,弟也;管叔,兄也。周公之过,不亦宜乎?且古之君子③,过则改之;今之君子,过则顺之。古之君子,其过也如日月之食,民皆见之;及其更也,民皆仰之。今之君子,岂徒顺之,又从为之辞。"

【译文】 燕国人背叛了齐国,齐王说:"我真是有愧于孟子啊。"陈贾劝他说:"大王您不要为此忧心了,您以为自己和周公相比,谁更具有仁和智这两种美德呢?"齐王说:"哎!这是什么话呢?"陈贾说:"周公派管叔去监督殷商的遗民,管叔却借着殷商遗民的力量发生了叛乱。如果周公预料到管叔会叛乱而派他去,这是不仁的表现;如果周公没有预料到管叔会叛乱而派了他去,这是不智的表现。仁和智,周公都没有完全做到,况且大王您呢?我请求去见见孟子替您解释解释这件事情。"陈贾见到孟子,问他:"周公是什么样的人呢?"孟子说:"古代的圣人。"陈贾说:"周公派管叔去监督殷商的遗民,管叔却借着殷商遗民的力量发动了叛乱。有这件事吗?"孟子说:"有。"陈贾说:"周公预料到管叔将会叛乱而派他去的吗?"孟子说:"他不知道。"陈贾说:"这么说圣人也有犯错误的时候了?"孟子说:"周公是弟弟,管叔是哥哥。周公没有怀疑自己的哥哥会造反这样的错误即使犯了,不也是可以理解的吗?况且,古代的君子,如果有了过错就会改正;现在的君子,有了过错也顺其发展。古代的君子,他们如果有了过错,就像太阳和月亮发生了日食、月食一样,老百姓都看得清清楚楚;等待他们改正了过错,老百姓依然都敬仰他们。现在的君子,岂止是顺从错误的发展,还经常去为其寻找一些托词。"

【注释】 ①陈贾:齐国大夫。

②周公使管叔监殷,管叔以殷畔:《史记·管蔡世家》中说:"武王既崩,成王少,周公旦专王室,管叔、蔡叔疑周公为之不利于成王,乃挟武庚以作乱。周公旦承成王命伐诛武庚,杀管叔,而放蔡叔,迁之。"

③君子:指统治者。与《诗经·魏风·伐檀》"彼君子兮,不素餐兮"中的"君子"同。

【评解】 在现实生活中,一个人难免会犯错误,评价一个人是不是高尚,不是看他有没有犯过错误,而是看他对待错误的态度。儒家一再强调,一个人不但要知道什么是真理("道"),还应当始终不渝地奉行它、捍卫它。他们心目中的真理,主要是指仁、礼、义等维系社会存在和保证个人发展的社会规则和伦理规范。因此,一个真正的道德高尚的人,首先应当做到当仁不让、勇而有礼、见义勇为。同时,如果发现自己犯了过错,还要敢于承认,勇于改正。只有勇于改正缺点、不断完善自我的人才是真正的"勇"者。孔子说:"过则勿惮改"(《论语·学而》),所谓"勿惮",就是要有勇气的意思。"人谁无过,过而能改,善莫大焉!"(《左传·宣公二年》)由于各种内外在的因素,人有缺点、犯错误都是不可避免的,关键在于,一个人存在弱点或犯了错误,就要勇于正视、弥补和改过,而不是文过饰非,更不能讨厌甚至仇视给他指出的人。"过而不能知,是不智也;知而不能改,是不勇也。"(《李觏集》卷三)过而能知,是智者的表现;知而能改,才是勇者的气度。

孟子致为臣而归,王就见孟子曰:"前日愿见而不可得,得侍同朝甚喜。今又弃寡人而归,不识可以继此而得见乎?"对曰:"不敢请耳,固所愿也。"他日王谓时子曰①:"我欲中国而授孟子室②,养弟子以万钟③,使诸大夫国人皆有所矜式④。子盍为我言之?"时子因陈子而以告孟子⑤;陈子以时子之言告孟子。孟子曰:"然⑥。夫时子恶知其不可也?如使予欲富,辞十万而受万,是为欲富乎?季孙曰⑦:'异哉子叔疑⑧!使己为政,不用,则亦已矣,又使其子弟为卿。人亦孰不欲富贵?而独于富贵之中有私龙断焉⑨。'古之为市也,以其所有易其所无者,有司者治之耳。有贱丈夫焉,必求龙断而登之⑩,以左右望而罔市利⑪。人皆以为贱,故从而征之。征商自此贱丈夫始矣。"

【译文】　孟子辞去了在齐国的官职回到家里,齐王亲自来看望孟子,说:"以前的时候想要见您而没能如愿,能够和你做同朝君臣,我感到很高兴。今天你又要弃我而去了,不知道从此之后还能不能再见到你?"孟子回答说:"我不敢提出这样的要求,但是我从心里希望能这样。"过了些时候,齐王对时子说:"我打算在临淄城中给孟子置办一处房子,用万钟粟米来养活他的弟子们,让国中的官吏和人民都有所尊崇,有所效法。你何不替我去和孟子谈谈呢?"时子托陈臻把齐王的意思转达给孟子,陈臻将时子的话对孟子说了。孟子说:"知道了。时子难道不知道这事办不成吗?如果想使我追求富足,辞掉十万钟的俸禄去接受万钟,难道是为了追求富足吗?季孙曾经说过:'子叔的疑问真奇怪啊!想让自己当官,没有得到任用,这就罢了,又要自己的儿子兄弟出来做官。世上的人哪有不追求富贵的?而单单让你们家垄断了富贵不成!'(什么是垄断呢?)古代设立市场进行交易,目的就是为了互通有无,设置的官吏只是对市场进行管理罢了。出了一个卑贱的男子,一定要追求通过垄断的方式来取得市场上的所有好处。他不停地穿梭想搜刮市场上所有的利润。人们都认为这样的人很卑贱,因此就根据他这种行为对他征税。对商人征税就是从这个卑贱的家伙开始的。"

【注释】　①时子:齐王之臣。

②中国:朱熹《集注》曰:"中国,当国之中也。"即齐国的国都临淄城中。

③钟:古代的容量单位,郭化若注《孙子兵法·作战篇》中"食敌一钟,当吾二十钟"曰:"钟,春秋时容量单位。齐国分奴隶主公室的'公量'同新兴地主阶级陈氏的'家量'两种。公量一钟为六百四十升,家量一钟为一千升。"春秋时齐国公室的公量,合六斛四

斗。之后亦有合八斛及十斛之制。

④矜式:敬重和取法。赵岐注曰:"矜,敬也;式,法也。"

⑤陈子:赵岐以为即孟子的弟子陈臻。

⑥然:王引之《经传释词》中说:"《礼记·檀弓》:'有子曰:然,然则夫子有为言之也。'《论语·阳货篇》:'然,有是言也。'《孟子·公孙丑篇》曰:'然,夫时子恶知其不可也。'此三'然'字,但为应词而不训为是。"

⑦季孙:其人已不可考。

⑧子叔:其人已不可考。

⑨龙断:垄断。龙,通"垄"。本指独立的高地,引申为独占其利。赵岐注曰:"龙断,谓堁断而高者也;左右占视,望见市中有利,罔罗而取之。"

⑩登:取。

⑪左右望:朱熹《集注》曰:"左右望者,欲得此而又取彼也。"罔:搜括,牟取。朱熹《集注》曰:"罔,谓罔罗取之也。"

【评解】 在理想人格上,孟子所认同的是"富贵不能淫,贫贱不能移,威武不能屈"的"大丈夫",这一章中,他通过对上蹿下跳,汲汲于名利,妄图把所有好处都收归己有的"贱丈夫"的鞭挞,从反面表明了他对"大丈夫"人格的追求和崇高的节操,也再一次表明了他的先义后利的义利观。

孟子去齐,宿于昼①。有欲为王留行者,坐而言。不应,隐几而卧②。客不悦曰:"弟子齐宿而后敢言③,夫子卧而不听,请勿复敢见矣。"曰:"坐。我明语子:昔者鲁缪公无人乎子思之侧④,则不能安子思;泄柳、申详无人乎缪公之侧⑤,则不能安其身。子为长者虑⑥,而不及子思。子绝长者乎?长者绝子乎?"

【译文】 孟子离开齐国,夜里住在了昼邑。有一个人想替齐王挽留住孟子,坐下来和孟子谈话。孟子没有答理他,自己靠在几案上打瞌睡。客人非常不高兴,说:"学生我前一天就恭敬地做了斋戒,之后才敢过来和你说话,先生您躺着睡觉不听我说,我以后再也不敢来拜见您来。"(说着便起身想走。)孟子说:"坐下吧。我明白地告诉你:当初鲁缪公对待子思,如果没有人在子思身边,就不能够使子思安心;泄柳、申详对待鲁缪公,如果没有人在缪公身边,他们自己也就不能安心。你为我这个老人考虑一下,没有想到过鲁缪公如何对待子思吗。这是你和我这个老人决绝呢,还是我这个老人该和你决绝呢?"

【注释】 ①昼:齐国都邑名。在今山东省淄博市西南,为孟子从齐国返回故乡邹国的必经之道。

②隐(yǐn)几:靠着几案,伏在几案上。隐,依据,凭依。
③齐宿:提前一日斋戒。朱熹《集注》曰:"齐宿,斋戒越宿也。"齐,同"斋",指古人在祭祀或其他典礼前整洁身心,以示庄敬。
④鲁缪公:即鲁穆公,名显,在位33年而卒。子思:名伋,孔子的孙子,伯鱼之子,相传《中庸》为其所作,《史记·孟子荀卿列传》说孟子"受业子思之门人"。
⑤泄柳、申详:都是鲁缪公时的贤人。泄柳即《告子下》中所说的"子柳";申详,孔子学生子张的儿子,子游的女婿。
⑥长者:孟子自称。赵岐注曰:"长者,老者也。孟子年老,故自称长者。"

【评解】 对待贤才,首先要出于真心地尊重他。因此,虽然有才华的人有时候会做出异于常人的行为,也不能因此而抛弃他。这既需要有识才的慧眼,又要有出自内心的真诚。

孟子去齐,尹士语人曰①:"不识王之不可以为汤、武,则是不明也;识其不可然且至,则是干泽也②。千里而见王,不遇故去;三宿而后出昼,是何濡滞也③!士则兹不悦④。"高子以告⑤。曰:"夫尹士恶知予哉?千里而见王,是予所欲也。不遇故去,岂予所欲哉?予不得已也。予三宿而出昼,于予心犹以为速。王庶几改之⑥!王如改诸,则必反予。夫出昼而王不予追也,予然后浩然有归志⑦。予虽然,岂舍王哉?王由足用为善⑧;王如用予,则岂徒齐民安?天下之民举安。王庶几改之!予日望之!予岂若是小丈夫然哉!谏于其君而不受,则怒,悻悻然见于其面⑨,去则穷日之力而后宿哉⑩?"尹士闻之,曰:"士诚小人也。"

【译文】 孟子离开齐国,尹士对别人说:"不知道君王不可能成为商汤、周文王那样的人,这是不明智的表现;知道君王不可能成为有为之君还是去了,这是追求富贵的表现。跋涉千里来见齐王,没有受到赏识而离开;经过三天的时间才通过昼邑,这是多么的迟滞啊!我不喜欢这种人。"高子把听到的这些话告诉了孟子。孟子说:"尹士哪里理解我呢?跋涉千里来见齐王,这是我所期望的;没有受到赏识而离开,这难道也是我所期望的吗?我这是因为没有办法啊。我经过三天的时间才通过昼邑,从我内心里来说还是太快了。大王也许会改变主意呢!大王如果改变了主意,就一定会让我回去。我通过了昼邑可是大王还是没来追我,我然后才毫无依恋地坚定了回家的念头。我虽然这样做,难道是抛弃大王吗?齐王还是可以推行仁政的。齐王如果起用我,又何止是可以使齐国的百姓得到安定呢?整个天下的百姓都可以得到安宁。大王也许会改变主意的!我天天都盼望着啊!我难道像这样的小气鬼一样吗！对他的国君进行劝谏而没有被接受，就感到生气，怨恨失意的表情写在脸上，离开的时候非走到天黑日落精疲力竭才休息吗？"尹士听了孟子的话后，说："我真是个小人啊。"

【注释】 ①尹士：齐国人。

②干泽：追求实惠。干，求。泽，恩德，恩惠。这里指俸禄，禄位。

③濡滞：停留，迟延，迟滞。赵岐注曰："濡滞，淹久也。"

④兹不悦：即"不悦兹"。兹，此。

⑤高子：赵岐注曰："高子亦齐人，孟子弟子。"

⑥庶几：或许，也许。

⑦浩然：不可阻遏、无所留恋貌。朱熹《集注》曰："浩然，如水之流不可止也。"

⑧由：同"犹"。足用：足以，可以。

⑨悻悻然：怨恨失意的样子。见：同"现"。

⑩穷日：一整天，终日。

【评解】 儒家是主张积极入世的，因此无论孔子，还是孟子，都表现出积极地追求施展才华的机会的渴望。这也是他们以实践为目标、勇于实践的表现。

从史料记载来看，孔子本人就是一个有勇气、有胆识，并且积极为自己的主张寻求付诸实践的机会的人。他并不是只将"如有用我者，吾其为东周乎"（《论语·阳货》）、"吾岂匏瓜也哉？焉能系而不食"（《论语·阳货》）、"沽之哉！沽之哉！我待沽者也"（《论语·子罕》）等慨叹和抱负停留在观念中和口头上，为了将他的思想观念和理想目标付诸实践，在人生的黄金时期，他栖栖惶惶、担惊受怕十几年，带领弟子们如"丧家之犬"般来往奔波于各诸侯国之间，这不仅是懦夫所不敢想象的，也是一般人所做不到的。在周游列国的过程中，孔子的勇于实践的精神和毅力也不时得到考验。例如，当他与弟子们"畏于匡"时，面对匡人的包围，他从容不迫地说："文王既没，文不在兹乎？天之将丧斯文也，后死者不得与于斯文也；天之未丧斯文也，匡人其如予何？"（《论语·子罕》）在宋国面对司马桓魋的威胁，弟子们劝其赶快逃走时，孔子却镇定自若地说："天生德于予，桓魋其如予何？"（《论语·述而》）孔子实践其理想不畏艰难、不怕危险的精神，正是其伟大人格中"勇"的一面的彰显。当孔子称自己"君子之道有三，我无能焉：仁者不忧，知者不惑，勇者不惧"的时候，他的弟子子贡却说，这是"夫子自道"啊！（《论语·宪问》）孟子同孔子一样，在人生的黄金时期，也是带领弟子们周游列国，游说诸侯，努力劝说他们推行仁政。虽然他在各诸侯国所受到的礼遇比孔子当时要好得多，但最终也没有能够实现自己的抱负。这一章中孟子的所作所为和所发的感慨,可见都是发自内心的。

孟子去齐,充虞路问曰:"夫子若有不豫色然。前日虞闻诸夫子曰:'君子不怨天,不尤人。'"曰:"彼一时,此一时也①。五百年必有王者兴,其间必有名世者②。由周而来,七百有余岁矣;以其数则过矣,以其时考之则可矣③。夫天,未欲平治天下也,如欲平治天下,当今之世,舍我其谁也?吾何为不豫哉?"

【译文】 孟子离开齐国,充虞在路上问孟子:"先生您看起来好像不高兴的样子。前几天我曾经听您说过:'有德才的君子不怨恨上天,不怪罪别人。'"孟子说:"那时是一种情形,现在又是一种情形。历史发展的规律,每隔五百年必然要有圣君出现,这个过程中一定还会有才能出众的命世之才出现。自从周朝建立以来,已经七百多年了。如果从相隔的年数看,时间已经超过了。从时间上推断,早该有圣君出现了。这是天意还不想让天下安定啊。如果想要使天下得到安定,当今这个时代,除了我还有谁呢?我为什么不高兴呢?"

【注释】 ①彼一时,此一时也:赵岐注曰:"彼时前圣贤之出,是其时也,今此时亦是其一时也。"焦循《正义》曰:"近通解以'彼一时'为充虞所闻君子不怨天不尤人之时,时为暇豫之时,则论为经常之论也。'此一时'为今孟子去齐之时,为行藏治乱关系之时也,则忧天悯人之意不得不形诸颜色也。"这里从焦循之说。

②名世者:关于"名世"的意思,历来多有歧见。赵岐注曰:"名世,次圣之才,物来能名,正于一世者,生于圣人之间也。"朱熹《集注》曰:"名世,谓其人德业闻望,可名于一世者,为之辅佐。若皋陶、稷、契、伊尹、莱朱、太公望、散宜生之属。"杨伯峻《孟子译注》中说:"'名世'疑即后代之'命世','名'与'命'古本通用,焦循《正义》已言之。孟子所谓'其间必有名世者',恐系指辅助'王者'之臣而言。孟子一匹夫,无所凭藉,自不敢自居于'王者',但为周公则未尝不可。《三国志·魏志·武帝纪》云:'天下将乱,非命世之才不能济也。'孟子所谓'名世者'疑即此意。"[1]这里从杨说。

③考:研求,推定。

【评解】 这一章反映了孟子高尚的抱负和经世济民的情操。每一个时代都有每一个时代的社会问题,对于有责任心的人和道德高尚的人来说,所做的并不是怨天尤人和发发牢骚,而是必须要有强烈的社会责任感。有机会施展自己的抱负固然是幸运的,即使没有遇到合适的机会之前,也要有"平治天下,舍我其谁"的气概,蓄势待时,等机遇来临时能够真正为社会、为人民做出自己的贡献。

孟子去齐居休①。公孙丑问曰:"仕而不受禄,古之道乎?"曰:

"非也。于崇②,吾得见王;退而有去志,不欲变③,故不受也。继而有师命④,不可以请。久于齐,非我志也。"

【译文】 孟子离开齐国,居住在休地。公孙丑问道:"做官却不接受俸禄,古代有这样的道理吗?"孟子说:"没有。在崇地的时候,我见到了齐王。回来之后就有离开齐国的打算,我不想改变离开齐国的打算,所以才不接受他的俸禄。接着齐国就有军事行动,这个时候不可以请求离开。长期居住在齐国,并不是我的意愿。"

【注释】 ①休:地名。阎若璩《四书释地》中说:"故城在今滕县北十五里,距孟子家约百里。"

②崇:地名,今已不可考。

③不欲变:赵岐注曰:"志欲去矣,不欲即去,若为诡变,见非泰甚。"以"诡变"释"变"。朱熹《集注》曰:"变,谓变其去志。"相较之下,朱说为善。

④师命:师旅之命,即军事行动。

【评解】 一个人要坚持自己的志向,不能够左右摇摆。孟子不接受齐王的俸禄,这是坚持自己所做出的决定的表现,也反映了他不为利禄所动的高尚人格。

注释:

〔1〕 杨伯峻《孟子译注》,第110页。

滕文公章句上

　　滕文公为世子①,将之楚,过宋而见孟子。孟子道性善②,言必称尧舜。世子自楚反,复见孟子。孟子曰:"世子疑吾言乎? 夫道一而已矣。成覸谓齐景公曰③:'彼丈夫也,我丈夫也,吾何畏彼哉?'颜渊曰:'舜何人也? 予何人也? 有为者亦若是。'公明仪曰④:'文王我师也,周公岂欺我哉?'今滕绝长补短,将五十里也,犹可以为善国。《书》曰:'若药不瞑眩,厥疾不瘳⑤。'"

【译文】　滕文公做太子的时候,有一次要到楚国去,路过宋国的时候会见了孟子。孟子和他谈论人性本善的道理,一说话就必然提到尧舜这些古代的圣君。太子从楚国返回滕国时,又会见了孟子。孟子说:"太子您怀疑我所说的道理吗? 天下所有的道理其实都可以归结到一点上。成覸曾经对齐景公说:'他是个男子汉,我也是个男子汉,我为什么会怕他呢?'颜渊说:'舜是什么人,我又是什么人,有作为的人都是一样的。'公明仪说:'周文王是我的榜样,周公所说的这句话难道会欺骗我吗?'现在滕国的土地,截长补短,接近纵横各五十里的面积,是可以治理成一个稳定有序的好国家的。就像《尚书》中所说:'如果药物被吃了之后不使人头晕目眩,那么病不可能被治愈。'"

【注释】　①世子:即太子。《春秋公羊传·庄公三十二年》说:"君存称世子。"

②道:言,说。

③成覸:春秋时齐国的大臣。

④公明仪:鲁国的贤人,姓公明,名仪。郑玄《礼记·祭义》注说:"公明仪,曾子弟子。"

⑤若药不瞑(mián)眩,厥疾不瘳(chōu):此句为《尚书》佚文,后录入伪古文《尚书》的《说命篇》。赵岐注曰:"瞑眩,药攻人疾,先使瞑眩愦乱,乃是瘳愈。喻行仁当精熟,德惠乃洽也。"瞑眩:指用药后而产生的头晕目眩的强烈反应。瘳:病愈。

【评解】　本章孟子揭示了人应当努力为善的道理。他认为,一个人只要努力去做,做到像尧舜那样受人尊重也是可能的。这也从另一个方面说明,人应当努力自强,树立大志,不要妄自菲薄。这一点对于现代人来说,比孟子所要表达的初衷,更具有现实意义。

滕定公薨①,世子谓然友曰②:"昔者孟子尝与我言于宋,于心终不忘。今也不幸至于大故③,吾欲使子问于孟子,然后行事。"然友之邹,问于孟子。孟子曰:"不亦善乎!亲丧固所自尽也④。曾子曰:'生,事之以礼;死,葬之以礼,祭之以礼⑤,可谓孝矣。'诸侯之礼,吾未之学也。虽然,吾尝闻之矣:三年之丧,齐疏之服⑥,饘粥之食⑦,自天子达于庶人,三代共之。"然友反命,定为三年之丧。父兄百官皆不欲,曰:"吾宗国鲁先君莫之行⑧,吾先君亦莫之行也;至于子之身而反之,不可。且《志》曰⑨:'丧祭从先祖。'曰:'吾有所受之也⑩。'"谓然友曰:"吾他日未尝学问,好驰马试剑⑪。今也父兄百官不我足也⑫;恐其不能尽于大事。子为我问孟子。"然友复之邹,问孟子。孟子曰:"然,不可以他求者也。孔子曰:'君薨,听于冢宰,歠粥,面深墨,即位而哭。百官有司,莫敢不哀,先之也⑬'。上有好者,下必有甚焉者矣。'君子之德,风也;小人之德,草也。草尚之风必偃⑭。'是在世子。"然友反命。世子曰:"然,是诚在我。"五月居庐⑮,未有命戒⑯。百官族人,可谓曰知。及至葬,四方来观之。颜色之戚,哭泣之哀,吊者大悦。

【译文】 滕定公去世之后,太子对然友说:"当初孟子曾经和我在宋国有过谈话,我至今都记在心里没有忘记。如今不幸遇到了这样的大变故,我想派你去向孟子请教一下,然后再办丧事。"然友到了邹国,向孟子请教。孟子说:"能够先请教再行事,这样很好啊!父母去世,本来就应该尽己所能办好丧事。曾子说过:'父母活着的时候,要依据礼节侍奉他们;去世之后,要依据礼节安葬他们,依据礼节祭祀他们,这样做才可称得上孝。'诸侯的丧礼,我没有专门学过。即使这样,我还是曾经听说过一些:三年的守丧时间,穿粗布缉边的丧服,吃些粥类简单的饭食,上至天子下至平民百姓都要这样,三代以来普遍都是这么做的。"然友回到滕国复命,太子将丧期定为三年。滕国的宗族官吏都不想这样做,他们说:"我们同宗的鲁国的历代君主没有这样做过,我国的历代君主也没有这样做过;到了你这里,却要改变祖宗的做法这样做,这是不可以的。而且《志》中说:'丧事祭祀这样的事情要依照祖先的规矩。'又说:'我们办事的方式应当有所继承。'"太子对然友说:"我从前的时候没有学过这些知识,只是喜欢骑马练剑。现在宗族官吏都对我不满意,恐怕我无法尽心竭力地完成丧事,你再为我向孟子请教一下吧。"然友又回到邹国,去向孟子请教。孟子说:"哦,这种事是不能求助于别人的。孔子说:'国君去世了,太子把国家的事务交给家宰去安排,自己喝着稀粥,脸色晦暗,在孝子的位置上哭。这样,大小官吏,没有敢不悲哀的,这就是亲自带头的缘故。'在上位的人爱好某种事情,在下位的人一定会比他更爱。'君子的德行好比风一样,小人的德行好比草一样。风吹到哪里,草就倒向哪里。'这件事情关键在太子怎么做。"然友回到滕国复命。太子说:"对,这件事真的在于我。"于是太子在丧庐中守孝五个月,没有发布任何命令。官吏和宗族,都说他这是知礼。等到安葬的时候,各地的人都前来观礼。太子脸色非常凄惨,哭声非常哀恸,吊丧的人都感到很欣慰。

【注释】 ①滕定公:滕文公的父亲。薨:自周代开始,对于人去世的称谓,有了尊卑之分,"薨"最初指诸侯之死。如《礼记·曲礼下》中说:"天子死曰崩,诸侯曰薨,大夫曰卒,士曰不禄,庶人曰死。"后来,则以"薨"称达到一定品级之上的大官之死。如《新唐书·百官志一》中说:"凡丧,三品以上称薨,五品以上称卒,自六品达于庶人称死。"

②然友:太子师傅的名字。

③大故:重大的事故,多指对国家、社会有重大影响的祸患,如灾害、兵寇、国丧等。如《周礼·地官·小司徒》中有:"凡国之大事,致民;大故,致余子。"郑玄注曰:"大故,谓灾寇也。"古代经常用"大故"一词指代国家中的君主或者家庭中的父母去世之类的事情。如《汉书·匈奴传下》中有:"自黄龙、竟宁时,单于朝中国辄有大故。"颜师古注曰:"大故,谓国之大丧。"

④自尽:尽己之力,尽己之情。

⑤生,事之以礼;死,葬之以礼;祭之以礼:见《论语·为政》,原为孔子答樊迟问时所说的话,孟子引为曾子之言,亦为曾子转述。

⑥齐(zī)疏:齐,原指长衣下部的缉边。如郑玄注《礼记·玉藻》"凡侍于君,绅垂,足如履齐"说:"齐,裳下缉也。"也指将丧服下部的边折转缝起来。如《仪礼·丧服》中有:"若齐,裳内衰外。"郑玄注曰:"齐,缉也。凡五服之衰,一斩四缉,缉裳者,内展之,缉衰者,外展之。"胡培翚正义曰:"五服之衰与裳,有齐者,有不齐者,故云'若齐'也。齐,谓缉其边也。不齐者,谓斩也……缉裳者则先转其边于内,缉衰者则先转其边于外,而后施针功也。"后引申为丧服。疏,即粗。朱熹《集注》曰:"疏,粗也,粗布也。"

⑦飦粥:稠粥。朱熹《集注》曰:"飦,糜也。丧礼:三日始食粥。既葬,乃疏食。"

⑧宗国:同姓诸侯国。滕国和鲁国同姓,都是周文王的后代。鲁国是周公之后;滕国是叔绣之后。因此滕国称鲁国为宗国。朱熹《集注》曰:"滕与鲁俱文王之后,而鲁祖周公为长。兄弟宗之,故滕谓鲁为宗国也。"

⑨《志》:赵岐注曰:"志,记也。《周礼》:小史'掌邦国之志'。"焦循《正义》中说:"小史所掌之志,记世系昭穆之事,容有'丧祭从先祖'云云,故赵氏引以为证,实不知为何书也。"

⑩吾有所受之也：关于此句历来有歧见，如赵岐注曰："曰丧祭之事，各从其先祖之法，言我转有所承受之，不可于己身独改更也。一说吾有所受之，世子言我受之于孟子也。"今取前说。

⑪驰马：驱马疾行。试剑：练剑，击剑。

⑫不我足：对我不满意。

⑬君薨，听于冢宰，歠粥，面深墨，即位而哭。百官有司，莫敢不哀，先之也：《论语·宪问》中有："子张曰：'书云："高宗谅阴，三年不言。"何谓也？'子曰：'何必高宗，古之人皆然。君薨，百官总己以听于冢宰，三年。'"意思与此句相近。冢宰，周代官名，为六卿之首，又称太宰。如《尚书·周官》中有："冢宰掌邦治，统百官，均四海。"孔安国传曰："天官卿称太宰，主国政治，统理百官，均平四海之内。"歠(chuò)，饮，喝。深墨，晦暗，深黑。即位，就位，这里指在孝子的位置上。

⑭君子之德，风也；小人之德，草也。草尚之风必偃：《论语·颜渊》中作"君子之德风，小人之德草。草上之风，必偃。"尚，同"上"。偃，倒伏。

⑮五月居庐：《左传·隐公元年》中说："天子七月而葬，同轨毕至；诸侯五月，同盟至；大夫三月，同位至；士逾月，外姻至。"庐，古人为守丧而构筑在墓旁的小屋。居庐，住在守丧的房子中，指守孝。赵岐注曰："诸侯五月而葬，未葬，居倚庐于中门之内也。"

⑯未有命戒：朱熹《集注》曰："居丧不言，故未有命令教戒也。"

【评解】 本章中孟子对丧礼的理解进行了阐述，同时他还提出，只要统治者发挥以身作则的作用，下级便会效仿和服从，这在国家治理，尤其是道德教化中，永远都是一条重要的规律。

"上行下效谓之风，薰蒸渐渍谓之化。"(宋·司马光：《传家集》卷二十四，《上谨习疏》)官吏在教化中的榜样作用历来受到人们的重视。儒家的创始人孔子曾多次强调，如："政者，正也。子帅以正，孰敢不正"(《论语·颜渊》)；"君子之德风，小人之德草。草上之风，必偃"(《论语·颜渊》)；"其身正，不令而行；其身不正，虽令不从"(《论语·子路》)；"苟正其身矣，于从政乎何有？不能正其身，如正人何"(《论语·子路》)；"上好礼，则民莫敢不敬；上好义，则民莫敢不服；上好信，则民莫敢不用情"(《论语·子路》)；"为政以德，譬如北辰，居其所而众星共之"(《论语·为政》)。这些论述，充分表达了统治者在道德教化中应以身作则的思想。孔子的这一思想，成为儒家政治伦理中的核心内容之一。汉代的董仲舒也强调："尔好谊，则民向仁而俗善；尔好利，则民好邪而俗败。由是观之，天子大夫者，下民之所视效，远方之所四面而内望也。"(《汉书·董仲舒传》)"故君民者，贵孝弟而好仁义，重仁廉而轻财利，躬亲职此于上，而万民听生善于下矣。"(《春秋繁露·为人者天》)事实证明，社会的管理者以身作则，注重对老百姓的熏陶和感化，是道德教化中永恒的法则。

滕文公问为国。孟子曰："民事不可缓也①。《诗》云：'昼尔于茅，宵尔索绹。亟其乘屋，其始播百谷②。'民之为道也，有恒产者有恒心，无恒产者无恒心。苟无恒心，放辟邪侈，无不为已。及陷乎罪然后从而刑之，是罔民也。焉有仁人在位罔民而可为也？是故贤君必恭俭礼下，取于民有制。阳虎曰③：'为富不仁矣；为仁不富矣。'夏后氏五十而贡，殷人七十而助，周人百亩而彻④。其实皆什一也。彻者彻也，助者藉也。龙子曰⑤：'治地莫善于助，莫不善于贡。'贡者校数岁之中以为常⑥。乐岁粒米狼戾⑦，多取之而不为虐，则寡取之；凶年粪其田而不足⑧，则必取盈焉。为民父母，使民盻盻然⑨，将终岁勤动，不得以养其父母，又称贷而益之⑩，使老稚转乎沟壑，恶在其为民父母也？夫世禄滕固行之矣。《诗》云：'雨我公田，遂及我私⑪。'惟助为有公田。由此观之，虽周亦助也。设为庠序学校以教之⑫。庠者养也，校者教也，序者射也。夏曰校，殷曰序，周曰庠，学则三代共之，皆所以明人伦也。人伦明于上，小民亲于下⑬。有王者起，必来取法，是为王者师也。《诗》云：'周虽旧邦，其命维新⑭。'文王之谓也。子力行之，亦以新子之国。"使毕战问井地⑮。孟子曰："子之君将行仁政，选择而使子，子必勉之。夫仁政必自经界始⑯。经界不正，井地不均，穀禄不平⑰。是故暴君污吏必慢其经界。经界既正，分田制禄，可坐而定也。夫滕壤地褊小⑱，将为君子焉，将为野人焉⑲。无君子莫治野人，无野人莫养君子。请野九一而助⑳，国中什一使自赋㉑。卿以下必有圭田㉒。圭田五十亩，余夫二十五亩㉓。死徙无出乡，乡田同井，出入相友㉔，守望相助㉕，疾病相扶持，则百姓亲睦。方里而井，井九百亩，其中为公田。八家皆私百亩，同养公田。公事毕，然后敢治私事，所以别野人也。此其大略也。若夫润泽之㉖，则在君与子矣。"

【译文】 滕文公问孟子如何治理国家。孟子说："老百姓的生产生活是最不能延误和放松的事情。《诗经》中说：'早晨你去割茅草，晚上还得搓绳索。赶紧修理好房屋，按时开始种百谷。'老百姓有一个基本的规律：有固定的产业才能有恒久的道德之心，如果没有固定的产业，也就不会有恒久的道德之心。如果没有恒久的道德之心，各种各样的邪恶举动，就都能够做得出来。等到他们陷入犯罪的深渊之中，然后就马上把他们抓起来惩罚他们，这等于故意陷害老百姓啊。如果是有仁德的人处于统治者的地位上,哪里会做出陷害人民的事情呢?所以贤明的君主一定认真办事,节省用度,有礼貌地对待臣下,向人民征收赋税有一定的制度。阳虎说过:'要发财就不要有仁爱之心,有仁爱之心就不能发财。'夏朝的时候每家五十亩土地实行'贡'法,商代的时候每家七十亩土地实行'助'法,周朝的时候每家一百亩土地实行'彻'法。这三种租税的收取方法,实质上都是采用十分之一的税率。彻就是通的意思,助就是借的意思。龙子说:'管理土地最好的方法是助法,最不好的方法是贡法。'贡法就是平均若干年的收成取一个定额作为计算赋税的一般标准。年成好的时候,粮食丢弃得到处都是,多收取一些也不算横征暴敛,按照贡法却收取得过少;年成差的时候,收成连施肥的投入都收不回来,按照贡法也一定要收足常年的数额。作为老百姓的父母官,让他们勤苦劳作不得休息,要终年辛勤劳动,还不能够养活自己的父母,还不得不靠借贷来补足赋税,结果让老人和儿童辗转死于沟谷之中,这样又怎么能够起到老百姓的父母官的作用呢?世禄制度在滕国早就推行了。《诗经》里说:'降雨浇灌我公田,顺便下到我私田。'只有推行助法,才能真正有公田。从这里也可以看出,即使周朝,也是实行助法的。还要开设庠、序、学、校等各级教化机构以教育百姓。庠的意思就是培养,校的意思就是教导,序的意思就是习射。夏朝的时候称地方教化机构为校,商朝称序,周代称庠,至于学,是三代都设立的,这些教化机构设立的目的都是引导教育人们明确人与人之间的各种人伦关系。在上位的人明确了人伦关系,在下位的老百姓就会互相亲近。有圣王贤君出现的话,必然会来这里学习经验和做法,这样就成了圣王的老师了。《诗经》中说:'岐周虽然是旧国,天命才换新气象。'这是说的周文王。您大力推行这些制度,也可以让您的国家焕发出新气象。"滕文公派毕战向孟子请教井田之制。孟子说:"您的国君想要推行仁政,经过挑选把任务赋予你,你一定要努力啊。推行仁政一定要从划定土地的疆界做起。土地的疆界不正,井田划分得不均,充做俸禄的租税也就不公平。所以暴虐的君主和卑劣的官吏一定不会重视疆界的划分。疆界划正了,田地的分配和俸禄的制定,也就自然而然确定了。滕国的土地虽然面积狭小,但也既要有统治者,又要有老百姓。没有统治者就无法管理老百姓,没有老百姓就无人供养统治者。我建议在乡野实行九取其一的助法收取租税,在城市实行十分抽一的方法收取赋税。从卿以下的官吏一定要有祭祀用的圭田,每家五十亩,如果还有剩余劳动力,每人再加二十五亩。无论死亡还是迁徙,都不离开本乡,同一井田的各家,出入的时候相互结伴,看守防御的时候相互帮助,患了疾病的时候相互照应,那样老百姓之间就会亲近和睦。每一方里的土地为一井,一井为九百亩,中间一块是公田。其余部分八家各有一百亩作为私田,八家要一起耕种公田。公田上的农活干完之后,才可以干自家私田上的农活,这就是区别统治者和老百姓的办法。这些只是一个大体的描述。至于如何根据实际情况实施和改进,就在于您和您的国君了。"

【注释】　①民事:百姓日常生产和生活之事,犹特指农事。

②昼尔于茅,宵尔索绹。亟其乘屋,其始播百谷:出自《诗经·豳风·七月》。于,往,去,取。茅,茅草,一种草名。索绹,制绳索。索,绞合使紧。绹,绳索。亟,急。乘,治理,管理。如颜师古注《汉书·魏相传》"明王谨于尊天,慎于养人,故立羲和之官以乘四时,节授民事"曰:"乘,治也。"乘屋,即修盖房屋。

③阳虎:即阳货。大约与孔子同时,春秋末期鲁国季孙氏的家臣。曾挟持季氏,掌握鲁国国政。失败后去晋国,又成为赵鞅的家臣。《论语》中多次提及。

④夏后氏五十而贡,殷人七十而助,周人百亩而彻:朱熹《集注》曰:"夏时一夫授田五十亩,而每夫计其五亩之入以为贡。商人始为井田之制,以六百三十亩之地,画为九区,区七十亩。中为公田,其外八家各授一区,但借其力以助耕公田,而不复税其私田。周时一夫授田百亩。乡遂用贡法,十夫有沟。都鄙用助法,八家同井。耕则通力而作,收则计亩而分,故谓之彻。"贡、助、彻,这里都是指不同的租税制度。

⑤龙子:古代贤人,事迹不详。

⑥挍:同"校"。清代学者钱大昕在其所著的《十驾斋养新录·陆氏〈释文〉多俗字》中说:"《说文·手部》无挍字,汉碑木旁字多作手旁,此隶体之变,非别有挍字。"

⑦粒米狼戾:赵岐注曰:"狼戾,犹狼藉也。粒米,粟米之粒也。"

⑧粪:施肥。

⑨盻盻:一说勤苦不得休息貌。如赵岐注曰:"盻盻,勤苦不休息之貌。"一说恨视貌。如朱熹《集注》曰:"盻,恨视也。"今取前说。

⑩称贷:即借贷。称,指举债、借钱。如颜师古注《汉书·食货志上》"亡者取倍称之息"说:"如淳曰:'取一偿二为倍称。'称,举也,今俗所谓举钱者也。"

⑪雨我公田,遂及我私:出自《诗经·小雅·大田》。雨(yù):动词,下雨,降雨。

⑫庠序学校:古代的学校。庠,古代的学校,特指乡学。如《礼记·学记》中有:"党有庠。"孔颖达疏曰:"庠,学名也,于党中立学教间中所升者也。"序,古代学校的名称。如郑玄注《周礼·地官·州长》"春秋以礼会民而射于州序"说:"序,州党之学也。"注《礼记·王制》"夏后氏养国老于东序,养庶老于西序"说:"皆学名也。"学,指学校。如《礼记·学记》中有:"古之教者,家有塾,党有庠,术有序,国有学。"校,也指学校,多指地方学校。如杜预注《左传·襄公三十一年》"郑人游于乡校,以论执政"说:"乡之学校。"

⑬小民:指一般老百姓。

⑭周虽旧邦,其命维新:出自《诗经·大雅·文王》。维新,乃始更新之意。

⑮毕战:滕文公的臣子。井地:井田。

⑯经界:土地、疆域的分界,也作动词,指划分疆界。朱熹《集注》曰:"经界,谓治地

分田,经画其沟涂封植之界也。"

⑰穀禄:即俸禄。古代俸禄用谷,以谷量计俸禄的高下,故称。

⑱褊小:狭小。

⑲野人:庶人,平民。如《论语·先进》中有:"先进于礼乐,野人也;后进于礼乐,君子也。"刘宝楠正义曰:"野人者,凡民未有爵禄之称也。"

⑳野:指郊野。

㉑国中:国都之内。朱熹《集注》曰:"国中,郊门之内,乡遂之地也。"

㉒圭田:古代卿、大夫、士供祭祀用的田地。如《礼记·王制》中有"夫圭田无征"。孔颖达正义说:"圭,洁也。士以洁白而升,则与以圭田,使供祭祀;若以不洁白而黜,则收其田里,故士无田则不祭。有田以表其洁,无田以罚其不洁也。"

㉓余夫:古代指法定的受田人口之外的人。赵岐注曰:"余夫者,一家一人受田,其余老小尚有余力者,受二十五亩,半于圭田,谓之余夫也。"另如《春秋公羊传·宣公十五年》中有:"什一者,天下之中正也。什一行而颂声作矣。"汉代何休注曰:"一夫一妇受田百亩以养父母妻子,五口为一家……多于五口,名曰余夫。余夫以率受田二十五亩。"

㉔友:协助。

㉕守望:看守瞭望,助察奸恶,防范盗贼。

㉖润泽:润色,修饰,进一步地发展。朱熹《集注》曰:"润泽,谓因时制宜,使合于人情,宜于土俗,而不失乎先王之意也。"

【评解】 孟子借对井田之制等国家治理方法的阐述,再一次阐明了他的仁政思想。他奉劝当时的诸侯国君,如果想要实行仁政,就要切实为老百姓着想,从具体的治国措施上说,就要使民以时、减轻税赋,而且还要兴办学校、加强教化。只有这样,才能使老百姓安心生产、相互帮助、风俗淳美、和谐有序,从而使一个国家富强,在诸侯林立的时代取得有利的竞争地位。

有为神农之言者许行①,自楚之滕,踵门而告文公②,曰:"远方之人,闻君行仁政,愿受一廛而为氓。"文公与之处。其徒数十人,皆衣褐,捆屦③、织席以为食。陈良之徒陈相与其弟辛④,负耒耜而自宋之滕⑤。曰:"闻君行圣人之政,是亦圣人也,愿为圣人氓。"陈相见许行而大悦,尽弃其学而学焉。陈相见孟子,道许行之言曰:"滕君则诚贤君也;虽然,未闻道也。贤者与民并耕而食,饔飧而治⑥。今也滕有仓廪府库,则是厉民而以自养也⑦,恶得贤?"孟子曰:"许子必种粟而后食乎?"曰:"然。""许子必织布而后衣乎?"曰:"否,许子衣褐。""许子冠乎?"曰:"冠。"曰:"奚冠?"曰:"冠素⑧。"曰:"自织之与?"曰:"否,以粟易之。"曰:"许子奚为不自织?"曰:"害于耕⑨。"曰:"许子以釜甑爨⑩、以铁耕乎⑪?"曰:"然。"

"自为之与?"曰:"否,以粟易之。""以粟易械器者,不为厉陶冶⑫;陶冶亦以其械器易粟者,岂为厉农夫哉?且许子何不为陶冶,舍皆取诸其宫中而用之⑬?何为纷纷然与百工交易⑭?何许子之不惮烦⑮?"曰:"百工之事,固不可耕且为也。""然则治天下独可耕且为与?有大人之事⑯,有小人之事。且一人之身,而百工之所为备。如必自为而后用之,是率天下而路也⑰。故曰:或劳心⑱,或劳力⑲。劳心者治人,劳力者治于人。治于人者食人⑳,治人者食于人——天下之通义也。当尧之时,天下犹未平,洪水横流㉑,泛滥于天下;草木畅茂㉒,禽兽繁殖㉓;五谷不登㉔,禽兽逼人㉕;兽蹄鸟迹之道,交于中国㉖。尧独忧之,举舜而敷治焉㉗。舜使益掌火㉘,益烈山泽而焚之㉙,禽兽逃匿。禹疏九河㉚,瀹济㉛、漯而注诸海㉜;决汝、汉㉝,排淮、泗㉞,而注之江㉟,然后中国可得而食也。当是时也,禹八年于外,三过其门而不入,虽欲耕,得乎?后稷教民稼穑㊱,树艺五谷㊲,五谷熟而民人育㊳。人之有道也,饱食暖衣,逸居而无教㊴,则近于禽兽。圣人有忧之,使契为司徒㊵,教以人伦:父子有亲,君臣有义,夫妇有别,长幼有序,朋友有信。放勋曰㊶:'劳之来之、匡之直之、辅之翼之,使自得之㊷;又从而振德之㊸。'圣人之忧民如此,而暇耕乎?尧以不得舜为己忧;舜以不得禹、皋陶为己忧㊹。夫以百亩之不易为己忧者㊺,农夫也。分人以财谓之惠,教人以善谓之忠,为天下得人者谓之仁。是故以天下与人易,为天下得人难。孔子曰:'大哉,尧之为君!惟天为大,惟尧则之。荡荡乎民无能名焉!君哉舜也!巍巍乎有天下而不与焉㊻!'尧舜之治天下,岂无所用其心哉?亦不用于耕耳㊼。吾闻用夏变夷者㊽,未闻变于夷者也。陈良,楚产也㊾;悦周公、仲尼之道,北学于中国,北方之学者,未能或之先也㊿。彼所谓豪杰之士也。子之兄弟事之数十年,师死而遂倍之㉛。昔者孔子没㉜,三年之外㉝,门人治任将归㉞,入揖于子贡㉟,相向而哭,皆失声,然后归。子贡反,筑室于场㊱,独居三年,然后归。他日子夏、子张、子游以有若似圣人,欲以所事孔子事之㊲,强曾子。曾子曰:'不可,江汉以濯之㊳,秋阳以暴之㊴,皜皜乎不可尚已㊵。'今也南蛮鴃舌之人㊶,非先王之道,子倍子之师而学之,亦异于曾子矣。吾闻出于幽谷、迁于乔木者㉒,未闻下乔木而入于幽谷者。《鲁颂》曰㉓:'戎狄是膺,荆舒是惩㉔。'周公方且膺之,子是之学,亦为不善变矣。""从许子之道,则市贾不贰㉕,国中无伪;虽使五尺之童适市㉖,莫之或欺。布帛长短同,则贾相若;麻缕丝絮轻重同,则贾相若;五谷多寡同,则贾相若;屦大小同,则贾相若。"曰:"夫物之不齐,物之情也㉗。或相倍蓰㉘,或相什百㉙,或相千万;子比而同之㉚,是乱天下也。巨屦小屦同贾㉛,人岂为之哉?从许子之道,相率而为伪者也,恶能治国家?"

【译文】 有一个奉行神农学说的人,名字叫许行,从楚国来到滕国,直接到了滕文公的宫门外,对滕文公说:"我是从远方而来的人,听说您推行仁政,愿意在您的国中得到一处居所做您治下的百姓。"文公给了他房屋。许行有门徒几十个人,都穿着粗麻布做的衣服,以打草鞋、织席子为手段谋生。陈良的弟子陈相和他的弟弟陈辛,背着农具从宋国来到滕国。拜见滕文公说:"听说您推行圣人的治国方式,那么您也是圣人啊,我们愿意做圣人治下的百姓。"陈相见到了许行,非常高兴,把以前所信奉的学说都抛弃了,转投到许行门下向他学习。陈相来拜见孟子,转述许行的话说:"滕君真是个贤明的君主啊。即使如此,还是没有真正懂得治国的道理。贤明的君主和老百姓一起耕作获取食物,管理国家但是还是自己做饭吃。现在滕国有储存粮食和财物的各种仓库,这是盘剥百姓养活自己啊,怎么能称得上是真正的贤明呢?"孟子问:"许先生是自己种庄稼然后收获粮食吃吗?"陈相说:"对。"孟子问:"许先生一定要自己织布然后才做衣服穿吗?"陈相说:"不,许先生穿粗麻布的衣服。"孟子问:"许先生戴帽子吗?"陈相说:"戴。"孟子问:"戴什么帽子?"陈相说:"戴白绢做的帽子。"孟子问:"自己织的白绢吗?"陈相说:"不是,用粮食换的。"孟子问:"许先生为什么不自己织呢?"陈相说:"自己织会妨碍耕种。"孟子问:"许先生用甑釜做饭、用铁犁耕地吗?"陈相说:"是。"孟子问:"这些东西都是自己做的吗?"陈相说:"不是,都是用粮食换的。"孟子说:"用粮食换各种器具,不算是盘剥陶工冶工;陶工冶工用自己制作的器具换粮食,难道就是盘剥农夫吗? 并且许先生为什么不亲自做陶器、铁器,所有的东西都从自己家里取用? 为什么要忙忙碌碌地去与各种工匠进行交换? 许先生不嫌麻烦吗?"陈相说:"各种工匠的工作,本来就不是一边耕作一边就能干得过来的。"孟子说:"那么为什么只有治理天下这项工作能够一边耕种一边做呢? 官吏有官吏的事情,平民有平民的事情。并且一个人的能力有限,其他各种工匠的工作都是为他所需要的。如果一定要自己劳动取得的东西才能够使用,这是引领着天下人去疲于奔命啊。所以说:有的人用心智劳作,有的人用力气劳作。用心智劳作的人管理别人,用力气劳作的人被人管理。被人管理的人奉养别人,管理别人的人被人奉养——这是天下普遍通行的准则啊。在尧帝的时代,天下还没有安定,洪水横流,四处泛滥;杂草树木生长茂盛,飞禽走兽大量繁殖;粮食作物收成不好,猛禽野兽威胁人类;各种鸟兽的活动范围,在当时人们生活的各个区域无所不在。尧一个人为此非常忧虑,提拔了舜进行全面的治理。舜让伯益负责火政,伯益把山间水岸的野草树木都点燃烧掉,各种鸟兽只得逃跑隐藏。大禹负责疏浚各条大河,他疏导济水、漯水,让它们流到海里去;挖开汝水、汉水,疏通淮水、泗水,让它们流到大江里去。做了这些之后,中国才可以生活。这期间,大禹八年的时间都在外奔波,三次经过自己的家门都没有进去,即使想要他耕种,做得到吗?后稷教导人们栽种收割,种植各种作物,各种作物成熟了,便可以养活百姓。人有人自身的规律和规范,吃得饱了,穿得暖了,住得舒适了,如果不对其进行教化,就会和禽兽差不多。圣人为此感到忧虑,任命契做司徒,教给人们人与人之间的基本规范:父子之间有骨肉之亲,君臣之间有礼义之道,夫妻之间有尊卑之别,长幼之间有等级之序,朋友之间有信义之德。尧说:'督促他们,招致他们;教导他们,匡正他们;帮助他们,照顾他们;让他们完善自己的德性,接着再赈济他们,给他们以恩惠。'圣人为老百姓考虑达到如此的地步,哪里有时间耕种呢?尧以没有得到像舜这样的人作为值得自己忧虑的事情,舜以没有得到像禹、皋陶这样的人作为值得自己忧虑的事情。以自己的土地没有种好作为值得自己忧虑的事情的,那是农夫。把自己的钱财分给别人称为'惠',用善行善德教育别人称为'忠',为天下人寻得优秀人才的才称得上'仁'。所以说把天下送给别人这样的事情做起来容易,而为天下寻得优秀的人才才是困难的事情。孔子说:'尧作为君主,真是伟大啊!只有天是最伟大的,也只有尧才能效法天。尧的德行如此浩大啊,老百姓没有合适的词汇赞美它!舜是真正领悟了为君之道啊!高居君位拥有天下,却从来不为自己享受!'尧舜治理天下的时候,难道不是用心智在劳作吗?只是他们从事的不是耕种罢了。我听说过要用中国先进的文化改变四方蛮夷落后观念的说法,没有听说过被蛮夷的落后观念改造的道理。陈良出生于楚国,敬慕周公、孔子的学说,来到北方的中国学习。北方学习这些学说的人,没有人能超过他。他就是人们常说的那种豪杰之士啊。你们兄弟跟随陈良学习了几十年,老师死了之后却背弃了他的思想。想当初孔子去世之后,弟子们守孝满三年之后,将要各自回去,来到子贡的居处与子贡告别,大家相对而哭,痛哭失声,然后才各自回家。子贡又回到孔子的墓地,在坛场上搭建了房子,又独自在那里守孝三年,然后才回家。过了些时候,子夏、子张、子游等人觉得有若与孔子比较相像,想要用服侍孔子的礼节服侍他,并要求曾子也这样做。曾子说:'不能这样做。在江汉之水中洗涤过,在炎炎烈日下暴晒过,孔子是洁白得这样无以复加、无可比拟。'现在许行这个叽里咕噜连人话都说不清楚的南方蛮子,却来指责我们的先王之道,你们却背叛了你们的老师去学习他,和曾子所做的正好截然相反啊。我听说过鸟儿从幽暗的山谷中飞出,迁到高大的乔木上去的事情,却从来没有听说过从高大的树木上飞下来,迁到幽暗的山谷中的道理。《诗经·鲁颂》中说:'打击戎狄,惩罚荆舒。'周公尚且去攻击的国家,你却要向它学习,你真是不学好啊。"陈相说:"遵循许先生的学说,市场上的价格就不会不一致,国家之中就不会再有欺诈行为;即使是年幼无知的儿童到市场上去,也没有人会欺骗他。布匹绸缎的长短一样,价格就差不多;麻缕丝絮的重量一样,价格就差不多;各种粮食的多少一样,价格就差不多;各式鞋子的大小一样,价格也差不多。"孟子说:"东西各有不同,这是它们的本性。因此价格或者相差三倍五倍,或者相差十倍百倍,或者相差千倍万倍。你让它们并列等同起来,这是扰乱天下啊。精致的鞋子和粗劣的鞋子一样的价格,那样谁还做精致的鞋子?遵循许先生的学说,是率领大家争相欺诈,怎么能治理好国家呢?"

【注释】　①为神农之言者:即春秋战国时期诸子百家中的农家,托神农以自重。农家是反映农业生产和农民思想的学术派别,主张劝耕桑,以足衣食。《汉书·艺文志》列为"九流"之一。神农,也称炎帝。我国传说中的太古帝王名,三皇之一。相传他教民为耒耜,务农业,故称神农氏。又传说他曾尝百草,发现药材,教人治病。许行:农家的代表,具体事迹不可考。

②踵门:登门,上门。踵,至,到。

③捆屦:即打草鞋,织鞋子。捆,编织。如《墨子·非命下》有:"多治麻丝葛绪,捆布绺。"屦,单底鞋,多以麻、葛、皮等制成,后亦泛指鞋。如郑玄注《周礼·天官·屦人》"掌王及后之服屦"说:"复下曰舄,禅下曰屦。"

④陈良、陈相:赵岐注曰:"陈良,儒者也。陈相,良之门徒也。"朱熹《集注》曰:"陈良,楚之儒者。"

⑤耒耜:古代耕地翻土的农具,柄称为"耒",下端的起土部分称为"耜"。如郑玄注《礼记·月令》"(孟春之月)天子亲载耒耜,措之于参保介之御间"说:"耒,耜之上曲也。"一说耒耜为两种不同的农具。后以"耒耜"泛指农具的总称。

⑥饔飧(yōngsūn)而治:朱熹《集注》曰:"饔飧,熟食也。朝曰饔,夕曰飧。言当自炊爨以为食,而兼治民事也。"饔飧,熟食,饭食。

⑦厉:虐害,欺压。

⑧素:白色生绢。如孔颖达疏《礼记·杂记下》"纯以素,紃以五采"说:"素,谓生帛。"这里指白色生绢制的帽子。

⑨害:妨碍。如《尚书·旅獒》中有:"不作无益害有益,功乃成。"

⑩釜甑:釜和甑都是古代的炊器名。釜,敛口,圆底,也有的两侧有两只耳。置于灶口,上置甑以蒸煮。有铁制的,也有铜和陶制的。甑,蒸食炊器,其底有孔,最初用陶制,故从"瓦",殷周时代有以青铜制的,后多用木制。爨:烧火煮饭。如杜预注《左传·宣公十五年》中"易子而食,析骸以爨"说:"爨,炊也。"

⑪铁:这里指铁制农具。

⑫陶冶:陶工和铸工。

⑬舍:朱熹《集注》曰:"舍,止也,或读属上句。舍,谓作陶冶之处也。"宫:古代对房屋、居室的通称。宋代费衮《梁谿漫志·古者居室皆称宫》中说:"古者居室贵贱皆通称宫,初未尝分别也。"

⑭纷纷然:忙乱,繁忙的样子。百工:我国古代对各种工匠的统称。

⑮惮烦:怕麻烦。

⑯大人:指在高位者,如《易经·乾卦》中有:"九二:见龙在田,利见大人。"

⑰路:通"露",衰败,疲敝。赵岐注曰:"路谓导人赢困之路。"宋翔凤《孟子赵注补正》说:"《管子·戒篇》:'举齐国之币握路家五十室',王引之曰:'握当为振。路读为露,露家,困穷之家也。'《方言》:'露,败也。'《庄子·渔父》曰:'田荒室露。'《管子·四时篇》:'国家乃路。''路'亦同'露',亦训败也。孟子'率天下而路',赵注谓'赢困之路',义与《管子》同。"

⑱劳心:动脑筋,费心思。

⑲劳力:从事体力劳动。

⑳食(sì):动词,供养,喂养。如《诗经·豳风·七月》中:"九月叔苴,采荼薪樗,食我农夫。"

㉑横流:朱熹《集注》曰:"横流,不由其道而散溢妄行也。"

㉒畅茂:旺盛繁茂。

㉓繁殖:指生物的滋生增殖。朱熹《集注》曰:"繁殖,众多也。"

㉔五谷:五种谷物,所指多有不同。如赵岐注下文"树艺五谷,五谷熟而民人育"说:"五谷谓稻、黍、稷、麦、菽也。"郑玄注《周礼·天官·疾医》中"以五味、五谷、五药养其病"说:"五谷,麻、黍、稷、麦、豆也。"王逸注《楚辞·大招》中"五谷六仞"说:"五谷,稻、稷、麦、豆、麻也。"王冰注《素问·藏气法时论》中"五谷为养"说:"谓粳米、小豆、麦、大豆、黄黍也。"《苏悉地羯啰经》卷中说:"五谷谓大麦、小麦、稻谷、大豆、胡麻。"后以五谷为谷物的通称,不一定限于五种或哪五种。登:成熟,丰收。如高诱注《淮南子·主术训》"岁登谷丰,乃始县钟鼓,陈干戚"说:"登,成也。年谷丰熟也。"

㉕逼:逼迫,威胁。

㉖交:错杂,交错。

㉗敷:施予,施行。赵岐注曰:"敷,治也。《书》曰:'禹敷土。是言治其土也。'"

㉘益：人名，即伯益，相传为尧、舜时大臣。如《尚书·舜典》中有："帝曰：'俞！咨益，汝作朕虞。'"

㉙烈：烤，烧。

㉚九河：禹时黄河的九条支流。《尚书·禹贡》中有："九河既道。"陆德明释文引《尔雅·释水》说："九河：徒骇一，太史二，马颊三，覆釜四，胡苏五，简六，洁七，钩盘八，鬲津九。"

㉛瀹（yuè）：疏通水道，使水流通畅。

㉜济、漯：都是古水名。济，古四渎之一。《周礼·夏官·职方氏》、《汉书·地理志》、《说文》中作"沛"，其他书均作"济"。包括黄河南北两部分。发源于今河南济源县西王屋山，今下游已为黄河所占。漯（tà），漯水，为古黄河的支流，其河道屡有变迁。

㉝汝、汉：都是古水名。汝水源出今河南省鲁山县大盂山，流经宝丰、襄城、郾城、上蔡、汝南，注入淮河。汉水也称汉江，现为长江最长的支流。发源于今陕西省宁强县，流经湖北省，在武汉市入长江。

㉞淮、泗：水名。淮即淮河，现为我国第四大河。源出河南省桐柏山，东流经河南、安徽等省到江苏省入洪泽湖。洪泽湖以下，主流出三河经高邮湖由江都县三江营入长江。全长约 1000 公里，流域面积 18.7 万平方公里。下游原有入海河道，公元 1194 年黄河夺淮后，河道淤高，遂逐渐以入江为主。泗即泗水，源于今山东省泗水县东，源头为四源并发，故名。

㉟江：指长江。

㊱后稷：周朝的先祖。《史记·周本纪》记载："周后稷，名弃。其母有邰氏女，曰姜原。姜原为帝喾元妃。姜原出野，见巨人迹，心忻然说，欲践之，践之而身动如孕者。居期而生子，以为不祥，弃之隘巷，马牛过者皆辟不践；徙置之林中，适会山林多人，迁之；而弃渠中冰上，飞鸟以其翼覆荐之。姜原以为神，遂收养长之。初欲弃之，因名曰弃。弃为儿时，屹如巨人之志。其游戏，好种树麻、菽，麻、菽美。及为成人，遂好耕农，相地之宜，宜谷者稼穑焉，民皆法则之。帝尧闻之，举弃为农师，天下得其利，有功。帝舜曰：'弃，黎民始饥，尔后稷播时百谷。'封弃于邰，号曰后稷，别姓姬氏。"稼穑：耕种和收获，泛指农业劳动。

㊲树艺：种植，栽培。亦作"树蓺"。如《周礼·地官·大司徒》有："辨十有二壤之物，而知其种，以教稼穑树蓺。"贾公彦疏曰："教民春稼秋穑，以树其木，以蓺黍稷也。"

㊳育：指生存繁衍。

㊴逸居：即安居。教：即道德教化。中国古代很早就有"教"字和"教"的观念出现。在中国现存最古老的文字甲骨文中，"教"除用做人名和地名外，做动词用时，基本都是"教导"的意思。金文中，"教"的含义与甲骨文中大体相同。随着文化的发展和人们认识水平的日益提高，人们对"教"字含义的理解也逐渐细化、深入和丰富，给予它不同的训释，但总体来说，各种理解都没有对"教"字的原始意义发生太大的偏离，是指施教者通过一定的手段向受教者传授相关知识并影响受教者行为的一种活动。许慎《说文解字》中说："教，上所施下所效也。从攴，从孝。凡教之属皆从教。""攴"的字形像一只手

拿着鞭子,《说文解字》中将其解释为"小击",即轻轻击打的意思。"孝",段玉裁解释说,即"效也"。对"教"字的这种解释和甲骨文中所见字形是一致的。根据这种理解,"教"就是施教者通过鞭策、激励的手段,促使受教者在行为上遵循事先确定的规范和要求。汉代刘熙的《释名》中说:"教,效也。下所法效也",与《说文解字》中的解释大致相同。

⑩契:相传为商朝的祖先。《史记·殷本纪》记载:"殷契,母曰简狄,有娀氏之女,为帝喾次妃。三人行浴,见玄鸟堕其卵,简狄取吞之,因孕生契。契长而佐禹治水有功。帝舜乃命契曰:'百姓不亲,五品不训,汝为司徒而敬敷五教,五教在宽。'封于商,赐姓子氏。契兴于唐、虞、大禹之际,功业著于百姓,百姓以平。"司徒:古代官名,相传少昊始置。《通典·职官典》中说:"少昊挚之立也,凤鸟适至,故鸟纪,为鸟师而鸟名。……祝鸠氏,司徒也。"注曰:"祝鸠,鹪鸠也。鹪鸠孝,故为司徒,主教民。"(《通典》卷十九)"司徒"作为以国家的土地和人民的教化为主要职责的官吏,历代因之。周时为六卿之一,称地官大司徒。

⑪放勋:帝尧的名字。《史记·五帝本纪》说:"帝喾崩,而挚代立。帝挚立,不善(崩),而弟放勋立,是为帝尧。""帝尧者,放勋。其仁如天,其知如神。"

⑫自得:指自得其善性。

⑬振德:赵岐注中以为"振其羸穷,加德惠",以"振"为救济,"德"为对人民施恩惠。朱熹《集注》中则说:"提撕警觉以加惠焉,不使其放逸怠惰而或失之。"今从前说。

⑭皋陶(gāoyáo):传说虞舜时的司法官。《尚书·舜典》中有:"帝曰:'皋陶,蛮夷猾夏,寇贼奸宄,汝作士。'"

⑮易:整治,治理。

⑯大哉,尧之为君!惟天为大,惟尧则之。荡荡乎民无能名焉!君哉舜也!巍巍乎有天下而不与焉:《论语·泰伯》中有:"子曰,巍巍乎舜禹之有天下也,而不与焉?""子曰,大哉尧之为君也!巍巍乎唯天为大,唯尧则之。荡荡乎民无能名焉。巍巍乎其有成功也!焕乎其有文章!"与此句表达的意思相似。则,效法。荡荡乎,广大辽阔的样子。名,说得出。君哉,指得到了为君主之道。巍巍,高大的样子。不与,朱熹《集注》曰:"不与,犹言不相关,言其不以位为乐也。"

⑰亦:只不过。

⑱用夏变夷:用华夏民族的礼仪文化教化边疆落后的各少数民族,使之接受先进的华夏文明。朱熹《集注》曰:"夏,诸夏礼义之教也。变夷,变化蛮夷之人也。变于夷,反见变化于蛮夷之人也。"

⑲楚产:生于楚国。产,生。

⑳先:超过。

㉑倍:同"背"。

㉒没(mò):通"殁"。死,去世。另如《周易·系辞下》中:"包牺氏没,神农氏作。"《论语·学而》中:"父在,观其志;父没,观其行。"

㉓三年:朱熹《集注》曰:"三年,古者为师心丧三年,若丧父而无服也。"

㉔任:担。赵岐注曰:"任,担也。"焦循《正义》曰:"郊特牲注云,'孕,任子也。'孕怀

抱在前,则‘任’之为‘抱’,其本义也。因而担于肩者,载于车者,通谓之任,散言之则通也。”

(55)揖:揖别。

(56)场:即坛场,祭坛旁的平地。赵岐注曰:“场,孔子冢上祭祀坛场也。”

(57)子夏、子张、子游以有若似圣人,欲以所事孔子事之:《史记·仲尼弟子列传》中记载:“孔子既没,弟子思慕,有若状似孔子,弟子相与共立为师,师之如夫子时也。他日,弟子进问曰:‘昔夫子当行,使弟子持雨具,已而果雨。弟子问曰:‘夫子何以知之?’夫子曰:‘诗不云乎?月离于毕,俾滂沱矣。昨暮月不宿毕乎?’他日,月宿毕,竟不雨。商瞿年长无子,其母为取室。孔子使之齐,瞿母请之。孔子曰:‘无忧,瞿年四十后当有五丈夫子。’已而果然。问夫子何以知此?’有若默然无以应。弟子起曰:‘有子避之,此非子之座也!’”与此处孟子所述略有出入。

(58)濯:洗涤。

(59)秋阳:即烈日。赵岐注曰:“秋阳,周之秋,夏之五六月,盛阳也。”周代的历法,七八月相当于今日农历的五六月,所以周时所谓秋阳,其实是今天所说的夏天的太阳。暴(pù):晒。

(60)皜皜乎:洁白、高洁貌。尚:加。

(61)鴃(jué)舌:像伯劳一样啼聒,比喻语言难懂。鴃,又作“鴂”。鸟名,一般称伯劳。如《大戴礼记·夏小正》中有:“鴂则鸣。鴂者,百鷯也。”王聘珍解诂引邵晋涵《尔雅正义》说:“李巡云:‘伯劳一名鶪,通作鴂。’”

(62)出于幽谷、迁于乔木:指鸟儿从幽暗的山谷中飞出,栖止在高大的乔木上。《诗经·小雅·伐木》有:“伐木丁丁,鸟鸣嘤嘤。出自幽谷,迁于乔木。”

(63)鲁颂:《诗经》305篇共分为风、雅、颂三大类,其中,颂分为周颂、鲁颂和商颂,共40篇。颂大部分都是国君祭祀宗庙的乐歌。

(64)戎狄是膺,荆舒是惩:出自《诗经·鲁颂·閟宫》。膺,伐击。荆,楚国的旧称。如杜预注《春秋·庄公十年》“秋,九月,荆败蔡师于莘”说:“荆,楚本号,后改为楚。”舒,春秋时国名。故地在今安徽省庐江县西南,靠近楚。

(65)贾:“价”的古字,价格,价钱。如《礼记·王制》有:“命市纳贾,以观民之所好恶,志淫好辟。”郑玄注曰:“贾,谓物贵贱厚薄也。”

(66)五尺之童:指幼小无知的儿童。古代的尺短,五尺相当于现在的一米左右。

(67)情:本性。如高诱注《吕氏春秋·上德》“变容改俗,而莫得其所受之,此之谓顺情”说:“情,性也,顺其天性也。”又注《淮南子·本经训》“天爱其精,地爱其平,人爱其情”说:“情,性也。”

(68)蓰(xǐ):五倍。赵岐注曰:“蓰,五倍也。”

(69)什百:又作“什佰”、“什伯”,即十倍、百倍。

(70)比:平列,齐同,等同。如杨倞注《荀子·不苟》“山渊平,天地比”说:“比,谓齐等也。”

(71)巨屦小屦:一说为粗鞋子、细鞋子。如赵岐注曰:“巨,粗屦也,小,细屦也。”一说为大鞋子、小鞋子。如朱熹《集注》中称其为"大屦小屦"。今从前说。

【评解】 在这一章中,孟子驳斥了农家否认社会分工的必要性和合理性的观点,认为一个社会如果要正常运转,没有社会分工是不可能的。正是在此意义上,他提出了"劳心者治人,劳力者治于人;治于人者食人,治人者食于人"的观点。社会分工是生产力发展到一定阶段的必然产物,也是社会进步的标志。如果我们仅仅从社会分工和保证整个社会正常运转的角度来看,应当说,孟子的这一思想是有见地的,他正确地认识到了社会历史发展的规律,而并不纯粹是为剥削者的剥削行为做辩护。

墨者夷之①,因徐辟而求见孟子②。孟子曰:"吾固愿见,今吾尚病,病愈,我且往见。夷子不来。"他日又求见孟子。孟子曰:"吾今则可以见矣。不直则道不见③,我且直之。吾闻夷子墨者,墨之治丧也,以薄为其道也④。夷子思以易天下⑤,岂以为非是而不贵也?然而夷子葬其亲厚,则是以所贱事亲也。"徐子以告夷子。夷子曰:"儒者之道,古之人'若保赤子'⑥,此言何谓也?之则以为爱无差等⑦,施由亲始。"徐子以告孟子。孟子曰:"夫夷子信以为人之亲其兄之子为若亲其邻之赤子乎?彼有取尔也。赤子匍匐将入井⑧,非赤子之罪也。且天之生物也使之一本,而夷子二本故也。盖上世尝有不葬其亲者⑨,其亲死则举而委之于壑。他日过之,狐狸食之,蝇蚋姑嘬之⑩。其颡有泚⑪,睨而不视⑫。夫泚也,非为人泚,中心达于面目。盖归反虆梩而掩之⑬。掩之诚是也。则孝子仁人之掩其亲,亦必有道矣。"徐子以告夷子。夷子怃然为间曰⑭:"命之矣⑮。"

【译文】 墨家学派的信奉者夷之凭借着徐辟的关系要求拜访孟子。孟子说:"我本来打算见他,现在我还在生病,等我病好了,我亲自去拜访他。夷之先生就不必过来了。"过了一段时间,夷之又要求见孟子。孟子说:"我现在可以见他了。可是,如果不直率,就不能够把道理说清楚,我就直截了当说吧。我听说夷之先生是墨家的信徒,墨家办丧事的时候,以节俭作为原则。夷之先生想以这一原则来改善天下的风俗,也自然是认为不这样做是不值得推崇的。可是夷之先生安葬他自己的父母时,却是相当丰厚。这是以他所认为卑贱的方式对待他的父母啊。"徐辟把孟子所说的话转告夷之。夷之说:"按照儒家的学说,古代的人像呵护婴儿一般地爱护百姓,这句话是什么意思呢?我认为这是说爱别人的时候没有亲疏远近的差别,实行起来却要从自己的父母开始。"徐辟又把夷之的话转告给孟子。孟子说:"夷之先生难道真的认为一个人会爱自己哥哥家的孩子和爱邻居家的婴儿是一样的吗?他只是抓住了事情的一方面。一个婴儿爬行着将要掉到井里去了,这不是孩子的过错(因此谁看见都会去救,但这并不是因为爱无差等,是人恻隐的天性使然)。况且天生万物,都使其有一个根源(父母),可是夷之先生却以为有两个根源,所以他才认为爱无差等。远古的时候,有的人不安葬父母,父母死了之后就抬着扔到山谷之中。过了一段时间又经过的时候,看到狐狸等野兽正在吃他父母的肉,苍蝇蚊虫正在他父母身上吮吸。他的额头上当时大汗淋漓,斜着眼睛不敢正视。之所以大汗淋漓,并不是为了别人流的,而是内心强烈的感情表露于外了。于是他回到家里取来工具,取土把他的父母埋葬起来。埋葬起来是完全正确的。然而,孝子仁人掩埋其父母,也一定是要遵守一定的原则的。"徐辟将孟子的话转告了夷之。夷之怅然地停了一会说:"我明白了。"

【注释】 ①墨者:信奉墨家学说的人。墨家是中国先秦时期最重要的学术派别之一,创始人为春秋与战国之交的墨子。墨子,名翟,鲁国人。《汉书·艺文志》中说:"墨家者流,盖出于清庙之守,茅屋采椽,是以贵俭;养三老五更,是以兼爱;选士大射,是以上贤;宗祀严父,是以右鬼;顺四时而行,是以非命;以孝视天下,是以上同。"夷之:墨家学者,事迹不可考。

②徐辟:孟子的弟子。

③见:同"现"。

④墨之治丧也,以薄为其道也:墨子明确反对儒家的厚葬思想,主张"节葬"。

⑤易天下:朱熹《集注》曰:"易天下,谓移易天下之风俗也。"

⑥古之人"若保赤子":《尚书·康诰》中有:"若保赤子,惟民其康乂。"朱熹认为这是"夷子引之,盖欲援儒而入于墨,以拒孟子之非己"。赤子,婴儿。孔颖达疏曰:"子生赤色,故言赤子。"颜师古注《汉书·贾谊传》"故自为赤子而教固已行矣"也说:"赤子,言其新生未有眉发,其色赤。"

⑦之:赵岐注曰:"之,夷子名也。"

⑧匍匐:爬行。

⑨上世:远古时代。另如《商君书·开塞》中有:"上世亲亲而爱私,中世上贤而说仁,下世贵贵而尊官。"

⑩蝇蚋姑嘬之:蚋,蚊类害虫,体形像苍蝇但比苍蝇小,吸人畜血液。一说蚋姑应连读,即蝼蛄。姑嘬,用嘴吸吮。姑,通"盬"。焦循《正义》曰:"姑与《方言》盬同,即咀也,谓蝇与蚋同咀嘬之也。"嘬(chuài),咬,叮。

⑪颡(sǎng):额头。泚(cǐ)冒汗,汗出貌。赵岐注曰:"泚,汗出泚泚然也。"

⑫睨而不视:睨,斜着眼看,斜视。视,正视,正眼看。朱熹《集注》曰:"睨,邪视也。

视,正视也。不能不视,而又不忍正视,哀痛迫切,不能为心之甚也。"

⑬虆梩(léilí):赵岐注曰:"虆梩,笼臿之属,可以取土者也。"朱熹《集注》曰:"虆,土笼也。梩,土舁也。"虆,古代的一种盛土器。梩,锹锸一类的起土用具。焦循《正义》曰:"梩,同枱,可以臿地揠土者。"

⑭怃然为间:赵岐注曰:"夷子怃然者,犹怅然也。为间者,有顷之间也。"朱熹《集注》曰:"怃然,茫然自失之貌。为间者,有顷之间也。"

⑮命:教。

【评解】 春秋战国时期,诸子百家各自从不同的立场出发,纷纷阐明自己的政治观点、伦理思想,并相互之间展开激烈的辩论。墨家从维护小生产者利益的角度出发,针对儒家提出的"厚葬"、"爱有差等"等主张,明确提出了"节葬"、"兼爱"等思想。其中,"兼爱"可以说是墨家思想的核心,他们主张爱别人就如同爱自己一样,爱别人的亲人就如同爱自己的父母一样,从而向往一种没有高低贵贱之分、没有远近亲疏之别的完全平等的社会秩序。墨家的社会蓝图虽然很美好,但是在封建社会初期无疑只是一种幻想,既不符合生产力发展的水平,又不符合人们一般的心理。儒家重视尊卑秩序、重视孝悌等德性,主张在践行道德时应"能近取譬",关爱别人要从身边的人做起。这种观点虽然有维护宗法等级制度的作用,但却是与当时的社会历史阶段相适应的。

滕文公章句下

陈代曰①："不见诸侯，宜若小然②。今一见之③，大则以王，小则以霸。且《志》曰：'枉尺而直寻④。'宜若可为也。"孟子曰："昔齐景公田⑤，招虞人以旌，不至⑥，将杀之。'志士不忘在沟壑，勇士不忘丧其元⑦。'孔子奚取焉⑧？取非其招不往也。如不待其招而往，何哉？且夫'枉尺而直寻'者，以利言也。如以利，则枉寻直尺而利，亦可为与？昔者赵简子使王良与嬖奚乘⑨，终日而不获一禽。嬖奚反命曰：'天下之贱工也。'或以告王良，良曰：'请复之。'强而后可，一朝而获十禽。嬖奚反命曰：'天下之良工也。'简子曰：'我使掌与女乘⑩。'谓王良。良不可，曰：'吾为之范我驰驱⑪，终日不获一；为之诡遇⑫，一朝而获十。《诗》云：'不失其驰，舍矢如破⑬。'我不贯与小人乘⑭，请辞。'御者且羞与射者比⑮。比而得禽兽，虽若丘陵，弗为也。如枉道而从彼，何也？且子过矣，枉己者，未有能直人者也。"

【译文】　陈代说："不去与各国诸侯见面，似乎有些器量太小了吧。如今一旦与诸侯见面，大则可以帮他们用仁德一统天下，小则可以帮他们称霸诸侯。况且《志》中也说过：'弯曲时长一尺，拉直了就可长一寻。'似乎可以去做啊。"孟子说："当初齐景公有一次出去打猎，用旌旗召唤管理山泽的虞人，虞人没有应召而来，齐景公要处死他。（孔子知道此事之后称赞他说：）'有志气的人不怕弃尸于沟谷，有勇气的人不怕丢掉脑袋。'孔子看重的是他哪一点呢？看重的就是不被按照礼制召唤他就不听从。如果不等到召唤就主动前往，那又算怎么回事呢？况且'弯曲时长一尺，拉直了就可长一寻'这句话，是从求利的角度来说的。如果从求利的角度说，即使弯曲时一寻拉直了一尺，如果能够得利，难道也可以这样做吗？当初赵简子派王良给他的宠臣奚驾车，一整天的时间也没有打到一只猎物。奚返回后向赵简子报告说：'王良真是天下最拙劣的驾车人。'有人把这件事告诉了王良，王良说：'让我再驾一次吧。'费了好大力气奚才同意,结果一早上的时间就打了十只飞禽。奚回来之后向赵简子报告说:'王良真是天下最优秀的驾车人。'赵简子说:'我让他专门给你驾车吧。'赵简子把这个打算告诉王良,王良不同意,说:'我替他按照规矩驾车行进,一天也没有打着一个猎物;我不按礼法替他驾车,结果一早上打了十只。《诗经》中说:'驾车飞驰按礼法,射出利箭中目标。'我不习惯给小人驾车,这事我不干。'一个驾车的尚且羞于与卑劣的射手为伍。即使二人为伍猎获的禽兽堆积得像丘陵一样,也不去做。假如我们歪曲了我们的观念而去屈从于他人,又是为什么呢?况且你错了,让自己扭曲的人,从来没有能够使他人正直的。"

【注释】 ①陈代:孟子的弟子。

②小:朱熹《集注》曰:"小,谓小节也。"意思是器量小。

③一:一旦,一经。

④枉:弯曲。寻:古代长度单位,一般为八尺。

⑤田:打猎。

⑥招虞人以旌,不至:虞人,古代掌管山泽苑囿的管理。旌,古代用牦牛尾或兼五彩羽毛饰竿头的旗子。赵岐注曰:"虞人,守苑囿之吏也,招之当以皮冠,而以旌,故招之而不至也。"《左传·昭公二十年》中记载:"齐侯田于沛,招虞人以弓,不进,公使执之。辞曰:'昔我先君之田也,旃以招大夫,弓以招士,皮冠以招虞人。臣不见皮冠,故不敢进。'乃舍之。仲尼曰:'守道不如守官,君子韪之。'"孟子所言当指此事,但稍有出入。

⑦元:脑袋,头。

⑧取:这里是看重或表示肯定的意思。

⑨赵简子:即赵鞅,春秋末年晋国的正卿。他战胜了中行氏和范氏,扩大了赵国的封地,为以后赵国的建立奠定了基础。王良:先秦时期的善御者。嬖奚:赵简子的宠幸小臣。嬖,宠爱,得宠。如韦昭注《国语·郑语》时说:"以邪辟取爱曰嬖。"奚,宠臣的名字。

⑩掌:掌管,专门。

⑪范:纳入轨范,使依规矩行事,控制。驰驱:策马疾驰。

⑫诡遇:指违背礼法,驱车横射禽兽。赵岐注曰:"横而射之,曰诡遇,非礼之射,则能获十。"朱熹《集注》曰:"诡遇,不正而与禽遇也。"

⑬不失其驰,舍矢如破:出自《诗经·小雅·车攻》。赵岐注曰:"言御者不失其驰驱之法,则射者必中之。顺毛而入,顺毛而出,一发贯臧,应矢而死者如破矣,此君子之射也。"舍,发,发射。如破,犹"而破"。

⑭贯:同"惯",习惯。

⑮比:同列,合作。

【评解】 对于真正的"士"来说,节操和气节比生命还重要,这一直是中国传统知识分子的一个优良传统。孟子这里提出的不可"枉尺而直寻"的观点,就是对做人的原则和气节的强调。一个人如果丧失了做人的气节和原则,即使能够侥幸获得名和利,在孟子看来,也是不值得羡慕的。孟子的这种思想,是对孔子正人先正己,"不义而富且贵,于我如浮云"等思想的继承,同时也对后世的学者产生了深远的影响。

景春曰①:"公孙衍②、张仪岂不诚大丈夫哉③?一怒而诸侯惧,安居而天下熄④。"孟子曰:"是焉得为大丈夫乎?子未学礼乎?丈夫之冠也⑤,父命之;女子之嫁也,母命之,往送之门,戒之曰:'往之女家⑥,必敬必戒,无违夫子⑦。'以顺为正者,妾妇之道也⑧。居天下之广居,立天下之正位,行天下之大道⑨;得志,与民由之⑩,不得志,独行其道;富贵不能淫⑪,贫贱不能移⑫,威武不能屈⑬,此之谓大丈夫。"

【译文】 景春说:"公孙衍、张仪这样的人,难道不是真正的大丈夫吗?一旦发怒,就会使诸侯恐惧,安静下来,天下就太平无事。"孟子说:"这样的人哪能称得上是大丈夫呢?你没有学习过礼吗?男子举行冠礼时,父亲要有所教导;女子出嫁之时,母亲要进行教导。母亲把她送出家门,教导她说:'到你丈夫家里,一定要恭敬谨慎,不要违背你丈夫的意志。'把顺从作为立身基本规范的,这是妇女的为人之道。置身于天下最宽广的住所,立足于天下最正确的位置,行走于天下最开阔的大道;得志的时候和天下的民众一起实现自己的主张,不得志的时候一个人坚持自己的信念;富贵不能够迷惑其心智,贫贱不能够动摇其追求,威武不能够压服其信念,这样的人才可以称其为大丈夫。"

【注释】 ①景春:赵岐注曰:"景春,孟子时人,为纵横之术者。"
②公孙衍:即战国时期著名说客犀首。《史记·张仪列传》中说:"犀首者,魏之阴晋人也,名衍,姓公孙氏。""张仪已卒之后,犀首入相秦。尝佩五国之相印,为约长。"
③张仪:战国时期著名的纵横家,魏国人,游说六国连横服从秦国。
④熄:战火停止。
⑤冠:即冠礼。古代男子二十岁举行的加冠之礼,表示其已经成人。细节可参考《仪礼·士冠礼》。
⑥女家:即夫家。朱熹《集注》曰:"女家,夫家也。妇人内夫家,以嫁为归也。"
⑦夫子:即丈夫。
⑧妾妇:泛指妇女。
⑨居天下之广居,立天下之正位,行天下之大道:赵岐注曰:"广居,谓天下也。正

位,谓男子纯乾正阳之位也。大道,仁义之道也。"朱熹《集注》曰:"广居,仁也。正位,礼也。大道,义也。"

⑩由:行,奉行。如《礼记·经解》有"是故隆礼由礼,谓之有方之士。"孔颖达疏曰:"由,行也。"

⑪淫:惑乱,迷惑。赵岐注曰:"淫,乱其心也。"

⑫移:动摇,摇动。赵岐注曰:"移,易其行也。"

⑬屈:屈服,妥协。赵岐注曰:"屈,挫其志也。"

【评解】 孟子在这一章中所提出的:"居天下之广居,立天下之正位,行天下之大道;得志与民由之,不得志,独行其道;富贵不能淫,贫贱不能移,威武不能屈,此之谓大丈夫。"两千多年来在中国可谓家喻户晓。"大丈夫"是孟子所提出的理想人格,是对孔子的"君子"人格的发展。孟子认为,一个人如果要成为"大丈夫",不但要有经纬天地的才能,更要有优良的品德、高尚的节操、独立的人格和清醒的头脑。孟子提出的"大丈夫"的人格理想,不但是他的高尚人格的写照,而且也感召了一代代的仁人志士,成为中华民族精神的一个重要组成部分。

周霄问曰①:"古之君子仕乎?"孟子曰:"仕。传曰:'孔子三月无君②,则皇皇如也③。出疆必载质④。'公明仪曰:'古之人三月无君则吊⑤。'""三月无君则吊,不以急乎?"曰:"士之失位也,犹诸侯之失国家也。《礼》曰:'诸侯耕助,以供粢盛。夫人蚕缫,以为衣服。牺牲不成,粢盛不洁,衣服不备,不敢以祭。惟士无田,则亦不祭⑥。'牺杀器皿衣服不备⑦,不敢以祭,则不敢以宴,亦不足吊乎?""出疆必载质,何也?"曰:"士之仕也,犹农夫之耕也。农夫岂为出疆舍其耒耜哉?"曰:"晋国亦仕国也⑧,未尝闻仕如此其急。仕如此其急也,君子之难仕,何也?"曰:"丈夫生而愿为之有室⑨,女子生而愿为之有家⑩。父母之心,人皆有之。不待父母之命、媒妁之言⑪,钻穴隙相窥⑫,逾墙相从,则父母、国人皆贱之。古之人未尝不欲仕也,又恶不由其道。不由其道而往者,与钻穴隙之类也。"

【译文】 周霄问孟子:"古代的君子也做官吗?"孟子说:"做。史传中记载:'孔子三个月没有君主起用他,就一副彷徨不安的样子。离开一个国家的时候,一定带着拜见国君的礼品。'公明仪说:'古代的人,如果三个月没有君主任用,就要去安慰他。'"周霄说:"三个月没被君主任用就要安慰,这不是显得太急切了吗？"孟子说："士失掉了官位，就像诸侯失去国家一样。《礼》中说：'诸侯亲自耕种，为了提供祭祀用的谷物。国君的夫人亲自养蚕缫丝，为了准备祭祀用的服装。作为祭品的牲畜不肥美，用于祭祀的谷物不洁净，祭祀穿的服装没有准备齐备，不敢用以进行祭祀。士没有作为祭田的土地，也不能进行祭祀。'祭品、祭具、祭服不齐备，不敢用以进行祭祀，那么也就不敢集会宴饮，难道还不应该安慰吗？"周霄问："离开一个国家一定要带着礼品，为什么呢？"孟子说："士人做官，就像农夫种地一样。农夫难道有为了离开国家而丢弃他的农具的吗？"周霄说："魏国也是一个可以做官的国家，我没有听说过为了做官而显得如此急切的。做官的愿望如此迫切，而君子又不轻易真正做官，这是为什么呢？"孟子说："男子一出生，亲人就期望他能找到妻子；女子一出生，亲人就期望她能找到丈夫。父母的这种心情，是每个人都有的。然而，如果等不到父母的安排，不经过媒人的介绍，就私自钻墙洞扒门缝相互偷看，爬过墙去相互约会，那么，父母和老百姓们都会认为这种行为下贱。古代的人没有不愿意做官的，又都讨厌做官不通过正当的途径。不经过正当的途径而去做官，这和钻墙洞扒门缝是一样的。"

【注释】 ①周霄：赵岐注曰："周霄，魏人也。"此人又见于《战国策·魏策》。《战国策》卷二十三《魏二》记载："魏文子、田需、周霄相善，欲罪犀首。犀首患之，谓魏王曰：'今所患者，齐也。婴子言行于齐王，王欲得齐，则是不召文子而相之？彼必务以齐事王。'王曰：'善。'因召文子而相者。犀首以倍田需、周霄。"

②无君：朱熹《集注》曰："无君，谓不得仕而事君也。"

③皇皇：惶恐、彷徨不安的样子。皇，通"惶"。如：形容词后缀，犹"然"。

④出疆：朱熹《集注》曰："出疆，谓失位而去国也。"载：携带，带着。质：通"贽"，古代相见时所送的礼物。

⑤吊：慰问。

⑥诸侯耕助，以供粢盛。夫人蚕缫，以为衣服。牺牲不成，粢盛不洁，衣服不备，不敢以祭。惟士无田，则亦不祭：《礼记·祭义》中有："诸侯为藉百亩，冕而青纮，躬秉耒，以事天地、山川、社稷、先古，以为醴酪齐盛，于是乎取之，敬之至也。""岁既殚矣，世妇卒蚕，奉茧以示于君，遂献茧于夫人。夫人曰：'此所以为君服与？'遂副袆而受之，因少牢以礼之。古之献茧者，其率用此与！及良日，夫人缫，三盆手，遂布于三宫夫人世妇之吉者使缫；遂朱绿之，玄黄之，以为黼黻文章。服既成，君服以祀先王先公，敬之至也。"《礼记·王制》中有："大夫、士宗庙之祭，有田则祭，无田则荐。"《礼记·祭统》中有："天子亲耕于南郊，以共齐盛；王后蚕于北郊，以共纯服。诸侯耕于东郊，亦以共齐盛；夫人蚕于北郊，以共冕服。"意思和孟子这里所说的差不多，但孟子所引具体出自何处，不得而知。耕助，即藉田，古代天子、诸侯征用民力耕种的田。每逢春耕前，天子、诸侯躬耕藉田，以示对农业的重视。藉，又作"籍"。杨伯峻《孟子译注》说："耕助——此二字为连绵动词，

和下文'蚕缲'相对成文。'助'即'藉'(《说文》作'耤',云,'帝耤千亩也。'经传多作'藉')。《滕文公上》已云:'助者,藉也。'故知《孟子》此处实假'助'为'藉'。古者天子有藉田千亩,诸侯百亩,于每年孟春,率三公九卿诸侯大夫躬耕。天子三推,三公五推,卿、诸侯、大夫九推(见《吕氏春秋·孟春纪》)。则天子他们之耕田,不过做做样子罢了,其实仍须假借人民的力量以为之,所以这田便叫'藉田',而耕种这种'藉田',也叫'藉'。《国语·周语上》:'宣王即位,不籍千亩。'卢植曰:'藉,耕也。'《左传》昭公十八年云:'鄅人藉稻。'《正义》引服虔《注》云:'藉,耕种于藉田也。'正是此'助'字之义。"[1]粢,即谷物稷,也特指祭祀用的谷物。粢盛,古代盛在祭器内以供祭祀的谷物。如何休注《春秋公羊传·桓公十四年》中"御廪者何?粢盛委之所藏也"说:"黍稷曰粢,在器曰盛。"夫人,先秦时期专指诸侯之妻。如《礼记·曲礼下》中说:"公侯有夫人,有世妇,有妻,有妾。"《论语·季氏》中也有:"邦君之妻,君称之曰夫人。夫人自称曰小童。"孔颖达疏曰:"邦君之妻者,诸侯之夫人也。"蚕缲,养蚕抽丝。缲,抽茧出丝。衣服,这里指祭祀时穿的服装。牺牲,供祭祀用的纯色全体的牲畜。成,丰盛,赵岐注曰:"不成,不实肥腯也。"

⑦牲杀:即上文"牺牲",又作"牲杀"。王夫之《孟子稗疏》中说:"畜牧曰牲,渔猎曰杀。大夫用麋,士用兔,皆渔猎所获,所谓杀也。"器皿:这里指祭祀用的各种器具。

⑧晋国:即魏国。详见上文《梁惠王上》注。因周霄是魏人,所以这里以其父母之邦为例。仕国:即可以出仕之国。朱熹《集注》曰:"仕国,谓君子游宦之国。"

⑨室:即妻子。

⑩家:这里指丈夫。

⑪媒妁:说合婚姻的人。媒,谓谋合二姓者。《说文》中说:"媒,谋也,谋合二姓。"妁,谓斟酌二姓者。《说文》中说:"妁,酌也,斟酌二姓者也。"一说男方曰媒,女方曰妁。

⑫穴隙:孔穴,洞孔。

【评解】 儒家是主张积极"入世"的,从孔子"栖栖惶惶,如丧家之犬"般奔波于诸侯国之间可以证明这一点,孟子"后车数十乘,从者数百人,以传食于诸侯"也可以证明这一点。但是,在孔子和孟子等儒家思想家眼里,虽然出仕以使自己的抱负和主张实现是人生的追求,但是,如果不是靠道义去做官,做了官之后不能实现自己的"道",单纯为做官而做官,甚至为名利而做官,都是不可取的。这也就是孔子所说的,"道不行",宁愿"乘桴浮于海"。

彭更问曰①:"后车数十乘②,从者数百人,以传食于诸侯③,不以泰乎④?"孟子曰:"非其道,则一箪食不可受于人。如其道,则舜受尧之天下,不以为泰。子以为泰乎?"曰:"否。士无事而食,不可也。"曰:"子不通功易事⑤,以羡补不足⑥,则农有余粟,女有余布。子如通之,则梓匠轮舆皆得食于子⑦。于此有人焉,入则孝,出则悌⑧,守先王之道,以待后之学者⑨,而不得食于子。子何尊梓匠轮舆而轻为仁义者哉?"曰:"梓匠轮舆,其志将以求食也⑩。君子之为道也,其志亦将以求食与?"曰:"子何以其志为哉?其有功于子,可食而食之矣。且子食志乎?食功乎?"曰:"食志。"曰:"有人于此,毁瓦画墁⑪,其志将以求食也,则子食之乎?"曰:"否。"曰:"然则子非食志也,食功也。"

【译文】 彭更问:"后面跟随着几十辆车子,跟从的人员达数百人,就这样在各诸侯国之间接受各国国君的食物供应,是不是有些太过分了呢?"孟子说:"不是通过正当的途径,那么一篮子饭也不能接受别人的;如果通过正当的途径,那么像舜从尧那里接受天下这样的馈赠,也不以为过分。你认为这样做过分吗?"彭更说:"不这样认为。一个士人不做任何事情,只是吃别人的东西,我认为是不可以的。"孟子说:"如果你不与各行各业的人交换产品,用有余弥补不足,那么农民手里就会有剩余的粮食,妇女手中就会有剩余的布匹。你如果能与别人交换,那么各种行业的工匠就都能从你那里得到吃的。假设这里有一个人,回家的时候孝敬父母,出外的时候尊重长者,遵循先代圣王的礼义规范,用来培养扶持后辈的年轻学者,而不能从你那里得到吃的东西。你为什么尊重从事手工业的各种工匠而轻视践行仁义的人呢?"彭更说:"从事各种手工业的工匠,他们的动机就是打算以他们的工作获取食物。有德行的君子践行仁义之道,动机也是打算以此获取食物吗?"孟子说:"你为什么要提到他们的动机呢? 是因为他们的工作对你来说达到了某种效果,可以给他们吃的,你才给他们吃的。况且你是根据动机给他们吃的呢,还是根据效果给他们吃的呢?"彭更说:"根据动机给他们吃的。"孟子说:"如果这里有一个人,毁坏了你的房瓦,涂脏了你新刷的墙壁,他的动机是打算要以此从你那里得到吃的,你会给他吃的吗?"彭更说:"不会。"孟子说:"既然这样,你给他们吃的根据就不是动机,而是效果。"

【注释】 ①彭更:孟子的弟子。
②后车:指后面跟随的车辆。
③传食:即转食。辗转受人供养。
④泰:太,过甚。
⑤通:流通,交换。功:原指一个劳力一日的工作,这里指劳动成果。易:交换。事:职业,这里指各职业的劳动产品。
⑥羡:有余,剩余。
⑦梓匠轮舆:《周礼·考工记序》中说:"攻木之工,轮、舆、弓、庐、匠、车、梓。"郑玄注引郑司农说:"此七者,攻木之工官别名也。"因此赵岐注曰:"梓、匠,木工也。轮人、舆人,作车者也。……《周礼》攻木之工七,梓、匠、轮、舆,是其四者。"梓,梓人。古代木工的一种,专造乐器悬架、饮器和箭靶等。匠,匠人。古代专指木工,主要工作是木器制作

和从事建筑。轮,轮人。古代指制作车轮的工匠或职掌制作车轮及有关部件的官员。舆,舆人,造车工人。食(sì):给人东西吃。

⑧悌:敬爱兄长。赵岐注曰:"出则敬长悌。悌,顺也。"

⑨待:同"持",扶持。

⑩志:动机。中国传统哲学中的重要概念,常与"功"(效果)相对。如《墨子·鲁问》中有:"鲁君谓子墨子曰:'我有二子,一人者好学,一人者好分人财,孰以为太子而可?'子墨子曰:'未可知也,或所为赏与为是也。钓者之恭,非为鱼赐也;饵鼠以虫,非爱之也。吾愿主君之合其志功而观焉。'"

⑪墁:墙壁上的涂饰。朱熹《集注》曰:"墁,墙壁之饰也。"

【评解】 孟子这里所说,涉及了伦理学中的一个非常重要的问题,即对行为进行善恶评判时以动机为标准还是以效果为标准的问题。一般来说,坚持道义论的思想家都主张善恶评价时应根据行为者的动机,孟子在这里就是持这种观点;而对于功利论者来说,则应该根据行为的效果来进行善恶评判。这两种观点都太不全面,在进行道德评价时,正确的态度应当是把动机和效果结合起来进行考察,就是墨子所说的要"合其志功而观"。

万章问曰①:"宋,小国也,今将行王政,齐楚恶而伐之,则如之何?"孟子曰:"汤居亳②,与葛为邻。葛伯放而不祀③,汤使人问之曰:'何为不祀?'曰:'无以供牺牲也。'汤使遗之牛羊④,葛伯食之,又不以祀。汤又使人问之曰:'何为不祀?'曰:'无以供粢盛也。'汤使亳众往为之耕,老弱馈食⑤。葛伯率其民,要其有酒食黍稻者夺之,不授者杀之。有童子以黍肉饷⑥,杀而夺之。《书》曰:'葛伯仇饷⑦',此之谓也。为其杀是童子而征之,四海之内皆曰:'非富天下也,为匹夫匹妇复雠也⑧。'汤始征,自葛载⑨。十一征而无敌于天下。东面而征,西夷怨;南面而征,北狄怨,曰:'奚为后我?'民之望之若大旱之望雨也。归市者弗止,芸者不变。诛其君,吊其民,如时雨降,民大悦。《书》曰:'徯我后,后来其无罚。'有攸不惟臣⑩,东征,绥厥士女⑪。篚厥玄黄⑫,绍我周王见休⑬,惟臣附于大邑周⑭。'其君子实玄黄于篚以迎其君子,其小人箪食壶浆以迎其小人。救民于水火之中,取其残而已矣⑮。《太誓》曰⑯:'我武惟扬⑰,侵于之疆⑱。则取于残,杀伐用张,于汤有光。'不行王政云尔;苟行王政,四海之内皆举首而望之,欲以为君。齐楚虽大,何畏焉?"

【译文】 万章问:"宋国是一个小国,如今想实行王政,可是齐国和楚国两个大国却讨厌它这样做想要讨伐它,应该怎么办呢?"孟子说:"商汤居住在亳时,与葛国为邻。葛国的国君非常放肆,不祭祀上天和鬼神,商汤派人问他:'你为什么不举行祭祀?'葛国的国君说:'我没有用做祭品的牛羊。'商汤派人给他送去牛羊,葛国的国君吃掉了它们,还是不用它们来祭祀。商汤又派人问他:'你为什么不举行祭祀?'葛国的国君说:'我没有用做祭品的五谷。'商汤派亳的百姓去替葛国耕种,年老体弱的人为耕种的人送饭。葛国的国君率领着他的百姓,在半路上拦截,抢夺他们所带的酒食饭菜,谁不给他就杀掉。有一个孩子带着蒸熟的饭和肉去送给耕种的人,葛国的国君半路上把他杀死夺走了他的饭和肉。《尚书》中说'葛国的国君仇恨送饭人',说的就是这件事。商汤因为他杀死了这个孩子也去讨伐他,天下的人都说:'商汤不是为了具有天下的财富,是为了给平民百姓报仇啊。'商汤开始征伐,就是从葛国开始。商汤经过十一次征伐战争,天下就没有他的对手了。如果他到东边的国家去征讨,西边的国家就会感到不平;如果他到南边的国家去征讨,北边的国家就感到不平。他们说:'为什么把我们放在后面呢?'老百姓盼望他,就像久旱之时盼望能够下雨一样。到市场上做生意的人依然不断,到田地里干农活的人也照常下地。杀掉无道的国君,抚慰受难的人民,就好像上天降下及时雨一样,老百姓都感到非常高兴。《尚书》中说:'等待着我的君主来啊,君主来了我们就有救了。''有个攸国不归服周,周王到东方去征伐它,以安抚它的百姓。他们用竹筐盛着彩色的丝织品,期望能够把自己引荐给周王,能够使他高兴,期待能够归附于周这个大邦。'攸国的官吏用竹筐装满彩色的丝织品迎接周的官吏,攸国的老百姓用篮装着食物用壶盛着美酒迎接周的百姓。从水深火热中把老百姓解救出来,只是除掉那些残害人民的人。《泰誓》中说:'我们的武王威武奋扬,率领大军开进于国。除掉那些残暴的害民贼,把该杀的人都杀光,创立的功业比商汤还辉煌。'(宋国面临这种情况,)没有真正实行王政罢了。如果实行王政,天下的人民都抬着头企盼着他,想让他做自己的国君。齐国和楚国虽然强大,有什么可怕的呢?"

【注释】 ①万章:孟子的弟子。《史记·孟子荀卿列传》中记载:孟子"退而与万章之徒序诗书,述仲尼之意,作《孟子》七篇。"可见万章是孟子弟子中比较出色的一个。

②亳:古代都邑名,商汤的都城。具体在何处后人意见不一。一说在今河南商丘县东南,传说汤曾居于此,又名南亳。如《史记·殷本纪》中说:"汤始居亳。"张守节正义引《括地志》云:"宋州谷熟县西南三十五里南亳故城,即南亳,汤都也。"一说在今河南商丘县北,传说诸侯拥戴汤为盟主于此,又名北亳。一说在今河南偃师县西,传说汤攻克夏

时所居,又名西亳。如《汉书·樊哙传》中说:"从攻秦军,出亳南。"颜师古注引郑玄曰:"亳,成汤封邑,今河南偃师汤亭是。"因此自古就有"三亳"之说。如《尚书·立政》中有:"三亳阪尹。"孔颖达疏引皇甫谧曰:"三处之地,皆名为亳,蒙为北亳,谷熟为南亳,偃师为西亳。"一说"三亳"指景亳、东亳、西亳。清代魏源《书古微·汤誓序发微》中说:"盖徙都偃师之景亳,而建东亳于商邱,仍西亳于商州,各设尹以治之。"后多从皇甫谧之说。

③放:放纵,放肆。祀:古代对神鬼、先祖所举行的祭礼。《国语·鲁语上》中说:"夫祀,国之大节也。"

④遗(wèi):给予,馈赠。

⑤馈食:这里指送饭。

⑥饷:馈食于人。下文"葛伯仇饷"之"饷"指馈食之人。

⑦葛伯仇饷:《尚书》佚文,后收入伪古文《尚书》的《仲虺之诰》中。

⑧匹夫匹妇:指普通老百姓。复雠:即复仇,报仇。雠,仇恨,怨恨。

⑨载:开始。

⑩攸:一说"攸"为"所"的意思,"有攸"即"有所"。一说"攸"为古国名。今从后说。惟:与"为"同。

⑪绥:安,安抚。士女:这里泛指人民、百姓。

⑫篚(fěi):盛物的竹器。这里做动词,意为用篚装。玄黄:指彩色的丝织物。

⑬绍:一说"绍"为介绍。一说为承继。如朱熹《集注》曰:"绍,继也,犹言事也。言其士女以篚盛玄黄之币,迎武王而事之也。"一说"绍"为发语词,无义。今取前说。休:光荣,美好。

⑭大邑:即大邦,殷周时尊称上国之词。亦用以自称。杨伯峻《孟子译注》说:"甲文中有'大邑商''天邑周'之辞。金文中亦有'大邑周'之辞,不仅别人尊之如此称呼,自称亦如此('大邑'即'天邑')。"[2]

⑮残:指暴虐无道的人。

⑯《太誓》:即《泰誓》,《尚书》篇名,已亡佚,我们今天所见到的《泰誓》三篇是后人的伪作。

⑰武:指周武王。一说意为威武,不取。

⑱侵于之疆:传统上都把此句中的"于"作为介词。如朱熹《集注》中说,"侵于之疆"即"言武王威武奋扬,侵彼纣之疆界"。杨伯峻《孟子译注》中认为"于"当为古国名。认为此句和下句中的"于"字,"这两个'于'字都是国名,陈梦家《尚书通论》云:'于即是邘。案《通鉴前编》,'纣十有八祀,西伯伐邘',《注》引徐广曰'大传作于'。'于'疑即卜辞之孟方伯'"[3]

【评解】 "仁政"是孟子最根本的政治主张,而孟子之所以主张"仁政",又与他看到了民心向背的重要性有着直接的关系。也就是说,孟子的"仁政"思想是和他的"民本"思想一脉相承的。先秦时期"民本"和"仁政"思想的出现和蓬勃发展并不是偶然的,它有着深厚的现实基础,是社会历史发展的必然反映。商朝的末代君主因为荒淫无道、残害人民而自取灭亡之后,周朝的统治者从商亡的教训中,逐渐意识到人的因素在国家稳定和发展中的重要意义。尤其是进入春秋战国之后,在各诸侯国各展所长的实力较量中,人的能动力量日益突现。许多开明的思想家和政治家意识到,如果仅仅像以前一样再把被统治者作为"会说话的工具",而不能充分认识到他们的巨大力量,即使借助于鬼神的庇护,也难逃在诸侯国之间激烈的竞争中被灭亡和吞并的危险。无论是对于主张"王道"还是主张"霸道"的思想家和政治家来说,要实现社会安定和称霸诸侯,人民的力量都是不容忽视的。人民是战争胜利和王霸天下的根本,成为了开明政治家和思想家的普遍共识。

孟子谓戴不胜曰①:"子欲子之王之善与②?我明告子③:有楚大夫于此,欲其子之齐语也,则使齐人傅诸④?使楚人傅诸?"曰:"使齐人傅之。"曰:"一齐人傅之,众楚人咻之⑤,虽日挞而求其齐也,不可得矣。引而置之庄岳之间数年⑥,虽日挞而求其楚,亦不可得矣。子谓薛居州⑦,善士也,使之居于王所。在于王所者,长幼卑尊皆薛居州也,王谁与为不善?在王所者,长幼卑尊皆非薛居州也,王谁与为善?一薛居州,独如宋王何?"

【译文】 孟子对戴不胜说:"你打算让你的国君学会为善吗?我明白地告诉你吧:假设这里有位楚国的大夫,想要他的儿子学习齐国话,那么他是应该让齐国人教他呢,还是应该让楚国人教他?"戴不胜说:"该让齐国人教他。"孟子说:"一个齐国人教他,所有的楚国人都扰乱他,即使每天通过鞭打的办法严格要求他说齐国话,也是做不到的。如果把他领到齐国放到都城繁华的街道上,几年之后,即使每天通过鞭打的方法要求他说楚国话,也是做不到的。你说薛居州是一个不错的贤士,让他住在宋王的王宫里。居住在王宫里的人,老老少少、上上下下都是薛居州这样的人,宋王还能和谁去干坏事呢?居住在王宫里的人,老老少少、上上下下都不是薛居州这样的人,宋王能够和谁一起做好事呢?单凭一个薛居州,能把宋王怎么样呢?"

【注释】 ①戴不胜:宋国的臣僚。
②之:往,至。
③明告:明白告知。
④傅:教导。
⑤咻:喧嚷,扰乱。赵岐注曰:"咻之者,讙也。"
⑥庄岳:赵岐注曰:"庄岳,齐街里名也。"顾炎武《日知录》卷七"庄岳"条说:"'引而置之庄岳之间。'注:'庄岳,齐街里名也。'庄是街名,岳是里名。《左传·襄公二十八年》:

'得庆氏之木百车于庄。'注云:'六轨之道。''反陈于岳。'注云:'岳,里名。'"

⑦薛居州:宋人,不可考。

【评解】 "近朱者赤,近墨者黑",周围的环境和人际关系对于一个人的素质养成来说具有非常重要的作用。孔子说:"里仁为美。择不处仁,焉得知?"孟子小时候相传曾经数次搬家,原因就是孟母想给他找个成长的良好环境,可见,我国自古就重视环境对教育和学习的影响作用。这条规律也曾经被有的政治家运用到国家的治理中,春秋时期齐国政治家管仲提出的"四民分业"的政策就是一例。据《管子》记载:有一次,齐桓公问管仲:划定人民的居住区域,安排人民的职业,应该采取什么办法好呢?管子提出了"四民分业"的主张。他说:士农工商四种不同的职业,不要让他们杂居,杂居使大家说的话和做的事都不一样,不利于掌握自己所需要的技能。因此,必须划定区域让他们分别居住,安排士住在清静的地方,安排农夫住在靠近田野的地方,安置工匠住在靠近官府的地方,安置商人住在靠近市场的地方。使士人们居处相聚而集中,闲时父与父言义,子与子言孝,事君者言敬,长者言爱,幼者言悌。每天都从事和谈论这些事情,这样来教育子弟,使他们从小就习惯了这一切,思想安定,不会见异思迁。因此,父兄的教导,不言而能成;子弟的学问,不劳苦也能会。农、工、商聚居的道理也是一样。单从技艺和观念的养成上来说,管仲的这一主张是有道理的。

公孙丑问曰:"不见诸侯,何义?"孟子曰:"古者不为臣不见。段干木逾垣而辟之①,泄柳闭门而不纳。是皆已甚;迫②,斯可以见矣。阳货欲见孔子③,而恶无礼。大夫有赐于士,不得受于其家,则往拜其门。阳货瞰孔子之亡也④,而馈孔子蒸豚,孔子亦瞰其亡也而往拜之。当是时,阳货先,岂得不见?曾子曰:'胁肩谄笑⑤,病于夏畦⑥。'子路曰:'未同而言⑦,观其色,赧赧然⑧,非由之所知也⑨。'由是观之,则君子之所养,可知已矣。"

【译文】 公孙丑问道:"不与诸侯相见,是什么道理呢?"孟子说:"在古代,一个人不是作为君主的臣属,就不见他们。段干木越墙而走以躲避魏文侯,泄柳闭门不见鲁穆公。这些做得就都有些过分了。如果势不得已,也是可以相见的。阳货想要与孔子相见,可是又不想不遵守礼制。根据那时候的礼制,大夫对士有所赏赐,如果士没有在家亲自接受,就要到大夫家里去拜谢。阳货窥测到孔子外出的时候,给孔子送去一只蒸熟的小猪,孔子于是也窥测到阳货外出的时候,到他家里去拜谢。这个时候,如果阳货先去拜访孔子,孔子哪能不见他呢？曾子说：'耸起肩膀，装出笑脸，比炎炎夏日里在田地里劳动还难受。'子路说：'不是自己的同道，却要勉强交谈，看他的脸色，惭愧脸红的样子，我实在搞不懂为什么要这样做啊。'由此可见，君子对自己道德品质的培养，就可以知道了。"

【注释】 ①段干木：魏文侯时的贤人。《高士传》中说："段干木少贫贱，心志不遂，乃师事卜子夏与田子方。李克、翟璜、吴起等居于魏，皆为将，惟干木守道不仕。"逾垣：跳墙，翻越墙头。垣，矮墙。辟(bì)：退避；躲避。

②迫：逼迫，催促。

③阳货欲见孔子：关于此事，《论语·阳货篇》中有记载："阳货欲见孔子，孔子不见，归孔子豚。孔子时其亡也，而往拜之，遇诸涂。谓孔子曰：'来！予与尔言。'曰：'怀其宝而迷其邦，可谓仁乎？'曰：'不可。''好从事而亟失时，可谓知乎？'曰：'不可。''日月逝矣，岁不我与。'孔子曰：'诺。吾将仕矣。'"

④瞰：窥视。亡：外出，出门。

⑤胁肩谄笑：耸起肩膀，装出笑脸，形容极端谄媚的样子。焦循《正义》说："胁肩者，故为竦敬之状也；谄笑者，强为媚悦之颜也。"

⑥病：痛苦，难受。夏畦：指炎炎夏日里在田地里劳动的人。朱熹《集注》曰："夏畦，夏月治畦之人也。"

⑦未同而言：朱熹《集注》曰："未同而言，与人未合而强与之言也。"

⑧赧(nǎn)赧然：惭愧脸红貌。赧，因羞愧而脸红，惭愧。《说文·赤部》说："赧，面惭而赤也。"

⑨由：子路的名。

【评解】 维护好一个社会的良好秩序，就必须有一套明确的行为标准，在中国封建社会中，这套行为标准就是"礼"。在儒家思想中，礼制是规范人们行为的基本准则，也是做人的根本原则的外在反映，无论任何人在任何事情上都要遵守。在遵守礼制上，既不要随随便便，又不要过于迁执，而是要把握好分寸。在孟子看来，按照礼制行事，也是一个人气节和品格的反映。一个人固然不可太孤傲，但是相比之下，没有原则、只会察言观色的"胁肩谄笑"之徒更让人鄙视。

戴盈之曰①："什一，去关市之征，今兹未能②。请轻之，以待来年，然后已，何如？"孟子曰："今有人日攘其邻之鸡者③，或告之曰：'是非君子之道。'曰：'请损之④，月攘一鸡；以待来年，然后已。'如知其非义，斯速已矣，何待来年？"

【译文】 戴盈之说："收取十分之一的赋税，取消关卡的征税功能，今年还无法做到。我们希望能够减轻一些，等到明年的时候，再彻底执行，您认为怎么样呢?"孟子说:"假设这里有一个人每天偷邻居家一只鸡,有人告诉他说:'这不是正派的君子做的事情。'他说:'那就让我先少偷一些,每月偷一只,等到明年的时候,就彻底不偷了。'如果知道了这种事情不合乎正道,就应该马上停止,为什么要等到明年呢?"

【注释】 ①戴盈之:宋国大夫。

②兹:年。如高诱注《吕氏春秋·任地》"今兹美禾,来兹美麦"说:"兹,年也。"

③攘:盗窃,窃取。

④损:减少。

【评解】 戴盈之明知宋国的赋税政策有问题,还不能够马上纠正,打算慢慢地改。孟子用偷鸡贼的比喻,告诉了他有错必改的道理。人的认识能力和判断能力毕竟是优先的,因此,人没有一生都不犯错误的。犯了错误并不可怕,关键是知错之后就应该努力改正。而经常的情况是,我们自己犯了错误自己却觉察不出,这就需要由别人来指出来,虚心接受别人的批评。如果觉得批评得有道理后就应该改正错误;别人的意见或建议只要对学习、对工作有好处,就应该照着去做,而不是再为自己寻找继续错误的理由。

公都子曰①:"外人皆称夫子好辩②,敢问何也?"孟子曰:"予岂好辩哉?予不得已也。天下之生久矣③,一治一乱。当尧之时,水逆行④,泛滥于中国。蛇龙居之,民无所定。下者为巢,上者为营窟⑤。《书》曰:'洚水警余⑥。'洚水者,洪水也。使禹治之。禹掘地而注之海,驱蛇龙而放之菹⑦,水由地中行,江、淮、河、汉是也。险阻既远⑧,鸟兽之害人者消,然后人得平土而居之。尧舜既没,圣人之道衰。暴君代作⑨,坏宫室以为污池⑩,民无所安息;弃田以为园囿,使民不得衣食。邪说暴行又作。园囿、污池、沛泽多⑪,而禽兽至。及纣之身,天下又大乱。周公相武王,诛纣、伐奄⑫,三年讨其君;驱飞廉于海隅⑬而戮之;灭国者五十;驱虎豹犀象而远之。天下大悦。《书》曰:'丕显哉文王谟!丕承哉武王烈!佑启我后人,咸以正无缺⑭。'世衰道微,邪说暴行有作⑮。臣弑其君者有之,子弑其父者有之。孔子惧,作《春秋》⑯。《春秋》,天子之事也。是故孔子曰:'知我者,其惟《春秋》乎!罪我者,其惟《春秋》乎⑰!'圣王不作,诸侯放恣,处士横议⑱。杨朱⑲、墨翟之言盈天下⑳。天下之言,不归杨则归墨。杨氏为我,是无君也;墨氏兼爱,是无父也㉑。无父无君,是禽兽也。公明仪曰:'庖有肥肉,厩有肥马,民有饥色,野有饿莩,此率兽而食人也。'杨墨之道不息,孔子之道不著,是邪说诬民㉒、充塞仁义也㉓。仁义充塞,则率兽食人,人将相食。吾为此惧,闲先圣之道㉔,距杨墨㉕、放淫辞㉖,邪说者不得作。作于其心,害于其事;作于其事,害于其政。圣人复起,不易吾言矣。昔者禹抑洪水而天下平㉗,周公兼夷狄㉘、驱猛兽而百姓宁,孔子成《春秋》而乱臣贼子惧。《诗》云:'戎狄是膺,荆舒是惩;则莫我敢承㉙。'无父无君,是周公所膺也。我亦欲正人心、息邪说、距诐行㉚、放淫辞,以承三圣者。岂好辩哉?予不得已也。能言距杨墨者,圣人之徒也。"

【译文】 公都子问:"别人都说先生您喜欢辩论,冒昧地问一下,这是为什么呢?"孟子说:"我哪里是喜欢辩论呢?我是没有办法啊。人类出现在这个世界上已经很长时间了,总是安定一段时间,接着混乱一段时间。在尧治理天下的时候,大水横流,淹没了整个中国。龙蛇等危害人类的动物在水中大量生长繁殖,人类没有安定的居所。居住在地势低处的人只得在树上筑巢,居住在地势高处的人则开挖相互连在一起的洞穴以为居室。《尚书》中说:'洚水警戒我们。'所谓的'洚水',就是泛滥的洪水。尧派禹去治理洪水。禹把地挖开,让洪水排到海里去,把龙蛇等动物驱赶到沼泽里。这样,大水在挖开的土地之中流过,这就是长江、淮河、黄河和汉江。艰难困苦远离了人类,害人的鸟兽也从人们聚居的地方消失了,然后人们才可以在平地上安居下来。尧舜去世之后,他们所推行的圣人之道也就随之衰落了。残暴的国君一个接着一个,他们毁坏了人们的住房挖成水池,人们失去了安居休养的地方;破坏了人们的耕地作为园林,让老百姓失去了衣食的来源。荒诞的学说、残暴的行为又随之猖獗。由于园林、水池、沼泽太多,引来了各种禽兽。到了商纣王的时候,天下已经到了非常混乱的地步。周公辅佐武王,诛杀了商纣王,又讨伐奄国,经过了三年的时间消灭了奄国的国君;他把飞廉驱赶到海隅泽,在那里杀死了他;灭掉了五十个国家;把老虎、豹子、犀牛、大象等伤害人的动物都赶跑。天下的百姓都非常高兴。《尚书》中说:'文王的谋略,是多么光明啊!武王的功烈,是多么伟大啊!帮助、启发我们的后代,使大家都正确而不犯错误。'随着太平之世的衰落和正确的治国之道的消亡,荒诞的学说、残暴的行为又随之猖獗。出现了杀掉自己国君的大臣,也出现了杀死自己父亲的儿子。孔子对这种现象非常担心,编著了《春秋》这部史籍。编著《春秋》这样的史籍,本来是天子做的事情。所以孔子说:'理解我的,是因为《春秋》这部著作吧!"谴责我的,也是因为《春秋》这部著作吧!"圣明的君主没有出现,诸侯肆无忌惮,民间的士人也肆意议论。杨朱和墨翟的思想充满天下。天下人的言论,不是属于杨朱一派,就是属于墨翟一派。杨朱宣扬'为我'思想,这是心目中没有国君的表现;墨翟宣扬'兼爱'思想,这是心目中没有父亲的表现。心目中没有父亲和国君,简直就是禽兽。公明仪说:'厨房中有肥美的肉,栏厩中有肥硕的马,而老百姓却面带着饥色,田野中有倒毙的饿殍,这无异于驱赶着野兽来吃人啊!'杨朱、墨翟的学说不消除,孔子的学说无法发扬,这是用荒诞的学说欺骗人们,阻塞人们实行仁义的道路啊。实行仁义的道路被堵塞,就会发生驱赶着野兽来吃人这样的事情,人与人之间也会互相争夺、残杀。我深为此感到担忧,便出来捍卫先代圣贤的学说,对抗杨朱、墨翟的言论,驳斥荒诞不经的言辞,使荒诞的学说不能够泛滥。荒诞的学说从人们的心中兴起,便会危害他们从事的工作;在人们从事的工作中泛滥,就会危害一个国家的政治。就算圣人再重新出现,也不会反对我这番话的。当初禹抑止了洪水而使天下得到安定,周公兼并了夷狄、赶走了猛兽让人们得以安宁,孔子著成了《春秋》而使乱臣贼子有所畏惧。《诗经》中说:'打击戎狄,惩罚荆舒;将无人敢来欺凌我。'心目中没有父亲和国君的行为,是周公所要打击的。我也想端正人们的思想、止息荒诞的学说、抵制偏邪的行为、排斥错误的言辞,以继承这三位圣人的事业。我哪里是喜欢辩论呢?我是没有办法啊。能够以言语来抵制杨朱、墨翟的学说,就是圣人的弟子啊。"

【注释】 ①公都子:孟子弟子。

②外人:他人,别人。

③生:即生民,人类诞生。

④水逆行:朱熹《集注》曰:"水逆行,下流壅塞,故水倒流而旁溢也。"

⑤营窟:上古时掘地或累土而成的住所。一说是相连的洞穴。焦循《正义》曰:"按《说文·宫部》云:营,匝居也。凡市阛、军垒,周匝相连皆曰营。此'营窟'当是相连为窟穴。"另如《礼记·礼运》有:"昔者先王未有宫室,冬则居营窟,夏则居橧巢。"孔颖达疏曰:"冬则居营窟者,营累其土而为窟,地高则穴于地,地下则窟于地上。谓于地上累土而为窟。"

⑥洚水警余:《尚书》佚文,伪古文《尚书》录入《大禹谟》。洚,大水泛滥。《说文·水部》中说:"洚,水不遵道。"朱熹《集注》曰:"洚水,洚洞无涯之水也。"

⑦菹(zū):水草丛生的沼泽地。赵岐注曰:"菹,泽生草者也,今青州谓泽有草者为菹。"

⑧险阻:指艰难困苦。

⑨代作:焦循《正义》曰:"《说文》:'代,更也。''代作'谓更代而作,非一君也。"

⑩污池：即水池。污，通"洿"，停积不流的小水，小水坑。

⑪沛泽：沼泽，水草茂密的低洼地。另如《管子·揆度》中有："烧山林，破增薮，焚沛泽，逐禽兽。"

⑫奄：古国名。在今山东省曲阜。

⑬飞廉：商纣的宠臣，又作"蜚廉"。《史记·秦本纪》记载："(中潏)生蜚廉。蜚廉生恶来。恶来有力，蜚廉善走，父子俱以材力事殷纣。周武王之伐纣，并杀恶来。是时蜚廉为纣石北方，还，无所报，为坛霍太山而报，得石棺，铭曰'帝令处父不与殷乱，赐尔石棺以华氏'。死，遂葬于霍太山。"一说飞廉为一种能致风的神禽名。如《楚辞·离骚》中有："前望舒使先驱兮，后飞廉使奔属。"王逸注："飞廉，风伯也。"洪兴祖补注："《吕氏春秋》曰：'风师曰飞廉。'应劭曰：'飞廉，神禽，能致风气。'"《三辅黄图·观》中也有："飞廉观在上林，武帝元封二年作。飞廉，神禽能致风气者，身似鹿，头如雀，有角而蛇尾，文如豹。武帝命以铜铸置观上，因以为名。"一说为一种神兽的名字。如高诱注《淮南子·俶真训》"骑飞廉而从敦圄"说："飞廉，兽名，长毛有翼。"海隅：古代泽薮名。《尔雅·释地》中说："齐有海隅。"邢昺疏曰："此营州薮也。"齐之海隅与吴之具区、楚之云梦、秦之阳华、晋之大陆、梁之圃田、宋之孟诸、越之钜鹿、燕之大昭合称"九薮"。(见《吕氏春秋·有始》)又与鲁之大野、晋之大陆、秦之杨陓、宋之孟诸、楚之云梦、吴越之间之具区、燕之昭余祁、郑之圃田、周之焦护合称"十薮"。(见《尔雅·释地》)一说海隅即海角、海边。

⑭丕显哉文王谟！丕承哉武王烈！佑启我后人，咸以正不缺：《尚书》佚文，伪古文《尚书》录入《君牙》篇。丕，大。如孔晁注《逸周书·宝典》"四曰敬，敬位丕哉"说："丕，大也。"显，明、光明。谟，计谋、谋略。承，继承。烈，功业、业绩。佑，帮助。启，开。咸，都。缺，坏、错误、缺陷。

⑮有：同"又"。

⑯《春秋》：古代对编年史的通称。如周王室有周之《春秋》，燕国有燕之《春秋》等。后又专指相传孔子据鲁史修订而成的编年体史书。所记起于鲁隐公元年，止于鲁哀公十四年，凡二百四十二年。叙事极简，用字寓褒贬。后人为其传者，最著名的是《左氏》、《公羊》、《穀梁》三种。

⑰知我者，其惟《春秋》乎！罪我者，其惟《春秋》乎：朱熹《集注》引胡氏曰："仲尼作《春秋》以寓王法。惇典、庸礼、命德、讨罪，其大要皆天子之事也。知孔子者，谓此书之作，遏人欲于横流，存天理于既灭，为后世虑，至深远也。罪孔子者，以谓无其位而托二百四十二年南面之权，使乱臣贼子禁其欲而不得肆，则戚矣。"

⑱处士：本指有才德而隐居不仕的人，后亦泛指未做过官的士人。如颜师古注《汉书·异姓诸侯王表》"处士横议"说："处士谓不官于朝而居家者也。"横议：恣意议论。

⑲杨朱：先秦时期思想家，提倡"为我"，因无著作传世，今天我们所了解的杨朱的作品都或为他人转述，或为后人伪托。除《孟子》外，其人其事在《庄子》、《荀子》、《淮南子》等典籍中都有所提及。

⑳墨翟：即墨家学派创始人墨子，名翟。墨子提倡"兼爱"、"非攻"、"尚贤"、"尚同"、"节葬"、"明鬼"等主张，其中"兼爱"是其思想的核心。

㉑杨氏为我,是无君也;墨氏兼爱,是无父也:朱熹《集注》曰:"杨朱但知爱身,而不复知有致身之义,故无君;墨子爱无差等,而视其至亲无异众人,故无父。"

㉒诬:欺骗。另如杜预注《左传·襄公十四年》"无神,何告?若有,不可诬也"说:"诬,欺也。"

㉓充塞:堵塞。

㉔闲:原指用于遮拦阻隔的栅栏,引申为捍卫,保卫。

㉕距:通"拒"。抵抗,抵御。

㉖放:朱熹《集注》曰:"放,驱而远之也。"

㉗抑:治理,抑止。

㉘兼:并吞,兼并。

㉙承:通"乘",欺凌之意。

㉚诐行:偏邪不正的行为。

【评解】 春秋战国时期是我国由奴隶社会向封建社会过渡的时期,社会的大变革引起了思想的空前繁荣。儒、墨、道、法等不同流派的思想家,各自从不同的立场和角度出发,分别表达了自己的思想观点,形成了"百家争鸣"的局面。在"百家争鸣"中,每一个学派都认为自己的学说才是医治社会痼疾的良药,从而极力否定和批驳其他学派的观点。孟子将墨子、杨朱的学说比喻为邪说,正是这个原因。同时,在这一章中,孟子还提出了"天下之生久矣,一治一乱"的观点,认为人类历史总是在曲折中发展的。

匡章曰①:"陈仲子岂不诚廉士哉②?居於陵③,三日不食,耳无闻,目无见也。井上有李,螬食实者过半矣④,匍匐往将食之,三咽,然后耳有闻、目有见。"孟子曰:"于齐国之士,吾必以仲子为巨擘焉⑤。虽然,仲子恶能廉?充仲子之操,则蚓而后可者也。夫蚓上食槁壤⑥,下饮黄泉⑦。仲子所居之室,伯夷之所筑与?抑亦盗跖之所筑与⑧?所食之粟,伯夷之所树与?抑亦盗跖之所树与?是未可知也。"曰:"是何伤哉?彼身织屦、妻辟纑⑨,以易之也。"曰:"仲子,齐之世家也⑩。兄戴,盖禄万钟⑪。以兄之禄为不义之禄而不食也,以兄之室为不义之室而不居也,辟兄⑫、离母,处于於陵。他日归,则有馈其兄生鹅者,己频顣曰⑬:'恶用是鶂鶂者为哉⑭?'他日其母杀是鹅也,与之食之。其兄自外至,曰:'是鶂鶂之肉也。'出而哇之⑮。以母则不食,以妻则食之;以兄之室则弗居,以於陵则居之。是尚为能充其类也乎?若仲子者,蚓而后充其操者也。"

【译文】 匡章说:"陈仲子难道不是一个真正的廉洁之士吗?他住在於陵这个地方,曾经三天没有东西吃,以至于饿得耳朵听不见声音,眼睛看不见东西。井边上落着一颗李子,已经被蛴螬吃掉了大半。陈仲子艰难地爬到井边,取来就吃。咽了三口之后,听觉和视觉才恢复。"孟子说:"在齐国的士人之中,我的确认为陈仲子是一个佼佼者。即使这样,他怎么能称得上廉洁呢?陈仲子的操守,充其量说,也仅可以排在蚯蚓之后。蚯蚓到上面吃些干土,到下面喝些泉水。(可算得上是真正的无求于他人的廉洁了。)陈仲子所居住的房屋,是伯夷那样的贤士建造的呢,还是像盗跖那样的坏人建造的呢?他所吃的粮食,是伯夷那样的贤士种植的呢,还是盗跖那样的坏人所种植的呢?这些都还不清楚啊。"匡章说:"这有什么妨碍呢?他亲自编织鞋子,他妻子纺麻织麻,他们是用自己的劳动换的房子和粮食。"孟子说:"陈仲子出自齐国的世禄之家。他的哥哥陈戴,在盖邑的俸禄收入就有万钟之多。他认为他哥哥的俸禄不是正道而来的收入,所以就不吃;认为他哥哥的房屋不是正道而来的居室,所以就不住。避开哥哥,远离母亲,到於陵去居住。有一天,陈仲子回家,遇上一个人来给他哥哥送活鹅,他皱着眉头说:'这种嘎嘎叫的东西能干什么用呢?'一段时间之后,他的母亲杀了这只鹅,送了些肉给他吃。他的哥哥从外面回来,说:'这就是那只嘎嘎叫的东西的肉。'他便跑出去把吃的肉又都吐了。他母亲给的饭他不吃,他妻子给的就吃;他哥哥的房屋他不住,於陵的房屋就居住。这样的行为,难道能够说是努力将廉洁之类的操守做到极致吗?像陈仲子这样的做法,只有做得像蚯蚓一样之后,才可以使其操守达到极致。"

【注释】 ①匡章:齐国人。杨伯峻《孟子译注》说:"匡章——齐人,曾为齐威王将,率兵御秦,大败之。宣王时,又曾将五都之兵以取燕。其言行散见于《战国策》的《齐策》、《燕策》及《吕氏春秋》的《不屈》、《爱类》诸篇。其年岁大致和孟子相当,两人当是朋友,《吕氏春秋·不屈》篇高诱《注》云:'匡章,孟子弟子也。'恐不可信。"[4]

②陈仲子:战国时齐国的隐逸之士。或说因隐居于於陵,因此又称"於陵子仲",或"於陵子终"。如《史记·鲁仲连邹阳列传》中有:"於陵子仲辞三公为人灌园。"裴骃集解曰:"《列士传》曰:楚於陵子仲,楚王欲以为相,而不许,为人灌园。"司马贞索隐说:"《孟子》云陈仲子,齐陈氏之族,兄为齐卿,仲子以为不义,乃适楚,居于於陵,自谓於陵子仲。楚王聘以为相,子仲遂夫妻相与逃,为人灌园。《列士传》云字子终。"

③於陵:齐地名。

④螬食:被螬所食。螬,虫名,即蛴螬,金龟子的幼虫。白色,体形圆柱状,向腹面弯曲。吃农作物的根和茎。俗称地蚕、土蚕、核桃虫等。

⑤巨擘:大拇指,比喻杰出的人物。

⑥槁壤:干土。

⑦黄泉:地下的泉水。

⑧盗跖:即相传为春秋时民众起义领袖的跖,据说是贤人柳下惠的兄弟。"盗"是当时统治者对他的贬称,先秦时期常被认为邪恶、不守礼法之人的典型。《庄子·盗跖》中说:"柳下季之弟,名曰盗跖。盗跖从卒九千人,横行天下,侵暴诸侯。穴室抠户,驱人牛马,取人妇女。贪得忘亲,不顾父母兄弟,不祭先祖。所过之邑,大国守城,小国入保,万民苦之。"

⑨辟纑:绩麻和练麻,即治麻之事。赵岐注曰:"缉绩其麻曰辟,练其麻曰纑,故曰辟纑。"

⑩世家:世禄之家,后泛指世代贵显的家族或大家。

⑪盖:地名,见上文《公孙丑下》注。盖为陈氏的采邑。清代阎若璩《四书释地》中说:"以半为王朝之下邑,王骥治之;以半为卿族之私邑,陈氏世有之。"

⑫辟:同"避"。

⑬频顣:朱熹《集注》曰:"频,与颦同。顣,与蹙同。"即皱眉,不高兴的样子。

⑭鶂鶂(yì):鹅鸣声。

⑮哇:呕吐,吐出。

【评解】 对于一个高尚的人来说,保持节操和廉洁是必须的,但是任何事情都不能做极端的偏狭理解,否则就是钻牛角尖,从而使小节危害大原则。孟子这里所说,又一次阐明了儒家的中庸之道。任何事情都有个度,做任何事情都要把握好这个度,而不能走极端。否则,即使貌似高尚,实际上也是不可取的。

注释:

〔1〕 杨伯峻《孟子译注》,第 144~145 页。
〔2〕 杨伯峻:《孟子译注》,第 150 页。
〔3〕 杨伯峻:《孟子译注》,第 150~151 页。
〔4〕 杨伯峻:《孟子译注》,第 160 页。

离娄章句上

孟子曰:"离娄之明①,公输子之巧②,不以规矩③,不能成方员④。师旷之聪⑤,不以六律⑥,不能正五音⑦。尧舜之道,不以仁政,不能平治天下。今有仁心仁闻而民不被其泽⑧,不可法于后世者,不行先王之道也。故曰:徒善不足以为政⑨,徒法不能以自行⑩。《诗》云:'不愆不忘,率由旧章⑪。'遵先王之法而过者,未之有也。圣人既竭目力焉,继之以规矩准绳⑫,以为方员平直,不可胜用也。既竭耳力焉,继之以六律正五音,不可胜用也。既竭心思焉,继之以不忍人之政而仁覆天下矣。故曰:为高必因丘陵,为下必因川泽。为政不因先王之道,可谓智乎?是以惟仁者宜在高位。不仁而在高位,是播其恶于众也⑬。上无道揆也⑭,下无法守也⑮;朝不信道,工不信度⑯;君子犯义,小人犯刑,国之所存者幸也。故曰:城郭不完⑰,兵甲不多,非国之灾也。田野不辟,货财不聚,非国之害也。上无礼,下无学,贼民兴,丧无日矣。《诗》曰:'天之方蹶,无然泄泄⑱。'泄泄犹沓沓也⑲。事君无义,进退无礼,言则非先王之道者⑳,犹沓沓也。故曰:责难于君谓之恭㉑,陈善闭邪谓之敬㉒,吾君不能谓之贼。"

【译文】 孟子说:"离娄那样的视力超众,鲁班那样的手艺高明,如果不使用圆规和曲尺,也不能准确地画出圆形和方形。师旷那样的听力敏锐,如果不使用六律,也不能校正好五音。尧舜那样的治国方法,如果不发自内心地推行仁政,也不能使天下安定。假设现在有一个君主,有仁爱之心和仁慈之名,但是老百姓却没有感受到他的恩泽,不能成为后世治理天下者的榜样,就是因为他没有推行前代圣王的治国之道。所以说,单凭善心,不足以处理政事;单凭法度,不能够自己运行。《诗经》中说:'不出错也不遗忘,一切遵循旧典章。'遵循前代圣王的法度而犯错误的,从古到今是没有过的事情。圣人已经竭尽全力地使用他的眼力,再利用圆规、曲尺、水准器、墨线这些工具,来制作各种方的、圆的、直的、平的器具,各种东西就用之不尽;已经竭尽全力地使用他的听力,再利用六律来调整五音,各种曲律就变化无穷;已经竭尽全力地使用他的智力,再推行同情人、理解人、关心人的政治,各种仁德的措施就普济天下。所以说,修筑高台必须要借助丘陵,开挖深池必须要借助河湖。处理政事不借助前代圣王的治国之道,难道可以称得上聪明吗?所以只有具有仁德的人才适合居于管理人民的高位,没有仁德而处于高位管理人民,这是在广大民众中散布他的恶行啊。在上位者没有道义做轨范,在下位者就没有法度可遵循;朝廷不相信道义,工匠不相信尺度;统治者违背道义,老百姓触犯刑律,这样国家还没有灭亡,真是一件幸运的事情。所以说,城池不完整,武器不充足,不是国家的灾难;田野没开辟,财物没征集,不是国家的祸患。居上位者不遵守礼法,居下位者不接受教育,悖乱残暴之民猖獗,离灭亡就不远了。《诗经》中说:'上天正要生变动,不要泄泄多言语。''泄泄',就是喋喋不休的意思。侍奉君主不遵守道义,出仕引退不遵循礼法,一开口说话就诋毁前代圣王治理国家之道,也是一副喋喋不休的样子。所以说,督责君主做难能之事称为'恭',向君主陈述为善之道并杜绝邪说称为'敬',妄言自己的君主不能为善则称为'贼'。"

【注释】 ①离娄:又称"离朱",相传为黄帝时视力极好的人。赵岐注曰:"离娄者,古之明目者,盖以为黄帝之时人也。黄帝亡其玄珠,使离朱索之,离朱即离娄也。能视于百步之外,见秋毫之末。"

②公输子:姓公输,名般(一作"班"),春秋末期鲁国人,因此又称"鲁班",我国历史上著名的能工巧匠。被后世尊为木工的祖师。

③规矩:校正圆形和方形的工具。规,即圆规,画圆形的工具。矩,即曲尺,画方形或直角的用具。

④员:同"圆"。

⑤师旷:春秋时著名的乐师,晋平公时为太师(乐官之长)。

⑥六律:古代乐音标准。相传黄帝时人伶伦截竹为管,用管的长短分别声音的高低清浊,乐器的音调皆以此为准。乐律有十二,阴阳各六,阳为律,阴为吕。《吕氏春秋·古乐》中说:"昔黄帝令伶伦作为律。伶伦自大夏之西,乃之阮隃之阴,取竹于嶰溪之谷,以生空窍厚钧者,断两节间,其长三寸九分而吹之,以为黄钟之宫,吹曰'舍少'。次制十二筒,以之阮隃之下,听凤皇之鸣,以别十二律。其雄鸣为六,雌鸣亦六,以比黄钟之宫,适合。"六律即黄钟、大蔟、姑洗、蕤宾、夷则、无射。

⑦五音:我国古代五声音阶中的五个音级,即宫、商、角、徵、羽。相当于简谱中的1、2、3、5、6。

⑧仁闻:赵岐注曰:"仁闻,仁声远闻也。"朱熹《集注》曰:"仁闻者,有爱人之声闻于人也。"闻(wén),声誉,声望。

⑨徒善：朱熹《集注》曰："有其心，无其政，是谓徒善。"
⑩徒法：朱熹《集注》曰："有其政，无其心，是为徒法。"
⑪不愆不忘，率由旧章：出自《诗经·大雅·假乐》。朱熹《集注》曰："愆，过也。率，循也。章，典法也。所行不过差不遗忘者，以其循用旧典故也。"
⑫准绳：测定平直的器具。准，测定平面的水准器；绳，测量直线的墨线。
⑬播：传布，传扬。
⑭道揆：朱熹《集注》曰："道揆，谓以义理度量事物而制其宜。"而赵岐以"无道揆"为"君无道术可以揆度天意"，不妥。揆，度量，揣度。
⑮法守：朱熹《集注》曰："法守，谓以法度自守。"
⑯度：计量长短的标准。《汉书·律历志上》中说："度者，分、寸、尺、丈、引也。"
⑰完：完备，完整。
⑱天之方蹶，无然泄泄(yì)：出自《诗经·大雅·板》。朱熹《集注》曰："蹶，颠覆之意。泄泄，怠缓悦从之貌。言天欲颠覆周室，群臣无得泄泄然，不急救正之。"朱熹这里将"泄泄"解为"怠缓悦从之貌"，似乎不妥。此处之"泄泄"应为多言多语貌。又作"呭呭"或"詍詍"。《说文·口部》说："呭，多言也。从口世声。《诗》曰：'无然呭呭。'"《说文·言部》则说："詍，多言也。从言，世声。《诗》曰：'无然詍詍。'"段玉裁注曰："《口部》偁《诗》作'呭呭'，此作詍詍，盖四家之别也。"可见今本《诗经》中"无然泄泄"之"泄泄"，本来在不同的版本中就作"呭呭"或"詍詍"。而"呭呭"或"詍詍"都是喋喋多言的意思。下文孟子以"沓沓"释"泄泄"也可为证。
⑲沓沓：语多貌。
⑳非：诋毁，反对。
㉑责难：勉励人做难为之事。赵岐注曰："人臣之道，当进君于善，责难为之事，使君勉之。"
㉒闭邪：杜绝邪说。

【评解】 国家治理中应当以德为主还是应当以法为主，在这个问题上，儒家和法家曾经进行过激烈辩论。法家主张"法治"，而儒家则主张"德治"、"仁政"，要求统治者实行"善政"。但是，双方都不排除对方观点在一定程度上的合理性与必要性，只不过将其置于较次要的地位而已。其他一些思想家、政治家则明确主张法治与德治相结合，主张"宽以济猛，猛以济宽"，荀子提出了"隆礼而重法"的主张，认为"治之经，礼与刑，君子以修百姓宁。明德慎罚，国家既治四海平"，在治国实践中应"明礼义以化之，起法正以治之，重刑罚以禁之"。管仲则提出以"国有四维"为中心，"德有六兴，义有七体，礼有八经，法有五务，权有三度"为具体内容的政治思想体系。孟子在这一章中所表达的，就是坚持德治的基础上德法并用的政治主张。

孟子曰："规矩，方员之至也①。圣人，人伦之至也。欲为君，

198 孟子正宗

尽君道;欲为臣,尽臣道。二者皆法尧舜而已矣。不以舜之所以事尧事君,不敬其君者也;不以尧之所以治民治民,贼其民者也。孔子曰:'道二,仁与不仁而已矣。'暴其民,甚,则身弑国亡;不甚,则身危国削,名之曰'幽'、'厉'②,虽孝子慈孙,百世不能改也。《诗》云:'殷鉴不远,在夏后之世③。'此之谓也。"

【译文】 孟子说:"圆规和曲尺是方形和圆形的规范,圣人是处理人伦关系的楷模。想要做合格的国君,就要完全按照做国君的标准;想要做合格的大臣,就要严格遵守做大臣的标准。这两个方面的标准,都取法尧舜就可以了。不用舜侍奉尧的态度和方式侍奉自己的国君,就是不敬重他的国君;不用尧治理人民的态度和方式治理人民,就是残害他的人民。孔子说:'治国之道有两种,只有行仁政和不行仁政罢了。'残暴地对待人民,如果严重,就会使自己被杀、国家灭亡;即使不严重,也会使自己危险、国家削弱,死了之后被加以'幽'、'厉'等恶谥,即使他的后世子孙都孝顺仁慈,这个事实也是经历百年都更改不了的。《诗经》中说:'殷商戒鉴并不远,就在前朝夏桀时。'说的就是这个意思。"

【注释】 ①至:标准,极致。
②幽、厉:周有幽王、厉王。幽、厉都是谥号。《逸周书·谥法解》说:"蚤孤陨位曰幽,雍遏不通曰幽,动静乱常曰幽";"暴慢无亲曰厉,杀戮无辜曰厉"。朱熹《集注》曰:"幽,暗。厉,虐。皆恶谥也。"
③殷鉴不远,在夏后之世:出自《诗经·大雅·荡》。鉴,原意为青铜制成刻有铭文的镜子,用以自戒。引申为借鉴。

【评解】 任何事物的检验必然都要有一个标准,在治国之道是否合理的检验标准上,孟子认为首要的是看统治者能否取法尧舜,也就是说,孟子把尧舜之道作为最理想的政治模式,这也是儒家一贯的看法。这一观点有很强的唯心主义的成分。但是,如果我们再进一步分析,可以发现孟子在这里所表达的,实际上还是他对历史经验教训的一种深刻剖析,只不过是给爱民、仁政的政治模式借前代圣王尧舜予以了人格化,并把暴虐、残害人民的统治方式也借桀纣等暴君使其更直观、更易于理解罢了。

孟子曰:"三代之得天下也以仁①,其失天下也以不仁。国之所以废兴存亡者亦然②。天子不仁,不保四海;诸侯不仁,不保社稷③;卿大夫不仁,不保宗庙④;士庶人不仁,不保四体。今恶死亡而乐不仁,是犹恶醉而强酒。"

【译文】 孟子说:"夏、商、周三代之所以能够获得天下,是因为他们最初实行了仁政;三个朝代最终失去天下,是因为他们最后都背离了仁政。诸侯国的兴盛衰败、生死存亡也是同样的规律。天子如果不仁,就不能使天下稳定;诸侯如果不仁,就不能使社稷长久;卿大夫如果不仁,就不能使宗庙延续;士庶人如果不仁,就不能使身体平安。如果有人厌恶死亡却乐于不仁,就如同厌恶喝醉却非要喝酒一样。"

【注释】 ①三代:指夏、商、周。
②国:指诸侯的封地。
③社稷:古代帝王或诸侯所祭的土神和谷神,常代指国家。社,土神。稷,谷神。
④宗庙:古代帝王或诸侯祭祀祖宗的庙宇,常作为朝廷和国家政权的代称。这里指卿大夫的封地(采邑),因为当时规定卿大夫有封地才有宗庙。

【评解】 "仁"是我国传统儒家思想的核心。孔子说:"仁者爱人。"他认为,"仁"就是人们道德修养的最高境界。在儒家思想中,崇尚道义、富有远见卓识和同情心、行为高尚的人,就可以被称为"君子"。相反,唯利是图、目光短浅、行为卑下的人,则被看做是"小人"。君子是人人都愿意结交的,而对于小人,人们则往往唯恐避之不及,更不用说得到别人的支持和帮助,或者作为一个理想的合作伙伴了。因此,仁者必将无敌于天下,而不仁者最终必然难逃灭亡的命运。

孟子曰:"爱人不亲,反其仁;治人不治,反其智;礼人不答,反其敬。行有不得者,皆反求诸己。其身正而天下归之。《诗》云:'永言配命,自求多福①。'"

【译文】 孟子说:"亲爱别人而别人却不亲近自己,就要对自己的仁爱进行反思;治理人民却没有达到治理的效果,就要对自己的智识进行反思;礼待他人却没有得到对方的回应,就要对自己的恭敬进行反思。任何行动如果没有达到预期的效果,都要从自己本身进行反省。自己如果身心端正了,天下的人一定会归服。正如《诗经》中所说:'永远配合天命,自己寻求多福。'"

【注释】 ①永言配命,自求多福:出自《诗经·大雅·文王》。见上文《公孙丑上》注。

【评解】 内省是儒家提出的道德修养方法中非常重要的一种。所谓"内省",就是内心反省自己的思想和言行,通过反思检查有无过失。《论语·学而》中有"吾日三省吾身"的说法,意思是说,我每天三次反省自己,检查自己有没有不符合道德要求的言论和行为。自古以来,许多有作为、有修养的人都非常重视"自省"。孔子在《论语·里仁》中说,看见贤人就想向他看齐,学习他的优点和长处;看见不贤的人就应该自我反省,检查自己是否与他有类似的毛病。古人所倡导的"自省"、"内省"的精神,也是现代人在道德修养中应该学习的。

孟子曰:"人有恒言①,皆曰'天下国家',天下之本在国,国之本在家,家之本在身。"

【译文】 孟子说:"人们在俗语中都经常提到'天下国家'这四个字。天下的根本在于分封的各诸侯国,诸侯国的根本在于分封给卿大夫的各个采邑以及各个家庭,采邑和家庭的根本在于作为个体的每个人。"

【注释】 ①恒言:常言,俗语。

【评解】 在中国传统观念中,家与国是合一的。家是国的基础,国是家的扩大。对于国家的治理来说,如果国家要想长治久安,就必须从作为基本的生产和生活单位的家着眼来实现稳定;而对于家庭的繁荣来说,如果想过安稳太平的日子,必须要考虑到国家的利益。这种认识是同中国古代的生产方式联系在一起的,因此它不仅是儒家的观点,其他学派的一些思想也是建立在这种认识之上的,如《管子·权修》中的"天下者,国之本也;国者,乡之本也;乡者,家之本也;家者,人之本也;人者,身之本也;身者,治之本也",则从另一种顺序上说明了天下、国、家、身之间的紧密联系。而儒家后来提出的"修身—齐家—治国—平天下"的修养目标,则是对孟子的这一思想在修养观上的反映。

孟子曰:"为政不难,不得罪于巨室①。巨室之所慕②,一国慕之;一国之所慕,天下慕之。故沛然德教③,溢乎四海④。"

【译文】 孟子说:"进行政治管理并不困难,只要不使那些有才德、有影响的世家大族怨怒就可以了。世家大族所思慕追求的,就代表了一国的人所思慕追求的;一个国家的人所思慕追求的,就代表了天下人所思慕追求的。因此本着这个原则行政就可以使道德教化兴盛浩荡,流布于整个天下。"

【注释】 ①得罪:朱熹《集注》曰:"得罪,谓身不正而取怨怒也。麦丘邑人祝齐桓公曰:'愿主君无得罪于群臣百姓。'意盖如此。"巨室:赵岐注曰:"巨室,大家也,谓贤卿大夫之家。"

②慕:思慕,向往,追求。

③德教:即道德教化。

④溢:满,充满,流布。

【评解】 "上行下效谓之风",在上位者的道德风尚对于民众来说具有示范和表率的作用。因此孟子提出,统治者要加强道德修养,率先垂范,以使道德教化得到很好的推行,达到天下和谐稳定的目的。那么,作为最高统治者的国君如何才知道自己的道德修养能不能得到天下人的认同呢? 孟子又提出了"不得罪于巨室"的标准,认为从国君可以直接接触到的世家大族的态度,就可以推知天下人的态度。国君首先就要通过加强修养使卿大夫们信服,然后德政才能推行天下。

孟子曰:"天下有道,小德役大德,小贤役大贤。天下无道,小役大,弱役强。斯二者,天也。顺天者存,逆天者亡。齐景公曰:'既不能令,又不受命①,是绝物也②。'涕出而女于吴③。今也小国师大国,而耻受命焉,是犹弟子而耻受命于先师也。如耻之,莫若师文王,师文王,大国五年,小国七年,必为政于天下矣。《诗》云:'商之孙子,其丽不亿。上帝既命,侯于周服。侯服于周,天命靡常。殷士肤敏,祼将于京④。'孔子曰:'仁不可为众也夫! 国君好仁,天下无敌⑤。'今也欲无敌于天下,而不以仁,是犹执热而不以濯也。《诗》云:'谁能执热,逝不以濯⑥?'"

【译文】 孟子说:"天下政治清明的时候,德行低的人被德行高的人所役使,才德少的人被才德大的人所役使;天下政治不清明的时候,力量小的被力量大的所役使,实力弱的被实力强的所役使。这两种情况,都是由天道运行的规律所决定的。顺从天道规律的人生存,违背天道规律的人灭亡。齐景公说过:'既没有能力命令别人,又不愿意接受别人的命令,这是自绝于人啊。'他流着眼泪把女儿嫁到偏远而强大的吴国去了。如今弱小的国家向强大的国家学习施政方法,却又以接受强大国家的命令为耻辱,这就好比弟子把接受老师的命令作为耻辱一样。如果真的以此为耻辱,就以文王为师好了。以文王为师,强大的国家需要五年,弱小的国家需要七年,一定可以使自己统治天下。《诗经》中说:'商代后世子孙,数目何止十万。上帝授命于周,便要服从周命。殷人服从于周,可见天命无常。殷臣非常聪明,灌礼助祭周京。'孔子说过:'推行仁德所能获得的力量,是不能用人数多少来计算的。国君如果爱好仁政,天下就不会有对手。'现在想要天下没有对手,却又不愿意推行仁政,这就好比苦于酷热的人又不愿意洗澡冲凉一样。《诗经》中说:'谁能苦于炎热,却又不去冲凉?'"

【注释】 ①受命:听从别人的命令。

②绝物：自绝于人。朱熹《集注》曰："物，犹人也。"一说为自绝于事。赵岐注曰："物，事也。大国不与之通朝聘之事也。"

③涕出而女(nǜ)于吴：赵岐注曰："吴，蛮夷也，时为强国，故齐侯畏而耻之，泣涕而与为婚。"女，将女子嫁给人。关于齐景公"女于吴"之事，《说苑·权谋篇》中说："齐景公以其子妻阖庐，送诸郊，泣曰：'余死不汝见矣。'高梦子曰：'齐负海而县山，纵不能全收天下，谁干我？君爱则勿行。'公曰：'余有齐国之固，不能以令诸侯，又不能听，是生乱也。寡人闻之，不能令，则莫若从。'遂遣之。"

④商之孙子，其丽不亿。上帝既命，侯于周服。侯服于周，天命靡常。殷士肤敏，祼(guàn)将于京：出自《诗经·大雅·文王》。丽，数，数目。亿，古代一般以十万为亿，也有像今天一样以万万为亿的。如《礼记·内则》有"降德于众兆民"孔颖达疏云："亿之数有大小二法，其小数以十为等，十万为亿，十亿为兆也；其大数以万为等，万至万是万万为亿，又从亿而数至万亿为兆。"侯，语气词，用于语首或句中，相当于"维"、"惟"。靡常，无常，没有一定的规律。靡，无，没有。肤，美，大。祼，即"灌"，灌礼，古代祭祀的一种仪式，斟酒浇地以求神降临。古人以天为阳，以地为阴，周代人先求于阴，因此在祭祀开始时先行灌礼。如《论语·八佾》中有："禘，自既灌而往者，吾不欲观之矣。"何晏集解引孔安国曰："灌者，酌郁鬯灌于太祖以降神也。"将，助。京，西周的都城镐京，故址在今陕西省西安市西南沣水东岸。周武王灭商之后，从酆迁都于此，谓之宗周，又称西都。

⑤仁不可为众也夫！国君好仁，天下无敌：赵岐注曰："行仁者，天下之众不能当也。诸侯有好仁者，天下无敌与之为敌。"朱熹《集注》曰："言有仁者则虽有十万之众，不能当之。故国君好仁，则必无敌于天下也。不可为众，犹所谓难为兄难为弟云尔。"杨伯峻则认为："此句只能以意会，不便于逐字译出。《诗·文王》《毛传》也说过：'盛德不可为众也。'郑玄笺则说：'言众之不如德也。'……赵岐和朱熹似俱未得其解。"[1]

⑥谁能执热，逝不以濯：出自《诗经·大雅·桑柔》。赵岐注曰："谁能持热而不以水濯其手，喻其为国谁能违仁而无敌于天下也。"朱熹《集注》曰："言谁能执持热物，而不以水自濯其手乎？"清代段玉裁《经韵楼集·〈诗〉"执热"解》中则认为："寻诗意，'执热'犹'触热'、'苦热'，'濯'谓浴也。'濯'训'涤'，沐以濯发，浴以濯身，洗以濯足，皆得云'濯'。此诗谓：'谁能苦热而不澡浴以洁其体，以求凉快者乎？'郑笺、《孟子》赵注与朱注、《左传》杜注皆云'濯其手'，转使义晦，由泥于'执'字耳。"逝，发语词，无义。

【评解】　孟子认为，社会历史总的发展规律是，有仁德的人能够赢得人心，从而统一天下。因此他强调诸侯国君都要向推行仁政的国家学习。在这一章中，孟子还通过"顺天者存，逆天者亡"的命题，告诫统治者要认清形势，顺应历史发展的规律。这一命题一方面反映了孟子的顺应天命的天命观，认为人不能违背规律；另一方面也表明了他主张人应当在规律面前发挥主观能动性，要通过自己的主观努力认识规律、利用规律。

　　孟子曰："不仁者，可与言哉？安其危而利其菑①，乐其所以亡者。不仁而可与言，则何亡国败家之有？有孺子歌曰：'沧浪之水清兮②,可以濯我缨③;沧浪之水浊兮,可以濯我足。'孔子曰:'小子听之④!清斯濯缨,浊斯濯足矣,自取之也。'夫人必自侮,然后人侮之;家必自毁,而后人毁之;国必自伐,而后人伐之。《太甲》曰:'天作孽,犹可违;自作孽,不可活。'此之谓也。"

【译文】　孟子说:"没有仁爱之心的人,难道可以对他提出什么建议吗?他们无视自己的危险而安然处之;无视将要到来的灾难而追逐利益;把那些可以导致灭亡的事情当做快乐来追求。没有仁爱之心的人如果还可以对他提供建议,那亡国败家的事情怎么会发生呢?曾经有个小孩唱道:'水流清清呀,可以洗我的冠带;水流混浊呀,可以洗我的双脚。'孔子听到后对自己的学生说:'你们听到了吧!水清就用来洗冠带,水浊就用来洗双脚,这不同的用途都是由水自己所决定的啊。'因此说,人必定先有招致侮辱的行为,然后别人才能侮辱他;家庭必定先有招致毁坏的因素,然后别人才能毁坏它;国家必定先有招致讨伐的原因,然后别国才能讨伐它。《尚书·太甲》中说:'上天降下灾祸,还有可能逃脱;自己造下罪孽,肯定不能活命。'说的就是这个意思。"

【注释】　①蘖:灾害;灾难。
②沧浪:一说为水名,有汉水、汉水别流、汉水下流、夏水诸说。如《尚书·禹贡》中说:"嶓冢导漾,东流为汉。又东为沧浪之水。"孔传曰:"别流在荆州"北魏郦道元《水经注·夏水》中说:"刘澄之著《永初山川记》云:'夏水,古文以为沧浪,渔父所歌也。'"朱熹《集注》曰:"沧浪,水名。"一说为青苍色或青苍色的水。如《文选·陆机〈塘上行〉》有:"发藻玉台下,垂影沧浪泉。"李善注曰:"《孟子》曰:'沧浪之水清。'沧浪,水色也。"卢文弨《钟山札记》云:"仓浪,青色;在竹曰苍筤,在水曰沧浪。"今取后说。
③缨:系冠的带子。
④小子:孔子对自己弟子的称呼。

【评解】　在机遇或者变故面前,很多人习惯于怨天尤人,在这里,孟子提出了人应当自己努力的观点。"人必自侮,然后人侮之;家必自毁,而后人毁之。"做人首先应当自强不息、严格要求自己,这样才能赢得别人的尊重。只有先把自己应该做的事情做好了,才有资格、有机会得到命运的垂青和别人的承认。

孟子曰:"桀纣之失天下也,失其民也。失其民者,失其心也。得天下有道:得其民斯得天下矣。得其民有道:得其心斯得民矣。得其心有道:所欲,与之聚之①;所恶,勿施尔也②。民之归仁也,犹水之就下,兽之走圹也③。故为渊驱鱼者,獭也④;为丛驱爵者⑤,鹯也⑥;为汤、武驱民者,桀与纣也。今天下之君有好仁者,则诸侯皆为之驱矣;虽欲无王,不可得已。今之欲王者,犹七年之病求三年之艾也⑦。苟为不畜,终身不得。苟不志于仁,终身忧辱,以陷于死亡。《诗》云:'其何能淑?载胥及溺⑧。'此之谓也。"

【译文】 孟子说:"夏桀和商纣失去天下,是因为失去了民众的支持;他们失去民众的支持,是因为失去了民心。获得天下有正确的途径:获得了民众的支持,就能够获得天下了;获得民众的支持有正确的途径:获得了民心,就能够获得民众的支持了;获得民心也有正确的途径:民众所希望得到的,替他们加以聚积;民众所厌恶得到的,不要强加在他们头上。民众归附于仁德之人,就好像水向下流、野兽在旷野奔跑一样。所以,替深池赶来鱼群的,是水獭;替丛林赶来鸟雀的,是鹯鹰;替商汤、周武赶来民众的,是夏桀、商纣。现在的国君,如果有爱好仁德的,其他诸侯都会替他把民众赶过来。即使不想用仁德统一天下,也是不可能的。如今这些希望用仁德统一天下的人,好比患了七年的病,要用三年的陈艾来进行医治,如果平常不收集艾草,那么一辈子也都得不到。如果不是一心实行仁政,终身会受到忧愁和羞辱,以至于因此灭亡。《诗经》中说:'他们如何能良善?一起沉溺至于死。'说的就是这个意思。"

【注释】 ①与之聚之:一说为"给予他们,为他们聚积"。如赵岐注曰:"聚其所欲而与之。"朱熹《集注》曰:"民之所欲,皆为致之,如聚敛然。"一说为"为他们集聚"。如王引之《经传释词》曰:"家大人曰,'与',犹'为'也,'为'字读去声,'所欲与之聚之',言所欲则为民聚之也。"杨伯峻亦赞同此说。今取后说。

②所恶,勿施尔也:对于此句,存在着几种不同的看法。赵岐注曰:"尔,近也。勿施行其所恶,使民近,则民心可得矣。"朱熹《集注》曰:"民之所恶,则勿施于民。"杨伯峻引赵佑《四书温故录》云:"读'尔也'自为句。"认为"尔,如此;也,用法同耳"[2]。今从朱说。

③圹:原野,旷野。

④獭:动物名,哺乳动物,分水獭、旱獭、海獭三种。栖息水边,善游泳,主食鱼类。

⑤丛:丛林。爵:通"雀",鸟的一种。

⑥鹯(zhān):猛禽名,又名"晨风",似鹞,羽色青黄,以鸠、鸽、燕、雀等小鸟为食。

⑦三年之艾:赵岐注曰:"艾可以为灸人病,干久益善,故以为喻志仁者亦久行之。"

⑧其何能淑?载胥及溺:出自《诗经·大雅·桑柔》。淑,善,善良。载,助词,用在句首或句中,起加强语气的作用。胥,相互。及,与。

【评解】 得道多助,失道寡助,儒家之所以提出要实行仁政,要以民为本,如果从功利的目的来说,就是为了使老百姓服从统治者的指挥,与统治者一起完成自己的雄图大业。春秋战国时期,为了在诸侯混战的局面中占据主动的位置,很多人都认识到了人民是王霸天下的关键。那时候,一统天下或者成为各诸侯国的霸主是各国国君梦寐以求的理想。而如果想统一天下或者称霸诸侯,得到包括其他诸侯国的人民在内的民众的支持无疑是重要的。所以在秦穆公死后有人对他的所作所为进行评价时说:"秦穆之不为盟主也宜哉!死而弃民。"(《左传·文公六年》)再如春秋时期的管仲辅佐齐桓公,虽然没有孟子那种用仁德一统天下的崇高目标,但从一开始也就是以帮助齐桓公成为诸侯国的霸主为根本目的的,并且深刻地认识到了称霸诸侯与"得民"之间的关系。因此他不厌其烦地宣称,人民是"霸王之术"、"霸王之本",认为不但"得众"是称霸天下的必然条件,而且"得众"的多寡还是究竟能在多大的程度上统治天下的决定因素,这也就是他所总结出的"得天下之众者王,得其半者霸"(《管子·霸言》)的规律。

孟子曰:"自暴者①,不可与有言也;自弃者,不可与有为也。言非礼义,谓之自暴也;吾身不能居仁由义,谓之自弃也。仁,人之安宅也②;义,人之正路也。旷安宅而弗居③,舍正路而不由,哀哉!"

【译文】 孟子说:"自己损害自己的人,没有什么可以和他谈的;自己抛弃自己的人,没有什么可以与他一起干的。出言就诋毁礼义的行为,叫做自己残害自己;认为自己不能安于仁道行于正义,叫做自己抛弃自己。仁,是人最安适的住宅;义,是人最正确的道路。荒废了最安适的住宅而不去住,抛弃了最正确的道路而不去走,真是可悲呀!"

【注释】 ①暴:损害,糟蹋。
②安宅:安适的住所。
③旷:荒废。

【评解】 一个人如果想提高自己的素质,就必须要通过主观努力,自暴自弃的人是永远都不可能有所作为的。因此,孟子批评了哪些甘心堕落,不求进取的人,告诫人们应该遵守仁义、奋发有为。

孟子曰:"道在迩①,而求诸远;事在易,而求诸难。人人亲其亲、长其长,而天下平。"

【译文】 孟子说:"大道本来在近处,有人却要从远处求取;事情本来很容易,有人却要用困难的方法做。只要人人亲爱自己的父母,尊敬自己的长辈,天下就可以太平了。"

【注释】 ①迩:近。朱熹《集注》本作"尔",并说:"尔、迩,古字通用。"

【评解】 "推己及人"、"能近取譬"是儒家道德修养和道德实践的根本思路。这也就是孔子所说的"夫仁者,己欲立而立人,己欲达而达人。能近取譬,可谓仁之方也已"。孟子继承了孔子的这一思想,认为有道德的人首先要从亲爱自己的父母、尊重自己的长辈开始。儒家的这一观点是和墨家的"兼爱"主张直接对立的。

孟子曰:"居下位而不获于上①,民不可得而治也。获于上有道,不信于友,弗获于上矣。信于友有道,事亲弗悦,弗信于友矣。悦亲有道,反身不诚,不悦于亲矣。诚身有道,不明乎善,不诚其身矣。是故诚者,天之道也。思诚者,人之道也。至诚而不动者,未之有也。不诚,未有能动者也。"

【译文】 孟子说:"居于卑下的职位而得不到上级的信任,就不能够治理好百姓。得到上级的信任有道可循,得不到朋友的信任,就得不到上级的信任。得到朋友的信任有道可循,侍奉父母而不能够让父母高兴,就得不到朋友的信任。让父母高兴有道可循,内心反省而心意不诚,就不能使父母高兴。使自己心诚有道可循,不明白什么是善,就不能使自己心诚。因此说,诚,是天道运行的规律;追求诚,是做人的基本准则。做到至诚而不感动别人,是从未有过的事情;没有诚意,也从来没有能感动别人的。"

【注释】 ①获于上:朱熹《集注》曰:"获于上,得其上之信任也。"

【评解】 在儒家思想中,"诚"既是一种美德,也是对待人生、对待道德的基本态度和方法。孟子所说的"诚者,天之道也",认为"诚"就是天道运行的基本规律,就是真实不欺、笃实可信,始终遵循客观规律而没有背离或者偏差。这种认识对于人自觉的道德修养来说有着积极的意义。因为天道诚实不欺,始终按照客观规律运行,所以能够成就万物。因此人如果想成就德业、学业和事业,按照"天道",即客观规律的要求,也应当踏踏实实、真实无妄,容不得半点虚假,这样才能有所成就。

孟子曰:"伯夷辟纣,居北海之滨①,闻文王作兴,曰:'盍归乎来②!吾闻西伯善养老者③。'太公辟纣,居东海之滨④,闻文王作兴,曰:'盍归乎来!吾闻西伯善养老者。'二老者,天下之大老也⑤,而归之,是天下之父归之也。天下之父归之,其子焉往?诸侯有行文王之政者,七年之内,必为政于天下矣。"

【译文】 孟子说:"伯夷躲避纣王,居住在北海之滨,听说周文王兴起,说:'何不到他那里去呢!我听说周文王是善于供养老人的人。'姜太公躲避纣王,居住在东海之滨,听说周文王兴起,说:'何不到他那里去呢!我听说周文王是善于供养老人的人。伯夷和姜太公两位老人,都是非同寻常的老人,他们归附周文王,这相当于天下的父亲归附了周文王。天下的父亲都归附了,他们的儿子还能到哪里去呢?如今的诸侯如果有能够推行周文王的施政方法的,七年之内,就一定能使他的政令通行于天下了。"

【注释】 ①居北海之滨:清代阎若璩《四书释地续·北海东海》中说:"伯夷,孤竹国之世子也。前汉辽西郡令支县有孤竹城。《括地志》:孤竹古城在庐龙县南十二里。余谓今永平府治,河入海从右碣石,正古之北海,在今昌黎县西北,亦是当日避纣处,去其国都不远。《通志》以居北海为潍县者,误。"
②来:语助词,用在句中或句末,表示祈使语气。王引之《经传释词》中说:"来,语末助词也。《孟子》'盍归乎来',《庄子·人间世》篇'尝以语我来',又'子其有以语我来','来'字皆语助。"另如俞樾《群经平议·礼记一》中说:"来,乃语助之辞。《庄子·大宗师》篇:子桑户死,孟子反、子琴张相和而歌,曰:'嗟来!桑户乎!嗟来!桑户乎!'此云'嗟来食',文法正同。"章炳麟《新方言·释词》也说:"《庄子·人间世》篇:'尝以语我来';又曰:'子其有以语我来。''来'并即'矣'字,训'乎'者也……今语亦作'哩'。'里'、'来',古音一也。"
③西伯:指周文王。焦循《正义》曰:"西伯,即文王也。纣命为西方诸侯之长,得专征伐,故称西伯。"
④太公辟纣,居东海之滨:《史记·齐太公世家》记载:"太公望吕尚者,东海上人。……吕尚盖尝穷困,年老矣,以渔钓奸周西伯。西伯将出猎,卜之,曰'所获非龙非彲非虎非罴;所获霸王之辅'。于是周西伯猎,果遇太公于渭之阳,与语大说,曰:'自吾先君太公曰:当有圣人适周,周以兴。子真是邪?吾太公望子久矣。'故号之曰'太公望',载与俱归,立为师。或曰,太公博闻,尝事纣。纣无道,去之。游说诸侯,无所遇,而卒西归周西伯。或曰,吕尚处士,隐海滨。周西伯拘羑里,散宜生、闳夭素知而招吕尚。吕尚亦曰:'吾闻西伯贤,又善养老,盍往焉。'"阎若璩《四书释地续·北海东海》中说:"《齐世家》:太公望吕尚者,东海上人。注未悉。后汉琅邪国海曲县。刘昭引《博物记》注云:太公吕望所出,今有东吕乡,又钓于棘津,其浦今存。又于清河国广川县棘津城,辩其当在琅邪海曲,此城殊非。余谓海曲故城,《通典》称在莒县东,则当日太公辟纣居东海之滨,即是其家。汉崔瑗、晋卢无忌立齐太公碑以为汲县人者,误。"
⑤大老:朱熹《集注》曰:"大老,言非常人之老者。"

【评解】 中国传统上有尊重老人的美德,如果进行深入的考察,这种传统是有深刻的社会现实基础的。中国传统农业社会中,生产和生活的经验和技艺往往是通过口耳相传的方式传承,老人是经验和技艺的直接掌握者,对于社会的生存和发展来说具有至关重要的作用,自然受到人们的尊重和保护。因此,儒家在对社会文化继承的这一规律深刻体认的基础上,把"敬老"、"善养老"作为"仁政"的重要内涵之一,认为尊重老人的人,天下人自然信服他;奉养老人的人,天下人自然归顺他。这也是后世把"孝"作为关系到国家安危的一种重要美德的直接理论来源。

孟子曰:"求也①,为季氏宰,无能改于其德,而赋粟倍他日。孔子曰:'求非我徒也,小子鸣鼓而攻之,可也②。'由此观之,君不行仁政而富之,皆弃于孔子者也,况于为之强战?争地以战,杀人盈野;争城以战,杀人盈城,此所谓率土地而食人肉,罪不容于死。故善战者服上刑③,连诸侯者次之④,辟草莱、任土地者次之⑤。"

【译文】 孟子说:"孔子的弟子冉求做鲁国大臣季氏的总管,没有能够改变季氏的德行,而田赋却比从前增加了一倍。孔子说:'冉求不是我的弟子,你们擂着鼓去攻击他,也是可以的。'因此可见,没有使国君推行仁政而帮助他聚敛财富的人,都是孔子所鄙弃的,何况那些帮着不行仁政的君主努力作战的人呢?为了争夺土地而发动战争,杀死的人遍布田野;为了争夺城池而发动战争,杀死的人布满城市,这就是放纵土地扩张的欲望来吃人肉啊,他们的罪行处死都难以抵消。所以,善于作战的人应该受到最重的刑罚,联结诸侯的人应该受到稍轻一些的刑罚,为君主开垦草莽督责耕种的人应该受再轻一些的刑罚。"

【注释】 ①求:即孔子弟子冉求。

②求非我徒也,小子鸣鼓而攻之,可也:《论语·先进》中说:"季氏富于周公,而求也为之聚敛而附益之。子曰:'非吾徒也,小子鸣鼓而攻之可也。'"《左传·哀公十一年》亦记载:"季孙欲以田赋,使冉有访诸仲尼,曰:'丘不识也。'三发,卒曰:'子为国老,待子而行,若之何子之不言也?'仲尼不对,而私于冉有曰:'君子之行也,度于礼,施取其厚,事举其中,敛从其薄。如是,则以丘亦足矣。若不度于礼,而贪冒无厌,则虽以田赋,将又不足。且子季孙,若欲行而法,则周公之典在;若欲苟而行,又何访焉?'弗听。"

③服上刑:应受重刑处罚。

④连诸侯者:赵岐注曰:"连诸侯,合从者也。"朱熹《集注》曰:"连结诸侯,如苏秦、张仪之类。"

⑤辟草莱、任土地者:朱熹《集注》曰:"辟,开垦也。任土地,谓分土授民,使任耕稼之责,如李悝尽地方,商鞅开阡陌之类也。"草莱,草莽,杂生的草,代指荒芜之地。

【评解】 在春秋战国时期,战争是浪费民力的一项主要活动。因此墨家提出"非攻",儒家反对不义战争,就连兵家也提出"慎战"的思想。《孙子兵法》中一再强调:"凡用兵之法,驰车千驷,革车千乘,带甲十万,千里馈粮。则内外之费,宾客之用,胶漆之材,车甲之奉,日费千金,然后十万之师举矣。"(《作战篇》)"国之贫于师者远输,远输则百姓贫;近于师者贵卖,贵卖则百姓财竭,财竭则急于丘役。力屈财殚,中原内虚于家,百姓之费,十去其七;公家之费,破车罢马,甲胄矢弩,戟楯矛橹,丘牛大车,十去其六。"(《作战篇》)"凡兴师十万,出征千里,百姓之费,公家之奉,日费千金,内外骚动,怠于道路,不得操事者,七十万家。"(《用间篇》)因此在这部军事巨著中,开篇《计篇》就指出:"兵者,国之大事,死生之地,存亡之道,不可不察也。"战端一开,就会极大地影响生产,耗费钱财,给国家的正常运转和人民的生活都造成巨大的灾难。

孟子曰:"存乎人者①,莫良于眸子②。眸子不能掩其恶。胸中正,则眸子瞭焉③;胸中不正,则眸子眊焉④。听其言也,观其眸子,人焉廋哉⑤?"

【译文】 孟子说:"观察一个人,没有比观察眼睛更好的了。眼睛不能掩盖一个人的丑恶。内心如果正直,那么眼睛就明亮;内心如果不端正,那么眼睛就昏蒙。听一个人说话,同时观察他的眼睛,他的真实内心又能怎样隐藏呢?"

【注释】 ①存:鉴察,省察。
②眸子:瞳人,亦泛指眼睛。朱熹《集注》曰:"眸子,目瞳子也。"
③瞭:眼珠明亮。
④眊(mào):眼睛失神,视物不清。赵岐注曰:"眊者,蒙蒙不明之貌。"
⑤廋(sōu):藏匿,隐藏。如《论语·为政》有:"视其所以,观其所由,察其所安,人焉廋哉!"何晏集解引孔安国曰:"廋,匿也。"

【评解】 "眼睛是心灵的窗户",一个人内心是否正直,不但可以通过一举一动表现出来,神情和目光中也会有所反映,所以正直的人必然正气凛然,内心卑劣的人大多形容猥琐。孟子的这一观点,如果用现代哲学的表述方式来说,在一定程度上可以理解为他赞同能够通过现象观察本质,至少在对人进行考察时是这样。

孟子曰:"恭者不侮人,俭者不夺人。侮夺人之君,惟恐不顺焉①,恶得为恭俭?恭俭,岂可以声音笑貌为哉?"

【译文】 孟子说:"对人恭敬的人不会侮辱别人,用度节俭的人不会掠夺别人。喜欢侮辱别人、掠夺别人的国君,惟恐别人不顺从自己,又怎么能做到对人恭敬和用度节俭?对人恭敬和用度节俭,难道可以仅仅凭借声音和笑脸做得出来吗?"

【注释】 ①惟恐不顺:朱熹《集注》曰:"惟恐不顺,言恐人之不顺己。"

【评解】 这一章的观点可以说与上一章直接相关,同样表达了人的外在表现与其内心意志紧密相关的观点。一个人可能伪装得很谦恭、节俭或者富有爱心,但伪装可以蒙骗人们一时,总归不能长久。只有内心中具有谦恭、节俭、富有爱心之德,才能够真正做出相应的行动。

淳于髡曰①:"男女授受不亲②,礼与?"孟子曰:"礼也。"曰:"嫂溺则援之以手乎③?"曰:"嫂溺不援,是豺狼也。男女授受不亲,礼也。嫂溺援之以手者,权也④。"曰:"今天下溺矣,夫子之不援,何也?"曰:"天下溺,援之以道;嫂溺,援之以手。子欲手援天下乎?"

【译文】 淳于髡问:"男女之间不能亲手给予和接受东西,这是礼制所规定的吗?"孟子说:"是礼制的要求。"淳于髡说:"如果嫂子溺水,那么能够伸手去拉她吗?"孟子说:"嫂子溺水不去拉她,这是豺狼的行径。男女之间不能亲手给予和接受东西,这是礼制所规定的;嫂子溺水伸手去拉她,这是特殊情况下的变通办法。"淳于髡说:"现在天下百姓都溺水了,您不去伸手救援,又是为什么呢?"孟子说:"天下百姓都溺水了,要用仁义之道去救援;嫂子溺水,才伸手去援助。难道你要凭借双手去救援天下百姓吗?"

【注释】 ①淳于髡:战国时齐人,姓淳于,名髡,擅长讽谏。《史记·孟子荀卿列传》记载:"淳于髡,齐人也。博闻强记,学无所主。其谏说,慕晏婴之为人也,然而承意观色为务。……惠王欲以卿相位待之,髡因谢去。于是送以安车驾驷,束帛加璧,黄金百镒。终身不仕。"《滑稽列传》记载:"淳于髡者,齐之赘婿也。长不满七尺,滑稽多辩,数使诸侯,未尝屈辱。"

②授受不亲:朱熹《集注》曰:"授,与也。受,取也。古礼,男女不亲授受,以远别也。"授受,给予和接受。

③援:牵拉,牵引。

④权:权宜,变通,古代常与"经"相对言。朱熹《集注》曰:"权,秤锤也,称物轻重而往来以取中者也。权而得中,是乃礼也。"

【评解】 "经"与"权"是整个中国古代哲学和伦理学中一对重要的范畴。所谓"经",就是原则性,在道德领域内就是指对人具有普遍的约束力的道德原则和道德规范,以及对这些道德原则和道德规范的自觉遵守;所谓"权",就是灵活性,在道德领域内就是在具体的情境中经过分析具体情况和可能的后果,权衡利害轻重后做出的具有变通性的具体道德行为。孟子主张,在道德实践中,应当正确处理"经"和"权"的关系,在道德实践中对道德原则和规范具体运用,既不能不讲原则,也不能僵化死板,而是应当做到"通权达变"。

公孙丑曰:"君子之不教子①,何也?"孟子曰:"势不行也。教者必以正;以正不行,继之以怒;继之以怒,则反夷矣②。'夫子教我以正;夫子未出于正也。'则是父子相夷也。父子相夷则恶矣。古者易子而教之,父子之间不责善③,责善则离,离则不祥莫大焉④。"

【译文】 公孙丑问:"君子不亲自教育自己的儿子,这是为什么呢?"孟子回答说:"这是由于现实的情势不许可啊。进行教育一定要用正确的道理和方法,用正确的道理和方法如果达不到效果,接着就是用愤怒责罚的方法。如果使用了愤怒责罚的方法,那就反而会产生伤害了。儿子会想:'父亲用正确的道理和方法来教导我,父亲自己的做法却不合乎正确的道理和方法啊。'这样就是父子间互相伤害了。父子之间互相伤害,就很不好了。古时候人们互相交换孩子来教育,父子之间不相互劝勉从善。父子间劝勉从善就难免产生隔阂,一旦产生隔阂,那就是最为不好的事情。"

【注释】 ①不教:指不亲教。
②夷:伤,伤害。
③责善:劝勉从善。
④不祥:即不善。

【评解】 在儒家的观念中,教化对于人的成长是不可缺少的,而父子之间的亲情也是不能有丝毫损害的。因此为了解决父亲在教育子女中可能会因为严格要求而伤害天然的父子感情的问题,孟子阐述了"易子而教"的思想。可见古人对于将抽象的理论原则和具体的实践相结合是多么地用心!

孟子曰:"事孰为大?事亲为大。守孰为大?守身为大①。不失其身而能事其亲者,吾闻之矣;失其身而能事其亲者,吾未之闻也。孰不为事?事亲,事之本也。孰不为守?守身,守之本也。曾子养曾皙②,必有酒肉;将彻③,必请所与;问有余,必曰'有'。曾皙死,曾元养曾子④,必有酒肉;将彻,不请所与;问有余,曰'亡矣',将以复进也⑤,此所谓养口体者也⑥。若曾子,则可谓养志也。

事亲若曾子者,可也。"

【译文】 孟子说:"什么事情最重要?侍奉父母最重要。守护什么最重要?守护德操最重要。自身的品德和节操没有丧失而能侍奉父母的,我曾经听说过;自身的品德和节操已经丧失却能侍奉父母的,我从来没听说。谁能够不做事情呢?侍奉父母,是所有事情的根本;谁能够不有所守护呢?守护自己的品德和节操,是一切守护的根本。曾子奉养他的父亲曾晳,每顿饭一定有酒和肉;将要撤除的时候,一定要问剩下的饭菜给谁吃;曾晳如果问是否还有剩余,曾子一定回答'有'。曾晳死后,曾子的儿子曾元奉养曾子,每顿饭也一定有酒和肉;将要撤除的时候,从来不问剩下的饭菜给谁吃;曾子如果问是否还有剩余,曾元便说'没有了',打算留下来下次给曾子进用,这就是所谓的只满足身体上的需要。至于曾子奉养父亲的方式,则可以称作顺从父亲的意志之养。侍奉父母如果能够做到曾子那样,就可以了。"

【注释】 ①守身:保持品德和节操。赵岐注曰:"守身,使不陷于不义也。"
②曾晳:即曾点,曾参(曾子)的父亲,与曾参都是孔子的弟子。
③彻:撤除,撤去。
④曾元:曾参的儿子。
⑤将以复进也:赵岐注曰:"曾元曰无,欲以复进曾子也。"
⑥此所谓养口体者也:赵岐注曰:"不求亲意,故养口体也。"

【评解】 "孝"是中国传统美德中的一个重要组成部分,赡养父母是"孝"最起码的要求,但不是"孝"的实质和最高标准。孔子说:"今之孝者,是谓能养。至于犬马,皆能有养;不敬,何以别乎?"在他看来,"敬"才是"孝"的实质和根本要求。孟子继承了孔子的这一思想,在赡养父母上区分了"养口体"和"养志",其实也是主张真正的"孝"应该首先具有发自内心的恭敬、尊重与体贴。

孟子曰:"人不足与适也①,政不足与间也②,惟大人为能格君心之非③。君仁莫不仁,君义莫不义,君正莫不正,一正君而国定矣。"

【译文】 孟子说:"他人不值得去谴责,政治不值得去毁谤,只有人格高尚的人才能够使君主不正确的思想得到纠正。君主仁爱,天下没有人不仁爱;君主信义,天下没有人不信义;君主正直,天下没有人不正直。君主一个人的思想首先被端正了,国家也就随之安定了。"

【注释】 ①适(zhé):同"谪",谴责,指责。

②间:非难,毁谤。
③格:纠正,匡正。

【评解】 在德治的推行中,统治者首先要做出表率,否则如果只喊空头口号,老百姓肯定不会心悦诚服地服从。因此所谓德治,就是统治者自身首先加强自己的道德修养,率先遵守道德,用道德的方法统治人们。"一正君而国定"的观点虽然过分夸大了统治者的作用,这一定称得上陷入了英雄史观,但如果从统治者的职责和责任的角度考虑,却是有道理的。

孟子曰:"有不虞之誉①,有求全之毁。"

【译文】 孟子说:"有没有意料到的赞誉,也有过于苛求而产生的毁谤。"

【注释】 ①不虞:意料不到。

【评解】 赞誉和诋毁都不一定与人的行为完全一致,所以在对待外在的荣辱和加强自身的修养之间,还是应当做好自己应该做的事情,不要为外界的毁誉所困扰,保持清醒的认识,做实实在在的事情,以不断提高自己的修养和品德。

孟子曰:"人之易其言也,无责耳矣①。"

【译文】 孟子说:"一个人什么话都可以轻易说出口,是因为没有受到失言之责。"

【注释】 ①人之易其言也,无责耳矣:赵岐注曰:"人之轻易其言,不得失言之咎责也。一说人之轻易不肯谏正君者,以其不在言责之位者也。"朱熹《集注》曰:"人之所以轻易其言者,以其未遭失言之责故耳。盖常人之情,无所惩于前,则无所警于后。非以为君子之学,必俟有责而后不敢易其言也。然此岂亦有为而言之与?"

【评解】 关于此章,前人解释不尽一致。总体来说,孟子主张一个人出言应该谨慎,要为自己的言论负责,"非礼勿言"。

孟子曰:"人之患,在好为人师①。"

【译文】 孟子说:"人们共有的一个缺点,就是都只喜欢做别人的老师。"

【注释】 ①好为人师:赵岐注曰:"不知己未有可师而好为人师者。"

【评解】 孟子告诫人们要虚心学习,不要自以为是、故步自封。如果想成为别人的老师,给人以指导,自己首先要有过人之处。因此一个人首要的是加强自己的修养,提高自己的素质,避免浅薄无知地随意对别人指手画脚。

乐正子从于子敖之齐①。乐正子见孟子,孟子曰:"子亦来见我乎?"曰:"先生何为出此言也?"曰:"子来几日矣?"曰:"昔者②。"曰:"昔者,则我出此言也,不亦宜乎?"曰:"舍馆未定③。"曰:"子闻之也'舍馆定,然后求见长者'乎?"曰:"克有罪。"

【译文】 乐正子跟随着子敖来到齐国。乐正子去拜见孟子,孟子问他:"你也是来看我的吗?"乐正子说:"先生您为什么说这样的话呢?"孟子问他:"你已经来了几天了?"乐正子答道:"昨天来的。"孟子说:"昨天来的,那么我说这样的话,不也是应该的吗?"乐正子说:"因为我的住所一直没有找好才没来拜见您。"孟子说:"你听说过'住所安定了,然后才去要求拜见长辈'的道理吗?"乐正子说:"我知道是我错了。"

【注释】 ①子敖:朱熹《集注》曰:"子敖,王驩字。"
②昔者:昨天。
③舍馆:即客舍,馆舍,住所。

【评解】 孟子责备乐正子并不是出于自己的私心。在儒家的观念中,长幼尊卑之间的义务和礼节规定非常明确。孟子告诫乐正子,尊重长者一定要恭敬,按照礼节,不能丝毫有所折扣。

孟子谓乐正子曰:"子之从于子敖来,徒餔啜也①。我不意子学古之道而以餔啜也。"

【译文】 孟子对乐正子说:"你跟随着子敖而来,只是为了吃喝吗?我不想让你学习古人的道理而用来换取吃喝。"

【注释】 ①餔啜:饮食,吃喝。朱熹《集注》曰:"餔,食也;啜,饮也。"

【评解】 孟子一贯主张,出仕是为了行道,无论是从人品上还是从志向上说,子敖都不是可以帮助儒家实现政治主张的人,因此责备乐正子不该在这种人手下做官。孟子所主张的这一选择上司的标准,同样也适用于选择下属、选择朋友,无论是工作上的交往还是朋友之间的交往,对方的品质和志趣都是必须考虑的。

孟子曰:"不孝有三①,无后为大。舜不告而娶,为无后也,君子以为犹告也。"

【译文】 孟子说:"不孝的表现主要有三种,其中没有后代是最大的一种。舜没有事先禀告父母就娶妻,是因为怕没有后代,因此君子认为他虽然没有禀告父母,实际上同已经禀告了一样都是正确的做法。"

【注释】 ①不孝有三:赵岐注曰:"于礼有不孝者三者,谓阿意曲从,陷亲不义,一不孝也;家贫亲老,不为禄仕,二不孝也;不娶无子,绝先祖祀,三不孝也。"

【评解】 朱熹注此章曰:"舜告焉则不得娶,而终于无后矣。告者礼也。不告者权也。犹告,言与告同也。盖权而得中,则不离于正矣。范氏曰:'天下之道,有正有权。正者万世之常,权者一时之用。常道人皆可守,权非体道者不能用也。盖权出于不得已者也,若父非瞽瞍,子非大舜,而欲不告而娶,则天下之罪人也。'"可见,这一章中孟子在为舜辩护的同时,阐明的道理仍然是道德选择中"经"与"权"的关系。

孟子曰:"仁之实①,事亲是也。义之实,从兄是也。智之实,知斯二者弗去是也。礼之实,节文斯二者是也②。乐之实,乐斯二者,乐则生矣。生则恶可已也③?恶可已,则不知足之蹈之、手之舞之。"

【译文】 孟子说:"仁的实质内容,是侍奉父母;义的实质内容,是顺从兄长;智的实质内容,是知道仁义二者须臾不可背离;礼的实质内容,是对仁义二者加以调节修饰;乐的实质内容,是从仁义二者中得到快乐,知道仁义对人的快乐之所在,快乐就会发生了。快乐一旦发生就不会停止,无法停止就会不知不觉地为之手舞足蹈。"

【注释】 ①实:实质,实质内容。
②节文:调节修饰。
③已:停止。

【评解】 孟子伦理思想的核心是"仁义","仁"、"义"二者都不是抽象的道德原则,而是来自于现实生活的人际关系之中。"礼"、"乐"等是由"仁义"生发出来的,与"仁义"有着内在的紧密联系。

孟子曰:"天下大悦而将归己,视天下悦而归己,犹草芥也,惟舜为然。不得乎亲,不可以为人;不顺乎亲,不可以为子。舜尽事亲之道,而瞽瞍厎豫①。瞽瞍厎豫而天下化;瞽瞍厎豫而天下之为父子者定。此之谓大孝。"

【译文】 孟子说:"天下百姓都悦服并且将归附自己,自己却把天下百姓都悦服并且将归附自己看成草芥一样轻微,只有舜是这样的。不能赢得父母之心,不可以作为一个合格的人;不能顺从父母之意,不可以作为一个合格的儿子。舜竭尽全力来侍奉父母,最终使他的父亲瞽瞍变得高兴。瞽瞍变得高兴,天下的民心因此得到感化;瞽瞍变得高兴,天下的父子伦常关系因此得到确定,这才可以称作是大孝。"

【注释】 ①瞽瞍(gǔsǒu):舜的父亲,传说非常顽固,曾经数次想要杀掉舜。《史记·五帝本纪》记载:"舜父瞽叟盲,而舜母死,瞽叟更娶妻而生象,象傲。瞽叟爱后妻子,常欲杀舜,舜避逃;及有小过,则受罪。顺事父及后母与弟,日以笃谨,匪有懈。"厎豫:得以欢乐。赵岐注曰:"厎,致也;豫,乐也。"

【评解】 "千经万典,孝义为先。"此生拥有的财富再多,一个人所能享用的也仅是有限的一部分。人生在世,整天恓恓惶惶地追逐物质财富是没有多大意义的,追求高尚的道德,孝敬父母、友爱兄弟才是做人的根本。尤其是"孝",在儒家看来更是一切事情的根本。孟子这里所阐述的思想,既强调了"孝"的重要,又反映了他的"重义轻利"的义利观。

注释:
〔1〕 杨伯峻:《孟子译注》,第169页。
〔2〕 杨伯峻:《孟子译注》,第178页。

离娄章句下

孟子曰:"舜生于诸冯①,迁于负夏,卒于鸣条,东夷之人也。文王生于岐周②,卒于毕郢,西夷之人也。地之相去也,千有余里;世之相后也,千有余岁。得志行乎中国,若合符节③。先圣后圣,其揆一也④。"

【译文】 孟子说:"舜出生在诸冯,迁居到负夏,逝世在鸣条,是一个东方人。周文王出生在岐周,逝世在毕郢,是一个西方人。舜所生活的东方和文王所生活的西方,两地距离一千多里;舜所生活的时代和文王所生活的时代,两者相距一千多年。他们二人意志得以实行时在中国的所作所为,就像符节相合般的一致。前世的圣人和后代的圣人,他们所奉行的准则是一样的。"

【注释】 ①诸冯:与下文负夏、鸣条均为地名。赵岐注曰:"诸冯、负夏、鸣条,皆地名也。负海也,在东方夷服之地。"
②岐周:与下文毕郢均为地名。赵岐注曰:"岐周、毕郢,地名也。岐山下周之旧邑,近畎夷。畎夷在西,故曰西夷之人也。《书》曰:'太子发上祭于毕,下至于盟津。'毕,文王墓,近于酆、镐之地。"
③符节:古代符信的一种,以金、玉、竹、木等制成,上面刻有文字,分为两半,使用时以两半相合为验。
④揆:道理,准则。

【评解】 在社会历史发展中,总有一些规律是共通的,比如治国如果从长远考虑必须实行"仁政"。孟子这里说圣人"揆一",而圣人在儒家思想家那里,就是对社会发展规律的先知者、先觉者,他们根据对客观规律的深刻体察,采取正确的处理事务的方法。因此,孟子这里所说的"圣人",一定程度上可以看做客观规律在他思想中的人格化。从这个角度理解,圣人"揆一",实际上也就是社会历史发展规律"揆一"。

子产听郑国之政①,以其乘舆济人于溱、洧②。孟子曰:"惠而不知为政③,岁十一月徒杠成④,十二月舆梁成⑤,民未病涉也。君子平其政,行辟人可也⑥,焉得人人而济之?故为政者,每人而悦之,日亦不足矣⑦。"

【译文】 子产在郑国当政的时候,用他自己所乘的车辆帮助人们渡过溱水和洧水。孟子说:"子产有惠民之心,但却不知道如何主持政事。如果在一年的十一月份修成可供人徒步行走的小桥,十二月份修成可供车辆通行的的大桥,百姓就不会再有渡河之难了。君子只要管理好政事,即使出外时将行人驱避开都可以,哪里能够帮助人们一个个地渡河呢?如果管理政事的人,去讨取一个人一个人的欢心,时间就太不够用了。"

【注释】 ①子产:即公孙侨,春秋时郑国的贤相。听:审察,断决,治理。
②乘舆:这里指所乘之车。济:渡河。溱、洧:均为水名。溱(zhēn),源头在今河南省密县东北的圣水峪,东南流汇洧水,为双洎河,东流入贾鲁河。清代顾祖禹《读史方舆纪要·河南二·开封府》中说:"溱水,在县(新郑县)北,源出密县境,一名浍水,东北流,至县界与洧水合。"洧(wěi),源头在今河南省登封县阳城山,自长葛县以下,故道原经鄢陵、扶沟两县南,至西华县西汇入颖水。北宋时为丰富蔡河水量以供漕运,从长葛县东南引洧水经鄢陵、扶沟两县北,东汇入蔡河。元代时因蔡河为黄河所夺而改入贾鲁河,明代后又名双洎河。北魏郦道元《水经注·洧水》中说:"洧水出河南密县西南马领山。"
③惠:施以恩惠。"惠"是孔子对子产的评价。如《论语·公冶长》有:"子谓子产,其养民也惠。""或问子产。子曰:'惠人也。'"可见这里孟子并不是完全赞同孔子的看法。
④岁十一月:周历的十一月即为夏历的九月,十二月为夏历的十月。徒杠:可供徒步行走的小桥。朱熹《集注》曰:"杠,方桥也。徒杠,可通徒行者。"徒,步行。杠,独木桥。清代段玉裁《说文解字注》"桥"字条说:"凡独木者曰杠,骈木者曰桥,大而为陂陀者曰桥。"
⑤舆梁:可通行车辆的桥梁。朱熹《集注》曰:"梁,亦桥也。舆梁,可通车舆者。"一说舆梁即桥梁,因状如车舆而名。如孙奭疏曰:"今云舆梁者,盖桥上横架之板若车舆者,故谓之舆梁。"梁,桥。段玉裁《说文解字注》"梁"字条说:"'梁'之字用木跨水,则今之桥也。《孟子》'十一月舆梁成',《国语》引《夏令》曰'九月除道,十月成梁';《大雅》'造舟为梁',皆今之桥制。见于经传者言'梁'不言'桥'也。"
⑥辟人:驱除行人使避开。
⑦日:光阴,时间。

【评解】 不论做什么事情,都要抓住关键,治理国家当然也不例外。惠民、爱民并不是给某个人好处,而是必须使所有的老百姓都能从统治者所推行的政策中获益,从根本上解决问题。否则,如果头痛医头、脚痛医脚,人的精力毕竟有限,即使整天工作不休息,问题肯定还是应接不暇,最终只能是穷于应付。

孟子告齐宣王曰："君之视臣如手足,则臣视君如腹心;君之视臣如犬马,则臣视君如国人;君之视臣如土芥,则臣视君如寇雠①。"王曰："礼,为旧君有服②。何如斯可为服矣?"曰："谏行言听,膏泽下于民③;有故而去,则君使人导之出疆,又先于其所往;去三年不反,然后收其田里④。此之谓三有礼焉。如此则为之服矣。今也为臣,谏则不行,言则不听,膏泽不下于民;有故而去,则君搏执之⑤,又极之于其所往⑥;去之日,遂收其田里。此之谓寇雠。寇雠何服之有?"

【译文】 孟子对齐宣王说："国君把臣下像自己的手脚一样看待,那么臣下就会把国君像自己的腹心一样看待;国君把臣下像狗马一样看待,那么臣下就会把国君像路人一样看待;国君把臣下像泥土草芥一样看待,那么臣下就会把国君像仇敌一样看待。"齐宣王说："礼制规定,臣下要对以前曾经侍奉过的君主服丧服。怎样做才能够让臣下为自己服丧服呢?"孟子说："臣子的劝谏能够被接受,建议能够被听从,恩泽能够惠及老百姓;有什么原因要离开国君,那么国君一定派人引导他离开国境,并且还会派人到他要去的地方先为他安排好;离开三年还没有回来,才收回他的田地和房屋。这就叫做'三有礼'。国君这样做,臣下就会为他服丧服。如今的臣下,劝谏不被接受,建议不被听从,恩泽不能惠及老百姓;有什么原因要离开国君,那么国君就会把他拘捕起来,并且他到了要去的地方,国君还想方设法使他陷入困窘;离开那一天,就收回他的田地和房屋。这样的国君就叫做仇敌。对于仇敌,臣下还服什么丧服呢?"

【注释】 ①手足、腹心、犬马、国人、土芥、寇雠:朱熹《集注》曰:"手足腹心,相待一体,恩义之至也。如犬马则轻贱之,然犹有豢养之恩焉。国人,犹言路人,言无怨无德也。土芥,则践踏之而已矣,斩艾之而已矣,其贱恶之又甚矣。寇雠之报,不亦宜乎?"寇雠,仇敌、仇人。

②礼,为旧君有服:《仪礼·丧服》有:"以道去君而未绝者,服齐衰三月。"服,丧服,亦谓服丧服。

③膏泽:滋润作物的雨水,比喻恩惠。

④田里:田地和庐舍。《周礼·地官·遂人》有:"凡治野,以下剂致甿,以田里安甿。"贾公彦疏曰:"以田里安甿者,田则为百畮之田,里则五畮之宅。民得业则安,故云安也。"

⑤搏执:拘捕。

⑥极:疲困,使之困窘。赵岐注曰:"极者,恶而困之也。"

【评解】 在早期儒家那里,并没有后来那种只强调下对上的单方面义务的严格的尊卑等级制度,无论上级还是下级,都有自己的职责义务和道德约束,如果一方不遵守,另一方也不必拘泥死板。父慈与子孝、君仁与臣忠,从义务的角度来说都是对等的,父不慈子就有理由不孝,君不仁臣也有理由不忠。孟子的这种思想,在后世产生了深远的影响,许多进步思想家,都从他的这种思想中吸取过这种平等主义的营养。

孟子曰:"无罪而杀士,则大夫可以去;无罪而戮民,则士可以徙。"

【译文】 孟子说:"士人没有罪过就被杀掉,那么大夫便可以离开;百姓没有罪过就被杀戮,那么士人便可以迁走。"

【评解】 在国家治理中,刑罚的手段是不可缺少的。但是,刑罚决不可以滥用。中国西周初期就提出了"明德慎罚"的主张,告诫统治者在使用刑罚治理百姓时必须谨慎。儒家一贯提倡德政,反对暴虐,所以主张不到不得已的时候,尽量不要对老百姓施以刑罚。也有人从"大夫"和"士"的角度理解此章,认为孟子是在告诫人们要懂得权变,"见几而作",如果看到统治者有暴虐倾向可能危及自己时,要尽早离开。也通。

孟子曰:"君仁莫不仁,君义莫不义。"

【译文】 孟子说:"君主仁爱,天下没有人不仁爱;君主信义,天下没有人不信义。"

【评解】 此章重出。表达了孟子要求统治者在推行德政中以身作则的思想。

孟子曰:"非礼之礼,非义之义,大人弗为。"

【译文】 孟子说:"似是而非的礼仪,似是而非的道义,是有德行的人不去做的。"

【评解】 孟子强调,道德高尚的君子要明辨是非,自己要切实加强修养,提高品质,不要在践行道德礼义时含含糊糊;同时对于那些似是而非的礼义,也不要让其迷惑。

孟子曰:"中也养不中,才也养不才[①],故人乐有贤父兄也。如中也弃不中,才也弃不才,则贤不肖之相去,其间不能以寸。"

【译文】 孟子说:"品德好的人,教育熏陶品德不好的人;有才能的人,教育熏陶没有才能的人。所以每个人都喜欢有个有才有德的父亲或兄长。如果品德好的人置品德不好的人不顾,有才能的人置没有才能的人不顾,那么,所谓好与不好之间的距离,也近得无法用寸来计量了。"

【注释】 ①中也养不中,才也养不才:赵岐注曰:"中者,履中和之气所生,谓之贤。才者,是谓人之有俊才者。有此贤者,当以养育教诲不能,进之以善。"朱熹《集注》曰:"无过不及之谓中,足以有为之谓才。养,谓涵育熏陶,俟其自化也。"

【评解】 作为社会中的任何一个成员,都要具有社会责任感,要自觉担负起促进社会良性发展的责任,而不能事事只为自己考虑。只有这样,社会才能进步,人类文明才会发展。孟子的这一思想,是中华民族传统美德中一个非常重要的组成部分。

孟子曰:"人有不为也,而后可以有为。"

【译文】 孟子说:"人要有不能够去做的事情,然后才能有所作为。"

【评解】 一个人要知道哪些事情能够做,哪些事情不能够做。如果不管符合不符合道德,什么事情都不在乎,都敢干,这种人生态度在儒家看来肯定是不可取的。古希腊哲学家柏拉图说:"勇敢就是一种保持。"一个人只有明白哪些事情不应该干,并努力克制自己不去做这样的事情,这才可以称得上是一个真正的勇者。中西两位伟大思想家在这一问题上的看法可谓殊途同归。

孟子曰:"言人之不善,当如后患何?"

【译文】 孟子说:"热衷于宣扬别人的坏处,如果自己以后遇到忧患时,该怎么办呢?"

【评解】 俗话说:金无足赤,人无完人;寸有所长,尺有所短。每一个人都有缺点和优点。无论是在交朋友还是在用人方面,都不要期望人人都十分完美,苛责于人,而是根据每个人的情况,理解别人,原谅别人的小瑕疵,善于宽容别人,要记住并且多宣扬别人的优点。否则,便会因小失大,既不利于自己的品德修养,也不利于人际关系的和谐。

孟子曰:"仲尼不为已甚者。"

【译文】 孟子说:"孔子不做太过火的事情。"

【评解】 据《论语》记载:孔子的得意弟子子夏做了莒父的长官,请教孔子如何施政。孔子说:"不要图快,不要贪图小利。图快,反而不能达到目的;贪图小利,就办不成大事。"(《论语·子路》:"子夏为莒父宰,问政。子曰:'无欲速,无见小利。欲速,则不达;见小利,则大事不成。'")子贡问他:"子张(颛孙师)与子夏(卜商)谁更贤明?"孔子说:"师也过,商也不及。""过犹不及。"(《论语·先进》)孔子主张不论做任何事情都应该有全局观念和长远眼光,也就是要掌握住做事的度,才能达到目的;个人的品德和修养也应当把握好度,既不要不用力,也不要太过分。

孟子曰:"大人者,言不必信,行不必果,惟义所在。"

【译文】 孟子说:"有德行的人,说的话不一定句句守信,做的事不一定件件完成,只是依照义的指引来行动。"

【评解】 孟子这里所说的,就是在遵守"信"这个德性时应该采取的权变策略。"言必信,行必果"是对人的基本要求,但是,如果拘执于"信"就会损害"仁义"时,则应当以"仁义"作为最终的标准。

孟子曰:"大人者,不失其赤子之心者也①。"

【译文】 孟子说:"有德行的人,就是没有丧失婴儿般纯朴的赤子之心的人。"

【注释】 ①大人者,不失其赤子之心者也:赵岐注曰:"大人谓君。国君视民,当如赤子,不失其民心之谓也。一说曰:赤子,婴儿也,少小之心,专一未变化,人能不失其赤子时心,则为贞正大人也。"朱熹《集注》曰:"大人之心,通达万变;赤子之心,则纯一无伪而已。然大人之所以为大人,正以其不为物诱,而有以全其纯一无伪之本然。是以扩而充之,则无所不知,无所不能,而极其大也。"今从朱说。

【评解】 孟子此章,与老子"常德不离,复归于婴儿"有些相似,但他们的认识基础却是不同的。老子认为婴儿出生时无知无欲的自然素朴状态就是人生最美好的状态,人只要保持好或者重新恢复这种状态就可以了;孟子"不失其赤子之心"的思想是与其性善论相联系的,认为人的天性就是善的,包含着仁义礼智的萌芽,人在道德修养中所做的就是不要失去了这种善端,不要为外物所蒙蔽,积极地扩充自己的善性,使自己成为一个道德高尚的人。

孟子曰:"养生者,不足以当大事,惟送死可以当大事。"

【译文】 孟子说:"奉养活着的父母,不能称为是大事,只有按照礼制给去世的父母送终,才可以称为大事。"

【评解】 朱熹注此章时说:"事生固当爱敬,然亦人道之常耳;至于送死,则人道之大变。孝子之事亲,舍是无以用其力矣。故尤以为大事,而必诚必信,不使少有后日之悔也。"父母在世之时,可以时时孝敬,使他们欢欣;而父母去世了,以后如果想通过供养的方式孝敬,也不会再有机会了。因此儒家重视葬礼,既是为了对父母的养育之恩进行报答,也体现了生者深深的缅怀和遗憾。

孟子曰:"君子深造之以道①,欲其自得之也。自得之则居之安,居之安则资之深②,资之深则取之左右逢其原③。故君子欲其自得之也。"

【译文】 孟子说:"君子按照正确的方法来达到高深的造诣,就是要求他自觉地追求以有所得。自觉地追求而有所得就能够牢牢地掌握它,牢牢掌握了就能积蓄得很深,积蓄得很深就能左右逢源,取之不尽。所以说,君子要自觉地追求以有所得。"

【注释】 ①深造:指不断前进,以达到精深的境地。赵岐注曰:"造,致也。言君子学问之法,欲深致极竟之,以知道意。"朱熹《集注》曰:"造,诣也。深造之者,进而不已之意。"
②资:积聚。段玉裁《说文解字注》说:"资者积也。旱则资舟,水则资车,夏则资皮,冬则资绨绤,皆居积之谓。"
③原:"源"的古字,水源。

【评解】 孟子在这里阐述了一个人获取知识和技能的正确的方法和态度,关键的一点,就是必须自觉地学习和探索。孔子认为,即使像巫事这样简单的事,如果没有恒心,也学不会。荀子曾经说过:"积土成山,风雨兴焉;积水成渊,蛟龙生焉;积善成德,而神明自得,圣心备焉。故不积跬步,无以致千里;不积小流,无以成江海。"他又认为,学习需要努力钻研,为学者只要认明学习的目的,不懈努力,最终一定会有所成就。无论做事情,还是修学问,如果没有毅力,不愿意通过自觉的努力积累和提高,终归不会有好的结果。

孟子曰:"博学而详说之,将以反说约也①。"

【译文】 孟子说:"对学问广博地学习,详细地解说,就是为了回到言简意赅的表述状态。"

【注释】 ①约:简要,简单。

【评解】 博与约的矛盾,是中国古代思想家和教育家一直都在思考的一个问题。孔子曾经主张人要博学多识,孟子这里提出了由博反约的思想,可以说是对孔子思想的创新和发展。"博学"是对知识的广泛吸取,"反约"是融会贯通后通过凝练而掌握要旨和精华,从而用科学的理论知识作为指导来认识问题、分析问题,并用以指导各种实践活动。孟子的这一思想更加符合教育和学习的规律,因此在历史上产生了积极的影响。

孟子曰:"以善服人者,未有能服人者也。以善养人,然后能服天下。天下不心服而王者,未之有也。"

【译文】 孟子说:"用善来使别人认输,没有能够使人真正服输的。用善来熏陶教养别人,这样才能使天下人归服。天下的人不发自内心地顺服却能统一天下的,是从来没有过的事。"

【评解】 孟子主张推行"仁政",但是,"仁政"的实质并不是使老百姓屈服于统治者,而是要通过教化的方法,使老百姓本身具有良好的德性,体认社会发展的规律和社会秩序的要求,从而自觉与统治者一道完成自己的雄图霸业,使社会保持稳定、和谐、健康的发展。

孟子曰:"言无实,不祥。不祥之实,蔽贤者当之。"

【译文】 孟子说:"说的话没有实际内容,是不好的。这种不好的内容,将由妨碍贤者进用的人来承担。"

【评解】 此章语义不明,因此朱熹《集注》中也持模棱两可的态度,说:"或曰:'天下之言无有实不祥者,惟蔽贤为不祥之实。'或曰:'言而无实者不祥,故蔽贤为不祥之实。'二说不同,未知孰是,疑或有阙文焉。"孟子此章的意思大概是说言语不真实,就会闭塞贤路、妨碍政事,从而对国家产生不利的影响。

徐子曰①:"仲尼亟称于水曰②:'水哉!水哉!'何取于水也③?"孟子曰:"原泉混混④,不舍昼夜,盈科而后进⑤,放乎四海⑥;有本者如是,是之取尔。苟为无本,七八月之间雨集,沟浍皆盈⑦;其涸也,可立而待也。故声闻过情⑧,君子耻之。"

【译文】 徐子说:"孔子数次对水进行称道,说:'水啊,水啊!'他选取水进行称道的原因是什么呢?"孟子说:"发于本源的泉水滚滚奔流,昼夜不停,把沟沟坎坎之处注满之后,又继续前进,直到流入大海。事物有本源者都像这样,这就是孔子选取它进行称道的原因之所在。如果没有本源,七八月间的时候雨水众多,大小沟渠都被注满。但是等不了多久,也就都干涸了。所以声誉超过了实情,君子把它当做耻辱。"

【注释】 ①徐子:赵岐注曰:"徐子,徐辟也。"

②亟(qì):屡次,数次,一再。
③取:选择。
④混混:同"滚滚",水奔流不绝貌。许慎《说文解字》曰:"混,丰流也。"段玉裁注:"盛满之流也。孟子曰:'源泉混混',古音读如衮,俗字作滚。"
⑤科:坎,坑。赵岐注曰:"科,坎。"
⑥放:到,至。
⑦浍(kuài):田间排水道。也泛指小水沟。
⑧声闻过情:名声超过实情。声闻,名声,名誉。

【评解】 中国古代常常用水来比喻德行,例如老子也曾有过"上善若水"的说法。这里孟子以水为喻,告诫人们要脚踏实地,加强修养,不要心存侥幸,沽名钓誉。人的名声也像水流一样,如果没有真实的学问和品德,即使偶尔获得了名誉,也会如同无源之水一样,很快就会枯竭。只有通过不断地学习和修养,使才德和名声相称,才能够真正实现自己的人生价值。

孟子曰:"人之所以异于禽兽者几希①,庶民去之,君子存之。舜明于庶物②,察于人伦③;由仁义行,非行仁义也④。"

【译文】 孟子说:"人之不同于禽兽的地方相差极少,普通老百姓丢弃它,君子保存它。舜明识事物的道理,体察人类的伦常,于是依据内心的仁义来行事,不是把仁义作为外在的规范来遵循。"

【注释】 ①几希:相差甚微,极少。赵岐注曰:"几希,无几也。"
②庶物:众物,万物。
③察:体察,了解。朱熹《集注》曰:"察,则有以尽其理之详也。"
④由仁义行,非行仁义也:赵岐注曰:"仁义生于内,由其中而行,非强力行仁义也。"朱熹《集注》曰:"由仁义行,非行仁义,则仁义已根于心,而所行皆从此出。非以仁义为美,而后勉强行之,所谓安而行之也。此则圣人之事,不待存之,而无不存矣。"

【评解】 儒家的另一位大师荀子曾经说:"人之所以为人者,非特以其二足而无毛也,以其有辨也。"(《荀子·非相》)"人何以能群?曰:分。分何以能行?曰:义。"(《荀子·王制》)道德性是人的基本特性之一,荀子所说的"辨"、"分"、"义"等,就是人类社会中的等级秩序和伦理规范。孟子虽然在人性论上是和荀子根本对立的,但同作为儒家的思想家,对于人具有道德性也是毫不怀疑的。他甚至认为,道德对于人来说,并不是外来的约束,而是人之为人本身就应该具有的,因此也自然会发自内心地去遵守。

孟子曰:"禹恶旨酒而好善言①。汤执中②,立贤无方③。文王视民如伤,望道而未之见④。武王不泄迩,不忘远⑤。周公思兼三王,以施四事。其有不合者,仰而思之,夜以继日;幸而得之,坐以待旦⑥。"

【译文】 孟子说:"大禹不喜欢美酒,却喜欢有益的言论。商汤坚守中道,举用贤人不拘一格。文王看待百姓就像看望伤者一样,追求正道就像未曾看到一样。武王不侮慢朝中的近臣,不遗忘四方的诸侯。周公想要兼有夏、商、周三代君王的德行,来将大禹、商汤、文王、武王所行的勋业发扬光大。如果有当时的情形与先王的正道不相符合的情况,就抬着头专注地进行思考,白天没有考虑出来,晚上还要接着思考;如果有幸想明白了,便坐着等待天亮以便马上实施。"

【注释】 ①旨酒:美酒。旨,味美,美味。

②执中:坚守中道。朱熹《集注》曰:"执,谓守而不失。中者,无过不及之名。"

③无方:一说为不问来自何方,以"方位"、"方向"释"方"。如赵岐曰:"不问其从何方来。"一说为不问出身,以"类"释"方"。如朱熹《集注》曰:"方,犹类也。立贤无方,惟贤则立之于位,不问其类也。"一说为不循常法,以"常"释"方",如焦循《正义》曰:"惟贤则立,而无常法,乃申上'执中'之有权。"今从后说。

④而:朱熹《集注》曰:"而,读为如,古字通用。"

⑤不泄迩,不忘远:赵岐注曰:"泄,狎。迩,近也。不泄狎近贤,不遗忘远善。近,谓朝臣。远,谓诸侯也。"

⑥旦:天亮。

【评解】 儒家认为,尧、舜、禹、汤、文、武、周公等前代的政治家在国家治理上都是推行仁政的,并且他们自身就有着很高的德行,在人们进行道德修养时应当被树立为楷模。这里孟子赞扬的主要是曾经"制礼作乐"的周公。周公虽然不是天子,但在成王年幼的时候曾经"践天子位",代替天子发号施令,推行过许多"德治"的措施,因此也被儒家和"三代圣王"一样尊为圣人。

孟子曰:"王者之迹熄而《诗》亡①,《诗》亡然后《春秋》作。晋之《乘》、楚之《梼杌》、鲁之《春秋》②,一也。其事则齐桓、晋文,其文则史。孔子曰:'其义则丘窃取之矣③。'"

【译文】 孟子说:"前代圣王采诗的事情停止了,《诗》也就消亡了;《诗》消亡了之后,《春秋》便被创作出来了。晋国的史书叫做《乘》,楚国的史书叫做《梼杌》,鲁国的史书叫做《春秋》,三者都是一样的。这些史书原本所记载的事情就是齐桓公、晋文公之类诸侯的一些活动,所使用的笔法只是一般史官的笔法。对《春秋》进行了删削整理的孔子说:'《诗》中所寓于的褒贬大义,我在《春秋》中都私自借用了。'"

【注释】 ①迹:朱熹《集注》曰:"王者之迹熄,谓平王东迁,而政教号令不及于天下也。"朱骏声《说文通训定声》则说:"《孟子》'王者之迹熄而《诗》亡','迹'即'辺'之误。"程树德赞同此说,在《说文稽古篇》中,他说:"此论甚确。考《左传》引夏书曰:'遒人以木铎徇于路。'杜注:'遒人,行人之官也。木铎,木舌金铃。徇于路,求歌谣之言。'伪《胤征》本此。《王制》:'命太师陈诗以观民风。'《公羊》何注:'五谷毕入,民皆居宅,从十月尽正月止,男女相从而歌,饥者歌其食,劳者歌其事。男年六十女年五十无子者,官衣食之,使之民间求诗,乡移于邑,邑移于国,国以闻于天子,故王者不出户牖,尽知天下。'"辺,许慎《说文解字·丌部》曰:"辺,古之遒人,以木铎记诗言。"杨伯峻《孟子译注》中亦赞同此说。[1]

②晋之《乘》、楚之《梼杌》、鲁之《春秋》:《乘》、《梼杌》、《春秋》为不同诸侯国的史书,又可通称为《春秋》。赵岐注曰:"此三大国史记之异名。'乘'者,兴于田赋乘马之事,因以为名;'梼杌'者,嚚凶之类,兴于记恶之戒,因以为名;'春秋',以二始举四时,记万事之名。"朱熹《集注》曰:"乘义未详。赵氏以为兴于田赋乘马之事。或曰:'取记载当时行事而名之也。'梼杌,恶兽名,古者因以为凶人之号,取记恶垂戒之义也。春秋者,记事者必表年以首事。年有四时,故错举以为所记之名也。古者列国皆有史官,掌记时事。此三者皆其所记册书之名也。"乘(shèng)、梼杌(táowù),原为传说中的凶兽名。明代张萱《疑耀·梼杌》中说:"梼杌,恶兽,楚以名史,主于惩恶。又云,梼杌能逆知未来,故人有掩捕者,必先知之。史以示往知来者也,故取名焉。亦一说也。"

③窃取:朱熹《集注》曰:"窃取者,谦辞也。《公羊传》作'其辞则丘有罪焉尔',意亦如此。盖言断之在己,所谓'笔则笔、削则削,游夏不能赞一辞'者也。"

【评解】 在孔子对后世的功绩中,修订《春秋》的确是可以大书一笔的事情。《春秋》作为一部史书,给后人保留下来的并不仅仅是几百年中的历史事实,孔子还通过对史料的删削,将自己对不同事件的褒贬态度寓于其中,既体现了他的伦理思想和道德判断,也成为后世进行道德教化的重要教材。尤其通过这种方式给不同的人以不同的荣辱评价,使高尚者流芳千古,卑劣者遗臭万年,起到了使"乱臣贼子惧"的监督和约束效果,有利于人们,尤其是当权者,自觉约束自己的行为。

孟子曰:"君子之泽①,五世而斩②;小人之泽,五世而斩。予未得为孔子徒也,予私淑诸人也③。"

【译文】 孟子说:"君子的流风余韵,五代以后就断绝;小人的流风余韵,五代以后也断绝。我没有能够成为孔子的门徒,我是私下向人学习孔子的学问。"

【注释】 ①泽:朱熹《集注》曰:"犹言流风余韵也。"
②斩:断绝。

③淑:通"叔",拾取,获益,引申为学习。

【评解】 这一章中表达了孟子立志学习孔子的态度,同时也阐明了他对社会习俗变化的看法和认识。

孟子曰:"可以取,可以无取,取伤廉。可以与,可以无与,与伤惠。可以死,可以无死,死伤勇①。"

【译文】 孟子说:"在可以拿、可以不拿的情况下,拿了就对廉洁有损害;在可以给、可以不给的情况下,给了就对恩惠有损害;在可以死、可以不死的情况下,死了就对勇敢有损害。"

【注释】 ①可以与,可以无与,与伤惠。可以死,可以无死,死伤勇:杨伯峻《孟子译注》认为:"伤惠,伤勇——一般人以为可以与,可以无与,则宜与;可以死,可以无死,则宜死。孟子却不然,认为与则伤惠,死则伤勇。毛奇龄《圣门释非录》引元儒金履祥之言曰:'此必战国之民,豪侠之习胜,多轻施结客,若四豪之类,刺客轻生,若荆聂之类,故孟子为当时戒耳。'"[2]

【评解】 人们在社会生活中,总会面临着一些选择的情境,在不同的价值观念和道德原则的指导下就会做出不同的行为选择。儒家强调在行为选择时应当以是否符合道德作为根本原则。同时,在用道德原则指导自己的行动时,还要把握好"度",避免"不及"和"过"两个极端。

逢蒙学射于羿①,尽羿之道,思天下惟羿为愈己,于是杀羿。孟子曰:"是亦羿有罪焉。"公明仪曰:"宜若无罪焉?"曰:"薄乎云尔,恶得无罪?郑人使子濯孺子侵卫,卫使庾公之斯追之。子濯孺子曰:'今日我疾作,不可以执弓,吾死矣夫!'问其仆曰:'追我者谁也?'其仆曰:'庾公之斯也。'曰:'吾生矣。'其仆曰:'庾公之斯,卫之善射者也,夫子曰"吾生",何谓也?'曰:'庾公之斯学射于尹公之他,尹公之他学射于我。夫尹公之他,端人也②,其取友必端矣。'庾公之斯至,曰:'夫子何为不执弓?'曰:'今日我疾作,不可以执弓。'曰:'小人学射于尹公之他,尹公之他学射于夫子。我不忍以夫子之道,反害夫子。虽然,今日之事,君事也,我不敢废。'抽矢叩轮,去其金③,发乘矢而后反④。"

【译文】 逢蒙曾经跟随羿学射箭,完全学会了羿的技艺,他想到天下如今只有羿比自己的本领高强,于是便杀死了羿。孟子说:"这件事里羿也有罪过啊。"公明仪说:"羿好像没有过错吧。"孟子说:"过错不大罢了,怎么能说没有罪过呢？郑国曾经派子濯孺子侵犯卫国，卫国派庾公之斯追击他。子濯孺子说：'今天我生病，不能够拿弓，我要死在这里了。'他问驾车的人：'追我的人是谁呀？'驾车的人答道：'是庾公之斯。'子濯孺子说：'我死不了啦。'驾车的人说：'庾公之斯是卫国最擅长射箭的人，您反而说死不了啦，为什么这样说呢？'子濯孺子答道：'庾公之斯是向尹公之他学习射箭，尹公之他是跟我学习射箭。尹公之他是个正直的人，他所交往的人也一定是正派的。'庾公之斯追了上来，问子濯孺子：'您为什么不拿弓？'子濯孺子说：'今天我生病了，不能够拿弓。'庾公之斯说：'我是跟尹公之他学的射箭，尹公之他又是跟您学的射箭。我不忍心用您传授的技艺反过头来伤害您。虽然这样，今天的事情是奉国君之命的公事，我还是不敢废弃。'于是他抽出箭，在车轮上敲了几下，把箭头去掉，射了四箭之后回去了。"

【注释】 ①逢（páng）蒙：羿的家臣，曾学射于羿。后来背叛了羿，帮助寒浞杀了羿。羿：传说中夏代有穷氏的国君，因夏民以代夏政，善射，不修民事，后被家臣寒浞等所杀。

②端人：正直的人。赵岐注曰："端人，用心不邪僻。"

③金：箭头。朱熹《集注》曰："金，镞也。"另如《战国策·齐策五》有："坚箭利金，不得弦机之利，则不能远杀矣。"诸祖耿集注引金正炜曰："按，金谓矢镞也。"

④乘：数词，古时计物以四为乘。赵岐注曰："乘，四也。"

【评解】 孔子曰："益者三友，损者三友。友直，友谅，友多闻，益矣。友便辟，友善柔，友便佞，损矣。"人在社会上生活，朋友是一种重要的人际关系。正直、善良的朋友是一笔宝贵的财富，有助于自己品质的提高和事业的成功，而如果交友不慎，则可能会给自己带来很大的麻烦。因此交友不能滥交，而必须谨慎选择，结交品行端正的人。

孟子曰："西子蒙不洁①，则人皆掩鼻而过之。虽有恶人②，斋戒沐浴③，则可以祀上帝④。"

【译文】 孟子说："如果美女西施身上沾染了肮脏的东西，别人也都会捂着鼻子从她身边经过；即使一个面貌丑陋的人，虔诚地斋戒沐浴之后，也可以参加祭祀上帝的神圣活动。"

【注释】 ①西子：即古代的美女西施。春秋时越国的美女，又称先施，别名夷光，春秋末年越国苎罗（今浙江诸暨南）人。《吴越春秋·勾践阴谋外传》记载，越王勾践被吴王夫差败于会稽，范蠡取西施献于夫差，使其迷惑忘政，使越国最终反过来消灭了吴国。后来西施归范蠡，二人离开越王，同泛五湖。一说，吴国灭亡后，越国人沉西施于江。蒙不洁：赵岐注曰："蒙不洁，以不洁汙巾帽而蒙其头面。"朱熹《集注》曰："蒙，犹冒也。不洁，污秽之物也。"相比之下，朱说应该更确切一些。蒙不洁，即沾染了肮脏的东西。

②恶人：面貌丑陋之人。恶，丑陋。

③斋戒沐浴：指古人在祭祀或举行其他典礼前清心寡欲，沐浴更衣，净身洁食，整洁身心，以示虔诚。

④祀：古代对神鬼或先祖举行的祭礼。上帝：中国古代指天地，相对于地上的帝王，即"下帝"而言。古人认为，下帝是奉上帝之命来管理、护佑天下百姓的。因此祭祀上帝一直是历代统治者一项重要的活动。

【评解】 每个人先天的条件可能不同，就像容貌一样，有美有丑，但是先天条件好的人不能沾沾自喜、不思进取，先天条件差的人也不应该自暴自弃、自甘堕落。对一个人的贡献和价值起决定作用的是后天的努力，努力的人可以克服先天的不足，而不努力的人先天的优势也会被埋没。对于后天养成的品行来说也是这样，有了好的品质之后，就要努力保持不要丧失；而曾经误入歧途的人，则要努力改过自新，弃恶从善。

孟子曰："天下之言性也①，则故而已矣②。故者，以利为本③。所恶于智者，为其凿也④。如智者，若禹之行水也⑤，则无恶于智矣。禹之行水也，行其所无事也⑥。如智者亦行其所无事，则智亦大矣。天之高也，星辰之远也，苟求其故，千岁之日至⑦，可坐而致也。"

【译文】 孟子说："天下人所讨论的本性，其实就是能够把握事物产生和发展的原因和规律。把握事物产生和发展的原因和规律，最根本的就是要顺应它们。人们之所以厌恶所谓的聪明人，就是因为他们经常穿凿附会。如果聪明人都能像大禹治水一样，人们就不会对聪明的人厌恶。大禹治水，因势利导而不对水流加以过多的改变。假设聪明人都能够因势利导而不对事物强加改变，那样聪明就是很伟大的事情了。天空极高，星辰极远，只要能把握住其运行的原因和规律，即使一千年之后的夏至和冬至等节气，都可以轻松地推算出来。"

【注释】 ①性：本性、天性，"人物所得以生之理也"（朱熹：《集注》）。

②故：指事物产生和发展的原因和规律。

③利：朱熹《集注》曰："利，犹顺也，语其自然之势也。"

④凿：穿凿附会。朱熹《集注》曰："小智之人务为穿凿。"

⑤行水：使水流通，即治水。

⑥行其所无事：朱熹《集注》曰："禹之行水，则因其自然之势而导之，未尝以私智穿凿而有所事，是以水得其润下之性而不为害也。"

⑦日至：指节气中的夏至或冬至。古人认为，太阳在赤道南北运行，夏至日时运行

到极北之处,冬至日时运行到极南之处,故称两个节气为"日至"。夏至日照时间最长,又称长至;冬至日照时间最短,又称短至。朱熹《集注》曰:"必言日至者,造历者以上古十一月甲子朔夜半冬至为历元也。"

【评解】 做任何事情,都要认识和顺应事物发展变化的规律,否则就可能事与愿违。《庄子》中有一个"鲁王养鸟"的故事:鲁国的郊外飞来一只奇异的海鸟。老百姓从来没有见过这种鸟,扶老携幼前去观看。消息传进王宫里,鲁王以为是神鸟下凡,就命令手下人把鸟捉进宫中,供养在庙堂上面。为了表示对鸟的恭敬和尊重,他让宫廷乐队为海鸟演奏庄严肃穆的宫廷乐曲,让御膳房为海鸟摆下最丰盛的酒席。海鸟被这种场面吓得头晕目眩,惊慌失措,更不要说吃喝了,三天以后就死掉了。世界上总有一些客观规律是无法改变的,我们只有顺应他,否则必将受到规律的惩罚。人的主观愿望再好,如果不符合客观规律,结果只能适得其反。

公行子有子之丧①,右师往吊②。入门,有进而与右师言者,有就右师之位而与右师言者。孟子不与右师言,右师不悦曰:"诸君子皆与驩言,孟子独不与驩言,是简驩也③。"孟子闻之,曰:"礼:朝廷不历位而相与言④,不逾阶而相揖也。我欲行礼,子敖以我为简,不亦异乎?"

【译文】 公行子的儿子死了,右师王驩前去吊唁。他进门之后,有人走上前同他说话,有人走近他的坐位同他说话。孟子没有同右师说话,右师不高兴,说:"大家都同我说话,只有孟子不和我说话,这是轻慢我啊。"孟子听到了,说:"根据礼制:在朝廷中,不越过坐位来相互交谈,不越过台阶来相互施礼。我想遵行礼制,子敖却认为我轻慢了他,不是很奇怪吗?"

【注释】 ①公行子:人名,齐国大夫。
②右师:官名。这里即前文提到的"盖大夫王驩",字子敖。
③简:怠慢,简慢,轻贱。
④历:越过。

【评解】 这一章中通过具体的事例,表现了孟子表里如一、以礼待人、不趋炎附势的高尚节操和品格。

孟子曰:"君子所以异于人者,以其存心也①。君子以仁存心,以礼存心。仁者爱人,有礼者敬人。爱人者,人恒爱之;敬人者,人恒敬之。有人于此,其待我以横逆②,则君子必自反也:'我必不仁也,必无礼也,此物奚宜至哉③?'其自反而仁矣,自反而有礼矣。

其横逆由是也,君子必自反也:'我必不忠。'自反而忠矣。其横逆由是也,君子曰:'此亦妄人也已矣④。如此则与禽兽奚择哉⑤?于禽兽又何难焉⑥!'是故君子有终身之忧,无一朝之患也。乃若所忧则有之。舜人也,我亦人也;舜为法于天下,可传于后世,我由未免为乡人也⑦,是则可忧也。忧之如何?如舜而已矣。若夫君子所患则亡矣。非仁无为也,非礼无行也。如有一朝之患,则君子不患矣。"

【译文】 孟子说:"有德行的君子同一般人不同的地方,就在于心中怀有的意念不同。有德行的君子心中怀有仁爱,心中怀有礼节。心中存有仁的人能够关爱别人,心中存有礼的人能够恭敬别人。关爱别人的人,别人总是关爱他;恭敬别人的人,别人总是恭敬他。假设这里有个人,以蛮横无理的方式对待自己,那么君子遇到这种情况就一定反躬自问:'我一定没有做到仁,一定没有做到礼,不然怎么会发生这种事情呢?'他反躬自问以后,就更加虔诚地遵循仁,更加虔诚地恪守礼。对方的蛮横无理的态度仍然不改,他一定接着反躬自问:'我一定是没有做到尽心竭力吧。'反躬自问以后,做到了尽心竭力。对方的蛮横无理仍然如故,君子就会说:'这个人不过是个无知狂妄之人罢了,既然这样,那同禽兽有什么区别呢?对于禽兽一般的人,我又责备他什么呢?'所以说,君子有出于长远的忧虑,却没有只顾近期的痛苦。这样的长远忧虑是有的。舜是人,我也是人。舜成为天下人的典范,名声能够流传后世,我却仍然仅仅是一个普通人,这是一件值得忧愁的事啊。有了忧虑该怎样办呢?向舜那样做罢了。至于近期的痛苦,君子就没有了。不是出于仁爱的事情不去做,不是合于礼节的事不实行。即使有眼前的祸患,那么君子也不以之为痛苦。"

【注释】 ①存心:指心里怀有的意念。赵岐注曰:"存,在也。君子之在心者,仁与礼也。"

②横逆:横暴无理的行为。赵岐注曰:"横逆者,以暴虐之道来加我也。"

③物:事。

④妄人:无知妄为的人。

⑤择:区别。朱熹《集注》曰:"奚择,何异也。"

⑥难:责,责难,诘问。

⑦乡人:乡里之常人。

【评解】 孟子在这里再一次对自省的修养方法进行了阐述,主张自己受到不公正的对待之后,首先要做的不是以牙还牙,而是反省一下有没有做得不对的地方。孟子的这一思想对后世产生了积极的影响。中国民间有句古话:"静坐常思己过,闲谈莫论人非。"这句话听起来虽然有些迂腐,它却有很值得我们遵行的地方。假如我们常能在静下来的时候,想到自己在做事或待人方面有疏忽和亏欠的地方,自然就会减少对别人的抱怨、嫉恨。同时,由于明白了自己的过失,自己就会时时警惕,以后将不致再犯同样的过错。但是,孟子主张遇到粗暴的对待时首先要反省,但并不是对道德原则的否定。如果经过反省之后发觉自己没有过错,那么就要坚持自己的行为,不要在践行道德上被外在的因素所干扰。

禹、稷当平世①,三过其门而不入,孔子贤之。颜子当乱世,居于陋巷②,一箪食,一瓢饮,人不堪其忧,颜子不改其乐,孔子贤之。孟子曰:"禹、稷、颜回同道。禹思天下有溺者,由己溺之也;稷思天下有饥者,由己饥之也。是以如是其急也。禹、稷、颜子易地则皆然。今有同室之人斗者,救之,虽被发缨冠而救之③,可也。乡邻有斗者,被发缨冠而往救之,则惑也,虽闭户可也。"

【译文】 禹、稷处于太平之世,三次路过自己的家门都没有进去,孔子认为他们贤德。颜回处于混乱之世,居住在破烂的巷子里,一筐饭,一瓢水,别人受不了那种清苦的生活,颜回却不改变他的快乐,孔子也认为他贤德。孟子说:"禹、稷和颜回所奉行的做人的道理是一样的。禹考虑到天下有被水淹没的人,如同因为自己的责任使他们被淹没了;稷考虑到天下有挨饿的人,如同因为自己的责任使他们挨饿,所以他们才那样急迫地去为老百姓造福。禹、稷和颜回如果互相交换了位置,都一样能够做到对方曾经做过的事情。假设现在有同屋的人斗殴,为了制止事情的恶化,即使披着头发顶着帽子去制止都可以。如果乡邻之间有人在斗殴,也披着头发顶着帽子去制止,那就是太糊涂了,这样的情况下即使把门关着也是可以的。"

【注释】 ①平世:太平之世。
②颜子当乱世,居于陋巷:颜子,即颜回。关于孔子称赞颜子一事,见《论语·雍也》中的记载:"子曰:'贤哉,回也! 一箪食,一瓢饮,在陋巷,人不堪其忧,回也不改其乐,贤哉,回也!'"
③被发缨冠:朱熹《集注》曰:"不暇束发,而结缨往救,言急也,以喻禹、稷。"被,同"披"。

【评解】 孟子认为,一个人进行道德修养时,首要的是要掌握住"道",即道德的基本原则。一个人如果能够掌握具有根本性和原则性的"道",在做人上,就有了基本的方法和目标;在做事上,就能够触类旁通,胜任所有复杂的工作。掌握了"道"的人无论从事什么样的工作,都照样能够成贤成圣。因此在道德修养和教化中,不但要始终贯彻这个"道",以其为指导思想,而且修养和教化的目的之一,就是认识、掌握"道",以便能够始终以"道"来指引行动。

公都子曰:"匡章,通国皆称不孝焉①。夫子与之游②,又从而礼貌之③,敢问何也?"孟子曰:"世俗所谓不孝者五:惰其四支④,不顾父母之养,一不孝也;博弈⑤、好饮酒,不顾父母之养,二不孝也;好货财、私妻子⑥,不顾父母之养,三不孝也;从耳目之欲⑦,以为父母戮⑧,四不孝也;好勇斗很⑨,以危父母,五不孝也。章子有一于是乎?夫章子,子父责善而不相遇也⑩。责善,朋友之道也。父子责善,贼恩之大者。夫章子岂不欲有夫妻子母之属哉?为得罪于父,不得近;出妻屏子⑪,终身不养焉。其设心以为不若是,是则罪之大者。是则章子已矣。"

【译文】 公都子说:"匡章这个人,全国人都说他不孝,先生您却与他来往,并且还对他相当尊重,请问这是为什么呢?"孟子说:"人们一般认为所谓不孝的行为有五种:四肢懒惰,不顾父母的生活,这是一不孝;喜欢下棋,爱好喝酒,不顾父母的生活,这是二不孝;贪爱钱财,偏爱妻子儿女,不顾父母的生活,这是三不孝;放纵感官的欲望,使父母因此蒙受耻辱,这是四不孝;好勇斗狠,危及父母,这是五不孝。章子在这五种行为之中有一种吗?章子不过是父子之间相互以善相责而导致不投机罢了。相互以善相责,本来是朋友相处之道;而父子之间以善相责,是最伤害感情的事。章子难道不想有夫妻母子的亲情吗?可是因为得罪了父亲,不能到他近前侍奉,因此把自己的妻子儿女也赶出去,终身不要她们的侍奉。他考虑到如果不这样,那么罪过就更大了,这才是真正的章子啊。"

【注释】 ①通国:全国。
②游:交往,结交。
③礼貌:以和悦、尊敬的态度表示尊敬。赵岐注曰:"礼之以颜色喜悦之貌也。"又下文《告子下》中:"礼貌未衰,言弗行也,则去之。"赵岐注曰:"礼者,接之以礼也;貌者,颜色和顺,有乐贤之容。礼衰,不敬也;貌衰,不悦也。"
④四支:即四肢。
⑤博弈:下棋之类的游戏。博,博戏,又叫局戏,我国古代的一种赌输赢、角胜负的游戏,用具为六箸十二棋。弈,即围棋。

⑥私:偏爱,宠爱。
⑦从:同"纵"。放纵。
⑧戮:羞辱。朱熹《集注》曰:"戮,羞辱也。"
⑨很:狠毒,残忍。后多作"狠"。
⑩相遇:相合,相投。
⑪屏(bǐng):使退避。

【评解】 清醒的分析判断能力是人的综合素质中的一个非常重要的组成部分,头脑清醒的人决不会人云亦云,而是有自己独立的认识和判断。有一次子贡问孔子:"乡人都说某个人好,这个人是否就是真的好呢?"孔子说:"不一定。"子贡又问:"乡人都说某个人坏,这个人是否就是真的坏呢?"孔子说:"不一定。不如乡人中的好人都喜欢他,乡人中的坏人都厌恶他。"在另一个场合,孔子还说过:"看到大家都厌恶一个人,要经过认真地观察自己再做结论;看到大家都喜欢一个人,也要经过认真地观察自己再做结论。"意思都是说,对于一个人的评价,不能简单地根据道听途说来下结论,而要进行具体的分析和认真的研究。《管子》中也认为,对一件事物或一个人,人们说好,不要轻易听信;人们说不好,也不要轻易听信。不要把道听途说当成事实一样来对待。对于事物,进行仔细的观察与考证,不要被任何巧辩所迷惑,在万事万物的联系和比较之下,美与丑、善与恶自然就显现出来了。

曾子居武城①,有越寇②。或曰:"寇至,盍去诸?"曰:"无寓人于我室③,毁伤其薪木。"寇退,则曰:"修我墙屋,我将反。"寇退,曾子反。左右曰:"待先生如此其忠且敬也,寇至则先去以为民望④,寇退则反,殆于不可。"沈犹行曰⑤:"是非汝所知也。昔沈犹有负刍之祸⑥,从先生者七十人,未有与焉。"子思居于卫,有齐寇。或曰:"寇至,盍去诸?"子思曰:"如伋去,君谁与守?"孟子曰:"曾子、子思同道。曾子,师也,父兄也;子思,臣也,微也。曾子、子思易地则皆然。"

【译文】 曾子居住在武城,越国的军队来侵犯。有人说:"敌人要来了,为什么不躲避一下呢?"曾子说:"不要让别人借住在我的房子里,以免破坏了那些树木。"敌人退了,曾子说:"把我的房子修理修理吧,我要回来了。"敌人退了,曾子又回来了。他旁边的人说:"武城人对待先生您是这样的忠诚和恭敬,敌人来了,您便先离开给百姓做了个坏榜样;敌人退了,您马上就回来了,这样做恐怕不合适吧。"沈犹行说:"这其中的缘故不是你们所了解的。从前有个名叫负刍的作乱来攻击沈犹氏,跟随先生来的七十个人也都早早躲开了。"子思居住在卫国,齐国的军队来侵犯。有人说:"敌人来了,为什么不躲避一下呢?"子思说:"如果我走开了,国君和谁一起守城呢?"孟子说:"曾子、子思两人所奉行的做人的道理是一样的。曾子当时是老师,是父兄辈的;子思当时是臣子,是地位比较低微的。曾子、子思如果互相对换了位置,都一样能够做到对方曾经做过的事情。"

【注释】 ①武城:地名,即南武城,在今山东费县境内。清代郑方坤所撰《经稗》卷十二中说:"迁史作《仲尼弟子列传》,于曾参下著曰:'南武城人',于澹台灭明下著曰:'武城人',而缺一'南'字,遂启后人以南武城与武城为二邑。而吉安永丰曾氏之后因索嘉祥县有南武城山者,而立庙家焉,不知费县西南关阳之武城即南武城也。于曾参下著一'南'字者,以左冯翊有西武城,清河郡有东武城,而费之武城在泰山之南,故别之曰南武城。杜预曰:'泰山郡南武城县即费关阳地也。'汉晋相仍,原不少'南'字,然迁史于澹台灭明不着'南'字者,因此二传相连,省文耳。非谓曾参与灭明两处人也。"阎若璩《四书释地》中也说:"曾子居武城,即《仲尼弟子列传》之南武城,鲁边邑也,在今费县西南八十里石门山下。吴未灭与吴邻,吴既灭与越邻。越王勾践尝徙治琅邪起馆台,又尝与鲁泗东地方百里,此岂待浮海入寇而后至武城邪?《讲义》为是说者,总缘朱子《集注》不详及地理耳。……《史记》加'南'于武城上者,别于鲁之北有东武城也,明曾子之为费邑人也。古人于地理无所苟而已矣。"

②越寇:越国的敌寇。春秋末期鲁国曾与吴越为邻,因此容易遭到他们的骚扰。详见上注。

③寓:寄居。赵岐注曰:"寓,寄也。"

④望:指榜样。

⑤沈犹行:孟子弟子。姓沈犹,名行。

⑥负刍之祸:赵岐注曰:"时有作乱者曰负刍,来攻沈犹氏。"以"负刍"为人名。

【评解】 孟子一再强调,做人首要的是要坚守住"道"。在坚持原则的情况下,不同的情境下遇到类似的情况可以有不同的处理方式。正如朱熹《集注》中引孔氏所说:"古之圣贤,言行不同,事业亦异,而其道未始不同也。学者知此,则因所遇而应之;若权衡之称物,低昂屡变,而不害其为同也。"

储子曰①:"王使人瞷夫子②,果有以异于人乎?"孟子曰:"何以异于人哉?尧舜与人同耳。"

【译文】 储子说:"大王派人来窥探先生您,您真有和别人不同的地方吗?"孟子说:"我能有什么和别人不同呢?尧舜也和一般人一样啊。"

【注释】 ①储子:赵岐注曰:"齐人也。"

②瞷(jiàn):窥视,侦伺。

【评解】 在先秦儒家那里,对于圣人和俗人并没有划出一条泾渭分明的界限,尤其是在道德修养上,认为每个人都是一样的,如果努力,人人都可以达到至善。这就是孟子所说的"尧舜与人同"、"人皆可以为尧舜",荀子所说的"涂之人可以为禹"。他们的这种基于人格平等的理论,对于鼓励人们发挥个人的主观能动性,具有积极的促进作用。

齐人有一妻一妾而处室者,其良人出①,则必餍酒肉而后反②。其妻问其所与饮食者,则尽富贵也。其妻告其妾曰:"良人出,则必餍酒肉而后反;问其与饮食者,尽富贵也,而未尝有显者来。吾将𥈟良人之所之也。"蚤起,施从良人之所之遍③,国中无与立谈者。卒之东郭墦间④,之祭者,乞其余;不足,又顾而之他——此其为餍足之道也。其妻归,告其妾曰:"良人者,所仰望而终身也。今若此!"与其妾讪其良人而相泣于中庭⑤。而良人未之知也,施施从外来⑥,骄其妻妾。由君子观之,则人之所以求富贵利达者,其妻妾不羞也而不相泣者,几希矣。

【译文】 齐国有一个家里有一妻一妾的人,这个做丈夫的每次外出,一定吃得酒足饭饱才回家。他的妻子问他一道与他吃喝的都是什么人,他说全都是一些有钱有势的富贵人物。他的妻子告诉他的妾说:"丈夫每次外出,总是酒足饭饱才回来。问他同什么人一起吃喝,他说全都是一些有钱有势的富贵人物,但是我从来没见过有显贵人物到我们家来。我打算窥探一下,看看他究竟到了什么地方。"第二天清早起来,她便偷偷地尾随在丈夫后面,走遍都城,没有一个人站住同她丈夫说话。最后,一直走到了东郊外的墓地,只见她的丈夫走近在坟前祭祀的人,讨要人家剩下的酒肉等祭品;一个没有吃饱,又左右看了看跑到另一处去乞讨。这就是他酒足饭饱的办法。他的妻子回到家里,把看到的情况告诉了他的妾,说:"丈夫,是我们仰望并倚靠终身的人,现在竟然是这样。"于是妻妾二人咒骂着她们的丈夫,一起在庭院之中哭泣。而丈夫还不知道发生的这些事情,高高兴兴地从外面回来,对他的妻妾装出很威风的样子。在明智的君子看来,有的人所采用的乞求升官发财的方法,能不让他们的妻妾引为羞耻,并一起为此而哭泣的,真是太少了!

【注释】 ①良人:古时女子对丈夫的称呼。
②餍:吃饱。
③蚤:同"早"。施(yí):逶迤斜行。赵岐注曰:"施者,邪施而行,不欲使良人觉也。"

④东郭:即东郊。郭,外城,古代在城的外围加筑的一道城墙。墦(fán):坟墓。
⑤讪:毁谤,讥讽,咒骂。中庭:庭院之中。
⑥施施:喜悦自得的样子。赵岐注曰:"施施,犹扁扁,喜悦之貌。"朱熹《集注》曰:"施施,喜悦自得之貌。"

【评解】 孟子通过齐人的寓言,对不择手段谋取富贵利禄的行为进行了辛辣的讽刺。儒家虽然不否定人们追求地位和利益的行为,但是强调这种追求必须建立在符合道义的基础上,不能不择手段,丧失人格。如果通过不正当的手段,即使获得了地位和利益,也是人所不齿的。所以孙奭疏中指出:"此章指言小人苟得,谓不见知,君子观之,与正道乖。妻妾犹羞,况于国人。著以为戒,耻之甚焉。"朱熹《集注》也说:"孟子言自君子而观,今之求富贵者,皆若此人耳。使其妻妾见之,不羞而泣者少矣,言可羞之甚也。赵氏曰:'言今之求富贵者,皆以枉曲之道,昏夜乞哀以求之,而以骄人于白日,与斯人何以异哉?'"

注释:
〔1〕 详见杨伯峻《孟子译注》,第 193 页。
〔2〕 杨伯峻《孟子译注》,第 194 页。

万章章句上

万章问曰:"舜往于田,号泣于旻天①。何为其号泣也?"孟子曰:"怨慕也②。"万章曰:"父母爱之,喜而不忘③;父母恶之,劳而不怨④。然则舜怨乎?"曰:"长息问于公明高曰⑤:'舜往于田,则吾既得闻命矣;号泣于旻天、于父母,则吾不知也。'公明高曰:'是非尔所知也。'夫公明高以孝子之心为不若是恝⑥:'我竭力耕田,共为子职而已矣⑦;父母之不我爱,于我何哉⑧?'帝使其子九男二女⑨,百官牛羊仓廪备,以事舜于畎亩之中。天下之士多就之者,帝将胥天下而迁之焉⑩。为不顺于父母,如穷人无所归。天下之士悦之,人之所欲也,而不足以解忧。好色,人之所欲;妻帝之二女,而不足以解忧。富,人之所欲;富有天下,而不足以解忧。贵,人之所欲;贵为天子,而不足以解忧。人悦之、好色、富贵无足以解忧者,惟顺于父母,可以解忧。人少则慕父母,知好色则慕少艾⑪,有妻子则慕妻子,仕则慕君,不得于君则热中⑫。大孝终身慕父母,五十而慕者⑬,予于大舜见之矣。"

【译文】 万章问:"舜到田地里去劳作,对着苍天号啕大哭,他为什么要号啕大哭呢?"孟子回答道:"自怨自己被父母嫌弃而思恋父母的缘故。"万章说:"父母如果喜爱他,虽然高兴却不能懈怠;父母如果厌恶他,虽然忧愁却不能怨恨。那么,舜怨恨他的父母了吗?"孟子说:"长息曾经问公明高说,'舜到田地里去劳作,我已经听到过您给我的讲解了;他对着苍天号啕大哭,喊着他的父母,我不知道那是为什么。'公明高说:'这不是你所能知道的。'公明高认为,孝子的心里不能像这样毫不在乎:'我尽力耕田,尽力地尽我做儿子的职责就可以了;父母不喜爱我,让我有什么办法呢?'帝尧派了他的九个儿子两个女儿,带齐了百官、牛羊和粮食,到田野中去侍奉舜。天下的士人也有很多投奔舜的,尧把整个天下都禅让给了舜。舜却因为没有赢得父母的欢心,便好像穷困之人找不到依靠一样。天下士人的喜爱,是人人都希望得到的,却不能够消除舜的忧愁。美貌的女子,是人人都希望得到的;娶了帝尧的两个女儿,却不能够消除舜的忧愁。富有,是人人都希望获得的;富有到拥有了整个天下,却不能够消除舜的忧愁。尊贵,是人人都希望得到的,尊贵到做了天下的君主,却不能够消除舜的忧愁。人人都喜爱他、美貌的女子、富有和尊贵都不能够消除舜的忧愁,只有得到父母的欢心,才可以消除他的忧愁。一个人幼年的时候就依恋父母,知道了什么是美貌之后就思慕年轻美丽的女子,有了妻子儿女之后就依恋妻子儿女,等到做了官就向往得到君主的赏识,得不到君主的赏识就内心焦躁。只有最孝顺的人才终身依恋自己的父母,五十岁时还依恋父母的人,我于伟大的舜这里看到了。"

【注释】 ①舜往于田,号泣于旻天:《尚书·大禹谟》中说:"帝初于历山,往于田,日号泣于旻天,于父母。"与此处所说类似。相传舜曾经躬耕于历山。往于田,即到田地里耕作。号泣,号啕大哭。焦循《正义》曰:"《颜氏家训·风操篇》云:'礼以哭,有言者为号。'此云号泣,则是且言且泣。"旻(mín):旻天,原指秋天。《尔雅·释天》中说:"秋为旻天。"郭璞注曰:"旻,犹愍也,愍万物雕落。"引申为"仁闵覆下"之意。《说文·日部》说:"旻,秋天也。《虞书》说,仁闵覆下则称旻天。"朱熹《集注》曰:"仁覆闵下,谓之旻天。号泣于旻天,呼天而泣也。"

②怨慕:因不得相见而思慕。赵岐注曰:"言舜自怨遭父母见恶之厄而思慕也。"朱熹《集注》曰:"怨慕,怨己之不得其亲而思慕也。"慕,原指小儿思念父母的啼哭声。如《礼记·檀弓上》中有:"其往也如慕,其反也如疑。"郑玄注曰:"慕,谓小儿随父母啼呼。"孔颖达疏曰:"谓父母在前,婴儿在后,恐不及之,故在后啼呼而随之。"引申为对父母的依恋、向往。即下文"人少则慕父母"之"慕"。

③忘:玩忽,怠忽。

④劳:忧愁,愁苦。另如《礼记·孔子闲居》中有:"微谏不倦,劳而不怨。"王引之《经义述闻·礼记下》曰:"劳而不怨,即承上'微谏不倦'而言,言谏而不入,恐其得罪于乡党州闾,孝子但心忧之而不怨其亲也。"

⑤长息:赵岐注曰:"长息,公明高弟子。公明高,曾子弟子。"

⑥恝(jiá):忽略,淡然。赵岐注曰:"恝,无愁之貌。"焦循《正义》曰:"忽忘于心,即是无愁。"

⑦共:同"恭"。

⑧于我何哉:赵岐注曰:"于我之身独有何罪哉,自求责于己而悲感焉。"朱熹《集注》中也说:"于我何哉,自责不知己有何罪耳,非怨父母也。"杨伯峻认为:此说"实误。若如此说,'为若是恝'便无着落了。焦循《正义》云:'一说此申言上'恝'字,若恝然无愁,则以我既竭力耕田共子职矣,尚有何罪而父母不我爱哉?孝子必不若是也。'此说近之。但以'尚有何罪'释'何哉'仍嫌未得,'于我何哉'者,意谓对我有什么关系呢。此古人常语,与《论语》之'于我何有哉'意相近"[1]。

⑨帝使其子九男二女:《史记·五帝本纪》中记载:"舜年二十以孝闻。三十而帝尧问

可用者,四岳咸荐虞舜,曰可。于是尧乃以二女妻舜以观其内,使九男与处以观其外。舜居妫汭,内行弥谨。尧二女不敢以贵骄事舜亲戚,甚有妇道。尧九男皆益笃。"尧使其二女妻舜以试之之事亦见于《尚书》。《尚书·尧典》中说:"帝曰:'我其试哉。'女于时,观厥刑于二女。厘降二女于妫汭,嫔于虞。帝曰:'钦哉!'"《史记·五帝本纪》有类似记载。然而,《尚书》中没有提到尧以九男事舜之事。赵岐认为,此事或许存在,当在《尚书》的佚篇中,"《尧典》曰:'厘降二女',不见九男。孟子时,《尚书》凡百二十篇,逸书有《舜典》之《叙》,亡失其文。孟子诸所言舜事,皆《舜典》逸书所载。独丹朱以胤嗣之子,臣下以距尧求禅,其余八庶无事,故不见于《尧典》。犹晋献公之子九人,五人以事见于《春秋》,其余四子亦不复见于经。"

⑩胥:皆,都。如《诗经·小雅·角弓》中有:"尔之远矣,民胥然矣。"郑玄笺曰:"胥,皆也。"《汉书·扬雄传上》中有:"云飞扬兮雨滂沛,于胥德兮丽万世。"颜师古注亦曰:"胥,皆也。"迁:变更,变化。如郑玄注《礼记·大传》"有百世不迁之宗,有五世则迁之宗"说:"迁犹变易也。"这里指禅让帝位。

⑪少艾:指年轻美丽的女子。赵岐注曰:"少,年少也;艾,美好也。"朱熹《集注》曰:"艾,美好也。《楚辞》、《战国策》所谓幼艾,义与此同。"

⑫热中:内心躁急。朱熹《集注》曰:"热中,躁急心热也。"

⑬五十而慕者:朱熹《集注》曰:"言五十者,舜摄政时年五十也。五十而慕,则其终身慕可知矣。"

【评解】 本章及以下四章,孟子通过对被儒家视为圣人的舜的评价和赞美,表达了自己对于若干相关品质的看法。这一章中,孟子赞扬了舜对父母的真挚感情,提出了"大孝终身慕父母",对儒家关于"孝"的思想从人的感情的角度进行了丰富和发展。

万章问曰:"《诗》云:'娶妻如之何?必告父母①。'信斯言也②,宜莫如舜。舜之不告而娶,何也?"孟子曰:"告则不得娶。男女居室③,人之大伦也。如告则废人之大伦以怼父母④,是以不告也。"万章曰:"舜之不告而娶,则吾既得闻命矣。帝之妻舜而不告,何也?"曰:"帝亦知告焉则不得妻也。"万章曰:"父母使舜完廪,捐阶,瞽瞍焚廪;使浚井,出,从而掩之⑤。象曰⑥:'谟盖都君咸我绩⑦。牛羊父母,仓廪父母,干戈朕⑧,琴朕⑨,弤朕⑩,二嫂使治朕栖⑪。'象往入舜宫,舜在床琴。象曰:'郁陶思君尔⑫。'忸怩⑬。舜曰:'惟兹臣庶⑭,汝其于予治⑮。'不识舜不知象之将杀己与?"曰:"奚而不知也⑯?象忧亦忧,象喜亦喜。"曰:"然则舜伪喜者与?"曰:"否。昔者有馈生鱼于郑子产⑰,子产使校人畜之池⑱。校人烹之,反命曰:'始舍之圉圉焉⑲,少则洋洋焉⑳,攸然而逝㉑。'子产曰：'得其所哉！得其所哉！'校人出，曰：'孰谓子产智？予既烹而食之，曰：得其所哉！得其所哉！'故君子可欺以其方㉒，难罔以非其道㉓。彼以爱兄之道来，故诚信而喜之。奚伪焉？"

【译文】 万章问："《诗经》里说：'娶妻应如何？要告知父母。'这句话说得很正确啊，应该没有人比舜更明白这个道理。舜却没有事先告知父母而娶了妻子，这是为什么呢？"孟子回答说："告知父母便娶不成了。男女之间的婚姻，是人与人之间最重要的关系之一。如果事先告知了的话就会使这一人与人之间最重要的关系被废弃，从而使父母受到怨恨，所以舜没有告知父母。"万章说："舜没有告知父母而娶妻的道理，我已经从您给我的讲解中明白了。帝尧把女儿嫁给舜也没有告知舜的父母，又是为什么呢？"孟子说："帝尧也知道如果事先告知便会嫁不成了。"万章问："舜的父母让舜去修缮粮仓，抽去了借以上下的梯子，他的父亲瞽瞍接着放火烧粮仓；又派舜去淘井，舜出来了，(他们还不知道，)便堵死了井口。舜的弟弟象说：'谋害舜都是我的功劳，牛羊给父母，仓库给父母，盾戟归我，琴归我，弨弓归我，两位嫂嫂要让她们为我收拾床铺。'象便去了舜的住处，舜正坐在床上弹琴，象说：'我想您想得难受啊！'说话间却表现出羞惭之态。舜说：'我正考虑这些臣下和百姓的事情，你帮我管理他们吧！'不知道这是不是因为舜不知道象要杀他？"孟子回答说："怎么会不知道呢？象忧愁，舜也忧愁；象高兴，舜也高兴。"万章说："可是舜的高兴是假装的吗？"孟子说："不是。从前有人送了一条活鱼给郑国的子产，子产让主管池塘的人放养在池子里。主管池塘的人却把鱼煮着吃了，回来报告说：'刚放进池塘的时候，它还没有缓过来；一会儿之后，就摇摆着尾巴自由地游动起来了；突然间潜到水里不知游到哪里去了。'子产说：'终于到了该去的地方了！终于到了该去的地方了！'管池塘的人出来，说：'谁说子产聪明呢？我已经把那条鱼煮着吃了，他还说：终于到了该去的地方了！终于到了该去的地方了！'所以君子可以用合乎道理的方法来欺骗，不能用违反道理的方法欺骗。象好像敬爱兄长的样子前来，所以舜确实是真相信而高兴，为什么是假装的呢？"

【注释】 ①娶妻如之何？必告父母：出自《诗经·齐风·南山》。

②信：果真，确实。朱熹《集注》曰："信，诚也，诚如此诗之言也。"

③居室：指夫妇同居。

④怼(duì)：怨恨。

⑤父母使舜完廪，捐阶，瞽瞍焚廪；使浚井，出，从而掩之：《史记·五帝本纪》记载："瞽叟……使舜上涂廪，瞽叟从下纵火焚廪。舜乃以两笠自捍而下，去，得不死。后瞽叟

又使舜穿井,舜穿井为匿空旁出。舜既入深,瞽叟与象共下土实井,舜从匿空出,去。瞽叟、象喜,以舜为已死。象曰:'本谋者象。'象与其父母分,于是曰:'舜妻尧二女,与琴,象取之。牛羊仓廪予父母。'象乃止舜宫居,鼓其琴。舜往见之。象愕不怿,曰:'我思舜正郁陶!'舜曰:'然,尔其庶矣!'舜复事瞽叟爱弟弥谨。"完,修缮。捐,除去。阶,梯子。另如郑玄注《礼记·丧大记》"复有林麓则虞人设阶,无林麓则狄人设阶"说:"阶,所乘以升屋者……阶,梯也。"浚,疏浚,深挖。如《春秋·庄公九年》有:"冬浚洙。《春秋公羊传·庄公九年》说:"洙者何?水也。浚之者何?深之也。"掩,盖。

⑥象:舜的异母弟弟。《史记·五帝本纪》记载:"舜父瞽叟盲,而舜母死,瞽叟更娶妻而生象,象傲。……舜父瞽叟顽,母嚚,弟象傲,皆欲杀舜。"

⑦盖:同"害",危害。焦循《正义》引阮元《释盖》说:"《书·吕刑》曰:'鳏寡无盖','盖'即'害'字之借,言尧时鳏寡无害也。《孟子》'谋盖都君',此兼井廪言之,'盖'亦当训为'害'也。若专以'谋盖'为盖井,而不兼焚廪,则'咸我绩''咸'字,无所著矣。"都君:指舜。《史记·五帝本纪》记载:"舜耕历山,历山之人皆让畔;渔雷泽,雷泽上人皆让居;陶河滨,河滨器皆不苦窳。一年而所居成聚,二年成邑,三年成都。"所以称舜为"都君"。

⑧朕:自称,我。东汉蔡邕《独断》卷上说:"朕,我也。古代尊卑共之,贵贱不嫌,则可同号之义也。"秦始皇二十六年起被定为帝王自称之词,一直沿用至中国封建社会结束。

⑨琴:赵岐注曰:"琴,舜所弹五弦琴也。"

⑩弤(dǐ):舜所使用的弓之名。赵岐注曰:"弤,雕弓也。天子曰雕弓。尧禅舜天下,故赐之雕弓也。"焦循《正义》则认为:"乃此时尧不当有禅舜之意,以弤为天子之弓,于义未协。赵氏佑《温故录》云:'弤或别一弓之名,舜所常用,亦如五弦之琴为舜自作者耳。'按《广韵》引《埤苍》云:'弤,舜弓名。'赵氏佑《温故录》之说为得之矣。"

⑪二嫂:即尧之二女。治朕栖:赵岐注曰:"栖,床也。……使治床,欲以为妻也。"

⑫郁陶:忧思积聚貌。朱熹《集注》曰:"郁陶,思之甚而气不得伸也。"另如《尚书·五子之歌》有:"郁陶乎予心,颜厚有忸怩。"孔安国传曰:"郁陶,言哀思也。"陆德明《释文》曰:"郁陶,忧思也。"《楚辞·九辩》有:"岂不郁陶而思君兮,君之门以九重。"王逸注曰:"愤念蓄积盈胸臆也。"

⑬忸怩:羞惭的样子。朱熹《集注》曰:"忸怩,惭色也。"另如上注所举《尚书·五子之歌》中"郁陶乎予心,颜厚有忸怩",孔传:"忸怩,心惭。"

⑭唯:思。许慎《说文解字》曰:"惟,凡思也。"段玉裁注曰:"凡思,谓浮泛之思。"另如《资治通鉴·汉灵帝中平六年》有:"老臣得罪,当与新妇俱归私门,唯受恩累世,今当远离宫殿,情怀恋恋,愿复一入直。"胡三省注引李贤曰:"唯,思念也。"

⑮于:为。另如《尚书·大禹谟》有:"以弼五教,期于予治。"

⑯奚而:疑问词,为何、如何。另如《论语·宪问》有:"子言卫灵公之无道也,康子曰:'夫如是,奚而不丧?'"俞樾《群经平议·论语二》曰:"'奚而'犹'奚为'也。"

⑰馈:原指进食于人。如郑玄注《周礼·天官·膳夫》"凡王之馈,食用六谷,膳用六牲"曰:"进物于尊者曰馈。"后泛指赠送。

⑱校人:管理池沼的小吏。赵岐注曰:"校人,主池沼小吏也。"
⑲圉圉:赵岐注曰:"圉圉,鱼在水羸劣之貌。"朱熹《集注》曰:"圉圉,困而未纾之貌。"
⑳洋洋:赵岐注曰:"洋洋,舒缓摇尾之貌。"
㉑攸然:赵岐注曰:"攸然,迅走水趋深处也。"
㉒欺以其方:赵岐注曰:"方,类也。君子可以事类欺,故子产不知校人之食其鱼。"朱熹《集注》曰:"欺以其方,谓诳之以理之所有。"
㉓罔以非其道:朱熹《集注》曰:"罔以非其道,谓昧之以理之所无。"

【评解】 本章赞美了舜对父母的孝顺、对兄弟的友爱,以及宽厚、仁慈等品德,提出了"君子可欺以其方,难罔以非其道"的观点,认为一个有德性的人所相信和遵守的,只有合乎道义的东西,因此能够蒙蔽善良的人们的,往往是一些合乎情理的骗术。

　　万章问曰:"象日以杀舜为事,立为天子,则放之,何也?"孟子曰:"封之也。或曰放焉。"万章曰:"舜流共工于幽州,放驩兜于崇山,杀三苗于三危,殛鲧于羽山,四罪而天下咸服①。诛不仁也。象至不仁,封之有庳②。有庳之人奚罪焉?仁人固如是乎?在他人则诛之,在弟则封之。"曰:"仁人之于弟也,不藏怒焉,不宿怨焉,亲爱之而已矣。亲之,欲其贵也;爱之,欲其富也。封之有庳,富贵之也。身为天子,弟为匹夫,可谓亲爱之乎?""敢问'或曰放'者何谓也?"曰:"象不得有为于其国,天子使吏治其国,而纳其贡税焉,故谓之'放'。岂得暴彼民哉?虽然,欲'常常而见之,故源源而来,不及贡,以政接于有庳③',此之谓也。"

【译文】 万章问:"象每天以谋杀舜作为自己要做的事情,舜做了天子之后,却只是流放了他,这是为什么呢?"孟子答道:"其实是封他做了诸侯。有人说是流放罢了。"万章说:"舜把共工流放到幽州,把驩兜发配到崇山,把三苗驱逐到三危,把鲧处死在羽山,他们四个被惩治之后天下就都归服了。这是因为惩治了不仁的人。象可以说是最不仁的人,却把有庳分封给他。有庳的人民又犯了什么罪呢?难道说仁人都是这样的吗?对别人就加以惩治,对弟弟就封为诸侯。"孟子说:"仁人对于弟弟,不会将愤怒藏在心中,不会将怨恨留在胸内,只是亲爱他罢了。亲他,就想让他尊贵;爱他,就想让他富有。把他封在有庳,就是要他富有尊贵。自己身为天子,弟弟却是普通百姓,可以说是亲爱他吗?"万章说:"请问有人说'流放'是为什么呢?"孟子说:"象不能在他的封地上有所作为,天子派了官吏来治理他的国家,收缴土地上的贡税,所以有人说是'流放'。这样象难道还能够暴虐地对待他的百姓吗? 即使如此,舜还是想能够'常常看到象,因此象也不断来和舜相见,不必等到规定的贡期,平常也以政治为借口迎接他到了有庳'。说的就是这个意思。"

【注释】　①舜流共工于幽州,放驩兜于崇山,杀三苗于三危,殛鲧于羽山,四罪而天下咸服:这段论述出自《尚书·舜典》。孙奭疏引孔安国和《史记》说:"孔安国注《尚书》云:'共工象恭滔天,足以惑世,故流放之。幽州北裔。水中可居者曰洲。驩兜党于共工,罪恶同。崇山,南裔也。三苗,国名,缙云氏之后,为诸侯,号饕餮。三危,西裔。鲧方命圮族,绩用不成。羽山,东裔,在海中。'按《史记》云:'共工,少皞氏不才子,天下谓之穷奇者也。驩兜,帝鸿氏不才子,天下谓之混沌者也。鲧,颛顼氏不才子,天下谓之饕餮者也。'"罪,惩罚,治罪。另如高诱注《吕氏春秋·仲秋》"乃劝种麦,无或失时,行罪无疑"曰:"罪,罚也。"

②有庳:古国名。《集韵·去至》曰:"庳,有庳,国名,象所封,或作卑,通作鼻。"关于有庳的故址,《水经注》引王隐之说,认为:"应阳县本泉陵之北部,东五里有鼻墟,象所封也。山下有象庙。"因此一般都以为庳在今湖南道县北。但也有许多人对此提出怀疑。例如朱熹《集注》中说:"或曰:'今道州鼻亭,即有庳之地也。'未知是否?"阎若璩《四书释地续》中更是深表怀疑。他说:"有庳之在今永州府零陵县,已成千古定所。而《集注》云'未知是否',此最朱子妙处。盖一以经文为案也。经文:'欲常常而见之,故源源而来',不及待一年之贡期,五年之朝期,以伸吾亲爱情。岂有兄居蒲坂,弟居零陵,陆阻太行,水绝洞庭,较诸驩兜放处尤远千里之理? 且果零陵之是国也,比岁一至,则往返几将万里,其劳已甚。数岁而数至,势必日奔走于道路风霜之中而不少宁息。亲爱弟者,固如是乎? 盖有庳之封必近在帝都,而今不可考尔。或曰,然则今零陵曷为传有是名也? 按《括地志》云:鼻亭神在营道县北六十里,故老传言舜葬九疑,象来至此,后人立祠名为鼻亭神。此为得之。《宋类苑》云:道、永二州之间有地名鼻亭,穷崖绝徼,非人迹可历。舜封象于有庳盖此地。'盖',疑辞,亦与《集注》'或曰'同。"

③常常而见之,故源源而来,不及贡,以政接于有庳:赵岐注曰:"'常常'以下,皆《尚书》逸篇之辞。"

【评解】　本章中赞扬了舜重视兄弟之情,对待兄弟仁至义尽的高尚德行。但是我们也应当看到,孟子在这一章中表达的思想在中国传统社会中曾经产生了消极的影响。从舜对待象的态度和做法上,我们看到了中国古代徇私枉法、任人唯亲、一人得道鸡犬升天等做法有着何等悠久的历史,这种危害社会公平和整体利益的做法甚至曾经一度被赞扬和肯定。

咸丘蒙问曰①:"语云②:'盛德之士,君不得而臣,父不得而子。'舜南面而立,尧帅诸侯北面而朝之,瞽瞍亦北面而朝之。舜见瞽瞍,其容有蹙③。孔子曰:'于斯时也,天下殆哉,岌岌乎④!'不识此语,诚然乎哉?"孟子曰:"否,此非君子之言,齐东野人之语也⑤。尧老而舜摄也⑥,《尧典》曰:'二十有八载,放勋乃徂落,百姓如丧考妣。三年,四海遏密八音⑦。'孔子曰:'天无二日,民无二王⑧。'舜既为天子矣,又帅天下诸侯以为尧三年丧,是二天子矣。"咸丘蒙曰:"舜之不臣尧,则吾既得闻命矣。《诗》云:'普天之下,莫非王土;率土之滨,莫非王臣⑨。'而舜既为天子矣,敢问瞽瞍之非臣如何?"曰:"是诗也,非是之谓也,劳于王事而不得养父母也。曰:'此莫非王事,我独贤劳也⑩。'故说诗者,不以文害辞⑪,不以辞害志⑫;以意逆志⑬,是为得之。如以辞而已矣,《云汉》之诗曰:'周余黎民,靡有孑遗⑭。'信斯言也,是周无遗民也。孝子之至,莫大乎尊亲;尊亲之至,莫大乎以天下养。为天子父,尊之至也;以天下养,养之至也。《诗》曰:'永言孝思,孝思惟则⑮',此之谓也。《书》曰:'祗载见瞽瞍,夔夔斋栗,瞽瞍亦允若⑯',是为父不得而子也。"

【译文】 咸丘蒙问:"古话说:'道德高尚之人,君不以他为臣,父不以他为子。'舜高高在上做了天子,尧就带领诸侯立在下位朝拜他,他的父亲瞽瞍也立在下位朝拜他。舜看见了立在下位的父亲,显得局促不安。孔子说:'在这个时候,天下已经岌岌可危了!'不知道这句话说得正确吗?"孟子回答道:"不是这样,这不是君子所说的话,而是齐国东鄙见识粗浅之人的话。尧老年的时候,舜代尧处理天下的政事。《尧典》上说:'过了二十八年,尧去世了,所有大臣好像死了父母一样哀恸。服丧的三年之内老百姓停止一切音乐。'孔子又说:'天上没有两个太阳,百姓没有两个帝王。'如果舜真在尧死以前就已经做了天子,同时又带领着天下的诸侯为尧服丧三年,这就是同时有了两个天子。"咸丘蒙说:"舜没有以尧为臣,我已经从您给我的讲解中明白了。《诗经》中说:'普天之下,莫非王土;率土之滨,莫非王臣。'如果舜已经做了天子之后,瞽瞍却不是他的臣民,请问又是为什么呢?"孟子说:"这首诗说的不是这个意思,而是说作者为国事而辛劳以致不能奉养父母。他又说:'我所做的都是天子之事,为何天下只我一人劳苦?'所以对诗进行解说的人,不要脱离下文而误解作者所说的事实,不要拘于字面的意义而误解作者要抒发的意志。用自己的体会去推测作者的意志,这才真正能够理解诗句。如果仅仅停留在诗句所描述的字面意义上,那么对于《云汉》诗中所说的'周朝剩余百姓,没有一个存留'应如何解释呢?若相信这句话的字面意义,就成了周朝没有一个人存留了。一个做孝子的能达到的极点,没有能超出尊敬父母的;尊敬父母能达到的极点,没有超过用整个天下来奉养父母的。瞽瞍成为了天子的父亲,尊贵到了极点;舜用整个天下来奉养他,奉养到了极点。《诗经》中说:'孝道永存于心,可为天下法则。'说的就是这个意思。《尚书》中说:'舜恭敬地看望瞽瞍,态度谨慎而恐惧,瞽瞍也相信并顺从了他。'这难道是父母不能够以他为儿子吗?"

【注释】　①咸丘蒙:孟子弟子。姓咸丘,名蒙。

②语:古语,谚语。

③有:助词,无义,可作名词、动词、形容词词头。蹙:不安貌。朱熹《集注》曰:"蹙,颦蹙不自安也。"

④天下殆哉,岌岌乎:孔子此句不见于《论语》。《韩非子·忠孝》中有:"舜见瞽瞍,其容造焉。孔子曰:当是时也,危哉天下岌岌!有道者,父固不得而子,君固不得而臣也。"可与此处相参证。"天下殆哉,岌岌乎"为"天下岌岌乎殆哉"的倒装,这是古代常用的一种句式。殆,危险。岌岌,原意为高耸之貌。如王逸注《楚辞·离骚》"高余冠之岌岌兮,长余佩之陆离"说:"岌岌,高貌。"引申为危急貌。另如颜师古注《汉书·韦贤传》"弥弥其失,岌岌其国"说:"岌岌,危动貌。"

⑤齐东野人之语:赵岐注曰:"东野,东作田野之人所言耳。咸丘蒙,齐人也,故闻齐野人之言。"朱熹《集注》曰:"齐东,齐国之东鄙也。"后以"齐东野语"代指道听途说、不足为凭之言。如宋代方信孺《南海百咏·王登洲》诗中有:"齐东野语真堪笑,请诵昌黎十丈碑。"

⑥摄:假代,代理。特指代理国君处理政事。如《左传·隐公元年》中有:"不书即位,摄也。"杜预注曰:"假摄君政,不修即位之礼。"欧阳修《春秋论中》曰:"所谓摄者,臣行君事之名也。"

⑦二十有八载,放勋乃徂落,百姓如丧考妣。三年,四海遏密八音:今此句见于《尚书·舜典》。《尧典》、《舜典》原为一篇,后分为两篇。《史记·五帝本纪》记载:"尧立七十得舜,二十年而老,令舜摄行天子之政,荐之于天,尧辟位,凡二十八年而崩。"二十八载指从舜代尧处理政事至尧去世为二十八年,即下章所谓"舜相尧,二十有八载"。有,通"又",常在数词中用于整数与零数之间。放勋,帝尧的名。《尚书·尧典》中说:"曰若稽古,帝尧曰放勋。"陆德明《释文》引马融云:"放勋,尧名。"蔡沉《集传》说:"放,至也……勋,功也。言尧之功大而无所不至也。"《史记·五帝本纪》中也说:"帝尧者,放勋。其仁如天,其知如神。"徂落,死亡。赵岐注曰:"徂落,死也。"百姓,这里指百官。阎若璩《四书释地又续》中说:"'百姓'义二,有指'百官'言者,书'百姓'与'黎民'对,礼大传'百姓'与'庶民'对是也。有指小民言者,'百姓不亲,五品不逊'是也。四书中'百姓'凡二十五见,惟'百姓如丧考妣'指'百官',盖有爵土者为天子服斩衰三年,礼也。"考妣,父母的别称。《礼记·曲礼下》中说:"生曰父曰母曰妻;死曰考曰妣曰嫔。"遏密,专指帝王等死后停止举乐。遏,止。密,静。八音,我国古代对乐器的统称,通常指金、石、丝、竹、匏、土、

革、木八种质材所制的乐器。如《周礼·春官·大师》中有："皆播之以八音：金、石、土、革、丝、木、匏、竹。"郑玄注曰："金，钟镈也；石，磬也；土，埙也；革，鼓鼗也；丝，琴瑟也；木，柷敔也；匏，笙也；竹，管箫也。"

⑧天无二日，民无二主：此句亦不见于《论语》，但《礼记·曾子问》和《坊记》中也都引有此句。

⑨普天之下，莫非王土；率土之滨，莫非王臣：出自《诗经·小雅·北山》。普，遍。率，循。朱熹《集注》曰："此诗今毛氏序云：'役使不均，己劳于王事而不得养其父母焉。'其诗下文亦云：'大夫不均，我从事独贤。'乃作诗者自言天下皆王臣，何为独使我以贤才而劳苦乎？非谓天子可臣其父也。"

⑩贤劳：赵岐注和朱熹《集注》都解为"以贤才而劳苦"。此说欠妥。毛传曰："贤，劳也。''贤劳'犹言劬劳。"宋翔凤《孟子赵注补正》则曰："《小尔雅》：'贤，多也。'《诗》：'大夫不均，我从事独贤'，'独贤'犹言'独多'。孟子说诗为'贤劳'，正是'多劳'之义。""贤劳"应为辛劳、劳苦之意。

⑪文：赵岐注曰："文，诗之文章所引以兴事也。"辞：赵岐注曰："辞，诗人所歌咏之辞。"

⑫志：赵岐注曰："志，诗人志所欲之事。"

⑬意：赵岐注曰："意，学者之心意也。"逆：预测，揣度，考察。如郑玄注《周礼·地官·乡师》"乡师之职……既役则受州里之役要，以考司空之辟，以逆其役事"曰："逆，犹钩考也。"

⑭周余黎民，靡有孑遗：出自《诗经·大雅·云汉》。孑遗，遗留，残存。陈奂《传疏》曰："《方言》《广雅》皆云：孑，余也。靡孑遗，即无余遗。"

⑮永言孝思，孝思惟则：出自《诗经·大雅·下武》。朱熹《集注》曰："言人能长言孝思而不忘，则可以为天下法则也。"

⑯祗载见瞽瞍，夔夔斋栗，瞽瞍亦允若：朱熹《集注》曰："《书·大禹谟篇》也。祗，敬也。载，事也。夔夔齐栗，敬谨恐惧之貌。允，信也。若，顺也。言舜敬事瞽瞍，往而见之，敬谨如此，瞽瞍亦信而顺之也。"

【评解】 本章中孟子通过舜对待尧和瞽瞍的态度和做法，阐述了处理君臣、父子关系的一些准则。在中国古代家国一体的社会中，君臣、父子是两种最主要的人际关系，而这两种人际关系又有着颇多相似之处，比如两者中都有着严格的上下尊卑之分。孟子借舜这一特殊的例子，强调指出绝没有以君为臣、以父为臣之理。

万章曰："尧以天下与舜①，有诸？"孟子曰："否，天子不能以天下与人。""然则舜有天下也，孰与之？"曰："天与之。""天与之者，谆谆然命之乎②？"曰："否，天不言，以行与事示之而已矣。"曰："以行与事示之者，如之何？"曰："天子能荐人于天，不能使天与之天下;诸侯能荐人于天子,不能使天子与之诸侯;大夫能荐人于诸侯,不能使诸侯与之大夫。昔者尧荐舜于天,而天受之;暴之于民③,而民受之。故曰,天不言,以行与事示之而已矣。"曰:"敢问荐之于天而天受之,暴之于民而民受之,如何?"曰:"使之主祭而百神享之,是天受之。使之主事而事治,百姓安之,是民受之也。天与之,人与之,故曰,天子不能以天下与人。舜相尧,二十有八载,非人之所能为也,天也。尧崩,三年之丧毕,舜避尧之子于南河之南④。天下诸侯朝觐者⑤,不之尧之子而之舜;讼狱者⑥,不之尧之子而之舜;讴歌者⑦,不讴歌尧之子而讴歌舜,故曰'天'也。夫然后之中国,践天子位焉⑧。而居尧之宫,逼尧之子,是'篡'也,非'天与'也。《泰誓》曰⑨:'天视自我民视,天听自我民听',此之谓也。"

【译文】 万章问:"尧把天下送给舜,有这回事吗?"孟子回答道:"没有。天子不能够把天下送给他人。"万章又问:"可是,舜得到了天下,是谁给他的呢?"孟子答道:"天给他的。"万章又问:"天给他的,难道天曾经反复叮咛告诫他的吗?"孟子答道:"没有。天不说话,用行动和事情来表示告诫罢了。"万章问道:"拿行动和事情来表示告诫,这怎样做到呢?"孟子答道:"天子能够向天推荐一个人,却不能命令天把天下给他;诸侯能够向天子推荐一个人,却不能命令天子把诸侯的职位给他;大夫能够向诸侯推荐一个人,却不能命令诸侯把大夫的职位给他。当初,尧把舜推荐给天,天接受了他;介绍给百姓,百姓也接受了他。所以说,天不说话,用行动和事情来表示告诫罢了。"万章问道:"请问,推荐给天,天接受了他;介绍给百姓,百姓也接受了他,这是怎样回事呢?"孟子答道:"尧让他主持祭祀,所有神灵都来享用,这说明天接受了他;让他主持事务,事务处理得很好,百姓都依顺他,这说明百姓接受了他。天送给他,百姓送给他,所以说,天子不能够把天下送给他人。舜辅佐尧二十八年,这不是哪个人的意志能做到的,是天意啊。尧去世了,三年的丧期结束之后,舜为了避免干扰尧的儿子(继承天下),自己到南河的南边躲避起来。来朝见天子的天下诸侯,不到尧的儿子那里去,却到舜那里去;想要解决纠纷的人,不到尧的儿子那里去,却到舜那里去;歌颂治理天下者的功德的人,不歌颂尧的儿子,却歌颂舜;所以说,这是天意啊。在这种情况下,舜回到统治的中心,登上了天子的大位。如果舜当初就居住在尧的宫室里,逼迫尧的儿子把天下让给自己,这就是'篡位',而不是'天命所授'了。

《泰誓》中说：'天如果能看，就通过老百姓的眼睛来看；天如果能听，就通过老百姓的耳朵来听。'说的就是这个意思。"

【注释】 ①与：送，给予。如《周礼·春官·大卜》有："以邦事作龟之八命：一曰征，二曰象，三曰与。"郑玄注引郑司农云："与谓予人物也。"

②谆谆然：反复告诫、再三叮咛的样子。

③暴(pù)：朱熹《集注》曰："暴，显也。"

④南河：《史记正义》引《括地志》曰："故尧城在濮州鄄城县东北十五里，又有偃朱故城，在县西北十五里。濮州北临瀁大川也，河在尧都之南，故曰南河，《禹贡》'至于南河'是也。其偃朱城所居，即舜让避丹朱于南河之南处也。"

⑤朝觐：指臣子朝见君主。如《礼记·乐记》中："朝觐，然后诸侯知所以臣；耕藉，然后诸侯知所以敬。"

⑥讼狱：赵岐注曰："讼狱，狱不能决罪，故讼之。"以"讼"为动词，"狱"为名词。朱熹赞同此说。此说欠妥。"讼"、"狱"二字当为同意复合词。即诉讼之意。另如《管子·小匡》中："无坐抑而讼狱者，正三禁之。"

⑦讴歌：歌颂。

⑧践：这里指登基，继承帝位。

⑨《泰誓》：《尚书》佚篇名。

【评解】 这一章中孟子阐述了自己的天道观，认为天意与民心是相通的。把天意和民心联系起来，是在中国古代天命观和天道观中的进步观点，在中国传统文化中有着悠久的历史，例如《尚书》中说："天视自我民视，天听自我民听"(《尚书·泰誓中》)、"民惟邦本，本固邦宁"(《尚书·五子之歌》)。《左传》中不止一次地说："民，神之主也。"(《左传·桓公六年》、《左传·僖公十九年》)等等。这些论述，都充分证明了春秋战国时期各国思想家和开明的政治家在统治者与被统治者、君与民的关系上对民意、民心的重视。

万章问曰："人有言'至于禹而德衰，不传于贤而传于子①'，有诸？"孟子曰："否，不然也。天与贤则与贤，天与子则与子。昔者舜荐禹于天，十有七年，舜崩②。三年之丧毕，禹避舜之子于阳城③；天下之民从之，若尧崩之后不从尧之子而从舜也。禹荐益于天，七年，禹崩。三年之丧毕，益避禹之子于箕山之阴④；朝觐讼狱者，不之益而之启，曰：'吾君之子也。'讴歌者不讴歌益而讴歌启，曰：'吾君之子也。'丹朱之不肖⑤，舜之子亦不肖；舜之相尧、禹之相舜也，历年多，施泽于民久。启贤⑥，能敬承继禹之道；益之相禹也，历年少，施泽于民未久。舜、禹、益相去久远⑦，其子之贤不肖皆天也,非人之所能为也。莫之为而为者,天也;莫之致而至者,命也。匹夫而有天下者,德必若舜禹,而又有天子荐之者,故仲尼不有天下。继世以有天下,天之所废,必若桀纣者也,故益、伊尹、周公不有天下。伊尹相汤以王于天下,汤崩,太丁未立,外丙二年,仲壬四年⑧。太甲颠覆汤之典刑⑨,伊尹放之于桐三年⑩;太甲悔过,自怨自艾⑪,于桐处仁迁义,三年以听伊尹之训己也,复归于亳⑫。周公之不有天下,犹益之于夏、伊尹之于殷也。孔子曰:'唐虞禅,夏后、殷、周继,其义一也。'"

【译文】 万章问:"有人说:'到禹的时候,道德就衰败了,不再把天下传给贤明的人,而是传给自己的儿子。'这话有根据吗?"孟子回答:"不是这样的。天要把天下授给贤明的人就授给贤明的人,天要把天下授给君主的儿子就授给君主的儿子。当初,舜把禹推荐给天,过了十七年,舜去世了。三年的丧期结束之后,禹为了避免干扰舜的儿子(继承天下),自己到阳城躲避起来。天下的老百姓跟随着禹,就好像尧去世以后他们不跟随尧的儿子而跟随着舜一样。禹把益推荐给天,过了七年,禹去世了。三年的丧期结束之后,益为了避免干扰禹的儿子(继承天下),自己到箕山的北面躲避起来。朝见天子的人、解决纠纷的人都不到益那里去,而是到启那里去,他们说:'这是我们君主的儿子啊。'歌颂治理天下者的功德的人,不歌颂益而歌颂启,他们说:'这是我们君主的儿子呀。'尧的儿子丹朱品行不好,舜的儿子商均品行也不好;舜辅佐尧、禹辅佐舜,经过的年岁比较多,对百姓施以恩泽的时间也长。启品行较好,能够恭敬地遵循禹的治国之道;益辅佐禹,经过的年岁比较少,对百姓施以恩泽的时间也短。舜、禹、益之间相距的时间有长有短,他们的儿子也有好有坏,这都是天意,不是人力所能做到的。没有人这样做而达到了这样的结果,是天意啊;没有人叫他们来而都来了,是命运啊。以一个平民百姓的身份能够拥有天下的,德行必然要像舜和禹一样,而且还要有天子向天推荐他,所以孔子便没有能够拥有天下。世代相传拥有天下,被天所废止的,一定是像夏桀和商纣那样的,所以益、伊尹、周公便没有能够拥有天下。伊尹辅佐商汤统一天下,汤去世之后,太丁未及被立为天子就死了,外丙在位二年,仲壬在位四年。随后即位的太甲破坏了商汤的常法,伊尹把他流放到桐三年;太甲对他过去的过错醒悟了,悔恨自己的过错并希望改正,在桐处处以仁要求自己,努力使自己走到合乎义的道路上来,三年之后完全听从了伊尹对自己的训导,又回到都城亳。周公没有拥有天下,正好像益在夏朝、伊尹在商朝一样。孔子说过:'唐尧、虞舜用禅让的方式传承帝位,夏、商、周三代以世袭的方式传承帝位,它们的道理都是一致的。'"

【注释】 ①至于禹而德衰,不传于贤而传于子:关于禹的儿子启如何继承君位建立夏朝,历来有不同的说法。《史记·夏本纪》中记载:"十年,帝禹东巡狩,至于会稽而崩。以天下授益。三年之丧毕,益让帝禹之子启,而辟居箕山之阳。禹子启贤,天下属意焉。及禹崩,虽授益,益之佐禹日浅,天下未洽。故诸侯皆去益而朝启,曰:'吾君帝禹之子也。'于是启遂即天子之位,是为夏后帝启。"司马迁的观点与孟子相同。但历史上也有许多人持万章所听到的言论,即禹之后禅让制被废止,天子之位不是传贤,而变成了传子。如《韩非子·外储说右下》中说:"燕王欲传国于子之也,问之潘寿,对曰:'禹爱益而任天下于益,已而以启人为吏。及老,而以启为不足任天下,故传天下于益,而势重尽在启也。已而启与友党攻益而夺之天下,是禹名传天下于益,而实令启自取之也。此禹之不及尧、舜明矣。'"汉刘向《新序·节士》中说:"尧治天下,伯成子高立为诸侯焉。尧授舜,舜授禹,伯成子高辞为诸侯而耕,禹往见之,则耕在野,禹趋就下位而问焉,曰:'昔者尧治天下,吾子立为诸侯焉,尧授舜,吾子犹存焉。及吾在位,子辞诸侯而耕,何故?'伯成子高曰:'昔尧之治天下,举天下而传之他人,至无欲也,择贤而与之其位,至公也。以至无欲至公之行示天下,故不赏而民劝,不罚而民畏,舜亦犹然。今君赏罚而民欲且多私,是君之所怀者私也,百姓知之,贪争之端,自此始矣。德自此衰,刑自此繁矣,吾不忍见,以是野处也。今君又何求而见我?君行矣,无留吾事。'耕而不顾。"

②昔者舜荐禹于天,十有七年,舜崩:《史记·五帝本纪》记载:"舜子商均亦不肖,舜乃豫荐禹于天。十七年而崩。"

③阳城:赵岐注曰:"阳城,箕山之阴,皆嵩山下深谷之中以藏处也。"朱熹《集注》亦沿此说。阎若璩《四书释地》以为此说有误,阳城应在河南登封县北三十八里。"阳城,山名。汉颍川有阳城县,以山得名。洧水所出。唐武后改曰'告成'。后又曰'阳邑'。五代周省入登封。故此山在今登封县北三十八里。去嵩山几隔三十里,安得即云'嵩山下之深谷'与?"

④箕山之阴:《史记·夏本纪》作"箕山之阳"。山的北面称"阴",南面称"阳"。阎若璩《四书释地》说:"箕山为嵩高之北,而张守节云'箕山'一名'许由山',在洛州阳城县南十三里。《括地志》遂云阳城县在箕山北十三里。"

⑤丹朱:尧的儿子。阎若璩《四书释地》说:"丹朱,《集注》止云尧之子,未详。汉《律历志》引《帝系》曰:'陶唐氏让天下于虞,使子朱处于丹渊为诸侯。'丹渊,虽有范汪《荆州记》、魏王泰《括地志》各言所在,恐未足据信,盖世远也。因思尧在位七十载,……止曰'朱',未有国也。及后三载,荐舜于天,朱始出封丹,故有'丹朱'之号。"

⑥启贤:杨伯峻《孟子译注》中说:"启之为人,孟子以为贤,但考之《楚辞》、《墨子》、《竹书纪年》、《山海经》诸书,未必为贤主。《楚辞·离骚》云:'启九辩与九歌兮,夏康娱('康娱'二字连读,此二字连文,《楚辞》屡见,以'夏康'连文者误)以自纵。不顾难以图后兮,五子用失乎家巷。'《天问》云:'启代益作后,卒然离蠥,何启惟忧?而能拘是达?'又云:'启棘宾商,九辩九歌,何勤子屠母,而死分竟地?'《墨子·非乐篇》引《武观》云:'启乃淫溢康乐,野于饮食,将将铭苋磬以力(此句有脱误),湛浊于酒,渝食于野,万无翼翼,

章闻于大,天用弗式。'《山海经·大荒西经》云:'有人珥两青蛇,乘两龙,名曰夏后开。开上三嫔于天,得九辩与九歌以下,此大穆之野高二千仞,开焉得始歌《九招》?'与儒家所传者不同。皮锡瑞云:'孟子以为贤者,为世立教耳。'(王先谦《尚书孔传参正》卷七)"[2]启即禹的儿子,又名开。

⑦舜、禹、益相去久远:意思是舜、禹、益三人相距的年代差距很大。"久"为形容词,指时间的长短;"远"为副词,表示差距较大。舜相尧二十八年,禹相舜十七年,益相禹七年,可见时间差距较大。

⑧汤崩,太丁未立,外丙二年,仲壬四年:《史记·殷本纪》记载:"汤崩,太子太丁未立而卒,于是乃立太丁之弟外丙,是为帝外丙。帝外丙即位三年,崩,立外丙之弟中壬,是为帝中壬。帝中壬即位四年,崩,伊尹乃立太丁之子太甲。"外丙,卜辞作"卜丙"。仲壬,即"中壬",卜辞亦作"中壬"。

⑨太甲:《史记·殷本纪》记载:"太甲,成汤适长孙也。""帝太甲既立三年,不明,暴虐,不遵汤法,乱德,于是伊尹放之于桐宫。三年,伊尹摄行政当国,以朝诸侯。帝太甲居桐宫三年,悔过自责,反善,于是伊尹乃迎帝太甲而授之政。帝太甲修德,诸侯咸归殷,百姓以宁。伊尹嘉之,乃作太甲训三篇,褒帝太甲,称太宗。"颠覆:这里指推翻、摧毁。典刑:即常刑,基本的法度。

⑩桐:古地名,一说在河南偃师县西南,一说在山西荣河,一说在河北临漳。未详孰是。

⑪自怨自艾:指悔恨自己的过错并希望改正。艾,朱熹《集注》曰:"艾,治也;说文云'芟草也';盖斩绝自新之意。"

⑫亳:商的都城。

【评解】 这一章中孟子进一步阐述了天意与民心相同的天命观,认为决定政权转移的所谓"天意"其实就是"民心"的反映。

万章问曰:"人有言'伊尹以割烹要汤①',有诸?"孟子曰:"否不然。伊尹耕于有莘之野②,而乐尧舜之道焉。非其义也,非其道也,禄之以天下弗顾也,系马千驷弗视也。非其义也,非其道也,一介不以与人③,一介不以取诸人。汤使人以币聘之④,嚣嚣然曰⑤:'我何以汤之聘币为哉?我岂若处畎亩之中⑥,由是以乐尧舜之道哉?'汤三使往聘之。既而幡然改曰⑦:'与我处畎亩之中,由是以乐尧舜之道,吾岂若使是君为尧舜之君哉?吾岂若使是民为尧舜之民哉?吾岂若于吾身亲见之哉?天之生此民也,使先知觉后知,使先觉觉后觉也。予,天民之先觉者也。予将以斯道觉斯民也,非予觉之而谁也?'思天下之民匹夫匹妇有不被尧舜之泽者,若己推而内之沟中⑧。其自任以天下之重如此,故就汤而说之以伐夏救民。吾未闻枉己而正人者也,况辱己以正天下者乎？圣人之行不同也,或远或近,或去或不去,归洁其身而已矣。吾闻其以尧舜之道要汤,未闻以割烹也。《伊训》曰⑨:'天诛造攻自牧宫,朕载自亳⑩。'"

【译文】 万章问:"有人说:'伊尹通过切肉做菜以求得到汤的赏识',有这回事吗？"孟子回答:"不是这样。伊尹在莘国的乡间做农夫,并且喜欢的是尧舜之道。如果不合乎尧舜所提倡的义,不合乎尧舜所遵循的道,即使以整个天下作为俸禄他都不会回头看一下,即使有几千匹马拴在旁边他都不会去正视。如果不合乎尧舜所提倡的义,不合乎尧舜所遵循的道,一点东西不会送给别人,一点东西也不会取于别人。汤派人带着礼物去迎请他,他却傲慢地说:'我为什么要接受汤的聘礼呢？我哪里有什么比得上作为一个农夫,并由此以遵循尧舜之道为乐呢？'汤几次派人去聘请他。不久他便彻底改变了自己的态度,说:'我与其作为一个农夫,并由此以遵循尧舜之道为乐,又哪里比得上使现在这个君主做尧舜一样的君主呢？又哪里比得上使现在这些老百姓做尧舜治理下的老百姓呢？又哪里比得上使尧舜之道让我亲自看到呢？上天生育了这些老百姓,就是要让先明白道理的人使后明白道理的人觉悟,让先领悟道理的人使后领悟道理的人觉悟。我,就是上天的老百姓中最先领悟道理的人。我就要用这个道理使现在这些老百姓觉悟,不是由我来使他们觉悟,还能有谁来完成这个任务呢？'伊尹想在天下的老百姓中,如果有一个普通的男子或一个普通的妇女没有感受到尧舜之道的恩泽,便好像是自己把他(她)推进山沟里去一样。他就是这样把天下的重担挑在自己肩上,所以到了汤那里,劝说他去讨伐夏桀、拯救天下的百姓。我没有听说过先使自己邪曲却能够使别人得到匡正的,更何况先使自己遭受屈辱却能够使天下得到匡正呢？圣人的行为往往各有不同,有的疏远君主,有的接近君主,有的离开君主,有的不离开君主,总之都是以不使自己受到玷污为原则。我听说伊尹用尧舜之道以求得到商汤的赏识,没有听说过他用切肉做菜的事。《伊训》中说:'上天讨伐夏桀的起因源自于他自己的宫室,而我不过是从殷都亳邑开始筹划。'"

【注释】 ①伊尹以割烹要汤:《史记·殷本纪》记载:"伊尹名阿衡。阿衡欲奸汤而无由,乃为有莘氏媵臣,负鼎俎,以滋味说汤,致于王道。或曰,伊尹处士,汤使人聘迎之,五反然后肯往从汤,言素王及九主之事。汤举任以国政。"

②有莘:古国名。一说在今陕西省合阳县东南。一说在今河南陈留县东北。

③一介:指微小的事物。赵岐注曰:"一介草不以与人,亦不以取于人也。"焦循《正

义》曰:"赵氏读'介'为'芥',故以草释之也。"

④币:缯帛。古代常用做祭祀或馈赠的礼品。如郑玄注《仪礼·聘礼》"币美则没礼"说:"币,谓束帛也。"

⑤嚣嚣:傲慢、无欲自得之貌。

⑥畎亩:田地,田野。如韦昭注《国语·周语下》"天所崇之子孙,或在畎亩,由欲乱民也"说:"下曰畎,高曰亩。亩,垄也。"

⑦幡然:同"翻然"。朱熹《集注》曰:"幡然,变动之貌。"杨倞注《荀子·大略》"君子之学如蜕,幡然迁之"说:"'幡'与'翻'同。"

⑧内:同"纳"。

⑨《伊训》:赵岐注曰:"《伊训》,《尚书》逸篇名。"

⑩天诛造攻自牧宫,朕载自亳:赵岐注曰:"牧宫,桀宫。朕,我也,谓汤也。载,始也。亳,殷都也。言意欲诛伐桀造作可攻讨之罪者,从牧宫桀起自取之也。汤曰我始与伊尹谋之于亳,遂顺天而诛之也。"

【评解】 本章赞扬了伊尹经世济民的责任感和正人先正己的品德。在孔子、孟子等儒家早期的思想家那里,为学的目的并不是为了使知识和修养成为学者自足自娱、自我欣赏的对象,而最终是为了治国齐家、待人接物。孟子称赞伊尹,正是让人以他为楷模,树立以天下为己任的高远理想和抱负。

万章问曰:"或谓'孔子于卫主痈疽①,于齐主侍人瘠环②',有诸乎?"孟子曰:"否,不然也,好事者为之也。于卫,主颜雠由③。弥子之妻与子路之妻④,兄弟也⑤。弥子谓子路曰:'孔子主我,卫卿可得也。'子路以告,孔子曰:'有命。'孔子进以礼,退以义,得之不得曰:'有命。'而主痈疽与侍人瘠环,是无义无命也。孔子不悦于鲁、卫⑥,遭宋桓司马,将要而杀之⑦,微服而过宋⑧。是时孔子当厄⑨,主司城贞子⑩,为陈侯周臣⑪。吾闻观近臣⑫,以其所为主;观远臣⑬,以其所主。若孔子主痈疽与侍人瘠环,何以为孔子?"

【译文】 万章问:"有人说:'孔子在卫国时,住在宦官痈疽家里;在齐国时,住在宦官瘠环家里。'有这回事吗?"孟子说:"不是这样的。这是好事之徒编造的。在卫国的时候,孔子住在颜雠由家里。弥子瑕的妻子和子路的妻子是姐妹。弥子瑕曾经对子路说:'孔子如果住在我家里,在卫国可以得到卿的位置。'子路把这番话告诉了孔子。孔子说:'自有命运安排。'孔子按照礼制而进,按照道义而退,所以得着还是得不着合适的地位'自有命运安排'。如果他住在痈疽和宦官瘠环家里,这是无视道义和命运的行为。孔子在鲁国和卫国不得志,遇到宋国的司马桓魋打算在路上拦截着杀死他,只好换掉平常的衣服悄悄地通过宋国。这时候孔子正处在穷困的境地,住在司城贞子家里,做了陈侯周的臣子。我听说,观察在朝的臣子,看他招待的什么客人;观察外来求仕的臣子,看他住在什么人家里。如果孔子真的住在痈疽和宦官瘠环家里,还能算什么'孔子'呢?"

【注释】 ①主痈疽:以痈疽为主人,即住在痈疽家中。痈疽,《史记·孔子世家》作"雍渠",《韩非子》作"雍鉏",《说苑·至公篇》作"雍睢"。卫灵公的宠信宦官。

②侍人瘠环:齐国的宦官。朱熹《集注》曰:"侍人,奄人也。瘠,姓。环,名。"奄人即宦官。

③颜雠由:《史记·孔子世家》作"颜浊邹",说:"孔子遂适卫,主于子路妻兄颜浊邹家。"

④弥子:即卫灵公的宠臣弥子瑕。《吕氏春秋·慎大览》说:"孔子乃道弥子瑕见厘夫人,因也。"《淮南子·泰族训》也说:"孔子欲行王道,七十说而无所偶,故因卫夫人、弥子瑕而欲通其道。"

⑤兄弟:这里指姐妹。古代姐妹也可称兄弟。

⑥孔子不悦于鲁、卫:《史记·孔子世家》记载:"定公十四年,孔子年五十六,由大司寇行摄相事。……与闻国政三月,粥羔豚者弗饰贾;男女行者别于涂;涂不拾遗;四方之客至乎邑者不求有司,皆予之以归。齐人闻而惧,曰:'孔子为政必霸,霸则吾地近焉,我之为先并矣。盍致地焉?'黎鉏曰:'请先尝沮之;沮之而不可则致地,庸迟乎!'于是选齐国中女子好者八十人,皆衣文衣而舞康乐,文马三十驷,遗鲁君。陈女乐文马于鲁城南高门外,季桓子微服往观再三,将受,乃语鲁君为周道游,往观终日,怠于政事。子路曰:'夫子可以行矣。'孔子曰:'鲁今且郊,如致膰乎大夫,则吾犹可以止。'桓子卒受齐女乐,三日不听政;郊,又不致膰俎于大夫。孔子遂行。"就是这里所说的"不悦于鲁"。又记载:孔子"居卫月余,灵公与夫人同车,宦者雍渠参乘,出,使孔子为次乘,招摇市过之。孔子曰:'吾未见好德如好色者也。'于是丑之,去卫。"即是这里所说的"不悦于卫"。

⑦遭宋桓司马,将要而杀之:宋桓司马,指宋国司马桓魋。《史记·孔子世家》记载:"孔子去曹适宋,与弟子习礼大树下。宋司马桓魋欲杀孔子,拔其树。孔子去。弟子曰:'可以速矣。'孔子曰:'天生德于予,桓魋其如予何!'"

⑧微服:指为了隐藏身份、避人耳目而改换常服。

⑨厄:困苦,受苦。

⑩主司城贞子:《史记·孔子世家》记载:"孔子遂至陈,主于司城贞子家。"司城贞子当为陈人。赵岐注曰:"司城贞子,宋卿也,虽非大贤,亦无谄恶之罪,故谥为贞子。"以司城贞子为宋人,恐有误。

⑪陈侯周:赵岐注曰:"陈侯周,陈怀公子也,为楚所灭,故无谥,但曰陈侯周。"

⑫近臣:朱熹集注曰:"近臣,在朝之臣。"

⑬远臣:朱熹集注曰:"远臣,远方来仕者。"

【评解】 本章赞扬了孔子洁身自好的节操,驳斥了不明就里的人对他的诋毁,表明了志趣是结交的基本原则的立场。要不要与一个人成为朋友,首要的一个前提是了解对方的品性,觉得志趣相投,才有可能决定进一步交往下去。否则,在不了解对方的情况下就与他结交,是对双方都不负责的。知道对方人品卑劣而继续与他交往,则迟早会受到连累或者伤害。

万章问曰:"或曰:'百里奚自鬻于秦养牲者,五羊之皮,食牛,以要秦缪公①。'信乎?"孟子曰:"否,不然,好事者为之也。百里奚,虞人也②。晋人以垂棘之璧与屈产之乘,假道于虞以伐虢③。宫之奇谏④,百里奚不谏,知虞公之不可谏而去。之秦,年已七十矣,曾不知以食牛干秦缪公之为污也⑤,可谓智乎?不可谏而不谏,可谓不智乎?知虞公之将亡而先去之,不可谓不智也。时举于秦,知缪公之可与有行也而相之⑥,可谓不智乎?相秦而显其君于天下,可传于后世,不贤而能之乎?自鬻以成其君,乡党自好者不为,而谓贤者为之乎?"

【译文】 万章问:"有人说:'百里奚把自己卖给秦国养牲口的人,价钱为五张羊皮,替人喂牛,以此来求取秦穆公的赏识。'这种说法可信吗?"孟子回答:"不是这样的,这是好事之徒编造的。百里奚是虞国人。晋人以垂棘出产的美玉和屈地出产的良马为条件,向虞国借路以攻打虢国。虞国的大臣宫之奇谏阻虞公,百里奚却不去谏阻。他知道虞公不能够通过劝谏而阻止,因此离开了虞国。他到秦国的时候,年纪已经七十岁了,他竟然不知道通过喂牛的途径来求得秦穆公的赏识是一种丑恶的行为,可以称得上聪明吗?他知道虞公不能够通过劝谏被阻止就不去劝谏,可以说是不聪明吗?他知道虞公必将灭亡因此先行离开,不能说不聪明啊。当他在秦国被举用的时候,他知道秦穆公是可以一起有作为的国君因此就辅佐他,可以说是不聪明吗?他辅佐秦国的国君,使国君扬名于天下,并且业绩可以流传后世,如果不是贤明的人能够做到这些吗?卖掉自己以成就君主,即使乡村中一个洁身自爱的人都不会去干,难道可以说贤明的人会去干吗?"

【注释】 ①百里奚自鬻于秦养牲者,五羊之皮,食牛,以要秦缪公:《史记·秦本纪》记载:"晋献公灭虞、虢,虏虞君与其大夫百里傒,以璧马赂于虞故也。既虏百里傒,以为秦缪公夫人媵于秦。百里傒亡秦走宛,楚鄙人执之。缪公闻百里傒贤,欲重赎之,恐楚人不与,乃使人谓楚曰:'吾媵臣百里傒在焉,请以五羖羊皮赎之。'楚人遂许与之。当是时,百里傒年已七十余。缪公释其囚,与语国事。谢曰:'臣亡国之臣,何足问!'缪公曰:'虞君不用子,故亡,非子罪也。'固问,语三日,缪公大说,授之国政,号曰五羖大夫。"百里奚，又名百里傒，原为虞国大夫，后为秦国大夫，与蹇叔等人辅佐秦穆公成就霸业。鬻，卖。秦缪公，即秦穆公。

②虞：古国名。舜的先祖曾封于虞，故城在今山西省平陆县东北。西周建立之后，封古公亶父的儿子虞仲的后人在此，为虞国。后被晋国所灭。

③晋人以垂棘之璧与屈产之乘，假道于虞以伐虢：《左传·僖公二年》记载："晋荀息请以屈产之乘与垂棘之璧假道于虞以伐虢。公曰：'是吾宝也。'对曰：'若得道于虞，犹外府也。'公曰：'宫之奇存焉。'对曰：'宫之奇之为人也，懦而不能强谏。且少长于君，君昵之；虽谏，将不听。'乃使荀息假道于虞，曰：'冀为不道，入自颠軨，伐鄍三门。冀之既病，则亦唯君故。今虢为不道，保于逆旅，以侵敝邑之南鄙。敢请假道，以请罪于虢。'虞公许之，且请先伐虢。宫之奇谏，不听，遂起师。夏，晋里克、荀息帅师会虞师，伐虢，灭下阳。"《僖公五年》又记载："晋侯复假道于虞以伐虢。宫之奇谏曰：'虢，虞之表也；虢亡，虞必从之。晋不可启，寇不可玩。一之谓甚，其可再乎？谚所谓辅车相依，唇亡齿寒者，其虞、虢之谓也。'公曰：'晋，吾宗也，岂害我哉？'……弗听，许晋使。宫之奇以其族行，曰：'虞不腊矣。在此行也，晋不更举矣。'……冬，十二月丙子，朔，晋灭虢。虢公丑奔京师。师还，馆于虞，遂袭虞，灭之。"垂棘，地名，相传以出产美玉著称。屈产，即屈地所产。屈，古地名，在今山西乡宁北，盛产良马。假道，即借道。虢，古国名，在今山西省平陆县大阳之南、滨河之北。

④宫之奇：虞国的大臣。

⑤干：求取。

⑥有行：有所作为。

【评解】 儒家思想家不希望做隐居山林的隐士，但也不主张轻易辅佐不值得辅佐的君主。能不能使自己的主张得到推行从而实现治国平天下的目标，是决定要不要出仕的依据。孟子通过赞扬百里奚保持自己的人格操守的同时明察时势，最终干出一番大业绩，表明了儒家积极入世但不勉强出仕的基本态度。

注释：

〔1〕 杨伯峻《孟子译注》，第208页。

〔2〕 杨伯峻：《孟子译注》，第224页。

万章章句下

孟子曰:"伯夷目不视恶色,耳不听恶声。非其君不事,非其民不使。治则进,乱则退。横政之所出①,横民之所止,不忍居也。思与乡人处,如以朝衣朝冠坐于涂炭也。当纣之时,居北海之滨,以待天下之清也。故闻伯夷之风者,顽夫廉②,懦夫有立志③。伊尹曰:'何事非君?何使非民?'治亦进,乱亦进。曰:'天之生斯民也,使先知觉后知,使先觉觉后觉。予,天民之先觉者也;予将以此道觉此民也。'思天下之民匹夫匹妇有不与被尧舜之泽者,如己推而内之沟中。其自任以天下之重也。柳下惠不羞污君,不辞小官。进不隐贤,必以其道。遗佚而不怨,厄穷而不悯。与乡人处,由由然不忍去也。'尔为尔,我为我,虽袒裼裸裎于我侧,尔焉能浼我哉?'故闻柳下惠之风者,鄙夫宽④,薄夫敦⑤。孔子之去齐,接淅而行⑥。去鲁,曰:'迟迟吾行也。'去父母国之道也。可以速而速,可以久而久,可以处而处,可以仕而仕,孔子也。"孟子曰:"伯夷,圣之清者也;伊尹,圣之任者也;柳下惠,圣之和者也;孔子,圣之时者也。孔子之谓集大成⑦。集大成也者,金声而玉振之也⑧。金声也者,始条理也;玉振之也者,终条理也。始条理者,智之事也;终条理者,圣之事也。智,譬则巧也;圣,譬则力也。由射于百步之外也;其至,尔力也;其中,非尔力也。"

【译文】 孟子说:"伯夷这个人,眼睛不看丑恶的东西,耳朵不听丑恶的声音。不是理想的君主不辅佐,不是理想的百姓不驱使,天下安定就出来做官,天下混乱就退居泉林。施行暴政的国家,居住暴民的地方,都不愿居住。在他看来,和粗鄙的人说话,就像穿戴着整齐的衣服帽子坐在污泥灰尘中一般。在商纣王在位的时候,他隐居在北海之滨,等待天下清平。所以听到伯夷的风操的人,愚顽的人变得具有了分辨力,懦弱的人能够树立起自己的独立意志。伊尹说：'什么样的君主不能侍奉呢？什么样的人民不能驱使呢？'天下安定出来做官，天下混乱也出来做官。他说：'上天生育了这些老百姓，就是要让先明白道理的人使后明白道理的人觉悟，让先领悟道理的人使后领悟道理的人觉悟。我，就是上天的老百姓中最先领悟道理的。我就要用这个道理使现在这些老百姓觉悟。'在伊尹看来，天下的老百姓中，如果有一个普通的男子或一个普通的妇女没有感受到尧舜之道的恩泽，便好像是自己把他（她）推进山沟里去一样。他就是这样把天下的重担挑在自己的肩上。柳下惠这个人，即使辅佐名声很坏的国君，他也不以为羞耻；即使做非常低微的官职，他也不以为卑微。得到任用的时候就毫不保留自己的才能，始终会按照自己的原则行事。被遗弃不用的时候不会心怀不满，处境艰难时也不会忧愁。所以他会非常愉快地与别人相处而不会自己主动离开。他说：'你是你，我是我。即使你在我身边赤身裸体，你又怎么能够玷污我呢？'所以听到了柳下惠的风操的人，浅陋的人变得心胸开阔，刻薄的人变得忠厚笃实。孔子离开齐国的时候，米淘好了捧在手里就匆匆离开。离开鲁国的时候，却说：'我们慢慢地走吧。'这是离开自己祖国的态度。应该马上退就马上退，能够长久干就长久干，应该耐心等待的时候就等待，可以出来做官的时候就做官，这就是孔子。"孟子又说："伯夷是圣人之中的清高者，伊尹是圣人之中的负责者，柳下惠是圣人之中的随和者，孔子是圣人之中的识时务者。孔子，可以说是圣人中的集大成者。所谓'集大成'，就如同在演奏音乐的时候先敲镈钟引领众音，后击特磬结束演奏。先敲镈钟引领众音，是脉络秩序的开始；后击特磬结束演奏，是脉络秩序的终结。开始脉络秩序需要靠智来达到，结束脉络秩序需要靠圣来完成。智就好比是技巧，圣就好比是气力。这就如同在百步开外射箭，射得到，靠的是你的力量；射得中，靠得就不是你的力量了。"

【注释】　①横：横暴，放纵。朱熹《集注》曰："横，谓不循法度。"

②顽：愚妄，愚顽。朱熹《集注》曰："顽者，无知觉。"廉：朱熹《集注》曰："廉者，有分辨。"

③懦夫：软弱无能的人。朱熹《集注》曰："懦，柔弱也。"

④鄙夫：庸俗浅陋的人。朱熹《集注》曰："鄙，狭陋也。"

⑤薄夫：刻薄的人。敦：敦厚笃实。

⑥接淅：捧着已经淘湿的米。朱熹《集注》曰："接，犹承也；淅，渍米也。渍米将炊，而欲去之速，故以手承米而行，不及炊也。"

⑦集大成：指融会各家思想、学说、风格、技巧等而自成体系或自成一格。孙奭疏曰："盖集大成，即集伯夷、伊尹、柳下惠三圣之道，是为大成耳……其时为言，以谓时然

则然,无可无不可,故谓之集其大成,又非止于一偏而已。"

⑧金声而玉振之:朱熹《集注》曰:"金,钟属。声,宣也,如声罪致讨之声。玉,磬也。振,收也,如振河海而不泄之振。""金始震而玉终诎然也,故并奏八音,则于其未作,而先击镈钟以宣其声;俟其既阕,而后击特磬以收其韵。宣以始之,收以终之。二者之间,脉络通贯,无所不备,则合众小成而为一大成,犹孔子之知无不尽而德无不全也。金声玉振,始终条理,疑古乐经之言。"

【评解】 孟子赞扬了伯夷、伊尹、柳下惠和孔子四位可以成为圣人的人,认为伯夷清高、伊尹负责、柳下惠随和,三个人的品德都是很高尚的。但是,只有孔子集合了所有的优点,称得上是圣人中的"至圣"。后人将孔子成为"大成至圣文宣王"、"大成至圣先师",其中的"大成"和"至圣",就是从孟子这里来的。

北宫锜问曰①:"周室班爵禄也②,如之何?"孟子曰:"其详不可得闻也。诸侯恶其害己也,而皆去其籍。然而轲也尝闻其略也。天子一位,公一位,侯一位,伯一位,子、男同一位③,凡五等也。君一位,卿一位,大夫一位,上士一位,中士一位,下士一位④,凡六等。天子之制,地方千里,公侯皆方百里,伯七十里,子、男五十里,凡四等。不能五十里,不达于天子,附于诸侯,曰附庸⑤。天子之卿受地视侯⑥,大夫受地视伯,元士受地视子、男。大国地方百里,君十卿禄,卿禄四大夫,大夫倍上士,上士倍中士,中士倍下士,下士与庶人在官者同禄,禄足以代其耕也。次国地方七十里,君十卿禄,卿禄三大夫,大夫倍上士,上士倍中士,中士倍下士,下士与庶人在官者同禄,禄足以代其耕也。小国地方五十里,君十卿禄,卿禄二大夫,大夫倍上士,上士倍中士,中士倍下士,下士与庶人在官者同禄,禄足以代其耕也。耕者之所获,一夫百亩,百亩之粪⑦,上农夫食九人,上次食八人,中食七人,中次食六人,下食五人。庶人在官者,其禄以是为差。"

【译文】 北宫锜问:"周朝制定爵位和俸禄的等级,具体是怎样的呢?"孟子回答:"详细情况现在已经不能知道了。诸侯厌恶那些制度妨碍自己,都把记载它们的文献毁掉了。然而,我也曾经听到些大致的情况。天子是一级,公是一级,侯是一级,伯是一级,子和男是同一级,一共五级。君是一级,卿是一级,大夫是一级,上士是一级,中士是一级,下士是一级,一共六级。天子直接管理的土地面积,纵横一千里,公和侯的面积都是一百里,伯的是七十里,子和男的都是五十里,一共四个等级。土地得不到五十里的国家,不能直接与天子进行联系,必须附属于大的诸侯,叫做附庸。天子的卿所受的封地大小参照侯的标准,大夫所受的封地大小参照伯的标准,元士所受的封地大小参照子和男的标准。大诸侯国土地面积纵横各一百里,君主的俸禄是卿的十倍,卿的俸禄是大夫的四倍,大夫是上士的一倍,上士是中士的一倍,中士是下士的一倍,下士的俸禄和没有爵位的人在官府当差的人相同,所得到的俸禄足以等于他们从事耕种的收入。中等国家土地为方七十里,君主的俸禄是卿的十倍,卿的俸禄是大夫的三倍,大夫是上士的一倍,上士是中士的一倍,中士是下士的一倍,下士的俸禄和没有爵位的人在官府当差的人相同,所得到的俸禄足以等于他们从事耕种的收入。小国的土地为方五十里,君主的俸禄是卿的十倍,卿的俸禄是大夫的二倍,大夫是上士的一倍,上士是中士的一倍,中士是下士的一倍,下士的俸禄和没有爵位的人在官府当差的人相同,所得到的俸禄足以等于他们从事耕种的收入。从事耕种所取得的收入,一名成年男子分得一百亩田,一百亩田地施肥耕种,上等的农夫可以养活九个人,稍差些的养活八个人,中等的养活七个人,再差些的养活六个人,下等的养活五个人。老百姓没有爵位而在公家当差的,他们的俸禄标准也参照这个差别分出等级。"

【注释】 ①北宫锜:赵岐注曰:"北宫锜,卫人。"姓北宫,名锜。

②班:分等列序,排列。

③公一位,侯一位,伯一位,子、男同一位:公、侯、伯、子、男是古代的爵位名。《礼记·王制》中说:"王者之制禄爵,公、侯、伯、子、男,凡五等。"《公羊传·隐公五年》中有:"天子三公称公,王者之后称公,其余大国称侯,小国称伯、子、男。"徐彦疏曰:"公地方五百里,侯四百里,伯三百里,子二百里,男一百里。"

④上士一位,中士一位,下士一位:上士、中士、下士都是古代官阶名。《周礼·天官·序官》中说:"宰夫下大夫四人,上士八人,中士十有六人,旅下士三十有二人。"孙诒让《正义》曰:"凡诸官上士,《王制》谓之元士,又谓之适士,中、下士又谓之官师。"《礼记·王制》中说:"王者之制禄爵,公、侯、伯、子、男,凡五等,诸侯之上大夫卿、下大夫、上士、中士、下士,凡五等。"

⑤附庸:附属于大诸侯国的小诸侯国。郑玄注《礼记·王制》"不能五十里者,不合于天子,附于诸侯曰附庸"说:"附庸者,以国事附于大国,未能以其名通也。"

⑥视:参照,比照。赵岐注曰:"视,比也。"例如《礼记·檀弓下》有:"公室视丰碑,三家视桓楹。"孔颖达疏曰:"凡言视者,不正相当,比拟之辞也。"

⑦粪:指施肥耕种。

【评解】 孟子在这一章中详细阐述了周朝的爵禄制度,对于研究西周时期的官爵、俸禄,是一篇具有重要历史研究价值的历史文献。

万章问曰:"敢问友。"孟子曰:"不挟长①,不挟贵,不挟兄弟而友②。友也者,友其德也,不可以有挟也。孟献子③,百乘之家也,有友五人焉:乐正裘、牧仲,其三人则予忘之矣。献子之与此五人者友也,无献子之家者也④。此五人者亦有献子之家,则不与之友矣。非惟百乘之家为然也,虽小国之君亦有之。费惠公曰⑤:'吾于子思则师之矣,吾于颜般则友之矣,王顺、长息,则事我者也。'非惟小国之君为然也,虽大国之君亦有之。晋平公之于亥唐也⑥,入云则入⑦,坐云则坐,食云则食。虽蔬食菜羹⑧,未尝不饱,盖不敢不饱也。然终于此而已矣,弗与共天位也,弗与治天职也,弗与食天禄也。士之尊贤者也,非王公之尊贤也。舜尚见帝⑨,帝馆甥于贰室⑩,亦飨舜⑪,迭为宾主⑫,是天子而友匹夫也。用下敬上,谓之贵贵;用上敬下,谓之尊贤。贵贵、尊贤,其义一也。"

【译文】 万章问:"请问交朋友应遵循的原则。"孟子回答:"不倚仗年纪大,不倚仗地位高,不倚仗兄弟富贵。交朋友,是因为朋友的品德而结交,所以不能觉得有所倚仗。孟献子是拥有百辆兵车的大夫,他有五位朋友:乐正裘,牧仲,还有三位我记不起名字了。献子同这五个人结为朋友,自己并不觉得自己是有地位、有身份的大夫。这五个人如果觉得献子是位有地位、有身份的大夫,也就不会同他成为朋友。不仅拥有百辆兵车的大夫是这样,即使小诸侯国的国君也有朋友。费惠公说:'对于子思,我把他作为老师;对于颜般,我把他作为朋友;至于王顺和长息,不过把他们作为侍奉我的人罢了。'不仅小诸侯国的国君是这样,即使大诸侯国的国君也有朋友。晋平公对于亥唐,亥唐说让他进去,他便进去;让他坐,他便坐;让他吃饭,他便吃饭。即使粗茶淡饭,也没有不吃饱的时候,因为他不敢不吃饱。但是晋平公只是做到这种程度罢了,他不同亥唐一起共有官位,不同他一起处理政事,不同他一起享受俸禄。这是一般的士人尊敬贤者的态度,不是诸侯国君尊敬贤者的态度。舜拜见尧,尧让他的女婿住在别宫,也用酒饭招待他,他们还常常互为招待对方,这是贵为天子者和一般百姓交朋友啊。以卑下的地位尊敬高贵的人,称作尊重贵人;以高贵的身份尊敬卑下的人,称为尊敬贤者。尊重贵人和尊敬贤者,它们的道理都是一样的。"

【注释】 ①挟:依恃,倚仗。朱熹《集注》曰:"挟者,兼有而恃之之称。"
②兄弟:赵岐注曰:"兄弟,兄弟有富贵者。"然而,对于此处孟子所谓"兄弟"之本意,历代也存有一些歧见。如清代赵佑《四书温故录》中说:"兄弟,等夷之称。必其人之与

己等夷而后友之,则不肯与胜己处,不能不耻下问矣。兄弟有富贵者,则仍挟贵意耳。"清代江永《群经补义》则认为:"古人以婚姻为兄弟,如张子之于二程,程允夫之于朱子,皆有中表之亲,既为友则有师道,不可谓我与彼为姻亲,有疑不肯下问也。'挟兄弟而问'与'挟故而问'相似。俗解谓不挟兄弟多人而友。兄弟多人,有何可挟乎?须辨别之。"因赵注并无明显不妥之处,仍之。

③孟献子:即鲁国大夫仲孙蔑。焦循《正义》曰:"《国语·晋语》:'赵简子曰,鲁孟献子有斗臣五人。'注云:'斗臣,扞难之士。'未知即此五人否?"

④家:卿大夫的采地食邑。如郑玄注《周礼·夏官·序官》"家司马各使其臣以正于公司马"曰:"家,卿大夫采地。"这里指卿大夫的身份地位。

⑤费:春秋时的小诸侯国,故址在今山东省鱼台县西南费亭。清代高士奇《春秋地名考略》中说:"鲁大夫费庈父之食邑,读如字,与季氏'费'邑读曰'秘'者有别。"

⑥晋平公:晋国国君,晋悼公的儿子,在位二十六年而卒。亥唐:《太平御览》引皇甫谧《高士传》曰:"亥唐者,晋人也。晋平公时,朝多贤臣,祁奚、赵武、师旷、叔向皆为卿大夫,名显诸侯。唐独不官,隐于穷巷。平公闻其贤,致礼与相见而请事焉。平公待于门,唐曰入,公乃入;唐曰坐,公乃坐;唐曰食,公乃食。唐之食公也,虽疏食菜羹,公不敢不饱。"

⑦入云:即"云入"。下文"坐云"、"食云"同。

⑧蔬食:朱熹《集注》作"疏食"。赵岐注曰:"蔬食,粝食也。""蔬"亦同"疏"。

⑨尚:同"上"。

⑩馆:指使居住;安置。甥:赵岐注曰:"礼谓妻父曰外舅,谓我舅者吾谓之甥。尧以女妻舜,故谓舜甥。"贰室:朱熹《集注》曰:"贰室,副宫也。"

⑪飨:以隆重的礼仪宴请宾客,也泛指宴请,用酒食犒劳、招待。如郑玄注《仪礼·士昏礼》"舅姑共飨妇以一献之礼"说:"以酒食劳人曰飨。"

⑫迭:更迭,轮流。如颜师古注《汉书·律历志上》"三代各据一统,明三统常合,而迭为首"说:"迭,互也。"

【评解】　朋友之间结交,首要的要求就是人格平等,这样才能够相互学习,共同提高。古语说:君子之交淡如水。真正的友谊靠的是志趣相投,而不在于甜言蜜语或好酒重金,更不是物质上的交换,肉麻的吹捧,互相利用,甚至尔虞我诈。总想占别人便宜的人得不到真正的朋友,赤裸裸利用关系的人也得不到真正的朋友,把自己凌驾于别人之上的人同样得不到真正的朋友。淡泊名利、不计得失、豁达大度、善待他人、不求回报的人才是千里难寻千金难买的朋友,别人也才可能把他作为真正的朋友。

万章曰:"敢问交际何心也①?"孟子曰:"恭也。"曰:"却之却之为不恭②,何哉?"曰:"尊者赐之,曰:'其所取之者,义乎不义乎?'而后受之,以是为不恭,故弗却也。"曰:"请无以辞却之,以心却之,曰:'其取诸民之不义也。'而以他辞无受,不可乎?"曰:"其交也以道,其接也以礼,斯孔子受之矣。"万章曰:"今有御人于国门之外者③,其交也以道,其馈也以礼,斯可受御与?"曰:"不可。《康诰》曰④:'杀越人于货,闵不畏死,凡民罔不譈⑤。'是不待教而诛者也。殷受夏,周受殷,所不辞也,于今为烈⑥,如之何其受之?"曰:"今之诸侯取之于民也,犹御也。'苟善其礼际矣,斯君子受之',敢问何说也?"曰:"子以为有王者作,将比今之诸侯而诛之乎⑦?其教之不改而后诛之乎?夫谓非其有而取之者盗也,充类至义之尽也⑧。孔子之仕于鲁也,鲁人猎较⑨,孔子亦猎较。猎较犹可,而况受其赐乎?"曰:"然则孔子之仕也,非事道与⑩?"曰:"事道也。""事道奚猎较也?"曰:"孔子先簿正祭器⑪,不以四方之食供簿正。"曰:"奚不去也?"曰:"为之兆也⑫,兆足以行矣,而不行,而后去;是以未尝有所终三年淹也⑬。孔子有见行可之仕,有际可之仕,有公养之仕⑭。于季桓子,见行可之仕也;于卫灵公,际可之仕也;于卫孝公,公养之仕也。"

【译文】 万章问:"请问在人与人交往的时候,应当具有什么心态呢?"孟子回答:"心存恭敬。"万章说:"再三拒绝别人的礼物,这是不恭敬。为什么呢?"孟子说:"地位高贵的人赐与自己东西,自己却在想:'他取得这些东西的手段是合乎义的呢,还是不合乎义的呢?'想过以后才接受,这种做法是不恭敬的,因此就不拒绝。"万章说:"您看这样可以吧:不要通过说出来拒绝他的礼物,只是在心里不接受,心里想:'这是他从老百姓那里取得的不义之财啊。'而在拒绝时用别的借口,这样做也不可以吗?"孟子说:"他同我交往的时候按照道义,同我接触的时候遵守礼节,这种情况下,孔子也是会接受礼物的。"万章说:"假设有一个在国都之外拦截别人抢劫了别人财物的人,他也按照道义同我交往,也遵守礼节向我馈赠,这种情况下便可以接受这些赃物吗?"孟子说:"不可以。《康诰》中说:'杀死、打翻别人,抢走他的财物,横强得不怕被处死,这种人没有人不痛恨。'这是不用先教育就可以直接处死的。殷商继承了夏朝的这种制度,周朝继承了殷商的这种制度,没有做过更改。现在杀人抢劫的行为变得更为厉害,为什么能够接受呢?"万章说:"如今的诸侯从老百姓那里攫取财物,和拦路抢劫没有什么不同。'假若把交际的礼节做到比较好了,君子也就会接受。'请问为什么有这种说法呢?"孟子说:"你以为如果有圣王兴起,就打算把如今的诸侯都不加区别统统杀掉呢,还是先进行教育,如果不改然后再杀掉呢?况且,把不是自己所有而去取得它的行为说成抢劫,这只是从最一般的意义上作为最高的原则的话。孔子在鲁国做官的时候,鲁国人争夺猎物做祭品,孔子也争夺猎物做祭品。争夺猎物做祭品都可以,何况接受他人的赐与呢?"万章说:"那么,孔子做官不是为了行道吗?"孟子说:"是为了行道。"万章说:"既然为了行道,为什么又参与争夺猎物做祭品呢?"孟子说:"孔子先通过文书的形式确定祭祀所用的祭器和祭品,不用别处得来的食物作为规定的祭品。"万章说:"孔子为什么不辞职离开呢?"孟子说:"孔子做官要先把施政的开端做好。如果开端之后可以继续实行下去,而国君又不愿意实行,才会离开,所以孔子从来没有在一个国君那里停留达到三年。孔子有因为看到可以实行他的思想而做官,有因为国君对他以礼相待而做官,有因为国君能够供养贤才而做官。在季桓子那里,是因为看到可以实行他的思想而做官;在卫灵公那里,是因为国君对他以礼相待而做官;在卫孝公那里,是因为国君能够供养贤才而做官。"

【注释】　①交际:往来应酬。朱熹《集注》曰:"际,接也。交际,谓人以礼仪币帛相交接也。"

②却之却之:朱熹《集注》曰:"却,不受而还之也。再言之,未详。"

③御人:以武力拦截别人而夺其财货。赵岐注曰:"御人,以兵御人而夺之货。"朱熹《集注》曰:"御,止也。止人而杀之,且夺其货也。"

④《康诰》:《尚书》篇名。为周公训示康叔之辞。

⑤杀越人于货,闵不畏死,凡民罔不譈:今本《尚书·康诰》作:"杀越人于货,暋不畏死,罔弗憝。"赵岐注曰:"越,于,皆于也。杀于人,取于货,闵然不知畏死者,譈,杀也,凡民无不得杀之者也。"以"于"释"越",以"杀"释"譈"。朱熹《集注》曰:"越,颠越也。……譈,怨也。言杀人而颠越之,因取其货,闵然不知畏死,凡民无不怨之。"以"颠越"释"越",以"怨"释"譈"。《尚书正义》孔安国释"杀越人于货"说:"杀人颠越人,于是以取货利";释"罔弗憝"说:"人无不恶之者。"孔颖达疏释"越人"曰:"'越人'谓不死而伤,皆为之而取货利故也。"可见《集注》本于此,今从之。闵,同"暋",强悍。罔,无,没有。如《诗经·大雅·抑》中有:"罔敷求先王,克共明刑。"郑玄笺曰:"罔,无也。"譈(duì):同"憝",怨恨。

⑥殷受夏,周受殷,所不辞也,于今为烈:朱熹《集注》认为:"'殷受'至'为烈'十四字,语意不伦。李氏以为此必有断简或阙文者近之,而愚意其直为衍字耳。然不可考,姑阙之可也。"

⑦比:不加区分。

⑧充类至义:赵岐注曰:"充,满。至,甚也。满其类大过至者,但义尽耳,未为盗也。诸侯本当税民之类者,今大尽耳,亦不可比于御。"即将上句和此句断为:"夫谓非其有而取之者,盗也;充类至,义之尽也。"朱熹《集注》曰:"推其类,至于义之至精至密之处。"即

以"充类至义"为"充其类,至其义"。今从《集注》。

⑨猎较:赵岐注曰:"猎较者,田猎相较,夺禽兽得之以祭,时俗所尚,以为吉祥。"朱熹《集注》则曰:"猎较未详。赵氏以为田猎相较,夺禽兽以祭。孔子不违,所以小同于俗也。张氏以为猎而较所获之多少也。二说未知孰是。"今仍从赵注。

⑩事道:朱熹《集注》曰:"事道者,以行道为事也。"

⑪先簿正祭器:赵岐注曰:"孟子曰:孔子仕于衰世,不可卒暴改戾,故以渐正之,先为簿书以正其宗庙祭祀之器,即其旧礼,取备于国中,不以四方珍食供其所簿正之器,度珍食难常有,乏绝则为不敬,故猎较以祭也。"朱熹《集注》中对此句则仍存疑问的态度,说:"先簿正祭器,未详。徐氏曰:'先以簿书正其祭器,使有定数,不以四方难继之物实之。夫器有常数,实有常品,则其本正矣,彼猎较者,将久而自废矣。'未知是否也。"

⑫兆:起始,发端。朱熹《集注》曰:"兆,犹卜之兆,盖事之端也。"另如杜预注《左传·哀公元年》"能布其德,而兆其谋"曰:"兆,始。"

⑬淹:淹留,逗留,停留。

⑭有见行可之仕,有际可之仕,有公养之仕:朱熹《集注》曰:"见行可,见其道之可行也。际可,接遇以礼也。公养,国君养贤之礼也。"

【评解】 人与人的交往中,难免会有相互之间馈赠礼物的情形。关于馈赠和接受礼物要有什么标准,孟子提出一定要遵循礼义规范。如果礼物馈赠合乎礼义要求,那就可以毫不客气地依礼接受;而如果不符合礼义,那就不应该接受。进一步说,能否接受当权者的官职也是一样,能不能接受也要以礼义为准则。因此,如果从大的方面来看,孟子这里所提出的,其实是一种做人的原则,进行人生选择的标准。

孟子曰:"仕非为贫也,而有时乎为贫;娶妻非为养也,而有时乎为养。为贫者,辞尊居卑,辞富居贫。辞尊居卑,辞富居贫,恶乎宜乎? 抱关击柝①。孔子尝为委吏矣②,曰:'会计当而已矣③。'尝为乘田矣④,曰:'牛羊茁壮,长而已矣。'位卑而言高,罪也。立乎人之本朝而道不行⑤,耻也。"

【译文】 孟子说:"做官不是因为贫穷,但有时候是因为贫穷;娶妻不是为了奉养父母,但有时候是为了奉养父母。因为贫穷而做官的,应该拒绝高官而做小官,拒绝厚禄而受薄俸。拒绝高官而做小官,拒绝厚禄而受薄俸,怎样做才合适呢? 做守门打更的小吏就可以了。孔子曾经做过管理仓库的小官,他说:'财物出入准确适当。'他也曾经做过主管畜牧的小官,他说:'牛羊都很健壮地成长。'职位卑微而议论朝廷大事,这是过错。在人家的朝廷上做官而自己的主张得不到推行,这是耻辱。"

【注释】　①抱关击柝:守门打更的小吏。《荀子·荣辱》有:"故或禄天下而不自以为多,或监门御旅,抱关击柝,而不以为寡。"杨倞注曰:"抱关,门卒也,击柝,击木所以警夜者。"柝,古代巡夜人报更敲的木梆。

②委吏:古代管理粮仓的小官。赵岐注曰:"委吏,主委积仓廪之吏也。"

③会计:指管理财物及其出纳等事务。

④乘田:古代主管畜牧的小官。赵岐注曰:"乘田,苑囿之吏也,主六畜之刍牧者也。"

⑤本朝:朝廷。古代以朝廷为国之本,故称"本朝"。

【评解】　孟子再一次阐明了仕途进退的标准。出来做官的目的,就是推行自己的政治主张。如果不能使主张得到推行,那么做官就仅可以视为一种职业,能够养家糊口就可以了,而不必追求与自己的职责和贡献不相称的高官厚禄。

万章曰:"士之不托诸侯①,何也?"孟子曰:"不敢也。诸侯失国而后托于诸侯,礼也。士之托于诸侯,非礼也。"万章曰:"君馈之粟,则受之乎?"曰:"受之。""受之何义也?"曰:"君之于氓也②,固周之③。"曰:"周之则受,赐之则不受,何也?"曰:"不敢也。"曰:"敢问其不敢何也?"曰:"抱关击柝者,皆有常职以食于上。无常职而赐于上者,以为不恭也。"曰:"君馈之,则受之,不识可常继乎?"曰:"缪公之于子思也,亟问④,亟馈鼎肉⑤。子思不悦,于卒也⑥,摽使者出诸大门之外⑦,北面稽首再拜而不受⑧,曰:'今而后知君之犬马畜伋!'盖自是台无馈也⑨。悦贤不能举,又不能养也,可谓悦贤乎?"曰:"敢问国君欲养君子,如何斯可谓养矣?"曰:"以君命将之⑩,再拜稽首而受;其后廪人继粟⑪,庖人继肉⑫,不以君命将之。子思以为鼎肉使己仆仆尔亟拜也⑬,非养君子之道也。尧之于舜也,使其子九男事之,二女女焉⑭,百官牛羊仓廪备,以养舜于畎亩之中,后举而加诸上位。故曰王公之尊贤者也。"

【译文】　万章说:"士不寄身于诸侯而生活,为什么呢?"孟子说:"因为不敢这样。诸侯的国家灭亡了,然后寄身于别国的诸侯,这是合礼的。士寄身于诸侯,是不合礼的。"万章问:"君主如果送给他粮食,那能够接受吗?"孟子说:"可以接受。"万章问:"这里接受又是根据什么道理呢?"孟子回答说:"君主对于从外地来的人,本来就可以周济他。"万章问:"周济他就接受,赐给他就不接受,又是为什么呢?"孟子说:"因为不敢接受赐给。"万章问:"请问为什么不敢接受赐给呢?"孟子说:"守门打更的小吏,都有固定的职责才从上面取得生活来源。没有固定的职责却接受上面的赐给,这被认为是不恭敬的。"万章问:"君主馈赠给他东西,他就接受了,不知道可以经常这样吗?"孟子说:"鲁缪公对待子思,多次送来东西,多次馈赠给他肉食。子思很不高兴,最后一次来送的时候,把送东西的人赶出大门之外,自己向着北面恭敬地跪拜行礼而拒绝了,说:'今天终于知道了君主是把我当做犬马一样养活。'从此以后缪公就不再给子思送东西了。喜爱贤人却不能提拔使用,又不能依照礼节供养,可以称得上是喜爱贤人吗?"万章问:"请问国君要依照礼节供养君子,怎样才称得上依照礼节供养呢?"孟子说:"先以国君的命令把东西送给他,他恭敬地跪拜行礼接受。以后管理仓库的人按期送来粮食,职掌供膳的人按期送来肉食,这些就不用再以君主的命令了。子思认为以缪公的名义送来的肉使自己一次次烦琐地行礼,这不是依照礼节供养君子的方式。尧对于舜,让自己的九个儿子侍奉他,把自己的两个女儿嫁给他,百官、牛羊和粮食全都具备,以使舜在乡野之中得着合乎礼节的供养,然后把他提拔到尊贵的地位。所以说这才是王公尊敬贤者啊。"

【注释】 ①托:托身,寄居。赵岐注曰:"托,寄也。谓若寄公食禄于所托之国也。"朱熹《集注》曰:"托,寄也,谓不仕而食其禄也。"

②氓:指外地迁来之民。焦循《正义》曰:"不言'君之于民'而言'氓'者,'氓'是自他国至此国之民,与寄之义合。"

③周:周济,救济。另如郑玄注《礼记·月令》"(季春之月)天子布德行惠,命有司发仓廪,赐贫穷,振乏绝,开府库,出币帛,周天下"曰:"周,谓给不足也。"

④亟(qì):数次,屡次。问:馈赠。如《诗经·郑风·女曰鸡鸣》有:"知子之顺之,杂佩以问之。"毛传曰:"问,遗也。"

⑤鼎肉:已经解割的肉,也指熟肉。朱熹《集注》曰:"鼎肉,熟肉也。"另如郑玄注《礼记·少仪》"其以鼎肉,则执以将命"曰:"鼎肉,谓牲体已解,可升于鼎。"

⑥于卒也:赵岐注曰:"于卒者,末后复来时也。"

⑦摽(biāo):挥之使去,驱逐。赵岐注曰:"摽,麾也。"

⑧稽(qǐ)首:古时一种跪拜礼,叩头至地,是九拜中最恭敬的一种。再拜:古代的一种礼节。拜了又拜,表示恭敬。另如《论语·乡党》中有:"问人于他邦,再拜而送之。"杨伯峻《孟子译注》中说:"拜头至地谓之稽首;既跪而拱手,而头俯至于手,与心平,谓之拜。再拜,拜两次。'再拜稽首',谓之吉拜,表示接受礼物;'稽首再拜',谓之凶拜,此处则表示拒绝礼物。"[1]

⑨台:赵岐注曰:"台,贱官,主使令者。《传》曰仆臣台从是之。"朱熹《集注》亦从此说。杨树达《积微居小学金石论丛》卷四《〈孟子〉"台无馈解"》说:"台当读为始,'盖自是台无馈',谓鲁缪公自是始不馈子思也。说文云:'始,女之初也。从女,台声。'"

⑩将:赵岐注曰:"将者,行也。"

⑪廪人:古代管理粮仓的官吏。《周礼·地官·廪人》中说:"廪人掌九谷之数,以待国之匪颁、賙赐、稍食。"继:前后相续;接连不断。赵岐注曰:"仓廪之吏继其粟,将尽复送。"

⑫庖人:古代职掌供膳的官吏。《周礼·天官·庖人》中说:"庖人掌共六畜、六兽、六禽,辨其名物。"贾公彦疏曰:"庖人得此六畜、六兽、六禽共与膳夫,内外饔。"

⑬仆仆:屡屡。形容烦琐。赵岐注曰:"仆仆,烦猥貌。"

⑭女:将女子嫁给人。另如杜预注《左传·庄公二十八年》"晋伐骊戎,骊戎男女以骊姬"曰:"纳女于人曰'女'。"

【评解】 在儒家看来,对于士来说,最重要的不是谋求俸禄,而是实现自己的人生价值,使自己治国安民的理想付诸实践。因此一个国君是不是尊重贤才,不是看他给贤士什么样的物质待遇,而是看他能不能为贤士创造发挥才能的机会和条件。

万章曰:"敢问不见诸侯何义也?"孟子曰:"在国曰市井之臣①,在野曰草莽之臣②,皆谓庶人。庶人不传质为臣③,不敢见于诸侯,礼也。"万章曰:"庶人,召之役,则往役;君欲见之,召之,则不往见之,何也?"曰:"往役,义也;往见,不义也。且君之欲见之也,何为也哉?"曰:"为其多闻也,为其贤也。"曰:"为其多闻也,则天子不召师,而况诸侯乎?为其贤也,则吾未闻欲见贤而召之也。缪公亟见于子思,曰:'古千乘之国以友士,何如?'子思不悦,曰:'古之人有言曰:事之云乎④,岂曰友之云乎?'子思之不悦也,岂不曰:'以位,则子,君也,我,臣也,何敢与君友也?以德,则子事我者也,奚可以与我友?'千乘之君求与之友,而不可得也,而况可召与?齐景公田,招虞人以旌;不至,将杀之。'志士不忘在沟壑,勇士不忘丧其元。'孔子奚取焉?取非其招不往也。"曰:"敢问招虞人何以?"曰:"以皮冠⑤。庶人以旃⑥,士以旂⑦,大夫以旌⑧。以大夫之招招虞人,虞人死不敢往;以士之招招庶人,庶人岂敢往哉?况乎以不贤人之招招贤人乎?欲见贤人而不以其道,犹欲其入而闭之门也。夫义,路也;礼,门也。惟君子能由是路,出入是门也。《诗》云:'周道如底,其直如矢;君子所履,小人所视⑨。'"万章曰:"孔子'君命召,不俟驾而行'。然则孔子非与?"曰:"孔子当仕有官职,而以其官召之也。"

【译文】 万章问:"请问,不去拜见诸侯是什么意思呢?"孟子回答说:"住在国都里的叫做市井之臣,住在乡村中的叫做草莽之臣,这些说的都是没有官职的平民百姓。平民百姓不去送见面礼求做臣属,不敢去拜见诸侯,这是合于礼制的。"万章说:"平民百姓,召唤他让他去服役,就去服役;君主想要见到他而召唤他,却不去拜见,这是为什么呢?"孟子说:"前去服役,是应当的;前去谒见,是不应当的。况且君主想要见到他,因为什么呢?"万章说:"因为他见闻渊博,因为他德行高尚。"孟子说:"如果因为他见闻渊博,那么天子不能召唤老师,何况诸侯呢?如果因为他德行高尚,那么我也没有听说过想要见到贤人却通过召唤的。鲁缪公屡次去求见子思,说:'古代拥有千辆兵车的大国的国君同士人做朋友,怎么样呢?'子思很不高兴,说:'古人是这样说的吧:作为老师侍奉士人,难道说是作为朋友结交士人吗?'子思之所以不高兴,难道不是这个意思吗?'如果论地位,你是君主,我是臣下,哪敢和你交朋友呢?论品德,那你是应当把我当做老师来侍奉的,怎么可以和我交朋友呢?'拥有千辆兵车的大国的国君请求与他交朋友都做不到,何况把他召唤来呢?齐景公有一次出去打猎,用旌旗召唤管理山泽的虞人,虞人没有应召而来,齐景公要处死他。(孔子知道此事之后称赞他说:)'有志气的人不怕弃尸于沟谷,有勇气的人不怕丢掉脑袋。'孔子看重的是他哪一点呢?看重的就是不被按照礼制召唤他就不听从。"万章问:"召唤管理山泽的虞人该用什么呢?"孟子说:"用打猎时戴的皮帽子。召唤老百姓用曲柄、没有装饰的红旗,召唤士用挂有铃铛绘有龙的旗子,召唤大夫才用羽毛装饰的旌旗。用召唤大夫的旗子召唤管理山泽的虞人,虞人死也不敢去;用召唤士人的旗子召唤平民百姓,平民百姓难道敢去吗?何况用召唤没有德行之人的东西去召唤德行高尚的人呢?想同德行高尚的人见面,却不按照规矩,就好像要请人进来却关着大门一样。义,就好比是大路;礼,就好比是大门。只有君子才能在这条大路上行走,从这个大门出入。正如《诗经》里说的:'大路平如砥石,笔直如同箭杆。君子由此行走,小人一旁效法。'"万章问:"孔子'听到国君之命召唤,等不到车马备好就先走了'。可是,孔子这样做错了吗?"孟子说:"那是因为孔子当时正在做官有一定的职责在身,国君是用他的官职召唤他。"

【注释】 ①市井:古代城市中集中买卖货物的场所。一说因其布局形式得名。如尹知章注《管子·小匡》"处商必就市井"曰:"立市必四方,若造井之制,故曰市井。"一说因其靠近井田而得名。如何休注《春秋公羊传·宣公十五年》"什一行而颂声作矣"说:"因井田以为市,故俗语曰市井。"《初学记》卷二四也说:"或曰:古者二十亩为井,因井为市,故云也。"一说因货物至市交易之前须在井上洗涤而得名。如《诗经·陈风·东门之枌序》孔颖达疏引汉代应劭《风俗通》曰:"俗说:市井,谓至市者当于井上洗濯其物香洁,及自严饰,乃到市也。"一说因总称交易之处与共汲之处而得名。如颜师古注《汉书·货殖传序》"商相与语财利于市井"曰:"凡言市井者,市,交易之处;井,共汲之所,故总而言之也。"一说因集市起源于在井边交易货物而得名。如《史记·平准书》"山川园池市井租税之入,自天子以至于封君汤沐邑,皆各为私奉养焉",张守节正义曰:"古人未有市,若朝聚井汲水,便将货物于井边货卖,故言市井也。"

②草莽:原指草木丛生的荒原,引申为民间,草野。

③质:通"贽"。古代相见时所送的礼物。朱熹《集注》曰:"质,与贽同。传,通也。质者,士执雉,庶人执鹜,相见以自通者也。"

④云乎:助词,用于句末,表示疑问、感叹等语气。如何休注《春秋公羊传·庄公二十四年》"见用币,非礼也。然则曷用?枣栗云乎?腶修云乎"曰:"云乎,辞也。"

⑤皮冠:古代打猎时戴的帽子,加于礼冠之上,用以御尘、御雨雪等。如《左传·襄公十四年》有:"不释皮冠而与之言。"杜预注曰:"皮冠,田猎之冠也。"

⑥旃(zhān):古代一种无饰、曲柄的红色的旗子。许慎《说文解字》曰:"旗曲柄也,所以表士众。《周礼》曰:'通帛为旃。'"

⑦旂(qí):古代一种画有两龙并在竿头悬铃的旗。许慎《说文解字》曰:"旗有众铃以令众也。"

⑧旌:古代一种用牦牛尾或兼五彩羽毛饰竿头的旗子。如《周礼·春官·司常》曰:"全羽为旞,析羽为旌。"

⑨周道如底,其直如矢;君子所履,小人所视:出自《诗经·小雅·大东》。周道,大路。底,同"砥",磨刀石。

⑩君命召,不俟驾而行:《论语·乡党》有:"君命召,不俟驾行矣。"俟,等。

【评解】 礼义是人和人之间交往的准则,君臣之间的交往也是这样,必须以礼相招、以礼相待。即使对方地位高贵、有权有势,如果不是以礼相招,对于一个有志气、有节操的人来说,也不必听从他的召唤,哪怕因此招致灾祸。这样做不是因为孤傲清高,而是为了保持高尚的节操和人格的尊严。

孟子谓万章曰:"一乡之善士,斯友一乡之善士;一国之善士,斯友一国之善士;天下之善士,斯友天下之善士。以友天下之善士为未足,又尚论古之人①。颂其诗②,读其书,不知其人,可乎?是以论其世也。是尚友也。"

【译文】 孟子对万章说道:"一个乡里出色的士人,和一个乡里出色的士人交为朋友;一个国家出色的士人,和一个国家出色的士人交为朋友;整个天下出色的士人,和整个天下出色的士人交为朋友。认为和整个天下出色的士人交为朋友还不够,就又向上寻求古代的人物。吟诵他们的诗歌,阅读他们的著作,不知道他是什么样的人,可以吗?所以要研究他所处的时代。这就是追寻古人结交朋友。"

【注释】 ①尚:同"上"。
②颂:同"诵"。

【评解】 学习是没有止境的,积极进取的人不但学习同时代的人的优点和长处,而且还要向古人学习智慧。对于现代人来说,学习古人也是增长知识、培养德性的一条重要途径。古语说:"一灯能除千年暗,一智能灭万年愚。"把历史智慧变成自己的智慧,就会在我们心中升起一盏不灭的明灯。古人的智慧中蕴藏的那些乐观进取的人生追求,舍我其谁的献身精神,求真务实的理性态度,以及种种宽容仁厚、公正廉明、急功好义的嘉言善行,都是古今所推崇的。在这样的智慧氛围中神游,不仅可以益智增德,简直使人如沐春风。

齐宣王问卿。孟子曰:"王何卿之问也?"王曰:"卿不同乎?"曰:"不同,有贵戚之卿①,有异姓之卿。"王曰:"请问贵戚之卿。"曰:"君有大过则谏,反复之而不听,则易位②。"王勃然变乎色。曰:"王勿异也。王问臣,臣不敢不以正对③。"王色定,然后请问异姓之卿。曰:"君有过则谏,反复之而不听,则去。"

【译文】 齐宣王向孟子请教关于卿的事情。孟子说:"大王您问的是哪一种卿?"齐宣王说:"卿难道还有什么不一样吗?"孟子说:"有不一样,有国君的同姓之卿,有国君的异姓之卿。"齐宣王说:"我想请教同姓之卿。"孟子说:"国君如有大错就加以劝谏,如果反复劝谏不能够听从,就废掉他另立他人。"齐宣王听了突然变了脸色。孟子说:"大王您不要奇怪。大王问我,我不敢不实话实说答复您。"齐宣王脸色恢复了,接着又请教异姓之卿。孟子说:"国君如果有错误就加以劝谏,如果反复劝谏不能够听从,就辞职离开。"

【注释】 ①贵戚:这里指国君的同姓亲族。与下文"异姓"相对。
②易位:朱熹《集注》曰:"易位,易君之位,更立亲戚之贤者。"
③正:杨伯峻《孟子译注》曰:《论语·述而篇》"正唯弟子不能学也"。郑玄《注》云:"鲁读'正'为'诚'。"此处亦当读为"诚"。[2]

【评解】 孟子在回答齐宣王的问题时,对"贵戚之卿"和"异姓之卿"进行了区分,并在论述"贵戚之卿"时提出,国君如果有错不改危及社稷安危时,就可以把他废掉另立他人。这一观点虽然让国君们听后"勃然变乎色",却是一种进步的思想,与后世的盲从比起来,是更有利于社会整体利益的。在论述"异姓之卿"时,孟子主张如果国君不能听从自己的意见就该离开,则是对出仕应以行道为目的的观点的又一次强调。孟子关于"贵戚之卿"和"异姓之卿"的阐述,无疑与专为封建专制主义服务的"愚忠"思想是根本不同的。

注释:
〔1〕 杨伯峻:《孟子译注》,第247页。
〔2〕 杨伯峻:《孟子译注》,第252页。

告子章句上

告子曰①:"性,犹杞柳也②;义,犹桮棬也③。以人性为仁义,犹以杞柳为桮棬。"孟子曰:"子能顺杞柳之性而以为桮棬乎?将戕贼杞柳而后以为桮棬也④?如将戕贼杞柳而以为桮棬,则亦将戕贼人以为仁义与?率天下之人而祸仁义者,必子之言夫!"

【译文】 告子说:"人的本性,好像杞柳树;仁义道德,好像木头制成的器皿。使人的本性变成仁义,就好像用杞柳树制作成各种器皿一样。"孟子说:"您是顺着杞柳树的本性来制成各种器皿呢,还是破坏杞柳树的本性来制成各种器皿呢? 如果要破坏了杞柳树的本性才能制成各种器皿,那也要破坏了人的本性然后才能使之变成仁义吗? 带领天下的人来毁坏仁义的,一定是您的理论了!"

【注释】 ①告子:赵岐注曰:"告子者,告,姓也;子,男子之通称也;名不害。兼治儒墨之道者,尝学于孟子,而不能纯彻性命之理。"
②杞柳:也称红皮柳,落叶乔木,枝条细长柔韧,可用来编织箱筐等器物。
③桮棬(bēiquān):亦作"杯圈"、"杯棬"、"桮圈"。一种木质的饮器。焦循《正义》引《大戴礼记·曾子事父母》卢辩注曰:"杯,盘盎盆盏之总名也。盖桮为总名,其未雕未饰时,名其质为棬,因而桮器之不雕不饰者,即通名为棬也。"另如《礼记·玉藻》中有:"母没而杯圈不能饮焉。"郑玄注曰:"圈,屈木所为,谓卮匜之属。"桮,同"杯"。棬,曲木制成的杯盂之类的器皿。
④戕贼:摧残,破坏。戕,毁坏,损伤。另如杜预注《左传·襄公二十八年》"陈无宇济水而戕舟发梁"曰:"戕,残坏也。"韦昭注《国语·晋语一》"可以小戕,而不能丧国"亦曰:"戕犹伤也。"

【评解】 在本章及以下的七章中,集中阐述了孟子的人性论。所谓"人性",或者人的本性,是关于人的本质特性、生命的基本倾向的一个哲学和伦理学概念。所谓"人性论",简单地说,就是关于人性问题的基本看法和观点。在伦理学中,人性论被看做是伦理学说的理论基础,任何一种伦理学说,一般都要以某种对人性的看法为理论上的根据和出发点。因此人性问题是中国古代伦理学中最重要的或者是最基本的问题之一。

　　告子曰："性,犹湍水也①,决诸东方则东流,决诸西方则西流。人性之无分于善不善也,犹水之无分于东西也。"孟子曰："水信无分于东西②,无分于上下乎?人性之善也,犹水之就下也。人无有不善,水无有不下。今夫水搏而跃之③,可使过颡;激而行之④,可使在山,是岂水之性哉?其势则然也。人之可使为不善,其性亦犹是也。"

【译文】 告子说："人性好像湍急萦回的流水,从东方决开口子就向东方流,从西方决开口子就向西方流。人的本性没有善与不善的确定区分,就好像水的本性没有向东流向西流的确定区分一样。"孟子说："水的本性的确没有向东流还是向西流的确定区分,难道没有向高处流还是向低处流的确定本性吗?人的本性中的善性,正好像水的本性向低处流一样。人没有不本性善良的,水没有不往低处流的。如果通过拍击而使水溅起来,可以让它跳得比额头还要高;通过阻挡水流而改变它的流向,可以把它引到高山上,这难道是水的本性吗?是外来的力量使它这样的。对于人来说,可以使他不再具有善性,本性也是这样发生改变的。"

【注释】 ①湍水:急而萦回的水。赵岐注曰："湍者,圜也。谓湍水,湍萦水也。"孙奭疏曰:"水流沙上,萦回之势湍湍然也。"朱熹《集注》亦曰:"湍,波流潆回之貌也。"
　　②信:的确,确实。
　　③搏:拍,击。
　　④激:阻挡水流。另如颜师古注《汉书·沟洫志》"河从河内北至黎阳为石堤,激使东抵东郡平刚"曰:"激者,聚石于堤旁冲要之处,所以激去其水也。"

【评解】 先秦时期,儒、墨、道、法等学派大多表明了对人性的基本看法。中国古代,伦理思想家们对于人性的探讨,主要是从善恶的角度进行的,也就是说,他们探讨的是人的道德本性或道德的本质可不可以用善恶来区分;如果能够用善恶来区分,那么它究竟是善的还是恶的。有了对于人的道德本性的认识,才使得建立一个合乎人性的社会伦理规范体系及确立合理的道德修养方法成为可能。因此孟子非常重视人性问题,同以告子等反对性善论的思想家展开激烈的辩论。

　　告子曰："生之谓性①。"孟子曰："生之谓性也,犹白之谓白与?"曰："然。""白羽之白也,犹白雪之白,白雪之白,犹白玉之白与?"曰："然。""然则犬之性犹牛之性,牛之性犹人之性与?"

【译文】 告子说:"生来就具有的先天资质就是性。"孟子说:"生来就具有的先天资质就是性,这就像一切白色都没有区别地叫做白一样吗?"告子说:"是的。"孟子说:"白色羽毛的白,和白雪的白一样;白雪的白,和白玉的白一样,是吗?"告子说:"是的。"孟子说:"既然这样,狗的本性就和牛的本性一样,牛的本性就和人的本性一样,是吗?"

【注释】 ①生之谓性:"生"和"性"古音相同,所以孟子紧接着说:"生之谓性也,犹白之谓白与?"生,朱熹《集注》曰:"指人物之所以知觉运动者而言。"性,同类事物天生所具有的共同性质。"生之谓性"即将人性看做人生来就具有的先天的资质。对人性的这种认识在中国古代是非常常见的一种观点。如荀子认为:"性者,天之就也","生之所以然者谓之性"(《荀子·正名》);"不可学,不可事,而在人者,谓之性"(《荀子·性恶》)。董仲舒认为:"如其生之自然之资谓之性。"(《春秋繁露·深察名号》)王充说:"性,生而然者也。"(《论衡·初禀》)

【评解】 告子是主张性无善无恶论的。他以"生"释性,把人生而具有的生理资质和本能看成是人性,而把道德意识和道德规范看做是后天养成的。告子通过很多例子,说明人的这种资质和本能无所谓善,也无所谓恶;既可以引其向善,也可以引其向恶。就像湍急的流水一样,流水既可以引向东流,也可以引向西流,人性之无分于善不善,如同水无分于东西。孟子从人性是人之为人的本性这一基本认识前提出发,对告子的观点一一进行了反驳。

告子曰:"食色,性也。仁,内也,非外也。义,外也,非内也。"孟子曰:"何以谓仁内义外也?"曰:"彼长而我长之①,非有长于我也。犹彼白而我白之,从其白于外也,故谓之外也。"曰:"异于白马之白也②,无以异于白人之白也。不识长马之长也,无以异于长人之长与?且谓长者义乎?长之者义乎?"曰:"吾弟则爱之,秦人之弟则不爱也,是以我为悦者也,故谓之内。长楚人之长,亦长吾之长,是以长为悦者也,故谓之外也。"曰:"耆秦人之炙③,无以异于耆吾炙。夫物则亦有然者也。然则耆炙亦有外与?"

【译文】 告子说:"饮食男女,就是人的本性。仁,是内在的,而不是外在的;义,是外在的,而不是内在的。"孟子说:"为什么说仁是内在的而义是外在的呢?"告子说:"对方年纪比我大而我尊重他,并不是因为我心里天生就有尊重之心。就如同东西颜色白而我觉得它白,是根据东西是白的而我对外在的白色东西加以认识的结果,所以说这种情况就是外在的。"孟子说:"白色的马的白,和长得白的人的白也许没有不同。不知道对年纪大的马的体恤,和对年纪大的人的尊重,是不是也没有不同呢?况且,你说是年龄大的人本身产生了尊重长者之义呢,还是尊重年龄大的人的人产生的尊重长者之义呢?"告子说:"我的弟弟我就爱他,秦国人的弟弟我就不爱他,这是因为我本身的缘故而乐意这样的,所以说这种情况是内在的。尊重楚国的年龄大的人,也尊重我自己的父老兄长,这是因为外在的他们同样年纪大的缘故而这样的,所以说这种情况是外在的。"孟子说:"喜欢吃秦国人的烤肉,和喜欢吃自己的烤肉没有不同。对于各种事物都有类似的情况。如此说来,难道喜欢吃烤肉是外在的吗?"

【注释】 ①我长之:朱熹《集注》曰:"我长之,我以彼为长也。"下文"我白之",即"我以彼为白也"。

②异于:朱熹《集注》曰:"张氏曰:'上异于二字疑衍。'李氏曰:'或有阙文焉。'"根据上下文,"异于"二字在此当为衍字。

③耆:同"嗜"。炙:烤熟的肉食。

【评解】 如果对孟子和告子的人性论分别进行引申,就会得出对仁义等德性的不同看法。告子提出仁是内在于人的,而义则是外在于人的。孟子则不同意这种看法,认为仁义都是内在的。这是因为,孟子认为,人的本性就是善的,仁义礼智的萌芽本来就是人心中所本有的,人要做的只不过是使这些萌芽不要被毁伤,不要被外物所蒙蔽。因此,仁义等德性都是内在于人心的。

孟季子问公都子曰①:"何以谓义内也?"曰:"行吾敬,故谓之内也。""乡人长于伯兄一岁②,则谁敬?"曰:"敬兄。""酌则谁先③?"曰:"先酌乡人。""所敬在此,所长在彼,果在外,非由内也。"公都子不能答,以告孟子。孟子曰:"'敬叔父乎?敬弟乎?'彼将曰:'敬叔父。'曰:'弟为尸④,则谁敬?'彼将曰:'敬弟。'子曰:'恶在其敬叔父也?'彼将曰:'在位故也。'子亦曰:'在位故也。庸敬在兄⑤,斯须之敬在乡人⑥。'"季子闻之曰:"敬叔父则敬,敬弟则敬,果在外,非由内也。"公都子曰:"冬日则饮汤,夏日则饮水,然则饮食亦在外也?"

【译文】 孟季子问公都子:"为什么说义是内在的呢?"公都子说:"是从我内心中发出的敬重,所以说是内在的。"孟季子问:"如果乡邻比自己的长兄大一岁,那你该敬重谁?"公都子说:"敬重兄长。"孟季子问:"喝酒的时候斟酒先斟给谁?"公都子说:"先斟给乡邻。"孟季子说:"你心里敬重的是这一个人,而表面上尊重的是另一个人,可见义毕竟是外在的,不是从内心发出的。"公都子无法回答,把这个对话告诉了孟子。孟子说:"你问他:'你敬重你的叔父呢,还是敬重你的弟弟?'他会回答:'敬重叔父。'你再说:'弟弟如果在尸位上接受祭祀,那你会敬重谁呢?'他会回答:'敬重弟弟。'你再问:'你为什么说敬重叔父呢?'他会回答:'这是因为弟弟在应当受敬重的位置上。'你就可以说:'也是因为乡邻在应当受到尊重的位置上。平常的敬重是对兄长的,片刻的尊重是对乡邻的。'"孟季子听到了这些话后,说:"敬重叔父是由于要敬重,敬重弟弟也是由于要敬重,毕竟义是外在的,不是从内心出发的。"公都子说:"冬天的时候喝热水,夏天的时候喝凉水,那么,难道饮食的变化也是外在的吗?"

【注释】 ①孟季子:朱熹《集注》曰:"孟季子,疑孟仲子之弟也。"
②伯兄:即长兄。朱熹《集注》曰:"伯,长也。"
③酌:斟酒。
④尸:古代祭祀时代替死者受祭的人。郑玄注《仪礼·士虞礼》"祝迎尸,一人衰绖奉篚哭从尸"曰:"尸,主也。孝子之祭,不见亲之形象,心无所系,立尸而主意焉。"何休注《春秋公羊传·宣公八年》"祭之明日也"曰:"祭必有尸者,节神也。礼,天子以卿为尸,诸侯以大夫为尸,卿大夫以下以孙为尸。"
⑤庸:经常,平常。赵岐注曰:"庸,常也。"
⑥斯须:须臾,片刻。如郑玄注《礼记·祭义》"礼乐不可斯须去身"曰:"斯须,犹须臾也。"

【评解】 孟子又对自己的"义内"说进行了进一步的解释。孟子强调"义"和"仁"一样,都是人的善良本性,因此维护了他的性善论的完整性。孟子的这种观点,对于主体主动自觉地加强自身的道德修养,具有积极的理论意义。

公都子曰:"告子曰:'性无善无不善也。'或曰:'性可以为善,可以为不善①,是故文武兴则民好善,幽厉兴则民好暴。'或曰:'有性善,有性不善,是故以尧为君而有象,以瞽瞍为父而有舜,以纣为兄之子且以为君,而有微子启、王子比干。'今曰'性善',然则彼皆非与?"孟子曰:"乃若其情则可以为善矣②,乃所谓善也。若夫为不善,非才之罪也③。恻隐之心,人皆有之;羞恶之心,人皆有之;恭敬之心,人皆有之;是非之心,人皆有之。恻隐之心,仁也;羞恶之心,义也;恭敬之心,礼也;是非之心,智也。仁义礼智,非由外铄我也④,我固有之也,弗思耳矣。故曰:求则得之,舍则失之。或相倍蓰而无算者,不能尽其才者也。《诗》曰:'天生蒸民,有物有则。民之秉彝,好是懿德⑤。'孔子曰:'为此诗者,其知道乎! 故有物必有则,民之秉彝也,故好是懿德。'"

【译文】 公都子说:"告子说:'人的本性没有善良和不善良的区分。'有人说:'人的本性可以让它善良,也可以使它不善良,所以周文王、周武王统治天下的时候老百姓都追求善良,周幽王、周厉王统治天下的时候老百姓都追求暴虐。'有人说:'人有本性善良的,也有本性不善良的,所以尧做君主有象这样顽劣的百姓,瞽瞍做父亲有舜这样高尚的儿子,纣做侄子而且做君王,有微子启、王子比干这样有德行的叔父和臣属。'如今您说人的本性善良,那么,他们都是错的吗?"孟子说:"从人天生的性情来说,是可以使它善良的,这便是我所说的人的本性善良。至于有人使其行为不善良了,不是他的材质的问题。恻隐同情之心,每个人都具有;羞耻厌恶之心,每个人都具有;谦虚逊让之心,每个人都具有;是非善恶之心,每个人都具有。恻隐同情之心,就是仁;羞耻厌恶之心,就是义;谦虚逊让之心,就是礼;是非善恶之心,就是智。仁义礼智这四者,不是从外面来到我的内心里的,而是我本来就具有的,不过没有思考过它罢了。所以说:如果追求就能得到,如果放弃就会失去。人与人之间之所以能够相差一倍、五倍甚至数倍的,就是不能完全发挥人性中本有的材质的缘故。《诗经》中说:'上天生育百姓,每物必有法则。百姓掌握常道,喜欢这些美德。'孔子说:'做这首诗的人,真是洞察事理啊! 的确是有物必有法则,百姓掌握倡导,因此才喜欢这些美德啊。'"

【注释】 ①性可以为善,可以为不善:先秦时期的世硕持此说。王充《论衡·本性》中说:"周人世硕以为人性有善有恶,举人之善性养而致之,则善长;恶性养而致之,则恶长,故世子作养书一篇,宓子贱、漆雕开、公孙尼子之徒亦论性情,与世子相出入。"

②情:也是指本性。清代俞樾《群经平议·孟子二》中说:"盖性、情二字,在后人言之,则区以别矣,而在古人言之,则情即性也……孟子以恻隐为仁,羞恶为义,正是以情见性。"另如高诱注《吕氏春秋·上德》"变容改俗,而莫得其所受之,此之谓顺情"说:"情,性也,顺其天性也。"注《淮南子·本经训》"天爱其精,地爱其平,人爱其情"也说:"情,性也。"

③才:本性的外显,即材质。朱熹《集注》曰:"才,犹材质,人之能也。人有是性,则有是才,性既善则才亦善。"清代戴震《孟子字义疏证》卷下说:"才者,人与百物各如其性以为形质,而知能遂区以别焉,孟子所谓'天之降才'是也。气化生人生物,据其限于所分而言谓之命,据其为人物之本始而言谓之性,据其体质而言谓之才。由成性各殊,故才质亦殊。才质者,性之所呈也;舍才质安睹所谓性哉!"

④铄:销毁,熔化。朱熹《集注》曰:"铄,以火销金之名,自外以至内也。"

⑤天生蒸民,有物有则。民之秉彝,好是懿德:出自《诗经·大雅·烝民》。原诗"蒸民"作"烝民"。烝,众多。烝民,民众、百姓。秉,持。彝,常。秉彝,即持执常道。懿德,美德。

【评解】 孟子的性善论从人的"本心"来解释人性,并侧重于讨论人与禽兽在先天道德本质上的差别。他认为,人之所以有别于禽兽,就在于人性是善的,每个人生来都具有"恻隐之心"、"羞恶之心"、"恭敬之心"(或"辞让之心")和"是非之心"。这正是社会伦理道德的端始,人因此先天的"四心"而为善,因为情欲和后天外物的引诱而为恶。孟子认为,人如果能够守住此"本心"而不丧失,发挥本心的潜能,将其扩而充之,则可达到崇高的道德境界。

孟子曰:"富岁,子弟多赖①;凶岁,子弟多暴。非天之降才尔殊也,其所以陷溺其心者然也。今夫麰麦②,播种而耰之③,其地同,树之时又同,浡然而生,至于日至之时④,皆熟矣。虽有不同,则地有肥硗⑤,雨露之养、人事之不齐也。故凡同类者,举相似也,何独至于人而疑之? 圣人与我同类者。故龙子曰⑥:'不知足而为屦,我知其不为蒉也⑦。'屦之相似,天下之足同也。口之于味,有同耆也,易牙先得我口之所耆者也⑧。如使口之于味也,其性与人殊⑨,若犬马之与我不同类也,则天下何耆皆从易牙之于味也? 至于味,天下期于易牙,是天下之口相似也。惟耳亦然,至于声,天下期于师旷,是天下之耳相似也。惟目亦然,至于子都⑩,天下莫不知其姣也⑪;不知子都之姣者,无目者也。故曰:口之于味也,有同耆焉;耳之于声也,有同听焉;目之于色也,有同美焉。至于心,独无所同然乎? 心之所同然者,何也? 谓理也,义也。圣人先得我心之所同然耳。故理义之悦我心,犹刍豢之悦我口⑫。"

【译文】 孟子说:"年景好的时候,年轻人多半懒惰;年景不好的时候,年轻人多半暴虐。这不是因为天生的材质就有这样的不同,而是由于他们的心因外物浸染堕落的缘故。这就好比大麦,把种子播在土里盖上土,如果土地情况相同,种植的时间也相同,就会旺盛地生长,到了夏至的时候,就都成熟了。即使有不同的话,那也是由于土地有肥沃有贫瘠,雨水的滋养、人为的努力有不同的缘故。所以一切同类的东西,都是差不多的,为什么单单到了人这里就产生怀疑了呢? 圣人和我也都是一样的人。所以龙子说:'不知道脚的大小、肥瘦去做草鞋,我也知道他不会编成盛东西的筐。'草鞋之所以相似,是因为天下人的脚都是一样的。口对于味道,有相同的嗜好,易牙是先知道了我们的口嗜好什么味道的人。如果让口对于味道,天生就人与人之间互不相同,就像狗马和我们不是同类一样,那么,又怎么能够使天下人的口味嗜好都与易牙的口味相一致呢? 一提到口味,天下人就都期望像易牙的一样,这就表明天下人的口味都是相似的。耳朵也是这样。一提到声音,天下人都期望像师旷的一样,这就表明天下人的听觉都是相似的。眼睛也是这样。一提到子都,天下没有人不知道他健美;不知道子都的健美的,可以说是没有眼睛的人。所以说:口对于味道,有相同的嗜好;耳朵对于声音,有相同的听觉;眼睛对于容貌,有相同的美感。如果提到心,难道就单单没有相同的地方吗? 心的相同的地方是什么呢? 就是被称作理和义的。圣人先知道了我们内心所具有的相同的地方。所以理义可以使我们的心得到愉悦,就像肉类可以让我们的口得到愉悦一样。"

【注释】 ①赖:关于此"赖"字,前人的解释存在很大分歧。赵岐注曰:"赖,善。暴,恶也。"直接以"善"、"恶"释"赖"和下文的"暴"。"暴"固可以理解为"恶",但直接将"赖"释为"善"未免有些牵强。虽然古人以"赢"、"利"释"赖",但直接将其解释为"善"的却不多见。朱熹《集注》曰:"赖,借也。丰年衣食饶足,故有所顾借而为善。""赖"可以释为"借",但这样解释与下文"暴"字的对应不是非常贴切。同时,以上两种解释与下文"非天之降才尔殊也,其所以陷溺其心者然也"也存在冲突。焦循《正义》引阮元曰:"'赖'即'懒'。"相比之下,这种解释更可取一些。

②莽麦:即大麦。

③耰(yōu):一种农具,形状像槌,用来击碎土块,平整土地和覆种。如高诱注《淮南子·泛论训》"后世为之耒耜耰鉏,斧柯而樵,桔皋而汲,民逸而利多焉"曰:"耰,椓块椎也,三辅谓之僵,所以覆种也。"颜师古注《汉书·吾丘寿王传》"民以耰鉏棰梃相挞击,犯法滋众,盗贼不胜"曰:"耰,摩田之器也。"作动词用。指用耰松土并使土块细碎,也指覆种。如韦昭注《国语·齐语》"及耕,深耕而疾耰之,以待时雨"曰:"耰,摩平也。"《论语·微子》有:"耰而不辍。"何晏《集解》引郑玄曰:"耰,覆种也。"这里用作动词,指覆种。

④日至:这里指夏至。

⑤硗(qiāo):指土质坚硬瘠薄。如颜师古注《汉书·贾山传》"地之硗者,虽有善种,不能生焉"曰:"硗,埆,瘠薄也。"

⑥龙子:赵岐注曰:"龙子,古贤人也。"

⑦蒉(kuì):草织用来盛东西的器皿。

⑧易牙:春秋时齐桓公的宠臣,长于制作各种美味佳肴,善于逢迎,传说曾烹其子为羹献桓公以要宠。《左传·僖公十七年》说:"雍巫有宠于卫共姬,因寺人貂以荐羞于公。"杜预注曰:"雍巫,雍人,名巫,即易牙。"《史记·齐太公世家》记载,管仲临终前,齐桓公曾经问他:"易牙如何?"管仲说:"杀子以适君,非人情,不可。""管仲死,而桓公不用管仲言,卒近用三子(指易牙、竖刁和公子开方),三子专权。""齐桓公卒。易牙入,与竖刁因

内宠杀群吏,而立公子无诡为君。太子昭奔宋。"

⑨与人殊:指人与人不同。

⑩子都:赵岐注曰:"子都,古之姣好者也。《诗》云:'不见子都,乃见狂且。'"

⑪姣:容貌美丽,体态健美。《说文解字·女部》曰:"姣,好也。"段玉裁注曰:"姣谓容体壮大之好也。"

⑫刍豢:牛羊犬豕之类的家畜,代指肉类。朱熹《集注》曰:"草食曰刍,牛羊是也;谷食曰豢,犬豕是也。"

【评解】 不同的人性论决定不同的道德教育和道德修养的目的和途径。一般来说,性善论者强调个人的修养。例如,孟子认定道德是个人内心善端的发扬,因此对个人道德情操的修养特别强调,注重道德人格的追求。并把"修身"作为"齐家"、"治国"、"平天下"的前提。性恶论者则一般较关注社会、环境等对道德的影响,认定个人的道德是后天形成的,因此强调道德教育,对于激发道德修养的自觉性却显得不太重视。

孟子曰:"牛山之木尝美矣①。以其郊于大国也②,斧斤伐之,可以为美乎?是其日夜之所息③,雨露之所润,非无萌蘖之生焉④。牛羊又从而牧之,是以若彼濯濯也⑤。人见其濯濯也,以为未尝有材焉,此岂山之性也哉?虽存乎人者,岂无仁义之心哉?其所以放其良心者⑥,亦犹斧斤之于木也。旦旦而伐之⑦,可以为美乎?其日夜之所息,平旦之气⑧,其好恶与人相近也者几希⑨,则其旦昼之所为,有梏亡之矣⑩。梏之反复,则其夜气不足以存。夜气不足以存,则其违禽兽不远矣。人见其禽兽也,而以为未尝有才焉者,是岂人之情也哉?故苟得其养,无物不长;苟失其养,无物不消。孔子曰:'操则存,舍则亡。出入无时,莫知其乡⑪。'惟心之谓与!"

【译文】 孟子说:"牛山上的树木曾经是非常繁盛的,因为它在大城市的郊外,人们经常用斧子到山上进行砍伐,它还能够繁盛吗?它们其实也是日夜在生长着,雨露每天在滋润着,不是没有新芽生长出来。可是牛羊又紧跟着在上面放牧,所以就变成像那样光秃秃的了。人们看见它光秃秃的样子,认为山上本来就没有生长过树木,这难道是山的本性吗?即使在有些人身上,难道就没有仁义之心存在吗?他之所以丧失了他的善心,就好像斧子对于树木一样,每天都去砍伐它,它还能够繁茂吗?他在日里夜里所萌生出来的善心,清晨所接触到的清明之气,他的好恶感情与其他人接近的地方都会有一点。可是他到了白天的所作所为,又使它受到束缚而丧失了。使它反复地受到束缚,那么他夜里所涵养的清明之气肯定就不能存在了。夜里所涵养的清明之气不能存在,就同禽兽差不多了。人们看到他如同禽兽,于是认为他根本就没有善良的天性,这难道是这些人的本性吗?所以说,如果得到滋养,没有东西不生长;如果失去滋养,没有东西不消亡。孔子说:'掌握了它,它就存在;放弃了它,它就消亡。丧失和得到没有固定的时间,不知道它会发展到哪个方向。'这里所说的正是人心啊。"

【注释】　①牛山:山名,在齐国都城临淄东南。

②郊:赵岐注曰:"邑外谓之郊。"这里做动词,指在郊外。大国:大的国都。

③息:滋息,生长。赵岐注曰:"息,长也。"

④萌蘖:植物的萌芽。朱熹《集注》曰:"萌,芽也。蘖,芽之旁出者也。"

⑤濯濯:光秃秃的样子。赵岐注曰:"濯濯,无草之貌。"朱熹《集注》曰:"濯濯,光洁之貌。"

⑥放:舍弃,失去。颜师古注《汉书·哀帝纪》"郑声淫而乱乐,圣王所放,其罢乐府"说:"放,弃也。《论语》称孔子曰'放郑声'。"

⑦旦旦:即天天。

⑧平旦之气:朱熹《集注》曰:"平旦之气,谓未与物接之时,清明之气也。"平旦,即清晨。

⑨几希:相差甚微,极少。

⑩有:同"又"。梏亡:指因受束缚而致丧失。孙奭疏曰:"梏,手械也。利欲之制善,使不得为,犹梏之制手也。"一说:梏,搅。"梏亡"指因利欲搅扰而丧失本性。如赵岐注曰:"其所为万事有梏乱之,使亡失其日夜之所息也。梏之反复,利害于其心,其夜气不能复存也。"

⑪乡:赵岐注曰:"乡犹里,以喻居也。"

【评解】　孟子在性善论的基础上,进一步提出了道德修养的方法。他认为,有的人后天品质低劣,但这并不是先天的本性使然,而是本性中本来具有的善性受到了毁伤的缘故。因此,一个人要想具有好的道德品质,就要努力地加强自身的修养,而加强修养的最主要的途径,就是保持住自己本性的善性,不要被外物所蒙蔽和损害。

孟子曰:"无或乎王之不智也①。虽有天下易生之物也,一日暴之②,十日寒之,未有能生者也。吾见亦罕矣③,吾退而寒之者至矣,吾如有萌焉何哉!今夫弈之为数④,小数也;不专心致志⑤,则不得也。弈秋⑥,通国之善弈者也。使弈秋诲二人弈⑦:其一人专心致志,惟弈秋之为听;一人虽听之,一心以为有鸿鹄将至⑧,思援弓缴而射之⑨。虽与之俱学,弗若之矣。为是其智弗若与?曰:非然也。"

【译文】 孟子说:"大王的不聪明是毫无疑问的。即使有天下最容易生长的植物,把它放在阳光下面晒一天,然后再放在阴冷的地方冻十天,没有能够再生长的。我和大王见面的次数很少了,我走了之后,那些诱他学坏的人就来了。我即使能够使他萌发一点善心,又能够有什么结果呢?用下棋的技巧做个比方,这只是一种小技术,如果不能用心专一,集中注意力,也是学不到的。弈秋是全国最擅长下棋的人。如果让弈秋教两个人下棋,一个人用心专一,集中注意力,一心一意听弈秋的讲解。另一个人虽然也在听,可是心里却一直在想着有只天鹅要飞过来了,打算拿起弓箭拴上丝绳把它射下来。虽然这个人和另一个人一起学下棋,但是学到手的东西一定并不如他。这是因为他的智力不如人家吗?我们说:不是这样的。"

【注释】 ①或:同"惑",疑问。

②暴:同"曝",晒,这里指让植物接受阳光。

③罕:少。

④数:技艺,技巧。赵岐注曰:"数,技也。"另如高诱注《淮南子·原道训》:"夫临江而钓,旷日而不能盈罗,虽有钩箴芒距,微纶芳饵,加之以詹何、娟嬛之数,犹不能与网罟争得也"曰:"数,术也。"

⑤专心致志:用心专一,集中注意力。

⑥弈秋:朱熹《集注》曰:"弈秋,善弈者名秋也。"

⑦诲:教。

⑧鸿鹄:即天鹅。如《诗经·豳风·九罭》有:"鸿飞遵渚。"陆玑疏曰:"鸿鹄,羽毛光泽纯白,似鹤而大,长颈……今人直谓鸿也。"

⑨缴(zhuó):射鸟时系在箭上的生丝绳,也指系着丝绳的箭。朱熹《集注》曰:"缴,以绳系矢而射也。"另如颜师古注《汉书·苏武传》"武能网纺缴,檠弓弩"曰:"缴,生丝缕也,可以弋射。"

【评解】 做任何事情都必须要专一,"专心致志",国家推行仁政是这样,个人学习和修养也是这样。如果在学习的过程中心猿意马,心中躁动,胡思乱想,终将一事无成。这一点是许多教育家和思想家的共识。战国末期的儒家大师荀子也认为,要想学到真正的知识,就必须做到"虚壹而静"。所谓"虚",就是虚心,心中空无所有,既不要认为自己已经很了不起了,也不以自己的成见妨害外界的知识。心可以同时学习很多东西,但一心不可二用,所以又必须"壹",即专心致志。心多乱思则易产生空想,不让空想扰乱自己求知的过程,就叫做"静"。心能做到"虚壹而静",便可虚心接受外来的知识,不固执己见,静心考虑,使真知为己所用。

孟子曰："鱼,我所欲也;熊掌,亦我所欲也。二者不可得兼,舍鱼而取熊掌者也。生,亦我所欲也;义,亦我所欲也。二者不可得兼,舍生而取义者也。生亦我所欲,所欲有甚于生者,故不为苟得也①。死亦我所恶,所恶有甚于死者,故患有所不辟也②。如使人之所欲莫甚于生③,则凡可以得生者,何不用也? 使人之所恶莫甚于死者,则凡可以辟患者,何不为也? 由是则生而有不用也,由是则可以辟患而有不为也。是故所欲有甚于生者,所恶有甚于死者,非独贤者有是心也,人皆有之,贤者能勿丧耳。一箪食,一豆羹④,得之则生,弗得则死。嘑尔而与之⑤,行道之人弗受;蹴尔而与之⑥,乞人不屑也。万钟则不辨礼义而受之。万钟于我何加焉? 为宫室之美、妻妾之奉、所识穷乏者得我与⑦? 乡为身死而不受⑧,今为宫室之美为之;乡为身死而不受,今为妻妾之奉为之;乡为身死而不受,今为所识穷乏者得我而为之——是亦不可以已乎? 此之谓失其本心。"

【译文】 孟子说:"鱼是我想要得到的,熊掌也是我想要得到的。如果两者不能同时得到,我就放弃鱼而要熊掌。生命是我想要得到的,道义也是我想要得到的。如果两者不能同时得到,我就放弃生命而要道义。生命本来是我所想要得到的,但是我想要得到的还有比生命更重要的东西,所以我不会通过不合道义的途径得到它。死亡本来是我所厌恶的,但是我所厌恶的还有比死亡更讨厌的东西,所以有些祸害我不去躲避。如果让人们想要得到的东西没有比生命更重要的,那样一切可以得到生存的方法,还有什么不能使用呢? 如果让人们所厌恶的东西没有比死亡更重要的,那样一切可以避免祸害的事情,还有什么不能去做呢? 如果使用这种方法就能够得到生存,但有的人却不去用;如果去做这些事情就可以避免祸害,但有的人却不去干。因此可见人们想要得到的东西有比生命更重要的,人们厌恶的东西有比死亡更讨厌的。不仅仅是贤人有这种想法,每一个人都有,只不过贤人能够使它不失去罢了。一筐饭,一碗汤,得到了就能够活下去,得不到就会死亡。呵斥着送给他,就是过路的人也不会接受;脚踢着送给他,就是乞丐也不屑接受。有万钟的俸禄,就不再问是不是合于礼义欣然接受。万钟的俸禄能给我带来什么呢? 为了使住的地方更华丽,妻妾的供养更充裕,我所认识的贫困者感激我吗? 过去宁死也不接受,如今却为了住的地方更华丽而接受了;过去宁死而不接受,如今却为了妻妾的供养更充裕而接受了;过去宁死而不接受,如今却为了我所认识的贫困者的感激而接受了——这些不都是可以放弃的吗?这就叫做丧失了他的本性。"

【注释】 ①苟得:不当得而得。如《礼记·曲礼上》有:"临财毋苟得。"孔颖达疏曰:"非义而取,谓之苟得。"

②辟:同"避"。

③甚:重要。

④豆:古代的一种食器,也可用做装酒或肉的祭器。形状像高足盘,一般都有盖。多为陶质,也有用青铜、木或竹制成的。

⑤嘑尔:呵叱貌。赵岐注曰:"嘑尔,犹呼尔,咄啐之貌也。"

⑥蹴尔:践踏貌。赵岐注曰:"蹴,蹋也。"

⑦穷乏:穷困,匮乏。

⑧乡:从前,原先。

【评解】 孟子"舍生取义"的千古名言,两千多年来曾经激励过无数的仁人志士,在危急关头英勇献身、坚守节操,为了人格的尊严和民族的利益不惜牺牲生命。儒家的这种人生价值追求,成为中国传统文化和民族精神中最璀璨、最核心的一个组成部分。

孟子曰:"仁,人心也;义,人路也①。舍其路而弗由,放其心而不知求,哀哉!人有鸡犬放,则知求之,有放心,而不知求。学问之道无他,求其放心而已矣②。"

【译文】 孟子说:"仁,是人的本心;义,是人的正路。放弃了正路而不走,丧失了本心而不知道找,真可悲啊!有的人如果有鸡或者狗丢失了,还知道去寻找,有本心丧失了,却不知道找。人的学问没有其他的道路,把那颗丧失了的本心找回来就可以了。"

【注释】 ①仁,人心也;义,人路也:朱熹《集注》曰:"仁者心之德,程子所谓心如谷种,仁则其生之性,是也。然但谓之仁,则人不知其切于己,故反而名之曰人心,则可以见其为此身酬酢万变之主,而不可须臾失矣。义者行事之宜,谓之人路,则可以见其为出入往来必由之道,而不可须臾舍矣。"

②求其放心:吴定《紫石山房文集·'求放心'解》曰:"孟子所谓'求放心'者,非纳其放心聚之于学之谓,'放心'即孟子所谓'放其良心'、'失其本心'者也。"

【评解】 孟子认为,仁义等德性是人之为人的本性,是人生来就有的,因此每个人都必须小心地呵护和保养自己的善性,不要使其受到损伤。涵养善性与积累财富比起来,对于人的完善和发展来说具有更根本的意义。

孟子曰:"今有无名之指屈而不信①,非疾痛害事也。如有能信之者,则不远秦楚之路,为指之不若人也。指不若人,则知恶之;心不若人,则不知恶。此之谓不知类也②。"

【译文】 孟子说:"如果有个人的无名指弯曲着而伸不直,虽然既不痛苦,也不妨碍做事,如果有能够使它伸直的人,就是到秦国、楚国去,他都不会觉得路途远,因为他觉得自己的手指不如别人。手指不如别人,都知道厌恶;心性不如别人,却不知道厌恶。这就叫做不知道哪头轻哪头重。"

【注释】 ①信:同"伸"。伸直,伸开,伸长。另如颜师古注《汉书·律历志》"引者,信也"说:"信读曰伸,言其长。"

②不知类:朱熹《集注》曰:"不知类,言其不知轻重之等也。"

【评解】 做任何事情都要把握住关键,尤其是对于人生中的重大选择,应当明白什么是更重要的。而对于一个人的完善和成长来说,心性、品质具有根本的意义,决定着一个人的人生走向,因此必须首先受到关注。如果一个人只关注身体上无关大局的痛痒而忽视了心性的涵养,这样的人就是分不清轻重的人。

孟子曰:"拱把之桐①、梓,人苟欲生之,皆知所以养之者。至于身,而不知所以养之者,岂爱身不若桐、梓哉?弗思甚也。"

【译文】 孟子说:"粗细大约两手或者一手把得过来的桐树或梓树,人们如果打算使它生长,都知道怎样去培养它。至于人自身,却不知道怎样去培养,难道说爱自己还不如爱桐树、梓树吗?真是太不动脑筋了啊。"

【注释】 ①拱把:指如两手合围或一手把住粗细。朱熹《集注》曰:"拱,两手所围也。把,一手所握也。"

【评解】 上一章讲"养心",这一章讲"养身",其实都是指培养人的德性或内在品质,即"修身养性"。孟子通过培养树木和修养身心做对比,进一步强调了修养身心的重要性。

孟子曰:"人之于身也,兼所爱;兼所爱,则兼所养也。无尺寸之肤不爱焉,则无尺寸之肤不养也。所以考其善不善者,岂有他哉?于己取之而已矣。体有贵贱,有小大。无以小害大,无以贱害贵。养其小者为小人。养其大者为大人。今有场师①,舍其梧槚②,养其樲棘③,则为贱场师焉。养其一指,而失其肩背,而不知也,则为狼疾人也④。饮食之人,则人贱之矣,为其养小以失大也。饮食之人,无有失也,则口腹岂适为尺寸之肤哉⑤?"

【译文】 孟子说:"人对于自己的身体,所有的部分都爱护;所有的部分都爱护,所有的部分就都要保养。没有一尺一寸的肌肤不爱护,就没有一尺一寸的肌肤不保养。所以要考察一个人保养得好还是不好,难道还要通过别的方法吗?只要看他所重视的是哪一个部分就可以了。身体各个部分有尊贵和低贱之分,也有小和大之分。不要因为小的部分危害大的部分,不要因为低贱的部分危害尊贵的部分。注重小的部分的保养的,就是小人。注重大的部分的保养的,便是君子。假设这里有一位园艺匠,放弃梧桐和楸树这样的良木,却去培养没有用处的酸枣,那就是一位低劣的园艺匠。如果有人为了保养他的一个手指,却因此失去了肩膀背脊,自己还不醒悟,那就是一个糊涂蛋。只追求吃喝的人,是人人都鄙视的,因为他注重保养小的部分而忽视了大的部分。追求吃喝的人如果不忽视善良本性的保养,也是没有什么不可以的。可是吃喝的目的难道仅仅是为了保养一尺一寸的肌肤吗?"

【注释】 ①场师:园艺匠师。朱熹《集注》曰:"场师,治场圃者。"
②梧槚:梧桐树与山楸树,二者都是良木,并称比喻良材。孙奭疏曰:"梧,桐也;槚,山楸也。……梧槚可以为琴瑟材,是良木。"
③樲棘:小酸枣树。赵岐注曰:"樲棘,小棘,所谓酸枣也。"孙奭疏曰:"樲棘,小酸枣也。……小酸枣,无用之才也,是贱木也。"一说"樲"是酸枣,"棘"为荆棘。清代钱大昕《十驾斋养新录·樲棘》中说:"《尔雅》:'樲,酸枣。'不闻'樲棘'为小枣。'梧、槚'二物,则'樲、棘'必非一物。'樲'即酸枣,'棘'即荆棘之'棘'也。"
④狼疾:同"狼藉",糊涂,昏乱。赵岐注曰:"谓医养人疾,治其一指而不知其肩背之有疾,以至于害之,此为狼藉乱不知治疾之人也。"
⑤适:通"啻",副词,但,仅仅。赵岐注曰:"口腹岂但为肥长尺寸之肤邪?"王引之《经传释词》卷九曰:"'适'与'啻'同,故赵注曰:'口腹岂但为肥长尺寸之肤邪?''但'字正释'适'字。"另如《战国策·秦策二》有:"疑臣者不适三人,臣恐王之为臣投杼也。"高诱注曰:"'适'音'翅'。"鲍彪注曰:"'适'、'啻'同。"诸祖耿集注引黄式三曰:"'适'、'啻',古声同,止也。《史》作'特'。"

【评解】 这一章孟子还是谈修养身心的。对于人来说,有各种各样的需要,但各种需要对人的意义却是不同的,有低级的需要,也有高级的需要。孟子认为,饮食需要、物质需要对于人来说是低级需要,而道德需要、精神需要对于人来说则属于高级的需要。一个人如果只注重低级需要的满足而忽视高级需要的满足,甚至损害高级需要以满足低级需要,那么这种人就是不知大小轻重、做事舍本逐末的"贱"人。

公都子问曰:"钧是人也①,或为大人,或为小人,何也?"孟子曰:"从其大体为大人②,从其小体为小人③。"曰:"钧是人也,或从其大体,或从其小体,何也?"曰:"耳目之官不思④,而蔽于物。物交物,则引之而已矣。心之官则思,思则得之,不思则不得也。此天之所与我者⑤,先立乎其大者,则其小者不能夺也。此为大人而已矣。"

【译文】 公都子问:"都是一样的人,有的人是君子,有的人是小人,这是为什么呢?"孟子说:"追求身体重要器官满足的就是君子,追求身体次要器官满足的就是小人。"公都子问:"都是一样的人,有的人追求身体重要器官的满足,有的人追求身体次要器官的满足,这是为什么呢?"孟子说:"耳朵、眼睛这些器官不会思考,容易被外物所蒙蔽。物与物相互交接,就会在相互吸引中把这些器官引向物欲了。心这个器官能够思考,思考之后就会找回人的善良本性,不思考就得不到人的善良本性。这个器官是天赐予我们的,因此先使这个重要器官的功能得以确立,那么次要器官就不能使人的善良本性受到侵夺。这样就能够成为君子了。"

【注释】 ①钧:同"均"。全,都。
②大体:重要的部分。赵岐注曰:"大体,心思礼义。"朱熹《集注》曰:"大体,心也。"
③小体:次要的部分。赵岐注曰:"小体,纵恣情欲。"朱熹《集注》曰:"小体,耳目之类也。"
④官:指器官,官能。赵岐注曰:"官,精神所在也,谓人有五官六府。"朱熹《集注》曰:"官之为言司也。"
⑤此:朱熹《集注》曰:"'此天'之'此',旧本多作'比',而赵注亦以'比方'释之。今本既多作'此',而注亦作'此',乃未详孰是。但作'比'字,于义为短,故且从今本云。"

【评解】 孟子指出,道德高尚的人和品德低劣的人的区别,就在于追求的是高级需要的满足还是低级需要的满足。那么如何才能以高级需要的满足作为自己的追求呢?孟子主张应当充分发挥自己的主动性,通过心这个特殊的器官进行思考,从而按照善良本性的要求生活,不要被物欲所蒙蔽。

孟子曰:"有天爵者①,有人爵者②。仁义忠信,乐善不倦,此天爵也。公卿大夫,此人爵也。古之人,修其天爵而人爵从之。今之人,修其天爵以要人爵。既得人爵而弃其天爵,则惑之甚者也,终亦必亡而已矣。"

【译文】 孟子说:"有天然的爵位,有人授的爵位。仁义忠信,好善而不知疲倦,这是天然的爵位。公卿大夫,这是人授的爵位。古代的人,修养他们天然的爵位,人授的爵位自然随之而来。现在的人,修养他们天然的爵位,就是为了追求人授的爵位。得到了人授的爵位之后,就丢弃了他们的天然爵位,这简直是糊涂到了极点,结果人授的爵位最终也会失去。"

【注释】 ①天爵:天然的爵位。指因高尚的道德修养而受人尊敬,其声望胜于有爵位。朱熹《集注》曰:"天爵者,德义可尊,自然之贵也。"
②人爵:指人所授予的爵位。赵岐注曰:"天爵以德,人爵以禄。"

【评解】 孟子主张在价值判断中应"仁"、"义"并举,并将其作为价值评价和指导人们行动的最高标准。他把崇高的道德看做是天所授予的爵位,"天爵"是任何人都无法剥夺的,与人所授予的朝可与之、夕可夺之的富贵利禄等"人爵"相比,无疑是更有价值、更宝贵和更具有根本性意义的,是一个洞察事理的人更应当去追求的。

孟子曰:"欲贵者,人之同心也。人人有贵于己者,弗思耳矣。人之所贵者,非良贵也①。赵孟之所贵②,赵孟能贱之。《诗》云:'既醉以酒,既饱以德③。'言饱乎仁义也,所以不愿人之膏粱之味也④。令闻广誉施于身,所以不愿人之文绣也⑤。"

【译文】 孟子说:"希望尊贵,这是人们共同的心理。每个人都有自己觉得可贵的东西,只是没有思考过罢了。别人都觉得最可贵的,不一定真正是最可贵的东西。赵孟使之尊贵的,赵孟也能够使之低贱。《诗经》里说:'美酒已经使我醉,美德已经让我饱。'这是说有了仁义之德已经很充实了,因此不再羡慕别人的肥肉、细米等美味。美好的名声、广泛的赞誉都被加在我身上,因此不再羡慕别人的华丽的衣裳。"

【注释】 ①良贵:最可贵。焦循《正义》曰:"良贵犹云最贵,非良贵犹云非最贵也。"一说为本然具有的美德。朱熹《集注》曰:"良者,本然之善也。"
②赵孟:指春秋时晋臣赵盾及其后代赵武、赵鞅、赵无恤,世代执掌晋国朝政。杨伯峻《孟子译注》曰:"晋国正卿赵盾字孟,因而其子孙都称赵孟。孙奕《示儿篇》云:'晋有三赵孟:赵朔之子曰武,谥文子,称赵孟;赵武之子曰成,赵成之子曰鞅,又名封父,谥简子,亦称赵孟;赵鞅之子曰无恤,谥襄子,亦称赵孟。'"[1]
③既醉以酒,既饱以德:出自《诗经·大雅·既醉》。
④愿:羡慕。膏粱:肥美的食物。如韦昭注《国语·晋语七》"夫膏粱之性难正也"曰:"膏,肉之肥者;粱,食之精者。"
⑤文绣:刺绣华美的衣服,为有地位的人的服饰。朱熹《集注》曰:"文绣,衣之美者也。"

【评解】 孟子说,每个人都有自己认为有价值的东西,但并不是每个人都考虑过什么最值得追求。他认为,"人之所贵者,非良贵也",只有崇高的道德,才具有更高的价值,即"良贵"。孟子关于"良贵"的思想,是中国传统价值观中的优秀成分,对于中华民族精神的形成起到过积极的作用。

孟子曰:"仁之胜不仁也,犹水胜火。今之为仁者,犹以一杯水救一车薪之火也。不熄,则谓之水不胜火。此又与于不仁之甚者也①,亦终必亡而已矣。"

【译文】 孟子说:"仁胜过不仁,就像水能灭火一样。如今所谓推行仁道的人,就好像用一杯水去救一车柴所着的火一样。火没有被扑灭,就说水不能灭火。这种行为又助长了那些非常不仁的人的做法,结果自己那点仁最终也会失去。"

【注释】 ①与:助长,帮助。朱熹《集注》曰:"与,犹助也。"另如高诱注《战国策·秦策一》"楚攻魏。张仪谓秦王曰:'不如与魏以劲之'"曰:"与,犹助也。"

【评解】 孟子告诫人们要尽力推行仁道,不要计较于一时一事的得失成败。在世风比较衰败的时代,仁道的推行可能很困难,但不能因此放弃努力。即使世风一时得不到扭转,也不能说明仁道本身错了,不能因此而灰心丧气,自甘堕落。

孟子曰:"五谷者,种之美者也。苟为不熟,不如荑稗①。夫仁亦在乎熟之而已矣。"

【译文】 孟子说:"五谷,是庄稼中的最好的。如果不能成熟,还不如稊米和稗子。仁的美好也在于要使它能够成熟罢了。"

【注释】 ①荑稗(tíbài):两种草名,种子比谷小,可以做饲料或者食用。朱熹《集注》曰:"荑稗,草之似谷者,其实亦可食,然不能如五谷之美也。"

【评解】 孟子指出,道德修养和推行仁道都要竭尽全力,如果不尽力就半途而废,没有付出全部的努力使其达到完善的境界,也是丝毫不值得称道的。

孟子曰:"羿之教人射,必志于彀①;学者亦必志于彀。大匠诲人②,必以规矩;学者亦必以规矩。"

【译文】 孟子说:"羿教人射箭的时候,一定要把弓拉满;学习的人也一定要把弓拉满。技艺高超的木工教人的时候,一定要依照规矩;学习的人也一定要依照规矩。"

【注释】 ①彀(gòu):张满弓弩。朱熹《集注》曰:"彀,弓满也。满而后发,射之法也。"
②大匠:指技艺高超的木工。另如《老子》中有:"夫代司杀者杀,是谓代大匠斲。夫代大匠斲者,希有不伤其手矣。"

【评解】 朱熹《集注》说:"此章言事必有法,然后可成,师舍是则无以教,弟子舍是则无以学。曲艺且然,况圣人之道乎?"做任何事情都要掌握方法,道德的培养也是如此。方法得当,就会事半功倍;方法不得当,则会事倍功半。传授和学习正确的方法,是教和学的根本目的之所在。

注释:

〔1〕 杨伯峻:《孟子译注》,第272页。

告子章句下

任人有问屋庐子曰①："礼与食孰重？"曰："礼重。""色与礼孰重？"曰："礼重。"曰："以礼食则饥而死，不以礼食则得食，必以礼乎？亲迎则不得妻②，不亲迎则得妻，必亲迎乎？"屋庐子不能对。明日之邹，以告孟子。孟子曰："于答是也何有？不揣其本③，而齐其末，方寸之木可使高于岑楼④。金重于羽者，岂谓一钩金与一舆羽之谓哉⑤？取食之重者与礼之轻者而比之，奚翅食重⑥？取色之重者与礼之轻者而比之，奚翅色重？往应之曰：'紾兄之臂而夺之食⑦，则得食，不紾，则不得食，则将紾之乎？逾东家墙而搂其处子⑧，则得妻，不搂，则不得妻，则将搂之乎？'"

【译文】 任国有个人问屋庐子："礼和食哪个更重要？"屋庐子说："礼更重要。"那个人又问："色和礼哪个更重要？"屋庐子说："礼更重要。"那个人说："如果按照礼节获取食物，就会被饿死；不按照礼节去获取食物，就能得到吃的，还一定要遵守礼节吗？如果按照亲迎之礼迎娶，就娶不到妻子；如果不按照亲迎之礼迎娶，就能够娶得到妻子，还一定要按照亲迎的礼节吗？"屋庐子无法回答，第二天便到了邹国把这些话告诉了孟子。孟子说："回答这样的问题，有什么困难呢？如果不衡量基础的高低，而只是比较其末端，那一寸见方的木块，可以让它比高楼还要高。金子比羽毛重的道理，难道说的是一个带钩的金子和一车的羽毛相比吗？用食中最重要的方面和礼中最细微的方面相比较，岂但是食重要呢？用色中最重要的方面和礼中最细微的方面相比较，岂但是色重要呢？你可以回去这样去回答他：'扭住哥哥的胳膊抢夺他的食物，就能得到吃的；不扭就得不到吃的，那会去扭吗？爬过东面邻居家的墙去拉来人家的姑娘就能得到妻子；不去拉就得不到妻子，那会去拉吗？'"

【注释】 ①任：先秦时国名。风姓。故址在今山东济宁。如《左传·僖公二十一年》中有："任、宿、须句、颛臾，风姓也，实司大皞与有济之祀，以服事诸夏。"杜预注："任，今任城县也。"阎若璩《四书释地》曰:"任,国名,太皞之后,风姓。汉为任城县,后汉为任城国,今济宁州东任城废县是。"屋庐子:孟子弟子。姓屋庐,名连。

②亲迎:指古代男子亲自到女子家迎娶的礼制。《礼记·坊记》中说:"婚礼,婿亲迎,见于舅姑,舅姑承子以授婿,恐事之违也。"

③揣:量度,衡量。

④岑楼:赵岐注曰:"岑楼,山之锐岭者。"朱熹《集注》曰:"岑楼,楼之高锐似山者。"关于这两种不同的解释哪种更准确,杨伯峻《孟子译注》认为:"赵岐《注》云:'岑楼,山之锐岭者。'则读'楼'为'嵝'。朱熹《集注》云:'岑楼,楼之高锐似山者。'则于'楼'字如字读之。按《说文》云:'岑,山小而高。'《楚辞》王逸《注》云:'岑,锐也。'则'岑'有高义,又有锐义,以山之高者其顶必锐也。故高而锐之鼎曰岑鼎(《吕氏春秋·审忌篇》,即《韩非子·说林篇》之'逸鼎'),高而锐之石曰岑石(《楚辞·逢纷》),则楼之高而锐者亦可曰岑楼。朱熹说较可从。"[1]

⑤钩:带钩。

⑥奚翅:何止,岂但。朱熹《集注》曰:"翅,与啻同,古字通用。……奚翅,犹言何但。言其相去悬绝,不但有轻重之差而已。"

⑦紾(zhěn):扭捩,拗折。赵岐注曰:"紾,戾也。"

⑧搂(lōu):拉。赵岐注曰:"搂,牵也。"处子:指处女,未出嫁的女子。

【评解】 人生中总会面临一些选择,在做选择的时候,一定要抓住事情的关键,用正确的方法来区分轻重缓急,不能抓住一点不及其余。正如朱熹所说:"义理事物,其轻重固有大分,然于其中,又各自有轻重之别。圣贤于此,错综斟酌,毫发不差,固不肯枉尺而直寻,亦未尝胶柱而调瑟,所以断之,一视于理之当然而已矣。"

曹交问曰①:"人皆可以为尧舜,有诸?"孟子曰:"然。""交闻文王十尺,汤九尺;今交九尺四寸以长,食粟而已,如何则可?"曰:"奚有于是? 亦为之而已矣。有人于此,力不能胜一匹雏②,则为无力人矣。今曰举百钧,则为有力人矣。然则举乌获之任③,是亦为乌获而已矣。夫人岂以不胜为患哉? 弗为耳。徐行后长者,谓之弟④;疾行先长者,谓之不弟。夫徐行者,岂人所不能哉? 所不为也。尧舜之道,孝弟而已矣。子服尧之服、诵尧之言、行尧之行,是尧而已矣。子服桀之服、诵桀之言、行桀之行,是桀而已矣。"曰:"交得见于邹君,可以假馆⑤,愿留而受业于门。"曰:"夫道若大路然,岂难知哉? 人病不求耳⑥。子归而求之,有余师。"

【译文】 曹交问:"人人都可以成为尧舜,有这样的说法吗?"孟子说:"有。"

曹交问:"我听说文王的身高是一丈,商汤的身高是九尺,如今我的身高是九尺四寸多,只会吃粮食罢了,该怎么办才可以像文王和商汤那样呢?"孟子说:"这有什么呢?只要去做就可以了。假设这里有个人,力量还不如一只鸭雏,可以称得上是没有力气的人了;如果说能够举起三千斤的重量,就可以说是很有力气的人了。那么,能够举起乌获所能举起的重量,也就是乌获了。人难道能以做不到而感到忧虑吗?只是不做罢了。慢慢地走在年长者之后,就叫做悌;走得很快抢到年长者的前面,就叫做不悌。慢慢地走,难道是人做不到的吗?只是不那样做啊。尧舜之道,不过就是孝悌罢了。你穿着尧的衣服,说着尧的话语,做着尧的行为,就是尧了。你穿着桀的衣服,说着桀的话语,做着桀的行为,就是桀了。"曹交说:"我准备去拜见邹国的国君,借个馆舍居住,愿意留下来向您学习。"孟子说:"道就像大路一样,难道难以了解吗?人们所要忧虑的只是不去寻求罢了。你回去寻求吧,老师有许多。"

【注释】 ①曹交:赵岐注曰:"曹交,曹君之弟。交,名也。"但此时曹国早已被宋国所灭,赵岐此说存在很大漏洞。曹交是何人已不可考。因此朱熹《集注》中也没有下结论,只是引用了赵岐的说法,说:"赵氏曰:'曹交,曹君之弟也。'"可见朱熹对此说也不敢轻易赞同,只是采取了一个模棱两可的态度。

②匹:一说"匹"为鸭。如朱熹《集注》曰:"匹,字本作鸣,鸭也,从省作匹。《礼记》说'匹为鹜'是也。"一说"匹"为量词,即"只"。如杨伯峻《孟子译注》说:"'一匹雏'之语例与'一钩金'、'一舆羽'同,'钩'与'舆'皆作量词,则'匹'亦为量词。'匹'本为计马数之量词,毛公鼎、曶鼎以及其他金文习见之,《尚书·文侯之命》亦云'马四匹'。而'匹夫匹妇'则又用以计人,此则借以计雏。'一匹雏'犹今言一只小鸡。"[2]杨伯峻此说显得有些牵强,"匹"在古代作量词来计量动物的数量时,一般都是用来指马或者驴、骡等大牲口,而不是用于表示禽类的数量。而以"匹"指"鸭"则可见于《礼记·曲礼下》:"凡挚:天子鬯,诸侯圭,卿羔,大夫雁,士雉,庶人之挚匹。"郑玄注曰:"说者以'匹'为鹜。"孔颖达疏曰:"'匹',鹜也。野鸭曰凫,家鸭曰鹜。"因此这里仍从朱说。

③乌获:古代的大力士。赵岐注曰:"乌获,古之有力人也,能移举千钧。"任:所负荷的重量。

④弟:同"悌"。顺从和敬爱兄长。赵岐注曰:"弟,顺也。"

⑤假:借。

⑥病:患,忧虑。如郑玄注《礼记·乐记》"病不得其众也"曰:"病,犹忧也。"

【评解】 一个人在道德修养上达到什么水平,关键取决于本人自觉努力的程度。一方面,一个人在道德修养中必须树立明确的目标,不要妄自菲薄;另一方面,还要自觉践履道德,身体力行,按照道德规范的要求行事。如果充分发挥自己的针对性和能动性,任何人都能够具有尧舜那样的道德品质。

公孙丑问曰："高子曰①：'《小弁》②，小人之诗也。'"孟子曰："何以言之？"曰："怨。"曰："固哉③，高叟之为《诗》也！有人于此，越人关弓而射之④，则己谈笑而道之；无他，疏之也。其兄关弓而射之，则己垂涕泣而道之；无他，戚之也⑤。《小弁》之怨，亲亲也。亲亲，仁也。固矣夫，高叟之为《诗》也！"曰："《凯风》何以不怨⑥？"曰："《凯风》，亲之过小者也；《小弁》，亲之过大者也。亲之过大而不怨，是愈疏也。亲之过小而怨，是不可矶也⑦。愈疏，不孝也；不可矶，亦不孝也。孔子曰：'舜其至孝矣，五十而慕。'"

【译文】 公孙丑问孟子："高子说：'《小弁》这首诗，是小人所作的。'是这样吗？"孟子问："为什么这样说呢？"公孙丑说："诗中充满怨愤。"孟子说："高老先生理解诗，真是鄙陋啊！假设有个人在这里，如果有个越国人曾经拉开弓去射他，那么他自己就会有说有笑地讲述这件事；没有其他原因，因为他们之间关系疏远。如果他的哥哥曾经拉开弓去射他，那么他就会流着眼泪哭泣着讲述这件事；没有其他原因，因为他们是亲人。《小弁》中的怨恨，正是觉得自己亲人亲近的表现。觉得自己亲人亲近，就是仁。高老先生理解诗，真是鄙陋啊！"公孙丑说："《凯风》这首诗为什么没有怨愤之情呢？"孟子说："《凯风》这首诗，是因为自己的父母过错小；《小弁》这首诗，是因为父母过错大。父母过错大却没有怨愤之情，是更加疏远父母的表现。父母过错小却有怨愤之情，就是要激起大的怨怒的表现。更加疏远父母，是不孝；激起大的怨怒，也是不孝。孔子说：'舜是最有孝心的人了，五十岁还依恋父母。'"

【注释】 ①高子：杨伯峻《孟子译注》认为："《孟子》中'高子'凡数见，赵岐《注》以为'孟子弟子'。此处治诗之高子，以孟子称之为'高叟'论之，似年长于孟子，不当为孟子弟子，故梁玉绳《古今人表考》以为是二人，然亦有以为一人者。至陆德明《经典释文·序录》述《诗》之传授，'子夏授高行子'之高行子，与孟子年代难于相接，疑别是一人。陈奂《毛诗传疏》以为即是此高子，恐误。"[3]

②《小弁》：朱熹《集注》曰："《小弁》，《小雅》篇名。周幽王娶申后，生太子宜臼；又得褒姒，生伯服，而黜申后，废宜臼。于是宜臼之傅为作此诗，以叙其哀痛迫切之情也。"

③固：鄙陋。赵岐注曰："固，陋也。"朱熹《集注》曰："固，谓执滞不通也。"另如《论语·述而》中有："奢则不孙，俭则固。"

④关(wān)：同"弯"。引满弓。另如杜预注《左传·昭公二十一年》"将注，豹则关矣"曰："关，引弓。"

⑤戚：亲。另如高诱注《吕氏春秋·见本》"为政者反民性，然后可以与民戚"曰："戚，亲也。"

⑥《凯风》：朱熹《集注》曰："《凯风》，《邶风》篇名。卫有七子之母，不能安其室，七子

作此以自责也。"《诗序》曰:"《凯风》,美孝子也。卫之淫风流行,虽有七子之母,犹不能安其室,故美七子能尽其孝道,以慰母心,而成其志尔。"

⑦矶:水冲击岩石,引申为激怒、触犯。赵岐注曰:"矶,激也。"朱熹《集注》曰:"矶,水激石也。不可矶,言微激之而遽怒也。"

【评解】 仁义道德的践行,要从身边的人和事做起。与父母兄弟之间的血缘亲情,自然会产生一种亲近的情感,所以也就有了一种发自内心的关爱和期望被关爱之情。这是人类最基本的道德感情,是最纯朴、最真挚的。

宋牼将之楚①,孟子遇于石丘②,曰:"先生将何之③?"曰:"吾闻秦、楚构兵④,我将见楚王,说而罢之;楚王不悦,我将见秦王,说而罢之。二王我将有所遇⑤焉。"曰:"轲也请无问其详,愿闻其指⑥。说之将何如?"曰:"我将言其不利也。"曰:"先生之志则大矣,先生之号则不可⑦。先生以利说秦、楚之王,秦、楚之王悦于利,以罢三军之师,是三军之士乐罢而悦于利也。为人臣者,怀利以事其君;为人子者,怀利以事其父;为人弟者,怀利以事其兄。是君臣、父子、兄弟终去仁义⑧,怀利以相接,然而不亡者,未之有也。先生以仁义说秦、楚之王,秦、楚之王悦于仁义,而罢三军之师,是三军之士乐罢而悦于仁义也。为人臣者,怀仁义以事其君;为人子者,怀仁义以事其父;为人弟者,怀仁义以事其兄。是君臣、父子、兄弟去利,怀仁义以相接也,然而不王者,未之有也。何必曰利?"

【译文】 宋牼打算到楚国去,孟子在石丘碰到了他,孟子问:"先生您打算去哪里?"宋牼说:"我听说秦国和楚国在交战,我打算去拜见楚王,说服他停止战争;如果楚王不喜欢我的话,我就打算再去拜见秦王,说服他停止战争。这两位国君中,总会有一个能与我意见相合。"孟子说:"我不想问你怎样详细劝说,只想听听你的大意。你将怎样去劝说呢?"宋牼说:"我打算对他们说交战会给他们带来哪些不利之处。"孟子说:"先生您的志向是很远大的,先生您的说法却是不可以的。先生您用利来劝说秦国和楚国的国君,秦国和楚国的国君如果因为喜欢利益,于是停止了军队的行动,这就会使三军将士因为乐于罢兵而喜欢利益。做臣属的,怀着追求利益之心来侍奉他们的君主;做儿子的,怀着追求利益之心来侍奉他们的父亲;做弟弟的,怀着追求利益之心来侍奉他们的哥哥。这就使得君臣、父子、兄弟都完全抛弃仁义,怀着追求利益之心来互相交往,如果这样而不灭亡的,是从来没有过的事情。如果先生您用仁义来劝说秦国和楚国的国君,秦国和楚国的国君因为喜欢仁义,于是停止了军队的行动,这就会使三军将士因为乐于罢兵而喜欢仁义。做臣属的,怀着仁义之心来侍奉他们的君主;做儿子的,怀着仁义之心来侍奉他们的父亲;做弟弟的,怀着仁义之心来侍奉他们的哥哥。这就使得君臣、父子、兄弟都抛弃追求利益的观念,怀着仁义之心来互相交往,如果这样而不以仁德统一天下的,也是从来没有过的事情。为什么一定要说利呢?"

【注释】　①宋牼:战国时期宋国人,为当时著名的学者,先秦典籍多有提及。《庄子》、《荀子》中作"宋钘",又被荀子称为"子宋子",《韩非子》作"宋荣"。《庄子·天下》中说:宋钘"见侮不辱,救民之斗,禁攻寝兵,救世之战。以此周行天下,上说下教。虽天下不取,强聒而不舍者也"。

②石丘:地名,今已不可考。

③先生:焦循《正义》曰:"《礼记·曲礼》云:'从于先生。'注云:'先生,老人教学者。'《国策·卫策》云:'乃见梧下先生。'注云:'先生,长者有德者称。'《齐策》云:'孟尝君谦坐,谓三先生。'注云:'长老先己以生者也。'牼盖年长于孟子,故孟子以先生称之而自称名。"杨伯峻《孟子译注》引某氏云:"今按其时孟子年已逾七十,而牼欲历说秦楚,意气犹健,年未能长于孟子。先生自是稷下学士先辈之通称,孟子亦深敬其人,故遂自称名为谦耳。"[4]

④秦、楚构兵:杨伯峻《孟子译注》中认为:"张宗泰《孟子诸国年表说》云:'当孟子时,齐秦所共争者惟魏,若楚虽近秦,时方强盛,秦尚未敢与争。惟梁襄王元年癸卯,有楚与五国共击秦不胜之事,而独与秦战,则在怀王十七年。孟子是年因燕人畔去齐,疑孟子或有事于宋,而自宋之薛,因与宋牼遇于石丘。'若孟子生于周安王之十三年与二十年间(约当公元前389年稍后),则至楚怀王十七年(当公元前312年),年已逾七十了。"[5]构兵,即交战。

⑤遇:遇合,投合。

⑥指:旨意,意向。

⑦号:宣称,说法。

⑧终:尽。如高诱注《吕氏春秋·音律》"数将几终"曰:"终,尽也。"

【评解】　本章孟子阐述了重义轻利的义利观,与《梁惠王》第一章的主旨是一致的。孟子认为,一个社会如果要实现长治久安,唯一的途径就是使人人都遵循仁义。而要做到这一点,首先就要使统治者以仁义治国,教化引导百姓。

孟子居邹,季任为任处守①,以币交,受之而不报②。处于平陆③,储子为相④,以币交,受之而不报。他日由邹之任,见季子,由平陆之齐,不见储子。屋庐子喜曰:"连得间矣⑤。"问曰:"夫子之任见季子,之齐不见储子,为其为相与?"曰:"非也。《书》曰:'享多仪,仪不及物,曰不享。惟不役志于享⑥。'为其不成享也。"屋庐子悦。或问之,屋庐子曰:"季子不得之邹,储子得之平陆。"

【译文】 孟子住在邹国的时候,季任为任国的留守,送礼物给孟子来与他结交,孟子接受了礼物但并没有回报。孟子住在平陆的时候,储子为齐国的国相,送礼物给孟子来与他结交,孟子接受了礼物但并没有回报。有一天,孟子从邹国到了任国,拜访了季子,从平陆到了齐国的国都,没有去拜访储子。屋庐子高兴地想:"我终于找到先生做得不对的地方了。"于是问孟子:"先生您到了任国,拜访了季子,到了齐国的国都,却没有拜访储子,是因为储子仅仅是个国相吗?"孟子说:"不是。《尚书》中说:'享献可看重的是礼节,如果礼节达不到,与礼品不相称,也叫做没有享献。因为没有把心意用在享献上。'因为储子没有完成他的享献。"屋庐子很高兴。有人问他,屋庐子说:"当初季子不能够亲自到邹国去,储子却可以亲自到平陆去。"

【注释】 ①季任:赵岐注曰:"季任,任君季弟也。"处守:即留守。古代国君离开京城,命大臣留守其地。赵岐注曰:"季任为之居守其国也。"

②不报:朱熹《集注》曰:"不报者,来见则当报之,但以币交,则不必报也。"

③平陆:地名。阎若璩《四书释地续》曰:"平陆为今汶上县,去齐都临淄凡六百里,而储子既相,必朝夕左右为王办政事,非奉王命,似亦未易出郊外,何必孟子望其身亲至六百里外之下邑方为礼称其币?既思《范睢列传》云:'秦相穰侯东行县邑东骑至湖关。'湖今阌乡县,去秦都咸阳亦几六百里,是当日国相皆得周行其境之内,非令所禁,故曰:'储子得之平陆'。"

④储子:赵岐注曰:"储子,齐相也。"

⑤间:指空子,可乘的机会。如韦昭注《国语·吴语》"夫越王之不忘败吴,于其心也惄然,服士以伺吾间"曰:"间,隙也。"

⑥享多仪,仪不及物,曰不享。惟不役志于享:出自《尚书·洛诰》。朱熹《集注》曰:"享,奉上也。仪,礼也。物,币也。役,用也。言虽享而礼意不及其币,则不享矣,以其不用志于享故也。"

【评解】 《礼记·礼器》中说:"经礼三百,曲礼三千。"《中庸》中又说:"礼仪三百,威仪三千。"在我国古代,礼的内容纷繁复杂,几乎涉及了人们社会生活的方方面面。然而,每一种礼节所强调的都不是其程式化的仪节本身,而是某种观念的表达或者体现,它对于人们道德观念的养成和强化,起着潜移默化的作用。因此,礼在中国古代既表现为一种重要的道德规范,又表现为一些具体的交往或者处理事情的程序和规则。人们在日常行为中牢固树立遵循礼制的观念,事事依礼而行,目的就是要使礼制所表达的敬贤尊长等观念在人们内心中不断得到强化,从而自觉地维护社会秩序。

淳于髡曰:"先名实者,为人也;后名实者,自为也①。夫子在三卿之中②,名实未加于上下而去之③,仁者固如此乎?"孟子曰:"居下位,不以贤事不肖者,伯夷也。五就汤、五就桀者,伊尹也④。不恶污君,不辞小官者,柳下惠也。三子者不同道,其趋一也。一者何也⑤?曰仁也。君子亦仁而已矣,何必同?"曰:"鲁缪公之时,公仪子为政⑥,子柳⑦、子思为臣,鲁之削也滋甚⑧。若是乎贤者之无益于国也。"曰:"虞不用百里奚而亡,秦缪公用之而霸。不用贤则亡,削何可得与?"曰:"昔者,王豹处于淇⑨,而河西善讴⑩。绵驹处于高唐⑪,而齐右善歌⑫。华周、杞梁之妻⑬,善哭其夫,而变国俗。有诸内,必形诸外。为其事而无其功者,髡未尝睹之也。是故无贤者也;有则髡必识之。"曰:"孔子为鲁司寇,不用,从而祭,燔肉不至⑭,不税冕而行⑮。不知者以为为肉也,其知者以为为无礼也。乃孔子则欲以微罪行⑯,不欲为苟去。君子之所为,众人固不识也⑰。"

【译文】 淳于髡说:"重视名誉事功,是有志于济世救民;轻视名誉事功,是打算独善其身。先生您作为齐国的三卿之一,没有在对上辅佐君主、对下惠泽百姓方面建立任何名誉和事功就离开了,仁人本来都是这样的吗?"孟子说:"处于卑下的地位,不以自己贤人的身份去侍奉不贤明的人,这是伯夷。五次到商汤那里去,又五次到夏桀那里去,这是伊尹。辅佐名声很坏的国君也不会厌恶,做非常低微的官职也不会拒绝,这是柳下惠。三个人的做法不一样,但目标都是一样的。一样的东西是什么呢? 就是仁。君子只要有仁这个目标就可以了,为什么要完全一样呢?"淳于髡说:"鲁缪公的时候,公仪子执掌政事,泄柳和子思都是臣属,鲁国的削弱却比以前更厉害了。像这样的话,贤人对于国家真的是没有什么好处啊。"孟子说:"虞国没有用百里奚而灭亡,秦穆公用了百里奚而称霸。不用贤人就会灭亡,即使想要维持被削弱的局面,又怎么能够办得到呢?"淳于髡说:"当年,王豹住在淇水岸边,于是河西的卫国人都善于唱歌。绵驹住在齐国的高唐,于是齐国西部的人都善于唱歌。华周、杞梁的妻子哭她们的丈夫很悲恸,于是改变了国家的风气。有什么内在的东西,必然会通过外在的东西表现出来。从事某种工作却没有任何成绩的,我从来没有见到过这样的事。所以我说如今没有贤人;

如果有贤人我一定看出来了。"孟子说:"孔子在鲁国做司寇,没有被重用,跟随国君去祭祀,本该分赐给他的祭肉也没有送来,于是来不及脱掉礼帽就匆忙地离开了。不了解孔子的人以为他是因为没有得到祭肉而离开的,了解孔子的人则认为他是因为鲁国的失礼才离开的。而孔子本人,却也是要使自己有一点小过错而离开,不打算随随便便就离开。君子的所作所为,普通人本来就是看不透的。"

【注释】 ①先名实者,为人也;后名实者,自为也:朱熹《集注》曰:"名,声誉也。实,事功也。言以名实为先而为之者,是有志于救民者也;以名实为后而不为者,是欲独善其身者也。"

②三卿:赵岐注曰:"齐,大国,有三卿。"三卿,古代一般指司徒、司马、司空。《礼记·王制》说:"大国三卿,皆命于天子。"孔颖达疏曰:"崔氏云:三卿者,依周制而言,谓立司徒,兼冢宰之事;立司马,兼宗伯之事;立司空,兼司寇之事。故《春秋左传》云:季孙为司徒,叔孙为司马,孟孙为司空,此是三卿也。"也指诸侯国的上、中、下卿。如《春秋公羊传·襄公十一年》有:"春,王正月,作三军。三军者何?三卿也。"何休注曰:"为军置三卿官也。卿、大夫爵号大同小异。方据上卿道中下,故总言三卿。"全祖望《经史问答》中说:"孟子之世,七国官制尤草草。大抵三卿者,指上卿、亚卿、下卿而言。乐毅初入燕乃亚卿,是其证也。或曰,一卿是相,一卿是将,其一为客卿,而上下本无定员,亦通。"

③名实未加于上下:朱熹《集注》曰:"名实未加于上下,言上未能正其君,下未能济其民也。"

④五就汤、五就桀者,伊尹也:赵岐注曰:"伊尹为汤见贡于桀,桀不用而归汤,汤复贡之,如此者五。"关于伊尹"去汤适夏",古代典籍中多有记载。《史记·殷本纪》中说:"汤举任伊尹以国政。伊尹去汤适夏。既丑有夏,复归于亳。"《书序》中说:"伊尹去亳适夏,既丑有夏,复归于亳。"孙星衍《尚书今古文注疏》卷三十谓:"案《射义》,古者诸侯有贡士于天子之制,盖伊尹为汤贡士而适夏也。郑注《大传》云:'是时伊尹仕桀。'"《吕氏春秋·慎大览》中记载:"桀为无道……汤乃惕惧,忧天下之不宁,欲令伊尹往视旷夏,恐其不信,汤由亲自射伊尹。伊尹奔夏三年,反报于亳……汤谓伊尹曰:'若告我旷夏尽如诗。'汤与伊尹盟,以示必灭夏。伊尹又复往视旷夏,听于末嬉……"伊尹"五就汤、五就桀",从而了解了夏朝的许多情报,助汤灭夏。

⑤一者何也:赵岐注曰:"髡问一者何也。"根据上下文,这里应当仍然是孟子的话,为孟子自己的设问。

⑥公仪子:朱熹《集注》曰:"公仪子,名休,为鲁相。"《史记·循吏列传》记载:"公仪休者,鲁博士也。以高弟为鲁相。奉法循理,无所变更,百官自正。使食禄者不得与下民争利,受大者不得取小。客有遗相鱼者,相不受。客曰:'闻君嗜鱼,遗君鱼,何故不受也?'相曰:'以嗜鱼,故不受也。今为相,能自给鱼;今受鱼而免,谁复给我鱼者?吾故不受也。'食茹而美,拔其园葵而弃之。见其家织布好,而疾出其家妇,燔其机,云:'欲令农士工女安所雠其货乎?'"

⑦子柳：赵岐注曰："子柳，泄柳也。"

⑧鲁之削也滋甚：鲁缪公时，曾经多次败于齐国，丧失大片土地。《史记·六国年表》记载："齐宣公四十四年，伐鲁莒及安阳；四十五年，伐鲁，取都；四十八年，取鲁郕；齐康公十一年，伐鲁，取最；十五年，鲁败我平陆；二十年，伐鲁，破之。"上述事件均发生在鲁缪公时。削，削弱，土地被侵夺。滋，愈益，更加。

⑨王豹：赵岐注曰："王豹，卫之善讴者。"淇：水名。在河南省北部。北魏郦道元《水经注·淇水》中说："淇水出河内隆虑县西大号山。"王夫之《诗经稗疏·卫风》"《竹竿》）泉源在左，淇水在右"中说："（朱熹）《集注》曰：'……淇在卫之西南。'今按淇水出林县大号山，径淇县西北，南合清水入卫河。桑钦所谓淇水出隆虑山者是也。"赵岐注曰："淇，水名。《卫诗·竹竿》之篇曰：'泉源在左，淇水在右。'《硕人》之篇曰：'河水洋洋，北流活活。'卫地滨于淇水，在北流河之西，故曰处淇水而河西善讴，所谓郑卫之声也。"

⑩河西：卫国处黄河之西，所以称卫地为'河西'。讴：歌唱，一般指齐声歌唱。如颜师古注《汉书·高帝纪上》"汉王既至南郑，诸将及士卒皆歌讴思东归"曰："讴，齐歌也，谓齐声而歌。"

⑪绵驹：朱熹《集注》曰："绵驹，齐人，善歌。"高唐：地名，在今山东省西部。杨伯峻《孟子译注》中说："《韩诗外传》云：'淳于髡曰：昔者揖封生高商，齐人好歌。'高商盖即高唐，揖封盖即绵驹。高唐，按《战国策》云：'齐威王曰，吾臣有盼子者，使守高唐，则赵人不敢东渔于河。'当即此，故城在今山东禹城县西南。"[6]

⑫齐右：高唐在齐国西部，古代以面南为上位，西部即为"右"，所以此处称"齐右"。

⑬华周、杞梁：赵岐注曰："华周，华旋也。杞梁，杞殖也。二人，齐大夫，死于戎事者，其妻哭之哀，城为之崩，国俗化之，则效其哭。"《左传·襄公二十三年》记载："齐侯还自晋，不入，遂袭莒。门于且于，伤股而退。明日，将复战，期于寿舒。杞殖、华还载甲夜入且于之隧，宿于莒郊。明日，先遇莒子于蒲侯氏。莒子重赂之，使无死，曰：'请有盟。'华周对曰：'贪货弃命，亦君所恶也。昏而受命，日未中而弃之，何以事君？'莒子亲鼓之，从而伐之，获杞梁。莒人行成。齐侯归，遇杞梁之妻于郊，使吊之。辞曰：'殖之有罪，何辱命焉？若免于罪，犹有先人之敝庐在，下妾不得与郊吊。'齐侯吊诸其室。"《列女传·贞顺传·齐杞梁妻》记载与此略有不同，说："齐杞梁殖之妻也。庄公袭莒，殖战而死。庄公归，遇其妻，使使者吊之于路。杞梁妻曰：'今殖有罪，君何辱命焉。若令殖免于罪，则贱妾有先人之弊庐在下，妾不得与郊吊。'于是庄公乃还车诣其室，成礼然后去。杞梁之妻无子，内外皆无五属之亲。既无所归，乃枕其夫之尸于城下而哭，内诚动人，道路过者莫不为之挥涕，十日，而城为之崩。既葬，曰：'吾何归矣？夫妇人必有所倚者也。父在则倚父，夫在则倚夫，子在则倚子。今吾上则无父，中则无夫，下则无子。内无所依，以见吾诚。外无所倚，以立吾节。吾岂能更二哉！亦死而已。'遂赴淄水而死。君子谓杞梁之妻贞而知礼。诗云：'我心伤悲，聊与子同归。'此之谓也。"

⑭燔肉不至：《史记·孔子世家》记载："齐陈女乐，季桓子微服往观，怠于政事。子路曰：'夫子可以行矣。'孔子曰：'鲁今且郊，如致膰乎大夫，则吾犹可以止。'桓子卒受齐女乐，三日不听政，郊又不致膰俎于大夫，孔子遂行。"燔肉，即烤熟的祭肉。燔，通"膰"。

古代祭祀用的烤肉。《春秋公羊传·定公十四年》曰:"脤者何?俎实也。腥曰脤,熟曰燔。"又如《左传·襄公二十二年》有:"公孙夏从寡君以朝于君,见于尝酎,与执燔焉。"陆德明《释文》曰:"燔,本又作'膰',祭肉也。"根据礼制,宗庙、社稷等祭祀活动结束后,祭肉要分赐给同姓之国以及有关的人。

⑮不税冕而行:杨伯峻《孟子译注》中说:"'不税冕'言其匆忙,未必为真的如赵岐注所言'反归其舍,未及税解祭之冕而行'。因为冕只是用于祭祀,平常不戴。而致送祭肉必在已祭之后,甚或在祭毕后之第二三日,孔子祭毕刚反归其舍,不能知道是不是会致送膰肉,怎么会贸然离开呢?"[7]税,同"脱"。解,脱下。冕,古代天子、诸侯、卿、大夫等举行朝仪或者祭礼时所戴的礼帽。《说文解字·冃部》中说:"冕,大夫以上冠也。"徐锴系传曰:"冕,冠上加之也。长六寸,前狭圆,后广方,朱绿涂之。前后邃延,𫐄其前,垂珠也……以黄绵缀冕两旁,下系玉瑱,又谓之珥,细长而锐若笔头,以属耳中,无作聪明乱旧章,虚己以待人之意也。"

⑯欲以微罪行:阎若璩《四书释地续》曰:"盖孔子为鲁司寇,既不用其道,宜去一;燔俎又不至,宜去二。其去之之故,天下自知之,但孔子不欲其失纯在君相,己亦带有罪焉。乐毅报燕王尚云:'忠臣去国,不洁其名',况孔子乎?又《礼》:'大夫士去国,不说人以无罪。'《注》云:'己虽遭放逐,不自以无罪解说于人,过则称己也。'以膰肉不至遂行,无乃太甚,此之谓以微罪行。鲁人为肉、为无礼之议,正惬孔子微罪之心。"

⑰众人:一般人。

【评解】 孟子认为,君子以仁义等政治主张得到推行为目的,名誉、事功等都是为此服务的。如果没有使自己的主张实现,名誉、事功等都是毫无意义的。因此,判断一个人是否成功或者有成功的欲望,不能看他取得的名利或者对待名利的态度。所以君子的心志并不是一般人所能轻易看透的。

孟子曰:"五霸者①,三王之罪人也②。今之诸侯,五霸之罪人也。今之大夫,今之诸侯之罪人也。天子适诸侯曰巡狩③;诸侯朝于天子曰述职④。春省耕而补不足⑤,秋省敛而助不给。入其疆,土地辟,田野治,养老、尊贤,俊杰在位,则有庆⑥,庆以地。入其疆,土地荒芜,遗老、失贤,掊克在位⑦,则有让⑧。一不朝,则贬其爵;再不朝,则削其地;三不朝,则六师移之⑨。是故天子讨而不伐⑩,诸侯伐而不讨。五霸者,搂诸侯以伐诸侯者也⑪,故曰:五霸者,三王之罪人也。五霸,桓公为盛。葵丘之会⑫,诸侯束牲载书而不歃血⑬。初命曰⑭:'诛不孝,无易树子,无以妾为妻。'再命曰:'尊贤、育才,以彰有德。'三命曰:'敬老、慈幼,无忘宾旅⑮。'四命曰:'士无世官,官事无摄,取士必得,无专杀大夫⑯。'五命曰:'无曲防⑰,无遏籴⑱,无有封而不告⑲。'曰:'凡我同盟之人,既盟之后,言归于好㉒。'今之诸侯,皆犯此五禁,故曰:今之诸侯,五霸之罪人也。长君之恶,其罪小;逢君之恶㉑,其罪大。今之大夫皆逢君之恶,故曰:今之大夫,今之诸侯之罪人也。"

【译文】 孟子说:"五霸,在三王面前就是有罪之人;如今的这些诸侯,在五霸面前就是有罪之人;如今的这些大夫,在如今的诸侯面前就是有罪之人。天子到诸侯的封家去视察叫做巡狩;诸侯到天子的京城去觐见叫做述职。天子巡狩时,春天视察耕种的情况,不足的人要给予补助;秋天视察收获的情况,不够的人要给予赈济。到一个诸侯国的土地上去,如果发现土地已被开辟,田野里的生产井井有条,老人得到赡养,贤者受到尊贵,出色的人才都有合适的职位,那么封地上的诸侯就有赏赐,赏赐给他土地。到一个诸侯国的土地上去,如果发现土地仍然荒废,老人遭到遗弃,贤者不被任用,搜括钱财的人占据了官位,那么封地上的诸侯就要责罚。诸侯述职时,一次不去朝见,就降低他的爵位;两次不去朝见,就削减他的土地;三次不去朝见,就开去大军征讨他。所以天子的军事行动是'讨'而不是'伐',诸侯的军事行动是'伐'而不是'讨'。五霸,都是挟持着诸侯来攻伐诸侯的人,所以说:五霸,在三王面前就是有罪之人。五霸之中,以齐桓公最为强盛。葵丘会盟中,诸侯们捆绑着活的牺牲,把盟书放在它们身上,但是没有歃血。第一条盟约说:'诛罚不孝之人,不要改立宗子,不要把小妾立为正妻。'第二条盟约说:'尊重贤人,培育人才,以表彰有德行的人。'第三条盟约说:'尊敬老人、慈爱儿童,不要怠慢他国来的客人。'第四条盟约说:'士人不要有世代相传的官职,官吏的职务不要兼摄,选拔士子一定要选拔合适的人员,不能擅自杀戮大夫。'第五条盟约说:'不要到处筑堤拦水,不要制止邻国来购买粮食,不要有所封赐而不报告。'又说:'所有参加我们盟会的人,自从盟约订立之后,要重新恢复友好相处。'如今的这些诸侯,都违反了这五条禁令,所以说:如今的这些诸侯,在五霸面前就是有罪之人。臣下助长君主的恶行,这种罪过相对较小;臣下迎合君主的恶行,这种罪行相对较大。如今的这些大夫,都在迎合君主的恶行,所以说:如今的这些大夫,在如今的诸侯面前就是有罪之人。"

【注释】 ①五霸:五个霸主。历史上关于"五霸"至少有五种不同的说法。一是指夏昆吾、殷大彭、豕韦、周齐桓公、晋文公。如朱熹《集注》引丁氏曰:"夏昆吾,商大彭,豕韦,周齐桓、晋文,谓之五霸。"另如《庄子·大宗师》中有:"彭祖得之,上及有虞,下及五伯。"成玄英疏曰:"五伯者,昆吾为夏伯,大彭、豕韦为殷伯,齐桓、晋文为周伯,合为五伯。"《白虎通·号》中也说:"五霸者,何谓也?昆吾氏、大彭氏、豕韦氏、齐桓公、晋文公也。昔三王之道衰,而五霸存其政,率诸侯朝天子,正天下之化,兴复中国,攘除夷狄,故谓之霸也。昔昆吾氏,霸于夏者也;大彭氏、豕韦氏,霸于殷者也;齐桓、晋文,霸于周者也。"二是指春秋时的齐桓公、晋文公、秦穆公、宋襄公、楚庄王。如赵岐注曰:"五霸者,大国秉直道以率诸侯,齐桓、晋文、秦缪、宋襄、楚庄是也。"另如《吕氏春秋·当务》中有:"备说非六王五伯。"高诱注曰:"五伯,齐桓、晋文、宋襄、楚庄、秦缪也。"《白虎通·号》中也说:"或曰:五霸,谓齐桓公、晋文公、秦穆公、宋襄公、楚庄王也。宋襄伐齐,乱齐桓公,不擒二毛,不鼓不成烈。《春秋传》曰:'虽文王之战不是过。'知其霸也。"三是指春秋时的齐桓公、晋文公、楚庄王、吴王阖闾、越王勾践。如《荀子·王霸》中说:"虽在僻陋之国,威动天下,五伯是也……故齐桓、晋文、楚庄、吴阖闾、越勾践,是皆僻陋之国也,威动天下,强殆中国。"四是指春秋时的齐桓公、晋文公、秦穆公、楚庄王、吴王阖闾。如《白虎通·号》中说:"或曰:五霸,谓齐桓公、晋文公、秦穆公、楚庄王、吴王阖闾也。霸者,伯也,行方伯之职,会诸侯,朝天子,不失人臣之义,故圣人与之。非明王之张法。霸犹迫也,把也,迫胁诸侯,把持其政。《论语》曰:'管仲相桓公,霸诸侯。'《春秋》曰:'公朝于王所。'于是时晋文之霸。《尚书》曰:'邦之荣怀,亦尚一人之庆。'知秦穆之霸也。楚胜郑而不告,从而攻之,又令还师,而佚晋寇。围宋,宋因而与之平,引师而去。知楚庄之霸也。蔡侯无罪而拘于楚,吴有忧中国心,兴师伐楚,诸侯莫敢不至。知吴之霸也。"五是指春秋时的齐桓公、宋襄公、晋文公、秦穆公、吴王夫差。如《汉书·诸侯王表》中有:"故盛则周、邵相其治,致刑错;衰则五伯扶其弱,与共守。"颜师古注曰:"'伯'读曰'霸'。此五霸谓齐桓、宋襄、晋文、秦穆、吴夫差也。"孟子所说的"五霸",不知是指哪五人,但从上文"秦穆公用之而霸"看来,可能是第二、三、五中的一说。

②三王:关于"三王",历史上也有不同的看法。一是指夏禹、商汤、周文王和周武王。如朱熹《集注》曰:"三王,夏禹,商汤,周文、武也。"二是指夏禹、商汤、周文王。如赵岐注曰:"三王,夏禹、商汤、周文王是也。"三是指夏禹、商汤、周武王。如《春秋穀梁传·隐公八年》中有:"盟诅不及三王。"范宁注曰:"三王,谓夏、殷、周也。夏后有钧台之享,商汤有景亳之命,周武有盟津之会。"四是指商汤、周文王、周武王。如《尸子》卷下有:"汤复于汤丘,文王幽于羑里,武王羁于王门;越王栖于会稽,秦穆公败于殽塞,齐桓公遇贼,晋文公出走,故三王资于辱,而五霸得于困也。"五是指周之太王、王季、文王。如《国语·周语下》中有:"以太蔟之下宫,布令于商,昭显文德,厎纣之多罪,故谓之宣,所以宣三王之德也。"韦昭注曰:"三王,太王、王季、文王也。"根据儒家的一贯主张,孟子这里所说的"三王"指的是夏、商、周三代的开国君主。即上述一、二、三中的一说。

③适:去,往。如王逸注《楚辞·离骚》"心犹豫而狐疑兮,欲自适而不可"曰:"适,往也。"巡狩:又作"巡守"。指天子出行,视察邦国州郡。如《尚书·舜典》中有:"岁二月,东巡守,至于岱宗,柴。"孔安国传曰:"诸侯为天子守土,故称守。巡,行之。"《白虎通·巡狩》曰:"王者所以巡狩者何?巡者循也,狩牧也,为天下循行守牧民也。道德太平,恐远近不同化,幽隐有不得所,考礼义,正法度,同律历,计时月,皆为民也。《尚书》曰:'遂觐东后,叶时月,正日,同律度量衡,修五礼。'《尚书大传》曰:'见诸侯,问百年,太师陈诗,以观民命风俗;命市纳贾,以观民好恶;山川神祇,有不举者为不敬,不敬者削以地;宗庙

有不顺者为不孝,不孝者黜以爵;变礼易乐为不从,不从者君流;改制度衣服为畔,畔者君讨,有功者赏之。'《尚书》曰:'明试以功,车服以庸。'"

④述职:指诸侯向天子陈述职守。

⑤省:视察,查看。如郑玄注《礼记·礼器》"礼不可不省也"说:"省,察也。"

⑥庆:赏赐,褒美。赵岐注曰:"庆,赏也。"另如《诗经·小雅·楚茨》有:"孝孙有庆。"郑玄笺曰:"庆,赐也。"

⑦掊克:聚敛,搜括。也指搜括民财的人。朱熹《集注》曰:"掊克,聚敛也。"一说为自大而好胜人。如《诗经·大雅·荡》中有:"曾是强御,曾是掊克。"毛传曰:"掊克,自伐而好胜人也。"朱熹《诗经集传》曰:"掊克,聚敛之臣也。"

⑧让:责备,责问。朱熹《集注》曰:"让,责也。"

⑨移之:朱熹《集注》曰:"移之者,诛其人而变置之也。"

⑩讨:朱熹《集注》曰:"讨者,出命以讨其罪,而使方伯连帅帅诸侯以伐之也。"伐:朱熹《集注》曰:"伐者,奉天子之命,声其罪而伐之也。"

⑪搂:这里是"挟持"之意。

⑫葵丘:地名,故址在今河南省考城县东。《春秋·僖公九年》记载:"夏,公会宰周公、齐侯、宋子、卫侯、郑伯、许男、曹伯于葵丘。""九月戊辰,诸侯盟于葵丘。"《左传》曰:"夏,会于葵丘,寻盟,且修好,礼也。王使宰孔赐齐侯胙。""秋,齐侯盟诸侯于葵丘,曰:'凡我同盟之人,既盟之后,言归于好。'"葵丘会盟确立了齐桓公的霸主地位。

⑬束牲:赵岐注曰:"束缚其牲。"《春秋穀梁传·僖公九年》曰:"葵丘之盟,陈牲而不杀。"所以说是"束牲"。载书:即盟书,会盟时所订的誓约文件。如杜预注《左传·襄公九年》"晋士庄子为载书"曰:"载书,盟书。"《春秋穀梁传·僖公九年》中说:"葵丘之盟,陈牲而不杀,读书,加于牲上。"歃血:古代盟会中的一种仪式。盟约宣读完毕后,参加者用口微吸所杀牺牲之血,以表示自己的诚意。一说歃血即以指蘸血,涂于口旁。

⑭命:辞命,这里指盟约。

⑮宾旅:客卿,羁旅之人。

⑯士无世官,官事无摄,取士必得,无专杀大夫:赵岐注曰:"仕为大臣,不得世官,贤臣乃得世禄也。官事无摄,无旷庶僚也。取士必得贤也,立贤无方。无专杀大夫,不得以私怒行戮也。"朱熹《集注》曰:"士世禄而不世官,恐其未必贤也。官事无摄,当广求贤才以充之,不可以阙人废事也。取士必得,必得其人也。无专杀大夫,有罪则请命于天子而后杀之也。"

⑰无曲防:朱熹《集注》曰:"无曲防,不得曲为堤防,壅泉激水,以专小利,病邻国也。"杨伯峻《孟子译注》认为:"《管子·大匡篇》及《霸形篇》皆作'无曲隄',可见'防'即'隄',亦即《穀梁》僖公九年《传》之'毋壅泉'。盖当时诸侯各筑隄防,大水则以邻国为壑,旱则专擅水利,使邻国受灾。(至于《汉书·沟洫志》引贾让奏言谓'盖隄防之作,近起战国',本是不肯定之词,不足为的据。)'曲'是副词,与《易·系词(当为'系辞'——引者注)》'曲成万物而不遗'、《荀子·非相篇》'曲得所谓焉'、《荀子·礼论篇》'曲容备物之谓道矣'诸'曲'字同义,有'无不''遍'之义。前人多不得其解,惟刘念亲《荀子·正名篇》诂

释曾略及之。"〔8〕由此可见,赵注中将其解释为"无敢违王法而以己意设防禁也",是不恰当的。

⑱无遏籴:朱熹《集注》曰:"无遏籴,邻国凶荒,不得闭籴也。"遏,遏止,制止。籴,买进谷物。如何休注《春秋公羊传·庄公二十八年》"臧孙辰告籴于齐"曰:"买谷曰籴。"

⑲无有封而不告:赵岐注曰:"无以私恩擅有封赏而不告盟主也。"朱熹《集注》曰:"无有封而不告者,不得专封国邑而不告天子也。"杨伯峻《孟子译注》中说:"《孟子》原文'告'下无宾语,或以为告盟主,或以为告天子。但齐桓公自是盟主,且僖公二年城楚邱而封卫,亦未尝告天子,此岂不自己掌嘴? 因取赵注之说。"〔9〕此说可从。

⑳言:助词。无义。如《诗经·周南·葛覃》中:"言告师氏,言告言归。"

㉑逢:迎,迎合。赵岐注曰:"臣以谄媚逢迎而导君为非,故曰罪大。"

【评解】 孟子批评了当时的诸侯只顾获取自己的私利,毫无社会责任意识,从反面阐述了他的"王道"主张,期望在"王道"基础上建立一个和谐、有序、职责分明的社会秩序。

鲁欲使慎子为将军①。孟子曰:"不教民而用之,谓之殃民②,殃民者,不容于尧舜之世。一战胜齐,遂有南阳③,然且不可④。"慎子勃然不悦,曰:"此则滑厘所不识也⑤。"曰:"吾明告子,天子之地方千里;不千里,不足以待诸侯。诸侯之地方百里;不百里,不足以守宗庙之典籍⑥。周公之封于鲁,为方百里也;地非不足,而俭于百里⑦。太公之封于齐也,亦为方百里也;地非不足也,而俭于百里。今鲁方百里者五⑧,子以为有王者作,则鲁在所损乎? 在所益乎? 徒取诸彼以与此⑨,然且仁者不为,况于杀人以求之乎? 君子之事君也,务引其君以当道⑩,志于仁而已。"

【译文】 鲁国打算任命慎子为将军。孟子说:"不先教导百姓明白事理就用他们去打仗,这叫做残害百姓。残害百姓的人,在尧舜之世是不能被容纳的。即使一战就打败齐国,因此取得了南阳的土地,这样也是不可的。"慎子听到这里,非常生气,说:"这是我认识不到的。"孟子说:"我明白地告诉你,天子的土地面积方圆千里;如果达不到千里,就不足以满足接待诸侯的需要。诸侯的土地面积方圆百里;如果达不到百里,就不足以满足按照祖宗传下的制度治理国家的需要。周公当初被封在鲁国的时候,封给他的土地是方圆百里;土地不是不能满足需要,但实际上占据的不到一百里。姜太公当初被封在齐国的时候,封给他的土地也是方圆百里;土地不是不能满足需要,但实际上占据的不到一百里。如今鲁国的土地面积可以划成五个方圆百里,你认为如果有圣王重新兴起,那么鲁国会被列入土地减少之列呢,还是列入土地增加之列呢？不使用武力从那一国取得土地来给这一国，这样仁人尚且不会去做，何况通过杀人来夺取土地呢？有德行的君子侍奉君主，只是专注于引导他的君主合乎礼义的正路，一心一意实行仁政罢了。"

【注释】　①慎子：赵岐注曰："慎子，善用兵者。"朱熹《集注》曰："慎子，鲁臣。"

②不教民而用之，谓之殃民：赵岐注曰："不教民以仁义而用之战斗，是使民有殃祸也。"殃，为害，祸害。

③南阳：战国时齐地，在今泰山之南。赵岐注曰："山南曰阳，岱山之南，谓之南阳也。"

④然且不可：杨伯峻《孟子译注》认为："此句未完，因慎子勃然不悦，抢着说去。所以知之者，凡用'尚且''犹且''然且'诸副词之句，多是主从复合句，从句用'且'，主句用反问句，如下文'然且仁者不为，况于杀人以求之乎'即是。此处下文无主句，且有'慎子勃然不悦'诸叙述语，所以知之。"[10]

⑤滑（gǔ）厘：慎子之名。

⑥典籍：指法典、图籍等重要文献。赵岐注曰："典籍，谓先祖常籍法度之文也。"

⑦俭：不足。朱熹《集注》曰："俭，止而不过之意也。"

⑧今鲁方百里者五：顾栋高《春秋大事表》中计算过当时鲁国土地的面积，说："伯禽初封曲阜，《汉书·地理志》云：'成王以少皞之墟曲阜封周公子伯禽为鲁侯'，今为山东曲阜县。后益封奄，隐二年入极；十年败宋师于菅，辛未取郜，辛巳取防；僖十七年灭项；三十三年伐邾，取訾娄；文十年伐邾，取须句；宣四年伐莒，取向；宣九年取根牟；十年伐邾，取绎；成六年取鄟；襄十三年取邿；二十一年邾庶以其漆闾邱来奔；昭元年伐莒，取郓；四年取鄫；五年，莒牟夷以牟娄及防兹来奔；十年伐莒，取郠；三十一年邾黑肱以滥来奔；哀二年伐邾，取漷东田及沂西田；三年城启阳；哀十七年越使后庸来言邾田，二月盟于平阳。平阳在邹县西南，本邾邑，为鲁所取。鲁在春秋，实兼九国之地。"

⑨徒：朱熹《集注》曰："徒，空也，言不杀人而取之也。"

⑩当道：朱熹《集注》曰："当道，谓事合于理。"

【评解】　孟子反对侵夺他国的兼并战争，认为这是非正义的，会给人们造成极大的伤害，最终只能危害统治者的统治基础。一个国君如果真的有意使天下获得统一和安定，根本的办法是要顺应人民的意愿，推行仁政。这样的话，肯定就能够赢得民心，建立稳固的统治基础，从而靠仁德的办法统一天下。

孟子曰："今之事君者皆曰：'我能为君辟土地，充府库。'今之所谓良臣，古之所谓民贼也。君不乡道①，不志于仁，而求富之，是富桀也。'我能为君约与国②，战必克。'今之所谓良臣，古之所谓民贼也。君不乡道，不志于仁，而求为之强战，是辅桀也。由今之道，无变今之俗，虽与之天下，不能一朝居也。"

【译文】 孟子说："如今侍奉君主的人都说：'我能够为君主开拓土地，充实府库。'如今所谓的良臣，就是古代贼害百姓的所谓民贼。君主不追求道德，不一心一意地实行仁政，却想要使他更加富有，这就是使夏桀这样的暴君富足啊。'我能够为君主邀结盟国，每次出战一定获胜。'如今所谓的良臣，就是古代贼害百姓的所谓民贼。君主不追求道德，不一心一意地实行仁政，却想要为他硬撑着打仗，这就是在辅佐夏桀这样的暴君啊。沿着如今的道路，不去改变今天的习俗，即使把整个天下都送给他，他也是一天都坐不成的。"

【注释】 ①乡：同"向"。朱熹《集注》曰："乡，与向同。"
②约：邀结，邀请。与国：盟国，友邦。朱熹《集注》曰："与国，和好相与之国也。"另如《史记·项羽本纪》中有："项梁曰：'田假为与国之王，穷来从我，不忍杀之。'"裴骃集解引如淳曰："相与交善为与国，党与也。"

【评解】 孟子反对不义的战争，一方面把希望寄托在君主们身上，期望他们能够主动接受仁政的主张；另一方面他还寄希望于各诸侯国的大臣，期望他们能够用仁义来引导自己的君主，使他们推行仁政。因此他憎恶大臣们只是想方设法替君主争夺土地、财富等物质利益，把他们视为危害民众利益的害民贼。

白圭曰①："吾欲二十而取一，何如？"孟子曰："子之道，貉道也②。万室之国，一人陶，则可乎？"曰："不可，器不足用也。"曰："夫貉，五谷不生，惟黍生之，无城郭、宫室、宗庙、祭祀之礼，无诸侯、币帛、饔飧，无百官有司，故二十取一而足也。今居中国，去人伦，无君子③，如之何其可也？陶以寡，且不可以为国，况无君子乎？欲轻之于尧舜之道者，大貉、小貉也；欲重之于尧舜之道者，大桀、小桀也。"

【译文】 白圭说："我想把税率定为二十取一，怎么样呢？"孟子说："你的办法，就是蛮荒地区的貉国的办法。有一万户居民的国家，只有一个人制作陶器，那样可以吗？"白圭说："不可以，陶器会不够用。"孟子说："在貉国，五谷在那里都无法生长，只有黍一种作物能生长，国家里没有城墙、房屋、宗庙和祭祀的礼节，没有诸侯国之间的交往、相互赠送礼物和宴请招待客人，没有职位的划分和专门的官署，所以二十取一就足够了。如今在中国，抛弃所有伦常关系，没有治理国家的官员，那怎么能可以呢？做陶器的太少，尚且不能够满足一个国家运转的需要，何况没有专门治理国家的人呢？打算使自己的税率低于尧舜制定的税率的,从不同程度上说都是貉国;打算使自己的税率高于尧舜制定的税率的,从不同程度上说都是夏桀。"

【注释】　①白圭:战国时人,曾经为魏国国相,发展生产,卓有成效。《史记·货殖列传》记载:"白圭,周人也。当魏文侯时,李克务尽地力,而白圭乐观时变,故人弃我取,人取我与。夫岁孰取谷,予之丝漆;茧出取帛絮,与之食。太阴在卯,穰;明岁衰恶。至午,旱;明岁美。至酉,穰;明岁衰恶。至子,大旱;明岁美,有水。至卯,积着率岁倍。欲长钱,取下谷;长石斗,取上种。能薄饮食,忍嗜欲,节衣服,与用事童仆同苦乐,趋时若猛兽挚鸟之发。故曰:'吾治生产,犹伊尹、吕尚之谋,孙吴用兵,商鞅行法是也。是故其智不足与权变,勇不足以决断,仁不能以取予,强不能有所守,虽欲学吾术,终不告之矣。'盖天下言治生祖白圭。白圭其有所试矣,能试有所长,非苟而已也。"

②貉(mò):同"貊"。古代北方少数民族及其建立的国家名。颜师古注《汉书·高帝纪上》"北貉、燕人来致枭骑助汉"曰:"应劭曰:'北貉,国也。貉在东北方,三韩之属皆貉类也。"章炳麟《訄书·原人》中说:"东北绝辽水,至乎挹娄,豸种曰貉。"

③去人伦,无君子:朱熹《集注》曰:"无君臣祭祀交际之礼,是去人伦;无百官有司,是无君子。"

【评解】　孟子主张减轻老百姓的负担,反对横征暴敛的行径,但是他仍然主张要根据国家生产发展和各项支出的需要征收一定的赋税,以维持国家各项事业的正常运转。因此他强调税率一定要根据国家的发展和财政的开支情况确定,而不能想当然地制定一个较低的税率就以为是爱护民众的体现。如果税率过低,同样会损害国家的正常发展和老百姓的长远利益。

白圭曰:"丹之治水也愈于禹①。"孟子曰:"子过矣。禹之治水,水之道也②。是故禹以四海为壑③。今吾子以邻国为壑④。水逆行,谓之洚水;洚水者,洪水也。仁人之所恶也。吾子过矣。"

【译文】　白圭说:"我治水超过大禹。"孟子说:"你错了。大禹治水,是顺着水的流向进行疏导。所以大禹让四海成为排水的地方。如今你把邻国当做排水的地方。水逆着原来的方向而流,就叫做洚水;洚水,其实就是洪水。你这样做是有仁爱之心的人所厌恶的。你错了。"

【注释】　①丹:白圭的名。赵岐注曰:"丹,名;圭,字也。"

②道:同"导"。

③壑:洼地,水沟。朱熹《集注》曰:"壑,受水处也。"

④今吾子以邻国为壑:《韩非子·喻老》中说:"白圭之行堤也,塞其穴,是以无水难。"也就是说白圭治水的方法是通过筑堤使水流入邻国,从而使本国免除水患,所以孟子有此说。

【评解】 孟子通过对白圭以邻为壑行为的批评,说明了评判一个人的业绩的正确方法。如果一个人虽然完成了他的职责,但是却因此给他人造成了损害,甚至是以损害他人利益来实现自己的所谓功绩,那也是丝毫不值得称道的。一个人建功立业,要有胸怀天下的气概和经世济民的胸襟,能够为天下人谋得真正的福利。

孟子曰:"君子不亮①,恶乎执②?"

【译文】 孟子说:"君子如果没有诚信,还有什么德操可以执守呢?"

【注释】 ①亮:同"谅"。诚信,忠诚。朱熹《集注》曰:"亮,信也,与谅同。"
②执:持守。另如《礼记·中庸》中有:"诚之者,择善而固执之者也。"

【评解】 孟子强调一个人要保持操守,首先就要保持诚信。一个没有诚信的人,当然也就没有什么操守可言。中华民族历来把诚实守信作为立身处世之本,许多典籍中都谈到立信的重要性。例如"自古皆有死,民无信不立"、"人而无信,不知其可也"等等,都充分说明了诚信对于一个人立身行事的重要意义。

鲁欲使乐正子为政。孟子曰:"吾闻之,喜而不寐。"公孙丑曰:"乐正子强乎?"曰:"否。""有知虑乎?"曰:"否。""多闻识乎?"曰:"否。""然则奚为喜而不寐。"曰:"其为人也好善①。""好善足乎?"曰:"好善优于天下②,而况鲁国乎? 夫苟好善,则四海之内,皆将轻千里而来告之以善③。夫苟不好善,则人将曰:'訑訑④,予既已知之矣⑤。'訑訑之声音颜色,距人于千里之外⑥。士止于千里之外,则谗谄面谀之人至矣⑦。与谗谄面谀之人居,国欲治,可得乎?"

【译文】 鲁国打算让乐正子主持政事。孟子说:"我听到这个消息,高兴得没有睡着觉。"公孙丑说:"乐正子很有能力吗?"孟子说:"不是。"公孙丑问:"他很聪明并且善于思考吗?"孟子说:"不是。"公孙丑说:"他见闻广博、阅历丰富吗?"孟子说:"不是。"公孙丑问:"那么你为什么高兴得没有睡着觉呢?"孟子说:"他为人的优点是喜欢听取善言。"公孙丑说:"喜欢听取善言就足以主持政事吗?"孟子说:"喜欢听取善言,治理天下都绰绰有余,何况治理鲁国呢? 如果喜欢听取善言,那么,四海之内,人们都会不远千里而来,把善言告诉他。如果不喜欢听取善言,那么他就会说:'呵呵! 我自己早就都已经知道了!'这种洋洋自得的声音和表情,就会把别人拒绝于千里之外。士人停止于千里之外,那么进谗言、奉承人的小人就会来到身边。与进谗言、奉承人的小人待在一起,打算把国家治理得井井有条,能够做到吗?"

【注释】 ①好善:赵岐注曰:"乐闻善言,是采用之也。"

②优于天下:即"优于治天下"。优,宽绰,有余力。朱熹《集注》曰:"优,有余裕也。言虽治天下,尚有余力也。"

③轻:易。朱熹《集注》曰:"轻,易也,言不以千里为难也。"

④訑訑(yí):洋洋自得、沾沾自喜的样子。赵岐注曰:"自足其智不嗜善言之貌。"

⑤既:原意为日全食或月全食。这里是"尽"、"都"的意思。

⑥距:同"拒"。拒绝,排斥。

⑦谗谄面谀:谗,指说别人的坏话,说陷害人的话。谄,指通过揣测别人的心理而奉承。谀,指不分是非地巴结、奉承。《庄子·渔父》中说:"不择是非而言,谓之谀;好言人之恶,谓之谗。"面谀,指当面恭维。

【评解】 孟子通过对乐正子喜欢听取善言的品格的赞扬,说明在国家和社会的治理中,应当广泛听取不同的意见,博采众长,任用贤人。一个人的努力毕竟有限,只有集思广益,才能够在事业中获得成功;否则,如果一意孤行、专横独断,即使个人能力再强,也难免要遭到失败。

陈子曰①:"古之君子,何如则仕?"孟子曰:"所就三,所去三。迎之致敬以有礼,言,将行其言也,则就之;礼貌未衰②,言弗行也,则去之。其次,虽未行其言也,迎之致敬以有礼,则就之;礼貌衰,则去之。其下,朝不食,夕不食,饥饿不能出门户;君闻之,曰:'吾大者不能行其道,又不能从其言也,使饥饿于我土地,吾耻之。'周之,亦可受也,免死而已矣。"

【译文】 陈子说:"古代的君子,在什么样的情况下出来做官呢?"孟子说:"做官的情况有三种,离开的情况有三种。被非常有礼貌、恭敬地迎请,对于他的主张,打算将这种主张付诸实行,这种情况下就做官。谦恭有礼的态度没有衰减,主张已经不能够实行,这种情况下就离开。其次,虽然没有推行他的主张,但被非常有礼貌、恭敬地迎请,这种情况下就做官。谦恭有礼的态度衰减了,这种情况就离开。最下的情况,早晨没有东西吃,傍晚也没有东西吃,饥饿得无法走出自己的住处;君主听说之后,说,'我从总体上来说不能推行他的学说,又不能听从他的主张,使他在我的土地上受到饥饿,我把这作为耻辱。'于是就救济他,这也可以接受一定的官职,为了免于饿死罢了。"

【注释】　①陈子：赵岐认为就是陈臻。

②礼貌：谦恭有礼的样子。赵岐将"礼"、"貌"二字分开来理解，认为："礼者,接之以礼也;貌者,颜色和顺,有乐贤之容。礼衰,不敬也。貌衰,不悦也。"不妥。

【评解】　孟子通过对做官和辞职的不同情况的分析,再一次阐明了君子出仕是为了行道,而不是为了功名利禄的主张。

孟子曰："舜发于畎亩之中①,傅说举于版筑之间②,胶鬲举于鱼盐之中③,管夷吾举于士④,孙叔敖举于海⑤,百里奚举于市。故天将降大任于是人也,必先苦其心志,劳其筋骨,饿其体肤,空乏其身⑥,行拂乱其所为⑦;所以动心忍性⑧,曾益其所不能⑨。人恒过,然后能改。困于心,衡于虑⑩,而后作。征于色⑪,发于声,而后喻⑫。入则无法家拂士,出则无敌国外患者,国恒亡⑬。然后知生于忧患,而死于安乐也。"

【译文】　孟子说："舜被举荐于乡间田野之中,傅说被提拔于筑墙苦力之中,胶鬲被提举于鱼盐贩子之中,管夷吾被任用于狱官监管之下,孙叔敖被荐举于海边隐居之时,百里奚被提拔于买卖场所之中。所以天要把重大的责任落到某个人肩上,一定先使他的心志遭到折磨,使他的筋骨经受劳累,使他的肌体受到饥饿,使他的身体陷入穷困,使他的行为都违背他的意愿而受到扰乱;这样,就可以使他的心灵受到震动,使他的性情能够坚韧,增加他以前没有具备的能力。一个人经常发生错误,然后才能改进提高;心意困顿,思虑阻塞,然后才能发愤奋起。从表情上显现出来,从言语中阐发出来,然后才能被人了解。在内没有恪守法度的大臣和堪称辅弼的贤士,在外没有可与抗衡的敌国和时刻警惕的外患,一个国家常常会灭亡。明白了这些,就可以知道忧愁祸患使人生存,安逸快乐让人死亡的道理了。"

【注释】　①舜发于畎亩之中：相传舜曾耕于历山,故称。

②傅说举于版筑之间：《史记·殷本纪》记载："帝武丁即位,思复兴殷,而未得其佐。三年不言,政事决定于冢宰,以观国风。武丁夜梦得圣人,名曰说。以梦所见视群臣百吏,皆非也。于是乃使百工营求之野,得说于傅险中。是时说为胥靡,筑于傅险。见于武丁,武丁曰是也。得而与之语,果圣人,举以为相,殷国大治。故遂以傅险姓之,号曰傅说。"版,供建筑或其他使用的木板。筑,捣土的杵。古人筑土墙,用两版相夹,填泥于其中,用杵捣实成墙。版筑,泛指土木营造之事。

③胶鬲举于鱼盐之中：赵岐注曰："胶鬲,殷之贤臣,遭纣之乱,隐遁为商,文王于鬻贩鱼盐之中得其人,举之以为臣也。"

④管夷吾举于士：《史记·齐太公世家》记载：齐桓公即位之后,"发兵距鲁。秋,与鲁

战于乾时,鲁兵败走,齐兵掩绝鲁归道。齐遗鲁书曰:'子纠兄弟,弗忍诛,请鲁自杀之。召忽、管仲雠也,请得而甘心醢之。不然,将围鲁。'鲁人患之,遂杀子纠于笙渎。召忽自杀,管仲请囚。桓公之立,发兵攻鲁,心欲杀管仲。鲍叔牙曰:'臣幸得从君,君竟以立。君之尊,臣无以增君。君将治齐,即高傒与叔牙足也。君且欲霸王,非管夷吾不可。夷吾所居国国重,不可失也。'于是桓公从之。乃详为召管仲欲甘心,实欲用之。管仲知之,故请往。鲍叔牙迎受管仲,及堂阜而脱桎梏,斋祓而见桓公。桓公厚礼以为大夫,任政。桓公既得管仲,与鲍叔、隰朋、高傒修齐国政,连五家之兵,设轻重鱼盐之利,以赡贫穷,禄贤能,齐人皆说。"管夷吾,即管仲。士,狱官。

⑤孙叔敖举于海:孙叔敖,《史记·循吏列传》记载:"孙叔敖者,楚之处士也。虞丘相进之于楚庄王,以自代也。三月为楚相,施教导民,上下和合,世俗盛美,政缓禁止,吏无奸邪,盗贼不起。秋冬则劝民山采,春夏以水,各得其所便,民皆乐其生。"举于海,赵岐注曰:"孙叔敖隐处耕于海滨,楚庄王举之以为令尹。"

⑥空乏:困穷,贫穷。赵岐注曰:"使其身乏资绝粮。"

⑦拂乱:违反其意愿以乱之。拂,逆,违背。朱熹《集注》曰:"拂,戾也,言使之所为不遂,多背戾也。"

⑧动心忍性:朱熹《集注》曰:"动心忍性,谓竦动其心,坚忍其性也。然所谓性,亦指气禀食色而言耳。"

⑨曾:同"增"。

⑩衡于虑:赵岐注曰:"衡,横也。横塞其虑于胸臆之中。"焦循《正义》曰:"《大戴记·曾子大孝篇》云:'夫孝,置之则塞于天地,衡之而衡于四海。'注云:'衡,犹横也。'是'横'与'塞'义相近。"

⑪征:证明,证验。

⑫喻:知晓,明白。

⑬入则无法家拂士,出则无敌国外患者,国恒亡:赵岐注曰:"入,谓国内也。无法度大臣之家、辅弼之士。出,谓国外也。无敌国可难,无外患可忧,则凡庸之君骄慢荒怠,国常以此亡也。"法家,守法度的世臣。朱熹《集注》曰:"法家,法度之世臣也。"拂,同"弼",辅佐。如《墨子·耕柱》中有:"我何故疾者之不拂而不疾者之拂?"于省吾《新证》曰:"拂、弼古字通……弼谓辅助也。"拂士,辅佐的贤士。朱熹《集注》曰:"拂士,辅弼之贤士。"

【评解】 孟子通过一个个具体的事例,阐明了只有经过艰苦的磨炼才能取得成功的道理。生于忧患,死于安乐,百炼才能成钢。人生下来并不平等,出身贵贱不由自己掌握,但能不能努力奋斗却是靠自己把握的。"古之立大事者,不惟有超世之才,亦必有坚忍不拔之志。"一个人的成就和受的磨难总是成正比的,如果一个人没有受过挫折和磨难,只想坐等命运的垂青,最终必定一事无成。任何时候,只有靠自己奋力地拼搏,不向命运低头,才能把握命运驾驭人生,开创光辉的事业。如果像王安石笔下的方仲永一样,虽然天资聪明过人,而自己只知道炫耀而不知道努力,也难免落得个"泯然众人"的结局。

孟子曰:"教亦多术矣①。予不屑之教诲也者,是亦教诲之而已矣。"

【译文】 孟子说:"教育也是有很多方式的。我不屑于去教育训诲他,这也不过是一种教育训诲的方法罢了。"

【注释】 ①术:方法,手段。如郑玄注《礼记·祭统》"惠术也,可以观政矣"曰:"术犹法也。"

【评解】 孟子在这里阐述了一种教育的方法,就是通过拒绝的方式,激发受教育者的羞耻之心,敦促他自我反省,奋发自勉,悔过自新。

注释:

〔1〕 杨伯峻:《孟子译注》,第 276 页。
〔2〕 杨伯峻:《孟子译注》,第 278 页。
〔3〕 杨伯峻:《孟子译注》,第 279 页。
〔4〕 杨伯峻:《孟子译注》,第 282 页。
〔5〕 杨伯峻:《孟子译注》,第 282 页。
〔6〕 杨伯峻:《孟子译注》,第 286 页。
〔7〕 杨伯峻:《孟子译注》,第 287 页。
〔8〕 杨伯峻:《孟子译注》,第 290 页。
〔9〕 杨伯峻:《孟子译注》,第 290 页。
〔10〕 杨伯峻:《孟子译注》,第 292 页。

尽心章句上

孟子曰:"尽其心者,知其性也。知其性,则知天矣。存其心,养其性,所以事天也。夭寿不贰①,修身以俟之,所以立命也②。"

【译文】 孟子说:"充分发掘人内心中的善性,就能够洞知人的本性。了解了人的本性,也就能够洞察天命了。保持人的善良本心,涵养人的先天善性,这就是对待天命的正确态度。不论短命还是长寿,都能够专心一志,陶冶身心,涵养德性,等待天命,这就是把握命运的正确态度。"

【注释】 ①不贰:专一,无二心。
②立命:指通过修身养性以奉天命。

【评解】 孟子认为,在道德修养上,要充分发挥主观努力,把握自己的命运,反映了他的积极的力命观。中国哲学中,"命"与"力"是相对的概念。"力"与"命"的关系是我国古人关注比较多的一个问题,许多著名的思想家对此都有专门的论述。所谓"力",就是进取之力,是人的主观努力和能力。所谓"命",就是自然之命,是外部规律在人生际遇中的体现。力与命是紧密相连,互为因果的,有什么样的能力,就会有什么样的命运。命运的最终取向,除了必须顺应自然的力量之外,自身努力才是最重要的。自己的命运,其实就掌握在自己的手里。

孟子曰:"莫非命也,顺受其正。是故知命者,不立乎岩墙之下①。尽其道而死者,正命也。桎梏死者,非正命也②。"

【译文】 孟子说:"事物的发展没有不是取决于命运的,顺应规律而行所接受的就是正命。所以懂得命运的人,不会站在将要倒塌的墙壁之下。尽力实现自己的理想而死的人,所得的就是正命。犯罪而死的人,就不是正命。"

【注释】 ①岩墙:将要倒塌的墙。朱熹《集注》曰:"岩墙,墙之将覆者。"
②桎梏死者,非正命也:朱熹《集注》曰:"桎梏,所以拘罪人者。言犯罪而死,与立岩墙之下者同,皆人所取,非天所为也。"

【评解】 孟子强调人要通过自己的判断和努力,掌握和认识命运的规律,并顺从这一规律,不要故意违背规律而受到命运的惩罚。孟子所理解的规律,是与他的性善、仁义等思想相一致的。按照规律而行,其实也就是按照仁义之道而行,按照人本性中所具有的善性的指引而行。

孟子曰:"'求则得之,舍则失之',是求有益于得也,求在我者也①。'求之有道,得之有命',是求无益于得也,求在外者也②。"

【译文】 孟子说:"'如果追求就能得到,如果放弃就会失去',这是追求有助于获得,也就是追求我本身就具有的东西。'追求要通过正确的方式,能否得到要根据命运的安排',这是追求无助于获得,也就是追求我本身之外的东西。"

【注释】 ①在我者:朱熹《集注》曰:"在我者,谓仁义礼智,凡性之所有者。"
②在外者:朱熹《集注》曰:"在外者,谓富贵利达,凡外物皆是。"

【评解】 孟子认为,仁义礼智等德性都是人自身所具有的,只要按照正确的方法努力追求,就一定能够获得;功名利禄等外在东西的取得不是自身所能左右的,即使按照正确的方法努力追求,能不能得到也取决于其他的一些外在因素。因此,一个人只要努力修养,就一定能够达到德性完善。

孟子曰:"万物皆备于我矣,反身而诚①,乐莫大焉。强恕而行②,求仁莫近焉。"

【译文】 孟子说:"世间的一切在我的本心中都具备了。反躬自问,自己是实实在在地在按照自己的本心行事,没有比这更大的快乐了。努力地按照推己及人的恕道去做,达到仁的境界的道路没有比这种方法更近的了。"

【注释】 ①反身而诚:赵岐注曰:"反自思其身所施行,能皆实而无虚。"朱熹《集注》曰:"言反诸身,而所备之理,皆如恶恶臭、好好色之实然,则其行之不待勉强而无不利矣。"
②恕:即'恕'道,其核心是推己及人、仁爱待物。如《论语·卫灵公》中说:"子贡问曰:'有一言而可以终身行之者乎?'子曰:'其恕乎!己所不欲,勿施于人。'"汉代贾谊《新书·道术》中说:"以己度人谓之恕,反恕为荒。"朱熹《忠恕说》中说:"自其及物而言,则谓之恕。"

【评解】 这一章中孟子强调了反躬自问的道德修养方法和推己及人的道德实践途径。反躬自问可以挖掘自己内心的善性,通过自己的主观努力来提高自己的德性,因此对于道德修养是十分有利的;推己及人则符合一般人的情感要求,从爱自己身边的人推广到爱其他一切人,比较容易理解和接受。

孟子曰:"行之而不著焉①,习矣而不察焉,终身由之而不知其道者,众也②。"

【译文】 孟子说:"做了也不明白是怎么回事,习以为常也不能探究它的实质,一生都在经过也不知道是哪条道路,这是一般人。"

【注释】 ①著:朱熹《集注》曰:"著者,知之明。"
②众:一般人。

【评解】 孟子提出一个清醒、明智的人必须善于思考和分析,通过对事物的观察掌握其中的规律,并自觉地运用规律,按照规律行动。孟子的这一思想,其实也就是儒家所主张的"格物—致知—正心—诚意—修身"的道德修养方法。

孟子曰:"人不可以无耻。无耻之耻,无耻矣①。"

【译文】 孟子说:"人不能没有羞耻观念。把没有羞耻观念作为一种耻辱,就不会再有耻辱了。"

【注释】 ①无耻之耻,无耻矣:赵岐注曰:"人能耻己之无所耻,是为改行从善之人,终身无复有耻辱之累也。"

【评解】 孟子强调了羞耻之心对于个人的重要性。朱熹认为,在孟子那里,"耻"其实也就是他所说的"羞恶之心"。"耻者,吾所固有羞恶之心也。存之则进于圣贤,失之则入于禽兽,故所系为甚大。"孟子把"羞恶之心"与"恻隐之心"、"恭敬之心"("辞让之心")、"是非之心"看做是人之所以为人的基本特征之一,称它们为"四端",即"仁义礼智"四德的萌芽。因此,在孟子看来,羞耻之心是人生而固有的,它是人的道德品质的心理基础,人与禽兽的主要区别所在,是每一个人都不可或缺的。

孟子曰:"耻之于人大矣。为机变之巧者①,无所用耻焉。不耻不若人,何若人有②?"

【译文】 孟子说:"羞耻对于人来说非常重要,巧于做机谋权诈之事的人,没有地方用得着羞耻。不以自己不如别人为羞耻,怎样能够做成别人那样呢?"

【注释】 ①机变:机谋权诈。
②不耻不若人,何若人有:赵岐注曰:"不耻不如古之圣人,何有如贤人之名也?"朱熹《集注》曰:"但无耻一事不如人,则事事不如人矣。或曰:'不耻其不如人,则何能有如

人之事。'其义亦通。"今从赵注。

【评解】 儒家思想家认为羞耻感在人的道德素质培养中具有非常关键的作用,人只有有"耻"才能不断自觉地进行道德修养,主动地改正错误,做一个道德高尚的人。后世的许多人都曾经对孟子的这一观点进行过发挥,强调羞耻感对道德修养的重要意义。如朱熹曾经说:"耻便是羞耻之心,人有耻便能有所不为。"(《朱子语类》卷十三)"知耻是由内心以生,闻过是得之于外。人须知耻,方能过而改,故耻为重。"(《朱子语类》卷九十七)

孟子曰:"古之贤王,好善而忘势①。古之贤士,何独不然?乐其道而忘人之势。故王公不致敬尽礼,则不得亟见之。见且由不得亟,而况得而臣之乎?"

【译文】 孟子说:"古代贤明的君主,喜欢听取善言而忘记了自己的权势。古代的贤明之士,又何尝不是这样呢?乐于坚持自己的主张而忘记了别人的权势。所以王公贵族对他们做不到恭敬尽礼,就不会急切地和他们相见。相见尚且不会急切,更何况要把他作为臣属呢?"

【注释】 ①势:指权势。

【评解】 蔑视权贵、不阿谀逢迎是中国古代知识分子节操的重要体现。关于有才华的人和有权势的人哪个更高贵、更值得亲近的问题,一直是我国古代讨论的比较多的一个问题,如《墨子》中就专门有《亲士》。诚然,如果要做成一番事业,得到有权势的人的支持,的确可以起到"好风凭借力,送我上青云"的作用。但是,对于真正有气节的人来说,却不能丧失了人格和尊严去讨好当权者,以谋求功名利禄等外在需要的满足。

孟子谓宋勾践曰①:"子好游乎②?吾语子游:人知之亦嚣嚣③,人不知亦嚣嚣。"曰:"何如斯可以嚣嚣矣?"曰:"尊德乐义,则可以嚣嚣矣。故士穷不失义,达不离道④。穷不失义,故士得己焉⑤。达不离道,故民不失望焉。古之人,得志,泽加于民;不得志,修身见于世⑥。穷则独善其身;达则兼善天下。"

【译文】 孟子对宋勾践说:"你喜欢宣扬自己的主张吗?我和你讲讲宣扬吧:别人领会了我的主张,我感到自得其乐;别人不领会我的主张,我也感到自得其乐。"宋勾践说:"怎样做才能够自得其乐呢?"孟子说:"尊崇道德、喜爱道义,就可以自得其乐了。所以士人在困顿的时候,不会丧失道义;显达的时候不会背离正道。困顿的时候不会丧失道义,所以自己能够自得其乐。

显达的时候不会背离正道,所以老百姓不会对他失望。古代的人,得志的时候,恩泽施于老百姓;不得志的时候,修养个人的品德使世人仰慕。困顿的时候自己修养好品德,显达的时候把美德推行天下。"

【注释】 ①宋勾践:人名,事迹已不可考。
②游:宣扬。通过游说宣传自己的主张。
③嚣嚣(áo):赵岐注曰:"嚣嚣,自得无欲之貌也。"
④达:显贵,显达。
⑤得己:自得。
⑥见:朱熹《集注》曰:"见,谓名实之显著也。"

【评解】 孟子强调一个有经世济民抱负的人也应当有坚守仁义、自得其乐的操守,把精神生活的满足作为人的高尚追求。即使物质生活境况再糟糕,也不要丧失精神上的追求。

孟子曰:"待文王而后兴者①,凡民也②。若夫豪杰之士,虽无文王犹兴。"

【译文】 孟子说:"等待文王这样的圣王出现才能奋发的人,是平常之人。至于才能出众的豪杰之士,即使没有文王这样的圣王出现,也一样能奋发。"

【注释】 ①兴:朱熹《集注》曰:"兴者,感动奋发之意。"
②凡民:平常之人。赵岐注曰:"凡民,无自知者也。"朱熹《集注》曰:"凡民,庸常之人也。"

【评解】 一个真正的豪杰之士无论在顺境中还是逆境中,都应该奋发有为。得到命运的垂青固然可喜,机遇没有降临的时候也不能怨天尤人,而是应当通过自身的努力创造机会,尽一切可能实现自己的抱负和人生理想。

孟子曰:"附之以韩、魏之家①,如其自视欿然②,则过人远矣。"

【译文】 孟子说:"把晋国的韩、魏两家的财富加给他,如果他自己并不觉得自满,那么这样的人就超出一般人很多了。"

【注释】 ①附:增益,增加。赵岐注曰:"附,益也。"韩、魏之家:赵岐注曰:"韩、魏,晋六卿之富者也。""家"在先秦时指的是大夫,因此这里韩、魏不是指战国时的韩、魏两国,而是晋国的韩、魏两家。
②欿(kǎn)然:不自满。朱熹《集注》曰:"欿然,不自满之意。"

【评解】 孔子说:"朝闻道,夕死可也。""一箪食,一瓢饮,在陋巷,人不堪其忧,回也不改其乐。贤哉,回也。"孟子也认为,一个有德行的人不会满足于外在物质利益的满足。只有精神生活的满足和道德上的提高,才会让人真正感到充实。这体现了儒家安贫乐道,重义轻利的人生追求。

孟子曰:"以佚道使民①,虽劳不怨。以生道杀民②,虽死不怨杀者。"

【译文】 孟子说:"以最终使老百姓安逸为指导思想来役使老百姓,他们虽然劳累也不会怨恨。以最终使老百姓生存为指导思想来杀人,人即使被杀死也不会怨恨杀他的人。"

【注释】 ①佚道:赵岐注曰:"谓教民趋农,役有常时,不使失业,当时虽劳,后获其利,则佚矣,若'亟其乘屋'之类也。"

②生道:赵岐注曰:"谓杀大辟之罪者,以坐杀人故也。杀此罪人者,其意欲生民也。"

【评解】 要实行"仁政",就必须"安民"、"顺民"。如果能够真心体会老百姓的需要和愿望,老百姓就会心悦诚服地接受统治者的统治,从而保持国家的稳定和秩序。"安民"、"顺民"不但是提倡德治的儒家的政治主张,许多进步的思想家和政治家都看到了满足人民的需要、顺应人民的愿望的重要性。如被视为法家的管仲也曾经说过:"政之所行,在顺民心;政之所废,在逆民心。"(《管子·牧民》)

孟子曰:"霸者之民,驩虞如也①;王者之民,皞皞如也②。杀之而不怨,利之而不庸③,民日迁善而不知为之者。夫君子所过者化④,所存者神,上下与天地同流,岂曰小补之哉⑤!"

【译文】 孟子说:"霸主的百姓,是欢喜快乐的;王者的百姓,是心情舒畅的。老百姓被处死也不会怨恨,得到了好处也不知道是谁的功绩,老百姓的品质一天天地变好也不知道是谁采取的措施。圣人所经过的地方,人们都会受到感化,所停留的地方,就会发生神秘莫测的变化,他们的德业上下与天地同时运行,难道能说仅仅只是对罅漏的小小补益吗?"

【注释】 ①驩虞:欢乐。驩,同"欢"。朱熹《集注》曰:"驩虞,与欢娱同。"赵岐注曰:"霸者行善恤民,恩泽暴见易知,故民驩虞乐之也。"

②皞皞:广大自得、心情舒畅貌。朱熹《集注》曰:"广大自得之貌。"

③利之而不庸:赵岐注曰:"利之使趋时而农,六畜繁息,无冻馁之老,而民不知犹是王者之功。"庸,功勋。另如杜预注《左传·昭公四年》:"告之以文辞,董之以武师,虽齐不许,君庸多矣"曰:"庸,功也。"

④君子:朱熹《集注》曰:"君子,圣人之通称也。"杨伯峻《孟子译注》说:"这一'君子'

的意义和一般有德者谓之君子以及有位者谓之君子的意义不同,故朱熹《集注》云:'君子,圣人之通称也。'不但指'王者',可能也指非王者之'圣人',如孔子等,所以此处不用'王者'字样而改用'君子'两字。"[1]

⑤所过者化,所存者神,上下与天地同流,岂曰小补之哉:朱熹《集注》曰:"所过者化,身所经历之处,即人无不化,如舜之耕历山而田者逊畔,陶河滨而器不苦窳也。所存者神,心所存主处便神妙不测,如孔子之立斯立、道斯行、绥斯来、动斯和,莫知其所以然而然也。是其德业之盛,乃与天地之化同运并行,举一世而甄陶之,非如霸者但小小补塞其罅漏而已。此则王道之所以为大,而学者所当尽心也。"

【评解】 儒家一贯强调道德教化,认为这是"仁政"、"德治"的根本要求。这一章中孟子区分了王道和霸道,赞扬了王道教民的社会功效,认为只有实施道德教化,改变老百姓的精神面貌,才是使统治获得长治久安的根本。

孟子曰:"仁言①,不如仁声之入人深也②。善政,不如善教之得民也。善政,民畏之;善教,民爱之③。善政,得民财;善教,得民心④。"

【译文】 孟子说:"仁德的政教命令不如仁德的音乐感化深入人心。良好的政令不如良好的教化能够赢得民心。良好的政令,老百姓都怕它;良好的教化,老百姓都爱它。良好的政治,得到的是老百姓的财富;良好的教化,得到的是老百姓的真心。"

【注释】 ①仁言:赵岐注曰:"仁言,政教法度之言也。"朱熹《集注》引二程曰:"仁言,谓以仁厚之言加于民。"因下文"善政"与"善教"对举,赵注与孟子本意更为一致,今从之。

②仁声:赵岐注曰:"仁声,乐声《雅》、《颂》也。"朱熹《集注》引二程曰:"仁声,谓仁闻,谓有仁之实而为众所称道者也。"从下文可知,这里"仁声"指的是"善教"。今从赵注。

③善政,民畏之;善教,民爱之:赵岐注曰:"畏之,不逋怠,故赋役举而财聚于一家也;爱之,乐风化而上下亲,故欢心可得也。"

④善政,得民财;善教,得民心:朱熹《集注》曰:"得民财者,百姓足而君无不足也;得民心者,不遗其亲,不后其君也。"

【评解】 德治之所以比法治更加优越,就在于它能够赢得民心。暴力控制可以使老百姓顺从一时,但终归会起来反抗,只有赢得老百姓的真心支持,才能建立坚实、稳固的统治基础。强大的秦王朝统一全国后仅仅经过了二三十年便土崩瓦解,从反面证实了儒家的这一观点。

孟子曰:"人之所不学而能者,其良能也①。所不虑而知者,其良知也^②。孩提之童^③,无不知爱其亲者,及其长也,无不知敬其兄也。亲亲,仁也。敬长,义也。无他,达之天下也。"

【译文】 孟子说:"人不需要学习就能做到的,这是人类天赋的良能。不需要思考就能知道的,这是人类先天具有的良知。非常幼小的儿童,没有不知道爱他的父母的,等到他长大了,没有不知道尊敬他的兄长的。亲爱父母,就是仁。尊敬兄长,就是义。没有别的原因,就是因为这两者可以通行天下。"

【注释】 ①良能:人类天赋的能力。朱熹《集注》曰:"良者,本然之善也。"
②良知:人类先天具有的道德意识。
③孩提:幼小,幼年。赵岐注曰:"孩提,二三岁之间,在襁褓知孩笑,可提抱者也。"孩,小儿笑。另如《老子》中:"我独泊兮其未兆,如婴儿之未孩。"

【评解】 "良知"、"良能"是孟子先天性善论中的两个重要概念。他认为天生就具有道德上的本能,这是人和其他动物的根本区别。人只有通过努力使这种本能得到发挥和完善,才能成为真正的人。这是他的性善论和道德修养论的重要理论前提,对后世产生了深远影响。

孟子曰:"舜之居深山之中,与木石居,与鹿豕游^①,其所以异于深山之野人者几希。及其闻一善言,见一善行,若决江河,沛然莫之能御也。"

【译文】 孟子说:"舜居住在深山中的时候,与树木、山石同居,与麋鹿、野猪相伴,与深山中的普通人不同的地方很少。等到他听到一句善言,看到一件善行,(就学习并努力推行),就像大江大河被决开了口子一样,澎湃汹涌的气势没有力量能够阻止。"

【注释】 ①游:行走。

【评解】 孟子通过对舜积极向善的品德的赞美,说明一个真正有德行的人,无论条件多么恶劣,都不会放弃道德上的追求,都能保持住自己的良好品德。一旦有机会,他的高尚品德马上就会显现出来。舜的这种品德,有点类似于孔子所说的:"君子去仁,恶乎成名?君子无终食之间违仁,造次必于是,颠沛必于是。"(《论语·里仁》)

孟子曰:"无为其所不为,无欲其所不欲^①,如此而已矣。"

【译文】 孟子说:"不要做那些自己不愿意做的事情,不要追求自己不想要的东西,按照这样的原则行事就可以了。"

【注释】　①无为其所不为,无欲其所不欲:赵岐注曰:"无使人为己所不欲为者,无使人欲己之所不欲者。"杨伯峻认为这种解释"增字为释,恐非孟子本意"[2]。

【评解】　关于此章有不同的理解。有人认为孟子这里发挥了孔子"己所不欲,勿施与人"的思想,强调人在道德生活中要推己及人;有人认为孟子这里是强调一个人要始终按照内心中所本有的善性的指引行事,要坚守住做人的原则。这两种理解都符合孟子的思想体系。至于接受哪一种,不同的人可以根据自己的理解和体会。

孟子曰:"人之有德慧术知者①,恒存乎疢疾②。独孤臣孽子③,其操心也危④,其虑患也深,故达⑤。"

【译文】　孟子说:"人之所以有道德、智慧、能力和知识,经常是因为他面临着忧患。只有那些孤立的臣属、庶出的儿子,由于他们考虑问题的时候总是感到忧惧,有着深深的顾虑和忧患,所以才通达事理。"

【注释】　①德慧术知:赵岐注以为"德行、智慧、道术、才智"。朱熹《集注》曰:"德慧者,德之慧。术知者,术之知。"今从赵注。
②疢(chèn)疾:忧患。朱熹《集注》曰:"疢疾,犹灾患也。"
③孽子:庶子,非正妻所生之子。如《墨子·节葬下》中有:"然后伯父、叔父、兄弟、孽子。"孙诒让《间诂》曰:"孽,庶子也。"
④危:忧惧,不安。
⑤达:通晓,明白。朱熹《集注》曰:"达,谓达于事理。"另如《论语·乡党》有:"康子馈药,拜而受之,曰:'丘未达,不敢尝。'"刘宝楠《正义》曰:"达,犹晓也。言不晓此药治何疾,恐饮之反有害也。"

【评解】　这一章又一次强调了"生于忧患,死于安乐"的思想,认为一个人无论是知识、才能上的提高,还是道德上的进步,都要经过艰苦的磨炼。事实也证明,博学多识的人都是经过长期艰苦学习和积累的结果,他们在获得知识的过程中,都付出了艰辛,经受过磨炼。大家耳熟能详的"头悬梁,锥刺股"、车胤囊萤、孙康映雪等早已成为千古美谈的典故都能说明这个问题。

孟子曰:"有事君人者,事是君则为容悦者也。有安社稷臣者,以安社稷为悦者也。有天民①,达可行于天下而后行之者也。有大人者②,正己而物正者也。"

【译文】　孟子说:"有侍奉君主的人,就是那种侍奉哪个君主就去讨哪个喜欢的人。有安定国家的大臣,就是那种因使国家安定而高兴的人。有明天理、顺天性的天民,就是那种知道自己的主张能够行于天下时就去实行的人。有德行高尚、志趣高远的大人，就是那种端正了自己则外物就随之端正的人。"

【注释】 ①天民：指明乎天理、适乎天性的贤者。朱熹《集注》曰："民者，无位之称。以其全尽天理，乃天之民，故谓之天民。"

②大人：指德行高尚、志趣高远的圣贤。朱熹《集注》曰："大人，德盛而上下化之，所谓'见龙在田，天下文明'者。"

【评解】 孟子根据道德、志趣、节操和经世济民的责任感将臣子分为四种不同的境界，并由此表明了自己的褒贬态度，即批评了只会取悦君主的臣子，赞扬了道德高尚、志趣高远、"正己而物正"的"大人"。

孟子曰："君子有三乐，而王天下不与存焉。父母俱存，兄弟无故①，一乐也。仰不愧于天，俯不怍于人②，二乐也。得天下英才而教育之，三乐也。君子有三乐，而王天下不与存焉。"

【译文】 孟子说："君子有三种可以感到快乐的事情，但是以仁德统一天下并不列入其中。父母都还健在，兄弟没有灾祸，这是第一种可以感到快乐的事情。做人上无愧于天，下无愧于人，这是第二种可以感到快乐的事情。得到天下的优秀人才而对他们进行教育，这是第三种感到快乐的事情。君子有三种可以感到快乐的事情，但是以仁德统一天下并不列入其中。"

【注释】 ①故：指意外或不幸的事变。如《周礼·天官·宫正》中有："国有故。"郑玄注引郑司农曰："故谓祸灾。"《礼记·曲礼》中有："君无故，玉不去身。"郑玄注曰："故，灾患丧病也。"

②怍：羞惭。

【评解】 孟子"君子三乐"的思想影响深远。孟子的"三乐"，从平淡中体现了一个品德高尚、有责任感的人的人生追求。

孟子曰："广土众民，君子欲之，所乐不存焉。中天下而立，定四海之民，君子乐之，所性不存焉。君子所性，虽大行不加焉①，虽穷居不损焉，分定故也。君子所性，仁义礼智根于心。其生色也，睟然见于面②，盎于背③，施于四体④，四体不言而喻⑤。"

【译文】 孟子说："土地广大、人民众多，是君子所期望的，但是这不是他感到快乐的地方。立于天下的中心，安定四海的人民，君子以此感到快乐，但是这不是体现他的本性的地方。君子的本性，即使他的主张被广为推行也不会因此使它有所增加，即使困顿隐居也不会因此使它减少，因为它从本分上说已经固定了的缘故。君子的本性,仁义礼智根植于他的内心中。它所生发出来的神色纯和温润,表现在脸上,显现于背上,遍及四肢,一举手一投足之间,不必说出别人就可以一目了然。"

【注释】　①大行:广为推行,普遍流行。赵岐注曰:"大行,行之于天下。"

②睟(suì)然:润泽貌。赵岐注曰:"睟然,润泽之貌也。"朱熹《集注》曰:"睟然,清和润泽之貌。"

③盎(àng):洋溢,显现。赵岐注曰:"盎,视其背而可知,其背盎盎然盛。"焦循《正义》曰:"视其背而可知,则显之谓也。"朱熹《集注》曰:"盎,丰厚盈溢之意。"

④施:遍及,延及。

⑤不言而喻:不用说就可明白。赵岐注曰:"虽口不言自晓喻而知也。"

【评解】　孟子通过对"君子"本性的描述,表现了他安贫乐道、追求高尚品德的人生境界。

孟子曰:"伯夷辟纣,居北海之滨,闻文王作兴,曰:'盍归乎来!吾闻西伯善养老者。'太公辟纣,居东海之滨,闻文王作兴,曰:'盍归乎来!吾闻西伯善养老者。'天下有善养老,则仁人以为己归矣。五亩之宅,树墙下以桑,匹妇蚕之①,则老者足以衣帛矣。五母鸡,二母彘,无失其时,老者足以无失肉矣。百亩之田,匹夫耕之,八口之家,足以无饥矣。所谓西伯善养老者,制其田里②,教之树畜③,导其妻子,使养其老。五十非帛不暖,七十非肉不饱。不暖不饱,谓之冻馁。文王之民,无冻馁之老者,此之谓也。"

【译文】　孟子说:"伯夷躲避纣王,居住在北海之滨,听说周文王兴起,说:'何不到他那里去呢!我听说周文王是善于供养老人的人。'姜太公躲避纣王,居住在东海之滨,听说周文王兴起,说:'何不到他那里去呢!我听说周文王是善于供养老人的人。'天下有善于供养老人的人,那么仁人就会把他做自己的归宿。五亩的宅地,在墙下栽上桑树,妇女们养蚕缫丝,那么老年人就足以穿上丝织的衣服了。每家五只母鸡,两只母猪,不要错过了饲养繁殖的季节,老年人就足以有充足的肉食可吃了。每家百亩的耕地,男子们去耕种,八口人的家庭就足以免于饥饿了。所谓的周文王善于供养老人,就在于他制定了合理的土地和住宅制度,教育人民栽种养殖,引导他们的妻子儿女,让他们供养自己的老人。人到了五十岁,没有丝织的衣服穿就不觉得暖;到了七十岁,没有肉食吃就不觉得饱。穿不暖、吃不饱,就叫做挨冻受饿。周文王的老百姓中,没有挨冻受饿的老人,说的就是这个意思。"

【注释】　①蚕:这里做动词,养蚕缫丝。
②田里:朱熹《集注》曰:"田,谓百亩之田。里,谓五亩之宅。"
③树畜:朱熹《集注》曰:"树,谓耕桑。畜,谓鸡豕也。"

【评解】　孟子又一次强调了"养老"的主张。在他看来,养老是仁政的重要内容,要求统治者要通过实实在在的政治措施,使老人都得到善待,老有所安。

孟子曰:"易其田畴①,薄其税敛,民可使富也。食之以时,用之以礼,财不可胜用也。民非水火不生活,昏暮叩人之门户,求水火,无弗与者,至足矣。圣人治天下,使有菽粟如水火。菽粟如水火,而民焉有不仁者乎?"

【译文】　孟子说:"整治好他们的田地,减轻他们的税收,就可以使老百姓富足。根据时间饮食,依据礼节消费,财物就会用之不尽。老百姓离开了水和火就不能生存,然而天黑的时候敲开别人的大门,要一些水或者火种,却没有不给的,原因就在于水和火都非常充足的缘故。圣人治理天下,要使老百姓拥有的粮食多得像水和火一样。粮食像水和火一样多,那样老百姓哪里还有不对人仁爱的呢?"

【注释】　①易:整治。赵岐注曰:"易,治也。"田畴:田地。畴,已耕作的田地。孙奭疏曰:"《说文》云:(畴)为耕治之田也。"

【评解】　"让生于有余,争生于不足。"儒家的仁政主张把使老百姓富足作为目标之一。保障人民的基本生活,"先富后教",是我国传统伦理思想史上所有进步思想家的一个共识。"自古及今,未有穷其下而能无危者也。"(《荀子·哀公》)只有使老百姓生活富足,才能使他们安居乐业,自觉地维护社会秩序,保持统治秩序的稳定。

孟子曰:"孔子登东山而小鲁①,登泰山而小天下。故观于海者难为水;游于圣人之门者难为言。观水有术,必观其澜②。日月有明,容光必照焉③。流水之为物也,不盈科不行④;君子之志于道也,不成章不达⑤。"

【译文】　孟子说:"孔子登上东山,他所看到的鲁国就觉得小了;登上泰山,他所看到的天下也觉得小了。所以,看到过大海的人,就难以再称道其他的水了;游学于圣人之门的人,就难以再称道其他的言论了。观察水有方法,一定要观察它的大波浪。太阳月亮都能发出光辉,微小的缝隙就一定能照过来。流水这个东西的特性,不把低洼处注满就不会向前流;君子志于践行他的主张,没有形成一定的格局就不能通达。"

【注释】 ①东山:即今之蒙山,在山东省蒙阴县南、平邑县北。
②澜:水中湍急处的大波浪。赵岐注曰:"澜,水中大波也。"朱熹《集注》曰:"澜,水之湍急处也。"
③容光:指幽微的空隙。赵岐注曰:"容光,小郤也。"焦循《正义》曰:"苟有丝发之际可以容纳,则光必入而照焉,容光非小隙之名,至于小隙,极言其容之微者,以见其照之大也,故以小郤明容光。"
④科:坎,坑。赵岐注曰:"科,坎。"
⑤成章:《说文解字》中说:"乐竟为一章。"加以引申,凡积渐生变,自成格局,都可称成章。如《易·说卦》中:"故易六位而成章。"《吕氏春秋·大乐》中:"阴阳变化,一上一下,合而成章。"朱熹《集注》曰:"成章,所积者厚,而文章外见也。"恐非。

【评解】 孟子强调每个人都要加强道德的积累,永远不要自我满足。厚积才能薄发,只有积极进取,努力追求,才能使自己的德性不断完善,达到"内圣"的境界。只有达到这样的境界,才能游刃有余地面对各种情况,使自己的主张得到推行和实现,实现自己的人生理想。

孟子曰:"鸡鸣而起,孳孳为善者①,舜之徒也。鸡鸣而起,孳孳为利者,跖之徒也。欲知舜与跖之分,无他,利与善之间也②。"

【译文】 孟子说:"鸡叫时分就起来,努力不懈行善的人,是和舜一类的人。鸡叫时分就起来,努力不懈求利的人,是和跖一类的人。要知道舜和跖的区别,没有别的,求利和行善的不同罢了。"

【注释】 ①孳孳:勤勉,努力不懈。朱熹《集注》曰:"孳孳,勤勉之意。"另如《礼记·表记》有:"俛焉日有孳孳,毙而后已。"陈澔《集说》曰:"孳孳,勤勉之貌。"孳,通"孜"。
②间:差别,距离。如高诱注《淮南子·俶真训》"百围之木,斩而为牺尊……然其断在沟中,壹比牺尊沟中之断,则丑美有间矣"曰:"间,远也,方其好丑相去远也。"

【评解】 这一章深刻体现了孟子重义轻利的义利观。孔子说:"君子喻于义,小人喻于利。"孟子则把一心追求利的人看做与盗贼同类,而把一心追求义的人看做与圣人同类。可见他把义利看成势不两立的追求,重义轻利倾向比孔子更明显。

孟子曰:"杨子取'为我'①,拔一毛而利天下,不为也。墨子'兼爱',摩顶放踵利天下②,为之。子莫'执中'③,执中为近之。执中无权,犹执一也④。所恶执一者,为其贼道也,举一而废百也。"

【译文】 孟子说:"杨朱主张'为我',拔一根汗毛使天下人得利,他都不会做。墨子主张'兼爱',磨秃头顶、磨破脚跟而使天下人得利,他也会去干。子莫主张'中庸',主张中庸就差不多了。但是如果主张中庸而没有变通,就和固执一端差不多了。之所以厌恶固执一端,因为它损害了仁义之道,执着一点而废弃其他的缘故。"

【注释】 ①杨子:即杨朱。取:朱熹《集注》曰:"取者,仅足之意。"

②摩顶放踵:从头顶到脚跟都磨伤。形容舍己为人,不辞辛苦。赵岐注曰:"摩突其顶下至于踵。"摩,磨损。如《韩非子·八说》中有:"规有摩,而水有波,我欲更之,无奈之何!"陈奇猷《集解》曰:"摩,即《孟子·滕文公篇》'墨子摩顶放踵'之摩,赵注:'摩顶,摩突其顶。'是摩即磨损之意。"

③子莫:赵岐注曰:"子莫,鲁之贤人也。"执中:指坚持中庸之道,无过与不及。朱熹《中庸章句序》曰:"君子时中,则执中之谓也。"

④执一:固执一端,不知变通。

【评解】 孟子批评了墨子、杨朱的固执一端和子莫的不知变通,提出行事的正确原则应当是在坚持仁义之道的基础上遵循中道、灵活变通。孟子主张把原则性和灵活性结合起来处理问题,是有道理的。

孟子曰:"饥者甘食①,渴者甘饮,是未得饮食之正也,饥渴害之也。岂惟口腹有饥渴之害?人心亦皆有害。人能无以饥渴之害为心害,则不及人不为忧矣。"

【译文】 孟子说:"饥饿的人自然觉得食物甘美,口渴的人自然觉得饮料甘美,之所以没有品味饮料、食品的正常滋味,是由于苦于饥饿、口渴的缘故。难道仅仅口腹有饥饿、口渴之苦吗?人心也都有所苦。如果人们能够不觉得饥饿、口渴之苦是内心之苦,那就不会为不如别人感到忧虑了。"

【注释】 ①甘:以为甘美。

【评解】 孟子在这一章中再一次强调了精神上的需要高于物质上的需要,告诫人们不要因为物质条件不好就放弃了道义、精神上的追求,激励人们要矢志不渝地加强道德修养,保持高尚的节操。

孟子曰:"柳下惠不以三公易其介①。"

【译文】 孟子说:"柳下惠不因为三公这样的高位改变他的操守。"

【注释】 ①三公:古代三种最高官衔的合称。先秦时期一般以太师、太傅、太保为三公。如《尚书·周官》中有:"立太师、太傅、太保,兹惟三公,论道经邦,燮理阴阳。"此外,还有以司马、司徒、司空为三公之说。介：操守，节操。

【评解】　孟子通过赞美柳下惠不因富贵改变自己的节操，强调在现实生活中，一方面要安贫乐道，另一方面，即使外在的物质利益得到了满足，也不要放弃做人的原则，不要因此改变自己精神上的追求和信仰。

孟子曰："有为者，辟若掘井①。掘井九轫而不及泉②，犹为弃井也。"

【译文】　孟子说："做任何事情都像挖井一样，挖到九仞深还没有泉眼，仍然是一口废井。"

【注释】　①辟：同"譬"。
②轫：同"仞"。古代的长度单位，以七尺或八尺为一"仞"。赵岐注曰："轫，八尺也。"此处是以八尺为一仞，但古人关于"仞"这一长度单位至少有相当于七尺和相当于八尺两种说法。如《论语·子张》中有："夫子之墙数仞，不得其门而入者，不见宗庙之美，百官之富，得其门者或寡矣。"何晏《集解》引苞氏曰："七尺曰仞也。"郑玄注《仪礼·乡射礼》"杠长三仞"曰："七尺曰仞。"颜师古注《汉书·食货志上》"神农之教曰：有石城十仞，汤池百步，带甲百万而亡粟，弗能守也"曰："应劭曰：'仞，五尺六寸也。'师古曰：'此说非也。八尺曰仞，取人申臂之一寻也。'"可见，古代的"轫"这一长度单位并不是固定的，孟子这里所说，也可以理解为约数，不必细究。

【评解】　无论学习还是做事，成功与否，关键在于有没有孜孜不倦、持之以恒的精神。因为任何事情都有一个积渐默化的过程，所以，一个人要想成功，必须具有"锲而不舍"的精神，以顽强的意志，通过坚持不懈的跋涉，终究将会登上胜利之峰。每个人都应当抱定"只管耕耘，不问收获"的信念，为了既定的目标下一番苦工夫。道德修养应当如此，做其他任何事情也应当如此。

孟子曰："尧舜，性之也；汤武，身之也；五霸，假之也①。久假而不归②，恶知其非有也③？"

【译文】　孟子说："尧舜实行仁政，是出于本性而自然推行的；商汤和周武王实行仁政，是亲身体验而努力推行；五霸实行仁政，是假借仁义以谋求利益。借得长久了却不归还，谁又看得出他本来不是为了推行仁政呢？"

【注释】　①假：借。赵岐注曰："假之，假仁以正诸侯也。"
②归：归还。
③恶知其非有也：赵岐注曰："五霸而能久假仁义，譬如假物久而不归，安知其不真有也。"朱熹《集注》则曰："有，实有也。言窃其名以终身，而不自知其非真有。或曰：'盖

叹世人莫觉其伪者。'亦通。旧说,久假不归,即为真有,则误矣。"

【评解】 一个统治者如果要实行仁政,就必须发自内心、真心实意地推行,而不能仅仅窃取仁义作为口号以谋求私利。

公孙丑曰:"伊尹曰:'予不狎于不顺①。'放太甲于桐,民大悦;太甲贤,又反之,民大悦。贤者之为人臣也,其君不贤,则固可放与?"孟子曰:"有伊尹之志,则可;无伊尹之志,则篡也。"

【译文】 公孙丑说:"伊尹说:'我不愿意接近不按照义理行事的人。'于是他把太甲放逐到桐,老百姓都非常高兴;太甲变得德行好了,他又让他回到王位上,老百姓非常高兴。贤人作为别人的臣属,他的君主如果德行不好,那么就一定可以放逐他吗?"孟子说:"如果有伊尹那样的心胸,就可以;如果没有伊尹那样的心胸,就是篡位了。"

【注释】 ①狎:接近,亲近。不顺:朱熹《集注》曰:"不顺,言太甲所为,不顺义理也。"

【评解】 孟子赞扬了伊尹一心为天下的品德,认为一个人只要是出于一心为天下的心胸,什么事情都可以去做,不必畏惧。但是,如果没有这样的心胸却以下犯上,任意妄为,则是要坚决反对的。在这里,孟子在进行道德判断时强调的无疑是动机,但是在现实生活中,仅凭动机却是很难对一个行为做出正确判断的。

公孙丑曰:"《诗》曰:'不素餐兮①。'君子之不耕而食,何也?"孟子曰:"君子居是国也,其君用之,则安富尊荣;其子弟从之,则孝悌忠信。'不素餐兮',孰大于是?"

【译文】 公孙丑说:"《诗经》中说:'不要不劳而食啊。'君子自己不耕种也吃饭,为什么呢?"孟子说:"君子居住在一个国家里,君主任用他,就能够平安、富足、尊贵、荣耀;国中的年轻人听从他的教导,就会孝顺、敬长、忠心、诚信。'不要不劳而食啊',还有比这更重要的吗?"

【注释】 ①不素餐兮:出自《诗经·魏风·伐檀》。素餐,指无功受禄,不劳而食。赵岐注曰:"无功而食,谓之素餐。"

【评解】 孟子把治国安邦的脑力劳动也作为劳动,并且认为是比农业生产等体力劳动更重要的劳动,也理应获得报酬。孟子基于社会分工的必要性所做出的这一结论,无疑是有见地的。

王子垫问曰①:"士何事?"孟子曰:"尚志②。"曰:"何谓尚志?"

曰:"仁义而已矣。杀一无罪,非仁也;非其有而取之,非义也。居恶在? 仁是也。路恶在? 义是也。居仁由义,大人之事备矣。"

【译文】 王子垫问:"士是从事什么的呢?"孟子说:"使自己的心志高尚。"王子垫问:"什么是使自己的心志高尚。"孟子说:"就是做到仁和义罢了。杀一个没有罪过的人,就是不仁;不是自己的东西而拿过来,就是不义。居住在哪里呢? 仁是最安适的住宅;行走在哪里呢? 义是最正确的道路。安于仁道行于正义,做管理人民的人的条件就准备好了。"

【注释】 ①王子垫:赵岐注曰:"齐王子名垫也。"
②尚:朱熹《集注》曰:"尚,高尚也。"

【评解】 孟子认为士应当以仁义作为追求的目标,表明了一个具有社会责任感的知识分子的精神追求和气节操守。

孟子曰:"仲子①,不义与之齐国而弗受,人皆信之。是舍箪食豆羹之义也。人莫大焉亡亲戚②、君臣、上下。以其小者,信其大者,奚可哉?"

【译文】 孟子说:"陈仲子这个人,如果不符合道义即使把整个齐国送给他,他都不会接受,别人都相信他崇尚义。但是他的这种义只是放弃一筐饭一碗汤的义。人不能再有比没有父母亲属、君臣、上下这些关系更大的事情了。因为他有小的节操,就相信他有大的美德,怎么可以呢?"

【注释】 ①仲子:即陈仲子。
②亡:同"无"。

【评解】 孟子上文曾经对"勇"进行过大小的划分,这里又以陈仲子为例,区分了"大"义和"小"义。告诫人们在道德修养和道德实践中,一定要抓住关键,把握住原则,分清轻重主次,不要舍本逐末,因小失大。

桃应问曰①:"舜为天子,皋陶为士,瞽瞍杀人,则如之何?"孟子曰:"执之而已矣。""然则舜不禁与?"曰:"夫舜恶得而禁之? 夫有所受之也。""然则舜如之何?"曰:"舜视弃天下,犹弃敝蹝也②。窃负而逃,遵海滨而处③,终身欣然④,乐而忘天下。"

【译文】 桃应问道:"舜作为天子,皋陶作为法官,如果瞽瞍杀了人,那该怎么办?"孟子说:"当然是把他抓起来。"桃应问:"那么,舜不阻止他吗?"孟子说:"舜有什么理由阻止呢? 他是有所依据才抓他的。"桃应问:"那么,舜该怎么办呢?"孟子说:"舜把丢弃天子之位,看得像丢弃破草鞋一样。他可以偷偷背着他的父亲而逃走,沿着海边找个地方住下来,一辈子都高高兴兴,快乐得把整个天下都忘掉了。"

【注释】 ①桃应:赵岐注曰:"孟子弟子。"
②蹝(xǐ):草鞋。赵岐注曰:"蹝,草履也。"
③遵:顺着,沿着。
④欣然:高兴的样子。

【评解】 孟子强调通权达变,又认为亲情大于法理。从桃应所设想的这个例子中,就明显反映出孟子的这两个基本主张。但是,在亲情和法律发生矛盾时,孟子所选择的看似两者兼顾的处理方式其实最终还是选择了私情,违背了法律。孟子在道德两难的困境中做出的这一选择,把私情置于法律之上,在中国封建社会中产生了恶劣的影响,为许多徇私枉法的行为提供了借口,其消极影响至今仍未得到消除。

孟子自范之齐①,望见齐王之子,喟然叹曰②:"居移气,养移体,大哉居乎!夫非尽人之子与?"孟子曰:"王子宫室、车马、衣服多与人同,而王子若彼者,其居使之然也。况居天下之广居者乎③?鲁君之宋,呼于垤泽之门④,守者曰:'此非吾君也,何其声之似我君也?'此无他,居相似也。"

【译文】 孟子从范到齐国的国都,远远看见齐王的儿子,叹息地说:"环境改变气质,供养改变体质,环境真是很重要啊!他难道不是和别人一样都是人的儿子吗?"于是孟子说:"王子的宫邸、车马和衣服多半和别人一样,王子却像那个样子呢,是因为他居住的环境使他那样。何况以'仁'这个天下最安适的住宅为自己住所的人呢?鲁君到宋国去,在宋国的垤泽门外呼喊,把守城门的人说:'这不是我们的国君啊,为什么他的声音如此像我们的国君呢?'这没有其他的原因,是因为居住的环境相像啊。"

【注释】 ①范:地名。赵岐注曰:"范,齐邑,王庶子所封食也。"
②喟(kuì)然:感叹、叹息貌。
③天下之广居:即"仁"。
④垤泽:赵岐注曰:"垤泽,宋城门名也。"

【评解】 社会环境和道德修养对于人的形容举止都会产生重要的影响。生活尊贵、道德高尚的人一般都气度不凡,地位低贱、品质低劣的人一般则形容猥琐。生活条件和地位是很难自己改变的,因此,如果一个人要想改变自己的气质,最有效、最现实的途径就是加强道德修养。

孟子曰:"食而弗爱,豕交之也。爱而不敬,兽畜之也。恭敬者,币之未将者也①。恭敬而无实,君子不可虚拘②。"

【译文】 孟子说:"供给饮食而不知关爱,就是像对待猪一样地对待;知道关爱而做不到恭敬,就是像畜养狗马一样地奉养。恭敬的态度,产生在礼物送出以前。只有恭敬的形式而没有恭敬的实质,君子不能够以虚假的礼仪笼络人。"

【注释】 ①将:奉献。如《诗经·周颂·我将》中有:"我将我享,维羊维牛,维天其右之。"郑玄笺曰:"将,犹奉也。"
②虚拘:以虚假的礼仪笼络人。拘,朱熹《集注》曰:"拘,留也。"

【评解】 孟子批评了诸侯对待贤士时虚情假意进行应付的现象,阐明了在礼的形式与实质内容之间,应当重视实质的观点。礼节仪文只不过是"礼"的"末",而其中所包含的精神实质,才是它的"本"。人们重视"礼",并非只是学习和遵守它的仪文,更重要的是领会其精神实质,发挥它在经邦治国、教化万民中的作用。否则,形式便成为枯燥的表面文章而失去实际意义。

孟子曰:"形色①,天性也。惟圣人然后可以践形②。"

【译文】 孟子说:"人的身体和容貌都是先天具有的,只有圣人才能做到使天赋的本质得以真正体现。"

【注释】 ①形色:赵岐注曰:"形谓君子体貌尊严也,《尚书·洪范》'一曰貌'。色谓妇人妖丽之容,《诗》云'颜如舜华'。"
②践形:即体现人所天赋的品质。践,履行,使实现。赵岐注曰:"践,履居之也。"朱熹《集注》曰:"践,如践言之践。"

【评解】 孟子认为,人既然具有了与其他动物不同的形体外表,就应当发挥本有的善性,使形体与内在一致起来,从而真正体现人的本质。正如焦循在《孟子正义》中所说:"此乃孟子言人性之善异乎禽兽也。形色,即是天性,禽兽之形色不同乎人,故禽兽之性不同乎人。惟其为人之形,人之色,所以为人之性。圣人尽人之性,正所以践人之形。苟拂乎人性之善,则以人之形而入于禽兽矣,不践形矣。孟子此章言性至精至明。"

齐宣王欲短丧。公孙丑曰:"为期之丧①,犹愈于已乎?"孟子曰:"是犹或纻其兄之臂,子谓之'姑徐徐'云尔。亦教之孝弟而已矣。"王子有其母死者,其傅为之请数月之丧②。公孙丑曰:"若此者何如也?"曰:"是欲终之而不可得也,虽加一日愈于已。谓夫莫之禁而弗为者也。"

【译文】 齐宣王想要缩短丧期。公孙丑说:"先把丧期改为一年,不是比取消丧期还要好一些吗?"孟子说:"这就好像有人在扭他哥哥的胳膊,你却对他说'暂且慢点儿吧'之类的话。我们要做的只是教给他孝敬父母、尊敬兄长的道理罢了。"有一个母亲去世的王子,王子的师傅替他请求几个月的丧期。公孙丑问:"像这样做,怎么样呢?"孟子说:"这是王子打算按照规定的丧期守完丧而办不到,这样的情况下即使多一天的丧期也比没有好。上面的话是对那些没有人禁止他服丧而他自己却不服丧的人说的。"

【注释】 ①期:"服"的省称。"期服"即齐衰为期一年的丧服。古代礼制规定,凡是为祖父母、伯叔父母、未嫁的姑母等长辈,兄弟、姐妹、妻等平辈,侄、嫡孙等小辈服丧,均服期服。父为其子之丧服反服,已嫁女子为祖父母、父母服丧,也服期服。

②王子有其母死者,其傅为之请数月之丧:朱熹《集注》曰:"按《仪礼》:'公子为其母练冠、麻衣、縓缘,既葬除之。'疑当时此礼已废,或既葬而未忍即除,故请之也。"

【评解】 "五礼"(吉礼、凶礼、嘉礼、宾礼、军礼)都是用来教化人们的手段,儒家之所以重视它们,并不是为了它们的仪节本身,而是想通过仪节来让人们认识和强化其中所包含的实际内容,从而自觉地维护社会秩序。三年之丧的目的正是为了使人们体会父母的养育之恩,强化报答和"孝"的观念,因此孟子认为在执行时不能打折扣。

孟子曰:"君子之所以教者五:有如时雨化之者,有成德者,有达财者①,有答问者,有私淑艾者②。此五者,君子之所以教也。"

【译文】 孟子说:"君子用以教育的方式有五种:有像及时雨那样化生万物的,有健全品德的,有培养才能的,有解答疑惑的,还有让学问流传后世别人自己学习的。这五种就是君子用以教育的方式。"

【注释】 ①财:同"材"。

②私淑艾:焦循《正义》曰:"《毛诗·豳风·七月》:'九月叔苴。'《传》云:'叔,拾也。''菽'与'叔'通。《诗·周南·葛覃》:'是刈是濩。'《释文》云:'刈本又作艾。'《韩诗》云:'刈,取也。'盖'私淑诸人'即'私拾诸人'也。'淑艾'二字义相叠,'私淑艾'者,即'私拾取'也。其实'私淑艾'犹'私淑'也。"

【评解】 孟子同孔子一样,不但是思想家,而且是教育家。本章中他提出了五种教育方式,主张要根据不同的情况,因材施教,不能够千篇一律,戕害人才。孟子的这一教育思想,在今天仍然具有积极的意义。

公孙丑曰："道则高矣、美矣,宜若登天然,似不可及也。何不使彼为可几及而日孳孳也①?"孟子曰："大匠不为拙工改废绳墨②;羿不为拙射变其彀率③。君子引而不发④,跃如也⑤。中道而立,能者从之。"

【译文】 公孙丑说："道的确是很高尚、很美好的,但是却几乎如同登天一样,好像不可能达到。为什么不让它变得易于达到而让人努力去追求呢?"孟子说："高明的木匠不会因为拙劣的木工改变或者废弃绳墨所画的标准,羿也不会因为拙劣的射手而改变弓拉开的程度。君子拉开了弓却不发箭,做出跃跃欲试的样子。他在合乎道的地方上站住,有能力的人就会跟着他去做。"

【注释】 ①几及:易于达到。几、及,达到。如顾炎武《日知录·史记通鉴兵事》中有:"太史公胸中,固有一天下大势,非后代书生所能几也。"
②绳墨:木工画直线用的工具。
③彀率:弓张开的程度。朱熹《集注》曰:"彀率,弯弓之限也。"
④引:拉弓,开弓。
⑤跃如:跃跃欲试貌。朱熹《集注》曰:"跃如,如踊跃而出也。"

【评解】 《孔子家语·在厄》记载:孔子厄于陈蔡,"绝粮七日,外无所通,藜羹不充,从者皆病"。孔子召子路、子贡等弟子而问曰:"诗云:'匪兕匪虎,率彼旷野。'吾道非乎,奚为至于此?"子贡回答道:"夫子之道至大,故天下莫能容夫子,夫子盍少贬焉?"孔子说:"赐,良农能稼,不必能穑,良工能巧,不能为顺,君子能修其道,纲而纪之,不必其能容,今不修其道,而求其容,赐,尔志不广矣,思不远矣。"子贡出,颜回入,孔子又用同样的问题问颜回。颜回说:"夫子之道至大,天下莫能容,虽然,夫子推而行之,世不我用,有国者之丑也,夫子何病焉? 不容,然后见君子。"孔子听后,欣然而叹。孟子此章及下章所表达的主张,与孔子是一致的。他认为"道"作为人生的最高追求和理想,任何时候都要坚守,不能够为了迎合别人而降低标准。

孟子曰:"天下有道,以道殉身①;天下无道,以身殉道②。未闻以道殉乎人者也③。"

【译文】 孟子说:"天下如果政治清明,'道'随着人的活动而得到施行;天下如果政治黑暗,自己就要为了坚守'道'而不惜牺牲生命。我从来没有听说过牺牲了'道'而顺从他人的。"

【注释】 ①以道殉身:朱熹《集注》曰:"身出则道在必行。"殉,原指以人从葬,这里是随、跟从的意思。赵岐注曰:"殉,从也。"
②以身殉道:朱熹《集注》曰:"道屈则身在必退,以死相从而不离也。"
③以道殉乎人:朱熹《集注》曰:"以道从人,妾妇之道。"

【评解】 在上一章的基础上,孟子进一步提出,士君子应当坚守道义,保持高尚的节操和独立的人格,不能牺牲道义逢迎当权者以换取功名利禄。

公都子曰:"滕更之在门也①,若在所礼,而不答,何也?"孟子曰:"挟贵而问,挟贤而问,挟长而问,挟有勋劳而问,挟故而问,皆所不答也。滕更有二焉。"

【译文】 公都子说:"滕更在您门下的时候,似乎在应该受到礼遇之列,可是您却不回答他的问题,为什么呢?"孟子说:"倚仗着自己地位高而提问,倚仗着自己有才德而提问,倚仗着自己年龄大而提问,倚仗着自己有功劳而提问,倚仗着自己有交情而提问,都是不必回答的。滕更占了其中的两条。"

【注释】 ①滕更:赵岐注曰:"滕君之弟,来学于孟子者也。"

【评解】 老师作为知识的掌握者,要保持自己的尊严,不能屈服于权势或者其他的力量。这不是为了维护个人的地位,而是因为老师是真理和道义的掌握者和代表者。真理和道义是任何势力都不能凌驾于其上的。因此,从另一个角度来说,受教育者应当虚心,尊重老师,维护师道尊严。这就是中国传统社会中尊师重道的根本原因之所在。

孟子曰:"于不可已而已者①,无所不已。于所厚者薄,无所不薄也。其进锐者②,其退速。"

【译文】 孟子说:"对于不该停止的事情却停止的人来说,没有什么不可以停止。对于该厚待人时却冷漠对待的人来说,没有谁不可以冷漠对待。前进时气势旺盛的人,后退时也会非常迅速。"

【注释】 ①已:赵岐注曰:"已,弃也。"朱熹《集注》曰:"已,止也。"今从朱注。
②锐:气势旺盛。

【评解】 做事必须坚守原则。根据原则可以做但是不去做的人,对他来说就没有什么必须去做的事情;根据原则不能做而又做了的人,对于他来说没有什么不能做的事情。因此,一个人做事时就不能保守,也不能激进,一切唯原则是从。从遵守原则这个角度来说,保守和激进从本质上说都是一样的。

孟子曰："君子之于物也，爱之而弗仁①；于民也，仁之而弗亲。亲亲而仁民，仁民而爱物。"

【译文】 孟子说："君子对于万物，爱护它们却不用仁德对待它们；对于人民，用仁德对待他们却不亲近他们。君子亲近自己的亲人，因而以仁德对待人民，以仁德对待人民，因而爱护万物。"

【注释】 ①爱：爱惜，爱护。朱熹《集注》曰："爱，谓取之有时，用之有节。"

【评解】 "仁"是对待同类时应当具有的一种高贵感情，这种感情是发自内心的。每个人由于血缘亲情，天生就会亲近自己的父母；如果把这种感情推广开来，就是对所有人的仁爱；再进一步推广，就会以一颗仁爱之心对待世间的万物。"亲亲—仁民—爱物"的道德认识和体验过程，反映了儒家推己及人的原则。

孟子曰："知者无不知也，当务之为急①；仁者无不爱也，急亲贤之为务。尧舜之知而不遍物，急先务也。尧舜之仁不遍爱人，急亲贤也。不能三年之丧，而缌②、小功之察③；放饭流歠④，而问无齿决⑤：是之谓不知务。"

【译文】 孟子说："智者没有不该知道的事情，但是当前应办的事情是最紧急的事情；仁者没有不仁爱的对象，但是赶快对亲人和贤者施以仁爱就是他的工作。像尧舜那样的智慧也不能完全知道一切事物，但是他们有首先要去做的工作；像尧舜那样的仁德也不能普遍对一切人施以仁爱，但是他们知道要急于爱亲人和贤者。如果不能够实行三年的丧期，却对缌麻、小功这样次要的丧礼仔细审察；在尊长面前大口吃饭、大口喝汤，却讲求不去用牙齿啃断干肉：这就叫做不知道事情的轻重缓急。"

【注释】 ①当务：当前应办的事。务，事务、工作。

②缌：古代丧服名。五服（斩衰、齐衰、大功、小功、缌麻）中最轻的一种，以细麻布为孝服，服丧三个月。凡是为本宗中的高祖父母、曾伯叔祖父母、族伯叔父母、族兄弟及未嫁的族姊妹，外姓中的表兄弟、岳父母等服丧服，均服缌麻。

③小功：古代丧服名。五服中的第四等，其服以熟麻布制成，比大功细，比缌麻粗，服期五个月。凡是为本宗中的曾祖父母、伯叔祖父母、堂伯叔祖父母、未嫁祖姑、堂姑、已嫁堂姊妹、兄弟之妻、从堂兄弟及未嫁从堂姊妹，外亲中的外祖父母、母舅、母姨等服丧服，均服小功。

④放饭流歠(chuò)：赵岐注曰："放饭，大饭也。流歠，长歠也。……于尊者前赐饭，大饭长歠，不敬之大者。"

⑤问:朱熹《集注》曰:"问,讲求之意。"齿决:赵岐注曰:"齿决,断肉置其余也。……齿决,小过耳。"

【评解】 做任何事情都应当抓住关键,知道什么是当务之急。在生活中,我们经常发现这样一类人,他们整天忙得不亦乐乎,几乎每次见到他们的时候都在手忙脚乱,但是他们的业绩却并不比别人好。而另一类人虽然每天都好像过得很悠闲,但却事事都能走到别人前头。其中一个最根本的原因就是,后一类人做事时能够掌握事情的关键,做起事来事半功倍,前一类人因为抓不住事情的关键,所以经常出力很多,但收效很小。古人说:"射人先射马,擒贼先擒王。"人的生命长度都是差不多的,如果想在相同的生命时间中做出超人的业绩,就必须提高自己做事的效率,而善于掌握问题的关键,无疑是提高效率最基本的要求。

注释:

[1] 杨伯峻:《孟子译注》,第 306 页。
[2] 杨伯峻:《孟子译注》,第 308 页。

尽心章句下

孟子曰:"不仁哉,梁惠王也!仁者,以其所爱及其所不爱;不仁者,以其所不爱及其所爱。"公孙丑问曰:"何谓也?""梁惠王以土地之故,糜烂其民而战之①,大败;将复之,恐不能胜,故驱其所爱子弟以殉之,是之谓以其所不爱及其所爱也。"

【译文】 孟子说:"梁惠王真是不仁啊!仁德的人把对待他所喜爱者的方式推广到他所不爱的人;没有仁德的人把对待他所不喜爱者的方式推广到他所喜爱的人。"公孙丑问:"这话是什么意思呢?"孟子说:"梁惠王因为土地的缘故,使他的老百姓生命受到摧残而去作战,结果大败;他还准备重新开战,害怕不能取胜,所以驱赶着他所喜爱的年轻人去为了他的目的而牺牲,这就叫做把对待他所不喜爱者的方式推广到他所喜爱的人。"

【注释】 ①糜烂:毁伤,摧残。朱熹《集注》曰:"糜烂其民,使之战斗,糜烂其血肉也。"

【评解】 孟子主张仁政,反对耗费民财、摧残生命的不义的战争。对于一个国家的稳定和强大来说,在所有的因素中,人民才是最关键的,最应当珍惜的。此章中,孟子批评了以梁惠王为代表的一些诸侯为了争夺土地等物质利益,不惜牺牲人民生命的残忍行为,认为他们这样做是舍本逐末的不仁不智的行为。

孟子曰:"《春秋》无义战,彼善于此,则有之矣。征者①,上伐下也,敌国不相征也。"

【译文】 孟子说:"春秋时期没有正义的战争,其中一个国家的国君比另一国的国君稍好一点的情况,那还是有的。征讨,就是在上位者讨伐在下位者,地位相同的国家不能互相征讨。"

【注释】 ①征:朱熹《集注》曰:"征,所以正人也。诸侯有罪,则天子讨而正之,此春秋所以无义战也。"

【评解】 本章中孟子明确表达了对诸侯之间的战争的态度,认为这些战争没有出于正义的。连年的相互攻伐不但扰乱了正常的统治秩序,而且给人民带来无尽的灾难和巨大的损失。

孟子曰:"尽信《书》,则不如无《书》①。吾于《武成》②,取二三策而已矣③。仁人无敌于天下。以至仁伐至不仁,而何其血之流杵也④?"

【译文】 孟子说:"完全相信《书》,那还不如没有《书》。我对于《书》中的《武成》这一篇,认为可取的只有两三片简策罢了。仁人在天下没有可以匹敌的对手。以最为仁道的圣王来讨伐最为不仁的暴君,怎么可能使血流得连盾牌都能漂起来呢?"

【注释】 ①尽信《书》,则不如无《书》:赵岐注曰:"《书》,《尚书》。经有所美,言事或过,若《康诰》曰'冒闻于上帝',《甫刑》曰'帝清问下民',《梓材》曰'欲至于万年',又曰'子子孙孙,永保民'。人不能闻天,天不能问民,万年求保,皆不可得为书,岂可案文而皆信之哉。"

②《武成》:赵岐注曰:"《武成》,逸《书》之篇名,言武王诛纣,战斗杀人,血流舂杵。"今传《尚书·武成》是后人伪作。

③策:古代用以记事的竹、木片,编在一起的叫"策"。如郑玄注《仪礼·聘礼》"若有故,则卒聘,束帛加书将命,百名以上书于策,不及百名书于方"曰:"策,简也,方,板也。"贾公彦疏曰:"云策简、方板也者,简谓据一片而言,策是编连之称。"

④杵:同"橹"。古代武器中的盾。朱熹《集注》曰:"杵,舂杵也。或作卤,楯也。《武成》言武王伐纣,纣之'前徒倒戈,攻于后以北,血流漂杵'。"

【评解】 孟子这里所说的"书"虽然仅仅是在具体情形之下针对《书经》所说的,但他提出"尽信书不如无书"的观点却有着普遍性的意义。书籍是知识的载体,凝聚了前人的智慧,具有很强的现实指导价值,但是,由于认识能力、基本立场等原因,书籍中也可能存在一些不科学、不可取的东西。因此,在通过书籍等载体学习前人的知识时一定要有清醒的判断能力,采取辩证分析的态度,不能盲从。如果不加分析地全盘吸收,甚至吸收其中的错误观点,那还不如不去学习书本知识,以免产生误导。

孟子曰:"有人曰:'我善为陈①,我善为战',大罪也。国君好仁,天下无敌焉,南面而征北夷怨,东面而征西夷怨,曰:'奚为后我?'武王之伐殷也,革车三百两②,虎贲三千人③。王曰:'无畏!宁尔也,非敌百姓也。'若崩厥角稽首④。征之为言正也,各欲正己也,焉用战?"

【译文】 孟子说:"有人说:'我善于摆阵,我善于作战',这是莫大的罪恶啊。国君如果喜欢仁德,整个天下就没有可以匹敌的对手。如果他到南边的国家去征讨,北边的国家就感到不平;如果他到西边的国家去征讨,东边的国家就会感到不平;他们说:'为什么把我们放在后面呢?'周武王讨伐殷商的时候,兵车三百辆,勇士三千人。武王说:'你们不要害怕!我是为安定你们而来的,不是来同老百姓为敌的。'百姓都好像山陵崩塌一般额角触地叩头。征这个词的意思就是正,每个人都希望端正自己,为什么要用战争的方式呢?"

【注释】 ①陈:同"阵"。军伍的行列,战斗的队形。如《论语·卫灵公》中有:"卫灵公问陈于孔子。"朱熹《集注》曰:"陈谓军师行伍之列。"
②革车:古代兵车的一种,一般指运输粮草辎重等军需物资用的车辆。也可泛指兵车、战车。如杜预注《左传·闵公二年》"元年革车三十乘,季年乃三百乘"曰:"革车,兵车。"两:同"辆"。
③虎贲:勇士之称。贲,同"奔"。如《尚书·〈牧誓〉序》有:"武王戎车三百两,虎贲三百人,与受战于牧野。"孔安国传曰:"勇士称也。若虎贲兽,言其猛也。皆百夫长。"清代王引之《经义述闻·通说上》"虎贲"曰:"谓《牧誓》之'虎贲'为虎贲之卒,非《周礼·夏官》'虎贲氏'之官,故非'百夫长'也。"
④厥角:一说指兽之角。厥,其。如孔颖达疏《尚书·泰誓中》"百姓懔懔,若崩厥角"曰:"以畜兽为喻,民之怖惧,若似畜兽摧其角然。"一说为以额触地。厥,同"蹶"。角,即额角。如杨伯峻《孟子译注》曰:"厥,同'蹶',顿也。《说文》云:'顿,下首也。'角,额角。'厥角'之意即'顿首'。"[1]

【评解】 孟子反对不义的战争,认为国君如果真正想统一天下,应当用仁德的办法使民众归心,而不是采用糜财伤民的战争方式。"国君好仁,天下无敌。"仁德是比战阵更有效的进攻策略。

孟子曰:"梓匠轮舆,能与人规矩,不能使人巧①。"

【译文】 孟子说:"木工和做车子的人,能够教给人制作东西的规矩准则,却不能够让别人变得巧妙。"

【注释】 ①能与人规矩,不能使人巧:朱熹《集注》引尹氏曰:"规矩,法度可告者也。巧则在其人,虽大匠亦未如之何也已。盖下学可以言传,上达必由心悟,庄周所论斫轮之意盖如此。"

【评解】 学习任何技艺,都必须要有主观能动性,发挥心的作用。教育的目的是使受教育者真正学会体悟,而不只是告诉他僵死的知识。

孟子曰:"舜之饭糗茹草也①,若将终身焉。及其为天子也,被袗衣②,鼓琴,二女果③,若固有之。"

【译文】 孟子说:"舜吃干粮、咽野菜的时候,好像打算一辈子这样。等他做了天子之后,穿着绣有文采的华贵衣服,弹着琴,尧的两个女儿侍奉着,又好像本来就是这样的。"

【注释】 ①饭糗(qiǔ):饭,动词,吃。糗,炒熟的米麦,泛指干粮。如杜预注《左传·哀公十一年》"国人逐之,故出,道渴,其族辕咺进稻醴粱糗腵脯焉"曰:"糗,干饭也。"茹:吃,吞咽。颜师古注《汉书·董仲舒传》"食于舍而茹葵"曰:"食菜曰茹。"
②袗衣:绘绣有文采的华贵衣服,指天子所穿的盛服。赵岐注曰:"袗,画也……被画衣,黼黻絺绣也。"
③果(wǒ):同"婐",侍女,引申为侍候。赵岐注曰:"果,侍也。"《说文解字·女部》引《孟子》"果"作"婐"。

【评解】 孟子认为,像圣人那样内心有坚定操守的人,不会因为外界的原因而使自己有所改变。"不以贫贱而有慕于外,不以富贵而有动于中,随遇而安,无预于己。"(朱熹:《孟子集注》)

孟子曰:"吾今而后知杀人亲之重也:杀人之父,人亦杀其父;杀人之兄,人亦杀其兄。然则非自杀之也?一间耳①。"

【译文】 孟子说:"我从今天才开始知道杀害别人的亲人是多么严重:杀害别人的父亲,别人也就会杀害他的父亲;杀害别人的哥哥,别人也会杀害他的哥哥。那么,这不等于自己亲手杀掉了自己的亲人吗?两者没有多大的区别啊。"

【注释】 ①一间:赵岐注曰:"一间者,我往彼来间一人耳,与自杀其亲何异哉!"

【评解】 "己所不欲,勿施与人。"人们看了"请君入瓮"之类的故事,大多会拍手称快。在为残害他人的人得到惩罚和报应而痛快的同时,也留给人们许多思考。其实,每个人面前都摆着一个被炭火烤得通红的瓮,如果每个人想要把别人送进里面去的时候,都能想到这个瓮也许就是为自己准备的,就不会有那么多瞻前不顾后、为己不顾人的险恶小人。如果大家都能够相互信任和谅解,不要时时视他人为仇敌,无论做任何事情,就不会有那么多的阻力、压力和内耗。

孟子曰:"古之为关也,将以御暴;今之为关也,将以为暴。"

【译文】 孟子说:"古代设立关卡,是打算用于阻挡暴虐;如今设立关卡,是打算用于实行暴虐。"

【评解】 孟子认为,在上古时期,任何政治措施都是为了保护和方便老百姓而采取的,而到了后来,本来为了保护和方便老百姓的东西却成了盘剥老百姓的工具。因此,他呼吁统治者停止盘剥、残害老百姓的行为,在国家治理中"以民为本",实行"仁政"。

孟子曰:"身不行道,不行于妻子;使人不以道,不能行于妻子。"

【译文】 孟子说:"自己不奉行道义,道义在妻子儿女身上都实现不了;使唤别人不遵循道义,使唤妻子儿女都不可能。"

【评解】 孟子在这里提出了以身作则的主张。《管子·法法》中说:"禁胜于身则令行于民矣。"不但统治者或社会的管理者想要别人做到什么事情,自己要先于别人躬行实践。对于任何人都是这样,想要别人按照自己的主张或者要求去做,自己就要首先身体力行。

孟子曰:"周于利者①,凶年不能杀②;周于德者,邪世不能乱。"

【译文】 孟子说:"财富积累充足的人,荒年也不会使他有歉收的窘迫;道德积累充足的人,乱世也不会使他有思想上的混乱。"

【注释】 ①周:完备,充足。朱熹《集注》曰:"周,足也。言积之厚则用有余。"
②杀(shài):指歉收。如郑玄注《礼记·礼器》"是故年虽大杀,众不匡惧"曰:"杀,谓谷不孰也。"

【评解】 如同物质可以满足人的身体需要一样,道德可以满足人的精神需要。因此一个人为了保持自身思想的独立和崇高的境界,就必须不断加强道德修养。

孟子曰:"好名之人,能让千乘之国。苟非其人①,箪食豆羹见于色。"

【译文】 孟子说:"追求好名声的人,可以把拥有千辆兵车的大国让给别人。如果不是真正的追求好名声的人,把一筐饭、一碗汤让给别人都会把不乐意的表情在脸上表现出来。"

【注释】 ①苟非其人:对于此句歧见甚多。赵岐注曰:"好不朽之名者,轻让千乘,伯夷、季札之类是也。诚非好名者,争箪食豆羹变色,讼之致祸。"即不是真正追求名声的人,与"好名之人"相对。朱熹《集注》曰:"好名之人,矫情干誉,是以能让千乘之国;然若本非能轻富贵之人,则于得失之小者,反不觉其真情之发见矣。"意思是"好名之人"本身就是为了名誉假装慷慨,而不是看淡富贵的人。杨伯峻《孟子译注》则译为:"好名的人可以把有千辆兵车国家的君位让给别人,但是,若不是那受让的对象,就是要他让一筐饭,一碗汤,他那不高兴神色都会在脸上表现出来。"即"好名之人"利益所让的对象。相比之下,赵注更合理一些,今从之。

【评解】 看重名声的人所重视的是道德、节操等内在的追求。对于一个真正重视精神追求的人来说,物质财富等外在的东西在他看来如同草芥。而对于那些毫不顾惜名声的人来说,则会把任何小小的物质利益都看得很重。

孟子曰:"不信仁贤,则国空虚[1]。无礼义,则上下乱。无政事,则财用不足。"

【译文】 孟子说:"如果不信任仁德和贤能的人,那么国家就会空虚。如果没有礼义的约束,那么上下之间的秩序就会混乱。如果没有治理国家的措施,那么国家的开支就会不充足。"

【注释】 [1]空虚:朱熹《集注》曰:"空虚言若无人然。"

【评解】 孟子认为,尊重人才、恪守礼义、推行善政是一个国家富强和稳定的重要条件。如果不重视这些条件,国家就会贫弱,秩序就会混乱。

孟子曰:"不仁而得国者,有之矣。不仁而得天下者,未之有也。"

【译文】 孟子说:"没有仁德却能得到国家的,曾经有过这样的事情。没有仁德却能得到天下的,从来没有这样的事情。"

【评解】 当时有"国"的诸侯,在孟子眼里,都是不仁之人,他认为这样的人是不能统一天下,使天下归附的。如果想一统天下,必须要通过仁德的手段。现实生活中也是这样。一个人如果有道德,平时考虑别人的利益,能够从别人的角度思考问题,那么他就会赢得别人的合作和尊重,在遇到困难时人们愿意帮助他,遇到一个人的力量难以完成的工作时人们愿意与他合作。我们身边也可能会有这样的人,平时汲汲于名利,可能也捞到了一些好处,但是对别人却无仁爱可言,不但不积极帮助别人,反而会想尽千方百计从别人那里捞小便宜,动不动去争夺本来属于别人的利益。这样的人自己可能觉得活得很潇洒,但如果他有困难,肯定很少有人愿意帮助;如果他想做成一件事情,也没有人愿意与他合作。可以肯定地说,这种人可能能捞到一些小便宜,但永远成不了大器;在单位可能通过溜须拍马当上个自我感觉不错的小头目,但永远成不了真正的领导者。

孟子曰:"民为贵,社稷次之[1],君为轻。是故得乎丘民而为天子②,得乎天子为诸侯,得乎诸侯为大夫。诸侯危社稷,则变置;牺牲既成,粢盛既洁,祭祀以时,然而旱干水溢,则变置社稷。"

【译文】 孟子说:"人民是最重要的,其次是祭祀的土神和谷神,再次是君主。所以赢得老百姓之心就能做天子,赢得天子之心就能做诸侯,赢得诸侯之心就能做大夫。诸侯如果危害了国家,那么就要另立。牺牲已经备好,祭品已经洁净,按时进行祭祀,但是还是遭受了旱灾或水灾,那就改立土谷之神。"

【注释】 ①社稷:古代帝王、诸侯所祭的土神和谷神,常代指国家。社,土神;稷,谷神。②丘民:泛指百姓。丘,田垄,田畴。朱熹《集注》曰:"丘民,田野之民,至微贱也。"

【评解】 "民为贵,社稷次之,君为轻"的观点,可以说是《孟子》书中最亮的亮点之一。孟子的这一思想,是对从西周时期就已经开始形成的"民本"思想的总结,就其现实基础来说,是先秦时期人心向背对于国家危亡的重要性受到充分重视的体现;同时,这一思想也对后世进步思想家产生了积极的影响,如明末清初的思想家顾炎武、黄宗羲、唐甄等人,都从孟子的"民本"思想中吸收过营养。

孟子曰:"圣人,百世之师也,伯夷、柳下惠是也。故闻伯夷之风者,顽夫廉,懦夫有立志。闻柳下惠之风者,薄夫敦,鄙夫宽。奋乎百世之上,百世之下闻者莫不兴起也①。非圣人而能若是乎?而况于亲炙之者乎②?"

【译文】 孟子说:"圣人,是百世的老师,伯夷和柳下惠就是这样。所以听到伯夷的风操的人,愚顽的人变得具有了分辨力,懦弱的人能够树立起自己的独立意志。听到了柳下惠的风操的人,浅陋的人变得心胸开阔,刻薄的人变得忠厚笃实。他们在百代之前发奋努力,百代之后听说的人没有不因感动而奋起的。不是圣人能够像这样吗?何况亲自接受他们熏陶的人呢?"

【注释】 ①兴起:因感动而奋起。朱熹《集注》曰:"兴起,感动奋发也。"
②亲炙:亲自接受熏陶。朱熹《集注》曰:"亲炙,亲近而熏炙之也。"

【评解】 孟子通过赞扬圣贤化民成俗的功绩,激励人们效法圣贤,努力加强自身的修养。

孟子曰:"仁也者,人也①;合而言之,道也。"

【译文】 孟子说:"'仁',就是'人'的意思;'仁'、'人'二者合起来说,就是

'道'。"

【注释】 ①仁也者,人也:古代二字不但音同,而且可以互训。因此《说文解字》中说:"仁,亲也。从人二。"《中庸》中也说:"仁者,人也。"

【评解】 《中庸》中说:"仁者,人也。"赵岐注曰:"能行仁恩者,人也;人与仁合而言之,可以谓之有道也。"在儒家看来,"仁"是专属于人的本质属性。一方面,在人类社会之外,不可能有"仁";另一方面,如果不具有仁德,也就不可以称其为人。所谓"道",就是将"仁"贯彻到人类世界之中,使人具有仁德。

孟子曰:"孔子之去鲁,曰:'迟迟吾行也',去父母国之道也。去齐,接淅而行,去他国之道也。"

【译文】 孟子说:"孔子离开鲁国的时候,说:'我们慢慢地走吧。'这是离开自己祖国的态度。离开齐国的时候,米淘好了捧在手里就匆匆离开,这是离开异国的态度。"

【评解】 此章重出,赞扬了孔子对父母之邦的热爱。

孟子曰:"君子之厄于陈蔡之间①,无上下之交也。"

【译文】 孟子说:"孔子在陈国、蔡国之间处境艰难,是由于和两国的君臣上下都没有交好的缘故。"

【注释】 ①君子之厄于陈蔡之间:君子,指孔子。赵岐注曰:"君子,孔子也。《论语》曰:'君子之道三,我无能焉。'孔子乃尚谦,不敢当君子之道,故可谓孔子为君子也。"厄于陈蔡之间,《论语·卫灵公》中说:"在陈绝粮,从者病,莫能兴。"陈,西周至春秋时的诸侯国名。在今河南淮阳及安徽亳州一带。《史记·陈杞世家》记载:"陈胡公满者,虞帝舜之后也……至于周武王克殷纣,乃复求舜后,得妫满,封之于陈,以奉帝舜祀,是为胡公。"春秋末年被楚国所灭。蔡,西周至春秋时诸侯国名。周武王的弟弟叔度始封于蔡,后因反叛,被流放而死。周成王复封其子蔡仲于此。公元前447年为楚所灭。

【评解】 此章说明了孔子厄于陈蔡的原因,赞扬了孔子不谄媚阿谀,保持高尚节操和独立人格的高贵品质。

貉稽曰①:"稽大不理于口②。"孟子曰:"无伤也③。士憎兹多口④。《诗》云:'忧心悄悄,愠于群小⑤',孔子也。'肆不殄厥愠,亦不陨厥问⑥',文王也。"

【译文】 貉稽说:"人们对于我的评论都非常不利。"孟子说:"没有关系。士人都有遭到这种多嘴议论时的恼愤。《诗经》里说：'我的心里好烦闷,我被小人所怨恨。'孔子就是这样的人。又说：'不灭绝人家怨恨,也不失自己声誉。'文王就是这样的人。"

【注释】　①貉稽：赵岐注曰："貉,姓；稽,名。仕者也。"
　　②不理：即不利,不顺。赵岐注曰："为众口所讪。理,赖也。"焦循《正义》曰："不理于口,犹云不利于人口也。"杨伯峻《孟子译注》中说："《广雅·释诂》云：'理,顺也。'王念孙《疏证》曾引《易经·说卦传》'和顺于道德而理于义'及《周礼·考工记·匠人》'永属不理孙谓之不行'以相印证,此'理'字亦可训'顺',则'不理于口'犹言'不顺于人口'。"[2]
　　③伤：妨碍。
　　④憎：朱熹《集注》以为此"憎"字应作"增"。说："赵氏曰：'为士者,益多为众口所讪。'按此则'憎'当从'土',今本皆从心,盖传写之误。"此说显得牵强,故不从。
　　⑤忧心悄悄,愠于群小：出自《诗经·邶风·柏舟》。悄悄,忧伤貌。群小,众小人。郑玄笺曰："群小,众小人在君侧者。"
　　⑥肆不殄厥愠,亦不陨厥问：出自《诗经·大雅·绵》。朱熹《集注》曰："本言太王事昆夷,虽不能殄绝其愠怒,亦不自坠其声问之美。孟子以为文王之事,可以当之。"肆,发语词。殄,灭绝,绝尽。如高诱注《淮南子·本经训》"上掩天光,下殄地财"曰："殄,尽也。"陨,坠,灭。如高亨注《易·姤》"有陨自天"曰："陨,坠也,灭也。"问,通"闻",声誉。朱熹《集注》曰："问,声问也。"

【评解】　俗话说："众口铄金。"流言的力量是巨大的。"人言可畏"的道理几乎无人不知,然而,人人都不同程度地在议论或议论过别人。由于一个人对不同人喜好厌恶的态度不同,所以对别人的评价,往往会从自己的个人立场出发,"戴着有色眼镜看人"。因此,"流言止于智者",我们应该在必要的时候听取别人的意见,但也决不能别人说什么自己就相信什么,而是要经过自己的判断,才能做出科学的结论。这也是摆脱流言的控制,不要误中了流言的圈套的基本方法。

　　孟子曰："贤者以其昭昭①,使人昭昭；今以其昏昏②,使人昭昭。"

【译文】　孟子说："贤人以自己的明明白白,去使别人明白；今天的人以自己还糊糊涂涂的状态,想去使别人明白。"

【注释】　①昭昭：明白,显著。
　　②昏昏：糊涂,愚昧。

【评解】　一个人首先要强化自己的素质,不要自己还一知半解,似懂非懂,却一心想去改变别人。这样做不但自己无法进步,而且还会误导别人。

孟子谓高子曰①:"山径之蹊间介然,用之而成路②;为间不用③,则茅塞之矣④。今茅塞子之心矣。"

【译文】 孟子对高子说:"山坡上的小路与世隔绝,人如果经常走它就会变成大路;经过一段时间没有人走,又会被茅草所堵塞。如今你的心已经被茅草堵塞了。"

【注释】 ①高子:赵岐注曰:"高子,齐人也,尝学于孟子,乡道而未明,去而学于他术。"
②山径之蹊间介然,用之而成路:此句的断句和解释存有一些歧见。一说应断为:"山径之蹊间介然,用之而成路。"如赵岐注曰:"山径,山之岭,有微蹊介然,人遂用之不止,则蹊成为路。"从他的解释看,当在"介然"后断句。一说应断为:"山径之蹊间介,然用之而成路。"如孔广森《经学卮言》说:"间介,盖隔绝之意。径,路也。蹊,足迹也。"从他的解释看,当从"介"与"然"之间断句。一说应断为:"山径之蹊,间介然用之而成路。"杨伯峻《孟子译注》中即持此说,并认为:"《荀子·修身篇》云:'善在身,介然必以自好也。'此'间介然'当与荀子之'介然'同义,都是意志专一而不旁骛之貌。赵岐注似以'介然'属上读,今不从。"[3]按:这里的"介然"应为间隔、隔绝之意。这种用法在古代非常普遍。如《汉书·杜钦传》中:"穰侯,昭王之舅也,权重于秦,威震邻敌,有旦莫偃伏之爱,心不介然有间。"司马光《上皇帝疏》中:"遂使两宫之情,介然有隙。"《朱子语类》卷一〇三:"伯恭说道理与作为自是两件事,如云仁义道德与度数刑政,介然为两途,不可相通。"等等。《荀子·修身》中的"介然"为专一、坚贞不移之意,但用作此意时一般指人的意志品质。所以这里仍从赵注。山径,即山坡。径,同"陉"。蹊,小路。
③为间:赵岐注曰:"为间,有间也。"即经过不久。
④茅塞:指为茅草所堵塞。引申为思想或思路闭塞。

【评解】 "有志者,事竟成。"做任何事情都要有恒心,不能半途而废。道德修养也是一样。如果在心性修养时不努力,三天打鱼两天晒网,甚至中途放弃,那么,本性中原有的善性也会被荒废。唐代大儒韩愈在他的《进学解》一文中说:"业精于勤,荒于嬉;行成于思,毁于随。"他提醒人们,在求学之途上,要踏踏实实地去做,不要轻易为外力所动摇。否则,就有可能毫无收获。

高子曰:"禹之声,尚文王之声。"孟子曰:"何以言之?"曰:"以追蠡①。"曰:"是奚足哉?城门之轨②,两马之力与③?"

【译文】 高子说:"禹的音乐,盛于文王的音乐。"孟子说:"为什么这样说呢?"高子说:"因为禹的钟钮都要断了。"孟子说:"这个何足证明呢?城门下的车辙,难道只是两匹马的力量踩出来的吗?"

【注释】 ①追(duī)蠡:赵岐注曰:"追,钟钮也,钮磨啮处深矣;蠡,欲绝之貌也。"朱熹《集注》引丰氏曰:"追,钟纽也,《周礼》所谓旋虫是也。蠡者,啮木虫也。言禹时钟在者,钟纽如虫啮而欲绝,盖用之者多。"二说虽然对"蠡"字解释不同,但都释"追蠡"为钟纽欲断貌。另有一说为器物剥蚀貌。如宋代赵希鹄《洞天清禄集·古钟鼎彝器辨》中说:"追者,琢也……今画家滴粉令凸起,犹谓之追粉。所谓追蠡,盖古铜器款纹追起处漫灭也。赵氏释蠡为绝,亦非,盖剥蚀也。今人亦以器物用久而剥蚀者为蠡。"今从赵注。

②轨:车轮碾压的痕迹。朱熹《集注》曰:"轨,车辙迹也。"

③两马:赵岐注引《春秋外传》曰:"'国马足以行关,公马足以称赋。'是两马也。"杨伯峻《孟子译注》认为:"'两'字不可拘泥,赵岐《注》把'两马'解为'国马''公马'两种马,曹之升《四书摭余》说谓'夏驾二马',有人又谓大夫之车驾二马,都失之拘。这章真义如何,朱熹《集注》云:'此章文义本不可晓,旧说相承如此。'译文只依旧说解之。"[4]

【评解】 做判断、下结论时一定要抓住本质,不要被外在现象所迷惑。孟子通过对告子的主观臆断的批评,说明了圣贤在崇尚礼乐方面都是一致的。

齐饥。陈臻曰:"国人皆以夫子将复为发棠①;殆不可复。"孟子曰:"是为冯妇也②。晋人有冯妇者,善搏虎③,卒为善士④。则之野,有众逐虎,虎负嵎⑤,莫之敢撄⑥。望见冯妇,趋而迎之⑦;冯妇攘臂下车⑧,众皆悦之,其为士者笑之。"

【译文】 齐国遇到了饥荒。陈臻说:"国家里的人都认为先生您打算再劝齐王开棠邑的仓廪来赈济饥民,您大概不会再这样做了吧。"孟子说:"我这样做就和冯妇一样了。晋国有个叫冯妇的人,善于捕捉老虎,后来改行为善而进入了士的行列。有次他到野外,有许多人正在追逐一只老虎,老虎据守在一处山弯处,没有人敢靠近它。他们看到冯妇来了,都快步跑上前去迎接他。冯妇捋起衣袖、伸出胳膊下了车,大家对他这样做都很高兴,他的这种行为却招来士的讥笑。"

【注释】 ①发棠:发,开仓赈济,与"涂有饿莩而不知发"的"发"同意。棠,地名,齐国都邑名,齐国建有仓廪于此。赵岐注曰:"孟子尝劝齐王发棠邑之仓,以振贫穷,时人赖之。今齐人复饥,陈臻言一国之人皆以为夫子复若发棠时劝王也。"

②冯妇:人名,姓冯,名妇。

③搏:捕捉。如《周礼·地官·司虣》中有:"若不可禁,则搏而戮之。"孙诒让《正义》曰:"搏,犹今言捕也。"

④卒为善士:赵岐注曰:"善士者,以善搏虎有勇名也,故进之以为士。"朱熹《集注》曰:"卒为善士,后能改行为善也。"今从朱注。

⑤嵎:山势曲折险峻处。朱熹《集注》曰:"山曲曰嵎。"

⑥撄:追近,触,触犯。赵岐注曰:"撄,迫也。"朱熹《集注》曰:"撄,触也。"

⑦趋:疾行,奔跑。另如《论语·微子》中有:"孔子下,欲与之言。趋而辟之,不得与之言。"

⑧攘臂：捋起衣袖，伸出胳膊。攘，捋，挽。

【评解】 孟子借冯妇的例子表明了自己离开齐国的决心，说明了坚持仁义之道所做出的决定，不能被外在的诱惑所改变的道理。

孟子曰："口之于味也，目之于色也，耳之于声也，鼻之于臭也①，四肢之于安佚也，性也，有命焉，君子不谓性也。仁之于父子也，义之于君臣也，礼之于宾主也，知之于贤者也，圣人之于天道也，命也，有性焉，君子不谓命也。"

【译文】 孟子说："口对于可口的滋味，眼对于美丽的姿色，耳对于好听的声音，鼻对于芬芳的气味，四肢对于舒适安逸，这些都是人的天性，但能否得到要靠命运，所以君子不认为它们就是人性中一定就具有的。仁对于父子关系，义对于君臣关系，礼对于宾主关系，智对于贤能的人，圣人对于天道规律，都是命运的规律决定的，但也源于人的天性，所以君子不认为它们是属于命运支配的。"

【注释】 ①臭：这里指香味。赵岐注曰："臭，香也，《易》曰：'其臭如兰。'"

【评解】 物质欲望的追求和道德追求都是人生来就具有的，但是，前者是要向外求的，能否得到取决于许多外在的条件，因此属于要被命运支配的东西，能否得到具有偶然性；后者是内求的，只要努力就可获得，根据命运的规律，其获得是具有必然性的，因此这种追求只与自己的努力程度有关，而不取决于外在的条件。

浩生不害问曰①："乐正子，何人也？"孟子曰："善人也，信人也。""何谓善？何谓信？"曰："可欲之谓善。有诸己之谓信。充实之谓美。充实而有光辉之谓大。大而化之之谓圣。圣而不可知之之谓神。乐正子，二之中，四之下也。"

【译文】 浩生不害问："乐正子是一个怎样的人呢？"孟子说："是个善人，是个信人。"浩生不害问："什么叫做善？什么叫做信？"孟子说："值得让人喜欢叫做'善'。值得别人喜欢的优点他都的确存在叫做'信'。这些优点充满于他的言谈举止之中叫做'美'。优点充实并且使人感到光明就叫做'大'。让人感到光明又能使之融会贯通叫做'圣'。融会贯通到高不可测的境界叫做'神'。乐正子具备前两者，处于后四者之下。"

【注释】 ①浩生不害：赵岐注曰："浩生，姓；不害，名；齐人也。"

【评解】　孟子将道德修养的境界划分为六个层次,鼓励人们努力奋进,有所作为,以不断提高自己的境界。

　　孟子曰:"逃墨必归于杨①,逃杨必归于儒。归,斯受之而已矣。今之与杨、墨辩者,如追放豚②,既入其苙③,又从而招之④。"

【译文】　孟子说:"背离墨家思想就一定会趋向杨朱学派,背离杨朱思想就一定趋向儒家思想。既然过来了,接受他就可以了。如今与杨朱、墨家辩论的人,就像追赶走失了的猪一样,已经赶它进了猪圈,还要紧跟着把它的脚绑住。"

【注释】　①逃:脱离,离开。如郑玄注《礼记·曲礼下》"为人臣之礼,不显谏,三谏而不听,则逃之"曰:"逃,去也。"归于:趋向。
②放豚:走失的猪。朱熹《集注》曰:"放豚,放逸之豕豚也。"
③苙(lì):畜圈。
④招:羁绊,束缚。朱熹《集注》曰:"招,罥也,羁其足也。"

【评解】　本章表达了孟子对于被所谓"异端"所迷惑的人的态度,认为同他们进行辩论,目的只是让他们转变观念,接受仁义之道。如果已经改邪归正,就应当接受他们,而不能对他们进行过分地打击和限制。

　　孟子曰:"有布缕之征,粟米之征,力役之征①。君子用其一,缓其二。用其二而民有殍;用其三而父子离。"

【译文】　孟子说:"赋税形式有布帛作为赋税、粮食作为赋税、人力作为赋税三种。统治者在这三者之中,应当采用其中的一种,另外两种暂时不用。如果同时采用其中的两种,那么老百姓就会有饿死的;如果同时采用三种,那么就会逼得父子离散。"

【注释】　①有布缕之征,粟米之征,力役之征:赵岐注曰:"征,赋也。国有军旅之事,则横兴此三赋也。布,军卒以为衣也;缕,铁铠甲之缕也。粟米,军粮也。力役,民负荷厮养之役也。"此说不可取。朱熹《集注》曰:"征赋之法,岁有常数,然布缕取之于夏,粟米取之于秋,力役取之于冬,当各以其时。"今从之。

【评解】　本章表明了孟子以民为本、轻徭薄赋的主张,反对过重的负担影响了老百姓的正常生活。

　　孟子曰:"诸侯之宝三:土地、人民、政事①。宝珠玉者,殃必及身。"

【译文】　孟子说:"诸侯有三种最值得珍惜的东西:土地、人民和政治。如果把珍珠美玉作为最值得珍惜的东西,祸害一定会危及他。"

【注释】 ①土地、人民、政事:赵岐注曰:"诸侯正其封疆,不侵邻国,邻国不犯,宝土地也;使民以时,民不离散,宝人民也;修其德教,布其惠政,宝政事也。"

【评解】 《史记·田齐世家》中记载了一段齐威王关于诸侯应以何为宝的议论:齐威王与魏惠王在一起打猎。魏惠王问齐威王:"您一定也有宝贝吧?"齐威王回答道:"没有。"魏惠王说:"像我们小小的魏国,尚且有直径一寸,可以照亮前后各十二辆车子的珠子十枚,而你们齐国是拥有万辆战车的大国,怎么可能没有宝贝呢?"齐威王说:"我所认为的宝贝和您不一样。我有个叫檀子的大臣,派他去把守南城,楚国就不敢侵犯我国南部边境,泗上十二诸侯都来朝拜;我有个叫朌子的大臣,让他把守高唐,赵国就不敢侵犯我国西部边境;我有个叫黔夫的大臣,让他把守徐州,燕国、赵国都怕被侵伐,分别在北门、西门祭祷;我有个叫种首的大臣,让他主持缉捕盗贼,我国的风气路不拾遗。这样的宝贝能够光照千里,区区十二辆车子算得上什么?"魏惠王听后深感惭愧,怏怏不乐地离开了。齐威王与孟子的观点虽然不尽相同,但在诸侯不能以珠玉为宝这一点上,却是一致的。

盆成括仕于齐①。孟子曰:"死矣盆成括!"盆成括见杀②,门人问曰:"夫子何以知其将见杀?"曰:"其为人也,小有才,未闻君子之大道也,则足以杀其躯而已矣。"

【译文】 盆成括在齐国做官。孟子说:"盆成括死定了!"盆成括果然被杀,学生问孟子:"先生您怎么知道他会被杀的?"孟子说:"他这个人,有点小聪明,没有学到君子的大道,这样只是足以使他招致杀身之祸罢了。"

【注释】 ①盆成括:赵岐注曰:"盆成,姓;括,名也。尝欲学于孟子,问道未达而去,后仕于齐。"

②见:被,受到。

【评解】 孟子认为,一个人应当具有大智慧,而不能沾沾自喜于小聪明。俗话说,聪明反被聪明误,说的就是喜欢耍小聪明的人。觉得自己有些小聪明,最后却因此耽误了自己的事业,甚至连性命也搭上了的人,历朝历代和现实生活中都不乏其人。《管子》中曾经指出,人们的失误,往往失误在他所擅长的那一方面。所以,善于游泳的人往往死在水中,而善于射猎者常常死在荒野之中。

孟子之滕,馆于上宫①。有业屦于牖上②,馆人求之弗得。或问之曰:"若是乎从者之廋也。"曰:"子以是为窃屦来与?"曰:"殆非也。夫子之设科也③,往者不追,来者不拒。苟以是心至,斯受之而已矣。"

【译文】 孟子到滕国,住在名为上宫的馆舍。馆舍中有一双没有完工的草鞋本来挂在窗上,馆舍中的人寻找不着了。有人问孟子说:"发生了这样的情况,是跟随您的人把它藏起来了吗?"孟子说:"你认为他们是为偷草鞋而来的吗?"那人说:"大概不是的。不过先生您讲学,学生们走的您不追问,来的您不拒绝。只要他们抱着学习的愿望来,你就只管接受而已。"

【注释】 ①上宫:赵岐注曰:"上宫,楼也。"朱熹《集注》曰:"上宫,别宫名。"焦循《正义》曰:"此'上宫'当如'上舍',谓上等之馆舍也。"译文于此三说不作可否。
②业屦:没有完工的草鞋。朱熹《集注》曰:"业屦,织之有次业而未成者。"牖(yǒu):窗户。
③设科:开设课程,讲学,教授。

【评解】 本章要说明的是孟子"往者不追,来者不拒"的教育思想,这与孔子"有教无类"的教育理念是相通的。

孟子曰:"人皆有所不忍,达之于其所忍,仁也;人皆有所不为,达之于其所为,义也。人能充'无欲害人'之心,而仁不可胜用也。人能充'无穿逾'之心①,而义不可胜用也。人能充无受'尔'、'汝'之实②,无所往而不为义也。士未可以言而言,是以言餂之也③;可以言而不言,是以不言餂之也。是皆穿逾之类也。"

【译文】 孟子说:"每个人都有不忍心做的事情,将此延伸到忍心做的事情上,就是仁;每个人都有不愿意做的事情,将此延伸到愿意做的事情上,就是义。人如果能够把不想害人的心进行扩充,那么仁就用不尽了。人如果能够把不挖墙洞爬墙头的心加以扩充,那么义就用不尽了。人如果能够把不受轻贱的实际言行进行扩充,那么就无论到哪里都合于义了。对于士人来说,不可以同人交谈而去同他交谈,这是用交谈来引诱人以使自己得利;可以同人交谈而不去同他交谈,这是用不交谈来引诱人以使自己得利,这些都属于挖墙洞爬墙头之类的行为。"

【注释】 ①穿逾:又作"穿窬"。挖墙洞和爬墙头,指偷窃行为。赵岐注曰:"穿墙逾屋,奸利之心也。"另如《论语·阳货》有:"色厉而内荏,譬诸小人,其犹穿窬之盗也欤!"何晏《集解》曰:"穿,穿壁;窬,窬墙。"
②人能充无受"尔"、"汝"之实:朱熹《集注》曰:"此申说上文充无穿逾之心之意也。"

盖尔汝人所轻贱之称,人虽或有所贪昧隐忍而甘受之者,然其中心必有惭忿而不肯受之之实。人能即此而推之,使其充满无所亏缺,则无适而非义矣。"

③恬:取,诱取。赵岐注曰:"恬,取也。"

【评解】 孟子告诫人们要自觉加强道德修养,不断使自己先天本有的善性得到扩充。如果善性完全得到扩充,那就不会再去做不符合仁义的事情了。

孟子曰:"言近而指远者①,善言也;守约而施博者②,善道也。君子之言也,不下带而道存焉③。君子之守,修其身而天下平。人病舍其田而芸人之田,所求于人者重,而所以自任者轻④。"

【译文】 孟子说:"语言浅近而旨意深远的,就是'善言';所持守的原则简单而所产生的效果广大的,就是'善道'。君子的言语,表述虽然平淡无奇但是包含了深刻的'道'在其中。君子的操守,通过自身品德的修养从而使天下安宁。人所应感到忧虑的在于抛弃了自己的田地却到别人的田地里去除草,这就是要求别人的很严格,而对自己所承担的东西要求却很轻。"

【注释】 ①指:旨意,意向。

②施:恩惠,功劳,效果。如杜预注《左传·僖公二十四年》"报者倦矣,施者未厌"曰:"施,功劳也。有劳则望报过甚。"

③不下带:朱熹《集注》曰:"古人视不下于带,则带之上,乃目前常见至近之处也。举目前之近事,而至理存焉,所以为言近而指远也。"

④自任:自觉承担,当做自身的职责。

【评解】 对于一个君子来说,应当首先加强自身的修养,严于律己,宽以待人。在我们和别人相处的过程中,每个人都很容易看到别人的缺点和过失,却往往看不见自己的错误,这是"严以律人,宽以待己"的毛病。如果每个人都能时时体谅别人,也常常注意自己是否有同样的错误,那么就能以包容心和大家相处,大家便都会觉得快乐,自己的修养也会不断得到提高。

孟子曰:"尧、舜,性者也;汤、武,反之也①。动容周旋中礼者②,盛德之至也。哭死而哀,非为生者也。经德不回③,非以干禄也。言语必信,非以正行也④。君子行法,以俟命而已矣。"

【译文】 孟子说:"尧、舜的高尚品德,是出于他们的本性;商汤、周武王的高尚品德,在于他们通过修身找回了自己的本性。举止仪容、进退揖让全都合乎礼节的,是美德中的最高状态。为死者而悲哀地痛哭,不是为了做给活着的人看的。依据道德而不违礼节,不是为了谋求爵禄。说出的话一定要真实可信,不是为了要让别人觉得我行为端正。君子按照规则安排自己的行动,只是等待命运罢了。"

【注释】 ①反之也:朱熹《集注》曰:"反之者,修为以复其性,而至于圣人也。"

②动容:举止仪容。周旋:古代行礼时进退揖让的动作。引申为交往,交际应酬。如《礼记·乐记》中有:"升降上下,周还裼袭,礼之文也。"陆德明《释文》曰:"还,音旋。"孔颖达疏曰:"周谓行礼周曲回旋也。"

③经:行也。回:违逆,违背。如《诗经·大雅·常武》有:"徐方不回,王曰还归。"郑玄笺曰:"回,犹违也。"赵岐和朱熹均以"回邪"或"曲"释此"回"字,不取。

④正行:即"以行为正",让别人觉得自己行为端正。

【评解】 孔子曾经说:"古之学者为己,今之学者为人。"批评了当时的一些学者把学问当做谋求利禄或者炫耀的资本的不良倾向。学习和修养,根本的目的是为了提高自身的素质,如果将其作为邀名逐利的手段,则难免误入歧途。

孟子曰:"说大人,则藐之,勿视其巍巍然①。堂高数仞②,榱题数尺③,我得志弗为也。食前方丈④,侍妾数百人,我得志弗为也。般乐饮酒⑤,驱骋田猎⑥,后车千乘,我得志弗为也。在彼者,皆我所不为也;在我者,皆古之制也,吾何畏彼哉?"

【译文】 孟子说:"游说王公大人,就要轻视他,不要把他看得高高在上。殿堂的台阶高达几十尺,房屋的出檐伸出几尺长,我如果得志不会这样做。饮食排列在面前有一丈宽,服侍自己的姬妾有几百名,我如果得志不会这样做。大肆作乐、嗜好饮酒,驱策驰骋、四处打猎,后面跟随的车子上千辆,我如果得志不会这样做。他所做的,都是我所不会去做的;我所做的,都是符合古代礼制的,我为什么要怕他呢?"

【注释】 ①巍巍:品德崇高伟大,地位高高在上。朱熹《集注》曰:"巍巍,富贵高显之貌。"另如《论语·泰伯》有:"巍巍乎!舜禹之有天下也而不与焉。"何晏《集解》曰:"巍巍,高大之称。"

②堂高:焦循《正义》曰:"经传称堂高者,皆指堂阶而言。"

③榱(cuī)题:屋椽通常伸出屋檐的端头,一般通称出檐。赵岐注曰:"榱题,屋霤也。"焦循《正义》曰:"榱之抵檐处为榱题。其下覆以瓦,雨自此下溜,故为霤……自瓦言之为霤,自椽言之为榱题。"榱,屋椽。如《急就篇》卷三有:"榱椽欂栌瓦屋梁。"颜师古注曰:"榱即椽也,亦名为桷。"王应麟《补注》引《说文》曰:"秦名为屋椽,周谓之榱,齐鲁谓之桷。"

④食前方丈:朱熹《集注》曰:"食前方丈,馔食列于前者,方一丈也。"

⑤般(pán)乐:大肆作乐。赵岐注曰:"般,大也。大作乐。"般,大。

⑥驱骋:驱策驰骋。

【评解】 孟子指出,士人要积极寻求机会施展自己的抱负,但是不能因此而对王公贵族奴颜婢膝。自己作为道义的掌握者,应当具有气节和自信,不要有所畏惧,不要为权势所屈。

孟子曰:"养心莫善于寡欲①。其为人也寡欲,虽有不存焉者②,寡矣。其为人也多欲,虽有存焉者,寡矣。"

【译文】 孟子说:"涵养心性最好的方法是莫过于减少物质欲望。一个人的为人如果欲望不多,那么他心中本有的善性即使有所丧失,也是很少的。一个人的为人如果欲望很多,那么他心中本有的善性即使有所保留,也是很少的。"

【注释】 ①养:修养,涵养,保养。
②存:即存"心",保持人心中本有的善性。如上文《离娄下》中"人之所以异于禽兽者几希,庶民去之,君子存之"之"存",《告子上》中"虽存乎人者,岂无仁义之心哉"之"存"。

【评解】 孟子提出了"寡欲"的修养方法,在承认物质欲望的合理性的同时又告诫人们不要耽于物质欲望的满足,认为精神追求高于物质追求,如果对物质追求关注太多,势必就会降低对精神追求的关注程度,从而不利于自身的道德修养。

曾皙嗜羊枣①,而曾子不忍食羊枣。公孙丑问曰:"脍炙与羊枣孰美②?"孟子曰:"脍炙哉!"公孙丑曰:"然则曾子何为食脍炙而不食羊枣?"曰:"脍炙所同也,羊枣所独也。讳名不讳姓③,姓所同也,名所独也。"

【译文】 曾皙喜欢吃羊枣,因此曾子不忍心吃羊枣。公孙丑问孟子:"肉和羊枣比起来哪一种更好吃?"孟子说:"肉啊!"公孙丑又问:"可是,曾子为什么吃肉却不吃羊枣?"孟子说:"肉是人人都喜欢的,羊枣只是他父亲自己喜欢吃。这就像只避讳尊长的名而不避讳尊长的姓一样,姓是大家都一样的,而名却是单指一个人的。"

【注释】 ①羊枣:果名。长椭圆形,初生黄色,熟则成黑色,形似羊矢,因此俗称"羊矢枣"。《尔雅·释木》中说:"遵,羊枣。"郭璞注曰:"实小而圆,紫黑色,今俗呼之为羊矢枣。"
②脍(kuài)炙:细切的肉和烤熟的肉。脍,细切的肉。

③讳:即避讳。封建时代对于君主和尊长的名字,必须避免直接说出或写出。如《颜氏家训·风操》中说:"凡避讳者,皆须得其同训以代换之:桓公名白,博有五皓之称;厉王名长,琴有修短之目。"

【评解】 本章赞扬了曾子的孝行,通过曾子因父亲在世时喜欢吃羊枣而自己不再吃这种食物为例,说明孝应当是发自内心的真实感情的。

万章问曰:"孔子在陈,曰:'盍归乎来!吾党之士狂简,进取不忘其初。'①孔子在陈,何思鲁之狂士?"孟子曰:"孔子'不得中道而与之,必也狂狷乎!狂者进取;狷者有所不为也。'②孔子岂不欲中道哉?不可必得,故思其次也。""敢问何如斯可谓狂矣?"曰:"如琴张③、曾皙、牧皮者④,孔子之所谓狂矣。""何以谓之狂也?"曰:"其志嘐嘐然⑤,曰:'古之人,古之人',夷考其行而不掩焉者也⑥。狂者又不可得,欲得不屑不洁之士而与之,是獧也。是又其次也。孔子曰:'过我门而不入我室,我不憾焉者,其惟乡原乎⑦!乡原,德之贼也。'"曰:"何如斯可谓之乡原矣?""曰:'何以是嘐嘐也?言不顾行,行不顾言,则曰:'古之人,古之人。''行何为踽踽凉凉?'生斯世也,为斯世也,善斯可矣⑧。'阉然媚于世也者⑨,是乡原也。"万子曰:"一乡皆称原人焉,无所往而不为原人;孔子以为德之贼,何哉?"曰:"非之无举也⑩,刺之无刺也⑪;同乎流俗,合乎污世;居之似忠信,行之似廉洁,众皆悦之,自以为是,而不可与入尧舜之道,故曰'德之贼也'。孔子曰:'恶似而非者:恶莠⑫,恐其乱苗也;恶佞⑬,恐其乱义也;恶利口⑭,恐其乱信也;恶郑声⑮,恐其乱乐也;恶紫,恐其乱朱也⑯;恶乡原,恐其乱德也。'君子反经而已矣⑰。经正,则庶民兴;庶民兴,斯无邪慝矣⑱。"

【译文】 万章问:"孔子在陈国的时候,说:'为什么不回去呢!我们乡党的这些年轻学子志大狂放,志向高远而不忘旧本。'孔子在陈国,为什么想念鲁国的狂放之士呢?"孟子说:"孔子曾经说:'不能同坚持中庸之道的人交往,那也一定要结交狂放之人和自守之士。狂放之人勇于进取,自守之士有所不为。'孔子难道不想与中道之人相处吗?不一定能得到,所以就想稍微低一些的。"万章问:"请问怎么样才能称为狂放呢?"孟子说:"像琴张、曾皙、牧皮一样,就是孔子所说的狂放。"万章又问:"为什么说他们狂放呢?"孟子说:"他们志向很高,口气很大,言必称'古人……,古人……'。但是考察他们的行为,却并不完全像他们说的那样。狂放之人如果还是得不到,就想寻求一些不屑于做不清白的事情的人与他们结交,这就是自守之士,这是再次一等的。孔子说:'经过我的门前却不到我屋里来,我不会有遗憾,那只是乡里中貌似谨厚而其实与流俗合污的乡原吧。乡原,是摧残道德的人。'"万章问:"什么样的人可以称为乡原呢?"孟子说:"他们会评论狂放之人说:'为什么志向这么高、口气这么大呢? 言语脱离行动,行为脱离言语,只会说古人如何,古人如何。'评论自守之士说:'行为为什么要这样孤独落寞呢?'他们说:'生活在这个世界上,就要为了这个世界活着,让别人觉得你好就可以了。'曲意逢迎谄媚世人的人,就是乡原。"万章说:"整个乡里的人都说他是谨厚的人,他也处处表现得像一个谨厚的人,孔子认为他是摧残道德的人,为什么呢?"孟子说:"这种人,要指摘他没有什么可以指摘,要谴责他也没有什么可以谴责;他只是没有原则地同流合污,做人好像忠诚可靠,行为好像正直清廉,大家都喜欢他,他自己也认为自己做得对,但是与尧舜之道却格格不入,所以说他是'摧残道德的人'。孔子曾经说:'厌恶看起来像但实际上却完全不一样的东西:厌恶狗尾草,因为怕它使禾苗混乱了;厌恶花言巧语,因为怕它使义混乱了;厌恶能言善辩,因为怕它使诚信混乱了;厌恶郑国的音乐,因为怕它使正乐混乱了;厌恶紫色,因为怕它使红色混乱了;厌恶乡原,因为怕它使道德混乱了。'君子只是使事物归于常道罢了。常道如果端正了,那么老百姓就会奋发;老百姓奋发了,也就没有邪恶了。"

【注释】 ①孔子在陈,曰:"盍归乎来! 吾党之士狂简,进取不忘其初":赵岐注曰:"孔子厄陈,不遇贤人,上下无所交,盖叹息思归,欲见其乡党之士也。"《史记·孔子世家》记载:"孔子居陈三岁,会晋楚争强,更伐陈,及吴侵陈,陈常被寇。孔子曰:'归与归与! 吾党之小子狂简,进取不忘其初。'于是孔子去陈。"《论语·公冶长》中也有:"子在陈曰:'归与归与! 吾党之小子狂简,斐然成章,不知所以裁之。'"两处记载孔子的话均与此处万章所说略有些差异。朱熹《集注》曰:"盍,何不也。狂简,谓志大而略于事。进取,谓求望高远。不忘其初,谓不能改其旧也。"党,古代一种地方基层组织。五家为邻,五邻为里,五百家为党。

②孔子"不得中道而与之,必也狂狷乎! 狂者进取;狷者有所不为也":《论语·子路》记载孔子的这段话为:"子曰:'不得中行而与之,必也狂狷乎! 狂者进取,狷者有所不为也。'"何晏《论语集解》引包咸曰:"中行,行能得其中者,言不得中行则欲得狂狷者。狂者,进取于善道。狷者,守节无为。欲得此二人者,以时多进退,取其恒一。"朱熹《集注》本"狷"作"獧",二字通。并说:"'不得中道',至'有所不为',据《论语》亦孔子之言。然则'孔子'字下当有'曰'字。"狂狷,指志向高远的人与拘谨自守的人。

③琴张:关于琴张为何人,历来众说纷纭,没有定论。赵岐以子张为孔子的弟子颛孙师,注曰:"琴张,子张也。子张之为人,踸踔谲诡,《论语》曰'师也僻',故不能纯善而

称狂也,又善鼓琴,号曰'琴张'。"朱熹认为子张即琴牢,《集注》曰:"琴张,名牢,字子张。子桑户死,琴张临其丧而歌。事见《庄子》。"以上两说均有人进行过辩驳。

④牧皮:赵岐注曰:"事孔子学者也。"朱熹《集注》则曰:"牧皮,未详。"事迹亦不可考。

⑤嘐嘐(xiāo):形容志大而言夸。赵岐注曰:"嘐嘐,志大言大者也。"嘐,自大,骄矜。《说文解字·口部》中说:"嘐,夸言也。"

⑥夷考:考察。

⑦乡原:指乡里貌似谨厚而实与流俗合污的人。原,同"愿"。谨厚貌。如《尚书·皋陶谟》有:"愿而恭。"孔颖达疏:"愿者,悫谨良善之名。"《论语·阳货》中说:"子曰:'乡原,德之贼者也。'"一本"原"作"愿"。朱熹《论语集注》曰:"乡者,鄙俗之意。原,与'愿'同……盖其同流合污,以媚于世,故在乡人之中独以愿称。"

⑧何以是嘐嘐也?言不顾行,行不顾言,则曰:'古之人,古之人';行何为踽踽(jǔ)凉凉?生斯世也,为斯世也,善斯可矣:一说为孟子描述乡原之辞。如赵岐注曰:"孟子言乡原之人言何以是嘐嘐,若有大志也,其言行不顾,则亦称曰古之人、古之人。行何为踽踽凉凉,有威仪如无所施之貌也。乡原者,外欲慕古之人,而其心曰古之人何为空自踽踽凉凉,而生于今之世无所用之乎。以为生斯世,但当取为人所善,善人则可矣。其实但为合众之行。"一说为乡原者讥狂狷者之辞。朱熹《集注》曰:"乡原讥狂者曰:何用如此嘐嘐然,行不掩其言,而徒每事必称古人邪?又讥狷者曰:何必如此踽踽凉凉,无所亲厚哉?人既生于此世,则但当为此世之人,使当世之人皆以为善则可矣,此乡原之志也。"今从后说。踽踽,独行貌。朱熹《集注》曰:"踽踽,独行不进之貌。"凉凉,寂寞冷落貌。朱熹《集注》曰:"凉凉,薄也,不见亲厚于人也。"

⑨阉然:曲意逢迎貌。

⑩举:指摘、检举。

⑪刺:指责、揭发。高诱注《战国策·齐策一》"群臣吏民,能面刺寡人之过者,受上赏"曰:"刺,举也。"

⑫莠(yǒu):一种常见的田间杂草,因其穗像狗尾,俗名狗尾草。常生于禾粟之下,似禾非禾,秀而不实。赵岐注曰:"莠之茎叶似苗。"

⑬佞:善辩,口才好,善于花言巧语。朱熹《集注》曰:"佞,才智之称,其言似义而非义也。"

⑭利口:能言善辩。朱熹《集注》曰:"利口,多言而不实者也。"《论语·阳货》记载孔子的话说:"子曰:'恶紫之夺朱也,恶郑声之乱雅乐也,恶利口之覆邦家者。'"

⑮郑声:指春秋战国时郑国的音乐,因与孔子等提倡的雅乐不同,被儒家视为俗乐的代表。《论语·卫灵公》中:"放郑声,远佞人。郑声淫,佞人殆。"刘宝楠《正义》曰:"《五经异义·鲁论》说郑国之俗,有溱、洧之水,男女聚会,讴歌相感,故云郑声淫。"明代杨慎《升庵经说·淫声》中说:"郑声淫者,郑国作乐之声过于淫,非谓郑诗皆淫也。"赵岐注曰:"郑声淫,人之听似若美乐。"

⑯朱:大红色,比绛色浅,比赤色深。古代视其色为五色中红的正色。朱熹《集注》

曰:"朱,正色也。"

⑰反经:归于常道。赵岐注曰:"经,常也。反,归也。"

⑱邪慝:即邪恶。

【评解】 本章孟子通过"狂"、"狷"、"中道"、"乡愿"四种不同人品的分析,表明了自己对中道之士的赞扬和对乡愿的厌恶。孔子说:"乡原,德之贼也。"称"乡愿"是危害道德的人。孟子通过对乡愿的种种丑行及其对道德的危害的具体分析,揭露了这种貌似谨厚而实与流俗合污的伪善者的真实面目。

孟子曰:"由尧、舜至于汤,五百有余岁,若禹、皋陶①,则见而知之;若汤,则闻而知之。由汤至于文王,五百有余岁,若伊尹、莱朱②,则见而知之;若文王,则闻而知之。由文王至于孔子,五百有余岁,若太公望、散宜生③,则见而知之;若孔子,则闻而知之。由孔子而来至于今,百有余岁,去圣人之世若此其未远也,近圣人之居若此其甚也,然而无有乎尔,则亦无有乎尔。"

【译文】 孟子说:"从尧、舜到商汤,有五百多年的时间,像禹、皋陶等人,都是亲眼看到尧舜之道而了解它的;像商汤,就是听说尧舜之道而了解它的。从商汤到周文王,有五百多年的时间,像伊尹、莱朱等人,都是亲眼看到商汤的为政之道而了解它的;像周文王,就是听说商汤的为政之道而了解它的。从周文王到孔子,有五百多年的时间,像太公望、散宜生等人,都是亲眼看到周文王的为政之道而了解它的;像孔子,就是听说周文王的为政之道而了解它的。从孔子之后到现在,一百多年时间了,离开圣人的时代像现在这样还不算远,靠近圣人的家乡也没有像此地这样近的,但是并没有承继圣人之道的人,也就再没有承继圣人之道的人了。"

【注释】 ①陶:即皋陶。

②莱朱:赵岐注曰:"莱朱,亦汤贤臣也,一曰仲虺是也。"焦循《正义》曰:"在汤时,举一伊尹、莱朱,则当时贤臣如女鸠、女房、义伯、仲伯、咎单等括之矣。在文王时,举一太公望、散宜生,则虢叔、泰颠、闳夭、召公、毕公、荣公等括之矣。非谓见知者,仅此一二人也。"此说有理。

③散宜生:周初贤臣,辅佐周文王、武王灭商的主要功臣之一。一说"散"为氏,宜生为名。如朱熹《集注》曰:"散,氏;宜生,名。"《通志·氏族四》"散氏"曰:"文王四友有散宜生。今江都有此姓。"一说"散宜"为氏。如清代江声《尚书集注音疏》中说:"《大戴礼·帝系》云:'尧取于散宜氏之子',则散宜为氏,自古有之,伪孔(指《尚书·君奭篇》伪孔传——引者注)非是。"

【评解】 在《孟子》的最后一章,孟子描述了一个从尧、舜、禹、汤、文、武、周公一直到孔子的圣贤道统,在对前代圣贤深深景仰的同时,表达了自己决心继承圣贤志愿,以天下为己任的决心和信心。

注释:
〔1〕 杨伯峻:《孟子译注》,第 326 页。
〔2〕 杨伯峻:《孟子译注》,第 330 页。
〔3〕 杨伯峻:《孟子译注》,第 331 页。
〔4〕 杨伯峻:《孟子译注》,第 332 页。

孟子及其思想的历史地位

"孔孟之道"的提法家喻户晓,孟子在儒家文化的发展过程中占据着重要的位置。在儒家思想史上,他的影响和地位仅次于孔子,被尊称为"亚圣"。孟子的思想在后世产生了深远的影响,尤其是中国两千多年的封建社会中,他的思想成为封建正统思想的主要来源之一。

第一节 孟子的生平与著作

孟子生活在战国时期,他生活的时代,是中国历史上最动荡、最混乱的时期之一,同时也是思想最解放、最活跃的时期之一。孟子继承和发扬了春秋末年的孔子所创立的儒家学说,使其在理论上更加完善和系统。孟子的思想观点,主要保存在被儒家列为"四书"之一的《孟子》一书中。

一、孟子的生平

孟子名轲,字子舆,一说字子车,是曾经在鲁国显赫一时的贵族孟孙氏的后裔。孟子的先人作为孟孙氏的旁支,后来逐渐衰微,就迁到了离鲁国很近的邹国定居下来。所以现在我们一般都说孟子是邹国人。关于孟子的父母是谁,据《春秋演孔图》和《阙里志》等资料记载,其父亲名激,字公宜,母亲为仉氏。但此说是否可信,尚有待于进一步考证。

1. 家教与受业

关于孟子的生平事迹,历史上直接而又可信的记载较少。司马迁作《史记》时曾经以严谨的态度游历全国,对史实、史迹进行考证,亲自"北涉汶、泗,讲业齐、鲁之都,观孔子之遗风,乡射邹、峄。"(《史记·太史公自序》)但是,对于孟子的生平事迹,《史记·孟子荀卿列传》中仅仅用了一百多字进行了简略的记述,简单地提及孟子的籍贯、受业、游历和著作。这使得孟子的一生变得扑朔迷离。后来,随着孟子的地位日益提高,后人对孟子的生平事迹进行了一些考证,孟子的事迹逐渐清晰、明确。然而,其中的许多结论,至今仍然存在着很大的争议。

首先是孟子的生卒年月,由于《史记》等史籍中没有明确记载,后人没有直接的资料作为依据,因此只能用推测的方式进行考证。其中,比较有代表性的两种观点,一种认为孟子生于公元前385年,一种认为生于公元前372年。虽然现在没有足够的证据确定哪种观点更有说服力,但是,从《孟子》、《史记》等著作中记载的孟子的事迹和战国的史实来看,上述两种观点都与孟子的活动年代大体相符,即孟子为战国中期人。

在孟子幼年的成长中,他的母亲发挥了至关重要的作用,民间至今流传者"孟母三迁"和"断机教子"等故事,反映了孟子的母亲在对孟子的教育上曾经费了很大的心血。故事中说,孟子小时候,他们的家离一片墓地很近,孟子经常能看到人家抬死人出殡。出于儿童的天性,孟子就常常模仿墓地里埋死人的游戏,并且乐此不疲。孟子的母亲发觉后,觉得这样对孟子的成长不利,于是就搬了一个新家。搬家之后,新的问题又出现了。由于新家搬在一个集市附近。这里商贩云集,叫卖之声不绝于耳,于是孟子又模仿起商人来,学人家招揽客人和讨价还价。孟母又意识到,天天这样,也是不利于孟子健康发展的,决定再次搬家。这一次,孟母把家搬到了一个学校的附近,孟子在这里听到的都是朗朗的读书声,见到的都是学习做人礼节的活动。所以,喜欢模仿的孟子便又开始模仿起他们来,或者装模作样地读书学习,或者学他们揖让进退。孟母觉得这里才适合孟子成长,于是便长期居住下来。后来,孟子入学之后,儿童天性调皮好动,不喜欢安静地坐在学宫里读书,经常逃学,不认真学习。他的母亲听说之后,非常伤心,把孟子叫到跟前,将织布机上的经线剪断,告诉他学习要持之以恒,一旦中断就无法继续的道理。孟子明白了母亲的苦心,从此开始努力读书,发奋学习。这两个故事虽然都是根据传说,但是也说明他少年时期曾经受到过良好的教育,否则就不可能有以后的成就。

关于孟子的受业情况,《史记》中说他"受业于子思之门人"。但是,从汉代起一些学者就对此提出了怀疑,认为孟子实际上应当是受业于子思,而不是子思的门人弟子。例如刘向《列女传》中说:孟母"断机教子"之后,"孟子惧,旦夕勤学不息,师事子思,遂成天下之名儒"。班固《汉书·艺文志》中说:"《孟子》十一篇。名轲,邹人,子思弟子,有列传。"赵岐《孟子题辞》中说:"孟子生有淑质,夙丧其父,幼被慈母三迁之教,长师孔子之孙子思,治儒术之道,通五经尤长于《诗》、《书》。"应劭《风俗通义·穷通篇》说:"孟轲受业于子思,既通,游于诸侯,所言皆以为迂远而阔于事情,然终不屈道趣舍,枉尺以直寻。"虽然上述诸说都非常肯定地认为孟子是子思的弟子,然而,如果稍加考证,就会发现这种观点是不能成立的,因为根据子思和孟子的生活年代推算,到子思去世时,孟子还没有出生,因此孟子根本不可能直接受业于子思。司马迁"孟子受业于子思之门人"的说法是有道理的。按照这种说法,孟子继承孔子儒学思想的授受顺序是"孔子—曾子—子思—子思之门人—孟子"。

孟子虽然没有亲自接受过子思的教诲,但是,他们的思想之间确实具有直接的渊源关系,因此《荀子·非十二子》中把他们连在一起,后人将他们一派称为"思孟学派",都决不是生拉硬拽地凑合在一起。这从他们的思想体系中也可以看出他们之间的这种传承关系,子思所作的《中庸》和《孟子》中的许多思想,简直如出一辙。宋明之后,随着"道统论"的提出,道学家们将《论语》、相传为曾子所作的《大学》、《中庸》和《孟子》称为"四书",列为儒家最核心的经典,"思孟学派"俨然成为了孔子所创立的儒家思想的最正统的传承者。

2.周游列国

孟子学有所成之后,也像当年的孔子一样,开始教授弟子、周游列国。但是,孟子周游列国时与孔子当年的"栖栖惶惶,如丧家之犬"比起来,的确风光得多。孟子带领着弟子们,"后车数十乘,从者数百人,以传食于诸侯",到各诸侯国宣传自己的政治主张。

关于孟子周游列国的情况,司马迁说,孟子"道既通,游事齐宣王,宣王不能用。适梁,梁惠王不果所言,则见以为迂远而阔于事情。当是之时,秦用商君,富国强兵;楚、魏用吴起,战胜弱敌;齐威王、宣王用孙子、田忌之徒,而诸侯东面朝齐。天下方务于合从连衡,以攻伐为贤,而孟轲乃述唐、虞、三代之德,是以所如者不合。"齐国是孟子周游的第一站,当时孟子的年龄大约四十岁左右。齐威王和齐宣王之时,齐国的"稷下学宫"正处于兴盛期,延揽了许多来自各国的名士,孟子到了之后也被封为齐卿。孟子在齐国待了大约八年,其中经过了齐国伐燕之事。在齐国期间,孟子曾经与匡章等人交游,齐王也曾经在伐燕等问题上听取了他的一些意见,但是由于自己的政治主张没有得到实行,大约五十岁时,孟子离开了齐国。

离开齐国之后,孟子去了宋国。当时是宋王偃在位,宋王偃即位之后,曾经声称要实行"仁政",孟子之所以去宋国,可能是听到了这个消息。但是,孟子到了宋国之后,发现宋王偃并不打算接受自己的主张,于是只得离开宋国。孟子离开宋国之后,先在薛国做了短暂的停留,然后回到他的家乡邹国。孟子在邹国的时候,邹穆公因邹国老百姓在邹国与鲁国的摩擦中坐视不救而曾经向孟子请教为政,屋庐子、曹交、然友等人也纷纷来向他请教,滕文公也听从了孟子的指教,力排众议实行"三年之葬"。

孟子在邹国停留了不到一年时间,他的弟子乐正子在鲁国受到重用,孟子就又离开家乡到了鲁国。到了鲁国之后,由于乐正子的推荐,鲁国的国君本来打算亲自去见他。但因嬖人臧仓进谗,这次会见又被取消。孟子失望之下又返回邹国。不久之后,刚即位不久的滕文公礼聘孟子到滕国。滕文公此前就曾经多次向孟子请教过礼仪、治国等问题,孟子来到之后,滕文公以礼相待,"馆于上宫",孟子向他阐述了仁政等主张和"小国事大国"之道。在此期间,孟子曾就社会分工等问题同农家的陈相进行过辩论。

大约两年之后,孟子听说梁惠王"卑礼厚币以招贤者"(《史记·魏世家》),就离开滕国,来到了魏都大梁。孟子到了魏国之后,向梁惠王阐述了"先义后利"、"与民同乐"、"勿夺农时"、"谨庠序之教"、"施仁政"、"省刑罚、薄税敛"、"深耕易耨"等一系列政治主张,得到了梁惠王的赞同。可是,不久之后梁惠王就死了,孟子的主张终究没有得到实行。孟子觉得新即位的梁襄王不像一个有为之君的样子,就带领弟子离开了魏国。

孟子离开魏国的都城大梁之后,经过范邑、平陆第二次来到齐国。这时齐国的新君齐宣王刚即位不久,继续以"稷下学宫"延揽贤士,邹衍、淳于髡、慎到、田骈、环渊等当时著名的学者都来到齐国。齐宣王给他们优厚的待遇,让他们"不治而议论"国事。孟子到了之后,也被齐宣王封为"卿",并多次向他请教,孟子也向他详细地阐述了自己的仁政主张。但是,在伐燕等问题上,孟子和齐宣王发生了矛盾,最后毅然决定离开齐国。虽然齐宣王主动以万钟的俸禄加以挽留,但孟子没有接受。此次孟子在齐国停留了大约七年。

孟子离开齐国后,就回到自己的家乡邹国,结束了自己的游历生涯。孟子周游列国大约三十年,期间到过齐国、魏国、宋国、滕国、鲁国等不同的诸侯国,虽然期间也曾受到过一些礼遇,但是,总体来说,他的政治主张没有得到实现。回到家乡后,孟子已经是一位接近七十岁的老人。从此之后,他就停止了宣传自己的政治主张的活动,专心聚徒讲学,潜心著述。

3. 聚徒讲学

孟子曾经说:"君子有三乐,而王天下不与存焉。父母俱存,兄弟无故,一乐也。仰不愧于天,俯不怍于人,二乐也。得天下英才而教育之,三乐也。君子有三乐,而王天下不与存焉。"(《尽心上》)在孟子看来,从事教育活动,授徒讲学是一件非常令人快乐的事情。因此在孟子的一生中,聚徒讲学是重要的内容之一。孟子的讲学活动从周游列国之前就开始了,此后一直到他去世,从来没有停止过。孟子奔波于各诸侯国之间时"从者数百人",其中绝大多数应当是他的弟子。

孟子年老结束游历生活回到家乡之后,聚徒讲学就变成了他的生活中最重要的内容。曾经跟随他周游列国的弟子们,也有许多一直追随他,与他一起"序诗书,述仲尼之意"(《史记·孟子荀卿列传》)。在这大约二十年的时间里,由于停止了政治活动,因此可以安下心来专心从事教育和著述事业,成为了孟子教育事业的一个黄金时期。

孟子的弟子虽有数百人,但今天有名可稽、有史可考的却寥寥无几。《史记》中提到孟子弟子时仅说"万章之徒",赵岐《孟子题辞》中也仅提到两人,说"公孙丑、万章之徒"。从汉代开始,随着孟子地位的提高,孟子弟子的地位也随之高贵起来,很多人开始根据零散的史料对他们进行考证。根据赵岐注,《孟子》中出现的人物中,共有15人为孟子弟子,另有4人曾"学于孟子",也可列入孟子的弟子之数。这19人是,弟子15人:

乐正子:复姓乐正,名克,曾在鲁国做过官。乐正子在《孟子》中共提到9次。清代周广业在《孟子四考》中称他与公都子、屋庐子、孟仲子"诸子皆孟门高弟"。《韩非子·显学》中说:孔子之后,儒分为八,其中"有子张之儒,有子思之儒,有颜氏之儒,有孟氏之儒,有漆雕氏之儒,有仲良氏之儒,有孙氏之儒,有乐正氏之儒。"这里所说的"乐正氏之儒",怀疑即为乐正克一派。

公孙丑:复姓公孙,名丑,齐国人。公孙丑在《孟子》中共出现过17次。赵岐称他有"政事之才"。孟子晚年,公孙丑一直追随,同孟子一起谈论学问,整理著作。

陈臻:在《孟子》中出现了2次,疑为齐人。

公都子:复姓公都,名不可考,楚国人。公都子在《孟子》中出现过9次,孟子称其"有学业"。

充虞:籍贯不详,《孟子》中出现2次。

季孙:名与籍贯不可考,《孟子》中出现1次。

子叔:名与籍贯不可考,《孟子》中出现1次。

高子:名不可考,齐人,《孟子》中出现4次。

徐辟:籍贯不可考,《孟子》中又称"徐子",共出现5次。

咸邱蒙:复姓咸邱,名蒙,齐人,《孟子》中出现2次。

陈代:籍贯不详,《孟子》中出现1次。

彭更:籍贯不详,《孟子》中出现2次。

万章:齐国人,《孟子》中出现22次。万章是孟子最出色的弟子之一,孟子晚年回归故里之后公孙丑等人一直在孟子身边。后人对其评价极高,焦循《孟子正义》中说:"孟子诚不在禹下,而万章之功亦伟矣。"

屋庐子:复姓屋庐,名连,籍贯不详,《孟子》中出现5次。

桃应:籍贯不详,《孟子》中出现1次。

学于孟子者4人:

孟仲子:孟子的堂兄弟,名不可考,《孟子》中出现1次。

告子:姓告,名不害,《孟子》中出现9次,曾与孟子就人性等问题进行过讨论。《孟子》中还有一位浩生不害,赵岐认为与告不害为同一人。

滕更:滕国人,赵岐认为他是滕国国君之弟,《孟子》中出现2次。

盆成括:复姓盆成,名括,《孟子》中出现3次。赵岐说他"尝欲学于孟子,问道未达而去"。后仕于齐国。

上述19人中,被班固收入《汉书·古今人表》的有6人:公孙丑、万章、告子、乐正子、高子和徐子。宋代之后,出于配享于孟庙的需要,人们又对孟子的弟子进行了重新考订和取舍。《宋史·礼志》记载,北宋末年时,配享孟庙的弟子只有18人,盆成括被清除出列。后来对孟子弟子的考证中,大多集中于季孙、子叔、滕更、盆成括四人该不该列入孟子弟子之列和告子与浩生不害是否为同一人两个问题上。明清两代,基本确定从祀的孟子弟子18人,并且于清代把他们划分为"先贤"和"先儒"两类。"国朝孟庙从祀,仍明制十八人。视宋政和无滕更而有盆成括。乾隆二十一年,礼部覆准去旧时侯伯封号,改题先贤、先儒,以符礼制。内乐正克、公孙丑、万章、公都子四人,皆称先贤某子;陈臻、屋庐连、陈代、高子、孟仲子、充虞、徐辟、彭更、咸邱蒙、桃应、季孙子叔、浩生不害、盆成括十四人,皆称先儒某氏某。斯千古定论,可息群议者矣。"(清·周广业:《孟子四考》)

二、《孟子》的成书及其流传

今天研究孟子思想的主要依据是《孟子》一书,然而,在《孟子》一书的作者、内容结构等问题上,如同孟子的生平一样,至今仍然存在着许多争论。

1.《孟子》的成书及作者

关于《孟子》的作者,司马迁在《史记·孟子荀卿列传》中言之凿凿:孟子"退而与万章之徒序诗书,述仲尼之意,作《孟子》七篇",认为《孟子》一书是孟子与其弟子们共同完成的。但是,司马迁的断言并没有使得《孟子》的作者成为一个后世没有争论的问题,还是有许多人对此提出了不同的看法。总体来看,关于《孟子》的作者是谁,目前主要有下面三种观点。

第一种观点认为,《孟子》是孟子在弟子们的协助下共同编定的。这是目前被大多数人所赞同的一种说法,最早见于司马迁《史记》。这种观点认为,孟子周游列国政治抱负没有实现,于是带领弟子们回到家乡邹国,一边聚徒讲学,一边与弟子们一道,将自己的答问进行收集、整理,编定成《孟子》一书。根据司马迁的见解,清代学者魏源在《孟子年表考》中论证说:"公都子、屋庐子、乐正子、徐子皆不书名,而万章、公孙丑独名,《史记》谓'退而与万章之徒作七篇'者,其为二人亲承口授而笔之书甚明(咸邱蒙、浩生不害、陈臻等偶见,或亦得预记述之列)。与《论语》成于有子、曾子门人故独称'子'者,殆同一间,此其可知者。"

第二种观点认为,《孟子》一书为孟子所自著。赵岐《孟子题辞》中论及《孟子》一书的成书和作者时说:"于是退而论集所与高第弟子公孙丑、万章之徒难疑答问,又自撰其法度之言,著书七篇,二百六十一章,三万四千六百八十五字。包罗天地,揆叙万类,仁义、道德、性命、祸福粲然靡所不载。""此书,孟子之所作也,故总谓之《孟子》。"也就是说,《孟子》一书是孟子本人根据他与弟子们的答问亲自编定的。宋代朱熹赞同此说,认为:"《论语》多门弟子所集,故言语时有长长短短不类处。《孟子》疑自著之书,故首尾文字一体,无些子瑕疵。不是自下手,安得如此好?"(《朱子全书》卷二十)朱熹从《孟子》全书的体系结构出发,认为全书风格一致,不可能像《论语》一样是由弟子们编辑而成的,"笔势如熔铸而成"的行文、结构只能是出自孟子一人之手。此后,元代的何异孙、清代的阎若璩等人也持此说。

第三种观点认为,《孟子》一书是孟子的弟子们编纂而成的。此说由唐代韩愈首倡,他认为:"轲之书,非轲自著,既没,其徒万章、公孙丑相与记轲之言耳。"(《答张籍书》)唐末的林慎思也持此说,《四库全书总目提要》中论及林慎思所著《续孟子》的著作目的时引《崇文总目》说:"《崇文总目》载慎思之言曰:《孟子》七篇,非轲自著书,而弟子共记其言,不能尽轲意,因传其说演而续之。"此后,宋代的晁公武、清代的崔述等人都力主此说。晁公武说:"韩愈以此书为弟子所会集,与岐之言不同。今考其书载孟子所见诸侯,皆称谥,如齐宣王、梁惠王、梁襄王、滕定公、滕文公、鲁平公是也。夫死然后有谥,轲著书时所见诸侯,不应即称谥。且惠王元年至平公之卒,凡七十七年,孟子见惠王,目之曰叟,必已老矣,决不见平公之卒也。后人追为之明矣,则岐言非也。"(《郡斋读书志》卷十)他的主要根据是,《孟子》书中所出现的诸侯全部称谥号,而谥号是人死了之后才有的。许多诸侯比孟子年轻得多,不可能比孟子先去世。崔述的理由除了诸侯称谥之外,另外又加了两条。一条是,《孟子》书中多有与史实不符之处;另一条是,《孟子》书中对孟子的弟子多称"子"。他说:"谓《孟子》一书为公孙丑、万章所纂述者,近是;谓孟子与之同撰,或孟子所自撰,则非也。《孟子》七篇之文往往有可议者。如'禹决汝、汉,排淮、泗,而注之江','伊尹五就汤,五就桀'之属,皆于事理未合。果孟子所自著,不应疏略如是,一也。七篇中,称时君皆举其谥,如梁惠王、襄王、齐宣王、鲁平公、邹穆公皆然,乃至滕文公之年少亦如是。其人未必皆先孟子而卒,何以皆称其谥,二也。七篇中,于孟子门人多以子称之,如乐正子、公都子、屋庐子、徐子、陈子皆然;不称子者无几。果孟子所自著,恐未必自称其门人皆曰子,三也。细玩此书,盖孟子之门人万章、公孙丑等所追述,故二子问答之言在七篇中为最多,而二子在书中亦皆不以'子'称也。"(《孟子事实录》卷下)

上述三种观点,似乎都有确凿的证据,但我们认为,《孟子》一书为孟子及其弟子共同编定的说法是有说服力的。对此,现代的许多学者都曾经给予过详细的论证。杨伯峻在《孟子译注》的"导言"中说:"我们认为,太史公的话是可信的。他的时代较早,当日所见到的史料,所听到的传闻,比后人多而且确实;尤其是验以《孟子》本书,考之孟子生卒,其余两种说法所持的理由都是不充分的。"他认为,即使有弟子们的参与,经过了孟子的最后审定,文体首尾一致完全是可能的。对于《孟子》一书为孟子弟子所辑的各种理由,他也一一进行了反驳。"有一条理由是,'七篇之文,往往有可议者,果孟子自著,不应疏略如是'。这实在不值一驳。孟子即便是所谓'亚圣',也不能肯定他所说所写的每字每句都非常正确。何况'决汝汉排淮泗而注之江'这种话,孟子不过借以说明禹治水的功绩;正确的地理知识的具备与否,上古的所谓圣贤,似乎不曾给以重视。伊尹'五就汤五就桀',孟子也不过借以说明伊尹全心为百姓服务的忠诚;而且孟子援引史事,常常主观地加以改造,以期论证自己的观点。稍读《孟子》书就会了解这一点。""另一条理由是'果孟子自著,恐未必自称其门人皆曰子'。……《孟子》既是万章、公孙丑之徒'亲承口授而笔之书',那么,称其师为'孟子',称其同门为'乐正子'、'屋庐子',何尝不可?""最值得注意的是诸侯皆称谥一条。梁惠王、滕文公、鲁平公都死在孟子前,固然可以称谥;梁襄王是死在孟子后的,齐宣王也可能比孟子迟死三两年,为什么也称谥呢?我们认为阎若璩的解释是说得通的。他说:'卒后书为门人所叙定,故诸侯王皆加谥焉。'"[1]

刘建国主编的《中国哲学史史料学概要》中,在此基础上又对论据做了一点补充。书中指出:"《孟子》一书,在从荀子到韩非子在世之间就已流传,荀、韩虽没有引证过《孟子》的著作,但是荀子在《非十二子》和韩非在《显学》篇提到了孟子的思想不都是传闻,而是依据了著作。荀子说:'略法先王而不知其统,犹然而材剧志大,闻见杂博。案往旧造说,谓之五行,甚僻违而无类,幽隐而无说。案饰其辞而祗敬之曰:此真先君子之言也。子思唱之,孟轲和之,世俗之沟犹瞀儒獾獾然不知其所非也,遂受而传之,以为仲尼、子游为兹于后世。是则子思,孟轲之罪也。'韩非在《显学》中,'自于孔子之死也,有子张之儒,有子思之儒,有颜氏之儒,有孟氏之儒……'这里说明,荀、韩不仅是据其口头传授儒家学说,亦有孟子的著作为举凡。因而后来司马迁说,孟子晚年与其徒万章、公孙丑著书是有根据的。"[2]

2.《孟子》的流传及注疏

《孟子》成书之后,是作为先秦诸子书中的一种流传的。两千多年的封建社会中,其地位一步步升高,最后成为儒家最核心的经典之一。

赵岐《孟子题辞》中说:"孟子既没之后,大道遂绌,逮至亡秦,焚灭经术,坑戮儒生,孟子徒党尽矣。其书号为诸子,故篇籍得不泯绝。"秦始皇统一全国之后,儒家思想曾经遭受了灭顶之灾。"焚书"中儒家著作很难幸免,"坑儒"甚至是直接针对儒生的。虽然在焚书坑儒中孟子一派的"徒党"几近灭绝,然而,根据赵岐所说,《孟子》一书却幸免于难。关于《孟子》为什么能够幸免于秦火,刘鄂培《孟子大传》中分析说:"《孟子》一书得以保存下来,主要原因应在秦焚书令的本身。焚书令将被焚的书籍分为两类:第一类,是秦纪之外的各国史记,'非秦纪皆烧之';第二类,是《诗》、《书》、百家语(即诸子),只烧民间流传的书籍,保留博士官的存书。'非博士官所职,天下敢有藏《诗》、《书》、百家语者,悉诣守尉杂烧之。'这很可能就是《孟子》幸免于秦火的主要原因。流传至汉的《孟子》,有两种可能:一是博士官所保存的图书;但也可能是幸免于秦火的民间藏书。据《汉书·景十三王传·河间献王传》记载:'河间献王德,以孝景前二年立。修学好古,实事求是,从民间得善书。''献王所得皆古文先秦旧书:《周官》、《尚书》、《礼》、《礼记》、《孟子》、《老子》之属。河间献王为汉初时人,他从民间求得《孟子》一书,这足以证明,《孟子》虽被列入焚书之内,而在民间犹有遗存。"[3]

"大难不死,必有后福。"这句民间俗语用在《孟子》一书上,也可以正好反映它在两千多年中的命运。"汉兴,除秦虐禁,开延道德,孝文皇帝欲广游学之路,《论语》、《孝经》、《孟子》、《尔雅》皆置博士,后罢传记博士,独立五经而已。讫今诸经通义得引《孟子》以明事,谓之博文。"(《孟子题辞》)西汉时期,孟子虽然依旧作为子书,其地位已经有所提高。汉文帝时,为诸子传记设立学宫,为《论语》、《孝经》、《孟子》、《尔雅》各置"传记博士"。"传"是用于解释和阐发"经"的,在典籍中地位虽然低于"经",但仍高于其他诸子。汉武帝时"罢黜百家,独尊儒术"之后,设"五经博士","传记博士"被废止,但《孟子》"传"的地位仍然保持着。例如王充《论衡·对作篇》中说:"杨墨之学不乱传义,则孟子之传不造。"《汉书·刘向传》引《公孙丑下》"其间必有名世者",

《后汉书·梁冀传》引《滕文公上》"以天下与人易,为天下得人难",所引《孟子》之语都称"传曰"。

总体来说,《孟子》在汉代的地位并不高,没有上升到"经"的地位。这也是司马迁为孟子作传仅仅用了一百多字的重要原因之一。将《孟子》称为"经",是唐代之后的事情。唐代宗宝应二年,礼部侍郎杨绾上疏,建议把"《论语》、《孝经》、《孟子》兼为一经。"(《新唐书·选举志上》)但是没有被批准。唐末皮日休又上书请求把《孟子》列为经书,设科取士,也没有批准。虽然这两次将《孟子》列为经书的努力都失败,但足以反映《孟子》到唐代时引起了学者足够的重视。

第一次真正将《孟子》列为经书是五代十国时的事情。后蜀主孟昶命令毋昭裔楷书《易》、《书》、《诗》、《仪礼》、《论语》、《周礼》、《礼记》、《公羊》、《穀梁》、《左传》、《孟子》共十一经刻石。这是《孟子》成为经书的开始。北宋时期,又在原有"十一经"的基础上,加入《孝经》、《尔雅》,这就是世传的所谓"十三经",并将《孟子》作为科举命题的书。南宋朱熹将《论语》、《孟子》与从《礼记》中析出的《大学》、《中庸》两篇合称"四书",成为学子必读和科举取士的基本教材。《孟子》的影响越来越大,成为封建统治的核心思想来源之一,一直延续到清朝末年。

从东汉时起,学者们在研究《孟子》的同时,开始为《孟子》作注解。据粗略统计,《孟子》的注解清代之前就已经达到七十多种。对《孟子》的注解主要分为四大类:第一类是《孟子》注,如汉代赵岐的《孟子章句》、刘熙的《孟子注》、郑玄的《孟子注》、唐代陆善经的《孟子注》、宋代苏辙的《孟子解》等;第二类是《孟子》的集注和疏,如朱熹的《孟子集注》、孙奭的《孟子注疏》、金履祥的《孟子集注考证》等;第三类是《孟子》的考订注释,如焦循的《孟子正义》、周广业的《孟子四考》、王若虚的《孟子辨惑》、管志道的《孟子订释》、许衡的《孟子标题》等;第四类是《孟子》文字音义,如张镒的《孟子音义》、孙奭的《孟子音义》、蒋仁荣的《孟子音义考证》、阮元的《孟子音义校勘记》等。

目前,现存的《孟子》版本中,常见的主要有《十三经注疏》的赵岐章句本、朱熹《四书章句集注》本、阮元《孟子正义》本等。

3.关于《孟子外书》

我们现在所能见到的《孟子》共七篇,每篇分为上、下两部分,司马迁也说孟子与其弟子作"《孟子》七篇"。但是,东汉应劭《风俗通·穷通篇》说:孟子"退与万章之徒序诗、书、仲尼之意,作书中外十一篇";班固《汉书·艺文志》也说"孟子十一篇"。那么,东汉时期的《孟子》为什么多出四篇呢?这四篇,就是被赵岐称为"外书"的《性善辨》、《文说》、《孝经》、《为政》。赵岐《孟子题辞》中说："又有外书四篇,《性善辩》、《文说》、《孝经》、《为政》,其文不能宏深,不与内篇相似,似非孟子本真,后世依放而托也。"赵岐通过与其他七篇的比较,认为此四篇为后人伪托,因此在为《孟子》作注时没有收录。

由于自东汉时就已经被认定为伪书,所以这四篇在流传的过程中就慢慢地亡佚了。宋代有人曾经声称在馆阁藏书中见过四篇《孟子外书》,此说是否属实,已很难考证。但是,从宋代起大部分人都断定,《孟子外书》已经亡失了。如南宋王应麟在《困学纪闻》中说:"《孟子》之外书四篇,今皆无传。"史绳祖《学斋占毕》中也说:"《孟子序》谓有外书四篇,《性善辩》居其一,惜其不传。"清代则有人对宋代有人自称见过《孟子外书》的说法进行了批驳,认为:"赵氏不为外书章句,嗣后传孟子者悉以章句为本。外书悉以废阁致亡。南宋去赵氏时千有余岁,不应馆阁中完然如故也。孙氏仅得耳闻,当日在馆诸公未有以目击详言之者,道听途说,必不足为按。……疑新喻谢氏所藏《性善辩》,又属后人依放而作,非外书本真也。"(翟灏:《四书考异》)

《孟子外书》何时亡失已很难考证,但可以肯定的是,现在所传的《孟子外书》是明代姚士粦所伪撰。明代万历年间,海宁人姚士粦声称得到了一本《孟子外书》四篇,此后,此书便以传抄的形式在民间流传。清乾隆年间,吴骞刊行《拜经楼丛书》,将《孟子外书》四篇收录在内。《孟子外书》复出后不久,学者们就一致论证其为伪作。周广业《孟子四考逸文考》中说:"近有姚士粦等所传《孟子外书四篇》,云是熙时子注,则显属伪托也。"丁杰《小酉山房集》则对《孟子外书》四篇逐条进行了批驳。在《孟子外书疏证》中,他说:"此书杂采他书,引孟子文,兼及其不云孟子者。缀集敷衍,往往气不贯穿。人名事迹伪谬甚多。后人征引或由传闻失实,岂有身接其人、目击其事、与徒著书而记录不真者乎?姚叔样(即姚士粦)好造伪书。此为叔样伪造无疑。"翟灏《孟子考异》中列举了此书为伪作的八条证据,并举了三条证据证明此书作伪者不是每篇篇名之下所写的"熙时子"(宋代学者刘贡父),从而将作伪者直指姚士粦。在学者列举的大量证据面前,清代复出的《孟子外书》为明代姚士粦伪作已成定案。

除了七篇和十一篇的《孟子》之外,历史上还出现过九卷的《孟子》。据《隋书·经籍志》著录,晋代綦毋邃的《孟子注》九卷,比一般的注本多出两卷。关于多出来的这两卷,学者们有两种解释:一是认为由于篇章划分的不同,綦毋邃将《孟子》分为九篇。根据为典籍作注解的一般做法,这种可能性似乎不大。二是认为多出的两篇为《孟子外书》尚没有亡失的部分,《孟子外书》四篇到六朝时候还没有完全亡失,尚有两篇存卷。綦毋邃的注本也已经失传,究竟出于哪种原因产生了九卷本的《孟子》,现在已无从确证。

第二节 孟子的主要思想

孟子成为中国历史上最重要的思想家之一,在封建社会中被奉为"亚圣",并不是偶然的。他在哲学、政治、伦理、教育,以至经济、美学、文学等领域都有过精彩的论述,对后世产生了深远的影响。

一、孟子的哲学思想

中国古代,没有西方那样明确的学科划分。在中国古代思想家的思想体系中,哲学思想都是与政治、经济、伦理、教育等思想融合在一起的。因此,他们从来不是孤立地探究哲学问题,而是把宇宙、自然、社会和人生紧紧结合在一起进行研究的。

1.孟子的天道观

"天"在中国古代是一个内涵非常广泛的概念。张岱年先生说:"中国古代哲学中所谓'天'的含义有一个演变的过程。殷周时代所谓天指世界的最高主宰,到春秋战国时期,孔子孟子所谓天仍有最高主宰的含义,老子所谓天指与地相对的太空。荀子以天与人对举,其所谓天指广大的自然。《易传》讲'天尊地卑'、'仰则观象于天,俯则察法于地',其所谓天指日月星辰的总体。到宋代,张载讲'由太虚,有天之名',所谓天指广大无外的世界总体。程颢讲'天者理也',以天指普遍的必然规律。"[4]也就是说,我国古代"天"的概念包含了"世界的最高主宰"、"自然"、"太空"、"日月星辰"、"世界总体"、"普遍的自然规律"等不同的内容。冯友兰先生则把中国古代"天"的概念划分为五类,说:"在中国文字中,'天'这个名词,至少有五种意义。一个意义是'物质之天',就是指日常生活中所看见的苍苍者与地相对的天,就是我们现在所说的天空。一个意义是'主宰之天'或'意志之天',就是指宗教中所说有人格、有意志的'至上神'。一个意义是'命运之天',就是指旧社会中所谓运气。一个是'自然之天',就是指唯物主义哲学家所谓自然。一个是'义理之天'或'道德之天',就是指唯心主义哲学家所虚构的宇宙的道德法则。"[5]"天"虽然包含了丰富的内涵,但是,古人对"天"的含义区分却并非自觉,他们在使用这个概念时往往包含了其中几层意义。

在孟子的哲学思想中,"天"也是核心概念之一。孟子所谓的"天",包含了"物质之天"、"主宰之天"、"命运之天"、"自然之天"和"道德之天"等不同的内涵。在孟子看来,"天"首先是自然和社会历史规律的体现。他说:"莫之为而为者,天也。"(《万章上》)所谓"天",就是那些无需人类干预、人类也无法干预的自然而然的运行规律。

"天"作为规律,体现在自然界中,就是自然规律。"天油然作云,沛然下雨"(《梁惠王上》),"且天之生物也,使之一本"(《滕文公上》),都是从这一意义上说的。孟子认为,自然界的运行有自己的规律,这种规律虽然不是取决于神与上帝的意志,但也是不能违背的。否则,就会受到规律的惩罚。脍炙人口的"揠苗助长"的故事,就是通过对自然规律的认识阐发了社会和人生的哲理。孟子说:"宋人有闵其苗之不长而揠之者,芒芒然归。谓其人曰:'今日病矣,予助苗长矣。'其子趋而往视之,苗则槁矣。今天下之不助苗长者寡矣!以为无益而舍之者,不耘苗者也;助之长者,揠苗者也,非徒无益,而又害之。"(《公孙丑上》)

因此,孟子认为,人必须认识和掌握自然规律,在自然规律的范围内发挥人的主动性和能动性,即所谓"顺天者存,逆天者亡"(《离娄下》)。他举例说,大禹治水,正是抓住了水势的规律,才能取得成功,有智慧的人做任何事情,都应当注意把握规律。"禹之行水也,行其所无事也。如智者亦行其所无事,则智亦大矣。"(《离娄下》)如果掌握了事物发展的规律,那么,天下的事情就自然会处于自己的把握之中。"天之高也,星辰之远也,苟求其故,千岁之日至,可坐而致也。"(《离娄下》)把握和顺应事物发展的规律做事,就是"乘势"、"待时",能够做到"乘势"、"待时",做任何事情都会游刃有余、事半功倍。因此他说:"虽有智慧,不如乘势;虽有镃基,不如待时。"(《公孙丑上》)正是在这种认识的基础上,他提出了"不违农时"、"斧斤以时入山林"等政治主张。

"天"作为规律,体现在社会历史和人类生活中,就是社会历史规律。作为社会历史规律的"天",具有"主宰"和"命运"的意义。孟子认为,在社会历史发展中,君子应当具有"舍我其谁"的气概,但是,许多事情的成败和结果都最终要取决于"天"的意志。例如,当他得知臧仓阻止了鲁侯来见他时,他认为这是"天"意。"行或使之,止或尼之,行止非人所能也。吾之不遇鲁侯,天也,臧氏之子焉能使予不遇哉?"(《梁惠王下》)因此,孟子认为,天下"一治一乱"的规律,正是"天意"的体现,甚至国君把王位的继承权授予贤人还是子孙,也是由"天意"决定的。他说:"五百年必有王者兴,其间必有名世者。由周而来,七百有余岁矣。以其数,则过矣;以其时考之,则可矣。夫天未欲平治天下也,如欲平治天下,当今之世,舍我其谁也?"(《公孙丑下》)在王位的更替中,"天与贤,则与贤,天与子,则与子"(《万章上》)。

孟子虽然推崇天意,然而,在他那里,天意并不是不可捉摸和无法把握的。"天意"与"民心"联系在一起,甚至受"民心"的左右。这一观点,贯穿于《孟子》的始终,其中最典型的论述,是当时他与弟子万章关于尧舜禅让的一段对话。"万章曰:'尧以天下与舜,有诸?'孟子曰:'否;天子不能以天下与人。''然则舜有天下也,孰与之?'曰:'天与之。''天与之者,谆谆然命之乎?'曰:'否。天不言,以行与事示之而已矣。'曰:'以行与事示之者,如之何?'曰:'天子能荐人于天,不能使天与之天下;诸侯能荐人于天子,不能使天子与之诸侯;大夫能荐人于诸侯,不能使诸侯与之大夫。昔者,尧荐舜于天,而天受之;暴之于民,而民受之;故曰,天不言,以行与事示之而已矣。'曰:'敢问荐之于天,而天受之;暴之于民,而民受之,如何?'曰:'使之主祭,而百神享之,是天受之;使之主事,而事治,百姓安之,是民受之也。天与之,人与之,故曰,天子不能以天下与人。舜相尧二十有八载,非人之所能为也,天也。尧崩,三年之丧毕,舜避尧之子于南河之南,天下诸侯朝觐者,不之尧之子而之舜;讼狱者,不之尧之子而之舜;讴歌者,不讴歌尧之子而讴歌舜,故曰,天也。夫然后之中国,践天子位焉。而居尧之宫,逼尧之子,是篡也,非天与也。《太誓》曰,'天视自我民视,天听自我民听',此之谓也。'"(《万章上》)孟子与其弟子的这一大段对话,充分体现了他以"民心"为"天意"的思想。正是在此基础上,孟子提出了自己"民本"和"仁政"的主张。

"天"作为规律,体现在人的一生中,就是人生规律。在人生规律上,孟子主张要把握规律,充分发挥人的自觉性和能动性。为了阐述客观规律在人生中的体现,孟子还提出了"命"这个概念。在孟子看来,"天"是万物运行的规律,而"命"则是由规律所决定的不能由人的意志来把握的机遇。他说:"莫之为而为者,天也;莫之致而至者,命也。"(《万章上》)因此,他提出,人必须要认识规律,同时要主动发挥自己的能动性,通过存心养性做好充分的把握,以等待机遇的到来。"尽其心者,知其性也。知其性,则知天矣。存其心,养其性,所以事天也。夭寿不贰,修身以俟之,所以立命也。"(《尽心上》)

孟子认为,命运和机遇是不可强求的,人无法改变,但是,人完全可以通过发挥自己的主观能动性,遵循命运的必然规律行事,以求得到命运之"正"。"莫非命也,顺受其正,是故知命者不立乎岩墙之下。尽其道而死者,正命也,桎梏死者,非正命也。"(《尽心上》)孟子"正命"与"非正命"的区分,目的就是告诉人们,人在无法改变的客观规律面前,不能消极无为,而是必须在把握规律的基础上积极进取。孟子甚至认为,客观规律本身就是要求人要发挥主观能动性、经历各种困难的磨炼的。"天将降大任于是人也,必先苦其心志,劳其筋骨,饿其体肤,空乏其身,行拂乱其所为,所以动心忍性,曾益其所不能。人恒过,然后能改;困于心,衡于虑,而后作;征于色,发于声,而后喻。人则无法家拂士,出则无敌国外患者,国恒亡。然后知生于忧患而死于安乐也。"(《告子下》)因此,孟子又提出了"诚"的概念,要求人们必须实实在在地有所追求,以在命运面前获得更大的自由。这就是他所说的:"是故诚者,天之道也,思诚者,人之道也。至诚而不动者,未之有也。不诚,未有能动者也。"(《离娄上》)

2. 孟子的认识论

与西方哲学的认识论首先从宇宙和外部世界出发不同,中国古代思想家的认识论是以人世和人生为立足点的。这一点在孟子的思想中也有着深刻的反映。

孟子的认识论,是一个唯心主义先验论和唯物主义反映论的矛盾统一体,因此,关于孟子的认识论的性质,学术界存在着很大的分歧。在知识的来源问题上,孟子在一定程度上继承了孔子的先验论观点。他说:"人之所不学而能者,其良能也,所不虑而知者,其良知也。孩提之童无不知爱其亲者,及其长也,无不知敬其兄也。亲亲,仁也;敬长,义也。无他,达之天下也。"(《尽心上》)在孟子看来,每个人都具有天赋的"良知"、"良能",这正是人类知识,尤其是道德知识的根本来源,因此,人在提高自身素质的过程中,最重要的是"内求",使先天具有的知识得到发掘和扩充。

由于知识来源于天赋,孟子认为,不同的人,上天所赋予的知识也不同。"天之生此民也,使先知觉后知,使先觉觉后觉。"(《万章上》)但是,就如同直接从社会中观察到的事实一样,在任何历史时期,"先知先觉"的圣人都是少数,大部分人都是不具备这种能力的。"行之而不著焉,习矣而不察焉,终身由之而不知其道者,众也。"(《尽心上》)圣人之所以具有"先知先觉"当然不排除他们对社会规律最早体悟的可能,但是,更大程度上还是由于他们的"生而知之"。这与孔子的"生而知之者,上也"的思想是一致的。

虽然孟子在认识论上存在着先验论的成分,但是,他并不认为先天具有的知识完全决定人类的认识。人们只有在对外界事物和规律的认识和把握中,才能使先天的认识由潜在性变成可能性。他说:"耳目之官不思,而蔽于物。物交物,则引之而已矣。心之官则思,思则得之,不思则不得也。此天之所与我者,先立乎其大者,则其小者不能夺也。"(《告子上》)孟子认为,只有通过思维器官("心")对"物交物"所得到的感性认识进行加工,才能够真正获得知识。可见,在知识的获取上,孟子是主张发挥人的主观能动性,通过实践活动来获取真知的。在直接经验和间接经验的关系上,孟子甚至提出了不能盲目相信间接经验的观点,认为对于前人留下的典籍应当进行辩证分析,不能盲目相信,"尽信《书》,不如无《书》"。对于前人留下的知识,一方面要通过思考去伪存真、去粗取精,另一方面要用实践的尺度进行检验。

"离娄之明,公输子之巧,不以规矩,不能成方员(圆)。师旷之聪,不以六律,不能正五音。"(《离娄上》)"规矩,方员(圆)之至也。"(《离娄上》)孟子提出,对于任何知识的检验,必须要有一个客观的标准。这一标准,就是事物运行的客观规律。任何时候,检验知识的标准都是不能降低和废弃的。"大匠不为拙工改废绳墨,羿不为拙射变其彀率。"(《尽心上》)关于检验知识的标准,孟子认为,就是"道"。"欲为君,尽君道,欲为臣,尽臣道";"夫道一而已矣"。在孟子看来,与"道"符合的,就是真理;反之,就是谬误。

在认识的获得和知识的学习过程中,孟子强调必须专心致志。他说:"今夫弈之为数,小数也;不专心致志,则不得也。弈秋,通国之善弈者也。使弈秋诲二人弈,其一人专心致志,惟弈秋之为听。一人虽听之,一心以为有鸿鹄将至,思援弓缴而射之,虽与之俱学,弗若之矣。为是其智弗若与?曰:非然也。"(《告子上》)孟子认为,一个人如果不能专心致志,就连小技艺都学不到,更不要说体悟大道了。

3. 孟子的历史观

同马克思主义历史唯物主义产生之前的所有思想家一样,孟子在历史观上也是唯心主义的。表现之一,就是他的英雄史观。

在论及中国文明的开端时,孟子说:"当尧之时,天下犹未平,洪水横流,泛滥于天下,草木畅茂,禽兽繁殖,五谷不登,禽兽逼人,兽蹄鸟迹之道交于中国。尧独忧之,举舜而敷治焉。舜使益掌火,益烈山泽而焚之,禽兽逃匿。禹疏九河,瀹济漯而注诸海,决汝汉,排淮泗而注之江,然后中国可得而食也。……后稷教民稼穑,树艺五谷;五谷熟而民人育。人之有道也,饱食、暖衣、逸居而无教,则近于禽兽。圣人有忧之,使契为司徒,教以人伦,父子有亲,君臣有义,夫妇有别,长幼有叙,朋友有信。"(《滕文公上》)孟子认为,圣人不但创造了耕稼树艺等物质生产方式,而且还创造了仁义礼智等精神文明和治理国家的方式。也就是说,是圣贤们创造了整个历史。

既然圣君贤相创造了历史,那么,人类社会的安危和稳定也就系乎他们。因此,孟子非常强调统治者的道德责任和社会责任。他说:"君仁莫不仁,君义莫不义,君正莫不正,一正君而国定矣。"(《离娄上》)只有统治者首先具有高尚的德行,并且主动担负起社会责任,才能将社会治理好。就是在这一认识的基础上,孟子提出了"仁者无敌"的理论,认为无论是商代夏,还是周代商,都是由于统治者有德,实行仁政的缘故。

在社会历史发展规律上,孟子持"一治一乱"的"历史循环论"。他说:"天下之生久矣,一治一乱。"他通过从上古到战国的历史,对"一治一乱"进行了具体的解释。"当尧之时,水逆行,泛滥于中国,蛇龙居之,民无所定;下者为巢,上者为营窟。书曰:'洚水警余。'洚水者,洪水也。使禹治之。禹掘地而注之海,驱蛇龙而放之菹;水由地中行,江、淮、河、汉是也。险阻既远,鸟兽之害人者消,然后人得平土而居之。尧舜既没,圣人之道衰,暴君代作,坏宫室以为污池,民无所安息;弃田以为园囿,使民不得衣食。邪说暴行又作,园囿、污池、沛泽多而禽兽至。及纣之身,天下又大乱。周公相武王诛纣,伐奄三年讨其君,驱飞廉于海隅而戮之,灭国者五十,驱虎、豹、犀、象而远之,天下大悦。《书》曰:'丕显哉,文王谟!丕承哉,武王烈!佑启我后人,咸以正无缺。'世衰道微,邪说暴行有作,臣弑其君者有之,子弑其父者有之。孔子惧,作《春秋》。《春秋》,天子之事也。是故孔子曰:'知我者其惟《春秋》乎!罪我者其惟《春秋》乎!'圣王不作,诸侯放恣,处士横议,杨朱、墨翟之言盈天下。天下之言不归杨,则归墨。杨氏为我,是无君也;墨氏兼爱,是无父也。无父无君,是禽兽也。公明仪曰:'庖有肥肉,厩有肥马;民有饥色,野有饿莩,此率兽而食人也。'杨墨之道不息,孔子之道不著,是邪说诬民,充塞仁义也。仁义充塞,则率兽食人,人将相食。"(《滕文公下》)孟子的"历史循环论"是与其英雄史观联系在一起的。在他看来,只要统治者掌握了仁义之道,并且将其运用到国家治理中,天下就会达到"治"的状态;而一旦统治者背离了仁义之道,蛮横暴虐,天下肯定就会"乱"。

二、孟子的伦理思想

伦理思想是孟子思想中的重要内容。在伦理思想上,孟子从人性问题开始讨论,开创性地提出了性善论学说,以此为基础,构建起了包括良知说、义利观、五伦说、修养论、德治论等在内的完备的伦理思想体系。

1. 孟子的性善论

人性问题是中国传统伦理思想中最重要、最基本的问题之一。在伦理学中,人性论被看做是伦理学说的理论基础,任何一种伦理学说,都是以其对人性的看法为理论上的根据和出发点的。

在孟子生活的时代,人性问题已经成为大家广泛关注的问题,当时存在着性有善有不善、性无善无不善、性可以为善可以为不善等不同的人性理论。"告子曰:'性无善无不善也。'或曰:'性可以为善,可以为不善;是故文武兴,则民好善;幽厉兴,则民好暴。'或曰:'有性善,有性不善;是故以尧为君而有象;以瞽瞍为父而有舜;以纣为兄之子,且以为君,而有微子启、王子比干。'"(《告子上》)孟子认为,上述观点都是不全面的,因为持这些观点的人没有把"性"与"才"两个概念搞清楚。在他看来,所谓"性",就是人之为人的本性,是人与其他动物的根本区别之所在。能够称为"人性"的,只能是人先天具有而其他动物却不具备的道德性。人表现出来的不善良的一面,虽然看起来也是生而具有的,但那都是由"才"决定的,而"才"与"性"是不同的。

正是从道德性为人的根本规定考虑,孟子认为,任何人的本性,一生下来都是善的。他说:"人皆有不忍人之心。先王有不忍人之心,斯有不忍人之政矣。以不忍人之心,行不忍人之政,治天下可运之掌上。所以谓人皆有不忍人之心者,今人乍见孺子将入于井,皆有怵惕恻隐之心,非所以内交于孺子之父母也,非所以要誉于乡党朋友也,非恶其声而然也。由是观之,无恻隐之心,非人也;无羞恶之心,非人也;无辞让之心,非人也;无是非之心,非人也。恻隐之心,仁之端也;羞恶之心,义之端也;辞让之心,礼之端也;是非之心,智之端也。人之有是四端也,犹其有四体也。"(《公孙丑上》)"恻隐之心,人皆有之;羞恶之心,人皆有之;恭敬之心,人皆有之;是非之心,人皆有之。恻隐之心,仁也;羞恶之心,义也;恭敬之心,礼也;是非之心,智也。仁义礼智,非由外铄我也,我固有之也,弗思耳矣。"(《告子上》)在孟子看来,所有的人,一生下来都有一个共同的本性。这种共同的本性就是先天具有的恻隐、羞恶、辞让、是非四心,它们同四肢一样,都是上天赋予人的,是人区别于其他动物的主要标志。人具有了这四心,也就等于有了仁义礼智等道德的萌芽,经过后天的扩充,就成为现实生活中所具有的各种道德品质。

在人性善恶问题上,孟子曾经和告子展开过激烈的辩论。告子把"性"理解为人先天具有的自然资质,因此认为是"无善无不善"的。告子认为,人性就像流水一样,"决诸东方则东流,决诸西方则西流。人性之无分于善不善也,犹水之无分于东西也"(《告子上》)。孟子则针锋相对地指出:"水信无分于东西,无分于上下乎?人性之善也,犹水之就下也。人无有不善,水无有不下。今夫水,搏而跃之,可使过颡;激而行之,可使在山。是岂水之性哉?其势则然也。人之可使为不善,其性亦犹是也。"(《告子上》)在他看来,人性向善的趋势,就如同水往低处流一样自然;人所表现出来的恶的方面,不过是对天生的本性扭曲的结果。

孟子虽然主张人性是善的,但是他也看到,现实世界上,恶的现象却比比皆是,这又如何解释呢?孟子认为,人们道德品质上表现出的差异,完全是后天环境影响和物质欲望引诱的结果。他说:"富岁,子弟多赖;凶岁,子弟多暴,非天之降才尔殊也,其所以陷溺其心者然也。今夫麰麦,播种而耰之,其地同,树之时又同,浡然而生,至于日至之时,皆熟矣。虽有不同,则地有肥硗,雨露之养、人事之不齐也。故凡同类者,举相似也,何独至于人而疑之? 圣人,与我同类者。故龙子曰:'不知足而为屦,我知其不为蒉也。'屦之相似,天下之足同也。口之于味,有同耆也;易牙先得我口之所耆者也。如使口之于味也,其性与人殊,若犬马之与我不同类也,则天下何耆皆从易牙之于味也? 至于味,天下期于易牙,是天下之口相似也。惟耳亦然,至于声,天下期于师旷,是天下之耳相似也。惟目亦然,至于子都,天下莫不知其姣也。不知子都之姣者,无目者也。故曰:口之于味也,有同耆焉;耳之于声也,有同听焉;目之于色也,有同美焉。至于心,独无所同然乎? 心之所同然者,何也? 谓理也,义也。"(《告子上》)也就是说,人的本性其实都是相同的,是合乎理义的,只不过外在条件和客观环境的影响,使其发生了变化。这就像种庄稼一样,相同的种子、相同的土质,如果雨水、肥料等不同,收获也就不一样。相同的道理,人后天表现为恶,也不能归咎于先天的秉受,只能从后天的条件和环境中找原因。

孟子的性善论,是其整个伦理思想体系的基础,他的良知说、修养论、教化观等,都以此为理论支柱。同时,孟子的人性论也对后世学者产生了深远的影响。

2.孟子的良知说

"良知"、"良能"学说既是孟子认识论中的重要内容,也是他的道德观的重要组成部分。孟子所说的"良知"、"良能",直接阐释的就是人类道德知识的直接来源。他认为,所谓"良知"、"良能",其实就是人生而具有的一种道德情感或者道德潜能。"人之所不学而能者,其良能也;所不虑而知者,其良知也。孩提之童无不知爱其亲者,及其长也,无不知敬其兄也。亲亲,仁也;敬长,义也;无他,达之天下也。"(《尽心上》)也就是说,仁义等道德情感是人一出生就具备的,既不需要学习也不需要思考。道德深深植根于人的天性之中,因此,人的道德修养不用向外寻求,只需内求就可以了。

除了"良知"、"良能"外,孟子还提出了"良心"的概念。他说:"虽存乎人者,岂无仁义之心哉? 其所以放其良心者,亦犹斧斤之于木也,旦旦而伐之,可以为美乎?"(《告子上》)在孟子看来,良心其实就是人先天所具有的仁义道德之心,这种仁义道德之心是需要涵养的,如果不涵养,使它受到摧残,就会很容易丧失。孟子的"良心",是和"良知"、"良能"联系在一起的。所谓"良心",就是"良知"、"良能"在人"心"中的表现形式;所谓"良知"、"良能",就是"心"这一器官先天所具有的功能。

孟子认为,人的一切道德观念,都是从"心"中生发出来的,"心"是一切道德的根本。他说:"仁义礼智根于心。"(《尽心上》)因此,一个人只有充分发挥"心"的功能,发挥人的"良知"、"良能",开发恻隐、羞恶、是非、辞让之心的潜能,才能找到先天具有的善性;只有找到先天具有的善性,才能掌握并遵循道德上的必然规律。"尽其心者,知其性也。知其性,则知天矣。"(《尽心上》)因此,在孟子看来,一切道德观念、道德信念、道德意志、道德品质,其实都是"心"的一种作用,要使自己道德高尚,就要反求于自己的内心。

在孟子看来,因为"良知"、"良能"、"良心"是天所赋予人的,因此它们与外在于人的功名利禄比起来,也就是更值得宝贵的。因此,孟子将人所具有的高尚道德又称为"良贵"、"天爵"。他说:"欲贵者,人之同心也。人人有贵于己者,弗思耳矣。人之所贵者,非良贵也。"(《告子上》)每个人都有自己认为最可贵、最值得追求的东西,但是,现实生活中,人们所追求的那些外在的利益,因为于道德品质无益,所以都不是最值得追求的。他认为,功名利禄只不过是由人所授予的爵禄,别人能够授予你,就能够从你手里夺走;只有道德,才是谁都夺不去的"天爵",即天所授予你的爵禄。"有天爵者,有人爵者。仁义忠信,乐善不倦,此天爵也;公卿大夫,此人爵也。古之人修其天爵,而人爵从之。今之人修其天爵,以要人爵;既得人爵,而弃其天爵,则惑之甚者也,终亦必亡而已矣。"(《告子上》)孟子的"良贵"、"天爵"理论,无疑是对内在于人的道德价值的极大肯定。

3. 孟子的义利观

在中国伦理思想史上,义利问题是一个争论较多的问题。在义利观上,孟子继承并发展了孔子的重义轻利思想。在《孟子》的第一章,他就明确表达了在义利观上的根本态度。"孟子见梁惠王。王曰:'叟!不远千里而来,亦将有以利吾国乎?'孟子对曰:'王!何必曰利?亦有仁义而已矣。王曰:"何以利吾国?"大夫曰:"何以利吾家?"士庶人曰:"何以利吾身?"上下交征利而国危矣。万乘之国,弑其君者,必千乘之家;千乘之国,弑其君者,必百乘之家。万取千焉,千取百焉,不为不多矣。苟为后义而先利,不夺不餍。未有仁而遗其亲者也,未有义而后其君者也。王亦曰仁义而已矣,何必曰利?'"(《梁惠王上》)孟子认为,在处理人与人之间的关系时,只能讲"义",不能讲"利"。只有这样,每个人才能做根据"义"的要求应当做的事情,不会见利忘义,胡作非为,这是维护社会和谐和统治秩序的前提。因此,在道德评价上,孟子把"义"和"利"直接对立起来,赞扬努力为"义"的人,贬斥努力求"利"的人。他说:"鸡鸣而起,孳孳为善者,舜之徒也;鸡鸣而起,孳孳为利者,跖之徒也。欲知舜与跖之分,无他,利与善之间也。"(《尽心上》)

在孟子看来,统治者讲义不讲利,其实能够获得最大的利。否则,如果国君口口声声说的都是如何得利,丢掉了处理君臣、父子、兄弟、夫妇等基本人伦关系的准则,必然会导致人与人之间相互争夺,为了利益不顾一切。如果这样,国家不但不会安定,甚至连国君的君位和性命都难保。《告子下》中记载的孟子与宋牼的一段对话,表达的正是这种思想。"宋牼将之楚,孟子遇于石丘,曰:'先生将何之?'曰:'吾闻秦、楚构兵,我将见楚王,说而罢之;楚王不悦,我将见秦王,说而罢之。二王我将有所遇焉。'曰:'轲也请无问其详,愿闻其指。说之将何如?'曰:'我将言其不利也。'曰:'先生之志则大矣,先生之号则不可。先生以利说秦、楚之王,秦、楚之王悦于利,以罢三军之师,是三军之士乐罢而悦于利也。为人臣者,怀利以事其君;为人子者,怀利以事其父;为人弟者,怀利以事其兄。是君臣、父子、兄弟终去仁义,怀利以相接,然而不亡者,未之有也。先生以仁义说秦、楚之王,秦、楚之王悦于仁义,以罢三军之师,是三军之士乐罢而悦于仁义也。为人臣者,怀仁义以事其君;为人子者,怀仁义以事其父;为人弟者,怀仁义以事其兄。是君臣、父子、兄弟去利,怀仁义以相接也,然而不王者,未之有也。何必曰利?'"孟子认为,如果国君耽于利益,就会使得整个国家的人在处理君臣、父子、兄弟等关系时以利为基本原则,这样势必危害社会秩序和国君的统治。相反,如果他们能够用仁义来教化人民,使人们都遵守道德,用道德作为处理人际关系的基本标准。这样的话,人民就能够真心归服,这样的国君一定能够用仁德一统天下。

孟子虽然重义轻利,但是,在对待老百姓的基本物质生活需要上,他却要求统治者应当努力满足。他认为,这与仁义原则不但不矛盾,而且正是统治者实行仁义之道的表现。他说:"无恒产而有恒心者,惟士为能。若民,则无恒产,因无恒心。苟无恒心,放辟邪侈,无不为已。及陷于罪,然后从而刑之,是罔民也。焉有仁人在位罔民而可为也?是故明君制民之产,必使仰足以事父母,俯足以畜妻子,乐岁终身饱,凶年免于死亡;然后驱而之善,故民之从之也轻。"(《梁惠王上》)他认为,老百姓如果无固定的产业,也就不会有固定的善心;没有固定的善心,就难免做出一些不合乎道德的事情来。统治者如果从爱护百姓的立场出发,就要给他们能够满足日常生活需要的固定产业,使之能够主动向善。孟子的这一主张,以道德水平必然受到经济条件的约束为认识前提,不但具有一定的合理因素,而且对于维护普通民众的利益,也具有积极的意义。

4.孟子的五伦说

所谓"五伦",就是人类社会中五种最基本和最重要的人际关系。孟子从自己的社会历史观和人性论出发,发挥了前人的"五教"、"五品"观念,明确提出了"五伦"思想。他说:"人之有道也,饱食、暖衣、逸居而无教,则近于

禽兽。圣人有忧之,使契为司徒,教以人伦,父子有亲,君臣有义,夫妇有别,长幼有叙,朋友有信。"(《滕文公上》)

孟子所提出的"五伦",即君臣、父子、兄弟、夫妇、朋友,是封建社会中五种最重要的道德关系。这五种人际关系如果和谐,整个封建秩序就会稳定。因此,从孔子到孟子以至后世的所有儒家思想家,都对这五种关系给予了高度的关注。孟子从他的性善论出发,认为亲亲、尊君、敬长等都是发自人的善良本性的道德行为。"孩提之童无不知爱其亲者,及其长也,无不知敬其兄也。"(《尽心上》)因此,在孟子看来,这种人际关系和道德秩序既然是由人天赋的道德本性决定的,所以也就是对每个人都具有约束力的道德准则。那么,如何才能处理好这些人与人之间的基本关系呢?孟子认为,最好的办法就是取法那些"先知先觉"的圣人。他说:"规矩,方员(圆)之至也;圣人,人伦之至也。"(《离娄上》)圣人就是对人伦关系体悟最深的人,人们只要按照圣人所说、所做的去行事,就一定能够实现社会的和谐有序。

总体来说,孟子对"五伦"关系的论述,也是建立在上下尊卑等级秩序之上的。例如,就父子一伦来说,他强调的是子对父的"事"、"孝"和"尊";就兄弟一伦来说,他强调的是"从";就夫妇一伦来说,他强调的是"顺"。他说:"大孝终身慕父母。"(《离娄下》)"孝子之至,莫大乎尊亲。"(《离娄下》)"仁之实,事亲是也;义之实,从兄是也;智之实,知斯二者弗去是也;礼之实,节文斯二者是也;乐之实,乐斯二者,乐则生矣。"(《离娄上》)"以顺为正者,妾妇之道也。"(《滕文公下》)因此可见,从总体上说,孟子所说的"五伦",都是为封建等级制度服务的。但是,在处理上下关系上,孟子并没有像后世一样强调下对上的绝对服从,而是认为双方都要履行自己的义务。尤其是在论及君臣一伦时,他提出:"君之视臣如手足,则臣视君如腹心;君之视臣如犬马,则臣视君如国人;君之视臣如土芥,则臣视君如寇雠。"(《离娄下》)他强调,君臣双方虽然地位不同,但义务却不是片面的和单方面的。他甚至提出,如果君主犯了错误却屡次劝谏也不改正,"贵戚之卿"就可以改立他人;对于那些残害百姓的独夫民贼,有道德的人可以流放他们,甚至杀死他们。"贼仁者谓之'贼',贼义者谓之'残'。残贼之人谓之'一夫'。闻诛一夫纣矣,未闻弑君也。"(《梁惠王下》)

5. 孟子的修养论

孟子在性善论的基础上,建立了一套完整的道德修养理论,并对后世产生了深远的影响。

孟子非常强调"存心"、"养性"、"修身"、"养心"。他认为,同样的人,有的人成为了君子,有的人成为了小人,就在于他们的修养不同。"养其小者为小人,养其大者为大人。"(《告子上》)"从其大体为大人,从其小体为小人。"(《告子上》)孟子这里所说的"大者"、"大体",就是身体的重要器官,即"心"的功能和需要,也就是人的道德追求和精神需要;所谓"小者"、"小体",就是次要器官,即耳目口腹的功能和需要,也就是人的物质追求和肉体需要。孟子强调,一个有志于追求高尚道德的人,必须发挥良知和良心的作用,抵御耳目口腹的诱惑,把培养善良品德和道德情操放在最重要的位置上。否则,如果每天只是专注于口腹的快乐,最终只能成为一个没有道德、没有操守的小人。他以园艺工作比喻道:"今有场师,舍其梧槚,养其樲棘,则为贱场师焉。养其一指而失其肩背,而不知也,则为狼疾人也。饮食之人,则人贱之矣,为其养小以失大也。饮食之人无有失也,则口腹岂适为尺寸之肤哉?"(《告子上》)

在孟子看来,修养的目的,就在于保持、扩充和发扬人先天具有的善性。孟子认为,人的本性天生是善的,具有不学而知的良知和不虑而能的良能。但是,由于受后天的社会环境和外在条件的影响,人的良知、良能很容易丧失。因此,修养的过程,其实就是恢复本有的善性,找回丧失的"良心"的过程。这也就是他所说的:"学问之道无他,求其放心而已。"(《告子上》)这里所说的"放心",就是在各种物质欲望的引诱下丢失了的善良本心。他批评了那种丢失了鸡犬知道去找,丢失了善心却不知道去找的人,说:"仁,人心也;义,人路也。舍其路而弗由,放其心而不知求,哀哉!人有鸡犬放,则知求之;有放心而不知求。学问之道无他,求其放心而已矣。"(《告子上》)在孟子看来,只注重物质追求,不注意道德修养的人是愚蠢的,是"不知类",即不知道事物的轻重缓急。

在进行道德修养的方法上,孟子认为,最重要的就是"养气",即培养"浩然之气",涵养"夜气"。当弟子公孙丑问他在道德修养上有什么特长时,孟子说:"我善养吾浩然之气。"公孙丑又问:"敢问何谓浩然之气?"孟子回答说:"难言也。其为气也,至大至刚,以直养而无害,则塞于天地之间。其为气也,配义与道;无是,馁也。是集义所生者,非义袭而取之也。行有不慊于心,则馁矣。"(《公孙丑上》)孟子认为,"浩然之气"是"集义"的结果。所谓"集义",就是通过不断的道德践履,使"义",即行为准则,慢慢积累起来,使其凝结为稳定的道德品质。这种"集义"而生的"浩然之气",是至大至刚的,不但充塞于人的身心,而且充塞于天地之间,能够随时随地引导人在符合"义"的道路上行动。在通过"集义"产生"浩然之气"的过程中,除了认真培养不要伤害之外,孟子还提出了"勿助勿忘"的态度,既不能急于求成、操之过急,也不能有所懈怠、一暴十寒。只有不断日积月累,才能最终达到预期的目标。

在道德修养上,孟子还提到了涵养"夜气"的重要性。所谓"夜气",又称为"平旦之气",就是到了夜间,人们安静下来不再与外物接触,在四周寂静、心平气和的状态下,白天被外物桎梏的善良本心就会慢慢萌发,从而产生的一种最纯真、最清朗的"气"。为了阐述涵养"夜气"的思想,孟子举例说:"牛山之木尝美矣,以其郊于大国也,斧斤伐之,可以为美乎?是其日夜之所息,雨露之所润,非无萌蘖之生焉,牛羊又从而牧之,是以若彼濯濯也。人见其濯濯也,以为未尝有材焉,此岂山之性也哉?虽存乎人者,岂无仁义之心哉?其所以放其良心者,亦犹斧斤之于木也,旦旦而伐之,可以为美乎?其日夜之所息,平旦之气,其好恶与人相近也者几希,则其旦昼之所为,有梏亡之矣。梏之反复,则其夜气不足以存;夜气不足以存,则其违禽兽不远矣。人见其禽兽也,而以为未尝有才焉者,是岂人之情也哉?故苟得其养,无物不长;苟失其养,无物不消。"(《告子上》)人们虽然天生都有善良的本性,但是,只要人一接触社会,这种善良本性就会受到各种利益的诱惑而受到践踏。因此,为了保存和扩充善性,就必须认真涵养每天夜里摆脱外物影响之后产生并在黎明时分达到最强的"夜气"。

除了"养气"这种积极的方法之外,孟子还提出了一种道德修养的消极方法,即"寡欲",减少或者遏制自己的物质欲望。他说:"养心莫善于寡欲。其为人也寡欲,虽有不存焉者,寡矣;其为人也多欲,虽有存焉者,寡矣。"(《尽心下》)孟子认为,物质需要是人的低级需要,是人与其他动物共同的特征,而道德需要和精神追求才是人之为人的根本特征。同时,物质欲望与道德追求又是相对立的,人们如果专注于物质需要的满足,必然会忽视道德修养。因此,在孟子看来,如果要做一个君子,就必须减少和遏制自己的物质欲望。一个人如果物质欲望不多,那么他心中本有的善性即使有所丧失,也是很少的。

关于道德修养的理想境界。孟子除了继承了孔子的"圣人"、"君子"等理想人格之外,还提出了"大丈夫"的理想人格。他说:"居天下之广居,立天下之正位,行天下之大道;得志,与民由之,不得志,独行其道;富贵不能淫,贫贱不能移,威武不能屈——此之谓大丈夫。"(《滕文公下》)意思是说,一个人如果能够奉行仁义,安心于仁义,得志的时候和天下的民众一起实现自己的主张,不得志的时候一个人坚持自己的信念;富贵不能够迷惑心智,贫贱不能够动摇追求,威武不能够压服信念。这样的人就可以称之为"大丈夫"。孟子"大丈夫"的人格理想,在历史上起了积极的作用,激励过许多豪杰之士做出了千古流芳的伟大业绩。

三、孟子的政治思想

从总体上说,孟子在政治思想上是主张仁政和德治的。仁政思想是其政治思想的核心,而这一思想,又是同他的"民本"思想联系在一起的。

1.孟子的"民本"思想

"民本"是中国古代一种优秀的思想,在中国伦理思想史上也有着悠久的历史。它大约形成于西周初年,到春秋战国时期,已经成为一种重要的社会思潮,被政治家和思想家们所普遍重视。例如:老子说:"圣人无常心,以百姓心为心。"(《老子》第四十九章)《国语·周语下》中说:"以言德于民,民歆而德之,则归心焉。上得民心,以殖义方,是以作无不济,求无不获,然则能乐。"《尚书》中说"天视自我民视,天听自我民听"(《尚书·泰誓中》)、"民惟邦本,本固邦宁"(《尚书·五子之歌》)。《左传》中不止一次地说:"民,神之主也。"(《左传·桓公六年》、《左传·僖公十九年》)等等。这些论述,都充分证明了春秋战国时期各国思想家和开明的政治家在统治者与被统治者、君与民的关系上对民的重视。

孟子继承了自西周以来的"民本"思想,并做了进一步的发展。尤其是他提出的"民为贵,社稷次之,君为轻"(《尽心下》)的思想,将"民本"思潮推到了一个新的高度。大体来说,孟子的"民本"思想包含以下内容。

第一,人民是政权更替之本。与同时代的大多数思想家一样,孟子也是持"君权天授"的观点的。在与弟子万章讨论上古的禅让制度时,孟子表达了这一思想。"万章曰:'尧以天下与舜,有诸?'孟子曰:'否。天子不能以天下与人。''然则舜有天下也,孰与之?'曰:'天与之。'"(《万章上》)但是,孟子的"君权天授"理论却有着更深刻的内容,这就是"天意"是以"民心"为基础的,"君权天授"实质上就是"君权民授"。"天不言,以行与事示之而已矣。……天子能荐人于天,不能使天与之天下;诸侯能荐人于天子,不能使天子与之诸侯;大夫能荐人于诸侯,不能使诸侯与之大夫。昔者,尧荐舜于天,而天受之;暴之于民,而民受之;故曰,天不言,以行与事示之而已矣。"(《万章上》)因此,在孟子看来,统治者获得了统治权,是因为得到了人民的认可;统治者失去统治权,同样也是由于失去了人民的支持。"桀纣之失天下也,失其民也;失其民者,失其心也。"(《离娄上》)桀纣这样的暴君失去了民心,当然就要灭亡。

第二,人民是战争胜负之本。孟子认为,在决定战争胜负的各种因素中,人的因素是最重要的。他说:"天时不如地利,地利不如人和。三里之城,七里之郭,环而攻之而不胜。夫环而攻之,必有得天时者矣;然而不胜者,是天时不如地利也。城非不高也,池非不深也,兵革非不坚利也,米粟非不多也;委而去之,是地利不如人和也。故曰:域民不以封疆之界,固国不以山溪之险,威天下不以兵革之利。得道者多助,失道者寡助。寡助之至,亲戚畔之;多助之至,天下顺之。以天下之所顺,攻亲戚之所畔;故君子有不战,战必胜矣。"(《公孙丑下》)在他看来,遵守道义、爱护人民的人自然会得到人民的帮助;而违背道义、残害人民的人则一定会遭到人民的反对。得到人民帮助的人就能够战无不胜,而遭到人民反对的人就一定会失败。正是在此意义上,孟子提出了"国君好仁,天下无敌"(《离娄上》),"仁人无敌于天下"(《尽心下》)的结论。因此,当滕文公问他"滕,小国也,间于齐、楚。事齐乎?事楚乎"时,孟子回答说:"是谋非吾所能及也。无已,则有一焉:凿斯池也,筑斯城也,与民守之,效死而民弗去,则是可为也。"(《梁惠王下》)

第三,人民是国家稳定富强之本。孟子认为,老百姓只有满足基本的物质生活需要之后,才能自觉接受教化,用礼义规范约束自己,维护社会的秩序和稳定。因此,统治者如果要想实现社会稳定,必须通过政治措施满足老百姓的生活需要。同时,孟子还认为,统治者如果能够真正从老百姓的利益考虑,得到老百姓的支持,就一定能够使国家富强。他说:"尊贤使能,俊杰在位,则天下之士皆悦,而愿立于其朝矣;市,廛而不征,法而不廛,则天下之商皆悦,而愿藏于其市矣;关,讥而不征,则天下之旅皆悦,而愿出于其路矣;耕者,助而不税,则天下之农皆悦,而愿耕于其野矣;廛,无夫里之布,则天下之民皆悦,而愿为之氓矣。信能行此五者,则邻国之民仰之若父母矣。"(《公孙丑上》)天下的商旅、贤士、人民都来归附,这样的国家如果不强大,几乎是不可能的。

2.孟子的"仁政"思想

人民是政权更替、战争胜负、国家富强稳定的根本,因此,必须成为统治者推行政治措施的立足点和出发点。以人民为立足点和出发点的政治措施,就是孟子所说的"仁政"。

孟子的"仁政"思想是一套完整的体系,包括经济措施、政治措施、教化措施等多方面的内容,其根本的原则,就是"惠民"、"爱民"、"保民"。在《梁惠王上》中,曾经记载了孟子与齐宣王的一段对话,详细阐述了自己的"制民之产"、推行教化等"仁政"措施。孟子说:"明君制民之产,必使仰足以事父母,俯足以畜妻子;乐岁终身饱,凶年免于死亡;然后驱而之善,故民之从之也轻。今也制民之产,仰不足以事父母,俯不足以畜妻子;乐岁终身苦,凶年不免于死亡;此惟救死而恐不赡,奚暇治礼义哉?王欲行之,则盍反其本矣。

五亩之宅,树之以桑,五十者可以衣帛矣。鸡豚狗彘之畜,无失其时,七十者可以食肉矣。百亩之田,勿夺其时,八口之家可以无饥矣。谨庠序之教,申之以孝悌之义,颁白者不负戴于道路矣。老者衣帛食肉,黎民不饥不寒,然而不王者,未之有也。"这段话的意思是说:贤德的君主规定老百姓的产业,一定要使他们对上足够奉养父母,对下足够养育妻子儿女;丰年的时候衣食充足,荒年的时候不会饿死或逃亡。做到这些之后,引导着他们修养善德,所以老百姓很容易地就会服从他,现在所规定的老百姓的产业,对上不够奉养父母,对下不足以养育妻子儿女;丰年的时候生活困顿,荒年更是不免要饿死或者逃亡;在这种情况下,全部精力仅仅用于摆脱死亡的威胁尚且恐怕做不到,还哪里有空闲修养礼义道德呢? 大王您如果想实行仁政,为什么不从根本上着手呢? 让老百姓在每家五亩的宅地上都栽种上桑树,五十岁以上的老人就可以穿上丝织的衣服了;让老百姓不要错过了饲养鸡犬猪狗的时节,七十岁以上的老人就可以吃上有肉的饭菜了。每家百亩农田,不要随意侵占他们的农时,有着八口人的家庭就可以免于饥寒了。认真地推行学校教育,向老百姓申明孝悌等做人的道理,头发花白的老人就不用再负载着重物在道路上奔波了。老人穿上丝吃上肉,老百姓没有饥寒之忧,做到这些而不能够用仁德统一天下,是自古以来没有过的事情。

为了实行"仁政",满足老百姓基本的生活需要,就必须使他们过上安定的日子。一方面,要"使民以时",不要轻易地征发他们,使老百姓能够安心进行农业生产。另一方面,对于生活无着,辗转逃亡的人,应当采取救济的措施。当邹穆公向孟子请教为什么邹国受到外来侵略老百姓却无动于衷时,孟子说:"凶年饥岁,君之民老弱转乎沟壑,壮者散而之四方者几千人矣;而君之仓廪实、府库充,有司莫以告,是上慢而残下也。曾子曰:'戒之戒之! 出乎尔者,反乎尔者也。'夫民今而后得反之也,君无尤焉! 君行仁政,斯民亲其上、死其长矣。"(《梁惠王下》)他告诫统治者,他们为老百姓分忧解难,是老百姓与他们同心协力维护其统治的前提基础。否则,"狗彘食人食而不知检;涂有饿莩而不知发。人死,则曰:'非我也,岁也。'是何异于刺人而杀之,曰:'非我也,兵也'"(《梁惠王上》)。

除了采取积极的措施"制民之产"、施行教化和施以救济之外,推行"仁政"还应切实减轻人民的负担。孟子反对统治者对老百姓强取豪夺,主张"省刑罚,薄敛赋","关,讥而不征","耕者,助而不税","廛,无夫里之布"(《公孙丑上》)。只有切实减轻老百姓的负担,才能激发他们的积极性,促进生产和商业等经济活动的发展。孟子认为,只有促进生产和减轻负担两个方面一起努力,才能使百姓富足,自觉追求礼义道德。"易其田畴,薄其税敛,民可使富也。食之以时,用之以礼,财不可胜用也。民非水火不生活,昏暮叩人之门户,求水火,无弗与者,至足矣。圣人治天下,使有菽粟如水火。菽粟如水火,而民焉有不仁者乎?"(《尽心上》)

3.孟子的社会分工思想

在政治思想上,除了"民本"、"仁政"等主张外,孟子还提出了社会分工的思想。"或劳心,或劳力。劳心者治人,劳力者治于人。治于人者食人,治人者食于人——天下之通义也。"(《滕文公上》)他认为,为了保持社会的健康发展,就必须要有不同的分工,这是社会发展规律的必然要求。在一个社会中,大家不可能都从事脑力劳动,也不可能都从事体力劳动,更不能都从事一样的工作。因此,他批评了农家陈良的大家都应当从事农业劳动,否则就是剥削他人的观点。他说:"以粟易械器者,不为厉陶冶;陶冶亦以械器易粟者,岂为厉农夫哉?且许子何不为陶冶,舍皆取诸其宫中而用之?何为纷纷然与百工交易?何许子之不惮烦?"在他看来,既然"百工之事,固不可耕且为也",可是,"然则治天下独可耕且为与?有大人之事,有小人之事。且一人之身,而百工之所为备。如必自为而后用之,是率天下而路也"(《滕文公上》)。

孟子提出,在社会分工中分化出专门的社会管理者是完全必要的。他举例说:"当尧之时,天下犹未平,洪水横流,泛滥于天下;草木畅茂,禽兽繁殖;五谷不登,禽兽逼人;兽蹄鸟迹之道,交于中国。尧独忧之,举舜而敷治焉。舜使益掌火;益烈山泽而焚之,禽兽逃匿。禹疏九河,瀹济、漯而注诸海;决汝、汉,排淮、泗,而注之江,然后中国可得而食也。当是时也,禹八年于外,三过其门而不入,虽欲耕,得乎?后稷教民稼穑,树艺五谷,五谷熟而民人育。人之有道也,饱食暖衣,逸居而无教,则近于禽兽。圣人有忧之,使契为司徒,教以人伦:父子有亲,君臣有义,夫妇有别,长幼有序,朋友有信。放勋曰:'劳之来之、匡之直之、辅之翼之,使自得之;又从而振德之。'圣人之忧民如此,而暇耕乎?"(《滕文公上》)因此,孟子说:"无君子莫治野人,无野人莫养君子。"(《滕文公上》)如果没有社会管理者和被管理者的划分,社会将会陷入混乱之中。

孟子认为,无论是脑力劳动,还是体力劳动,对于社会发展来说都是必要的,都能为社会做出自己的贡献。针对弟子彭更"士无事而食,不可也"的观点,孟子解释说:"子不通功易事,以羡补不足,则农有余粟,女有余布。子如通之,则梓匠轮舆皆得食于子。于此有人焉,入则孝,出则悌,守先王之道,以待后之学者,而不得食于子。子何尊梓匠轮舆而轻为仁义者哉?"(《滕文公下》)孟子的意思是说,如果你不与各行各业的人交换产品,用有余弥补不足,那么农民手里就会有剩余的粮食,妇女手中就会有剩余的布匹。你如果能与别人交换,那么各种行业的工匠就都能从你那里得到吃的。假设这里有一个人,回家的时候孝敬父母,出外的时候尊重长者,遵循先代圣王的礼义规范,用来培养扶持后辈的年轻学者,而不能从你那里得到吃的东西。你为什么尊重从事手工业的各种工匠而轻视践行仁义的人呢?在孟子看来,正是由于有社会分工,大家才能够取长补短,用各自所做的不同工作为社会上的其他人服务。

四、孟子的教育思想

孟子不但是中国古代伟大的思想家,而且还是伟大的教育家。他非常热爱教育事业,曾经将"得天下英才而教育之"作为"君子三乐"之一。在长期的教育实践中,孟子总结了许多有价值的教育经验,他提出的教育理论,是中国传统文化和人类文化宝库中的一份优秀遗产,至今仍然受到人们的重视。

1. 教育的目的与作用

关于教育的目的,孟子认为就是"明人伦",对受教育者"申之以孝悌之义"。他说,学校作为一种教育机构,很早就已经存在了。"设为庠序学校以教之。庠者养也,校者教也,序者射也。夏曰校,殷曰序,周曰庠,学则三代共之,皆所以明人伦也。"(《滕文公上》)三代对学校的称呼虽然不同,而目的却是一样的,就是"明人伦"。"人伦明于上,小民亲于下。有王者起,必来取法,是为王者师也。"(《滕文公上》)所谓"明人伦",就是使受教育者明白处理君臣、父子、兄弟、夫妇、朋友等最基本的人际关系的基本准则,并将其内化于心中,用这些准则来指导日常的行为。而在这些人际关系准则中,孟子认为,为了社会的和谐有序,"孝""悌"二者尤其值得强调。所以,在与梁惠王谈及学校教育的目的时,他又说:"谨庠序之教,申之以孝悌之义。"(《梁惠王上》)

孟子之所以把"明人伦"、"申之以孝悌之义"作为教育的首要目的,这与他的性善论、"仁政"思想、义利观等都是紧密联系的。他认为,道德性是人之为人的根本属性,如果要使一个人真正具备人的品质,就必须使其具有道德。"人之有道也,饱食暖衣,逸居而无教,则近于禽兽。"(《滕文公上》)"人之所以异于禽兽者几希,庶民去之,君子存之。"(《离娄下》)因此,为了发掘人的善性,使人真正成其为人,就必须对他们进行道德教育。同时,从推行"仁政"的角度出发,"仁政"当然是首先要求统治者有"不忍人之心",但是也必须以老百姓"居仁由义",恪守孝悌之道为基础。"居仁由义,大人之事备矣。"(《尽心上》)"人人亲其亲,长其长,而天下平。"(《离娄上》)另外,孟子继承并发扬了孔子的重义轻利思想,这又使得他如同孔子鄙视弟子"学圃"、"学稼"一样,鄙弃一般技艺的学习,在教育中仅仅专注于道德品质的培养。

孟子认为,教育对于维护社会的秩序和稳定具有重要的作用,"上无礼,下无学,贼民兴,丧无日矣"(《离娄上》)。"未有仁而遗其亲者也,未有义而后其君者也"(《梁惠王上》),只有使老百姓认识并且恪守道德准则,才能使民心归化,心悦诚服地接受统治者的统治。因此,在国家治理中,"善政"虽然是必需的,但相比之下,"善教"具有更根本的作用。"善政,不如善教之得民也。善政,民畏之;善教,民爱之。善政,得民财;善教,得民心。"(《尽心上》)在他看来,教育与国家良好的社会生活秩序密不可分,统治者如果从长远考虑,就必须加强对老百姓进行教育。

2.因材施教的教育方法

孟子曾经说:"君子之所以教者五:有如时雨化之者,有成德者,有达财者,有答问者,有私淑艾者。此五者,君子之所以教也。"(《尽心上》)孟子这里提出了五种不同的教育方法,其实,这五种方法归结到一点,就是"因材施教"。孟子所说的五种方法,实际上就是根据受教育者的才智不同而有针对性地提出的教育方式。

孟子重视教育方法和手段的灵活性,他说:"教亦多术矣。予不屑之教诲也者,是亦教诲之而已矣。"(《尽心下》)孟子认为,教育的方式是多种多样的,要根据不同的情况灵活运用。而灵活运用的前提,就是必须尊重受教育者的先天条件,扬长避短。孟子曾经和齐宣王有过这样一次谈话:"孟子见齐宣王,曰:'为巨室,则必使工师求大木。工师得大木,则王喜,以为能胜其任也。匠人斫而小之,则王怒,以为不胜其任矣。夫人幼而学之,壮而欲行之;王曰"姑舍女所学而从我",则何如?今有璞玉于此,虽万镒,必使玉人雕琢之;至于治国家,则曰"姑舍女所学而从我",则何以异于教玉人雕琢玉哉?'"(《梁惠王下》)孟子这里虽然是从治理国家、任用贤才上立论的,但是,这段谈话中也充分表达出了他要求尊重不同人才的先天条件的主张。选用人才是这样,教育其实也是这样:就如同把本来可以做栋梁的木材斫小了,把本来可以成为美玉的璞玉雕坏了一样,都是对人才的浪费和摧残。

因此,孟子提出,在教育中必须尊重规律,因材施教。因材施教的前提,就是先对不同的人的特点进行具体的分析。不论在教育中,还是在日常的交往中,孟子都注重对不同的人的具体分析,区别对待。在同弟子浩生不害的一次谈话中,他将人划分为六种不同的类型。"浩生不害问曰:'乐正子,何人也?'孟子曰:'善人也,信人也。''何谓善?何谓信?'曰:'可欲之谓善。有诸己之谓信。充实之谓美。充实而有光辉之谓大。大而化之之谓圣。圣而不可知之之谓神。乐正子,二之中,四之下也。'"(《尽心下》)既然人可以划分为不同的类型,具有不同的特点,那么,在教育中就不能千篇一律,教育的方式和方法也不能生搬硬套。

虽然孟子主张因材施教,但是,他并不主张随意降低教育的标准和要求。孟子教育的基本方针是"往者不追,来者不拒"(《尽心下》),继承了孔子"有教无类"的传统。学习可以来去自由,但是只要来学习,就要高标准严要求。"羿之教人射,必志于彀;学者亦必志于彀。大匠诲人,必以规矩;学者亦必以规矩。"(《告子上》)公孙丑认为孟子要求的原则过高,曾经对他说:"道则高矣、美矣,宜若登天然,似不可及也。何不使彼为可几及而日孳孳也?"孟子却说:"大匠不为拙工改废绳墨;羿不为拙射变其彀率。君子引而不发,跃如也。中道而立,能者从之。"(《尽心上》)在孟子看来,学者的能力可能有所差别,但教育的标准决不能降低。否则,不但违背自己的教育目标和宗旨,而且可能因此而误人子弟。

3.发挥受教育者的主动性

在教育中,孟子非常注重培养学生自我思考和自主学习的主动性。他认为,一个学者如果要真正有所得,就必须使其学会自得,即树立自求深造的主动学习意识。他说:"君子深造之以道,欲其自得之也。自得之则居之安,居之安则资之深,资之深则取之左右逢其原。故君子欲其自得之也。"(《离娄下》)学生只有充分发挥自己的主动性,才能使知识日积月累,从而在应用的时候取之不尽,左右逢源。

学者在学习中发挥主动性,既要能够专心致志,又要能持之以恒。如果不专心致志,即使是很小的技艺也学不会。他以学习下棋为例说:"今夫弈之为数,小数也;不专心致志,则不得也。弈秋,通国之善弈者也。使弈秋诲二人弈:其一人专心致志,惟弈秋之为听;一人虽听之,一心以为有鸿鹄将至,思援弓缴而射之。虽与之俱学,弗若之矣。为是其智弗若与?曰:非然也。"(《告子上》)同时,学习还必须持之以恒,锲而不舍,否则就会功亏一篑,最终一事无成。他说:"虽有天下易生之物也,一日暴之,十日寒之,未有能生者也。"(《告子上》)在学习知识的过程中,必须坚持不懈,这就如同挖井一样,如果半途而废,必将毫无收获。"有为者,辟若掘井。掘井九轫而不及泉,犹为弃井也。"(《尽心上》)

虽然孟子主张在教学中必须充分发挥学生的自主性,但是,对于老师以身作则的作用和环境的影响,他依然是非常重视的。孟子认为,教育者在教育活动中必须端正自己,为人师表。"身不行道,不行于妻子;使人不以道,不能行于妻子。"(《尽心下》)因此他一再强调:"仁者如射,射者正己而后发。"(《公孙丑上》)"有大人者,正己而物正者也。"(《尽心上》)关于环境对人的成长的作用,孟子认为,"居移气,养移体"(《尽心下》),"富岁子弟多赖"(《告子上》),环境对人素质的影响不容忽视。因此,他非常重视环境在学习中的作用。他举例说:"有楚大夫于此,欲其子之齐语也,则使齐人傅诸?使楚人傅诸?"曰:"使齐人傅之。"曰:"一齐人傅之,众楚人咻之,虽日挞而求其齐也,不可得矣。引而置之庄岳之间数年,虽日挞而求其楚,亦不可得矣。"(《滕文公下》)

除了哲学、政治、伦理和教育思想之外,孟子在文学、美学、经济等领域也有一些独到的见解,这里不再一一详述。

第三节 孟子在中国历史上的地位

在中国封建社会中,尤其是封建社会后期,孟子的地位非常显赫,著作被作为学校教育必读书和科举取士命题的来源,神位在庙堂中接受着人们的香火和膜拜。然而,总体来说,在孟子去世之后的一千年里,孟子的地位并不是非常显赫。在朱熹把《孟子》列入"四书",孟子的儒家正统地位确立之前,学者们对孟子的评论褒贬不一。

一、孟子及其学说受到的批评

战国时期是中国历史上学术最繁荣的时期之一,各个学派之间展开激烈的辩论。孟子以"距杨墨、放淫辞"为己任,激烈批评其他学派的学说,可以想像,他的思想也理所当然地受到别人的批评。孟子在世时,他的思想就被视为"迂远而阔于事情"。不但其他学派的学者批评孟子的主张,战国末期,同为儒家学者的荀子也对孟子的一些思想观点提出了批评。在《荀子·非十二子》中,荀子对春秋战国时期的一些学者进行了批评,其中也包括孟子。他说:"案饰其辞,而只敬之,曰:此真先君子之言也。子思唱之,孟轲和之。世俗之沟犹瞀儒,嚯嚯然不知其所非也,遂受而传之,以为仲尼子游为兹厚于后世:是则子思孟轲之罪也。"尤其在《性恶》篇中荀子阐述自己的性恶论时,更是直接针对着孟子的性善论提出来的。他通过对孟子性善论的批驳,树立了自己性恶论的观点。

孟子去世大约一百年之后,孟子的信徒遭受了一场灭顶之灾,这就是秦始皇的"焚书坑儒",据赵岐《孟子题辞》说,在这场灾难中,"孟子徒党尽矣"。好在孟子的著作没有在这次劫难中失传,这一不幸中的万幸使得人们日后重新发现和研究孟子成为可能。

到了汉代,政府曾经一度为《孟子》设立"传记博士",孟子的地位有所回升。然而,随着孟子重新受到重视,批评也随之而来。汉代对孟子批评最激烈的,当属东汉思想家王充。在王充所著的《论衡》中,专门有《刺孟》一篇,对孟子的思想提出反驳。在这篇著作中,王充对孟子的义利观、天命观等八个问题提出了责难。

孟子的命运是和整个儒学的盛衰联系在一起的。魏晋南北朝时期,由于佛教、玄学等思想的冲击,儒家地位受到挑战,孟子的著作也基本上被束之高阁。进入唐代之后,尤其是到了宋代,儒学重新兴起,孟子及其思想又受到重视。然而,这一时期,孟子的地位虽然从总体上说是提高的趋势,但是,期间也经过了一些波折,遭遇到人们的一些批评和贬责。例如,司马光曾经作《疑孟》,就《孟子》中提到的"伯夷隘、柳下惠不恭"、"陈仲子避兄离母"、"沈同问伐燕"等问题提出了自己的见解。他通过对"陈子曰:'古之君子,何如则仕?'孟子曰:'所就三、所去三'"一章的分析认为,孟子关于出仕的思想,其实是为饮食和礼貌而仕。他说:"君子之仕,行其道也,非为礼貌与饮食也。昔伊尹去汤就桀,桀岂能迎之以礼哉?孔子栖栖惶惶周游天下,佛肸召欲往,公山弗扰召欲往,彼岂为礼貌与饮食哉?急于行道也。今孟子之言曰:'虽未行其言也,迎之有礼,则就之;礼貌衰,则去之。'是为礼貌而仕也。又曰:'朝不食,夕不食,君曰:吾大者不能行其道,又不能从其言也,使饥饿于我土地,吾耻之。周之,亦可受也。'是为饮食而仕也。必如是,是不免于鬻先王之道以售其身也。古之君子之仕也,殆不如此。"他认为孟子"鬻先王之道以售其身"的做法是不可取的。

司马光之后,晁说之、郑厚、叶适等人也对孟子提出了批评。晁说之所著的《儒言》中,专门有"非孟"的内容,对孟子的思想进行批驳。他不但从理论上批驳孟子,而且还将对孟子的不满上升到行动上。针对当时存在的尊孟潮流,他甚至上疏宋高宗,反对立《孟子》于学科,反对皇太子诵读《孟子》。"乞皇太子讲《孝经》,读《论语》,间日读《尔雅》而废《孟子》。"(《宋史·胡舜陟传》)郑厚对孟子的批评更激烈。他在所著的《艺辅折衷》中认为,孟子"挟仲尼以欺天下",根本不是"贤人",而是和"辩士"同类的人。孟子为了讨口饭吃,不惜"诵仁义,卖仁义","此轲之贼心也"。一会儿游说梁惠王,一会儿游说齐宣王,就是为了谋取一个好职位,完全是一副"市井贩妇,行鬻鱼果菜之态"。郑厚对孟子这种近乎人身攻击的评论,可谓前无古人,后无来者。叶适批评了孟子"开德广,语治骤,处己过,涉世疏",并认为"孔子传曾子、曾子传子思必有谬误",对孔子在道统中的正统地位提出了怀疑。

孟子虽然受到一些学者的批评,但总体来说,在宋代,尊孟是主流。就是在这些批评的声音中,孟子的地位不断提升,确立了其"亚圣"的地位。

二、孟子儒家正统地位的确立

孟子在汉代时就受到了人们的重视,但地位并不高。魏晋南北朝时期,儒学受到佛教和玄学的冲击。这个时期,虽然有徐干《中论·序》中曾赞扬孟子"怀亚圣人之大才,著一家之法",但总体来说,孟子的地位又有所下降。一直到唐代后期韩愈提出"道统"说之前,孟子的身份都仅仅是一位普通的儒家学者。

在孟子升格为儒家正统的过程中,韩愈立了第一功。他认为,道家、佛教有他们的"道",儒家也有自己的"道"。儒家的"道"在孟子之前,有一个继承和授受的系统。"尧以是传之舜,舜以是传之禹,禹以是传之汤,汤以是传之文、武、周公,文、武、周公传之孔子,孔子传之孟轲。轲之死,不得其传焉。"(《原道》)韩愈的这一思想,后来被称为"道统"说。根据他所提出的道统,孟子是孔子之后唯一得到其真传的人,自然应当受到重视。因此,韩愈毫不掩饰对孟子的崇拜之情,声称自己"推尊孟氏"。他认为,"孟轲师子思,子思之学,盖出曾子。自孔子没,群弟子莫不有书,独孟轲氏之传得其宗,故吾少而乐观焉。""故求观圣人之道,必自孟子始。"(《送王秀才序》)在韩愈看来,孟子由于传承了先王的仁义之道,其功绩并不比大禹低。"孟子虽贤圣,不得位,空言无施,虽切何补?然赖其言,而今学者尚知宗孔氏,崇仁义,贵王贱霸而已。其大经大法,皆亡灭而不救,坏烂而不收,所谓存十一于千百,安在其能廓如也?然向无孟氏,则皆服左衽而言侏离矣。故愈尝推尊孟氏,以为功不在禹下者,为此也。"(《与孟尚书书》)

五代十国时期,《孟子》被列入"十一经"之一。到了宋代,孟子在大多数儒家学者之中,越来越受到推崇。宋初的孙复和石介接受了韩愈孟子"功不在禹下"的观点,并论证说:"泽水横流,大禹不作,则天下之民鱼鳖矣;杨墨暴行,孟子不作,则天下之民禽兽矣。"(孙复:《兖州邹县建孟庙记》)此后,邵雍、周敦颐、张载、程颢、程颐都大力主张尊崇孟子,尤其是二程兄弟,对孟子的功绩给予了很高的评价。他们说:"孟子,泰山岩岩之气象也。观其言,皆可以见之矣。"(《河南程氏遗书》卷五)"学者当以《论语》、《孟子》为本。《论语》、《孟子》既治,则六经可不治而明矣。"(《河南程氏遗书》卷二十五)他们对孟子的推崇,不仅表现在对孟子及其著作的评价上,而且深深体现在他们的思想体系对孟子的继承中。宋代开创的理学中的许多观念,可以说都是直接来源于孟子。

在孟子儒家正统地位的确立过程中,北宋改革家王安石功不可没。王安石一生推崇孟子,对孟子的尊重之情从他的诗歌中就可以表现出来。在《孟子》一诗中,他感叹到:"沉魄浮魂不可招,遗编一读想风标。何妨举世嫌迂阔,故有斯人慰寂寥。"在《奉酬永叔见赠》一诗中,他又写道:"欲传道义心犹在,强学文章力已穷。他日若能窥孟子,终身何敢望韩公。"在王安石的许多文章中,也多次称引孟子。王安石主政之后,便采取措施提高孟子的地位。其中包括:《孟子》首次列入科举;立孟子像于朝廷;封孟子为邹国公;首次允许孟子配享孔庙;朝廷承认兖州邹县孟庙;《孟子》首次刻成石经,成为实际的"十三经"之一;等等。"以上这些成就,有的发生在王安石变法期间,有的发生在王安石变法以后,但与王安石也有密切关系。王安石实在是孟子升格运动中的第一功臣。"[6]

南宋思想家朱熹完成了孟子儒家正统地位的最终确立。朱熹根据由韩愈提出、被二程发扬了的"道统"说,将《孟子》列入儒家的必读经典。为了传播和推广孟子的思想,他还撰写了《孟子集义》、《孟子或问》、《孟子集注》、《孟子要略》等著作。在朱熹的努力下,《孟子》终于得以与《论语》并列,成为在儒家典籍中高于"五经"的核心经典——"四书"之一。至此,孟子在儒家思想发展中的正统地位完全确立起来。

三、孟子的册封与祭祀

宋代时孟子儒家正统地位的确立,并不是其地位的顶峰,此后,为了封建统治的需要,历代统治者又不断通过册封、祭祀等活动,使其不断被神化。

对孟子的祭祀,始于北宋仁宗年间。景佑四年(1037年),孔子四十五代孙孔道辅知兖州,在邹县东四基山找到孟子的墓地,加以修缮并建庙用以祭祀,并找到一位孟子的后裔荐于朝廷,授邹县主簿,"令主孟子庙祀事"。孟子至此始有祭祀,并历经宋、元、明、清四代。后来,孔道辅又在孔庙旁边建立"五贤堂",用于祭祀孟子、荀子、扬雄、王通和韩愈。这是孟子配祀孔庙的开端。

宋神宗熙宁七年(1074年),诏封孟轲为邹国公。晋州州学教授陆长愈建议孟子应当与颜子并配孔庙。"议者以谓凡配享、从祀,皆孔子同时之人,今以孟轲并配,非是",没有能够成功。(《宋史·礼志八》)元丰二年(1079

年),陆长愈再次奏请,终于使孟子开始配享孔子庙。宋徽宗政和四年(1114年)颁诏重修孟庙,次年,太常寺言:"兖州邹县孟子庙,诏以乐正子配享,公孙丑以下从祀,皆拟定其封爵:乐正子克利国侯,公孙丑寿光伯,万章博兴伯,告子不害东阿伯,孟仲子新泰伯,陈臻蓬莱伯,充虞昌乐伯,屋庐连奉符伯,徐辟仙源伯,陈代沂水伯,彭更雷泽伯,公都子平阴伯,咸丘蒙须城伯,高子泗水伯,桃应胶水伯,盆成括莱阳伯,季孙丰城伯,子叔承阳伯。"(《宋史·礼志八》)孟子弟子得到诏封,并获得配享和从祀资格。

孟子不但受到汉族统治者的尊崇,而且也受到少数民族政权的重视。女真族建立的金王朝,沿袭北宋的传统,封孟子为"邹国公"。金世宗大定十四年(1174年),又将孟子的塑像从孔庙后堂移到正殿,置于孔子塑像之后。蒙古族建立的元朝入主中原之后,继续尊儒崇孟的传统。元成宗元贞元年(1295年),下诏免孟子后世子孙差役。元文宗至顺元年(1330年),下诏封孟子为"邹国亚圣公"。(《元史·文宗本纪三》)这是孟子首次被正式授予"亚圣"称号。

朱元璋建立明朝之后,一天,他读《孟子》至"君之视臣如土芥,则臣之视君如寇雠"一句时,认为此"非臣子所宜言",恼羞成怒,下令撤除孟子在祭孔子大典中配享的地位,将孟子赶出孔庙,并下诏"有谏者以大不敬论"。幸有大臣钱唐抗疏入谏:"臣为孟轲死,死有余荣。"朱元璋权衡利弊之后,才放弃了罢其配享的念头。(《明史·钱唐传》)洪武十三年(1380年),后来做了明成祖的燕王朱棣"奉命之国,道经于邹",举行祭祀孟子的活动,颂扬孟子的功德"传于后世,远世弥光,久而弥芳"。(戴光《邹县地理志》)明世宗嘉靖九年(1530年),孟子的封爵被除掉,由"邹国亚圣公"改称"亚圣"。

清朝沿用明制,一直称孟子为"亚圣"。公元1636年皇太极改国号为"清"后,即派人祭祀孔子,孟子等人配享。康熙、雍正、乾隆等几代皇帝还亲自去孟庙祭祀,或者书写碑文,或者书写匾额,对孟子的功绩进行表彰。一直到清朝灭亡,孟子"亚圣"的地位一直没有动摇。

进入20世纪之后,随着封建制度的崩溃,人们开始对孟子以及儒学的价值进行重新评估,孟子的地位也经历了几次起起落落。但是,客观地说,孟子是中国历史上最重要的思想家之一,他对中华传统文化的形成和发展做出了卓越的贡献。我们今天在对包括孟子思想在内的中国传统文化的分析和继承中,既不能像封建社会中那样对他极端的推崇,也不能一笔抹煞、全盘否定,而是应当采取客观、科学、公正的态度,批判地吸收其思想中具有的合理性因素,为中华民族的伟大复兴和社会主义建设实践服务。

注释:

〔1〕 杨伯峻:《孟子译注》,"导言"第 10~11 页。
〔2〕 转引自王成儒等:《〈孟子〉之谜》,四川教育出版社,2001 年版,第 47~48 页。
〔3〕 刘鄂培:《孟子大传》,清华大学出版社,1998 年版,第 88~89 页。
〔4〕 《张岱年全集》第七卷,石家庄:河北人民出版社,1996 年版,第 543~544 页。
〔5〕 冯友兰:《中国哲学史新编》(上卷),北京:人民出版社,1998 年版,第 103 页。
〔6〕 杨泽波:《孟子与中国文化》,贵州人民出版社,2000 年版,第 37 页。